Estatuto da Ordem dos Advogados

Estatuto da Ordem dos Advogados

ANOTADO E COMENTADO

2023 · 16.ª Edição

Fernando Sousa Magalhães
Advogado

ALMEDINA

ESTATUTO DA ORDEM DOS ADVOGADOS
ANOTADO E COMENTADO

AUTOR
Fernando Sousa Magalhães

EDITOR
EDIÇÕES ALMEDINA, S.A.
Avenida Emídio Navarro, 81, 3D
3000-151 Coimbra
Tel.: 239 851 904 · Fax: 239 851 901
www.almedina.net · editora@almedina.net

DESIGN DE CAPA
EDIÇÕES ALMEDINA, S.A.

PRÉ-IMPRESSÃO
EDIÇÕES ALMEDINA, S.A.

IMPRESSÃO E ACABAMENTO

Abril, 2023

DEPÓSITO LEGAL

ISBN
978-989-40-1171-2

ALMEDINA | GRUPOALMEDINA

PLANO DA OBRA

1.
Preâmbulo

1.1
Breves Notas a esta 16.ª Edição

A 16.ª edição do Estatuto da Ordem dos Advogados Anotado e Comentado continua fiel à sua estrutura, visando a sua preservação essencial como instrumento de utilização formativa para quem se inicia na exigente vida da Advocacia e se confronta com os seus complexos estatutos profissional e deontológico, reclamando sobre eles alguns contributos interpretativos e pistas de aprofundamento temático.

Porém, não é a obra alheia, no respeito da sua linha editorial, ao seu papel de registo selectivo e critico de achegas doutrinais e jurisprudenciais externas e internas mais marcantes na constante evolução e aperfeiçoamento desses estatutos numa perspectiva actualista, pelo que cumpre nesta nova edição promover também a inserção de alguns dos mais recentes regulamentos aprovados no seio da Ordem dos Advogados, sejam eles corolário da competência genérica estatutária da sua Assembleia Geral ou da competência específica do Conselho Geral.

São disso exemplos o Regulamento do Regime do Referendo e o Regulamento Financeiro da Ordem dos Advogados, aquele complementando as normas contidas no artigo 26.º do Estatuto e este por ter criado, relevantemente, um quadro normativo regulador e disciplinador da vida financeira e das regras contabilísticas da Instituição, harmonizando procedimentos a nível nacional e coordenando práticas interactivas do Conselho Geral com os Conselhos Regionais e com os demais órgãos da Ordem dos Advogados.

Esta preocupação em manter a obra actualizada constitui, na verdade, o factor fundamental que justifica a presente edição, já que se reconhece a sua natureza necessariamente transitória em função da anunciada entrada em vigor, mas em data incerta, de uma nova lei das associações públicas profissionais, potenciando a introdução de alguns contornos invovadores na actual legislação com reflexos na Advocacia e, forçosamente, no actual Estatuto da Ordem dos Advogados.

Finalmente, na senda da homenagem já prestada na anterior edição ao nosso falecido Colega Dr. Orlando Guedes da Costa, são partilhados mais alguns dos seus ensinamentos para enriquecimento desta 16.ª edição, recolhidos da sua obra Direito Profissional do Advogado – Noções Elementares, 2015, 8.ª edição, editada pela Almedina.

Nota: Como vem sendo prática nas edições anteriores, nos textos legais é respeitada a ortografia constante das publicações oficiais e, por opção e responsabilidade exclusiva do autor, nas notas e comentários é usada a ortografia anterior ao acordo ortográfico.

Porto, Março de 2023

1.2
Nota Introdutória ao Estatuto da Ordem dos Advogados

O Estatuto da Ordem dos Advogados, elaborado com base nos traços fundamentais do Estatuto anterior, aprovado pela Lei n.º 15/2005, de 26 de Janeiro, alterada pelo Decreto-Lei n.º 226/2008, de 20 de Novembro e pela Lei n.º 12/2010, destina-se essencialmente, como desde logo decorre do artigo 1.º da Lei, a ajustar as nossas normas estatutárias ao regime jurídico de criação, organização e funcionamento das associações públicas profissionais, aproveitando-se o ensejo para alterar regras, alguma delas largamente debatidas no seio da Ordem dos Advogados, designadamente nos seus Congressos já realizados.

São ainda notórios os reflexos da nova organização do sistema judiciário aprovada pela Lei n.º 62/2013, de 26 de Agosto e regulamentada pelo Decreto-Lei n.º 49/2014, de 27 de Março, embora na versão final aprovada na Assembleia da República se tenha adoptado os municípios (e não as comarcas) como células definidoras da organização territorial da Ordem dos Advogados, ou seja, das Delegações locais e dos Conselhos Regionais.

Na nova estrutura interna da Ordem dos Advogados, tendo em conta as prescrições da referida Lei n.º 2/2013, de 10 de Janeiro, instituiu-se de forma inovadora o Conselho Fiscal como órgão de fiscalização da gestão patrimonial e financeira, integrando um revisor oficial de contas, e introduziu-se a possibilidade de o Conselho Geral designar, sob proposta do Bastonário, um Provedor dos Clientes, com a missão de defender os interesses dos destinatários dos serviços prestados por advogados.

Relativamente ao exercício dos cargos sociais, o novo Estatuto da Ordem dos Advogados determina que os titulares de qualquer órgão só podem ser reeleitos para o mesmo órgão decorrido que esteja o período de um mandato completo após a cessação de funções no órgão em causa e que a eleição para o cargo de Bastonário seja feita em simultâneo com a eleição para o Conselho Geral, sendo eleita a lista que obtiver mais de metade dos votos validamente expressos e, como Bastonário, o primeiro candidato da lista vencedora, impondo-se um segundo sufrágio entre as duas listas mais votadas quando não se obtenha no primeiro o número de votos acima referido.

Por outro lado, introduz-se a possibilidade de realização de referendos em questões de particular relevância para a Ordem dos Advogados que caibam nas respetivas atribuições, como a Lei n.º 2/2013, de 10 de janeiro, prevê expressamente.

Quanto à acção disciplinar, a par da remissão para a Lei Geral do Trabalho em Funções Públicas, diploma agora aplicável subsidiariamente, consagra-se a punibilidade da tentativa e procede-se à graduação das infracções disciplinares em leves, graves e muito graves, clarificando-se quais as sanções respectivas.

Ainda no domínio do processo disciplinar são introduzidas assinaláveis alterações na senda do que vinha sendo defendido pela Ordem dos Advogados, como sejam, a extinção do direito de queixa quando decorridos seis meses sobre a data do conhecimento da prática da infração disciplinar, a produção dos efeitos das sanções disciplinares relegada para o momento em que esteja decorrido o prazo para a respectiva impugnação contenciosa e o fim do registo perpétuo das penas disciplinares, passando agora a ocorrer o cancelamento do registo da sanção quando decorridos 10 anos sobre a sua extinção, com excepção das decisões que apliquem a pena de expulsão.

Já quanto ao regime do acesso à profissão, após longa controvérsia, caiu definitivamente a exigência do mestrado, bastando doravante a licenciatura, obtida antes ou depois do Processo de Bolonha.

Sobre o modelo do estágio, uma vez mais no respeito da Lei n.º 2/2013, de 10 de Janeiro, opera-se a redução da sua duração para 18 meses a contar da data da inscrição, mantendo-se as duas fases (inicial e complementar) e culminando com a realização de uma única prova final de agregação, com eliminação da prova de aferição, de cuja aprovação depende a inscrição como advogado, mas sem constituir o único elemento de valoração na avaliação final do processo de formação.

Note-se ainda que o estágio passa a ter início, pelo menos, uma vez em cada ano civil, ao contrário das duas vezes que vinham sendo impostas, assim se optando por um sistema de concentração que não se crê adequado aos interesses dos licenciados que pretendem aceder ao estágio.

No que concerne às receitas da Ordem dos Advogados, em especial às quotas, introduz-se a obrigatoriedade inovadora do seu pagamento às sociedades de advogados, sendo cominado o seu não pagamento por prazo superior a

12 meses com a instauração do respectivo processo disciplinar, que se aplica igualmente aos advogados individualmente considerados. Além disso, a rogo da própria Ordem dos Advogados, a certidão de dívida emitida pelo Conselho Geral constitui agora título executivo, tendo sido criado, por seu turno, um mecanismo de cobrança coerciva que consiste na emissão de um aviso para pagamento dos valores em dívida.

O novo Estatuto da Ordem dos Advogados favorece ainda as políticas de livre prestação de serviços e de liberdade de exercício da profissão e de estabelecimento da União Europeia, permitindo o exercício da actividade no nosso território através de comércio electrónico e suprimindo o exame de aptidão exigido aos advogados de outros Estados Membros. Permite ainda, além do reconhecimento de sociedades de advogados de outros Estados Membros, o exercício da advocacia por parte de organizações associativas de profissionais de outros Estados Membros e de outros prestadores de serviços de advocacia, embora no plano interno, e de forma a potenciar nefasta situação de desigualdade, se mantenha a proibição das sociedades multidisciplinares, reconhecendo-se que a possibilidade de exercício conjunto por advogados e por outros profissionais de actividades distintas, tantas vezes conflituantes, seria certamente um factor de dificuldade para que as normas deontológicas inerentes e indissociáveis do papel dos Advogados como defensores da Justiça e do Direito, enquanto verdadeiros agentes privados de uma função pública, pudessem ser respeitadas. Na verdade, como se escreveu na exposição de motivos na proposta do Governo, "uma profissão que prossegue uma missão de interesse público, obsta a que sejam desenvolvidas, de forma associativa, actividades diversas em que, tantas vezes, há interesses conflituantes com o carácter reservado daquela".

Já quanto às sociedades de advogados, o novo Estatuto da Ordem dos Advogados revoga o Decreto-lei n.º 229/2004, de 10 de Dezembro e acolhe as normas imperativas da Lei n.º 53/2015 de 11 de Junho – Regime Jurídico das Sociedades Profissionais Sujeitas a Associações Públicas – deixando, todavia, sem solução muitos aspectos do seu regime legal, remetendo a disciplina de tais omissões para regulamentação interna da Ordem dos Advogados, designadamente no domínio das relações entre sócios, associados e estagiários e relações contratuais com advogados que prestem serviços às sociedades de advogados, temas sucessivamente adiados ainda sem solução à data em que se escrevem estas linhas preambulares.

Prevê-se agora que as sociedades de advogados estejam sujeitas aos direitos e aos deveres aplicáveis aos advogados que sejam compatíveis com a sua natureza, nomeadamente em sede disciplinar, e que fiquem submetidas ao regime fiscal previsto para as sociedades constituídas sob a forma comercial, embora subsistam como sociedades civis de natureza profissional.

Introduzem-se, finalmente, outras normas destinadas a dar cumprimento ao disposto na Lei n.º 2/2013, de 10 de Janeiro, como sejam as atinentes ao balcão único, que impõe o uso de meios electrónicos nas comunicações a realizar entre a Ordem e os profissionais da advocacia, a definição das informações que devem ser prestadas através da Internet e a consagração do princípio da cooperação administrativa no âmbito da UE.

2.
Estatuto da Ordem dos Advogados

2.1
Lei n.º 145/2015, de 9 de Setembro

Aprova o Estatuto da Ordem dos Advogados, em conformidade com a Lei n.º 2/2013, de 10 de janeiro, que estabelece o regime jurídico de criação, organização e funcionamento das associações públicas profissionais, e revoga a Lei n.º 15/2005, de 26 de janeiro, e o Decreto-Lei n.º 229/2004, de 10 de dezembro.

A Assembleia da República decreta, nos termos da alínea *c*) do artigo 161.º da Constituição, o seguinte:

Artigo 1.º – Objeto
A presente lei aprova o novo Estatuto da Ordem dos Advogados, em conformidade com a Lei n.º 2/2013, de 10 de janeiro, que estabelece o regime jurídico de criação, organização e funcionamento das associações públicas profissionais.

Artigo 2.º – Aprovação do novo Estatuto da Ordem dos Advogados
É aprovado, em anexo à presente lei, dela fazendo parte integrante, o novo Estatuto da Ordem dos Advogados.

Artigo 3.º – Disposições transitórias
1 – As alterações introduzidas pela presente lei são aplicáveis aos estágios que se iniciem, bem como aos processos disciplinares instaurados, após a respetiva data de entrada em vigor.

2 – O disposto no n.º 2 do artigo 195.º do novo Estatuto da Ordem dos Advogados, aprovado em anexo à presente lei, aplica-se aos advogados estagiários inscritos na Ordem dos Advogados à data da entrada em vigor desta lei, computando-se no prazo aí previsto todo o período de estágio decorrido desde a respetiva inscrição.

3 – Incumbe ao conselho geral proceder às adaptações necessárias para a eleição e instalação do novo órgão da Ordem dos Advogados.

4 – Os advogados regularmente inscritos na Ordem dos Advogados e na Câmara dos Solicitadores como agentes de execução, relativamente aos quais se verifiquem incompatibilidades em resultado das alterações introduzidas pelo Estatuto da Ordem dos Solicitadores e dos Agentes de Execução, devem pôr termo a essas situações de incompatibilidade até 31 de dezembro de 2017.

5 – Os limites à renovação de mandatos previstos no artigo 10.º do Estatuto da Ordem dos Advogados, aprovado em anexo à presente lei, não se aplicam aos mandatos resultantes de eleições anteriores à entrada em vigor daquele Estatuto.

6 – No prazo de 180 dias a contar da entrada em vigor da presente lei, a assembleia geral da Ordem dos Advogados procede à adaptação dos respetivos regulamentos ao disposto na Lei n.º 2/2013, de 10 de janeiro, que estabelece o regime jurídico da criação, organização e funcionamento das associações públicas profissionais, e no Estatuto da Ordem dos Advogados, aprovado em anexo à presente lei.

7 – Até à sua substituição, os regulamentos aprovados ao abrigo do Estatuto da Ordem dos Advogados, aprovado pela Lei n.º 15/2005, de 26 de janeiro, mantêm-se em vigor, com as necessárias adaptações, competindo ao conselho geral suprir eventuais lacunas, salvo se dispuserem em contrário ao disposto no Estatuto da Ordem dos Advogados, aprovado em anexo à presente lei, caso em que apenas se aplicam as disposições conformes a estes.

Artigo 4.º – Norma revogatória

São revogados:

a) A Lei n.º 15/2005, de 26 de janeiro, alterada pelo Decreto-Lei n.º 226/2008, de 20 de novembro, e pela Lei n.º 12/2010, de 25 de junho;

b) O Decreto-Lei n.º 229/2004, de 10 de dezembro.

Artigo 5.º – Entrada em vigor

A presente lei entra em vigor 30 dias após a sua publicação.

Aprovado em 22 de julho de 2015.

A Presidente da Assembleia da República, *Maria da Assunção A. Esteves.*

Promulgada em 25 de Agosto de 2015.

Publique-se.

O Presidente da República, Aníbal Cavaco Silva.

Referendada em 27 de Agosto de 2015.

Pelo Primeiro-Ministro, *Paulo Sacadura Cabral Portas,* Vice-Primeiro Ministro.

2.2
Estatuto da Ordem dos Advogados

TÍTULO I – Ordem dos Advogados

CAPÍTULO I – Disposições gerais

Artigo 1.º – Denominação, natureza e sede

1 – Denomina-se Ordem dos Advogados a associação pública representativa dos profissionais que, em conformidade com os preceitos do presente Estatuto e demais disposições legais aplicáveis, exercem a advocacia.

2 – A Ordem dos Advogados é uma pessoa coletiva de direito público que, no exercício dos seus poderes públicos, desempenha as suas funções, incluindo a função regulamentar, de forma independente dos órgãos do Estado, sendo livre e autónoma na sua atividade.

3 – A Ordem dos Advogados tem sede em Lisboa.

NOTAS:

1. Nesta disposição legal consagram-se os princípios estruturantes da independência e do interesse público da profissão, que caracterizam o modelo da advocacia colegiada, típico da maioria dos países de tradição continental europeia, tal como igualmente decorre de outras disposições legais, nomeadamente do artigo 14.º da Lei da Organização do Sistema Judiciário (Lei n.º 62/2013 de 26 de Agosto).

2. O papel e a função dos advogados, assim como as diversas formas de organização actual da profissão, são fruto de uma longa evolução histórica da advocacia e dos particulares contornos que esta assumiu nos diversos espaços culturais, sociais e políticos, variando consoante a predominância ou a coexistência equilibrada dos princípios da independência e do interesse público da profissão. Podemos definir na actualidade a existência de três "famílias de advocacia": a advocacia de Estado, a advocacia livre e a advocacia colegiada.

3. Para o estudo da evolução histórica da advocacia pode-se consultar, entre outros, Orlando Guedes da Costa, Direito Profissional do Advogado, Noções Elementares, edição da Almedina, 8.ª edição - 2015, Valério Bexiga, O Advogado e a História, Faro 2000, Carlos Mateus, em "Deontologia Profissional "Contributo para a formação dos Advogados Portugueses - 2016", Modesto Barcia Lago, El Ilustre Colegio Provincial de Abogados de Pontevedra en el Marco del Desarrollo Historico de la Abogacia Española, 1999, e Los Abogados y Otras Gentes del Foro, en la consideración popular y literaria ibérica, 2006, José Pereira da Graça, Témis, A Deusa da Justiça, Bastonário Augusto Lopes Cardoso, Da Associação dos Advogados de Lisboa à Ordem dos Advogados, separata da ROA, ano 48.º, Alberto de Sousa Lamy, A Ordem dos Advogados Portugueses, História, Órgãos, Funções, António Arnaut, Iniciação à Advocacia, Coimbra Editora, 2000, José Maria Martinez Val, Abogacia y Abogados, M. Dupin Ainé, Profession D`Avocat, Sebastião Cruz, Direito Romano e Jus Derectum, Zanardelli, L`Avvocatura, 1891, Boucher d`Argis, Histoire Abrégée de l`Ordre des Avocats, Armando Vieira de Castro, da Advocacia, Jacques Hamelin e André Damien, Les Régles de la Profession d`Avocat, Luís da Silva Ribeiro, A Profissão de Advogado, 1923, Maurice Traves, Les Corporations d`Avocats sous l`Empire Romain, Charles de Fouchier, Régles de la Profession de l`Avocat à Rome, Paris, 1895, J. Veríssimo Álvaro da Silva, Memórias sobre a Forma dos Juízos nos Primeiros Séculos da Monarquia, Oliveira Marques, História de Portugal, Ordenações Afonsinas, Ordenações Manuelinas, Ordenações Filipinas, estudo do autor desta Notas, A Advocacia - Uma Síntese da sua Evolução Histórica, texto publicado nos Cadernos da Universidade Moderna.

4. Segundo certos autores, a advocacia de Estado terá tido origem na Prússia ao tempo de Frederico O Grande e foi posteriormente adoptada nas "democracias populares" sob a influência da URSS. Os advogados estão obrigatoriamente organizados colegialmente, mas sob a dependência directa do Estado e numa relação hierárquica típica do funcionalismo público. Trata-se de um tipo de organização profissional onde não existe respeito pelo princípio da independência, mas que entrou em declínio após a queda dos regimes comunistas do leste europeu.

5. Na advocacia livre, praticada nos EUA, Suíça, Noruega e Finlândia, a colegialidade não é obrigatória, ficando os advogados sob a alçada disciplinar dos magistrados quando no exercício da actividade judicial. A exigência de ética profissional é condição de aceitação e permanência nas associações profissionais mais respeitadas, pelo que o fiel cumprimento das regras deontológicas, genericamente idênticas, na sua essência, às regras da advocacia colegiada, é reconhecido, muito pragmaticamente, como factor determinante de uma boa carreira profissional.

6. A advocacia colegiada surgiu no espaço europeu como forma de compatibilização da independência da advocacia com o seu cariz de função de interesse público (exercício privado de uma função pública), sendo a inscrição numa entidade tutelar indispensável

à aquisição da condição profissional (Ordens, Colegios, Barreaux, etc). Estas entidades são, por lei, responsáveis pela organização e disciplina da profissão e exercem as suas atribuições mediante poderes delegados pelos Estados, que lhes reconhecem autonomia e independência. É hoje o modelo adoptado na maioria dos países europeus e nos de outros continentes que receberam a influência europeia, sendo o modelo de organização consolidado nos países de língua oficial portuguesa.

7. A Ordem dos Advogados Portugueses foi criada pelo Decreto 11.715 de 12 de Junho de 1926, dando corpo a uma reclamação da classe de muitos anos no sentido da criação de uma instituição capaz de defender a profissão e, simultaneamente, garantir as boas práticas no interesse dos cidadãos, sendo certo que já desde os primórdios do século dezanove ocorreram movimentos associativos privados que foram servindo de semente à futura Ordem e dos quais são exemplos a Associação Jurídica de Lisboa, a Associação Jurídica de Braga e a Sociedade Jurídica Portuense.

8. O advogado Luís da Silva Ribeiro, em A Profissão de Advogado, 1923, isto é, três anos antes da data da criação da Ordem, escreveu: *"sem organização, sem união, sem disciplina, que só a organização pode dar, a advocacia portuguesa por milagre tem sabido guardar fielmente a dignidade profissional; mas se, honra lhe seja feita, o tem conseguido até hoje, se ainda não desapareceram as tradições de honestidade do foro português, urge evitar que, no futuro, a onda de imoralidade que alastra, o espírito de extrema comercialização que tudo invade atinja uma profissão que só a virtude pode dignamente sustentar, e sendo com honra um grande valor social, sem ela se transformaria num flagelo".*

9. Nos n.ºs 1. e 2. deste artigo 1.º, à semelhança do que já sucedia no anterior E.O.A. de 2005, reitera-se a qualificação jurídica da Ordem dos Advogados como associação pública, reforçando-se e resolvendo-se definitivamente a sua natureza jurídica como pessoa colectiva de direito público, tema que ainda suscitou alguma querela no domínio do D. Lei 84/84 de 16 de Março, que aprovou o primeiro estatuto autónomo da Ordem dos Advogados após a revolução de 1974.

10. Assim, a Ordem dos Advogados Portugueses integra a administração autónoma e indirecta do Estado e está sujeita às regras do procedimento administrativo quando no exercício das suas atribuições, produzindo actos administrativos recorríveis para os tribunais administrativos, nos termos gerais de direito, exercendo em determinadas situações poderes de autoridade sobre os cidadãos. Vide, entre muitas outras referências, art. 267.º n.º 3 da C.R.P., preâmbulo e artigos 6.º a 8.º do presente diploma, e ainda Prof. Marcelo Caetano, in Manual de Direito Administrativo, 10.ª edição, II volume, pág. 388, Ac. S.T.J. de 23-5-85 em Bol. 347-227, Ac. do Conselho Superior de 12.12.80, em R.O.A. 41-245, Ac. do S.T.J. de 23-5-85, em Bol. 347-227, Parecer da Procuradoria-Geral da República n.º 9/82 em Bol. 324-377, Rogério Soares, a Ordem dos Advogados, uma Corporação Pública, Revista de Legislação e Jurisprudência 124-161, Diogo Freitas do Amaral, Lições de Direito Administrativo, Curso 1983/84, Orlando Guedes da Costa,

Direito Profissional do Advogado, 8.ª edição págs. 67 a 74 e Carlos Mateus – "Deontologia Profissional – Contributo para a formação dos Advogados Portugueses" – Póvoa – 2004.

11. As associações públicas profissionais são as entidades públicas de estrutura associativa representativas de profissões que devam ser sujeitas, cumulativamente, ao controlo do respectivo acesso e exercício, à elaboração de normas técnicas e de princípios e regras deontológicos específicos e a um regime disciplinar autónomo, por imperativo de tutela do interesse público prosseguido, estando presentemente reguladas pela Lei n.º 2/2013 – Leis das Associações Públicas Profissionais (L.A.P.P.).

12. De acordo com o n.º 2 do artigo 4.º da L.A.P.P. em tudo o que nela, na respectiva lei de criação e nos estatutos das associações profissionais não estiver regulado, são subsidiariamente aplicáveis: *a)* No que respeita às suas atribuições e ao exercício dos poderes públicos que lhes sejam conferidos, o Código do Procedimento Administrativo, com as necessárias adaptações, e os princípios gerais de direito administrativo; *b)* No que respeita à sua organização interna, as normas e os princípios que regem as associações de direito privado.

13. A Ordem dos Advogados, não obstante as autonomias orgânicas conferidas aos seus diversos órgãos regionais e locais, é dotada de personalidade jurídica unitária à escala nacional e tem a sua sede em Lisboa, no antigo Palácio da Regaleira, ao Largo de S. Domingos, 14, em instalações inauguradas em 24 de Maio de 1939. Esteve instalada primeiro na Rua da Emenda, onde teve sede a Associação dos Advogados de Lisboa. A Caixa de Previdência dos Advogados e Solicitadores veio a adquirir o Palácio da Regaleira em 26 de Janeiro de 1960, que posteriormente arrendou parcialmente à Ordem, em 6 de Abril de 1977. Aí estão presentemente a funcionar os serviços do Conselho Geral e do Conselho Superior, bem como os da Caixa de Previdência dos Advogados e Solicitadores. Os Conselhos Regionais possuem instalações próprias para funcionamento dos seus serviços administrativos e de formação, sendo igualmente utilizadas pelos Conselhos de Deontologia.

14. Como corolários do princípio da independência, estruturante do nosso edifício deontológico, veja-se, a título exemplificativo, os artigos 66.º n.º 3, 69.º, 73.º n.º 3., 81.º n.ºs 1., 2. e 4, 89.º, 90.º 2. *b)*, 100.º 1. *a)* e *c)*, 106.º, o ponto 2.1. do C.D.A.E. (princípio da independência absoluta) e ainda os artigos 12.º n.º 3 e 13.º n.ºs 1 e 2 da Lei da Organização do Sistema Judiciário (Lei n.º 62/2013 de 26 de Agosto).

15. Quanto aos afloramentos normativos do princípio de interesse público da profissão são eles ainda mais abundantes, podendo ser referidos, exemplificativamente, no actual E.O.A. os artigos 3.º, 7.º, 8.º, 66.º, 70.º, 72.º, 79.º, 81.º n.º 2, 88.º, 90.º, 92.º, 94.º, 100.º n.º 2., 110.º e 120.º.

16. O interesse público da advocacia decorre do reconhecimento do seu papel como garante da liberdade dos direitos dos cidadãos e da sua função de representante destes

junto do poder judicial e da administração pública, sendo por isso essencial no plano da administração da justiça e no desenvolvimento e realização do direito, como foi consagrado constitucionalmente na IV Revisão Constitucional (introdução do artigo 208.º da CRP).

17. Veja-se o estudo sobre a Ordem dos Advogados de autoria de Alberto Luís na R.O.A., ano 60, Dezembro de 2000.

18. O C.C.B.E. (Conseil des Barreaux Européens) foi fundado em 1960 numa época em que as implicações da C.E.E. na profissão de advocacia começaram a fazer-se sentir e a ser reflectidas com maior profundidade. Para melhor estudo sobre a história do C.C.B.E., leia-se History of the C.C.B.E./May 2005, no site www.ccbe.org/doc/histoire/en/sommaire_en.htm.

19. Em 6 de Abril de 2006, o C.C.B.E., sob a Presidência do advogado português Manuel Cavaleiro Brandão, apresentou à Comissão Europeia um Parecer sobre o Relatório de 2004 relativo à concorrência nas profissões liberais, onde toma importantes posições sobre a profissão e o seu interesse público, afirmando a certo passo que o CCBE *"lamenta que os aspectos não económicos sejam tantas vezes minimizados ou esquecidos nos debates actuais sobre a regulação da profissão da advocacia."* E acrescenta-se, *"a profissão de advogado serve a administração da justiça e o Estado de direito. Os seus valores não são essencialmente de natureza económica, considerando o C.C.B.E. como sendo uma atitude errónea e simplista assentar uma revisão da profissão unicamente em termos económicos"*. Pode consultar-se este Parecer na íntegra, em versão de língua francesa, no Portal da Ordem dos Advogados www.oa.pt/conteudos/artigos.

20. Sobre os princípios básicos relativos à função dos advogados, veja-se o Anexo á Resolução tomada no VIII Congresso das Nações Unidas para a Prevenção do Crime e o Tratamento dos Delinquentes, de Agosto/Setembro de 1990, in www.oa.pt/conteúdos/artigos.

21. A advocacia foi honrada e dignificada de forma a não poder deixar de merecer aqui registo e louvor, em acto público de doutoramento do Advogado Modesto Barcia Lago, ex-Decano do Colegio de Abogados de Pontevedra e do Consello Geral da Abogacia Espanhola, ocorrido em 15 de Fevereiro de 2007, no Polo de Ourense da Universidade de Vigo, defendendo como tese o tema "Abogacia y Cidadania – Génesis y Desarrollo Histórico da la Abogacia Ibérica como Proféssion Jurídica", através de uma brilhante exposição da magnífica monografia que sobre o mesmo título constitui verdadeiro hino à advocacia.

22. O C.C.B.E, tendo por finalidade essencial a adaptação do texto do seu Código Deontológico aos ditames da Directiva de 1998 sobre o direito de estabelecimento, aprovou, em sessão plenária de 19 de Maio de 2006, o Código de Deontologia dos Advogados Europeus, cuja tradução para língua portuguesa foi aprovada como regulamento interno

pelo Conselho Geral da Ordem dos Advogados pela Deliberação n.º 2511/2007 (2.ª serie de 7 de Dezembro de 2007).

23. O modelo da advocacia colegiada e o papel fundamental da Ordem dos Advogados como associação pública e defesa da deontologia como elemento essencial da função do advogado na óptica dos interesses dos cidadãos, foram tópicos vivamente reafirmados e sustentados como pilares do Estado de Direito nas conclusões extraídas dos trabalhos do I Congresso Internacional dos Advogados de Língua Portuguesa que se realizou em Lisboa no mês de Março de 2010. Para melhor conhecimento das conclusões aprovadas nas 3 Sessões Plenárias, veja-se o Portal da OA – www.oa.pt.

24. Estabelece o artigo 14.º da Lei n.º 16/2013 de 26 de Agosto – Lei da Organização do Sistema Judiciário – que a Ordem dos Advogados tem direito ao uso exclusivo de instalações nos edifícios dos tribunais judiciais que lhes sejam reservadas pelo presidente do tribunal, podendo, através de protocolo, ser definida a repartição dos encargos, em matéria de equipamentos e de custos com conservação e manutenção.

25. O n.º 2 deste artigo 1.º consagra a autonomia e independência da Ordem dos Advogados, enquanto associação pública, para o exercício da função regulamentar, não tendo logrado vencimento na Assembleia da República a tentativa de redução pelo Governo do seu poder regulamentar já que, pela versão do artigo 227.º n.º 2 da proposta de lei, os regulamentes atinentes aos estágios, provas de acesso à profissão e às especialidades profissionais só produziriam efeitos após homologação do membro do Governo responsável pela área da justiça.

26. Veja-se sob o tema da tutela legal sobre a Ordem dos Advogados o actual artigo 227.º do E.O.A..

27. O 8.º Congresso dos Advogados Portugueses reuniu em Junho de 2018, na cidade de Viseu, tendo sido organizado em torno de quatro grandes temas centrais, a saber, Identidade da Profissão, Tutela dos Direitos, Administração da Justiça e Aperfeiçoamento da Ordem Juridica, podendo as suas Conclusões ser consultadas no Portal da Ordem dos Advogados.

28. Citando M.Cresson, lema da candidatura da Bastonária Fernanda de Almeida Pinheiro, "Há lugar para todos os Advogados na Ordem dos Advogados; este adágio é uma verdade; a profissão de Advogado não é um privilégio, não é fechada, nunca o foi. Pelo contrário, abre-se diante da vocação de todos aqueles que anima o gosto do trabalho, o sentimento delicado da honra e o amor à independência."

Artigo 2.º – Âmbito

1 – A Ordem dos Advogados tem âmbito nacional e está internamente estruturada em sete regiões:

a) Lisboa;

b) Porto;
c) Coimbra;
d) Évora;
e) Faro;
f) Açores;
g) Madeira.

2 – As atribuições e competências da Ordem dos Advogados são extensivas à atividade dos advogados e advogados estagiários nela inscritos no exercício da respetiva profissão fora do território português.

3 – As regiões referidas no n.º 1 têm a correspondência territorial constante do anexo ao presente Estatuto, do qual faz parte integrante.

4 – As sedes das regiões são, respetivamente, Lisboa, Porto, Coimbra, Faro, Évora, Ponta Delgada e Funchal.

NOTAS:

1. Este artigo reorganiza a estrutura territorial da Ordem dos Advogados com base no conceito das Regiões em substituição dos anteriores distritos judiciais, mantendo como sedes Lisboa, Porto, Coimbra, Faro, Évora, Ponta Delgada e Funchal, em conformidade com as sedes dos anteriores Conselhos Distritais, recorrendo agora aos municípios para definição das áreas de cada região, em conformidade com o Anexo integrante da Lei que aprovou o E.O.A..

2. A Lei 2/2013 de 10 de Janeiro – L.A.P.P. – estabelece no seu artigo 13.º que as associações públicas têm âmbito nacional, mas podem compreender estruturas regionais e locais, às quais incumbe a prossecução das suas atribuições na respectiva área territorial, nos termos dos estatutos.

3. A Ordem dos Advogados Portugueses, em função do princípio da territorialidade estabelecido neste preceito, exerce jurisdição sobre todos os profissionais nacionais ou estrangeiros que nela se encontrem inscritos ou apenas registados e que exerçam actividade em Portugal, mantendo essa jurisdição, agora por força do princípio da personalidade, mesmo quando o exercício da actividade ocorra no estrangeiro em relação aos advogados nacionais e estrangeiros inscritos em Portugal a título permanente – Vide artigos 61.º e 204.º a 209.º do E.O.A..

4. O Código Deontológico dos Advogados Europeus (C.D.A.E.), publicado em anexo, define as regras uniformes aplicáveis a todos os advogados do espaço económico europeu, qualquer que seja a Ordem de Advogados a que pertençam, tendo ainda por objectivo específico a atenuação das dificuldades resultantes da dupla deontologia. Assim, os advogados portugueses quando em práticas profissionais transfronteiriças, como tal se considerando os contactos com advogados de outros Estados-Membros da

UE ou práticas de actos próprios em território de outro Estado que não o de sua origem, estão obrigados à observância das regras deontológicas que emanam do C.D.A.E.

5. Quanto ao exercício da actividade de advocacia, em Portugal, por advogados estrangeiros, veja-se os artigos 201.º n.º 1 (regra geral), artigos 203.º a 210.º (advogados e sociedades de advogados provenientes de Estados Membros da UE) e artigo 201.º n.º 2. (advogados brasileiros).

6. Vide sob este tema Orlando Guedes da Costa, Direito Profissional do Advogado, Almedina, 8.ª edição, págs. 112 a 141.

7. O Regulamento de Inscrição de Advogados e Advogados Estagiários – Regulamento n.º 913-C/2015, de 23 de Dezembro de 2015, concentra num só diploma a matéria regulamentar de inscrições de advogados e advogados estagiários nacionais e estrangeiros, contemplando os diversos regimes acolhidos no E.O.A., como sejam os advogados estrangeiros em regime de reciprocidade, os advogados brasileiros e os provenientes dos Estados Membros da União Europeia, visando ainda a modernização e uniformização dos procedimentos internos da Ordem dos Advogados, em obediência ao princípio da igualdade.

Artigo 3.º – Atribuições da Ordem dos Advogados

Constituem atribuições da Ordem dos Advogados:

a) Defender o Estado de Direito e os direitos, liberdades e garantias dos cidadãos e colaborar na administração da justiça;

b) Assegurar o acesso ao direito, nos termos da Constituição;

c) Atribuir o título profissional de advogado e certificar a qualidade de advogado estagiário, bem como regulamentar o acesso e o exercício da respetiva profissão;

d) Zelar pela função social, dignidade e prestígio da profissão de advogado, promovendo a formação inicial e permanente dos advogados e o respeito pelos valores e princípios deontológicos;

e) Representar a profissão de advogado e defender os interesses, direitos, prerrogativas e imunidades dos seus membros, denunciando perante as instâncias nacionais e internacionais os atos que atentem contra aqueles;

f) Reforçar a solidariedade entre os advogados;

g) Exercer, em exclusivo, poder disciplinar sobre os advogados e advogados estagiários;

h) Promover o acesso ao conhecimento e aplicação do direito;

i) Contribuir para o desenvolvimento da cultura jurídica e aperfeiçoamento da elaboração do Direito;

j) Ser ouvida sobre os projetos de diplomas legislativos que interessem ao exercício da advocacia e ao patrocínio judiciário em geral e propor as alterações legislativas que se entendam convenientes;

k) Contribuir para o estreitamente das ligações com organismos congéneres estrangeiros;

l) Exercer as demais atribuições que resultem das disposições do presente Estatuto ou de outros diplomas legais, designadamente do artigo 5.º da Lei n.º 2/2013, de 10 de janeiro.

NOTAS:

1. Neste artigo são genericamente reproduzidas as atribuições antes previstas na Lei n.º 15/2005 de 26 de Janeiro, sendo de registar e aplaudir a manutenção da formação inicial e permanente dos advogados como uma das atribuições fundamentais da Ordem dos Advogados. Vide ainda os artigos 46.º 1. *g)* e 50.º *h)* do E.O.A..

2. É igualmente mantida, na alínea *g)*, o princípio da auto-regulação em matéria disciplinar, pelo qual apenas cabe à Ordem dos Advogados o exercício da acção disciplinar sobre advogados e advogados estagiários, assim se excluindo a possibilidade legal de apreciação das suas práticas profissionais por qualquer outro poder tutelar, designadamente pelas magistraturas, o que se revela de especial relevância para a interpretação do regime legal das condenações por litigância de má fé instrumental, imputável aos advogados, nos termos do artigo 545.º do actual C. P. Civil. Assim, cabendo o exercício da acção disciplinar em exclusivo à Ordem dos Advogados, em caso de indiciação de má fé instrumental, deve o juiz limitar-se a mandar extrair e remeter certidão à Ordem dos Advogados para apuramento da eventual responsabilidade disciplinar, ficando a fixação e graduação das custas, multa e eventual indemnização dependentes dessa apreciação em concreto.

3. O acesso ao direito é garantido pela Ordem dos Advogados no regime mais amplo da protecção jurídica dos cidadãos mais carenciados, que foi regulado pela Lei 34/2004 de 29 de Julho e demais legislação complementar, designadamente pela Lei 47/2007, de 28 de Agosto de 2007, que a republicou.

4. Ver ainda, sobre o regime do acesso ao direito, o Regulamento de Organização e Funcionamento do Sistema de Acesso ao Direito e aos Tribunais na Ordem dos Advogados, publicado em Anexo.

5. A acção disciplinar atribuída por lei à Ordem dos Advogados é exercida nos termos dos artigos 114.º a 168.º deste Estatuto e do Regulamento Disciplinar n.º 668-A/2015, de 5 de Outubro de 2015.

6. Uma das tradicionais atribuições da Ordem no âmbito da defesa dos interesses dos seus membros, é a de tentar obter, mediante parcerias com outras entidades, vantagens ou benefícios para os advogados e advogados estagiários na aquisição de bens

ou serviços a terceiros. O conjunto destes benefícios pode ser consultado no Portal da Ordem dos Advogados.

7. Quanto às atribuições das associações públicas, em geral, veja-se o que estabelece o artigo 5.º da Lei 2/2013 de 19 de Janeiro, sendo de registar, pelo seu especial significado, a consagração do princípio de que, embora lhes cumpra a defesa dos interesses gerais dos destinatários dos seus serviços e a representação e a defesa dos interesses gerais da profissão, lhes está vedado o exercício ou participação em actividades de natureza sindical ou que se relacionem com a regulação das relações económicas ou profissionais dos seus membros, assim como estabelecer restrições à liberdade de acesso à profissão, por acto ou regulamento, que não estejam previstas na lei.

8. Nesta linha, o actual artigo 3.º do EOA aditou, na sua alínea *e)*, o dever de denúncia pela Ordem dos Advogados perante as instâncias nacionais e estrangeiras dos actos que atentem contra os interesses, direitos, prerrogativas e imunidades dos advogados.

9. No dia 29 de Junho de 2017, a Ordem dos Advogados organizou uma sessão comemorativa do 150º aniversário da abolição da pena de morte em Portugal, facto devidamente realçado pela sua Comissão dos Direitos Humanos, Questões Sociais e Assuntos da Natureza, em Comunicado divulgado no seio da Classe. Nele é invocado Miguel Torga, a quem não resistimos de, por sua vez, prestar a devida homenagem, citando o que dele aí foi transcrito:

"A tragédia do homem, cadáver adiado, como lhe chamou Fernando Pessoa, não necessita dum remate extemporâneo no palco. É tensa bastante para dispensar um fim artificial, gizado por magarefes, megalómanos, potentados, racismos e ortodoxias. Por isso, humanos que somos, exijamos de forma inequívoca que seja dado a todos os povos um código de humanidade. Um código que garanta a cada cidadão o direito de morrer a sua própria morte" – Palavras de Miguel Torga proferidas em colóquio internacional comemorativo da abolição da pena de morte, realizado em Coimbra, em 1967.

10. A Ordem dos Advogados deve ser a voz activa dos direitos humanos dentro das prisões, exigindo que as regras penitenciárias europeias sejam escrupulosamente cumpridas em Potugal, obstando à violação sistemática dos direitos humanos; e aos Advogados impõe-se que sejam vigilantes e actuantes quanto aos excessos cometidos pelos tribunais portugueses na determinação das penas de prisão e no ilegítimo prolongamento da execução dessas penas, garantindo-se ainda o direito dos reclusos a ser assistidos obrigatoriamente por advogado nos procedimentos disciplinares e em todos os processos judiciais. Estas, em síntese, algumas das mais relevantes conclusões aprovadas no 8.º Congresso dos Advogados Portugueses, realizado em Viseu, em Junho de 2018.

11. Todavia, a Ordem dos Advogados, como associação pública, deve assumir como sendo a mais relevante, exigente e dignificante das suas atribuições legais e constitucionais, a defesa intransigente do Estado de direito democrático e dos direitos e garantias

fundamentais dos cidadãos, em constante articulação com os artigos 1.º e 2.º da Constituição da República Portuguesa.

Artigo 4.º – Previdência social

A previdência social dos advogados é realizada pela Caixa de Previdência dos Advogados e Solicitadores nos termos das disposições legais e regulamentares aplicáveis.

NOTAS:

1. A previdência social dos advogados cabe à Caixa de Previdência dos Advogados e Solicitadores, pessoa colectiva distinta da Ordem dos Advogados, criada pelo Decreto-Lei n.º 36.550 de 22 de Outubro de 1947 e que se rege pelo Regulamento da Caixa de Previdência dos Advogados e Solicitadores, aprovado pelo Decreto-Lei n.º 119/2015, de 29 de Junho, alterado pelo Decreto-Lei n.º 116/2018 de 21 de Dezembro de 2018.
2. Os advogados possuem um regime de previdência próprio e autónomo, que resultou de uma opção da classe em não aceitar a sua integração no sistema de segurança social dos trabalhadores independentes – cfr. o n.º 5 do artigo 26.º do Decreto Lei 8/82 de 13 de Janeiro.
3. Sobre a autonomia da Caixa de Previdência em relação à Ordem dos Advogados e do regime de previdência em relação ao regime geral, ver Orlando Guedes da Costa, em Direito Profissional do Advogado, Almedina, 8.ª edição, pág. 453.

Artigo 5.º – Representação da Ordem dos Advogados

1 – A Ordem dos Advogados é representada em juízo e fora dele pelo bastonário, pelos presidentes dos conselhos regionais e pelos presidentes das delegações ou pelos delegados, conforme se trate, respetivamente, de atribuições do conselho geral, dos conselhos regionais ou das delegações.

2 – Para defesa de todos os seus membros em todos os assuntos relativos ao exercício da profissão ou ao desempenho de cargos nos órgãos da Ordem dos Advogados, quer se trate de responsabilidades que lhes sejam exigidas, quer de ofensas contra eles praticadas, pode a Ordem exercer os direitos de assistente ou conceder patrocínio em processos de qualquer natureza.

3 – A Ordem dos Advogados, quando intervenha como assistente em processo penal, pode ser representada por advogado diferente do constituído pelos restantes assistentes, se os houver.

NOTAS:

1. Quanto às situações não especialmente previstas no n.º 1, deve entender-se que a competência genérica para representação da Ordem cabe ao Bastonário, por força do disposto no artigo 40.º 1. *a)* e *b)* do E.O.A..

2. A matéria constante do n.º 2 está intimamente associada à garantia ou prerrogativa profissional, conferida aos advogados no artigo 71.º do E.O.A., de poderem solicitar a intervenção da Ordem na defesa dos seus direitos ou dos legítimos interesses da classe quando ofendidos. A Ordem, em função da graduação da importância do valor dos interesses em risco, pode optar por conceder patrocínio em processos de qualquer natureza ou pode, ela própria, assumir uma directa intervenção nessa defesa. Esta intervenção directa é, por regra, reservada à tutela de princípios deontológicos fundamentais como, por exemplo, o do sigilo profissional, e tanto pode assumir a natureza de uma intervenção principal em processo cível, como a de constituição de assistente em processo penal.

3. A concessão de patrocínio traduz-se na nomeação de um advogado para assistir e, eventualmente, representar o advogado ofendido, mantendo desse patrocínio informada a Ordem dos Advogados, podendo o advogado nomeado desenvolver a defesa em conjunto com o advogado mandatado, se o houver.

4. A competência para deliberar sobre a matéria da intervenção institucional da Ordem, nos termos desta disposição, cabe ao Conselho Geral, como decorre do artigo 46.º n.º 1. *u)* do E.O.A., embora na prática se venha verificando, dada a urgência de algumas dessas intervenções, que as medidas de protecção são geralmente tomadas, em primeira mão, pelos Conselhos Regionais ou pelos Presidentes dos Conselhos Regionais, sob condição de ratificação posterior pelo Conselho Geral.

5. Nos termos do artigo 4.º n.º 3 do Regulamento Nacional de Estágio, cabe ao presidente da C.N.E.F. (Comissão Nacional de Estágio e Formação), sempre que o Bastonário entender conveniente, a representação da Ordem dos Advogados nos eventos nacionais ou internacionais que se relacionem, pelo seu objecto, com interesses específicos do estágio ou da formação dos advogados.

Artigo 6.º – Recursos

1 – Os atos praticados pelos órgãos da Ordem dos Advogados no exercício das suas atribuições admitem os recursos hierárquicos previstos no presente Estatuto.

2 – O prazo de interposição de recurso é de 15 dias, quando outro não se encontre especialmente previsto na lei.

3 – Dos atos praticados pelos órgãos da Ordem dos Advogados cabe, ainda, recurso contencioso para os tribunais administrativos, nos termos gerais de direito.

NOTAS:

1. Sobre a jurisdição dos tribunais administrativos para fiscalização da legalidade dos actos administrativos praticados pela Ordem dos Advogados, ver a alínea d) do n.º 1 artigo 4.º do Estatuto dos Tribunais Administrativos e Fiscais.

2. A Ordem dos Advogados é uma pessoa colectiva de direito público sob a forma de associação pública, integrando a administração indirecta e autónoma do Estado – Vide artigo 1.º do E.O.A. e anotações 9, 10 e 11.

3. O prazo geral previsto no n.º 2 respeita aos recursos hierárquicos, o qual cede quando em causa estejam prazos especiais, como sucede para a interposição do recurso das decisões disciplinares notificadas através de edital, conforme artigo 165.º n.º 1 do E.O.A..

4. Sendo a Ordem dos Advogados uma pessoa colectiva de direito público, os prazos aplicáveis nos seus procedimentos internos seguem os termos previstos no Código de Procedimento Administrativo, salvo quando o contrário for especialmente previsto por lei.

Artigo 7.º – Correspondência e requisição oficial de documentos

No exercício das suas atribuições legais podem os órgãos da Ordem dos Advogados corresponder-se com quaisquer entidades públicas, autoridades judiciárias e policiais, bem como órgãos de polícia criminal, podendo requisitar, com isenção de pagamento de despesas, documentos, cópias, certidões, informações e esclarecimentos, incluindo a remessa de processos em confiança, nos termos em que os organismos oficiais devem satisfazer as requisições dos tribunais judiciais.

NOTAS:

1. Vide anotação 15.ª ao artigo 1.º.

2. De acordo com Alfredo Gaspar, Estatuto Anotado, quem não satisfizer a requisição da Ordem incorrerá na prática do crime de denegação de justiça, previsto e punido actualmente pelo artigo 369.º do Código Penal.

Artigo 8.º – Dever de colaboração

1 – Todas as entidades públicas, autoridades judiciárias e policiais, bem como os órgãos de polícia criminal, têm o especial dever de prestar total colaboração aos órgãos da Ordem dos Advogados, no exercício das suas funções.

2 – Os particulares, sejam pessoas singulares ou coletivas, têm o dever de colaboração com os órgãos da Ordem dos Advogados no exercício das suas atribuições.

NOTAS:

1. Ao contrário do que sucedia no Estatuto Judiciário de 1962 (Vide n.ºs 3 e 6 do artigo 658.º), que previa a pena de multa para a violação pelos particulares do dever de colaboração com a Ordem dos Advogados, não existe no actual Estatuto qualquer sanção específica, embora não pareça inadequado o entendimento de que tal violação, em determinadas circusntâncias, possa corresponder ao crime de desobediência previsto e punido no artigo 348.º do Código Penal, já que a Ordem dos Advogados, no desempenho das suas atribuições e quando na prossecução de interesse público, goza de um verdadeiro poder de autoridade sobre os cidadãos.

2. Na redacção actual desta norma, que corresponde à versão anterior do E.O.A. de 2005, esclarece-se que o dever de colaboração é extensivo às entidades públicas, autoridades judiciárias, policiais e órgãos de polícia criminal, assim como aos particulares, sejam pessoas singulares ou colectivas.

CAPÍTULO II - Órgãos da Ordem dos Advogados

SECÇÃO I - Disposições gerais

Artigo 9.º - Enumeração

1 - A Ordem dos Advogados prossegue as atribuições que lhe são conferidas no presente Estatuto e demais legislação através dos seus órgãos próprios.

2 - São órgãos nacionais da Ordem dos Advogados:

a) O congresso dos advogados portugueses;

b) A assembleia geral;

c) O bastonário;

d) O presidente do conselho superior;

e) O conselho superior;

f) O conselho geral;

g) O conselho fiscal.

3 - São órgãos regionais e locais da Ordem dos Advogados:

a) As assembleias regionais;

b) Os conselhos regionais;

c) Os presidentes dos conselhos regionais;

d) Os conselhos de deontologia;

e) Os presidentes dos conselhos de deontologia;

f) As assembleias locais;

g) As delegações e os delegados.

4 – A hierarquia protocolar dos titulares dos órgãos da Ordem dos Advogados é a seguinte:

a) O bastonário;

b) O presidente do conselho superior;

c) O presidente do conselho fiscal;

d) Os membros do conselho superior, do conselho geral e do conselho fiscal;

e) Os presidentes dos conselhos regionais e dos conselhos de deontologia;

f) Os membros dos conselhos regionais e dos conselhos de deontologia;

g) Os presidentes das delegações e os delegados.

NOTAS:

1. Com a entrada em vigor da Lei 2/2013 de 10 de Janeiro (L.A.P.P.), a Ordem dos Advogados teve obrigatoriamente de se reorganizar em obediência ao princípio da separação de poderes e assim passar a ter uma assembleia representativa com poderes deliberativos gerais, um órgão executivo colegial para o exercício de funções de direção, de gestão administrativa e financeira e de representação externa, um órgão de supervisão com a responsabilidade de velar pela legalidade da sua actividade e de controlo sobre a acção disciplinar e, finalmente, um órgão de fiscalização da gestão patrimonial e financeira, incluindo um revisor oficial de contas.

2. Contudo, a orgânica interna da Ordem dos Advogados prevista neste E.O.A. afasta-se do modelo previsto na L.A.P.P. para a assembleia deliberativa, optando-se pela continuidade de uma assembleia geral constituída por todos os advogados inscritos e não pela criação de uma assembleia representativa a ser eleita por sufrágio universal, directo, secreto e periódico e pelo sistema de representação proporcional, conforme apontado pelos n.ºs 7 e 8 do artigo 15.º da L.A.P.P.

3. Prevê ainda a mesma Lei 2/2013 de 10 de Janeiro (L.A.P.P.) a criação facultativa de um Provedor, nos termos do seu artigo 20.º, com a função de defender os interesses dos destinatários dos serviços profissionais prestados pelos advogados, remetendo para os estatutos a possibilidade de criação de órgãos para o exercício das funções disciplinares em primeira instância, pelo que assim se mantiveram os já existentes Conselhos de Deontologia, enquadrados hierarquicamente pelo Conselho Superior, enquanto órgão de supervisão e de última instância, tal como vem previsto na alínea *c)* do n.º 2 do artigo 15.º da Lei.

4. O primeiro Congresso realizou-se em Lisboa no ano de 1972 e foi institucionalizado através do D. Lei 84/84 de 16 de Março.

5. Os Conselhos de Deontologia foram criados pela Lei 80/2001 de 20 de Julho, que introduziu a sexta alteração do Estatuto da Ordem dos Advogados, na sequência do entendimento de que seria inconstitucional a concentração num mesmo órgão – Conselho

Distrital – de poderes deliberativos de natureza administrativa e de poderes decisórios de natureza jurisdicional no âmbito do exercício da acção disciplinar.

6. Justificaram-se ainda os Conselhos de Deontologia pelo facto de tal concentração ser causa de reconhecido factor de ineficácia no exercício da acção disciplinar, com inerente quebra do controlo deontológico da advocacia, o que motivara já os Conselhos Distritais de Lisboa e Porto, onde a pendência processual era mais elevada, à criação de secções disciplinares com grande autonomia e serviços próprios, que assim foram as antecessoras dos posteriores Conselhos de Deontologia.

7. Os Conselhos de Deontologia são os únicos órgãos colegiais da Ordem dos Advogados, a par do Congresso (vide artigo 30.º n.º 3 do E.O.A.), onde os seus membros são eleitos através do método de representação proporcional (vide artigo 10.º n.º 7), sendo todos os membros dos demais órgãos, incluindo o Conselho Superior, eleitos pelo sistema de listas completas.

8. A estrutura orgânica da Ordem dos Advogados Portugueses reflecte uma tentativa de harmonização do princípio da descentralização de poderes em órgãos regionais e locais, eleitos em assembleias regionais e locais, com os poderes centrais exercidos pelos órgãos nacionais eleitos em assembleia geral nacional, através de uma complexa rede de autonomias administrativas e financeiras, tecida cumulativamente com relações funcionais hierárquicas, num todo que constitui o corpo da pessoa colectiva a quem a lei atribui personalidade jurídica – vide artigo 1.º n.º 3 do E.O.A.. Nesta malha institucional coexistem ainda as Delegações e os Delegados, aquelas com uma autolegitimação muito própria, já que não dependem do voto que legitima os demais órgãos nacionais e regionais, sendo dotadas igualmente de fortes autonomias e competências – Vide artigos 60.º a 64.º do E.O.A. e artigos 32.º a 48.º do Regulamento Eleitoral.

9. De salientar ainda a consagração dos Agrupamentos de Delegações, introduzidos de forma pioneira no nosso E.O.A. no quadro orgânico do revogado Estatuto de 2005, com base numa realidade inicialmente ensaiada pelo Conselho Distrital de Évora, ao sentir a necessidade de novas funcionalidades intermédias, designadamente para a garantia de implementação de uma rede nacional descentralizada de formação inicial e permanente, bem como para a total implementação do regime legal do apoio judiciário.

10. No VIII Congresso dos Advogados Portugueses, realizado em Junho de 2018, foram aprovadas conclusões defendendo a independência económica ou financeira do Conselho Superior e dos Conselhos de Deontologia, objectivo desde há muito reconhecido como essencial para garantia da independência funcional entre os órgãos administrativos e jurisdicionais da Ordem dos Advogados, o que ainda não foi totalmente consagrado na posterior regulamentação aprovada quanto ao seu regime financeiro.

Artigo 10.º – Caráter eletivo e temporário do exercício dos cargos sociais

1 – Sem prejuízo do estabelecido no artigo 62.o, os titulares dos órgãos da Ordem dos Advogados são eleitos por um período de três anos civis.

2 – Não é admitida a reeleição de titulares dos órgãos da Ordem para um terceiro mandato consecutivo, para as mesmas funções.

3 – O impedimento de renovação do mandato referido no número anterior não se aplica ao mandato que tiver tido uma duração inferior a um ano.

4 – Os titulares de qualquer órgão da Ordem dos Advogados só podem ser eleitos para o mesmo órgão decorrido o período de um mandato completo após a cessação de funções no órgão em causa.

5 – A eleição para o cargo de bastonário é feita em simultâneo com a eleição para o conselho geral, sendo eleita a lista que obtiver mais de metade dos votos validamente expressos, não se considerando como tal os votos nulos ou em branco, e designado como bastonário o primeiro candidato da lista vencedora.

6 – Se nenhuma das listas concorrentes a bastonário e conselho geral obtiver o número de votos referidos no número anterior, procede-se a segundo sufrágio, a realizar até ao vigésimo dia subsequente à primeira votação, ao qual concorrem as duas listas mais votadas no primeiro sufrágio.

7 – A eleição para os conselhos de deontologia é efetuada de forma a assegurar a representação proporcional de acordo com o método da média mais alta de Hondt.

8 – Não é impedimento à candidatura:

a) A bastonário, o facto de o candidato ter pertencido em mandatos anteriores ao conselho geral;

b) A um determinado órgão, o facto de o candidato ter sido membro deste em mandatos anteriores por inerência de funções.

NOTAS:

1. Os mandatos pelo período de três anos civis não se nos afigura ser a solução mais aconselhável tendo em conta a necessidade de tempo e estabilidade para a execução de políticas de reforma e pela instabilidade que gera nos trabalhos dos órgãos em exercício com a proximidade das fases eleitorais.

2. Seria de ponderar, de acordo com a boa experiência espanhola, a realização das eleições em fase intercalar dos mandatos, decorrendo a segunda fase destes com a participação conjunta de alguns dos novos membros eleitos com outros do mandato cessante, assim se assegurando uma eficaz continuidade das políticas em curso e uma transição de poderes sem quebras de eficácia pelo desconhecimento dos assuntos pendentes.

3. A ressalva do disposto no artigo 62.º resulta do facto de os Delegados não serem eleitos, mas antes directamente nomeados pelos Conselhos Regionais, pelo que não

estão sujeitos à limitação temporal dos mandatos dos demais órgãos da Ordem, sem prejuízo de caducidade das nomeações com a extinção do mandato dos Conselhos Regionais – Cfr. artigo 54.º alíneas *n)* e *o)* do E.O.A..

4. Não é admitida agora a reeleição para um terceiro mandato consecutivo para as mesmas funções em relação a todos os titulares da Ordem, solução que anteriormente apenas se verificava para o Bastonário.

5. Foi eliminada a renovação forçosa dos órgãos colegiais em cada mandato, com excepção dos Conselhos de Deontologia, onde se impõe a obrigatória substituição de, no mínimo, um terço dos seus membros, como já sucedia pelo anterior n.º 3 do artigo 10.º da Lei 15/2005 de 26 de Janeiro.

6. A Lei 2/2013 de 10 de Janeiro (L.A.P.P.) permitia que os mandatos passassem a ter a duração de quatro anos, acolhendo-se o sistema de eleição de representação proporcional para os órgãos da assembleia representativa e de supervisão, mas não foi esta a solução do legislador para a eleição do Conselho Superior.

7. Já a eleição do Presidente ou Bastonário passa a ser realizada em conformidade com a L.A.P.P, ou seja, em consonância com o regime previsto constitucionalmente para o Presidente da República, com as necessárias adaptações, o que equivale a uma eleição a duas voltas; esta alteração era há muito defendida e reclamada por um expressivo sector da advocacia, com inerente acolhimento nos diversos Congressos mais recentemente realizados, pelo que é de aplaudir esta solução por se crer poder contribuir para uma maior coesão da nossa vida institucional.

Artigo 11.º – Eleição dos titulares

1 – Só podem ser eleitos ou designados para quaisquer órgãos da Ordem os advogados com inscrição em vigor e no pleno exercício dos seus direitos.

2 – Para os cargos de bastonário, presidente e membros do conselho superior, presidentes dos conselhos regionais e presidentes e membros dos conselhos de deontologia só podem ser eleitos advogados com, pelo menos, 10 anos de exercício da profissão e, para o conselho geral e para os conselhos regionais, advogados com, pelo menos, cinco anos de exercício da profissão.

3 – O disposto no n.º 1 não é aplicável ao revisor oficial de contas que integrar o conselho fiscal, com inscrição em vigor na respetiva associação pública profissional.

NOTAS:

1. Tendo em consideração o disposto nos artigos 18.º n.º 1 e 130.º n.º 11, resulta que, não obstante ter sido eliminada deste preceito, subsiste como condição de elegibilidade a ausência de punição disciplinar superior a advertência.

2. A pena de advertência é a mais leve no elenco das sanções disciplinares – vide artigo 130.º do E.O.A..

3. Pelo artigo 18.º n.º 1, a condenação em pena superior a advertência implica a caducidade do mandato para o exercício de qualquer cargo electivo da Ordem dos Advogados, enquanto pelo artigo 130.º n.º 11 idêntica condenação determina a imediata destituição do cargo, o que configura incongruência a ser reparada em futura revisão do E.O.A..

4. Mantém-se em 10 anos o tempo mínimo de exercício de profissão para a elegibilidade aos órgãos da Ordem, com excepção dos vogais do Conselho Geral e dos Conselhos Regionais, para os quais apenas é exigível um mínimo de cinco anos de exercício da profissão.

5. Deve entender-se que a data do início da antiguidade profissional para os efeitos desta norma corresponde à da inscrição como advogado, sendo irrelevante o tempo do segundo período de estágio, já que neste período a prática de actos próprios de profissão é tutelada e limitada.

6. Têm-se suscitado dúvidas sobre se a medida de suspensão de penas disciplinares prevista no artigo 138.º do E.O.A. afasta a causa de inelegibilidade para os cargos da Ordem dos Advogados. Trata-se de um efeito acessório inerente ao juízo de censurabilidade deontológica próprio da aplicação de uma pena disciplinar, imposto por lei pela necessidade de garantir que os órgãos da Ordem dos Advogados, pessoa colectiva de direito público, não possam ser servidos por quem não ofereça total adequação deontológica às elevadas exigências éticas dos cargos em causa. Assim, será de entender que a medida de suspensão das penas disciplinares não tem qualquer consequência para o afastamento da inelegibilidade.

Artigo 12.º – Apresentação de candidaturas

1 – Exceto quanto às delegações, a eleição para os órgãos da Ordem dos Advogados depende da apresentação de propostas de candidatura perante o bastonário em exercício até ao dia 30 de setembro do ano imediatamente anterior ao do início do triénio subsequente.

2 – As propostas de candidatura a bastonário, ao conselho superior, ao conselho geral e ao conselho fiscal são subscritas por um mínimo de 500 advogados com inscrição em vigor, as propostas de candidatura aos conselhos regionais e conselhos de deontologia de Lisboa e Porto são subscritas por um mínimo de 200 advogados com inscrição em vigor, e as propostas de candidatura para os restantes conselhos regionais e conselhos de deontologia são subscritas por um mínimo de 20 advogados com inscrição em vigor.

3 – As propostas de candidatura a bastonário e ao conselho geral devem ser apresentadas em conjunto, acompanhadas das linhas gerais do respetivo programa, e individualizando os respetivos cargos.

4 – As propostas de candidatura ao conselho superior, ao conselho fiscal, aos conselhos regionais e conselhos de deontologia devem ser individualizadas e indicar os candidatos a presidente do respetivo órgão.

5 – As assinaturas dos advogados proponentes devem ser autenticadas pelo conselho regional, pelas delegações da área do respetivo domicílio profissional ou pelo tribunal judicial da respetiva comarca, ou ser reconhecidas por entidades com competência legal para o efeito, e ser acompanhadas pela indicação do número da cédula profissional e respetivo conselho emitente, bem como do número, data e entidade emitente do respetivo documento de identificação.

6 – As propostas de candidatura devem conter declaração de aceitação de todos os candidatos, cujas assinaturas devem obedecer ao disposto no número anterior.

7 – Quando não seja apresentada qualquer candidatura para os órgãos cuja eleição dependa de tal formalidade, o bastonário declara sem efeito a convocatória da assembleia ou o respetivo ponto da ordem do dia e, concomitantemente, designa data para nova reunião no prazo de 90 a 120 dias.

8 – A apresentação das propostas de candidatura tem lugar até 30 dias antes da data designada nos termos do número anterior.

9 – Na situação prevista no n.º 7, os membros em exercício continuam em funções até à tomada de posse dos novos membros eleitos.

10 – Se não for apresentada qualquer lista, o órgão cessante apresenta uma, com dispensa do estabelecido no n.º 2, no prazo de oito dias após a perenção do prazo para a apresentação das listas nos termos gerais.

NOTAS:

1. Mantêm-se os números mínimos de 500 proponentes para as candidaturas aos órgãos nacionais, de 200 para os Conselhos Regionais e de Deontologia de Lisboa e Porto, não se revelando compreensível a razão da manutenção de um mínimo de apenas 20 proponentes para os demais Conselhos Regionais e de Deontologia, por manifesta desproporcionalidade.

2. Quanto ao processo eleitoral autónomo das Delegações, ver artigos 60.º e 61.º do E.O.A..

3. O Regulamento Eleitoral, que se publica em anexo (Regulamento n.º 624/2019) foi publicado no DR II Série n.º 151 de 8 de Agosto de 2019.

4. Constitui inovação a obrigatoriedade de inclusão nas propostas de candidatura a Bastonário e ao Conselho Geral da indicação individualizada dos cargos a desempenhar pelos candidatos.

Artigo 13.º – Data das eleições

1 – A eleição para os diversos órgãos da Ordem dos Advogados realiza-se entre os dias 15 e 30 de novembro, em data a designar pelo bastonário.

2 – As eleições para bastonário, conselho geral, conselho superior, conselho fiscal, conselhos regionais e conselhos de deontologia têm lugar sempre na mesma data.

3 – As mesas eleitorais podem subdividir-se em secções eleitorais.

NOTAS:

1. A eleição para todos os órgãos da Ordem, com excepção da dos delegados ao Congresso e das Delegações, realiza-se simultaneamente no mesmo dia eleitoral, ao que ainda acresce nesse dia, a eleição para os advogados que integram a lista da Direcção da Caixa de Previdência dos Advogados e Solicitadores.

Artigo 14.º – Voto

1 – Sem prejuízo do disposto no n.º 7, apenas os advogados com inscrição em vigor e no pleno exercício dos seus direitos têm direito de voto.

2 – O voto é secreto e obrigatório, podendo ser exercido pessoalmente, por meios eletrónicos quando previstos no regulamento eleitoral em vigor, ou por correspondência, dirigido, conforme o caso, ao bastonário ou ao presidente do conselho regional.

3 – No caso de voto por correspondência o boletim é encerrado em sobrescrito, acompanhado de carta com a assinatura do votante autenticada ou reconhecida pela forma referida no n.º 5 do artigo 12.º.

4 – O advogado que, sem motivo justificado, não exerça o seu direito de voto paga multa de montante igual a duas vezes o valor da quotização mensal, a reverter para a Ordem dos Advogados.

5 – A justificação da falta deve ser apresentada pelo interessado, independentemente de qualquer notificação, no prazo de 15 dias a contar da data da votação, por carta dirigida ao conselho regional respetivo.

6 – Na falta de apresentação de justificação, ou no caso de esta ser considerada improcedente, há lugar ao pagamento da multa referida no n.º 4 no prazo máximo de 30 dias após a notificação da deliberação que determina a sua aplicação.

7 – As sociedades de profissionais previstas no presente Estatuto não têm direito de voto.

NOTAS:

1. O exercício do voto electrónico foi introduzido e regulamentado pelo Regulamento Eleitoral n.º 624/2019, de 8 de Agosto de 2019, publicado no D.R. II Série n.º 15.

2. Regula-se detalhadamente neste preceito o procedimento administrativo decorrente da aplicação da multa por omissão do dever de votar, assim como se mantém a Ordem dos Advogados como entidade destinatária do produto da cobrança das multas.

3. O princípio da obrigatoriedade do voto decorre do facto de a Ordem dos Advogados ser uma pessoa colectiva de direito público, prosseguindo interesses de ordem pública, cuja satisfação exige uma participação activa e empenhada dos seus membros, o que exclui o direito de abstenção.

4. Por razões similares, constitui dever dos advogados o exercício efectivo das funções nos órgãos da Ordem para que tenham sido eleitos ou designados conforme artigo seguinte – cfr. artigo 91.º *b)* do E.O.A..

5. Foi eliminado o n.º 7 do anterior artigo 14.º, que previa o procedimento de cobrança da multa prevista no n.º 4, passando agora a vigorar a norma genérica inovadora do artigo 181.º referente à cobrança coerciva pela Ordem dos Advogados das suas receitas, incluindo quotas, taxas, multas e outras receitas obrigatórias.

6. O voto electrónico foi exercido pela primeira vez, na vida institucional da Ordem dos Advogados, nas votações das Secções e do Plenário do VIII Congresso dos Advogados Portugueses, realizado em Viseu, em Junho de 2018 e já funcionou no acto eleitoral para os órgãos nacionais e regionais referentes ao exercício de 2020/22.

Artigo 15.º – Obrigatoriedade e gratuitidade de exercício de funções

1 – Constitui dever do advogado o exercício de funções nos órgãos da Ordem dos Advogados para que tenha sido eleito ou designado, constituindo falta disciplinar a recusa de tomada de posse, salvo no caso de escusa fundamentada, aceite pelo conselho superior ou, quanto aos delegados, pelo conselho regional respetivo.

2 – O exercício de cargos na Ordem dos Advogados é gratuito, salvo o cargo de bastonário, quando em dedicação exclusiva, com suspensão da sua atividade profissional, ressalvada a possibilidade de o bastonário poder fazer intervenções como advogado, desde que não remuneradas e em defesa da dignidade da advocacia, do Estado de direito e dos direitos humanos, e sem prejuízo do direito ao subsídio de deslocação previsto na alínea *v)* do n.º 1 do artigo 46.º.

3 – O provedor dos clientes pode ser remunerado, nos termos do respetivo regimento.

4 – O revisor oficial de contas que integra o conselho fiscal da Ordem dos Advogados é remunerado pelo exercício da atividade de revisão legal de contas.

NOTAS:

1. Vide notas 3 e 4 do artigo anterior.

2. Por regra, o dever de participação do sócio ou associado nos órgãos das sociedades ou associações de direito privado decorre também da lei e da generalidade dos estatutos, embora este dever assuma particular exigência quando esteja em causa um interesse público, como é o caso da Ordem dos Advogados.

3. Deve assim ser muito apertada a malha da justificação da recusa e só ser admitida em casos especialmente ponderosos.

4. A Lei 2/2013 de 10 de Janeiro (L.A.P.P.) estabelece, no artigo 19.º n.º 1, uma incompatibilidade entre o exercício das funções executivas, disciplinares e de fiscalização nos órgãos das associações públicas em obediência ao princípio da separação de poderes plasmado no n.º1 do seu artigo 15.º e, ainda por força do seu n.º 2 do citado artigo 19.º, uma incompatibilidade entre o exercício do cargo de titular de órgão nas associações públicas profissionais com o exercício de quaisquer funções dirigentes na função pública e com qualquer outra função com a qual se manifeste conflito de interesses, embora a primeira destas incompatibilidades possa ser derrogada pelos estatutos da respectiva associação pública.

5. Define-se agora nos n.ºs 2. e 3. deste artigo 15.º que o exercício dos cargos na Ordem dos Advogados é gratuito, salvo o do Bastonário em condições especiais e o do Provedor, caso exista, nos termos do respectivo regimento – ver artigo 65.º do EOA.

Artigo 16.º – Renúncia ao cargo e suspensão temporária do exercício de funções

Quando sobrevenha motivo relevante, pode o advogado titular de cargo nos órgãos da Ordem dos Advogados, mediante pedido fundamentado, solicitar ao conselho superior a aceitação da sua renúncia ou a suspensão temporária do exercício de funções, salvo quanto aos delegados, que a solicitam ao conselho regional respetivo.

NOTAS:

1. Constitui dever deontológico dos advogados perante a Ordem dos Advogados o exercício dos cargos para que forem eleitos, pelo que a renúncia deve ser fundamentada e aceite pelo Conselho Superior, salvo no caso dos Delegados, porquanto sendo nomeados pelos Conselhos Regionais é perante estes que deverão apresentar o pedido de renúncia – cfr. 91.º *b)* do E.O.A..

Artigo 17.º – Perda de cargos na Ordem dos Advogados

1 – O advogado eleito ou designado para o exercício de funções em órgãos da Ordem dos Advogados deve desempenhá-las com assiduidade e diligência.

2 – Perde o cargo o advogado que, sem motivo justificado, não exerça as respetivas funções com assiduidade e diligência ou dificulte o funcionamento do órgão da Ordem dos Advogados a que pertença.

3 – A perda do cargo nos termos do presente artigo é determinada pelo próprio órgão, mediante deliberação tomada por três quartos dos votos dos respetivos membros.

4 – A perda do cargo de delegado depende de deliberação do conselho regional que o tenha designado, tomada por maioria de três quartos dos votos dos respetivos membros.

NOTAS:

1. Há quem sustente que a perda do cargo, nos termos deste artigo, corresponde a uma consequência do apuramento da responsabilidade disciplinar e que, por isso, deverá a deliberação ser tomada após a conclusão do necessário e prévio processo disciplinar. Creio que assim não é, entendendo que a deliberação do órgão é da natureza administrativa dependendo de uma avaliação do desempenho no cargo, independentemente da eventual responsabilidade disciplinar. Deverá contudo assegurar-se o direito de defesa em observância do princípio do contraditório, pelo que o visado deverá conhecer concretamente os factos que lhe são imputados, podendo sobre eles pronunciar-se perante os seus pares.

2. A maioria qualificada de três quartos necessária à tomada de deliberação válida sobre a perda do mandato é aferida em relação à totalidade dos membros que integram o órgão e não dos membros desse órgão presentes no momento em que é tomada.

Artigo 18.º – Efeitos das sanções disciplinares no exercício de cargos

1 – O mandato para o exercício de qualquer cargo eletivo na Ordem dos Advogados caduca sempre que o respetivo titular seja punido disciplinarmente com sanção superior à de advertência e por efeito da irrecorribilidade da respetiva decisão.

2 – Em caso de suspensão preventiva ou de decisão disciplinar de que seja interposto recurso, o titular punido fica suspenso do exercício de funções até que a decisão não seja passível de recurso.

NOTAS:

1. Cfr. artigo 11.º do E.O.A e anotações 1 e 3.

2. Quanto à suspensão preventiva, veja-se o que dispõe o artigo 154.º do E.O.A..

3. A caducidade do mandato ocorre não só por efeito da aplicação de pena disciplinar superior à de advertência, como também por força da suspensão da inscrição.

4. Determinando a norma constante do n.º 1 que a caducidade se reporta aos mandatos para os cargos electivos, tem de se entender que a caducidade por efeito de aplicação de pena disciplinar superior a advertência não se verifica em relação aos Delegados, por serem nomeados e não eleitos.

5. Quanto ao elenco das penas disciplinares, cfr. artigo 130.º do EOA.

6. A aplicação de pena disciplinar implica, pela sua natureza, um juízo de censura de natureza deontológica que justifica, como consequência directa e imediata para o infractor, a inelegibilidade para cargos electivos na Ordem dos Advogados, independentemente de a sua execução ter ou não sido objecto de suspensão ao abrigo do artigo 133.º do E.O.A.. Assim, um advogado condenado em pena definitiva igual ou superior a censura apenas poderá recuperar a sua capacidade electiva em caso de revogação da pena em recurso de revisão (artigo 167.º E.O.A.) ou de superveniente causa de extinção da pena.

7. Pelas mesmas razões, sinteticamente referidas na anotação 6.ª ao artigo 11.º, entende-se que ocorre caducidade do mandato em caso de condenação transitada em julgado em pena disciplinar superior a advertência, mesmo quando a execução de tal pena tenha sido suspensa ao abrigo do artigo 138.º do E.O.A.

Artigo 19.º – Substituição do bastonário

1 – No caso de escusa, renúncia, perda ou caducidade do mandato por motivo disciplinar ou no caso de morte ou de impedimento permanente do bastonário, o primeiro vice-presidente do conselho geral assume o cargo.

2 – No caso de impedimento permanente, o conselho superior e o conselho geral, em reunião conjunta, convocada pelo presidente do conselho superior, deliberam previamente sobre a verificação do facto.

3 – Até à posse do novo bastonário e em todos os casos de impedimento temporário, exerce as respetivas funções, sucessivamente, o primeiro vice-presidente, o segundo vice-presidente ou o terceiro vice-presidente do conselho geral, havendo-os, e, na falta destes, o membro escolhido para o efeito pelo conselho geral.

NOTAS:

1. De acordo com a composição do Conselho Geral consagrada no artigo 45.º, poderão neste existir dois a cinco Vice-Presidentes, pelo que a substituição do Bastonário, nos casos previstos no n.º 1, far-se-á automaticamente pelo chamamento ao cargo do 1.º Vice-Presidente, como já sucedia no anterior E.O.A. de 2005, consagrando-se assim uma solução mais objectiva e expedita da que implicava uma eleição em reunião conjunta do Conselho Superior e do Conselho Geral, podendo a escolha recair sobre qualquer membro destes órgãos.

2. Mantém-se, contudo, uma actuação conjunta do Conselho Superior e do Conselho Geral para aferição e decretação da situação de impedimento permanente do Bastonário.

Artigo 20.º – Substituição dos presidentes dos órgãos colegiais da Ordem dos Advogados

1 – No caso de escusa, renúncia, perda ou caducidade do mandato por motivo disciplinar ou morte, e ainda nos casos de impedimento permanente dos presidentes dos órgãos colegiais da Ordem dos Advogados, o primeiro vice-presidente é o novo presidente e, de entre os advogados elegíveis inscritos nos competentes quadros da Ordem dos Advogados, designa um novo membro do referido órgão.

2 – À substituição prevista no presente artigo aplica-se o disposto no n.º 2 do artigo anterior quanto à prévia verificação do facto impeditivo.

3 – Até à posse do novo presidente e em todos os casos de impedimento temporário, exercem as funções de presidente, sucessivamente, o primeiro vice-presidente, o segundo vice-presidente ou o terceiro vice-presidente, havendo-os, e, na falta destes, a vogal que vier a ser eleito pelos membros do órgão em causa.

4 – No que respeita à substituição, por qualquer motivo, dos presidentes dos conselhos de deontologia, é aplicável o disposto no n.º 7 do artigo 10.º.

NOTAS:

1. O sistema de substituição é idêntico, com as necessárias adaptações, ao estabelecido para a substituição do Bastonário, sendo porém de realçar a particularidade da designação de um novo membro para o órgão colegial para preenchimento da vaga, possibilidade essa extensiva ao Conselho Geral nos casos previstos no artigo anterior.

2. Quanto à substituição dos Presidentes dos Conselhos de Deontologia, deverá assegurar-se a representação proporcional de acordo com o método da média mais alta de Hondt.

Artigo 21.º – Substituição dos restantes membros de órgãos colegiais

1 – No caso de escusa, renúncia, perda ou caducidade do mandato por motivo disciplinar ou morte, e ainda nos casos de impedimento permanente dos membros dos órgãos colegiais da Ordem dos Advogados, à exceção dos presidentes, são os substitutos designados pelos restantes membros em exercício do respetivo órgão, de entre os advogados elegíveis inscritos nos competentes quadros.

2 – À substituição prevista no presente artigo aplica-se o disposto no n.º 2 do artigo 19.º quanto à prévia verificação do facto impeditivo e, no que respeita aos conselhos de deontologia, o disposto no n.º 7 do artigo 10.º.

NOTAS:

1. A designação dos substitutos é, nesta hipótese, feita pelos restantes membros do órgão, enquanto na situação regulada no artigo 20.º n.º 1. a designação é feita pelo 1.º Vice-Presidente, que interinamente assumira o cargo da presidência.

2. No caso de substituição dos membros dos conselhos de deontologia deverá assegurar-se a representação proporcional de acordo com o método da média mais alta de Hondt.

Artigo 22.º – Impedimento temporário

1 – No caso de impedimento temporário de algum membro de órgãos colegiais, o órgão a que pertence o impedido decide sobre a verificação do impedimento e determina a sua substituição.

2 – A substituição do bastonário e dos presidentes dos órgãos colegiais processa-se na forma estabelecida, respetivamente, no n.º 3 do artigo 19.º e no n.º 3 do artigo 20.º.

3 – A substituição dos restantes membros com cargo específico, quando necessária, é determinada pelos respetivos órgãos.

4 – A substituição temporária dos delegados é decidida pelo respetivo conselho regional.

NOTAS:

1. Cfr. artigo 16.º do EOA.

2. O titular do cargo deve suscitar a apreciação do seu impedimento temporário nos termos do n.º 1; se o não fizer, fica sujeito à cominação do n.º 2 do artigo 17.º do E.O.A., ou seja, incorre em violação do dever de assiduidade e de diligência.

Artigo 23.º – Mandato dos substitutos

1 – Nos casos previstos nos artigos 19.º a 21.º, os membros substitutos, eleitos ou designados, exercem funções até ao termo do mandato do respetivo antecessor.

2 – Nos casos de impedimento temporário, os substitutos exercem funções pelo período de tempo correspondente à duração do impedimento.

Artigo 24.º – Honras e tratamentos

1 – Nas cerimónias oficiais, o bastonário da Ordem dos Advogados tem honras e tratamentos idênticos aos devidos ao Procurador-Geral da República, sendo colocado imediatamente à sua esquerda.

2 – Para os efeitos previstos no número anterior:

a) O presidente do conselho superior, os membros do conselho geral e do conselho superior, o presidente do conselho fiscal e os presidentes dos conselhos regionais e de deontologia são equiparados aos juízes conselheiros;

b) Os membros dos conselhos regionais e dos conselhos de deontologia são equiparados aos juízes desembargadores;

c) Os membros das delegações, os delegados e os restantes advogados são equiparados aos juízes de direito.

2 – O advogado que exerça ou haja exercido cargos nos órgãos da Ordem dos Advogados tem direito a usar a insígnia correspondente, nos termos do respetivo regulamento.

3 – O advogado que desempenhe ou tenha desempenhado funções nos conselhos da Ordem dos Advogados ou na Caixa de Previdência dos Advogados e Solicitadores, enquanto se encontre no exercício dos cargos e nos seis anos subsequentes, fica isento do dever de prestar quaisquer serviços de nomeação oficiosa.

4 – Em caso de justificada necessidade, o conselho regional pode fazer cessar a isenção prevista no número anterior.

NOTAS:

1. Os advogados participam na administração da justiça, pelo que lhes é devida, em paridade com as magistraturas, a correspondente dignidade funcional.

2. Cfr. com o artigo 72.º do E.O.A..

3. O uso da insígnia é regulado pelo Regulamento do Trajo e Insígnia Profissional – Regulamento 31/2006, in DR, 2.ª Série de 26/04/06.

4. Igual princípio do anotado em 1., agora reforçado pelo princípio constitucional previsto no artigo 208.º da Constituição da República Portuguesa, consta no artigo 12.º n.º 1 da Lei n.º 62/2013 de 26 de Agosto – Lei da Organização do Sistema Judiciário.

5. Pelo n.º 3 deste artigo 24.º, os serviços de nomeação oficiosa são tratados como uma espécie de sacrifício ou encargo a dispensar a quem prestou ou esteja a prestar funções nos órgãos da Ordem dos Advogados ou da Caixa de Previdência dos Advogados e Solicitadores. Ainda se compreende que tal suceda enquanto decorrer o mandato para o exercício de tais funções dada a disponibilidade de tempo dedicado, o que necessariamente se repercute na vida profissional; mas já não se me afigura adequado atribuir a isenção durante os seis anos subsequentes à cessação de funções como uma espécie de prémio, porquanto os advogados deverão encarar a prestação de serviços no regime da protecção jurídica como algo que os enriquece e dignifica e não como um sacrifício profissional.

Artigo 25.º – Títulos honoríficos

O advogado que tenha exercido cargo nos órgãos da Ordem dos Advogados conserva honorariamente o título correspondente ao cargo mais elevado que haja exercido.

NOTAS:

1. Os Bastonários continuam, conforme a tradição da Ordem, a ser chamados por Bastonários e participam e colaboram com os órgãos em exercício com bastante frequência, designadamente para tomada de decisões em questões mais difíceis e melindrosas – Vide artigo 40.º n.º 4 do E.O.A., – correspondendo esta faculdade ao acolhimento de um bom princípio, que deveria ser extensível aos Conselhos Regionais.

2. No tocante à acção disciplinar, o Bastonário, os ex-Bastonários e alguns titulares efetivos e ex-titulares de outros órgãos da Ordem, gozam de regime excepcional quanto à competência do órgão julgador – Vide artigo 44.º 1. *c)* e 3. *c)* e *d)* do EOA.

Artigo 26.º – Referendo

1 – Os advogados podem ser chamados a pronunciar-se, a nível nacional e a título vinculativo ou consultivo, sobre assuntos da competência da assembleia geral, do bastonário ou do conselho geral, que devam ser aprovados por regulamento ou decididos por ato concreto, excluídas as questões de natureza disciplinar ou afim e de natureza financeira.

2 – O referendo é convocado pelo bastonário, após autorização da assembleia geral, sob iniciativa do próprio bastonário, por deliberação da assembleia geral ou a pedido de um décimo dos advogados inscritos na Ordem dos Advogados.

3 – Caso assim resulte do referendo, a norma em questão deve ser adotada ou o ato correspondente praticado, pelo órgão competente, no prazo máximo de seis meses.

4 – As normas aprovadas e os atos praticados que contrariem um referendo vinculativo não produzem efeitos nos três anos seguintes à sua realização, salvo novo referendo.

5 – O regime do referendo é aprovado por regulamento da assembleia geral.

NOTAS:

1. A existência de referendos internos nas associações públicas está prevista no artigo 21.º da L.A.P.P., seja com carácter vinculativo ou meramente consultivo, mediante deliberação habilitante da assembleia representativa, sobre questões de particular relevância para a associação que caibam nas respectivas atribuições e nas suas competência legais.

2. A Assembleia Geral da Ordem dos Advogados aprovou, por deliberação tomada em 26 de março de 2021, o Regulamento do Regime do Referendo – Regulamento n.º 391/2021.

3. De acordo com este Regulamento, o referendo apenas poderá incidir sobre uma só matéria, devendo a proposta conter o texto da questão, o seu carácter consultivo ou vinculativo, bem como a indicação do órgão sobre o qual recai a competência do assunto a referendar.

4. Cabe ao Bastonário, nos termos do artigo 40.º n.º 1 *e)* do E.O.A., adoptar a norma em questão ou praticar o acto correspondente aprovado em referendo, quando sejam da sua competência.

5. Pelo regime jurídico vigente para as associações públicas profissionais estas só podem convocar referendos sobre questões da sua competência legal no âmbito dos poderes delegados pelo Estado, nomedamente para a autorregulação e autodisciplina das respectivas profissões.

SECÇÃO II – Congresso dos advogados portugueses

Artigo 27.º – Constituição

1 – O congresso representa todos os advogados com inscrição em vigor, os advogados honorários e ainda os antigos advogados cuja inscrição tenha sido cancelada por efeito de reforma.

2 – Podem ser convidados como observadores delegados de associações de juristas nacionais e estrangeiras e de organizações profissionais de advogados de outros países.

3 – Os membros dos conselhos superior, geral, regionais e de deontologia, das delegações e os delegados participam no congresso, a título de observadores, podendo, nessa qualidade, intervir na discussão sem direito a voto.

NOTAS:

1. O Congresso continua a reunir ordinariamente de cinco em cinco anos, agora por força do que dispõe o artigo 31.º n.º 1 do E.O.A..

2. O primeiro Congresso da Ordem dos Advogados Portugueses reuniu, com assinalável sucesso em Lisboa, no ano de 1972, ainda sem consagração estatutária, após o que se realizaram mais sete, o último dos quais em 2018, em Viseu.

3. Tendo em conta o disposto no artigo 30.º n.º 1. do E.O.A., os Advogados Honorários e os que, estando reformados, tenham a sua inscrição cancelada, poderão intervir no Congresso como observadores ou mesmo participantes sem direito a voto, mas não poderão ser delegados.

4. Não parece ferir a norma constante do n.º 2 a possibilidade de concessão da qualidade de observadora à Câmara de Solicitadores, que representa mandatários judiciais que colaboram com os advogados e são auxiliares da administração de justiça.

5. Considerando-se o teor da anotação 3., deve entender-se como possível e desejável a participação representativa de advogados estagiários com o estatuto de observadores.

6. Discorda-se da solução, que já vem do estatuto anterior, de se atribuir aos membros dos órgãos em exercício a qualidade de observadores, já que entendemos que os meros observadores não devem sequer poder participar activamente nos trabalhos. Assim, já que aqueles membros podem intervir, corresponderá a sua qualidade à de participantes sem direito a voto e não à de meros observadores.

7. Sobre o órgão Congresso e seu papel na evolução na Ordem dos Advogados Portugueses, aconselha-se a leitura do texto elaborado pelo Conselho Distrital de Lisboa aquando do VI Congresso, realizado em Vilamoura, em Novembro de 2005.

8. O VII Congresso dos Advogados Portugueses decorreu em Novembro de 2011, na Figueira da Foz, sob o lema "Por Uma Reforma da Justiça", podendo as suas conclusões ser consultadas no Boletim Especial Congresso n.º 84 de Novembro 2011.

9. O VIII e mais recente Congresso dos Advogados Portugueses reuniu em Junho de 2018, tendo sido organizado em torno de quatro grandes temas centrais, a saber, Identidade da Profissão, Tutela dos Direitos, Administração da Justiça e Aperfeiçoamento da Ordem Jurídica, podendo as suas Conclusões ser consultadas no Portal da Ordem dos Advogados.

Artigo 28.º – Competência

Compete ao congresso tratar e pronunciar-se sobre:

a) O exercício da advocacia, seu estatuto e garantias;

b) A administração da justiça;

c) Os direitos, liberdades e garantias dos cidadãos;

d) O aperfeiçoamento da ordem jurídica em geral.

NOTAS:

1. O Congresso apenas pode aprovar "recomendações", que ao Bastonário caberá posteriormente "dar seguimento" – vide artigo 40.º 1. *e)* do E.O.A..

2. Alfredo Gaspar, no seu Estatuto Anotado – Jornal do Fundão Editora – sustentava que a intenção do legislador foi a de introduzir o Congresso como órgão máximo da Ordem, com competência para definir vinculativamente as grandes linhas sobre a organização e disciplina da profissão, embora reconheça que do texto, que veio a ser aprovado, semelhante ao que agora se transpôs para o actual E.O.A., não podia deixar de reconhecer-se que o Congresso não chegou a assumir competência deliberativa.

Artigo 29.º – Organização

1 – O congresso é organizado por uma comissão de honra, uma comissão organizadora e um secretariado.

2 – À comissão organizadora compete a elaboração do regimento do congresso e o respetivo programa.

3 – Compõem a comissão de honra, que é presidida por um titular de um órgão de soberania a convite do bastonário, os antigos bastonários, os advogados honorários, os advogados que tenham sido agraciados com a medalha de ouro ou a medalha de honra da Ordem dos Advogados, o presidente e vice-presidentes do conselho superior, os presidentes dos conselhos de deontologia e, ainda, personalidades nacionais ou internacionais de reconhecido mérito jurídico e prestígio cultural e científico.

4 – Compõem a comissão organizadora do congresso o bastonário, que preside, um representante designado por cada um dos conselhos da Ordem dos Advogados, os antigos bastonários e os advogados honorários e, ainda, no caso de o congresso ser convocado nos termos da alínea *b)* do n.º 1 do artigo 32.º, dois representantes designados pelos advogados que solicitem a sua realização.

5 – O secretariado do congresso é o órgão executivo da comissão organizadora.

NOTAS:

1. De novo, em relação ao modelo de organização anterior, ocorre a autonomização de uma Comissão de Honra como parte organizadora do Congresso, com a composição definida no n.º 3 desta disposição legal.

Artigo 30.º – Participação e voto

1 – Os advogados são representados por delegados ao congresso, eleitos especialmente para o efeito, na área dos respetivos conselhos regionais.

2 – O número de delegados por conselho regional é proporcional ao número de advogados inscritos no respetivo conselho, devendo corresponder a, pelo menos, um delegado por cada 100 advogados com inscrição em vigor, nos termos a fixar no regimento do congresso.

3 – Se concorrer mais de uma lista para delegados, a composição representativa de cada conselho regional é proporcional ao número de votos obtidos por cada uma das listas.

4 – A votação no congresso é individual por cada delegado presente.

5 – O bastonário da Ordem dos Advogados tem, por inerência, direito de voto.

6 – As eleições previstas no n.º 1 são realizadas, com as necessárias adaptações, nos termos dos artigos 11.º a 13.º.

NOTAS:

1. Tratando-se de um órgão de composição representativa da classe, entendeu o legislador estabelecer um mínimo exigível de proporcionalidade entre o número de delegados e de advogados com inscrição em vigor, sem prejuízo do regulamento do Congresso.

2. Até ao aparecimento dos Conselhos de Deontologia, o Congresso era o único órgão da Ordem com eleição pelo método de representação proporcional de Hondt – vide nota 6 ao artigo 9.º do E.O.A..

Artigo 31.º – Convocação e preparação

1 – O congresso dos advogados portugueses realiza-se, ordinariamente, de cinco em cinco anos.

2 – O congresso é convocado pelo bastonário com uma antecedência mínima de quatro meses, pela forma fixada para a convocação das assembleias gerais.

3 – Nos dois meses seguintes à convocação, o bastonário promove a constituição da comissão organizadora do congresso, que procede à elaboração do regimento e, tendo em conta as sugestões feitas pelos advogados e órgãos da Ordem dos Advogados, estabelece o respetivo programa, do qual devem constar os temas a debater.

NOTAS:

1. Sem prejuízo de caber ao Bastonário a convocação do Congresso nos termos desta norma, compete ao Conselho Geral deliberar previamente pela sua realização, ao abrigo do disposto no artigo 46.º 1. *y)* do E.O.A..

Artigo 32.º – Congresso extraordinário

1 – Pode verificar-se a realização de congresso extraordinário, o qual depende:

a) De deliberação, sob proposta do bastonário, ouvido o conselho superior, tomada em reunião do conselho geral por maioria de dois terços dos votos expressos pelos membros em exercício;

b) De requerimento da décima parte dos advogados com inscrição em vigor, os quais indicam simultaneamente os seus representantes na comissão organizadora do congresso e os temas que pretendem debater.

2 – À realização de congresso extraordinário é aplicável, com as necessárias adaptações, o disposto nos artigos anteriores.

NOTAS:

1. Tendo em conta o teor do n.º 2, resulta que os temas que podem ser objecto da convocação do congresso extraordinário são os mesmos que constam do anterior artigo 28.º do E.O.A. revogado.

2. Considerando o aumento significativo de advogados inscritos na Ordem dos Advogados desde 2005, teria sido mais adequado alterar o mínimo de uma décima parte dos advogados com inscrição em vigor para a propositura de um congresso extraordinário; não tendo tal sucedido, ficou a convocação por iniciativa directa dos advogados bastante dificultada.

SECÇÃO III – Assembleia geral

Artigo 33.º – Constituição e competência

1 – A assembleia geral da Ordem dos Advogados é constituída por todos os advogados com inscrição em vigor.

2 – À assembleia geral cabe deliberar sobre todos os assuntos que não estejam compreendidos nas competências específicas dos restantes órgãos da Ordem dos Advogados, e ainda sobre:

a) A aprovação do orçamento e plano de atividades da Ordem dos Advogados;

b) A aprovação do relatório e contas da Ordem dos Advogados;

c) A aprovação de projetos de alteração do presente Estatuto;

d) A aprovação dos regulamentos previstos no presente Estatuto;

e) A aprovação de quotas e taxas;

f) Matérias da competência do bastonário ou do conselho geral, que lhes sejam submetidas, para decisão, pelo respetivo órgão competente.

NOTAS:

1. A Assembleia Geral é o órgão hierarquicamente superior e delibera vinculativamente em matérias excluídas das competências dos demais órgãos ou mesmo em matérias da competência do Bastonário e do Conselho Geral, quando estes as submetam à sua apreciação, como decorre agora do n.º 2, alínea *f)* deste artigo 33.º.

2. Aparentemente, ocorre uma incongruência entre este preceito e o do artigo 45.º n.º 1 d), na medida em que neste último também se define a competência residual do Conselho Geral para deliberar *"sobre todos os assuntos......... que não estejam especialmente cometidos a outros órgãos da Ordem...."*. Acrescenta-se, porém, na parte final deste preceito, que tal competência do Conselho Geral deve entender-se sem prejuízo da competência da Assembleia Geral prevista no n.º 2 do artigo 33.º, o que significa que foi transferida

para a Assembleia Geral a competência para deliberar a aprovação dos regulamentos previstos nos estatutos, que serão os elencados na alínea *g)* do n.º 1 do citado artigo 46.º, passando assim o Conselho Geral a possuir apenas a competência para elaborar propostas de regulamentos nas matérias expressamente previstas neste último preceito.

3. Contudo, permanece na competência do Conselho Geral a elaboração e aprovação dos demais regulamentos não previstos nos presentes estatutos, designadamente os regimentos dos diversos institutos e comissões, a regulamentação interna dos serviços da Ordem dos Advogados, do seu próprio regimento e ainda do regimento do provedor dos clientes – alíneas *f)*, *h)* e *i)* do n.º 1 do artigo 46.º.

4. A notória transferência de competências ao nível do poder regulamentar do Conselho Geral para a Assembleia Geral, decorre, fundamentalmente, das exigências legais emergentes do artigo 15.º n.º 2 alínea *a)* da Lei 2/2013 de 10 de Janeiro (L.A.P.P.) no tocante às competências da assembleia representativa e como corolário do princípio da separação de poderes com o órgão executivo colegial, que é o Conselho Geral.

5. O n.º 2 do artigo 1.º do E.O.A., à semelhança do que sucedia no anterior diploma, consagra a autonomia e a independência da Ordem dos Advogados, enquanto associação pública, para o exercício da função regulamentar, não tendo logrado vencimento, na Assembleia da República, a tentativa de redução pelo Governo do seu poder regulamentar, já que, pela versão do artigo 227.º n.º 2 da proposta de lei, os regulamentos atinentes aos estágios, provas de acesso à profissão e às especialidades profissionais só produziriam efeitos após homologação do membro do Governo responsável pela área da justiça.

6. Veja-se sobre o tema da tutela legal sobre a Ordem dos Advogados, o actual artigo 227.º do E.O.A..

Artigo 34.º – Reuniões da assembleia geral

1 – A assembleia geral reúne ordinariamente para a eleição do bastonário, do conselho geral, do conselho superior e do conselho fiscal, para a discussão e aprovação do orçamento e plano de atividades da Ordem dos Advogados e para discussão e votação do relatório e contas da Ordem dos Advogados.

2 – A assembleia geral reúne extraordinariamente sempre que os interesses superiores da Ordem dos Advogados o aconselhem e o bastonário a convoque.

3 – O bastonário deve convocar a assembleia geral extraordinária quando tal lhe for solicitado pelo conselho superior, pelo conselho geral ou pela décima parte dos advogados com a inscrição em vigor, desde que seja legal o objeto da convocação e conexo com os interesses da profissão.

NOTAS:

1. À semelhança da convocação do congresso extraordinário, também foi mantido o mínimo necessário de um décimo dos advogados inscritos para petição de uma assembleia geral extraordinária, o que, pela razão já registada na anotação 2. ao artigo 32.º, parece desadequado, por excessivo.

2. Com excepção das assembleias gerais ordinárias com fins eleitorais e de aprovação das contas e orçamento, têm sido muito raras as assembleias gerais extraordinárias para outros fins, o que de alguma forma se compreende pelas crescentes dificuldades de organização de reuniões onde possam participar todos os advogados inscritos, mesmo com recurso ao voto electrónico, sendo problemática, nessas condições, a garantia de formação reflectida e serena da vontade colectiva, como se exige à tomada de deliberações vinculativas.

3. Pelas razões expostas na parte final da anotação anterior e sendo a Assembleia Geral o órgão máximo da Ordem dos Advogados, entende-se que a mesma só deve ser convocada extraordinariamente em situações de crise ou para debate e tomada de deliberações sobre questões fundamentais da profissão, não devendo assim ser vulgarizada pela sua frequente convocação para assuntos que cabem no domínio das competências do Conselho Geral.

Artigo 35.º – Reunião da assembleia geral ordinária

1 – A assembleia geral ordinária para eleição do bastonário, do conselho geral, do conselho superior e do conselho fiscal reúne para os efeitos previstos no artigo 13.º.

2 – A assembleia geral destinada à discussão e aprovação do orçamento e plano de atividades da Ordem dos Advogados reúne até ao final do mês de novembro do ano anterior ao do exercício a que diz respeito.

3 – A assembleia geral destinada à discussão e votação do relatório e contas da Ordem dos Advogados realiza-se até ao final do mês de abril do ano imediato ao do exercício respetivo.

NOTAS:

1. A assembleia geral destinada à discussão e aprovação do orçamento e plano de actividades da Ordem dos Advogados deve realizar-se até ao final do mês de Novembro em face da necessidade de se garantir a consolidação e a uniformização das regras de contabilidade das contas da Ordem, incluindo as receitas e despesas do Conselho Geral e dos diversos Conselhos Regionais, implicando a disposição de algum tempo de intervalo entre a aprovação e execução do orçamento.

2. Cfr. artigos 52.º n.º 1 e 182.º do EOA.

Artigo 36.º – Convocatórias

1 – As assembleias gerais são convocadas pelo bastonário por meio de anúncios em que consta a ordem de trabalhos, publicados no portal da Ordem dos Advogados com, pelo menos, 30 dias de antecedência em relação à data designada para a reunião da assembleia que se realiza na sede da Ordem dos Advogados.

2 – Até 20 dias antes da data designada para a reunião das assembleias a que se referem os n.ºs 2 e 3 do artigo anterior, é comunicado a todos os advogados com inscrição em vigor que os projetos de orçamento e do relatório e contas se encontram disponíveis para consulta no portal da Ordem dos Advogados, podendo as respetivas cópias ser enviadas por correio mediante solicitação do advogado.

3 – Com os avisos convocatórios de assembleias gerais cuja ordem de trabalhos compreenda a realização de eleições são enviados os boletins de voto correspondentes a todos os candidatos admitidos, sem prejuízo da possibilidade de se determinar a realização da votação exclusivamente por via eletrónica, com dispensa do envio de tais boletins.

4 – Para efeito de validade das deliberações da assembleia geral, só são consideradas essenciais as formalidades da convocatória referidas no n.º 1.

NOTAS:

1. O processo de convocação das assembleias contém simplificações e adaptações ajustadas à utilização das novas tecnologias da informática, designadamente da existência do portal da Ordem, que desde o triénio 2002/2004, passou a ser um instrumento de primordial importância na comunicação dos actos e da possibilidade de votação por meios electrónicos.

2. Assim, é apenas exigível a publicação dos anúncios, cumulativamente à divulgação pelo portal num jornal diário de cobertura nacional, não sendo obrigatório o envio aos advogados do projecto de orçamento e do relatório e contas, a não ser quando tal envio for expressamente solicitado.

3. A votação por via electrónica foi testada com sucesso nas votações realizadas no VIII Congresso dos Advogados Portugueses, de Junho de 2018, e passou a ser admitida a partir das assembleias gerais eleitorais de 2019 para os órgãos nacionais e regionais da Ordem dos Advogados por força do Regulamento Eleitoral n.º 624/2019 de 8 de Agosto de 2019.

Artigo 37.º – Direito de voto

1 – O voto nas assembleias gerais é facultativo, salvo se para fins eletivos e para os efeitos previstos nos n.ºs 2 e 3 do artigo 35.º.

2 – O voto, quando facultativo, não pode ser exercido por correspondência, sendo, no entanto, admissível o voto por procuração a favor de outro advogado com inscrição em vigor.

3 – A procuração consta de comunicação digital certificada ou de carta dirigida ao bastonário com a assinatura do mandante, autenticada ou reconhecida pela forma referida no n.º 5 do artigo 12.º.

4 – Os advogados residentes nas regiões autónomas podem exercer o direito de voto por correspondência em todas as assembleias gerais ordinárias.

NOTAS:

1. Deve realçar-se a possibilidade de emissão de procuração por correio electrónico com assinatura digital certificada, o que já está ao alcance de todos os advogados.

2. Veja-se o artigo 14.º e as respectivas anotações quanto à obrigatoriedade do voto nas assembleias eleitorais.

Artigo 38.º – Executoriedade das deliberações

A executoriedade das deliberações das assembleias gerais depende de prévio cabimento orçamental ou de concessão de crédito extraordinário devidamente aprovado.

NOTAS:

1. A competência para a elaboração do orçamento e para a abertura de créditos extraordinários cabe ao Conselho Geral, conjuntamente com o Bastonário – cfr. artigos 40.º 1. *f)* e *g)* e 46.º 1. *r)* e *s)* do EOA.

SECÇÃO IV – Bastonário

Artigo 39.º – Presidente da Ordem dos Advogados

O bastonário é o presidente da Ordem dos Advogados e, por inerência, presidente do congresso, da assembleia geral e do conselho geral.

NOTAS:

1. Considerando a forma de eleição por sufrágio directo e universal e o facto de ser presidente, por inerência, do Congresso, da Assembleia Geral e do Conselho Geral, o Bastonário dispõe de um painel de competências muito amplo, representando ainda, no plano interno e externo, todos os advogados portugueses, tendo assim um peso institucional que não tem paralelo na maior parte dos países europeus.

2. Vide sobre as honras e tratamento devidos ao Bastonário o artigo 24.º n.º 1 do E.O.A..

3. Para além deste artigo 39.º, cfr. sobre outras competências os artigos 12.º n.º 1, 30.º n.º 2, 33.º n.º 3, 36.º, 44.º n.º 1, 47.º, 92.º n.º 4, 93.º n.º 5, 123.º n.º 2, 124.º e 168.º n.º 3, todos do E.O.A..

4. Bastonário (Bâtonnier) vem de bâton (bastão), e designava o advogado que, em Paris, empunhava nas cerimónias o bastão em que pendia a bandeira da confraria de S. Nicolau, o que era uma honra atribuída a quem dela se revelasse mais digno. Sobre a origem e desenvolvimento da designação, consultar Alberto Sousa Lamy, Advogados e Juízes na Literatura e na Sabedoria Popular, Vol. I. págs. 182 e segs.

5. Em Portugal, teve a Ordem dos Advogados já 27 Bastonários, pela seguinte ordem de mandatos: Vicente Monteiro (1927), Martins de Carvalho (1929), Barbosa de Magalhães (1933), Pinto Coelho (1935), Pinheiro Chagas (1937), Carlos Pires (1938), Catanho de Meneses (1941), Acácio Furtado (1942), Sá Nogueira (1944), Morais Carvalho (1947), Palma Carlos (1949), Pedro Pitta (1956), Almeida Ribeiro (1971), Mário Raposo (1974), Carlos Lima (1977), Coelho Ribeiro (1980), Osório de Castro (1984), Augusto Lopes Cardoso (1986), Maria de Jesus Serra Lopes (1989), Júlio Castro Caldas (1992), Pires de Lima (1998), José Miguel Júdice (2001), Rogério Alves (2004), António Marinho e Pinto (2007), Eline Fraga (2013), Guilherme Figueiredo (2016), Luis Menezes Leitão (2019), Fernanda de Almeida Pinheiro (2022).

Artigo 40.º – Competência

1 – Compete ao bastonário:

a) Representar a Ordem dos Advogados em juízo e fora dele, designadamente perante os órgãos de soberania;

b) Representar os institutos integrados na Ordem dos Advogados;

c) Dirigir os serviços da Ordem dos Advogados de âmbito nacional;

d) Velar pelo cumprimento da legislação respeitante à Ordem dos Advogados e respetivos regulamentos e zelar pela realização das suas atribuições;

e) Fazer executar as deliberações da assembleia geral, do conselho superior e do conselho geral, dar seguimento às recomendações do congresso e adotar a norma em questão ou praticar o ato correspondente aprovado em referendo caso seja da sua competência;

f) Promover a cobrança das receitas da Ordem dos Advogados, autorizar despesas orçamentais e promover a abertura de créditos extraordinários, quando necessários;

g) Apresentar anualmente ao conselho geral os projetos de orçamento e plano de atividades do conselho geral e da Ordem dos Advogados para o ano civil seguinte, as contas do ano civil anterior e o respetivo relatório;

h) Promover, por iniciativa própria ou mediante solicitação dos conselhos da Ordem dos Advogados, os atos necessários ao patrocínio dos advogados ou para que a Ordem se constitua assistente, nos termos previstos no n.º 2 do artigo 5.º;

i) Cometer a qualquer órgão da Ordem dos Advogados ou aos respetivos membros a elaboração de pareceres sobre quaisquer matérias que interessem às atribuições da Ordem;

j) Presidir à comissão de redação da revista da Ordem dos Advogados ou indicar advogado de reconhecida competência para tais funções;

k) Assistir, querendo, às reuniões de todos os órgãos colegiais da Ordem dos Advogados, só tendo direito a voto nas reuniões do congresso, da assembleia geral e do conselho geral e nas reuniões conjuntas deste com o conselho superior;

l) Usar o voto de qualidade, em caso de empate, em todos os órgãos colegiais a que presida;

m) Resolver conflitos de competência entre conselhos regionais e delegações que não pertençam à mesma região;

n) Decidir os recursos interpostos das decisões sobre dispensa de sigilo profissional;

o) Decidir os recursos interpostos das decisões sobre escusas e dispensas de patrocínio oficioso;

p) Interpor recurso para o conselho superior das deliberações de todos os órgãos da Ordem dos Advogados, incluindo o conselho geral, que julgue contrárias à lei e aos regulamentos ou aos interesses da Ordem dos Advogados ou dos seus membros;

q) Exercer em casos urgentes as competências do conselho geral;

r) Exercer as demais funções que a lei e os regulamentos lhe confiram.

2 – O bastonário pode delegar em qualquer membro do conselho geral qualquer uma das suas competências.

3 – O bastonário pode, com o acordo do conselho geral, delegar a representação da Ordem dos Advogados ou atribuir funções especificamente determinadas a qualquer advogado.

4 – O bastonário pode ainda consultar os antigos bastonários, individualmente ou em reunião por ele presidida, e delegar neles a sua representação, incumbindo-os de funções especificamente determinadas.

NOTAS:

1. As funções atribuídas nesta norma respeitam à representação da Ordem, à garantia da legalidade, da ética e valores deontológicos, harmonização de conflitos, tutela dos interesses profissionais dos Advogados e às responsabilidades de natureza administrativa.

2. Sobre os poderes de representação, cfr. artigo 5.º e respectivas anotações.

3. O disposto na alínea *n)* também já resulta do disposto no artigo 92.º n.º 4 do EOA.

4. Nos termos do artigo 13.º n.º 1 do Regulamento da Caixa de Previdência dos Advogados e Solicitadores, o Bastonário preside, por inerência, ao Conselho Geral da Caixa de Previdência.

5. Para além do mero dever de dar seguimento às recomendações do Congresso, como constava do anterior artigo 39.º 1. *e)* do E.O.A. de 2005, exige agora a alínea *e)* do n.º 1 do actual artigo 40.º que o Bastonário adopte a norma em questão ou pratique o acto correspondente aprovado caso seja da sua competência, o que vem conferir maior relevância às conclusões dos trabalhos do Congresso, embora persistam como não vinculativas.

SECÇÃO V – Presidente do conselho superior

Artigo 41.º – Competência

Compete ao presidente do conselho superior:

a) Resolver conflitos de competência entre conselhos de deontologia;

b) Diligenciar na resolução amigável de desinteligências entre advogados inscritos em diferentes regiões;

c) Diligenciar na resolução amigável de desinteligências entre advogados que exerçam ou tenham exercido funções de bastonário, presidente do conselho superior, membros do conselho geral ou do conselho superior, presidentes dos conselhos regionais, presidentes dos conselhos de deontologia e membros dos conselhos regionais e dos conselhos de deontologia;

d) Representar a Ordem dos Advogados no âmbito das atribuições do conselho superior;

e) Zelar pelo cumprimento da legislação respeitante à Ordem dos Advogados e respetivos regulamentos, bem como pelo cumprimento das competências que lhe são conferidas;

f) Cometer aos membros do conselho superior a elaboração de pareceres sobre matérias que interessem aos fins e atribuições da Ordem dos Advogados;

g) Usar de voto de qualidade, em caso de empate, em deliberações do conselho superior;

h) Em caso de urgência e de manifesta impossibilidade de reunir, exercer a competência atribuída ao conselho superior, devendo dar conhecimento ao mesmo na primeira reunião seguinte;

i) Exercer as demais atribuições que a lei ou os regulamentos lhe confiram.

NOTAS:

1. Como já fizemos referência em anotação ao artigo 9.º, a função institucional do Presidente do Conselho Superior foi mais intensamente reconhecida e dignificada no EOA de 2005, atribuindo-se-lhe, a partir de então, competências próprias. Esta louvável evolução, ora consagrada, vem ao encontro da relevância que o cargo representa na Ordem dos Advogados, já que dele em parte depende a sanação de divergências no seio da Ordem e a salvaguarda de uma solidariedade activa entre o Conselho Geral e o Conselho Superior no desempenho das respectivas atribuições, embora sem perda da independência que ao Conselho Superior deve ser assegurada, desde logo pela sua legitimidade eleitoral própria.

2. Em face do que se refere na nota antecedente, as alíneas *a)* a *c)* deste preceito conferem ao Presidente do Conselho Superior especiais responsabilidades no domínio da harmonização de conflitos.

3. A representação atribuída na alínea *d)* deve entender-se sem prejuízo da competência própria mais vasta do Bastonário – cfr. artigo 40.º 1. *a)* do E.O.A..

4. A competência prevista na alínea *e)* corresponde a uma função paralela à que cabe ao Bastonário por força da alínea *d)* do n.º 1 do artigo 40.º do E.O.A., o que reforça a necessidade de uma constante actuação solidária e complementar entre ambos na defesa da legalidade e do bom funcionamento da Ordem.

5. Na versão inicial do D. Lei 84/84 de 16 de Março, o Bastonário podia convocar o Presidente do Conselho Superior para as reuniões do Conselho Geral ao abrigo do então artigo 41.º n.º 3, mas esta faculdade foi eliminada pela Lei 80/2001 de 20 de Julho, ficando desde então tal possibilidade circunscrita aos Presidentes dos Conselhos Regionais, solução que se mantém – Vide artigo 45.º n.º 3 do E.O.A..

6. Por deliberação tomada em sessão plenária, de 5 de Junho de 2009, amplamente divulgada à classe, o Conselho Superior, a propósito do relacionamento institucional no seio da Ordem dos Advogados, realçou o objectivo da revisão estatutária, plasmado nos artigos 40.º e 43.º do E.O.A. então em vigor, no sentido de fazer uma clara separação entre o exercício das amplas funções atribuídas ao dignificado Presidente do Conselho Superior e o exercício das competências de natureza jurisdicional cometidas em exclusivo ao Plenário e às Secções do Conselho Superior. Na mesma deliberação esclarece-se ainda o entendimento do Conselho Superior no domínio do correcto relacionamento do Bastonário com o Presidente do Conselho Superior, afirmando-se acertadamente, a nosso ver, a necessidade de respeito pela autonomia e independência destes dois órgãos singulares que, sendo distintos, têm funções diversas e possuem meios próprios e específicos de actuação funcional.

SECÇÃO VI - Conselho superior

Artigo 42.º - Composição

1 - O conselho superior é o supremo órgão jurisdicional da Ordem dos Advogados, composto pelo presidente, com voto de qualidade, por dois a cinco vice-presidentes e por 15 a 18 vogais, consoante o número de vice-presidentes, sendo, pelo menos, cinco inscritos pela região de Lisboa, quatro pela região do Porto e quatro pelas restantes regiões.

2 - Na primeira sessão de cada triénio, o conselho elege, de entre os seus vogais, um ou mais secretários e um tesoureiro.

NOTAS:

1. Na definição da composição do Conselho Superior mantém-se a opção de solução aberta no tocante ao número de vice-presidências, condicionando assim o número de vogais.

2. Pela conclusão 42.ª (2.ª Secção) do VI Congresso dos Advogados Portugueses (2005) foi aprovada a recomendação de introdução do método de Hondt para a eleição do Conselho Superior, o que nunca foi implementado.

3. O Conselho Geral, para efeitos de organização dos actos eleitorais para os triénios 2008/2010, 2011/2013 e 2014/2016 perfilhou entendimento de que o Conselho Superior, para poder constituir três Secções de sete membros cada e, simultaneamente, ter um Presidente, já que as Secções serão presididas por Vice-Presidentes, seria composto, não por 21, como poderia inferir-se duma interpretação literal do preceito, mas sim por 22 membros, incluindo o Presidente, passando-se a impor a apresentação de listas para o Conselho Superior com este número de Colegas concorrentes.

4. O Conselho Superior corresponde ao órgão de supervisão, que vela pela legalidade da actividade exercida pelos órgãos da associação e exerce poderes de controlo, nomeadamente em matéria disciplinar, conforme artigo 15.º n.º 2 alínea *c)* da Lei n.º 2/2013 de 10 de Janeiro (L.A.P.P.).

Artigo 43.º - Pleno e secções

1 - O conselho superior reúne em sessão plenária e por secções, cada uma delas constituída por sete membros.

2 - O presidente do conselho superior preside às sessões plenárias e pode participar, com direito a voto, nas reuniões das secções, as quais são presididas por cada um dos vice-presidentes.

3 - Sempre que o presidente do conselho superior não esteja presente, o voto de qualidade assiste ao vice-presidente que presida à respetiva reunião.

Artigo 44.º – Competência

1 – Compete ao conselho superior, reunido em sessão plenária:

a) Julgar os recursos interpostos das decisões das secções referidas nas alíneas *b)* e *e)* do n.º 3;

b) Julgar os recursos das deliberações do conselho geral, dos conselhos regionais e dos conselhos de deontologia;

c) Julgar os processos disciplinares em que sejam arguidos o bastonário, antigos bastonários e membros atuais do conselho superior ou do conselho geral;

d) Deliberar sobre pedidos de escusa, de renúncia e de suspensão temporária de cargo, nos termos dos artigos 15.º e 16.º, e julgar os recursos das decisões dos órgãos da Ordem dos Advogados que determinarem a perda de cargo de qualquer dos seus membros ou declararem a verificação de impedimento para o seu exercício;

e) Deliberar sobre impedimentos e perda do cargo dos seus membros e suspendê-los preventivamente, em caso de falta disciplinar, no decurso do respetivo processo;

f) Fixar a data das eleições para os diversos órgãos da Ordem dos Advogados, quando tal não seja da competência do bastonário;

g) Convocar assembleias gerais e assembleias regionais, quando tenha sido excedido o prazo para a respetiva convocação;

h) Elaborar e aprovar o seu próprio regimento;

i) Elaborar proposta de regulamento dos laudos sobre honorários;

j) Elaborar proposta de regulamento disciplinar;

k) Uniformizar a atuação dos conselhos de deontologia.

2 – Compete ao conselho superior e ao conselho geral, em reunião conjunta:

a) Julgar os recursos das deliberações sobre perda do cargo e exoneração dos membros do conselho superior e do conselho geral;

b) Deliberar sobre a renúncia ao cargo de bastonário;

c) Deliberar sobre os conflitos de competências entre órgãos nacionais e regionais e uniformizar a atuação dos mesmos.

3 – Compete às secções do conselho superior:

a) Julgar os recursos das deliberações, em matéria disciplinar, dos conselhos de deontologia;

b) Ratificar as sanções de expulsão;

c) Instruir os processos em que sejam arguidos o bastonário, antigos bastonários e os membros atuais do conselho superior e do conselho geral;

d) Instruir e julgar, em primeira instância, os processos em que sejam arguidos os antigos membros do conselho superior e do conselho geral e os antigos ou atuais membros dos conselhos regionais e dos conselhos de deontologia;

e) Dar laudo sobre honorários, quando solicitado pelos tribunais, pelos outros conselhos ou, em relação às respetivas contas, por qualquer advogado ou seu representante ou qualquer consulente ou constituinte.

NOTAS:

1. Na versão do E.O.A. de 2005 foi eliminada a alínea *f)* da proposta de lei que o antecedeu, que conferia ao Conselho Superior a competência para "conhecer, oficiosamente, ou mediante petição de qualquer advogado, dos vícios das deliberações da assembleia geral, das assembleias distritais e das delegações". Na verdade, levantavam-se dúvidas sobre a constitucionalidade desta competência, que constava da alínea *d)* do artigo 40.º do D. Lei 84/84 de 16 de Março, embora com argumentação que não se nos afigurava convincente, pois não se vê que constitucionalmente houvesse qualquer impedimento à fiscalização da legalidade das deliberações tomadas em assembleia geral por um órgão de competência jurisdicional própria, estando este por sua vez sujeito ao controlo judicial através dos Tribunais Administrativos. Vide a propósito, Alfredo Gaspar, nos Estatutos Anotados, Jornal do Fundão, em anotação aos artigos 33.º e 40.º e António Arnaut, em Estatutos da Ordem dos Advogados – Anotado, 6.ª Edição, Coimbra Editora, pág. 45. Certo é que esta competência continua omissa no quadro do actual E.O.A..

2. Algumas das competências que já pertenceram ao Conselho Superior em reunião plenária mantêm-se em regime de competência partilhada entre o Conselho Geral e o Conselho Superior, em reunião conjunta, como sejam o julgamento de recurso das deliberações sobre perda do cargo e exoneração dos membros do Conselho Superior e do Conselho Geral, a deliberação sobre a renúncia ao cargo do Bastonário, a resolução de conflitos de competências entre órgãos nacionais e regionais e a uniformização destes, em particular dos Conselhos de Deontologia.

3. Quanto às competências das secções, importa focar a ratificação da aplicação da pena disciplinar de expulsão, reintroduzida no elenco das penas disciplinares pela Lei 80/2001 – cfr. artigo 130.º 1. *f)* do E.O.A..

4. O Conselho Superior mantém a competência prevista na alínea *e)* do n.º 3, referente à emissão de laudo sobre honorários, quando solicitado pelos tribunais, pelos outros conselhos ou, em relação às respectivas contas, por qualquer advogado ou seu representante ou qualquer consulente ou constituinte, competência que foi exclusiva do Conselho Geral até ao E.O.A. de 2005 e que então transitou para o Conselho Superior.

5. Sobe esta matéria, veja-se o Regulamento dos Laudos de Honorários – Regulamento n.º 40/2005, in DR II Série n.º 98 de 20/05/2005.

6. "*1. Só são admissíveis recursos para o Conselho Superior, reunido em pleno, nos casos excepcionais em que este órgão funcione como 2.ª instância; 2. Não é de admitir o recurso interposto para o Conselho Superior reunido em pleno, de deliberação da Secção do Conselho Superior que funcionou como 2.ª instância.*" – Ac. Conselho Superior de 18 de Outubro de 1985, em ROA, 46-212.

7. Deve a Ordem dos Advogados desenvolver um programa nacional de informação através dos meios de comunicação social, visando a divulgação pública da deontologia dos advogados e das decisões do Conselho Superior e agir no sentido da "advocacia preventiva", a fim de se aprofundar e defender a nossa identidade profissional e garantir um adequado conhecimento dessa identidade junto da sociedade civil. (Conclusão 5.ª – 2.ª Secção – aprovada no VI Congresso dos Advogados Portugueses de 2005).

8. Não figura entre as atribuições do Conselho Superior a de se pronunciar, nomeadamente através de pareceres, sobre as matérias que é competente para julgar, sendo que a sua competência consultiva apenas poderá versar sobre matérias que respeitem aos fins ou atribuições da Ordem dos Advogados – Parecer do C.S. de 23/2/2007.

9. Do conjunto das competências legais do Conselho Superior resulta uma especial responsabilidade no domínio da defesa e da dignificação da deontologia, devendo por isso o órgão assumir um papel dinâmico no seu aprofundamento e divulgação, desde que não colida com as suas funções jurisdicionais.

10. No domínio do exercício da competência própria estabelecida pela alínea l) do n.º 1 deste artigo 44.º, veja-se o Parecer do Conselho Superior de 14 de Julho de 2005, sendo relator o Colega Sérvulo Correia, in www.oa.pt/conteudos/pareceres.

SECÇÃO VII – Conselho geral

Artigo 45.º – Composição

1 – O conselho geral é presidido pelo bastonário e composto por dois a cinco vice-presidentes e 15 a 18 vogais, consoante o número de vice-presidentes, eleitos diretamente pela assembleia geral, sendo, pelo menos, cinco advogados inscritos pela região de Lisboa, quatro pelo Porto e cinco pelas restantes regiões.

2 – Na primeira sessão de cada triénio o conselho geral elege, de entre os seus vogais, um ou mais secretários e um tesoureiro.

3 – O bastonário pode convocar para as reuniões do conselho geral os presidentes dos conselhos regionais, que têm, neste caso, direito de voto e podem fazer-se representar por um membro do conselho respetivo.

NOTAS:

1. A composição do Conselho Geral é idêntica à do Conselho Superior. Porém, como o Conselho Geral apenas reúne em plenário e não em secções, como sucede com o Conselho Superior, não têm surgido dúvidas sobre a sua composição ser de 21 membros, incluindo o Bastonário, como já sucedia no regime anterior.

2. Não obstante a norma do n.º 3 residir no nosso estatuto desde a sua versão introduzida pela Lei 80/2001 (vide nota 5 ao artigo 41.º do EOA), certo é que a convocação

dos Presidentes dos Conselhos Distritais (Regionais) para participarem nos trabalhos do Conselho Geral só passou a ser praticada no mandato de 2002/2004, sendo então Bastonário José Miguel Júdice.

3. A possibilidade de representação dos Presidentes dos Conselhos Regionais nas reuniões do Conselho Geral decorre precisamente da experiência de participação referida na nota anterior, tendo-se clarificado, perante algumas dúvidas suscitadas, que tal representação só será válida desde que exercida através de outro membro do Conselho respectivo em exercício efectivo de funções.

4. A convocação dos Presidentes dos Conselhos Regionais é um instrumento importante para a consolidação dos laços de solidariedade institucional e do reforço da coesão interna da OA, pelo que deveria corresponder a um poder vinculado e não meramente discricionário do Bastonário.

5. O Conselho Geral corresponde, no quadro legal dos órgãos das associações públicas previsto na Lei 2/2013 de 10 de Janeiro, ao órgão executivo colegial, que exerce poderes de direcção e gestão, nomeadamente em matéria administrativa e financeira, bem como no tocante à representação externa dos interesses da associação.

Artigo 46.º – Competência

1 – Compete ao conselho geral:

a) Definir a posição da Ordem dos Advogados perante os órgãos de soberania e da Administração Pública no que se relacione com a defesa do Estado de direito, dos direitos, liberdades e garantias e com a administração da justiça;

b) Emitir parecer sobre os projetos de diplomas legislativos que interessem ao exercício da advocacia e ao patrocínio judiciário em geral;

c) Propor as alterações legislativas que se entendam convenientes;

d) Deliberar sobre todos os assuntos que respeitem ao exercício da profissão, aos interesses dos advogados e à gestão da Ordem dos Advogados que não estejam especialmente cometidos a outros órgãos da Ordem, sem prejuízo do disposto no n.º 2 do artigo 33.º;

e) Proceder à inscrição dos advogados e advogados estagiários, tramitada preparatoriamente pelos conselhos regionais competentes, e manter atualizados os respetivos quadros gerais, tal como os dos advogados honorários;

f) Elaborar e aprovar o seu próprio regimento e o regimento do provedor dos clientes;

g) Elaborar propostas de regulamentos de inscrição dos advogados portugueses, regulamento de registo e inscrição dos advogados provenientes de outros Estados, regulamento de inscrição dos advogados estagiários, regulamento de estágio, da formação contínua e da formação especializada, com inerente atribuição do título de advogado especialista, regulamento de inscrição de juristas de reconhecido mérito, mestres e outros doutores em Direito, regulamento sobre os fundos dos clientes, regulamento da dispensa de sigilo profissional, regulamento do trajo e insígnia profissional e o juramento a prestar pelos novos advogados;

h) Elaborar e aprovar os demais regulamentos não previstos no presente Estatuto, designadamente os regimentos dos diversos institutos e comissões;

i) Elaborar e aprovar a regulamentação interna dos serviços da Ordem dos Advogados, incluindo os relativos às atribuições e competências do seu pessoal e os relativos à contratação e despedimento do pessoal da Ordem dos Advogados;

j) Formular recomendações de modo a procurar uniformizar, quanto possível, a atuação dos diversos conselhos regionais;

k) Discutir e aprovar os pareceres dos seus membros e os solicitados pelo bastonário a outros advogados;

l) Propor o valor das quotas e taxas a pagar pelos advogados;

m) Fixar os emolumentos devidos pela emissão de documentos ou práticas de atos no âmbito de serviços da Ordem dos Advogados;

n) Nomear os advogados que, em representação da Ordem dos Advogados, devem integrar comissões eventuais ou permanentes;

o) Nomear as direções dos institutos criados no seio da Ordem dos Advogados;

p) Nomear comissões para a execução de tarefas ou estudos sobre assuntos de interesse da Ordem dos Advogados;

q) Submeter à aprovação da assembleia geral o orçamento e plano de atividades para o ano civil seguinte, as contas do ano civil anterior e o respetivo relatório sobre as atividades anuais que forem apresentadas pelo bastonário;

r) Abrir créditos extraordinários quando seja manifestamente necessário;

s) Cobrar as receitas gerais da Ordem dos Advogados quando a cobrança não pertença aos conselhos regionais ou às delegações e as dos institutos pertencentes à Ordem dos Advogados e autorizar despesas, tanto de conta do orçamento geral da Ordem como de créditos extraordinários;

t) Arrecadar e distribuir receitas, satisfazer as despesas, aceitar doações e legados feitos à Ordem dos Advogados e administrá-los, se não forem destinados a serviços e instituições dirigidos por qualquer conselho regional ou delegação, alienar ou onerar bens e contrair empréstimos;

u) Prestar patrocínio aos advogados que hajam sido ofendidos no exercício da sua profissão ou por causa dela, quando para isso seja solicitado pelo respetivo conselho regional ou delegação e, sem dependência de tal solicitação, em caso de urgência ou se os advogados ofendidos pertencerem ou tiverem pertencido ao conselho superior ou ao conselho geral;

v) Fixar os subsídios de deslocação dos membros dos conselhos;

w) Deliberar sobre instauração ou defesa em quaisquer procedimentos judiciais relativos à Ordem dos Advogados e sobre a confissão, desistência ou transação nos mesmos;

x) Aprovar as transferências de verbas e outros créditos extraordinários votados pelo próprio conselho geral, pelos conselhos regionais e pelas delegações;

y) Deliberar sobre a realização do congresso dos advogados portugueses;

z) Conferir o título de advogado honorário a advogados que tenham deixado a advocacia depois de a haverem exercido distintamente durante 20 anos, pelo menos, e se tenham assinalado como juristas eminentes;

aa) Atribuir a medalha de honra dos advogados a cidadãos nacionais ou estrangeiros que tenham prestado serviços relevantes na defesa do Estado de direito ou à advocacia;

bb) Aprovar os pactos sociais das sociedades de advogados previstas no presente Estatuto;

cc) Exercer as demais atribuições que as leis e os regulamentos lhe confiram.

2 – O conselho geral pode cometer a qualquer dos seus membros as competências indicadas no número anterior.

NOTAS:

1. O Conselho Geral ainda não possui regulamento interno próprio.

2. O poder regulamentar que antes estava atribuído ao Conselho Geral ao abrigo do artigo 45.º alínea *g)* do E.O.A. de 2005, foi transferido para a Assembleia Geral para deliberar sobre a aprovação dos regulamentos previstos nos estatutos, que são os elencados na alínea *g)* do n.º 1 do citado artigo 46.º, passando assim o Conselho Geral a possuir apenas a competência para elaborar propostas de regulamentos nas matérias expressamente previstas neste último preceito.

3. Contudo, permanecem na competência do Conselho Geral a elaboração e aprovação dos demais regulamentos não previstos nos presentes estatutos, designadamente os regimentos dos diversos institutos e comissões, a regulamentação interna dos serviços da Ordem dos Advogados, do seu próprio regimento e ainda do regimento do provedor dos clientes.

4. A notória transferência de competências ao nível do poder regulamentar do Conselho Geral para a Assembleia Geral decorre, fundamentalmente, das exigências legais emergentes do artigo 15.º n.º 2 alínea *a)* da Lei 2/2013 de 10 de Janeiro (L.A.P.P.) no tocante às competências atribuídas à assembleia representativa como corolário do princípio da separação de poderes com o órgão executivo colegial.

5. Quanto aos fundos de clientes, veja-se o ponto 3.8. do Código Deontológico do C.D.A.E. e o artigo 102.º do E.O.A..

6. Sobre a matéria da competência no domínio da dispensa do segredo profissional apenas contém o E.O.A. referências directas nos artigos 92.º n.º 4 e 93 n.º 5. Na prática, porém, vem-se verificando que os Presidentes dos Conselhos Distritais (Regionais) e os Bastonários, no uso dos poderes conferidos nesta matéria, vêm delegando a competência para a emissão dos despachos de autorização noutros membros dos seus conselhos, tal como viria a ser expressamente permitido pelo artigo 2.º n.º 2 do Regulamento de Dispensa de Segredo Profissional - Regulamento n.º 94/2006 in DR II Série de 12/06/06.

7. A delegação de competências referida na anotação anterior revelou-se uma necessidade imperiosa tendo em conta o aumento progressivo de pedidos de dispensa de segredo profissional mas, em contrapartida, exigirá aos decisores um esforço acrescido de harmonização constante de critérios em matéria tão delicada e complexa, como é a do segredo profissional.

8. Nos termos da alínea *u)* prevê-se que cabe ao Conselho Geral deliberar sobre a concessão de patrocínio aos advogados ofendidos no exercício da sua profissão ou por causa dela, a solicitação dos Conselhos Regionais. Esta competência, tendo em conta a urgência com que deve ser exercida, não se compatibiliza com os procedimentos previstos nesta norma nem com o distanciamento do Bastonário ao problema concreto que a justifica, pelo que, na prática, tem sido exercida de imediato pelos Presidentes dos Conselhos Distritais (Regionais), sob condição de ratificação posterior das suas decisões. Cfr. sobre este tema os artigos 5.º n.º 2 e 71.º do E.O.A..

9. Das deliberações do Conselho Geral cabe recurso para o Plenário do Conselho Superior - Cfr. artigo 44.º 1. *b)* do E.O.A..

10. Sobre outras competências atribuídas no E.O.A. ao Conselho Geral, veja-se, a título exemplificativo, os artigos 81.º n.º 5, 84.º, 91.º *h)*, 94.º n.º 3. *h)*, 102.º n.º 2., 104. n.º 1, 123.º n.º 2, 180.º, 187.º n.º 2, 192.º n.º 4.º 195.º n.ºs 2 e 9, 198.º e 217.º, todos do E.O.A..

11. Quanto à irrecorribilidade dos pareceres emitidos pelos órgãos da Ordem com competência para tal, enquanto actos meramente opinativos, veja-se o Parecer do Conselho Superior aprovado em 17/06/05, sendo relator o Dr. Sérvulo Correia, in www.oa.pt/pareceres.

Artigo 47.º - Reuniões

O conselho geral reúne quando convocado pelo bastonário, por iniciativa deste ou mediante solicitação, por escrito, da maioria absoluta dos seus membros, pelo menos uma vez por mês.

NOTAS:

1. Seria de louvar que as reuniões do Conselho Geral se realizassem com alguma frequência fora de Lisboa como forma de descentralização e coesão, pois criaria laços

institucionais mais sólidos e de maior proximidade com os Conselhos Regionais, Delegações e Agrupamentos de Delegações.

SECÇÃO VIII - Conselho fiscal

Artigo 48.º - Composição

O conselho fiscal é constituído por um presidente, dois vogais e um revisor oficial de contas.

NOTAS:

1. Nos termos do artigo 15.º n.º 2, alínea *d)*, da Lei n.º 2/2013 de Janeiro (L.A.P.P.), as associações públicas profissionais deverão integrar um órgão de fiscalização da gestão patrimonial e financeira, que inclui um revisor oficial de contas.

2. O presidente e os vogais são eleitos, nos termos dos artigos 10.º e seguintes, bastando que para tal sejam advogados com inscrição em vigor e no pleno exercício das suas funções, uma vez que não se lhes aplicam as restrições do n.º 2 do artigo 11.º deste E.O.A..

3. O revisor oficial de contas não pode ser advogado em exercício de funções face à incompatibilidade prevista na alínea *l)* do n.º 1 do artigo 82.º e, tendo em conta o disposto n.º 3 do artigo 11.º, deverá ser nomeado pela Assembleia Geral sob proposta do Conselho Geral.

4. O Regimento do Conselho Fiscal foi aprovado pela deliberação n.º 750/2017, de 19 de Julho de 2017.

5. Os membros do Conselho Fiscal são eleitos por periodos de três anos e os advogados eleitos para o órgão perdem o mandato quando sejam punidos com sanções disciplinares superiores à de advertência - artigos 3.º e 5.º do Regimento.

Artigo 49.º - Competência

1 - Compete ao conselho fiscal:

a) Acompanhar e controlar a gestão financeira da Ordem dos Advogados;

b) Apreciar e emitir parecer sobre o orçamento, relatório de atividades e contas anuais da Ordem dos Advogados, após a sua certificação legal, nos termos previstos no n.º 8 do artigo 182.º.

c) Fiscalizar a organização da contabilidade da Ordem dos Advogados e o cumprimento das disposições legais e dos regimentos, nos domínios orçamental, contabilístico e de tesouraria, informando o conselho superior e o conselho geral de quaisquer desvios ou anomalias que verifique;

d) Pronunciar-se sobre qualquer assunto de interesse para a Ordem dos Advogados, nos domínios orçamental, contabilístico, financeiro e fiscal, que seja submetido à sua apreciação pelo bastonário, pelo conselho superior ou pelo conselho geral.

2 – Tendo em vista o adequado desempenho das respetivas funções, o conselho fiscal pode solicitar:

a) Aos outros órgãos, todas as informações e esclarecimentos necessários ao desempenho dessas funções;

b) Ao bastonário, a convocação de reuniões conjuntas com o conselho geral, para apreciação de questões compreendidas no âmbito das suas competências.

NOTAS:

1. Para além da convocação de reuniões conjuntas com o Conselho Geral, o Conselho Fiscal pode ainda solicitar ao Bastonário a convocação de reuniões conjuntas com qualquer outro órgão ou estrutura da Ordem dos Advogados – artigo 12.º n.º 2 *b)* do Regimento.

Artigo 50.º – Reuniões do conselho fiscal

O conselho fiscal reúne, ordinariamente, trimestralmente e, extraordinariamente, sempre que seja convocado pelo respetivo presidente, por sua iniciativa, a pedido de qualquer dos membros do conselho ou a solicitação do bastonário, do conselho superior ou do conselho geral.

SECÇÃO IX – Assembleias regionais

Artigo 51.º – Constituição e competência

1 – Em cada região funciona uma assembleia regional constituída por todos os advogados inscritos por essa região e com a inscrição em vigor.

2 – Compete às assembleias regionais:

a) Aprovar o seu regimento;

b) Eleger os conselhos regionais e os conselhos de deontologia;

c) Aprovar o plano de atividades e a proposta de orçamento a ser considerada no orçamento da Ordem dos Advogados para o ano seguinte, tal como o relatório de atividades e contas dos conselhos regionais;

d) Exercer as demais competências previstas na lei.

NOTAS:

1. Cfr. artigo 2.º n.ºs 3 e 4 do E.O.A..

Artigo 52.º – Reuniões

1 – As assembleias regionais reúnem ordinariamente para a eleição dos respetivos conselhos regionais e de deontologia, bem como para discussão e aprovação do orçamento e plano de atividades dos conselhos regionais e das respetivas contas e relatório de atividades.

2 – As assembleias regionais são convocadas e presididas pelo respetivo presidente do conselho regional.

3 – À convocação e funcionamento das assembleias regionais é aplicável, com as necessárias adaptações, o regime estabelecido nos artigos 34.º a 37.º.

NOTAS:

1. As assembleias regionais podem ser convocadas pelo Conselho Superior, reunido em plenário, no caso previsto no artigo 44.º n.º 1 *g)* do E.O.A..

2. Embora não esteja expressamente previsto, parece nada impedir a convocação de uma assembleia regional extraordinária pelo respectivo Presidente do Conselho Regional ou pelo Bastonário para discussão de assuntos de especial interesse da Ordem e dos advogados no âmbito regional respectivo, por força da remissão para o artigo 34.º do E.O.A.

SECÇÃO X – Conselhos regionais

Artigo 53.º – Constituição

1 – Em cada uma das regiões referidas no n.º 1 do artigo 2.º funciona um conselho regional.

2 – Cada conselho regional é composto por um presidente, ao qual assiste voto de qualidade.

3 – Cada conselho regional elege um vice-presidente, à exceção dos conselhos regionais de Lisboa e Porto que elegem, respetivamente, três e dois vice-presidentes, sendo ainda eleitos 17 vogais para os conselhos de Lisboa, 14 do Porto, nove de Coimbra, seis de Évora, cinco de Faro, quatro da Madeira e quatro dos Açores.

4 – Cada conselho regional elege, no início do triénio, os vogais do conselho que desempenham os cargos de secretário e de tesoureiro.

NOTAS:

1. Considerando a composição anterior dos Conselhos Distritais, verifica-se que foi mantido o número de membros nos diversos Conselhos Regionais, a saber: Lisboa (21), Porto (17), Coimbra (11), Évora (8), Faro (7), Madeira (6) e Açores (6).

2. De acordo com o artigo 15.º n.º 11 da Lei n.º 2/2013 de 10 de Janeiro, as estruturas regionais e locais das associações públicas têm como órgãos obrigatórios a assembleia dos profissionais inscritos na respectiva circunscrição territorial e um órgão executivo eleito por aquela assembleia.

Artigo 54.º – Competência

1 – Compete ao conselho regional, no âmbito da sua competência territorial:

a) Definir a posição do conselho regional naquilo que se relacione com a defesa do Estado de direito e dos direitos, liberdades e garantias, transmitindo-a ao conselho geral;

b) Emitir pareceres sobre os projetos de diplomas legislativos que interessem ao exercício da advocacia e ao patrocínio judiciário em geral, quando tal lhe seja solicitado pelo conselho geral;

c) Zelar pela dignidade e independência da Ordem dos Advogados e assegurar o respeito dos direitos dos advogados;

d) Enviar ao conselho geral, no mês de novembro de cada ano, relatórios sobre a administração da justiça, o exercício da advocacia e as relações desta com as magistraturas judiciárias e com a Administração Pública da respetiva área territorial;

e) Cooperar com os demais órgãos da Ordem dos Advogados e suas comissões na prossecução das respetivas atribuições;

f) Pronunciar-se sobre as questões de carácter profissional;

g) Tomar, quando necessário, as providências tidas por adequadas em relação a toda a documentação profissional existente no escritório do advogado com inscrição em vigor, nos casos em que este faleça ou seja declarado interdito;

h) Promover a formação inicial e contínua dos advogados e advogados estagiários, designadamente organizando ou patrocinando conferências e sessões de estudo;

i) Submeter à aprovação da assembleia regional o orçamento e o plano de atividades para o ano civil seguinte e as contas do ano anterior, bem como o respetivo relatório de atividades;

j) Deliberar sobre a instalação de serviços e institutos não administrados diretamente pelo conselho geral e respeitantes à respetiva região;

k) Receber do conselho geral a parte que lhe caiba nas contribuições dos advogados para a Ordem dos Advogados, cobrar diretamente as receitas próprias dos serviços e institutos a seu cargo e autorizar despesas, nos termos do orçamento e de créditos extraordinários;

l) Receber e tramitar preparatoriamente as inscrições dos advogados e dos advogados estagiários;

m) Convocar assembleias de comarca quando tenha sido excedido o prazo para a respetiva convocação e tomar as demais providências necessárias para assegurar o funcionamento permanente das delegações;

n) Coordenar a atividade das delegações e, na falta destas, nomear delegados;

o) Nomear advogado ao interessado que lho solicite por não encontrar quem aceite voluntariamente o seu patrocínio e notificar essa nomeação, logo que realizada, ao requerente e ao advogado nomeado;

p) Julgar a escusa que o advogado nomeado nos termos referidos na alínea anterior eventualmente alegue, e que deve requerer dentro das 48 horas contadas da notificação da sua nomeação ou do facto superveniente que a fundamente;

q) Deliberar sobre o pedido de escusa, de renúncia e de suspensão temporária do cargo, nos termos dos artigos 15.º e 16.º, relativamente aos delegados da respetiva região;

r) Elaborar e aprovar o regimento do respetivo conselho regional e o relativo às atribuições e competências do seu pessoal;

s) Solicitar informação dos resultados das inspeções efetuadas aos tribunais, serviços do Ministério Público, oficiais de justiça e serviços de registo e notariado instalados na área da sua competência territorial;

t) Aplicar as multas a que se refere o n.º 4 do artigo 14.º;

u) Exercer as competências que lhe são conferidas por lei relativas aos processos de procuradoria ilícita na área da sua região;

v) Exercer as demais atribuições que as leis e os regulamentos lhe confiram.

2 – O conselho regional pode delegar qualquer das suas competências em algum ou alguns dos seus membros, podendo estes funcionar em comissão.

3 – Ocorrendo a situação prevista no número anterior, qualquer dos membros pode, por sua iniciativa ou imediatamente após a votação na comissão, suscitar a ratificação da decisão ou da deliberação pelo pleno do conselho, caso em que este avoca a competência que tenha delegado.

4 – O conselho regional pode também delegar nas delegações ou delegados alguma ou algumas das suas competências e deliberar a atribuição de dotações orçamentais a determinadas delegações.

5 – O disposto no número anterior pode ser aplicado a agrupamentos de delegações constituídas nos termos do disposto no artigo 63.º.

NOTAS:

1. Na alínea *c)* não consta, de forma expressa, a defesa dos advogados ofendidos no exercício da profissão e por causa dela, dado que tal função está já assegurada e regulada nos artigos 71.º, 5.º n.ºs 2 e 3 e ainda no artigo 46.º n.º 1. *u)*, todos do E.O.A..

2. Na alínea *d)* consta, no âmbito dos relatórios informativos a remeter ao Conselho Geral, o estado do relacionamento com a administração pública, já que aí residem, em grande parte, os problemas referentes ao exercício da profissão, designadamente no tocante à observância das garantias legais no domínio do especial direito à informação, atendimento preferencial e urbanidade.

3. A competência prevista na alínea *f)* deve ser encarada sem prejuízo da competência específica atribuída a outros órgãos em determinadas matérias como, por exemplo, em matéria de laudos, formação e acção disciplinar.

4. Sobre a alínea *k)* veja-se o que consta nos artigos 179.º e segts do E.O.A..

5. Na alínea *m)* alude-se às "assembleias de comarca", o que constitui um manifesto lapso de escrita, tendo em conta o disposto no artigo 60.º do E.O.A.. Quer a norma assim referir-se às assembleias locais.

6. O papel de coordenação da actividade das Delegações, que expressamente resulta da alínea *n)*, reforça o princípio de solidariedade institucional no funcionamento das Delegações.

7. O acto de nomear advogado nas situações previstas na alínea *o)* resulta do imperativo constitucional de garantia de acesso ao direito e à justiça e não deve confundir-se com o regime de protecção jurídica (apoio judiciário e consulta jurídica gratuita), regulado por lei a benefício dos cidadãos carenciados financeiramente.

8. Veja-se o que dispõe o artigo 51.º do C. P. Civil sobre a nomeação de advogado oficioso a quem não encontre quem, voluntariamente, aceite o seu patrocínio.

9. De acordo com a alínea *t)*, fica atribuída aos Conselhos Regionais a competência para delberar a liquidação e cobrança das multas resultantes da violação do dever de votar.

10. A competência prevista na alínea *u)* decorre da prática já existente de instauração de processos de inquérito para averiguação da prática de actos de procuradoria ilícita por força dos artigos 9.º, 10.º e 12.º da Lei dos Actos Próprios dos Advogados – Lei 49/2004 de 24 de Agosto.

11. Ao abrigo da delegação de competências referida no n.º 4, desde há muito é corrente a transferência para as Delegações mais actuantes de funções que estão, em princípio, cometidas aos Conselhos Regionais, com especial incidência nas áreas das nomeações oficiosas e da formação inicial, complementar e contínua.

SECÇÃO XI – Presidentes dos conselhos regionais

Artigo 55.º – Competência

1 – Compete ao presidente do conselho regional, no âmbito da sua competência territorial:

a) Representar a Ordem dos Advogados no âmbito das atribuições do conselho regional respetivo;

b) Representar os institutos integrados na Ordem dos Advogados que exerçam atividades apenas na respetiva região;

c) Administrar e dirigir os serviços do conselho regional;

d) Velar pelo cumprimento da legislação respeitante à Ordem dos Advogados e respetivos regulamentos e zelar pelo cumprimento das atribuições que lhe são conferidas;

e) Promover a cobrança de receitas do conselho regional;

f) Apresentar anualmente, até ao final do mês de agosto, o projeto de orçamento e o plano de atividades para o ano civil seguinte e, até final de março, as contas do ano civil anterior e o respetivo relatório;

g) Convocar e presidir às reuniões da assembleia regional e do conselho regional;

h) Usar de voto de qualidade, em caso de empate, em deliberações do conselho regional;

i) Assistir, querendo, às reuniões das assembleias locais e das delegações, sem direito a voto;

j) Resolver conflitos de competência entre delegações da respetiva região;

k) Prorrogar o período de estágio dos advogados estagiários, nos termos previstos no presente Estatuto;

l) Autorizar a revelação de factos abrangidos pelo dever de guardar sigilo profissional, quando tal lhe seja requerido, nos termos previstos no presente Estatuto;

m) Decidir sobre os pedidos de escusa e dispensa de patrocínio oficioso, apresentados pelos advogados e advogados estagiários da respetiva região;

n) Conceder a autorização a que se reporta o n.º 2 do artigo 93.º;

o) Em caso de urgência e de manifesta impossibilidade de reunir, exercer a competência atribuída ao conselho regional, devendo dar conhecimento do facto ao mesmo na primeira reunião seguinte;

p) Exercer as demais atribuições que a lei e os regulamentos lhe confiram.

2 – O presidente do conselho regional pode delegar em um ou mais vice-presidentes a competência prevista na alínea *k)* do número anterior.

3 – O presidente do conselho regional pode, ainda, delegar qualquer uma das suas restantes competências em algum ou alguns dos seus membros, bem como nas delegações ou nos respetivos delegados, podendo os membros com poderes delegados funcionar em comissão.

NOTAS:

1. Pela alínea *f)* do n.º 1 o orçamento deverá estar concluído até ao final do mês de Agosto, tendo em vista sua consolidação no orçamento geral da Ordem, em sintonia com o que se prevê nos artigos 40.º 1. *g)* e 182.º n.ºs 5 e 6 do E.O.A..

2. A competência atribuída na alínea m) no domínio do apoio judiciário, constitui importação para o E.O.A. da solução prevista pelo artigo 35.º da Lei 34/2004 de 29 de Julho.

3. A delegação genérica de competências permitida pelo n.º 3 deste artigo, já anteriormente admitida pelo anterior E.O.A., veio pôr cobro à questão, amplamente discutida, da possibilidade de o Presidente do Conselho Regional poder delegar a sua competência específica para a prolação, em 1.ª instância, dos despachos sobre pedidos de autorização para dispensa de segredo profissional. Esta matéria foi entretanto definitivamente resolvida pelo artigo 2.º n.º 3 do Regulamento de Dispensa de Segredo Profissional, embora a delegação apenas seja admitida a favor de algum ou alguns dos membros do Conselho Regional.

4. Ver ainda o artigo 75.º n.º 2 quanto ao papel atribuído ao Presidente do Conselho Regional na realização de buscas domiciliárias em local de arquivo dos advogados ou sociedades de advogados.

5. Os Presidentes dos Conselhos Regionais podem ser convocados pelo Bastonário a participar ou fazer-se representar por membro do Conselho Regional nas reuniões do Conselho Geral, aí podendo votar por direito próprio – artigo 45.º n.º 3 do E.O.A..

SECÇÃO XII – Conselhos de deontologia

Artigo 56.º – Composição

1 – Em cada uma das regiões referidas no n.º 1 do artigo 2.º funciona um conselho de deontologia, composto pelo presidente, com voto de qualidade, por um vice-presidente, com exceção dos conselhos de Lisboa, que elege três vice-presidentes, e do Porto e Coimbra, que elegem, cada um, dois vice-presidentes, e por mais 16 vogais em Lisboa, 12 no Porto e em Coimbra, e cinco em Évora, Faro, Madeira e Açores.

2 – Na primeira sessão do mandato o conselho elege, de entre os vogais, um secretário e um tesoureiro.

NOTAS:

1. Mantém-se o mesmo número de membros para os Conselhos de Lisboa e Porto previsto no E.O.A. anterior, mas foi alargada a composição de todos os demais, sendo de salientar a equiparação do Conselho de Coimbra ao do Porto, com os Vice-Presidentes a ser designados nas listas a sujeitar ao acto eleitoral, sendo apenas eleitos posteriormente pelo próprio órgão o secretário e o tesoureiro.

2. Ver as anotações 5. a 7. ao artigo 9.º deste E.O.A..

3. Concorrendo ao acto eleitoral várias listas ao Conselho de Deontologia, a lista vencedora elege directamente os Vice-Presidentes com que se apresentou às eleições, aplicando-se o método de Hondt apenas para a indicação da ordem de entrada dos membros candidatos das listas concorrentes no órgão a que se candidatam e não para designar os cargos do respectivo órgão, solução esta que foi definida por decisão judicial após controvérsia interna ocorrida nas eleições de 2013.

Artigo 57.º – Funcionamento

1 – O conselho de deontologia de Lisboa funciona em quatro secções e os conselhos de deontologia do Porto e de Coimbra em três secções, constituídas, cada uma, por cinco membros, devendo a primeira ser presidida pelo presidente do conselho e as restantes pelos vice-presidentes.

2 – A composição das secções é fixada na primeira sessão de cada mandato.

NOTAS:

1. Em correspondência com o alargamento da composição do Conselho de Deontologia de Coimbra, passou também este, à semelhança do Conselho de Deontologia do Porto, a funcionar em três secções de cinco membros cada.

Artigo 58.º – Competência

Compete aos conselhos de deontologia:

a) Exercer o poder disciplinar em primeira instância e instruir e julgar os processos de averiguação de inidoneidade para o exercício da profissão relativamente aos advogados e advogados estagiários com domicílio profissional na área da respetiva região, com exceção dos casos em que estas competências são atribuídas ao conselho superior, nos termos do disposto no artigo 44.º;

b) Velar pelo cumprimento, por parte dos advogados e advogados estagiários com domicílio profissional na área da respetiva região, das normas de deontologia profissional, podendo, independentemente de queixa e por sua própria iniciativa, quando o julgarem justificado, conduzir inquéritos e convocar para declarações os referidos advogados, com o fim de aquilatar do cumprimento das referidas normas e promover a ação disciplinar, se for o caso;

c) Submeter à aprovação da assembleia regional o orçamento para o ano civil seguinte e as contas do ano anterior, bem como o respetivo relatório de atividades;

d) Exercer as demais atribuições que as leis e os regulamentos lhes confiram.

NOTAS:

1. Quanto à alínea *a)*, ver as competências do Conselho Superior em matéria disciplinar previstas no artigo 44.º n.º 1. *c)* e n.º 3. *c)* e *d)* do EOA.

2. Foi agora aditada a competência dos Conselhos de Deontologia para instruírem e julgarem os processos de averiguação de inidoneidade para o exercício da profissão relativamente aos advogados e advogados estagiários com domicílio profissional na área da respectiva região.

3. O processo de averiguação de inidoneidade para o exercício da profissão prende-se intimamente com o dever de integridade ou probidade a que se refere o artigo 88.º do E.O.A., que exige aos advogados um comportamento público e profissional adequado à dignidade e responsabilidade da função.

4. A falta de idoneidade moral para o exercício da profissão inibe a inscrição do advogado ou do advogado estagiário ou determina o cancelamento da inscrição, se for verificada supervenientemente à inscrição. Cfr. artigo 188.º n.º 1. *a)* do E.O.A..

5. De acordo com o n.º 5 do artigo 188.º do E.O.A., a verificação de falta de idoneidade moral é sempre objecto de processo próprio, que segue os termos do processo disciplinar, com as necessárias adaptações, embora seja um processo especial de natureza administrativa.

6. A competência, que já esteve cometida aos Conselhos de Deontologia, para harmonização de conflitos entre advogados da mesma região, passa a recair sobre os presidentes destes órgãos, como se vê da alínea *d)* do n.º 1 do artigo seguinte.

7. Deverão os Conselhos de Deontologia assumir um papel de prevenção quanto ao cumprimento das regras deontológicas, através de acções de divulgação expressas em documentos, colóquios ou outras formas adequadas. Conclusão 51.ª (2.ª Secção) aprovada no VI Congresso dos Advogados Portugueses (2005).

8. A alínea *c)* consagra, em abstracto, a autonomia financeira dos Conselhos de Deontologia, para que fiquem independentes também neste domínio dos Conselhos Regionais. Porém, o actual E.O.A. deixou sem resposta adequada a forma de se efectivar essa autonomia financeira como pressuposto da sua plena independência, opção esta que não foi ainda plenamente consagrada no quadro do Regulamento Financeiro da Ordem dos Advogados – Regulamento n.º 926/2021 – aprovado pelo Conselho Geral em 17 de Setembro de 2021, publicado no DR, 2.ª Série, n.º 206, de 22 de Outubro,

contrariamente ao que foi aprovado, em sede de conclusões, no VIII Congresso dos Advogados Portugueses, de Junho de 2018.

9. A resolução de conflitos de competência entre Conselhos de Deontologia e a resolução amigável de desinteligências entre advogados inscritos em diferentes regiões cabem ao Presidente do Conselho Superior – artigo 41.º, alíneas *a)* e *b)* do E.O.A.

SECÇÃO XIII – Presidentes dos conselhos de deontologia

Artigo 59.º – Competência

1 – Compete aos presidentes dos conselhos de deontologia:

a) Administrar e dirigir os serviços dos conselhos de deontologia respetivos;

b) Convocar e presidir às reuniões;

c) Cometer aos membros do respetivo conselho de deontologia a elaboração de pareceres sobre matérias referentes à ética e à deontologia profissionais;

d) Diligenciar no sentido de resolver amigavelmente as desinteligências entre advogados da respetiva região;

e) Em caso de urgência e de manifesta impossibilidade de reunir, exercer a competência atribuída ao conselho de deontologia, devendo dar conhecimento do facto ao mesmo na primeira reunião seguinte;

f) Usar do voto de qualidade, em caso de empate, em deliberações do conselho de deontologia;

g) Exercer as demais atribuições que a lei e os regulamentos lhes confiram.

2 – O presidente do conselho de deontologia pode delegar em qualquer dos membros do conselho respetivo as competências referidas nas alíneas *d)* a *g)* do número anterior.

NOTAS:

1. Na Lei n.º 80/2001, que alterou o D. Lei 84/84 de 16 de Março e introduziu os Conselhos de Deontologia, não estavam previstas competências próprias para os seus Presidentes, as quais foram mais tarde definidas no Estatuto de 2005 e agora confirmadas sem alterações – Vide anotação 5. ao artigo 9.º deste E.O.A..

SECÇÃO XIV – Delegações

Artigo 60.º – Assembleias locais

1 – Em cada município que não seja o da sede da região e em que haja, pelo menos, 10 advogados inscritos, funciona uma assembleia local constituída por todos os advogados inscritos pela respetiva delegação.

2 – Nos municípios que sejam sede de região, a assembleia regional respetiva delibera sobre o funcionamento da assembleia local, nos termos do número anterior.

3 – As assembleias locais reúnem ordinariamente para a eleição da respetiva delegação.

4 – As assembleias locais são convocadas e presididas pelo respetivo presidente da delegação ou, na falta desta, pelo delegado da Ordem dos Advogados no município.

5 – À convocação e funcionamento das assembleias locais é aplicável, com as necessárias adaptações, o regime estabelecido nos artigos 34.º a 37.º.

NOTAS:

1. O número mínimo de 10 advogados inscritos para o funcionamento de uma assembleia local corresponde à exigência anterior para a constituição de uma assembleia de comarca, afigurando-se este número exíguo face ao significativo aumento do número global de advogados inscritos e serem já raros os municípios com menos de 10 advogados. Teria por isso sido preferível aumentar aquele número mínimo de forma a torná-lo mais proporcionado à massificação entretanto ocorrida na profissão.

2. Sobre a interligação aos Conselhos Regionais veja-se os artigos 54.º n.º 1. *m)* e *n)* e e 55.º n.º 1. *i)* deste E.O.A..

3. Quanto aos municípios que integram cada uma das regiões, veja-se o artigo 2.º n.º 3 e o mapa anexo ao presente E.O.A.. A solução, que vingou quanto à correspondência das Delegações aos municípios, evitou a extinção de muitas Delegações.

4. De acordo com o artigo 15.º n.º 11 da Lei n.º 2/2013 de 10 de Janeiro (L.A.P.P), as estruturas regionais e locais das associações públicas têm como órgãos obrigatórios a assembleia dos profissionais inscritos na respectiva circunscrição territorial e um órgão executivo eleito por aquela assembleia.

Artigo 61.º – Delegação

1 – Em município em que possa ser constituída a assembleia local, funciona uma delegação composta por um presidente e por mais dois a quatro membros, sendo um secretário e um tesoureiro.

2 – Nos municípios com mais de 100 advogados inscritos, a delegação pode ser composta por um máximo de oito membros, além do presidente, mediante deliberação da assembleia local.

3 – A eleição para a delegação depende de apresentação de candidaturas e rege-se pelo regulamento eleitoral.

NOTAS:

1. Corresponde este artigo ao anterior artigo 57.º do E.O.A. de 2005, mantendo-se o número de membros das Delegações como reflexo da sua dinamização acentuada e da crescente delegação de competências, que vêm recebendo dos Conselhos Regionais.

2. Apanágio do inegável aumento da importância das Delegações na vida da Ordem foi a institucionalização da Convenção das Delegações, que passou a ter realização regular para debate e desenvolvimento das políticas a prosseguir sobre os temas que mais directamente interessam às estruturas concelhias.

3. A IX Convenção das Delegações ocorreu em Vilamoura, em Novembro de 2014, podendo as suas conclusões, tal como as das anteriores Convenções, ser consultadas no Portal da Ordem dos Advogados.

4. As eleições para as Delegações não ocorrem paralelamente com as eleições para os órgãos nacionais e distritais. – Vide artigos 12.º e 13.º do E.O.A..

5. Quanto ao processo eleitoral nas Delegações, ver artigos 33.º a 48.º do Regulamento Eleitoral – Regulamento n.º 624/2019 de 8 de Agosto de 2019.

6. Vide artigo 182.º n.º 7 quanto à apresentação das contas e propostas de orçamento.

Artigo 62.º – Delegados da Ordem dos Advogados

1 – Nos municípios onde não possa ser constituída a assembleia local por falta do número mínimo legal de advogados nela inscritos, há um delegado da Ordem dos Advogados nomeado pelo respetivo conselho regional, de entre os advogados inscritos por esse município.

2 – O delegado é também nomeado pelo conselho regional quando a assembleia local não proceda à eleição da respetiva delegação.

3 – As assembleias locais são convocadas e presididas pelo respetivo presidente da delegação ou, na falta desta, pelo delegado da Ordem dos Advogados na comarca.

4 – À convocação e funcionamento das assembleias locais é aplicável, com as necessárias adaptações, o regime estabelecido nos artigos 34.º a 37.º.

NOTAS:

1. Tal como já sucedera com a Lei 80/2001 e com o E.O.A. de 2005, não se aproveitou este novo E.O.A. para se operar a eliminação dos n.ºs 3 e 4 deste preceito, que mais não são do que meras e redundantes repetições dos n.ºs 4 e 5 do artigo 60.º.

2. Veja-se a propósito da nomeação dos Delegados e do pedido de escusa de funções o artigo 54.º alíneas *o)* e *r)* do E.O.A..

3. Dependendo o exercício de funções dos Delegados de um acto de nomeação pelos Conselhos Regionais, deve entender-se que caducam tais funções com a extinção do mandato destes últimos.

4. No n.º 3, onde se lê "na comarca", deve entender-se "no município", já que ocorre manifesto erro material na redacção do preceito.

Artigo 63.º – Agrupamentos de delegações

1 – A área de intervenção e de tutela de determinadas delegações pode incluir outras delegações ou delegados de uma determinada circunscrição territorial, criada ou modificada sob a égide do conselho regional.

2 – Os agrupamentos de delegações devem:

a) Possuir estruturas físicas e administrativas funcionais;

b) Reunir regularmente com os demais agrupamentos de delegações existentes no correspondente conselho regional, bem como com as delegações e delegados das suas áreas de intervenção;

c) Elaborar propostas para apreciação e deliberação dos respetivos conselhos regionais e, eventualmente, ter assento e voto nas reuniões destes órgãos;

d) Apresentar os orçamentos e os relatórios de contas e atividades aos conselhos regionais para aprovação, de acordo com as necessidades e prioridades das suas áreas de intervenção, ouvidas as delegações e os delegados das suas circunscrições.

3 – Os agrupamentos de delegações podem promover reuniões a nível dos vários conselhos regionais, ou mesmo a nível nacional, para discussão e aprovação de conclusões e propostas a apresentar aos órgãos da Ordem dos Advogados, através dos conselhos regionais.

NOTAS:

1. Do movimento da Convenção das Delegações e como resultado do louvável crescimento das funções atribuídas às Delegações, tornou-se evidente a necessidade de reorganização destas em torno de agrupamentos de base regional, que melhor permitam a racionalização de meios e a descentralização de serviços. Os primeiros Agrupamentos de Delegações surgiram pela iniciativa do Conselho Distrital de Évora dada a sua dimensão geográfica.

2. Na mesma linha de orientação foram previstos no revogado Regulamento Geral da Formação a criação de pólos de formação contínua, a fim de através destes centros ser possível a organização deste tipo de formação para todos advogados em todo o território nacional. Veja-se o artigo 60.º do revogado Regulamento 42/A/2002, solução que não chegou a ser implementada pelo Conselho Geral.

3. Os Agrupamentos de Delegações revelam-se ainda essenciais para o bom funcionamento do sistema do apoio judiciário e devem ser criados em função dos interesses específicos das actuais Delegações e das suas interacções.

4. Os Agrupamentos das Delegações poderão desenvolver um papel agregador na malha orgânica da Ordem, o que claramente decorre do disposto no n.º 2 alínea *c)* e do n.º 3 no que toca às suas ligações com os Conselhos Regionais e à possibilidade de extensão das suas actividades para além dos limites da jurisdição destes últimos.

5. Na mesma linha do que se apontava nos artigos 60.º do R.G.F. e 44.º do revogado Regulamento Nacional de Estágio (2005) refere o actual artigo 37.º do Regulamento Nacional de Estágio – Regulamento n.º 913-A/2015, de 22 de Dezembro de 2015, a criação de uma rede nacional de pólos de formação especialmente vocacionados para a concretização das exigências do estágio.

Artigo 64.º – Competência dos agrupamentos de delegações, das delegações e dos delegados

1 – Compete aos agrupamentos de delegações ou, quando estes não existam, às delegações ou aos delegados da Ordem dos Advogados, na respetiva área territorial:

a) Manter atualizado o quadro dos advogados e advogados estagiários inscritos pelo município;

b) Dirigir a conferência de advogados e as sessões de estudo e, com a colaboração de outras delegações ou delegados, as conferências que em comum tenham organizado;

c) Apresentar anualmente ao conselho regional, para discussão e votação, o orçamento e o plano de atividades da delegação, bem como as contas do ano anterior e o respetivo relatório de atividades;

d) Receber e administrar as dotações que lhe forem atribuídas pelos conselhos geral e regional e as receitas próprias;

e) Prestar aos restantes órgãos da Ordem dos Advogados a colaboração que lhes seja solicitada e cumprir pontualmente as respetivas deprecadas;

f) Gerir as salas de advogados nos edifícios dos tribunais;

g) Exercer as demais competências que a lei e os regulamentos lhes confiram.

2 – Compete ainda aos agrupamentos de delegações ou, quando estes não existam, às delegações ou aos delegados exercer as competências que lhes tenham sido delegadas pelo conselho regional ou pelo presidente do conselho regional, designadamente:

a) Promover a criação e instalação de gabinetes de consulta jurídica, bem como exercer as demais funções no âmbito do acesso ao direito;

b) Emitir os cartões de identificação de empregado forense na área do respetivo município;

c) Receber reclamações dos colegas sobre o funcionamento dos tribunais e, se pertinentes, canalizá-las para os órgãos superiores da Ordem dos Advogados a fim de serem enviadas às entidades competentes;

d) Solicitar informações dos resultados das inspeções efetuadas aos tribunais, serviços do Ministério Público, oficiais de justiça e serviços de registo e notariado instalados na área da sua competência territorial;

e) Proceder à criação de núcleos de apoio à formação de advogados e advogados estagiários;

f) Criar e desenvolver os meios adequados ao combate à procuradoria ilícita, sem prejuízo do disposto na alínea *u)* do n.º 1 do artigo 54.º.

NOTAS:

1. As competências atribuídas aos Agrupamentos de Delegações, às Delegações e aos Delegados são extensas e foram, na sua maioria, introduzidas pela Lei 80/2001, devendo ser exercidas em solidariedade institucional com os Conselhos Regionais.

2. Quanto ao poder de gestão das salas dos Advogados existentes nos edifícios dos Tribunais, veja-se o que consta no artigo 17.º da Lei n.º 62/2013, de 16 de Agosto (L.O.S.J.).

3. As competências referentes ao sistema de protecção jurídica, seja na área da consulta jurídica gratuita, seja na das nomeações oficiosas, devem ser ajustadas ao regime legal vigente da Lei 34/2004, de 29 de julho.

SECÇÃO XV – Provedor dos clientes

Artigo 65.º – Designação e funções

1 – O provedor dos clientes pode, nos termos legalmente previstos e se tal se justificar, ser designado por deliberação do conselho geral, sob proposta do bastonário.

2 – O provedor dos clientes é independente no exercício da sua função de defender os interesses dos destinatários dos serviços prestados pelos advogados e não pode ser destituído, salvo em consequência de decisão do conselho geral, por falta grave.

3 – Compete ao provedor dos clientes analisar as queixas apresentadas pelos destinatários dos serviços prestados pelos advogados e fazer recomendações, tanto para a resolução dessas queixas, como em geral para o aperfeiçoamento do desempenho da Ordem dos Advogados.

4 – O cargo de provedor dos clientes pode ser remunerado, nos termos do respetivo regimento.

5 – No caso de ser advogado, a pessoa designada para o cargo de provedor dos clientes requer a suspensão da sua inscrição, nos termos do respetivo regimento.

6 – O provedor dos clientes apresenta um relatório anual ao bastonário e à assembleia geral.

7 – Os advogados envolvidos em queixas analisadas pelo provedor dos clientes devem colaborar nas suas averiguações.

NOTAS:

1. Trata-se de uma disposição inovadora que prevê a possibilidade da Ordem dos Advogados poder designar uma personalidade independente com a função prevista nos n.ºs 3 e 4 do presente artigo 65.º.

2. Na verdade, estando a Ordem dos Advogados dotada de órgãos disciplinares dotados de independência, que têm por missão zelar pela deontologia profissional, sancionando com medidas disciplinares comportamentos de advogados e advogados estagiários violadores das regras profissionais e, nessa perspectiva, velar pelos interesses dos cidadãos seus clientes, não se revela necessária a criação de um outro órgão tutelar de tais interesses, para mais não sendo forçoso que o Provedor seja advogado. A introdução desta nova figura no quadro orgânico da Ordem dos Advogados corresponderia, implicitamente, ao reconhecimento da sua incapacidade para honrar as suas atribuições e competências e prosseguir o interesse público, que justifica a sua própria existência.

3. No VIII Congresso dos Advogados Portugueses, realizado em Viseu, em Junho de 2018, foi aprovada uma conclusão no sentido da eliminação da figura do Provedor dos Clientes.

TÍTULO II – Exercício da advocacia

CAPÍTULO I – Disposições gerais

Artigo 66.º – Exercício da advocacia em território nacional

1 – Sem prejuízo do disposto no artigo 205.º, só os advogados com inscrição em vigor na Ordem dos Advogados podem, em todo o território nacional, praticar atos próprios da advocacia, nos termos definidos na Lei n.º 49/2004, de 24 de agosto.

2 – Os atos praticados por advogado através de documento só são considerados como tal se por ele forem assinados ou certificados nos termos definidos pela Ordem dos Advogados.

3 – O mandato judicial, a representação e assistência por advogado são sempre admissíveis e não podem ser impedidos perante qualquer jurisdição, autoridade ou entidade pública ou privada, nomeadamente para defesa de direitos, patrocínio de relações jurídicas controvertidas, composição de interesses ou em processos de mera averiguação, ainda que administrativa, oficiosa ou de qualquer outra natureza.

4 – Os advogados estagiários só podem praticar atos próprios nos termos previstos no presente Estatuto.

NOTAS:

1. Sob a epígrafe de "Disposições Gerais" são regulados neste capítulo diversos aspectos referentes ao exercício da advocacia contendo, na sua maioria, as prerrogativas funcionais atribuídas aos advogados e advogados estagiários justificadas como garantia do cabal exercício da profissão na perspectiva da prossecução do interesse público, que lhe é subjacente.

2. Não devem tais prerrogativas ser confundidas com regalias pessoais, benefícios que pontualmente e no passado estiveram reconhecidos aos advogados, mas de que estes foram abdicando em contrapartida da reclamação crescente da sua independência.

3. As garantias reguladas neste Capítulo I do Título II agrupam-se entre garantias gerais (artigos 69.º e 72.º do E.O.A.) e garantias especiais (artigos 73.º e 75.º a 80.º do E.O.A.).

4. Para além das garantias previstas no E.O.A., deve atender-se ao que dispõe o artigo 208.º da Constituição da República Portuguesa quanto à imunidade do advogado no exercício das suas funções e o posterior desenvolvimento deste princípio constitucional na lei ordinária pelo artigo 13.º da Lei 62/2013 de 26 de Agosto (L.O.S.J.).

5. A remissão feita no n.º 1 deste artigo 66.º para o artigo 205.º refere-se à possibilidade legal de serem praticados actos próprios de profissão em território português por advogados nacionais de países da UE com o seu título de origem, em regime de prática ocasional ou de mero registo na Ordem dos Advogados Portugueses.

6. O acto de inscrição gera o vínculo administrativo à Ordem dos Advogados e tem a dupla função de atribuição do título profissional de Advogado e Advogado Estagiário, com inerente habilitação à prática da profissão. Veja-se a propósito dos diversos títulos na UE o que consta do artigo 203.º do E.O.A.. Assim, porque são títulos distintos, não pode, por exemplo, um advogado português intitular-se "Abogado" ou "Advocat", não estando inscrito nos respectivos países que atribuem esses títulos.

7. A inscrição é obrigatória, regendo-se pelas normas dos artigos 186.º a 212.º deste E.O.A. e pelo Regulamento 913-C/2015 – Regulamento de Inscrição de Advogados e Advogados Estagiários, passando as sociedades de advogados, antes reguladas pela ora

revogada Lei das Sociedades de Advogados, a ter o seu regime legal, em parte, disciplinado pela Lei n.º 53/2015 de 11 de Junho e ainda, no seio do actual EOA, ao longo dos seus artigos 213.º a 222.º.

8. O princípio da exclusividade para a prática de actos próprios da advocacia, que decorre do n.º 1 deste artigo 66.º, é corolário do interesse público da profissão, traduzido pela necessidade da sua função social ser efectivada e garantida por profissionais com responsabilidades deontológicas tuteladas pelo poder disciplinar da associação pública a quem o Estado delegou tal poder.

9. A advocacia, tendo em conta o que se anotou em 8., representa o exercício privado de uma função pública.

10. A obrigatoriedade de inscrição na Ordem dos Advogados não é inconstitucional, como decidiu o Tribunal Constitucional no seu Acórdão n.º 497/89 de 13 de Julho, publicado na R.O.A. 49-903, assim como o Supremo Tribunal de Justiça no Acórdão de 23/05/85, publicado no Bol. 347-227.

11. A propósito da obrigatoriedade da inscrição na Ordem e do princípio da exclusividade veja-se ainda o Acórdão do S.T.J. de 24/05/88, em Bol. 377-467.

12. Os magistrados judiciais e do Ministério Público podem advogar em causa própria, do seu cônjuge ou descendente (art. 19.º do Estatuto dos Magistrados Judiciais e art. 93.º do Estatuto do Ministério Público).

13. Os solicitadores praticam actos próprios de profissão que podem, paralelamente, ser praticados por advogados e advogados estagiários, mas é incompatível a prática cumulativa de ambas as profissões, salvo nos casos previstos no artigo 85.º do E.O.A..

14. A definição dos actos próprios da profissão está presentemente feita na Lei 49/2004 de 24 de Agosto, concretizando antiga e persistente aspiração da classe, patenteada ao longo de sucessivos Congressos. Na verdade, o regime legal anterior, assente nos artigos 53.º, 54.º e 56.º do D. Lei 84/84 de 16 de Março e no artigo 358.º do C. Penal, não oferecia suficiente eficácia no combate à prática ilegal da profissão.

15. São actos próprios de profissão de advogado, de acordo com os artigos 67.º e 68.º do E.O.A. e ainda por definição contida na Lei 49/2004, de 2 de Agosto, o mandato forense, a consulta jurídica, a elaboração de contratos e a prática dos actos preparatórios tendentes à constituição, alteração ou extinção de negócios jurídicos, a negociação tendente à cobrança de créditos e o exercício do mandato no âmbito da reclamação ou impugnação de actos administrativos ou tributários, desde que sejam exercidos no interesse de terceiros e no âmbito de actividade profissional, mas sem prejuízo das competências próprias atribuídas às demais profissões ou actividades cujo acesso ou exercício é regulado por lei.

16. São ainda actos próprios de advocacia todos aqueles que resultem do exercício do direito dos cidadãos a fazer-se acompanhar por advogado perante qualquer autoridade pública ou privada.

17. Não se consideram actos próprios, ainda de acordo com a Lei 49/2004 de 2 de Agosto, os que forem praticados por representantes legais, empregados, funcionários ou agentes de pessoas singulares ou colectivas, públicas ou privadas, nessa qualidade, salvo os casos de cobrança de dívidas, se este for o objecto ou actividade principal destas pessoas.

18. No âmbito da consulta jurídica, definida no artigo 3.º da Lei 49/2004 como sendo *"a actividade de aconselhamento jurídico que consiste na interpretação e aplicação das normas jurídicas mediante solicitação de terceiro"*, ficam autorizados a prestá-la não só os advogados, advogados estagiários e solicitadores, como os *"juristas de reconhecido mérito e os mestres e doutores em Direito cujo grau seja reconhecido em Portugal"* desde que inscritos para o efeito na Ordem dos Advogados nos termos de regulamentação especial interna da Ordem dos Advogados (artigo 1.º n.º 2 da citada lei).

19. A inscrição na Ordem dos Advogados dos juristas de reconhecido mérito, mestres e outros doutores em direito, regula-se pelo artigo 200.º do presente E.O.A. e pelo Regulamento n.º 111/2006, publicado no DR II Série, n.º 120, de 23/06/2006.

20. Exceptuam-se, quanto ao regime especial referido na anotação anterior, os pareceres escritos por docentes das faculdades de Direito – vide artigo 1.º n.º 3 da Lei 49/2004, que assim podem ser livremente prestados sem prévia inscrição na Ordem dos Advogados.

21. Quanto ao tema da consulta jurídica prestada pelos "advogados de gabinete" ou "consultores de empresa", leia-se de A. Sequeira Zilhão o texto "O consultor jurídico de empresa" na R.O.A. 24, 12 e o Acórdão do C. Superior de 23-7-82, em R.O.A. 42, 838.

22. Pela Lei 49/2004 de 2 de Agosto (artigos 7.º a 10.º) foi acrescidamente criado um regime sancionatório inovador, através da tipificação do crime de procuradoria ilícita, que assim se sobrepõe ao crime de usurpação de funções previsto no artigo 358.º do C. Penal, consagrando-se a Ordem dos Advogados como titular do direito de queixa, e ainda por um sistema de contra-ordenacional aplicável aos que promovam, divulguem ou publicitem actos de procuradoria ilícita.

23. Particularmente relevante é ainda a presunção de culpa para efeitos de responsabilidade civil, assim se invertendo o ónus da prova, sempre difícil no quadro factual em que a ilicitude se move, ultrapassando-se por esta via parte dos obstáculos que impediam a responsabilização dos autores dos actos de procuradoria ilícita – Vide artigo 11.º da Lei 49/2004.

24. A prática de actos próprios de profissão por quem não se encontre para tal habilitado corresponde a um exercício ilegal de profissão, previsto ainda pelos artigos 87.º e 190.º do actual E.O.A., devendo o juiz, que dele tome conhecimento, dar oficiosamente notícia à Ordem dos Advogados.

25. O exercício ilegal de profissão não deve ser confundido com o mero exercício irregular, que tanto pode envolver a violação por advogado ou advogado estagiário de

um dever estatutário, como da preterição de um dever processual e cuja prática apenas gera responsabilidade disciplinar, situação que se encontra prevista nos artigos 87.º e 121.º do actual E.O.A..

26. Constitui causa geradora de responsabilidade disciplinar a má fé processual ou instrumental imputável aos mandatários por uso anómalo ou abusivo do processo – artigo 545.º do C. P. Civil.

27. Sobre a matéria das garantias do exercício da advocacia, podem ler-se, entre outros, o Direito Profissional do Advogado, de Orlando Guedes da Costa, o Manual de Deontologia Forense, de Valério Bexiga, o Estatuto da Ordem dos Advogados Anotado, de António Arnault e o Estatuto Anotado (D. Lei 84/84), de Alfredo Gaspar.

28. A disposição contida no n.º 2 corresponde à norma anteriormente plasmada no n.º 2 do artigo 61.º do E.O.A. de 2005 e constitui antecâmara da eventual introdução futura de um regime regulamentar de certificação dos actos escritos praticados por advogados e advogados estagiários, como seria possível através da utilização tantas vezes falada da vinheta ou "selito", tida por de grande utilidade para o combate à procuradoria ilícita e à defesa dos interesses dos cidadãos e que foi novamente recomendada no VIII Congresso dos Advogados Portugueses, de Junho de 2018, realizado em Viseu.

29. Já através do n.º 3 consagra-se, na esteira do preceito constitucional que reconhece a essencialidade do mandato exercido por advogado (artigos 20.º e 208.º da C.R.P.), a plena competência e liberdade deste para actuar perante qualquer jurisdição, autoridade ou entidade, pública ou privada.

30. O mandato judicial tanto poder ser conferido por escrito, através do instrumento de procuração ou substabelecimento, como verbalmente, podendo os advogados exercer o seu direito especial à informação invocando apenas, quanto aos arquivos não reservados ou secretos, a sua simples qualidade profissional, comprovada pela exibição da cédula profissional – Cfr. artigo 79.º do E.O.A..

31. Embora os magistrados e os advogados possam, nos termos dos seus estatutos, advogar em causa própria, tal regra é inaplicável aos casos em que o magistrado ou o advogado seja, ele próprio, arguido em processo penal, porque os poderes que, por lei, são atribuídos ao defensor não são conciliáveis com a sua posição de arguido. Assim, vem a Ordem decidindo em diversos pareceres sobre o tema, o mesmo tendo sucedido no S.T.J. pelo seu Ac. de 19/03/98, em B.M.J. 475-498.

32. Já podem, contudo, os advogados assumir o seu próprio patrocínio como assistentes – vide Ac. Rel. Lisboa de 17/06/97, em Col. Jur. 1997-III, pág. 158.

33. Em conformidade com o Parecer do CG n.º 26/PP/2012-G, de 23 de Novembro, o n.º 10 do artigo 1.º da Lei n.º 49/2004, de 24 de Agosto, pressupõe que, em sede civil, nunca um advogado tem, em acção própria, de constituir advogado ou que lhe seja nomeado advogado e, em sede penal, só será obrigatória a constituição de advogado ou a

nomeação de defensor a arguido-advogado, relativamente às diligências referidas nas alíneas *a)* a *g)* do n.º 1 do artigo 64.º do C.P.P. e, fora destes casos, apenas quando circunstâncias concretas revelarem a "necessidade ou a conveniência" dessa assistência. Já em sede contra-ordenacional, a constituição ou a nomeação de advogado a arguido-advogado só é obrigatória em caso de recurso, cf. alínea *d)* do n.º 1 do artigo 64.º do C.P.P. e n.º 4 do artigo 74.º do Regime Geral do Ilícito de Mera Ordenação Social.

34. Sobre o direito do cidadão a fazer-se acompanhar por advogado, de acordo com o artigo 20.º n.º 2 da C.R.P., ver o Parecer do Conselho Geral de 7 de Julho de 2000, na R.O.A., ano 60, Abril 2000, pág. 821.

35. A Comissão de Defesa dos Atos Próprios dos Advogados e dos Solicitadores (CDAPAS) da Ordem dos Advogados tem por objectivos definir, incentivar e coordenar, a nível nacional, a acção de divulgação dos actos próprios dos advogados e solicitadores, a prevenção e combate da procuradoria ilícita e a promoção da advocacia preventiva.

36. Sobre o conceito e conteúdo do "acto de advogado" pode ler-se o interessante estudo de José Vigário Silva, em Comunicação, Lógica e Retórica Forenses, pág. 23, e aproveitar-se a leitura da obra para aperfeiçoamento das técnicas de comunicação, já que os advogados são, por natureza, comunicadores e, por função, intermediários entre os cidadãos e a administração da Justiça.

37. Vide Acórdão do T.C.A. de 23/10/2003 1.ª Secção, em Antologia de Acórdãos do STA e TCA – A. 7 n.º 1, pág. 267 a 269, relativamente à procuradoria ilícita e aos actos próprios de advogado e solicitador.

38. "*Só os escritórios ou gabinetes compostos exclusivamente por advogados ou por solicitadores, ou as sociedades de advogados ou de solicitadores podem praticar actos próprios dos advogados e dos solicitadores (art. 6.º, n.º 1 da mencionada Lei 49/2004, de 24 de Agosto);*

É, assim, proibido o funcionamento de uma Associação que preste a terceiros serviços que compreendam, ainda que isoladamente ou marginalmente, actos próprios dos advogados e dos solicitadores, mesmo que levados a cabo por advogado ou solicitador; quer a contribuição dos advogados associados, como sócios efectivos, quer a actividade dos que vierem a ser indicados pela referida Associação, no prosseguimento dos seus objectivos, sempre que se traduza na prática de actos próprios dos advogados ou dos solicitadores, no interesse dos sócios passivos, é ilícita." – Parecer do CG n.º E-1/05 de 14 de Fevereiro de 2005.

39. "*O pedido de autorização por uma entidade sem fins lucrativos para a prática de actos próprios dos advogados ou solicitadores pressupõe que, simultânea ou previamente, tenha requerido e obtido o estatuto de utilidade pública; os actos que a Associação pode praticar são apenas os que são comuns a todos os associados e já não os que respeitem a interesses particulares dos associados*" – Parecer do CG n.º 10/05 de 22 de Abril de 2005.

40. Deve ser revogado o art. 11.º do D.L. n.º 15/2002 na parte em que autoriza os licenciados em direito a exercerem o patrocínio de pessoas colectivas de direito público

em processos da competência dos Tribunais Administrativos. – Conclusão aprovada no VI Congresso dos Advogados Portugueses, confirmada no VIII Congresso dos Advogados Portugueses, de Junho de 2018.

41. *"A Lei n.º 49/2004 de 24 de Agosto, que delimita o âmbito dos actos próprios da advocacia, distingue, no seu artigo 1.º, entre os juristas de reconhecido mérito, mestres e outros doutores em Direito (n.º 2) e os docentes de faculdades de Direito (n.º 3), permitindo aos membros de ambas categorias a prática de actos de consulta jurídica, próprios da profissão de advogado, mas exigindo aos primeiros que, para o efeito, se inscrevam na Ordem dos Advogados; os docentes das faculdades de Direito, na elaboracão de pareceres jurídicos, não estão directamente sujeitos às normas deontológicas próprias da advocacia – onde se incluem, designadamente, aquelas que prescrevem o dever de sigilo profissional –, uma vez que não exercem tal actividade enquanto advogados; no entanto, ao abrigo do artigo 87.º n.º 7 do EOA, os docentes das faculdades de Direito estão vinculados ao segredo profissional sempre que elaborem pareceres jurídicos a pedido de advogados, sobre assuntos a estes confiados, pois estão desse modo a colaborar com o advogado no exercício da sua actividade profissional."* – Parecer do Conselho Geral n.º E-27/05, de 16/12/05, in www.oa.pt/pareceres

42. Sobre o tema genérico da procuradoria ilícita e da advocacia preventiva, abordando-se os diversos subtemas, que este assunto sugere, leia-se o Boletim n.º 42 da Ordem dos Advogados. (Maio/Agosto de 2006)

43. Sobre os actos de autenticação, certificação e reconhecimento de assinaturas praticados por advogados, visando esclarecer o âmbito e as formalidades em face do D. Lei n.º 76-A/2006, de 29 de Maio, veja-se o Parecer do Conselho Geral de 19/10/2006, de que foi relator o Prof. Luís Menezes Leitão, in http://www.ao.pt/Conteudos/Artigos/detalhe.

44. A atribuição do título de especialista, prevista no artigo 70.º do E.O.A., depende de candidatura do interessado e é da competência do Conselho Geral, sendo antecedida de aprovação em prova oral pública perante o Colégio das Especialidades – vide artigo 10.º do Regulamento 9/2016, de 6 de Janeiro de 2016.

45. O advogado não pode realizar acto notarial de que seja beneficiário, designadamente, não pode efectuar reconhecimentos de assinaturas em procuração passada a seu favor – Parecer n.º E-3/2007 do Conselho Geral, aprovado em 26 de Outubro de 2007 e disponível no portal da OA.

46. Os advogados passaram a poder exercer, desde que não exerçam o mandato, as funções de agente de execução, estando esta matéria presentemente regulada no artigo 85.º do E.O.A..

47. Quanto à competência própria dos advogados estagiários para a prática de actos próprios de advocacia, veja-se o artigo 196.º deste E.O.A. e respectivas anotações.

48. Pelo artigo 10.º n.º 2 *b)* da Lei n.º 139/2015 de 7 de Setembro, que transformou a Ordem dos Técnicos Oficiais de Contas em Ordem dos Contabilistas Certificados e

altera o respetivo Estatuto, aprovado pelo Decreto -Lei n.º 452/99, de 5 de Novembro, em conformidade com a Lei n.º 2/2013, de 10 de Janeiro (L.A.P.P.), passou a ser da competência dos seus inscritos *"intervir, em representação dos sujeitos passivos por cujas contabilidades sejam responsáveis, na fase graciosa do procedimento tributário e no processo tributário, até ao limite a partir do qual, nos termos legais, é obrigatória a constituição de advogado, no âmbito de questões relacionadas com as suas competências específicas"*, o que constitui uma clara intromissão legal no princípio da exclusividade garantida aos advogados, advogados estagiários e solicitadores pelo artigo 1.º alínea *c)* da lei 49/2004 de 24 de Agosto e do artigo 67.º n.º 1 alínea *c)* do E.O.A.

49. *"Atento o disposto no art. 20.º, n.º 2, da CRP, no art. 66.º, n.º 3, do EOA (Lei n.º 145/2015) e no art. 5.º do CPPT, o contribuinte tem o direito de se fazer representar por Advogado em qualquer procedimento tributário, em todos os actos que lhe digam respeito, para os quais esteja convocado e que não tenham carácter pessoal. Viola o disposto nos artigos 5.º, n.º 1, do CPPT e 66.º, n.º 3, do EOA, além do disposto no art. 20.º, n.º 2 da CRP, impedindo a participação esclarecida do contribuinte no procedimento tributário e o exercício do mandato forense, a actuação da administração tributária que impediu a presença do Advogado, em representação do contribuinte interessado, no debate previsto no art. 92.º da LGT. A Administração Tributária, com a actuação descrita, e fixando a matéria tributável através de um alegado acordo celebrado naquele debate, pratica um acto anulável, nos termos do do art. 163.º, n.º 1, do CPA, por remissão do art. 2.º, al. c), da LGT"* – Parecer do Conselho Geral, relatado pelo Colega Dr. Pedro Costa Azevedo, aprovado em sessão plenária de 28 de setembro de 2017, in Portal da OA.

50. *"A prática por advogado de actos notariais relativamente aos quais sejam partes ou beneficiários, directos ou indirectos, quer o próprio advogado quer o seu cônjuge ou qualquer parente ou afim na linha recta ou em 2.º grau da linha colateral, não é compatível com as garantias mínimas de rigor e isenção que devem presidir aos actos notariais, para além de violar o n.º 1 do artigo 5.º do Código do Notariado, ex vi artigo 38.º n.º 1 do Decreto-Lei 76/2006, de 29 de Março."* – Parecer do Conselho Geral aprovado ao abrigo das alíneas *d)* e *e)* do artigo 54.º n.º 1 do EOA.

Artigo 67.º – Mandato forense

1 – Sem prejuízo do disposto na Lei n.º 49/2004, de 24 de agosto, considera-se mandato forense:

a) O mandato judicial para ser exercido em qualquer tribunal, incluindo os tribunais ou comissões arbitrais e os julgados de paz;

b) O exercício do mandato com representação, com poderes para negociar a constituição, alteração ou extinção de relações jurídicas;

c) O exercício de qualquer mandato com representação em procedimentos administrativos, incluindo tributários, perante quaisquer pessoas coletivas públicas ou respetivos órgãos ou serviços, ainda que se suscitem ou discutam apenas questões de facto.

2 – O mandato forense não pode ser objeto, por qualquer forma, de medida ou acordo que impeça ou limite a escolha pessoal e livre do mandatário pelo mandante.

NOTAS:

1. Nos termos da Lei 49/2004, o mandato forense é definido como sendo *"o mandato judicial conferido para ser exercido em qualquer tribunal, incluindo os tribunais ou comissões arbitrais e os julgados de paz"*, pelo que a definição contida neste artigo 67.º é bem mais ampla. Vide anotação ao artigo 2.º da Lei 49/2004 de 24/8/04.

2. Quanto à forma do mandato, ver o artigo 43.º do C. P. Civil e o D. Lei 267/92 de 28 de Novembro, que dispensou a intervenção notarial nas procurações forenses, mesmo com poderes especiais, bem como o D. Lei 342/91 de 14 de Setembro, que já havia antes eliminado o reconhecimento notarial em substabelecimento subscrito por Advogado.

3. O contrato de mandato exercido por Advogado assenta basicamente no mesmo complexo de direitos e obrigações decorrentes do contrato de mandato regulado pelos artigos 1157.º e segs. do C. Civil. Sucede que, pela deontologia específica dos advogados, existem obrigações impostas aos mandatários forenses que não resultam da lei geral, como por exemplo no plano da aceitação do mandato – vide artigo 99.º do E.O.A. – ou da renúncia ao mandato e abandono da causa (artigo 100.º n.ºs 1 *e)* e 2). Dadas estas obrigações específicas, há quem prefira chamar ao contrato de mandato forense "contrato de patrocínio forense" para melhor se ressaltar essa realidade.

4. Podendo, em regra, o mandatário fazer-se substituir por outrem na execução do mandato, o que na perspectiva do mandato forense corresponde a um substabelecimento "com reserva", certo é que, no plano deontológico, deve o Advogado avisar o mandante, seu cliente, da utilização de tal faculdade, tendo em conta os deveres consignados nos artigos 97.º n.º 1. e 100.º n.º 1. *a)* do E.O.A..

5. Por maioria de razão, não deve o advogado substabelecer sem reserva os poderes forenses que lhe foram conferidos por mandante, sem a prévia e expressa autorização deste.

6. O contrato de mandato é apenas um dos tipos de contrato em que assenta a prestação de serviços por advogado, podendo ainda a actividade de advocacia ter por base o contrato de trabalho e o contrato de prestação de serviços; quando este seja de natureza continuada e com remuneração fixa, assume a tipologia de contrato de avença; pode ainda a actividade resultar de acto administrativo ou jurisdicional por nomeação oficiosa.

7. O princípio deontológico da escolha pessoal e livre do mandatário pelo mandante, que anteriormente vinha regulado no n.º 2 do artigo 62.º do E.O.A. de 2005, mantém-se

inalterado no actual artigo 67.º, dele resultando, como seu corolário, a proibição de angariação de clientela, prevista no artigo 90.º n.º 2 *h)* do E.O.A.. A propósito desta temática veja-se ainda os artigos 98.º e 107.º do EOA e o ponto 3.1. do C.D.A.E..

8. Relacionado com este princípio, fundamental para o estabelecimento de relações de confiança advogado/cliente, está também a proibição de partilha de honorários com quem não colaborou na prestação dos serviços (artigo 107.º do E.O.A. e ponto 3.6. do C.D.A.E.).

9. Sobre a matéria da alínea *c)* do n.º 1 deste preceito, veja-se a anotação 49. ao anterior artigo 66.º.

Artigo 68.º – Consulta jurídica

Constitui ato próprio de advogado o exercício de consulta jurídica nos termos definidos na Lei n.º 49/2004, de 24 de agosto.

NOTAS:

1. Veja-se a propósito da procuradoria ilícita as anotações ao artigo 66.º, particularmente as introduzidas sobre a Lei 49/2004 de 24 de Agosto.

2. No artigo 6.º n.º 1 da Lei 49/2004 determina-se a proibição de funcionamento de escritórios ou gabinetes que, por qualquer forma, prestem serviços a terceiros na área dos actos próprios de profissão, desde que não sejam exclusivamente compostos por advogados, solicitadores ou por advogados e solicitadores, sociedades de advogados e gabinetes de consulta jurídica organizados pela Ordem dos Advogados e pela Câmara de Solicitadores.

3. Conforme estipula o artigo 210.º do E.O.A., os advogados estabelecidos em território nacional podem exercer em grupo a profissão, constituindo ou ingressando como sócios ou associados em sociedades de advogados, com os limites resultantes do n.º 7 do artigo 213.º, decorrendo desta última disposição legal que não é permitido às sociedades de advogados exercer directa ou indirectamente a sua actividade em qualquer tipo de associação ou integração com outras profissões, actividades e entidades cujo objecto social não seja o exercício exclusivo da advocacia.

4. Ficam excluídos da proibição, nos termos do n.º 3 do citado artigo 6.º da Lei 49/2004, os sindicatos e as associações patronais desde que os actos praticados sejam na defesa exclusiva dos interesses comuns em causa e sejam individualmente exercidos por advogado, advogado estagiário ou solicitador.

5. Quanto às entidades sem fim lucrativo de reconhecido interesse público, para poderem beneficiar de um regime de excepção, importa, ao abrigo do n.º 4 do mesmo diploma legal, que tenham requerido o estatuto de utilidade pública com expressa sub-

missão a um regime de autorização prévia para a prática de actos próprios de advogados e solicitadores e que estes sejam também individualmente exercidos por advogado, advogado estagiário ou solicitador, mantendo-se o pressuposto de que deverão, acrescidamente, tais actos destinar-se à defesa exclusiva dos interesses comuns tutelados por essas entidades.

6. O auxílio e a colaboração por advogados e advogados estagiários à prática de procuradoria ilícita permanece susceptível de incriminação, agora pelo crime tipificado no artigo 7.º da Lei 49/2004, sem prejuízo da responsabilidade disciplinar.

7. A medida administrativa de encerramento de escritório ou gabinete de procuradoria ilícita deve ser exercida pela Ordem dos Advogados apenas quando esteja reconhecida por sentença transitada em julgado a existência da ilicitude, a fim de se evitarem efeitos perversos com eventuais medidas de suspensão de eficácia do acto administrativo que ordenar o encerramento, no âmbito do contencioso administrativo.

8. A competência para a instrução de processos de procuradoria ilícita e decisão em primeira instância cabe aos Conselhos Regionais, com recurso hierárquico para o Conselho Superior – artigos 54.º n.ºs 1.*u)* e 44.º 1. *b)* do E.O.A..

9. É admissível a consulta jurídica pelos meios electrónicos, mas os usos, costumes e tradições profissionais impõem a regra do contacto pessoal e directo nas relações com os clientes, pelo que a vulgarização da prestação de serviços jurídicos apenas com base na internet implicaria uma despersonalização incompatível com aquela regra. Acresce que a prestação de serviços pelos meios electrónicos deve acautelar o dever de sigilo profissional para além dos demais deveres deontológicos, com especial incidência nos domínios da publicidade e da proibição de angariação de clientela. Sobre estes temas, leia-se o Parecer n.º E-3/2007 do Conselho Geral, aprovado em 26 de Outubro de 2007, relatado pelo Dr. Bernardo Diniz de Ayala, disponível no portal da O.A. (www.oa.pt).

Artigo 69.º – Liberdade de exercício

Sem prejuízo do disposto no n.º 4 do artigo 66.º, os advogados e advogados estagiários com inscrição em vigor não podem ser impedidos, por qualquer autoridade pública ou privada, de praticar atos próprios da advocacia.

NOTAS:

1. Reformula-se, alargando a todos os actos próprios de advocacia, o que a propósito do mandato judicial, representação e assistência já se afirmara no artigo 66.º n.º 3.

2. Esta norma foi introduzida como corolário do artigo 208.º da Constituição da República Portuguesa, existindo norma similar no artigo 12.º n.º 1 da Lei 62/2013 de 26 de Agosto (L.O.S.J.)

Artigo 70.º – Título profissional de advogado e advogado especialista

1 – A denominação de advogado está exclusivamente reservada aos advogados com inscrição em vigor na Ordem dos Advogados.

2 – Os advogados honorários podem usar a denominação de advogado desde que a façam seguir da indicação dessa qualidade.

3 – Os advogados só podem identificar-se como especialistas quando a Ordem dos Advogados lhes haja atribuído tal qualidade, pelo menos, numa das seguintes áreas:

a) Direito Administrativo;
b) Direito Fiscal;
c) Direito do Trabalho;
d) Direito Financeiro;
e) Direito Europeu e da Concorrência;
f) Direito da Propriedade Intelectual; e
g) Direito Constitucional.

NOTAS:

1. Veja-se, a propósito da utilização do título de Advogado, a anotação 6. ao artigo 66.º do E.O.A..

2. Quanto ao exercício da advocacia em Portugal por nacionais dos países membros da UE, cfr. artigos 201.º e 203.º a 212.º deste E.O.A..

3. Os advogados estagiários devem indicar, sempre que intervenham, a sua qualidade profissional – cfr. artigo 196.º n.º 3 do E.O.A..

4. Cfr. artigo 5.º da Lei 49/2004 de 24 de Agosto.

5. Cfr. artigo 2.º n.º 2 e 23.º do Regulamento de Inscrição de Advogados e Advogados Estagiários – Regulamento n.º 913-C/2015, de 23 de Setembro.

6. Quanto ao regime das especialidades, veja-se o Regulamento Geral das Especialidades – Regulamento n.º 9/2016 de 6 de Janeiro de 2016, em cujo Anexo (referido no seu n.º 2 do artigo 5.º) para além das áreas susceptíveis de especialização previstas neste preceito, se reconhecem ainda o direito bancário, o direito criminal, o direito societário, o direito de família e menores, o direito de consumo, o direito do ambiente, o direito da igualdade de género e o direito de saúde e bioética.

7. A Lei 2/2013 de 10 de Janeiro (L.A.P.P.) prevê, no seu artigo 14.º, a criação, no seio das associações públicas com especialidades profissionais, de colégios de especialidade de âmbito nacional, com possibilidade de sujeição a período de estágio ou a um regime probatório e a realização de exames para a obtenção de título de especialidade, a regular em sede estatutária.

Artigo 71.º – Direitos perante a Ordem dos Advogados

Os advogados têm direito de requerer a intervenção da Ordem dos Advogados para defesa dos seus direitos ou dos legítimos interesses da classe, nos termos previstos no presente Estatuto.

NOTAS:

1. Veja-se o artigo 5.º n.º 2 do E.O.A. e respectivas anotações.

2. Deverão os advogados ficar isentos de custas judiciais, nos mesmos termos em que o estão os magistrados, sempre que intervenham, como parte em qualquer processo judicial, cível ou criminal, por factos relacionados com o exercício da advocacia – Conclusão 46.ª aprovada no VI Congresso dos Advogados Portugueses e renovada no VIII Congresso dos Advogados Portugueses de Junho de 2018 realizado em Viseu.

Artigo 72.º – Garantias em geral

1 – Os magistrados, agentes de autoridade e trabalhadores em funções públicas devem assegurar aos advogados, aquando do exercício da sua profissão, tratamento compatível com a dignidade da advocacia e condições adequadas para o cabal desempenho do mandato.

2 – Nas audiências de julgamento, os advogados dispõem de bancada própria e podem falar sentados.

NOTAS:

1. As garantias gerais previstas nesta norma são contraponto do dever geral de urbanidade exigível aos advogados pelo artigo 95.º do E.O.A..

2. Em causa está, neste preceito, a dignidade da profissão, vista constitucionalmente como essencial à administração da justiça, enquanto a lei ordinária considera os advogados como participantes nessa mesma administração. Outras normas estatutárias radicam igualmente na defesa da dignidade profissional, como são exemplos os artigos 3.º n.º 1. *d)*, 81.º n.º 2, 88.º e 188.º 1. *e)* do E.O.A..

3. Alfredo Gaspar, no seu Estatuto Anotado, refere que, no plano das garantias gerais, os advogados devem exigir dos magistrados, agentes da autoridade e demais funcionários públicos, para além de um tratamento cordial e respeitoso, as qualidades da pontualidade, da discrição, do zelo e da lealdade, considerando estes valores atributos fundamentais para a dignidade da advocacia e para o cabal desempenho do mandato.

4. Tanto as garantias gerais como as garantias específicas consagradas aos advogados não devem ser confundidas com regalias pessoais, já que correspondem a prerrogativas funcionais tendo em conta os interesses dos cidadãos. Nesse sentido concluiu com absoluta adequação o I Congresso Internacional dos Advogados de Língua Portuguesa realizado em Lisboa, em Março de 2010 – Vide Conclusões da 2.ª Sessão Plenária in www.oa.pt

5. Pelo Decreto-Lei n.º 131/2009 de 1 de Junho foi consagrado o direito dos advogados ao adiamento de actos processuais em que devam intervir em caso de maternidade, paternidade e luto e regula o respectivo exercício.

6. O direito ao adiamento é uma prerrogativa concedida a todos os advogados desde que estejam reunidos os requisitos legalmente exigidos pelo Decreto-Lei n.º 131/2009 de 1 de Junho, sendo o substabelecimento uma faculdade do advogado e não um dever que possa ser imposto pelo tribunal, nem uma condição para que possa ser exercido o direito de adiamento – Ver o Parecer do Conselho Geral n.º 47/PP/2011-G, de 19 de Outubro de 2011, sendo relator Marcelino Pires.

7. Na mesma linha da defesa da dignidade das funções dos Advogados radica o agravamento das penas dos crimes de injúria e difamação quando praticados na pessoa do Advogado, cf. artigo 132.º n.º 2. *l)* do Código Penal.

Artigo 73.º – Exercício da atividade em regime de subordinação

1 – Cabe exclusivamente à Ordem dos Advogados a apreciação da conformidade com os princípios deontológicos das cláusulas de contrato celebrado com advogado, por via do qual o seu exercício profissional se encontre sujeito a subordinação jurídica.

2 – São nulas as cláusulas de contrato celebrado com advogado que violem aqueles princípios.

3 – São igualmente nulas quaisquer orientações ou instruções da entidade empregadora que restrinjam a isenção e independência do advogado ou que, de algum modo, violem os princípios deontológicos da profissão.

4 – O conselho geral da Ordem dos Advogados pode solicitar às entidades públicas empregadoras, que hajam intervindo em tais contratos, entrega de cópia dos mesmos a fim de aferir da legalidade do respetivo clausulado, atentos os critérios enunciados nos números anteriores.

5 – Quando a entidade empregadora seja pessoa de direito privado, qualquer dos contraentes pode solicitar ao conselho geral parecer sobre a validade das cláusulas ou de atos praticados na execução do contrato, o qual tem carácter vinculativo.

6 – Em caso de litígio, o parecer referido no número anterior é obrigatório.

NOTAS:

1. Reporta-se este preceito ao exercício da profissão em regime de contrato de trabalho, tentando conciliar a independência do advogado com o dever de subordinação, que é elemento essencial deste tipo de contrato.

2. Nem sempre se revela nítida a diferença entre um contrato de trabalho e um contrato de prestação de serviços, devendo os advogados evitar, caso não pretendam ver a sua relação profissional qualificada como sendo laboral, a verificação dos indícios de subordinação, como sejam a obediência a horários, a utilização dos meios e equipamentos do cliente, a remuneração certa com as regalias típicas de um salário e a dedicação exclusiva.

3. A conciliação dos princípios referidos na nota 1. revela-se cada vez mais difícil perante a tendência para o reforço da fundamental independência dos Advogados, aludindo o C.D.A.E., no seu ponto 2.1., à exigência deontológica de uma independência absoluta.

4. A solução legal para a conciliação destes valores, por definição incompatíveis, passou pelo acolhimento no artigo 55.º do D. Lei 84/84 da figura do trabalhador por conta de outrem com garantia da sua independência técnica, já antes admitida no artigo 5.º n.º 2 do revogado D. Lei 49.408 de 24/11/69, passando a ser nulas as cláusulas do contrato individual de trabalho que implicassem violação dos princípios essenciais da isenção e da independência técnica dos Advogados.

5. Deve recordar-se que, em reforço do princípio da independência, com especial relevância na defesa dos advogados em regime de contrato de trabalho, já determinava o artigo 7.º n.º 2 da revogada L.O.F.T.J. que *"no exercício da actividade, os Advogados gozam de discricionariedade técnica e encontram-se apenas vinculados a critérios de legalidade a às normas deontológicas da profissão"*.

6. A regulamentação actual deste tipo de contrato prevê, expressamente, a nulidade das cláusulas violadoras dos princípios deontológicos da advocacia e comete à Ordem dos Advogados a competência para apreciação da conformidade dos contratos de trabalho a tais princípios, o que equivale a um significativo avanço nas garantias dos advogados.

7. Relevante é ainda a consagração do regime de nulidade para as ordens da entidade patronal que restrinjam a independência e isenção dos advogados, assim como dos poderes atribuídos à Ordem dos Advogados para a fiscalização da legalidade dos contratos como corolário dos direitos de requisição e colaboração previstos nos artigos 7.º e 8.º do E.O.A..

8. Ainda sobre a preservação da independência dos advogados em regime de contrato de trabalho subordinado veja-se, a propósito das incompatibilidades e impedimentos, os n.ºs 3 e 4 do artigo 81.º do E.O.A..

9. Termina o n.º 6 por conferir à Ordem dos Advogados poderes decisórios vinculativos em caso de conflito, assumindo assim um papel equivalente ao de um tribunal arbitral institucionalizado com competência legal específica, o que se afigura extraordinariamente importante para a tutela dos interesses ofendidos pelos advogados em regime de contrato de trabalho face a eventuais abusos da entidade patronal.

10. *"É de qualificar como contrato de trabalho a actividade de advogado prestada pelo autor no âmbito do acordo negocial firmado com o réu, à qual pertenciam os instrumentos de trabalho utilizados pelo autor, que era levada a efeito nas instalações do destinatário dessa actividade, não se socorrendo o autor de alguém que não trabalhadores do réu que controlava, não só o horário do autor, como até o modo como a sua actividade se processava, dando-lhe, inclusivamente, instruções sobre a forma como ela deveria ser efectivada, fixava o período de férias do autor, o qual percebia subsídio de férias, proporcionais e subsídio de Natal, sendo que a retribuição do autor era efectuada em função do tempo de trabalho por ele desempenhado, constatando-se ainda que o eventual labor desenvolvido pelo autor no exercício de advocacia no seu escritório foi consentido pelo falado acordo e estava sujeito a determinados condicionalismos impostos pelo réu."* – Acórdão do S.T.J. de 27 de Novembro de 2007, em Base de Jurisprudência do STJ.

11. Este acórdão evidencia como pode a submissão aos condicionalismos impostos pelo cliente traduzir um verdadeiro vínculo laboral, mesmo que não assumido pelas partes (indícios de subordinação), bem como, nestas circunstâncias, fica de forma intolerável violado o princípio da independência dos advogados.

12. *"Não se afigura legal, nem compatível com as normas deontológicas que regem a advocacia, nem com as garantias mínimas de rigor, isenção e fidelidade que devem presidir aos actos notariais, a prática de actos de certificação da conformidade de fotocópias com os documentos originais (ou outros, tais como reconhecimento de assinaturas, ou autenticação de documentos particulares, ou certificação de traduções de documentos) posto que tais actos sejam praticados, como se pretende, no âmbito de um contrato de trabalho subordinado entre o advogado e a sua entidade patronal, mas já nada obstará legalmente a que tais actos sejam praticados a benefício do cliente no âmbito de uma relação exclusivamente liberal"* – Vide Parecer do Conselho Geral n.º 15/PP/2008-G, de 28 de Julho de 2008.

13. A Lei da Organização do Sistema Judiciário – Lei n.º 62/2013 de 26 de Agosto – estabelece no seu artigo 12.º n.º 3 que *"no exercício da sua actividade, os advogados devem agir com total independência e autonomia técnica e de forma isenta e responsável, encontrando-se apenas vinculados a critérios de legalidade e às regras deontológicas próprias da profissão"*.

14. Seria de incluir, em próxima revisão estatutária, a definição jurídica dos chamados associados das sociedades de advogados, matéria que a Ordem dos Advogado ainda não resolveu, e que subsiste sem solução no actual quadro legal das sociedades de advogados, como resulta do artigo 213.º n.º 9 deste EOA.

15. Em França, a solução encontrada para a questão referida em 14. está prevista pelo artigo 14.1 do Regulamento Interior Nacional (RIN), onde a colaboração assalariada é definida como *"um modo de exercício profissional pelo qual o Advogado consagra a sua atividade a um escritório de um ou vários Advogados e no qual não existe vínculo de subordinação a não ser para a determinação das condições de trabalho"* e onde se estabelece que o contrato de trabalho do Advogado colaborador assalariado é regulado pelo direito do trabalho e pela convenção coletiva assinada em 17 de Fevereiro de 1995, por todas as disposições para além das da

lei de 31 de Dezembro de 1971, com as alterações nela introduzidas, e do decreto de 27 de Novembro de 1991, assim como pelos princípios essenciais da profissão, prevendo o artigo 14.4.1, modificado pela Decisão de Caráter Normativo (DCN) n.º 2013-002, adotada em Assembleia Geral do Conselho Nacional de Barreaux de 11 e 12 de Abril de 2014, que as disposições do contrato de trabalho, tanto formais como substanciais, se aplicam ao advogado colaborador assalariado, sendo o aviso prévio de rutura do contrato regulamentado pela convenção coletiva.

16. Esta solução foi também perfilhada, quase à letra, em Espanha pela Lei n.º 22/2005, de 18 de Novembro.

17. Nos termos do artigo 215.º n.º 2 do actual E.O.A., os direitos e deveres dos associados devem ser definidos no contrato de sociedade ou nos planos de carreira, com conhecimento ao associado no momento da sua integração na sociedade.

Artigo 74.º – Trajo profissional

1 – O uso da toga é obrigatório para os advogados e advogados estagiários, quando pleiteiem oralmente.

2 – O modelo do trajo profissional é o fixado pelo conselho geral.

NOTAS:

1. O uso da toga é tratado em alguns países, como é o caso da França, como sendo um direito e não um dever dos advogados. Certo é que, em Portugal, constitui um dever no actual E.O.A..

2. António Arnault, no seu Estatuto da Ordem dos Advogados Anotado, sustenta que tal dever é de natureza deontológica e não processual, pelo que se um advogado pretender exercer o mandato sem a toga, o juiz apenas poderá participar o facto à Ordem, não o podendo impedir de intervir.

3. O uso da toga tem a sua origem em Roma, onde a actividade da advocacia assumiu definitivamente natureza de actividade profissional, passando a defesa profissionalizada a ser desenvolvida a par do cultivo da ciência jurídica.

4. O trajo profissional no seio da Ordem dos Advogados Portugueses está disciplinado pelo Regulamento do Trajo e Insígnia Profissional, em cujo artigo 1.º é definido como sendo composto pela toga e barrete, embora este seja de uso facultativo de acordo com o artigo 4.º. – Regulamento n.º 31/2006. II Série, de 26/04/06.

5. Quanto aos restantes profissionais do foro, o trajo é a beca para os magistrados e a capa para os solicitadores.

6. Os advogados estagiários estão igualmente sujeitos ao uso da toga em igualdade de circunstâncias com os advogados.

7. Nos termos do artigo 5.º do Regulamento supra referido é dever do advogado e do advogado estagiário velar pela compostura e asseio do seu trajo, dever que não será de mais salientar perante a necessidade de se preservar a dignidade da função judicial e a do papel dos advogados, o que implica um certo ritual, solenidade e cuidada aparência formal dos actores judiciários.

Artigo 75.º – Imposição de selos, arrolamentos e buscas em escritórios ou sociedades de advogados

1 – A imposição de selos, o arrolamento, as buscas e diligências equivalentes no escritório ou sociedade de advogados ou em qualquer outro local onde faça arquivo, assim como a interceção e a gravação de conversações ou comunicações, através de telefone ou endereço eletrónico, utilizados pelo advogado no exercício da profissão, constantes do registo da Ordem dos Advogados, só podem ser decretados e presididos pelo juiz competente.

2 – Com a necessária antecedência, o juiz deve convocar para assistir à imposição de selos, ao arrolamento, às buscas e diligências equivalentes, o advogado a ela sujeito, bem como o presidente do conselho regional, o presidente da delegação ou delegado da Ordem dos Advogados, conforme os casos, os quais podem delegar em outro membro do conselho regional ou da delegação.

3 – Na falta de comparência do advogado representante da Ordem dos Advogados ou havendo urgência incompatível com os trâmites do número anterior, o juiz deve nomear qualquer advogado que possa comparecer imediatamente, de preferência de entre os que hajam feito parte dos órgãos da Ordem dos Advogados ou, quando não seja possível, o que for indicado pelo advogado a quem o escritório ou arquivo pertencer.

4 – Às diligências referidas no n.º 2 são admitidos também, quando se apresentem ou o juiz os convoque, os familiares ou trabalhadores do advogado interessado.

5 – Até à comparência do advogado que represente a Ordem dos Advogados podem ser tomadas as providências indispensáveis para que se não inutilizem ou desencaminhem quaisquer papéis ou objetos.

6 – O auto de diligência faz expressa menção das pessoas presentes, bem como de quaisquer ocorrências sobrevindas no seu decurso.

NOTAS:

1. À imposição de selos, arrolamentos, buscas e diligências similares, acrescem as devassas causadas pela intercepção e gravação de conversações ou comunicações, através de telefone ou correio electrónico, utilizados pelos advogados no exercício da profissão,

desde que registados na Ordem dos Advogados. Esta inovação revela-se de capital relevância para a preservação do sigilo profissional e constitui natural extensão do princípio da confidencialidade regulado no artigo 76.º no tocante à correspondência, instruções e informações dos advogados.

2. As garantias decorrentes deste artigo devem ser respeitadas em qualquer local onde o advogado faça arquivo da sua documentação profissional, sendo por isso indiferente que o mesmo se situe no domicílio profissional, na sua residência ou mesmo na sua pasta, computador ou qualquer outro meio de suporte digital.

3. Para além das diligências expressamente previstas no n.º 1, devem considerar-se abrangidas por este preceito todas as diligências judiciais ou de fiscalização tributária susceptíveis de causar risco de devassa do arquivo profissional dos advogados, como sejam também as penhoras, os arrestos e as apreensões. Ver os artigos 391.º a 396.º, 403.º a 409.º e 764.º a 772.º do C. P. Civil e 174.º a 177.º e 178.º a 186.º do C. P. Penal.

4. A possibilidade de comparência dos familiares ou empregados do advogado visado pelas diligências prevista no n.º 4 está relacionada com a legitimidade que a estas pessoas é atribuída para, na ausência do advogado, poderem apresentar a reclamação a que alude o artigo 77.º n.º 1, assentando no princípio de que serão elas, pela proximidade com o visado, as pessoas que melhor poderão agir na protecção do sigilo profissional.

5. A violação de qualquer das regras de protecção contidas neste artigo gera a nulidade do acto ou da diligência por preterição de formalidade essencial com possibilidade de influência na decisão da causa – Cfr. artigos 195.º n.º 1. do C. P. Civil e 177.º n.º 3. 180.º n.º 1 e 268.º n.º 1. *c)* do C. P. Penal, a arguir nos termos do artigo 199.º do C. P. Civil.

6. A formulação do n.º 1 permite concluir pela absoluta protecção dos ficheiros informáticos do advogado referentes à sua actividade profissional, em qualquer suporte, o que por sua vez responsabiliza em especial os advogados pela preservação desses dados, sob pena de violação de segredo profissional.

7. Para que a intercepção ou gravação de conversações ou comunicações, através de telefone ou endereço electrónico, utilizadas pelo advogado no exercício da profissão, sejam protegidas e condicionadas nos termos do art. 75.º n.º 1, não é necessária a publicitação do número de telefone do advogado no sítio da internet da Ordem dos Advogados – Vide Parecer do C.G. n.º 14/PP/2017-G, aprovado em 26 de Maio de 2017.

8. A propósito da temática de proteção de dados, atente-se ao Regulamento Geral de Proteção de Dados – EU 2016/679 do Parlamento Europeu e do Conselho, de 27 de Abril de 2016.

Artigo 76.º – Apreensão de documentos

1 – Não pode ser apreendida a correspondência, seja qual for o suporte utilizado, que respeite ao exercício da profissão.

2 – A proibição estende-se à correspondência trocada entre o advogado e aquele que lhe tenha cometido ou pretendido cometer mandato e lhe haja solicitado parecer, embora ainda não dado ou já recusado.

3 – Compreendem-se na correspondência as instruções e informações escritas sobre o assunto da nomeação ou mandato ou do parecer solicitado.

4 – Excetua-se o caso de a correspondência respeitar a facto criminoso relativamente ao qual o advogado tenha sido constituído arguido.

NOTAS:

1. Veja-se o artigo 179.º n.º 2 do C. P. Penal.

2. A inviolabilidade do domicílio do advogado está ainda garantida pelo artigo 8.º da Convenção Europeia dos Direitos do Homem.

3. A preterição das garantias consagradas neste preceito corresponde a uma violação de correspondência, não podendo as informações recolhidas na sequência dessa intromissão servir de meio de prova, porquanto não vigora no nosso sistema constitucional a possibilidade de produção de prova a qualquer custo – Vide artigo 32.º n.º 8 da C.R.P..

4. Sobre a protecção do segredo profissional referente a documentos cfr. artigo 92.º n.º 3 do E.O.A..

5. A aplicação eventualmente abusiva do n.º 4 deste artigo 76.º, na perspectiva de poder ser usada para legitimar a apreensão de documentos cobertos pelo sigilo mediante o recurso artificial à constituição como arguido dos advogados que deles sejam detentores ou depositários, justificou um comunicado do Bastonário da Ordem dos Advogados, divulgado no site da OA de 2 de Novembro de 2005, manifestando a sua preocupação face a tal eventualidade e a sua disposição em propor a alteração da norma, caso tais situações se viessem a concretizar.

6. Não há em Portugal qualquer discriminação legal e estatutária negativa dos advogados de empresa, já que o artigo 73.º do E.O.A. viabiliza o exercício da advocacia em regime laboral e garante, nesse contexto, a isenção, a autonomia e independência técnica do advogado, pelo que os advogados de empresa, à semelhança do que acontece nos direitos internos na maioria dos Estados-Membros da UE, estão vinculados à mesma ética e deontologia profissionais, nomeadamente em matéria de sigilo profissional. Assim, estando em causa a protecção do segredo profissional, as prerrogativas profissionais decorrentes dos artigos 75.º e 76.º do E.O.A., são de igual modo extensivas a todos os advogados, independentemente da forma concreta de exercício profissional. Assim foi decidido pelo Conselho Geral no seu Parecer n.º E-7/2007, de 6 Julho de 2007, sendo dele relator João Lourenço. – Vide Portal da OA.

7. O sigilo profissional deve ser preservado a qualquer custo por garantir a própria subsistência dos direitos e garantias fundamentais, nele se compreendendo a invio-

labilidade dos escritórios, dos instrumentos de trabalho, das comunicações e correspondências dos advogados, como garantia da defesa do Estado de Direito Democrático – Conclusão aprovada no I Congresso Internacional dos Advogados de Língua Portuguesa, realizado em Lisboa, em Março de 2010.

8. O Tribunal de Justiça da União Europeia deliberou, no passado dia 8 de Dezembro de 2022, pela anulação parcial da Diretiva 2018/822, do Conselho, de 28 de Maio, transposta em Portugal pela Lei 26/2020 de 21 de Julho, sobre a troca automática e obrigatória de informações no campo tributário em relação aos mecanismos transfronteiriços sujeitos a comunicação, sustentando que a obrigação imposta ao advogado de informar os demais intermediários envolvidos não é necessária e viola o segredo profissional entre o advogado e o seu cliente, garantido no artigo 7.º da Carta de Direitos Fundamentais da União Europeia, o qual protege a confidencialidade de toda a correspondência entre particulares e proteção reforçada no caso de troca dentre advogados e os seus clientes, salientando ainda que esta proteção "justifica-se pelo facto de lhes ser confiada uma missão fundamental numa sociedade democrática, nomeadamente, a defesa s dos interesses legítimos dos cidadãos".

Artigo 77.º – Reclamação

1 – No decurso das diligências previstas nos artigos anteriores, pode o advogado interessado ou, na sua falta, qualquer dos seus familiares ou trabalhadores presentes, bem como o representante da Ordem dos Advogados, apresentar qualquer reclamação.

2 – Destinando-se a apresentação de reclamação a garantir a preservação do segredo profissional, o juiz deve logo sobrestar na diligência relativamente aos documentos ou objetos que forem postos em causa, fazendo-os acondicionar, sem os ler ou examinar, em volume selado no mesmo momento.

3 – A fundamentação das reclamações é feita no prazo de cinco dias e entregue no tribunal onde corre o processo, devendo o juiz remetê-las, em igual prazo, ao presidente da Relação com o seu parecer e, sendo caso disso, com o volume a que se refere o número anterior.

4 – O presidente da Relação pode, com reserva de segredo, proceder à desselagem do mesmo volume, devolvendo-o novamente selado com a sua decisão.

NOTAS:

1. O sistema previsto para a decisão sobre as reclamações formuladas com vista à protecção do segredo profissional constituía, até à entrada em vigor do artigo 135.º do C. P. Penal, a única entorse ao regime geral decorrente do artigo 81.º n.º 4 do D. Lei 84/84, pelo qual só os Presidentes dos Conselhos Distritais e o Bastonário poderiam legalmente autorizar o levantamento do sigilo.

2. No caso especial do revogado artigo 61.º n.º 4 do D. Lei 84/84, posteriormente transposto sem alterações para o n.º 4 do artigo 72.º do E.O.A. de 2005 e agora mantido no artigo 77.º n.º 4 do actual E.O.A., compete ao Presidente do Tribunal da Relação dirimir e decidir sobre qual seja o interesse preponderante entre os interesses em colisão, ou seja, o da investigação, que pretenda a apreensão e devassa do documento, e o da reclamação no sentido da preservação do sigilo profissional.

3. Este regime veio mais tarde a ser adoptado no processo penal através da introdução do actual artigo 135.º do C. P. Penal, com efeitos bem mais vastos, e mais recentemente até no processo civil, como decorre dos artigos 493.º n.º 3 e 417.º n.º 4 do C. P. Civil.

4. Orlando Guedes da Costa, em Direito Profissional do Advogado, 8.ª edição, pág. 278, sustenta que a competência do Presidente do Tribunal da Relação passou a ser do Tribunal da Relação em face do disposto no artigo 182.º n.º 2 do C. P. Penal.

5. Com a obrigatoriedade de audição prévia da Ordem do Advogados imposta pelo n.º 4 do artigo 135.º do C. P. Penal, deve entender-se que a decisão prevista no n.º 4 do artigo 77.º do E.O.A. deve ser igualmente antecedida de tal audição quando a reclamação não seja da iniciativa do representante da Ordem dos Advogados e que, como tal, a tenha já fundamentado, sob pena de nulidade, em caso de preterição.

6. Da decisão do Presidente do Tribunal da Relação não cabe recurso.

7. A expressão "em qualquer caso" contida no n.º 2 do artigo 113.º do E.O.A. pode suscitar a questão da prevalência desta norma sobre a do n.º 4 do artigo 76.º. Cremos, contudo, que a correspondência entre advogados, qualificada como confidencial, poderá ser excepcionalmente apreendida quando em causa esteja a prova de facto criminoso relativamente ao qual o advogado tenha sido constituído arguido, cabendo ao Presidente do Tribunal da Relação, havendo reclamação nos termos do artigo 77.º n.º 1, decidir ao abrigo dos poderes conferidos pelo n.º 4, se tal documento poderá ou não produzir prova válida, tendo em conta a definição e salvaguarda do interesse preponderante.

Artigo 78.º – Direito de comunicação com arguidos presos

Os advogados têm direito, nos termos da lei, de comunicar, pessoal e reservadamente, com os seus patrocinados, mesmo quando estes se encontrem presos ou detidos em estabelecimento civil ou militar.

NOTAS:

1. Esta prerrogativa profissional está intimamente associada às normas da defesa em processo penal, que garantem os mesmos princípios na óptica dos direitos do arguido. Cfr. artigos 61.º n.º 1. *e)*, 62.º a 67.º, 140.º e segs. do C. P. Penal e ainda artigos 20.º e 32.º n.º 3 da C.R.P..

2. A Direcção Geral dos Serviços Prisionais e a Ordem dos Advogados vêm estabelecendo, por forma concertada, as regras que disciplinam as visitas aos presos ou detidos pelos seus advogados. Como corolário dessa colaboração, devem os advogados e advogados estagiários conhecer os horários das visitas das prisões em vigor nos estabelecimentos prisionais da área dos seus respectivos Conselhos Regionais, sendo certo que tais horários não são rígidos, já que, em casos de fundamentada urgência, podem as visitas por advogados ser autorizadas a qualquer hora.

3. As revistas a advogados e advogados estagiários no acesso aos estabelecimentos prisionais devem sempre ser efectuadas com respeito da dignidade da profissão e sempre com total respeito pelo segredo profissional, com reflexo na confidencialidade da documentação de que aqueles sejam portadores. Cfr. artigo 92.º.º n.º 3 e 76.º deste E.O.A..

4. A L.O.S.J. – Lei n.º 62/2013 de 26 de Agosto – consagra no artigo 13.º n.º 1 *c)*, no respeito do artigo 208.º da C.R.P., enquanto corolário da imunidade dos advogados, o direito à especial protecção das comunicações com o cliente e à preservação do sigilo da documentação relativa ao exercício da defesa.

5. Sobre este tema deve consultar-se o Prof. Jorge de Figueiredo Dias, em Direito Processual Penal, págs. 499 a 503 e Orlando Guedes da Costa, A Incomunicabilidade do Detido e o Advogado, Para Uma Nova Justiça Penal, 1984, págs. 75 a 92.

6. *"A utilização de detectores de metais, mediante passagem no pórtico ou por detector manual, em relação a advogado que acede ao interior de estabelecimento prisional, para comunicar com cliente seu, não colide com os direitos constitucionais e legais que lhe assistem no exercício da sua profissão"* – Parecer n.º 49/2003, do Conselho Consultivo do Procurador-Geral da República de 16 de Novembro de 2004, homologado por despacho do Senhor Ministro da Justiça de 29 de Junho de 2006.

7. Em face do conhecimento de algumas violações a esta garantia profissional, a Comissão dos Direitos Humanos, Questões Sociais e Assuntos da Natureza da Ordem dos Advogados emitiu uma circular, datada de 8 de Março de 2017, alertando para o reconhecimento legal do direito de o detido contactar com o seu advogado a qualquer hora do dia ou da noite (artigo 124.º n.º 2 do Código de Execução de Penas e Medidas Privativas de Liberdade), quer esteja em instalação de órgão de polícia criminal, estabelecimento prisional ou zona de detenção dos tribunais; e que este direito, ressalvadas eventuais restrições impostas pelo Juiz de Instrução, não deve sofrer qualquer reserva, nomeadamente temporal, como tudo está reconhecido, expressamente, na Circular n.º 3/GDG/2000, de 1 de Junho de 2000, da Direcção-Geral dos Serviços Prisionais e no Regulamento das Condições de Detenção em Instalações da Polícia Judiciária e em locais de detenção existentes nos Tribunais e Serviços do Ministério Público.

Artigo 79.º – Informação, exame de processos e pedido de certidões

1 – No exercício da sua profissão, o advogado tem o direito de solicitar em qualquer tribunal ou repartição pública o exame de processos, livros ou documentos que não tenham caráter reservado ou secreto, bem como requerer, oralmente ou por escrito, que lhe sejam fornecidas fotocópias ou passadas certidões, sem necessidade de exibir procuração.

2 – Os advogados, quando no exercício da sua profissão, têm preferência para ser atendidos por quaisquer trabalhadores a quem devam dirigir-se e têm o direito de ingresso nas secretarias, designadamente nas judiciais.

NOTAS:

1. A regra contida no n.º 1 estabelece o regime geral do acesso especial à informação reconhecido aos advogados, mas apenas se aplica em relação aos arquivos de documentação não reservada ou secreta.

2. A publicidade do processo civil é a regra geral, mas sofre entorses em função da natureza do processo, como decorre dos artigos 163.º e 164.º do C. P. Civil.

3. Assim, têm carácter reservado, só lhes podendo ter acesso as partes e seus mandatários, os processos cíveis cuja divulgação do seu conteúdo possa causar dano à dignidade das pessoas, à intimidade da vida privada ou familiar ou à moral pública ou pôr em causa a eficácia da decisão a proferir, como são, em determinadas circunstâncias, os casos dos processos de anulação de casamento, divórcio, separação de pessoas e bens, os que respeitem ao estabelecimento ou impugnação de paternidade, os procedimentos cautelares pendentes, os processos de execução em certas fases processuais e os processos de acompanhamento de maior– Vide artigos 164.º e 366.º n.º 1 do C. P. Civil.

4. O acesso á informação do processo também pode ser limitado tendo em conta o regime legal de protecção e tratamento de dados pessoais – ver n.º 2 do citado artigo 164.º do C. P. Civil.

5. Quanto à passagem de certidões em processos cíveis veja-se o regime constante do artigo 170.º do C. P. Civil e, quanto à publicidade do processo penal, rege o artigo 86.º n.º 1 do C.P.P., encontrando-se o regime legal de acesso aos autos e emissão de certidões nos artigos 86.º, 89.º e 90.º do C. P. Penal.

6. Quanto à desnecessidade de exibição de procuração para os actos de registo predial ou comercial requeridos por advogados e solicitadores, veja-se o que dispõem os artigos 39.º n.º 2. do C.R.P. e 30.º n.º 1. do C.R.C..

7. Tendo em vista a boa compreensão do regime legal de direito especial à informação previsto neste artigo, importa reter que, para além dos documentos públicos e não reservados, existem os reservados (veja-se a nota 3.) e ainda os secretos, que tanto podem ser os que se encontram abrangidos pelo segredo de justiça, como os que forem como tal classificados, nomeadamente por razões de segurança interna do Estado.

8. No n.º 2 deste artigo trata-se já não directamente da questão do direito à informação, mas do direito instrumental de livre acesso às secretarias, designadamente judiciais e ao atendimento preferencial, quando no exercício da profissão. Não se trata, comtudo, da atribuição de um privilégio pessoal, mas sim de uma atribuição funcional, o que aqui novamente se realça pela necessidade desta prerrogativa ter de ser exercida com bom senso e proporcionalidade, devendo ainda ter-se em consideração as circunstâncias precárias em que, não raras vezes, funcionam as secretarias.

9. Sobre o atendimento preferencial nos serviços públicos consagrado no n.º 2, a 1.ª Comissão da Assembleia da República pronunciou-se no sentido de que *"é essencial para assegurar a maior celeridade e eficácia no exercício de funções ao serviço da justiça..."* – Conclusão do relatório da Comissão de Assuntos Constitucionais, Direitos, Liberdades e Garantias de 6 de Agosto de 2007, Vide portal da OA ou www.parlamento.pt

10. De especial interesse para a vida profissional dos advogados importa conhecer o direito de consulta dos autos fora das secretarias judiciais, em regime de confiança, que obedece às regras gerais previstas no artigo 165.º do C. P. Civil e que, em processo penal, possui as particularidades constantes do artigo 89.º n.ºs 4 e 5 do C. P. Penal.

11. Sobre o tema do atendimento preferencial, previsto no n.º 2 desta norma, foi emitido parecer pela Direcção de Serviços Jurídicos e do Contencioso da Direcção Geral dos Impostos do Ministério das Finanças, em 14 de Maio de 2004, sustentando, entre outras conclusões:

a) Que o direito de preferência conferido aos advogados não prevalece sobre o direito de preferência consagrado a benefício das pessoas idosas, doentes, mulheres grávidas, com deficiência ou acompanhadas de crianças de colo, bem como aos portadores de convocatórias, junto do serviço público que as emitiu, previsto no artigo 9.º do Decreto-Lei 135/99 de 22 de Abril.

b) Que o direito de atendimento preferencial atribuído aos advogados deve ser publicitado através de aviso afixado em local visível nas instalações e depende, no seu exercício, de ser expressamente invocado, podendo ser exigível prova do estatuto profissional.

c) A mera invocação e/ou prova de tal estatuto, não exime os advogados de ter de exibir procuração com suficiência de poderes, quando pretenderem obter informação ou dados sujeitos a reserva ou sigilo fiscal.

12. *"O direito consignado no n.º 1 do artigo 79.º do E.O.A. não prejudica o que se encontra estabelecido na lei quanto às formalidades da sua obtenção, nomeadamente, como sucede com o disposto no n.º 1 do artigo 90.º do Código de Processo Penal. Haverá assim, nos termos destas normas, um interesse legítimo na consulta de determinado processo-crime em que já tenha sido proferido o despacho de encerramento do inquérito, nos casos em que o advogado, que se identifique como tal, mediante exibição da respectiva cédula profissional, pretenda ponderar se aceita ou não o patrocínio*

ou a defesa, e isto sem necessidade de juntar ou sequer exibir procuração" – Parecer do C.D.L. da Ordem dos Advogados de 16 de Dezembro de 2008.

13. *"Ao abrigo do disposto no n.º 2 do artigo 79.º do EOA o advogado tem o direito de preferência no atendimento quando no exercício da sua profissão, pelo que, quando esteja a exercer em causa própria, não sendo acto de interesse meramente pessoal, mantém o direito de preferência no atendimento porque está no exercício da sua profissão"* – Parecer do Conselho Geral de 18 de Novembro de 2020 n.º 26/PP/2020-G, in Portal da OA.

Artigo 80.º – Direito de protesto

1 – No decorrer de audiência ou de qualquer outro ato ou diligência em que intervenha, o advogado deve ser admitido a requerer oralmente ou por escrito, no momento que considerar oportuno, o que julgar conveniente ao dever do patrocínio, sem necessidade de prévia indicação ou explicitação do respetivo conteúdo.

2 – Quando, por qualquer razão, não lhe seja concedida a palavra ou o requerimento não for exarado em ata, pode o advogado exercer o direito de protesto, indicando a matéria do requerimento e o objeto que tinha em vista.

3 – O protesto não pode deixar de constar da ata e é havido para todos os efeitos como arguição de nulidade, nos termos da lei.

NOTAS:

1. O instituto do protesto, regulado neste artigo 80.º, que corresponde sem alterações ao artigo 75.º do revogado E.O.A. de 2005, tem a estrutura de um direito/dever, porquanto tanto deve ser encarado como instrumento de defesa das prerrogativas profissionais dos advogados no exercício do patrocínio, como um dever de patrocínio perante o cliente por força do disposto no artigo 100.º n.º 1. *b)* do E.OA..

2. O direito/dever de protesto é a última arma processual a utilizar para a defesa do patrocínio, só se justificando quando ao advogado não for concedida a palavra ou não lhe seja admitido requerer, oralmente ou por escrito, no momento que considerar oportuno, o que julgar conveniente ao dever de patrocínio.

3. Nos termos dos artigos nos artigos 12.º e 13.º da Lei da Organização dos Sistema Judiciário – Lei n.º 62/2013 de 26 de Agosto – os advogados gozam de discricionariedade técnica e está-lhes assegurada plena liberdade no exercício do patrocínio, com os limites da própria lei e dos seus estatutos.

4. O protesto não pode deixar de ser exarado em acta, de acordo com o que dispõe expressamente o n.º 3, pelo que constitui grave infracção disciplinar a violação deste preceito por desobediência à lei – artigos 3.º n.º 1, 4.º n.º 2 e 82.º do Estatuto dos Magistrados Judiciais.

5. O uso do direito de protesto corresponde a incidente processual de arguição de nulidade, regulado pelos artigos 199.º do C. P. Civil e 120.º a 123.º do C. P. Penal e pode funcionar, ao abrigo do n.º 3 do artigo 80.º deste E.O.A., como arguição de uma dupla nulidade, isto é, do acto judicial impeditivo da formulação do requerimento e, eventualmente, da nulidade que por via do requerimento não admitido, se pretendia arguir.

6. Não obstante o referido em 4., caso não seja pelo juiz facultada a acta para que nela seja exarado o protesto, pode este ser apresentado por escrito na secretaria judicial.

7. Uma vez que, ao ditar o protesto, pode o advogado consignar o teor do requerimento que foi impedido de efectuar, resulta que este fica assim, por via indirecta, a constar dos autos para posterior apreciação, já que o juiz pode não tomar dele conhecimento imediato.

8. Vide sobre o tema o Parecer do Conselho Geral de 26 de Outubro de 2000, em R.O.A., ano 61, Janeiro de 2001, pág. 425.

CAPÍTULO II – Incompatibilidades e impedimentos

Artigo 81.º – Princípios gerais

1 – O advogado exercita a defesa dos direitos e interesses que lhe sejam confiados sempre com plena autonomia técnica e de forma isenta, independente e responsável.

2 – O exercício da advocacia é inconciliável com qualquer cargo, função ou atividade que possa afetar a isenção, a independência e a dignidade da profissão.

3 – Qualquer forma de provimento ou contrato, seja de natureza pública ou privada, designadamente o contrato de trabalho, ao abrigo do qual o advogado venha a exercer a sua atividade, deve respeitar os princípios definidos no n.º 1 e todas as demais regras deontológicas que constam do presente Estatuto.

4 – São nulas as estipulações contratuais, bem como quaisquer orientações ou instruções da entidade contratante, que restrinjam a isenção e a independência do advogado ou que, de algum modo, violem os princípios deontológicos da profissão.

5 – As incompatibilidades ou os impedimentos são declarados e aplicados pelo conselho geral ou pelo conselho regional que for o competente, o qual aprecia igualmente a validade das estipulações, orientações ou instruções a que se refere o número anterior.

6 – O exercício das funções executivas, disciplinares e de fiscalização em órgãos da Ordem é incompatível entre si.

NOTAS:

1. Com esta norma, equivalente à do artigo 76.º do revogado E.OA. de 2005, ficou definitivamente resolvida a problemática, que subsistia no domínio do D. Lei 84/84 de 16 de Março, sobre o carácter taxativo ou exemplificativo do elenco das incompatibilidades e impedimentos, tendo-se optado claramente pelo regime da não taxatividade, aliás em conformidade com a pacificada jurisprudência sedimentada no seio da Ordem dos Advogados.

2. Quanto à natureza exemplificativa do anterior artigo 69.º do D. Lei 84/84, já se pronunciara também o S.T.A., pelos seus Acórdãos de 6/5/98 (Proc. 43261) e de 21/10/99 (Proc. 44401).

3. No campo das incompatibilidades e impedimentos concorrem, de forma convergente, os princípios deontológicos estruturantes da independência e da dignidade profissional, esta na perspectiva do interesse público inerente à função social da advocacia.

4. Veja-se o que consta nos artigos 88.º e 89.º deste E.O.A..

5. Cfr., quanto à matéria dos n.ºs 3 e 4, o artigo 73.º e respectivas anotações.

6. As incompatibilidades ou impedimentos absolutos inibem os advogados da prática da profissão e determinam a obrigação de comunicação no acto de inscrição ou, caso seja superveniente à inscrição, a obrigação de suspensão desta, a qual deve ser requerida no prazo de trinta dias – vide artigo 91.º n.ºs *c)* e *d)* do E.O.A..

7. Caso ocorra incompatibilidade ou impedimento absoluto à data do pedido de inscrição, deve esta ser rejeitada ao abrigo do artigo 187.º n.º 1. *d)* do E.O.A..

8. Os impedimentos apenas inibem a aceitação de certos patrocínios, designadamente por razões de conflito de interesses, estando regulados no artigo 83.º do E.O.A..

9. Diferentes das incompatibilidades e impedimentos são as incapacidades pessoais que impedem o exercício da profissão – Cfr. artigo 187.º n.º 1. alíneas *a)*, *b)* e *c)* do E.O.A..

10. Quanto ao exercício irregular de profissão, veja-se a nota 25 ao artigo 66.º, bem como o artigo 87.º do E.O.A.

11. Quanto ao fundamento das incompatibilidades, veja-se o ponto 2.5.1. do C.D.A.E..

12. Para estudo do regime das incompatibilidades e impedimentos, leia-se Orlando Guedes da Costa, Direito Profissional do Advogado, Almedina, 8.ª edição, págs. 215 a 240.

13. A norma do n.º 6 deste artigo 81.º constitui emanação do princípio de separação de poderes que informa a Lei 2/2013 de 10 de Janeiro (L.A.P.P.) concretamente expressa no domínio das competências orgânicas das associações públicas – vide artigo 15.º desse diploma legal.

Artigo 82.º – Incompatibilidades

1 – São, designadamente, incompatíveis com o exercício da advocacia os seguintes cargos, funções e atividades:

a) Titular ou membro de órgão de soberania, representantes da República para as regiões autónomas, membros do Governo Regional das regiões autónomas, presidentes, vice-presidentes ou substitutos legais dos presidentes e vereadores a tempo inteiro ou em regime de meio tempo das câmaras municipais e, bem assim, respetivos adjuntos, assessores, secretários, trabalhadores com vínculo de emprego público ou outros contratados dos respetivos gabinetes ou serviços, sem prejuízo do disposto na alínea *a)* do número seguinte;

b) Membro do Tribunal Constitucional e respetivos trabalhadores com vínculo de emprego público ou contratados;

c) Membro do Tribunal de Contas e respetivos trabalhadores com vínculo de emprego público ou contratados;

d) Provedor de Justiça e trabalhadores com vínculo de emprego público ou contratados do respetivo serviço;

e) Magistrado, ainda que não integrado em órgão ou função jurisdicional;

f) Assessor, administrador, trabalhador com vínculo de emprego público ou contratado de qualquer tribunal;

g) Notário ou conservador de registos e trabalhadores com vínculo de emprego público ou contratados do respetivo serviço;

h) Gestor público;

i) Trabalhador com vínculo de emprego público ou contratado de quaisquer serviços ou entidades que possuam natureza pública ou prossigam finalidades de interesse público, de natureza central, regional ou local;

j) Membro de órgão de administração, executivo ou diretor com poderes de representação orgânica das entidades indicadas na alínea anterior;

k) Membro das Forças Armadas ou militarizadas;

l) Revisor oficial de contas ou técnico oficial de contas e trabalhadores com vínculo de emprego público ou contratados do respetivo serviço;

m) Administrador judicial ou liquidatário judicial ou pessoa que exerça idênticas funções;

n) Mediador mobiliário ou imobiliário, leiloeiro e trabalhadores com vínculo de emprego público ou contratados do respetivo serviço.

2 – As incompatibilidades verificam-se qualquer que seja o título, designação, natureza e espécie de provimento ou contratação, o modo de remuneração e, em termos gerais, qualquer que seja o regime jurídico do respetivo cargo, função ou atividade, com exceção das seguintes situações:

a) Dos membros da Assembleia da República, bem como dos respetivos adjuntos, assessores, secretários, trabalhadores com vínculo de emprego público ou outros contratados dos respetivos gabinetes ou serviços;

b) Dos que estejam aposentados, reformados, inativos, com licença ilimitada ou na reserva;

c) Dos docentes;

d) Dos que estejam contratados em regime de prestação de serviços ou de comissão de serviço para o exercício de funções de representação em juízo no âmbito do contencioso administrativo e constitucional ou para o exercício de funções de consultor nos termos do disposto no artigo 10.º do Decreto-Lei n.º 163/2012, de 31 de julho.

3 – É permitido o exercício da advocacia às pessoas indicadas nas alíneas *i)* e *j)* do n.º 1, quando esta seja prestada em regime de subordinação e em exclusividade, ao serviço de quaisquer das entidades previstas nas referidas alíneas, sem prejuízo do disposto no artigo 86.º.

4 – É ainda permitido o exercício da advocacia às pessoas indicadas nas alíneas *i)* e *j)* do n.º 1 quando providas em cargos de entidades ou estruturas com caráter temporário, sem prejuízo do disposto no estatuto do pessoal dirigente dos serviços e organismos da administração central, regional e local do Estado, aprovado pela Lei n.º 2/2004, de 15 de Janeiro.

NOTAS:

1. Na alínea *a)* cabem todas as situações que já anteriormente constavam na norma equivalente do E.O.A. de 2005, acrescendo agora as dos vice-presidentes, dos substitutos legais dos presidentes e os vereadores a tempo inteiro ou em regime de meio tempo das câmaras municipais, o que corresponde a uma alteração muito sensível para o exercício de funções no poder local, sabendo-se que a advocacia concorre de forma expressiva para a constituição do elenco dos órgãos autárquicos.

2. O Conselho Superior, pelo seu Parecer n.º 59/2014, divulgado no Portal da Ordem dos Advogados, defendera já que havia incompatibilidade absoluta entre o exercício da advocacia o exercício do mandato de vereador de uma câmara municipal, nos termos estatuídos nas alíneas *j)* e *l)* do n.º 1 do artigo 77.º do EOA (2005), distintamente do entendimento maioritário que vinha sendo perfilhado de que a incompatibilidade existia apenas quanto aos presidentes das Câmaras e para os vereadores com poderes delegados ou executivos, com ou sem remunerações ou abonos, ficando os demais, bem como os membros das assembleias municipais e de freguesia e os membros das juntas de freguesia apenas incursos em situação de eventual impedimento.

3. Subsiste a inexistência de incompatibilidade para os membros da Assembleia da República apesar da existência de uma forte corrente de opinião entre os advogados no sentido de que os deputados da Assembleia da República deveriam incorrer em situação de incompatibilidade.

4. Da análise conjunta da alínea *i)* do n.º 1 com a alínea *b)* e *d)* do n.º 2, resulta que as incompatibilidades aí previstas, sem prejuízo das demais excepções das alíneas *b)* do mesmo n.º 2 e dos n.ºs 3 e 4, abrangem todos os trabalhadores com vínculo de emprego público ou contratados de quaisquer serviços ou entidades que possuam natureza pública ou prossigam finalidades de interesse público, de natureza central, regional ou local, com excepção dos que estiverem aposentados, reformados, inactivos, com licença ilimitada ou na reserva, bem como os contratados em regime de prestação de serviços ou de comissão de serviço para o exercício de funções de representação em juízo no âmbito do contencioso administrativo e constitucional ou para o exercício de funções de consultor nos termos do disposto no artigo 10.º do Decreto-Lei n.º 163/2012, de 31 de Julho.

5. Espelhando a diversidade de regimes jurídicos e funções actualmente existentes no pessoal afecto à actividade judicial, as alíneas *b), c), d), f)* e *m)* estabelecem a incompatibilidade, não só para os trabalhadores dos tribunais, mas também para todos os assessores e administradores dos tribunais com vínculo de emprego público ou contratados dos respectivos serviços, e ainda para o administrador judicial ou liquidatário judicial ou pessoa que exerça idênticas funções;

6. Mantém-se excluída das incompatibilidades a actividade de docência tendo em conta a inconstitucionalidade declarada pelo Tribunal Constitucional, pelo seu Acórdão 143/85 de 30 de Julho (DR n.º 202 de 3-9-85), quanto à parte final da norma da alínea *i)* do artigo 69.º do revogado D. Lei 84/84, que considerava incompatível com a advocacia o exercício de actividade de docência de disciplinas que não fossem de direito.

7. A incompatibilidade dos revisores oficiais de contas, técnicos oficiais de contas e respectivos trabalhadores com vínculo de emprego público ou contratados, prevista na alínea *l)* do n.º 1 advém do reconhecimento pela Ordem dos Advogados, ainda no domínio do E.O.A. de 1984, de que estas profissões impunham deveres profissionais inconciliáveis com a deontologia dos advogados, nomeadamente quanto ao dever de denúncia de irregularidades e crimes detectados no exercício dessas funções – Cfr. Ac. Conselho Superior de 23-2-96 em R.O.A 56-1171 e Parecer do Conselho Geral in R.O.A., n.º 2/94, pág. 10.

8. A propósito da incompatibilidade com a actividade de mediação importa ponderar que na base da incompatibilidade reside o facto de o mediador não ter perante o conflito, em que intervém, um papel de defensor de parte, agindo antes na satisfação de um interesse profissional próprio e autónomo, que deposita nesse mesmo conflito como corolário do seu contrato de mediação, o que se afigura estruturalmente incompatível com o tipo de relação contratual e deontológica que os advogados estabelecem com os seus clientes, estando proibidos de celebrar, em proveito próprio, contratos sobre as questões confiadas – artigo 100.º n.º 1 *d)* do E.O.A..

9. Os advogados estão impedidos de ser jurados – artigo 4.º *i)* do D. Lei 387-A/87 de 29-12-87.

10. Tem sido discutida a incompatibilidade para o exercício da advocacia dos membros do Conselho Superior da Magistratura (não magistrados), tendo em consideração o que determinava o artigo 148.º n.º 1 da Lei 21/85 de 30 de Julho – Estatuto dos Magistrados Judiciais, na redacção dada pela Lei 81/98 de 3 de Dezembro. Não obstante tal incompatibilidade ter sido defendida pelo Prof. Figueiredo Dias, na Revista do Conselho Distrital do Porto, n.º 21 de Junho de 2002, pág. 21 merecendo tal solução o aplauso, pelo menos "de jure condendo", do Dr. Orlando Guedes da Costa na sua obra citada "Direito Profissional do Advogado" pág. 228, certo é que não tem sido esse o entendimento da Ordem dos Advogados em relação aos advogados que vêm representando a advocacia no Conselho Superior da Magistratura.

11. As incompatibilidades previstas nas alíneas *i)* e *j)* exigem a efectiva actividade, razão pela qual não abrangem os que se encontram em situação de aposentados, reformados, inactivos, com licença ilimitada ou na reserva. Cfr. alínea *b)* do n.º 2.

12. A permissão contida no n.º 3 já havia sido concedida pelo n.º 3 do artigo 77.º do revogado E.O.A. de 2005, pelo que continuam a poder exercer advocacia as pessoas indicadas nas alíneas *i)* e *j)* do n.º 1 quando seja prestada em regime de subordinação e em exclusividade, ao serviço das entidades previstas nas supra aludidas alíneas.

13. Sobre a incompatibilidade para o exercício da advocacia dos que se encontrarem em funções como juízes sociais no âmbito da jurisdição de menores – Vide Parecer do Conselho Geral n.º E-30/2004, aprovado em 13 de Maio de 2005.

14. "*Como um angariador imobiliário desenvolve exactamente a mesma actividade que um mediador imobiliário à excepção da possibilidade de celebração de contratos de mediação imobiliária (que se lhe encontra vedada), deve aplicar-se-lhe, por total identidade de razões, a incompatibilidade constante do artigo 77.º, n.º 1, alínea p), do EOA.*" – Parecer do CG n.º E-25/05 de 15/07/05 e, mais recentemente, no mesmo sentido, o Parecer n.º 35/PP/2016 do Conselho Regional do Porto, in "Ipso Jure" n.º 90 de Novembro de 2016 .

15. Um advogado, face ao estatuído na alínea *p)* do n.º 1 do art. 77.º do E.O.A. (2005), pode exercer funções de sócio gerente numa sociedade comercial que se dedica a compra e venda de imóveis porquanto numa sociedade com este objecto não tem a natureza de sociedade de mediação imobiliária, nos termos estritos previstos no art. 2.º do DL 211/2004, de 20 de Agosto – Ver Parecer do Conselho Geral n.º 4/PP/2008-G, de 6 de Março de 2008.

16. "*O exercício da advocacia em simultâneo com a qualidade de membro do Conselho Superior da Magistratura eleito pela Assembleia da República, não só constitui situação não prevista como incompatível no art. 77.º do E.O.A (2005), como também não nos parece, "per si" colocar em causa a isenção, a independência e a dignidade da profissão*" – Parecer n.º 15 do CDL da O.A. de 29 de Outubro de 2008.

17. A qualidade de sócio de sociedade comercial por quotas que presta a sua actividade na área de consultadoria e contabilidade é, nos termos de n.º 2 do artigo 76.º do

E.O.A., incompatível com o exercício da advocacia, já que põe em causa a independência e a dignidade da profissão, pois a actividade em causa proporciona condições de angariação de clientela – Parecer do Conselho Geral n.º 19/PP/2009-G de 15 de Outubro, in www.oa.pt.

18. Para além da actividade de mediador imobiliário, expressamente prevista na alínea *p)*, são incompatíveis com o exercício da advocacia as actividades de mediação de seguros e de mediação de conflitos, seja ou não esta realizada no Julgado de Paz onde o advogado exerça a função de mediador, na medida em que colocam o advogado em condições mais vantajosas quanto à angariação de cliente em relação aos seus pares, assim podendo com eles concorrer em condições desiguais – Parecer n.º 26 do C.G., aprovado em 21 de Janeiro de 2010 – Vide Portal da OA.

19. Fundamentando-se nos artigos 76.º e 84.º do EOA de 2005, mas citando também, entre outros, o artigo 85.º n.º 2 *h)*, por proporcionar evidentes situações de angariação de clientela, o Parecer n.º 57/PP/2013 – P – relator Dr. Carlos Vasconcelos – concluiu pela incompatibilidade com o exercício da advocacia da actividade de promotor comercial de uma instituição bancária.

20. A gerência de uma sociedade de administração de condomínios não afecta a isenção, a independência e a dignidade da profissão de advogado, pelo que o exercício da advocacia não é incompatível com tal actividade – Vide Ac. do Tribunal Central Administrativo do Sul de 16 de Abril de 2015, in JusNet 2100/2015.

21. Em sentido diverso ao Parecer anotado em 18., o Conselho Geral, pelo seu Parecer de 13 de Julho de 2018 – in Portal da OA – entendeu que a actividade de mediador de conflitos não é incompatível com o exercício da profissão de Advogado, mas estaria vedada a quem, numa fase anterior, interveio como mediador de conflitos numa causa, para depois patrocinar como Advogado, numa fase posterior, uma das partes desse conflito, nessa mesma causa ou noutra causa com ela conexa.

Artigo 83.º – Impedimentos

1 – Os impedimentos diminuem a amplitude do exercício da advocacia e constituem incompatibilidades relativas do mandato forense e da consulta jurídica, tendo em vista determinada relação com o cliente, com os assuntos em causa ou por inconciliável disponibilidade para a profissão.

2 – O advogado está impedido de praticar atos profissionais e de mover qualquer influência junto de entidades, públicas ou privadas, onde desempenhe ou tenha desempenhado funções cujo exercício possa suscitar, em concreto, uma incompatibilidade, se aqueles atos ou influências entrarem em conflito com as regras deontológicas contidas no presente Estatuto, nomeadamente, os princípios gerais enunciados nos n.ºs 1 e 2 do artigo 81.º.

3 – Os advogados que sejam membros das assembleias representativas das autarquias locais, bem como os respetivos adjuntos, assessores, secretários, trabalhadores com vínculo de emprego público ou outros contratados dos respetivos gabinetes ou serviços, estão impedidos, em qualquer foro, de patrocinar, diretamente ou por intermédio de sociedade de que sejam sócios, ações contra as respetivas autarquias locais, bem como de intervir em qualquer atividade da assembleia a que pertençam sobre assuntos em que tenham interesse profissional diretamente ou por intermédio de sociedade de advogados a que pertençam.

4 – Os advogados referidos na alínea *a)* do n.º 2 do artigo anterior estão impedidos, em qualquer foro, de patrocinar ações pecuniárias contra o Estado.

5 – Os advogados a exercer funções de vereador sem tempo atribuído estão impedidos, em qualquer foro, de patrocinar diretamente ou por intermédio de sociedade de que sejam sócios, ações contra a respetiva autarquia, bem como de intervir em qualquer atividade do executivo a que pertençam sobre assuntos em que tenham interesse profissional diretamente ou por intermédio de sociedade de advogados a que pertençam.

6 – Havendo dúvida sobre a existência de qualquer impedimento, que não haja sido logo assumido pelo advogado, compete ao respetivo conselho regional decidir.

NOTAS:

1. Os impedimentos resultam de circunstâncias concretas que devem levar os advogados a recusar mandato ou prestação de serviços em função de conflitos de interesses ou de simples decoro, já que o exercício da profissão deve ser livre, independente e adequado à dignidade da função – vide artigos 88.º e 89.º do E.O.A..

2. Constitui inovação em relação ao anterior E.O.A. a introdução de regras relativas aos impedimentos dos advogados que sejam membros das assembleias representativas das autarquias locais (n.º 3) e para os vereadores (n.º 5), neste último caso apenas em relação aos vereadores que não estejam em situação de incompatibilidade, ou seja, sem tempo atribuído, quando em situações concretas de manifesto conflito de interesses.

3. José Magalhães Godinho, em Deontologia Profissional – Incompatibilidades (ROA, 32, pág. 479) – defende, em relação aos deputados da Assembleia da República, que se deve *"impedi-los, durante o período do seu mandato, de aceitar mandato e advogar contra o Estado, por si próprio, ou por intermédio do colega que com ele esteja associado, ou do seus companheiro de escritório, mas ainda, e em idênticas circunstâncias, de dar consultas ou pareceres, sobre quaisquer assuntos pendentes de qualquer resolução de qualquer departamento governamental, ministérios, secretarias ou subsecretarias, ou ocupar-se de quaisquer pretensões, requerimentos ou exposições de quaisquer pessoas ou entidades perante esses mesmos departamentos".*

4. *"A colaboração, ao abrigo de um contrato de trabalho, de uma advogada com agente de execução, configura uma situação de impedimento do exercício do mandato judicial pela advogada em qualquer execução em que esse agente de execução exerça essa função, em virtude da especial relação estabelecida com essa sua cliente, tendo em conta o disposto no artigo 78.º do EOA (2005); já não haverá, em princípio, qualquer impedimento para o exercício do mandato judicial por essa advogada em acções executivas nas quais seja nomeado outro agente de execução, o qual porém existirá quando sejam postos em causa os princípios da isenção e independência no exercício da advocacia, que estão na base do regime das incompatibilidades e impedimentos"* – Parecer n.º 10/PP/2012-P, sendo relatora a Sra. Dra. Catarina Pinto de Resende, in "Ipso Jure" n.º 37, de Junho de 2012 – Portal da Ordem dos Advogados/ CD do Porto.

5. Ao assumir o patrocínio em acção judicial em que é parte o município no qual o advogado exerce as funções de deputado da Assembleia Municipal, fica em causa a independência e a dignidade do exercício da advocacia, na medida em que se gera a suspeita pública de que assim se possa exercer influência no que diz respeito à condução da acção, pelo que será de se considerar nessas circunstâncias uma situação de impedimento ao abrigo do disposto nos artigos 78.º n.ºs 1 e 2 e 76.º n.º 2 do E.O.A. (2005). Ver, neste sentido, o Parecer do Conselho Geral n.º 37/PP/2012-G, sendo relator Miguel Salgueiro Meira.

6. *"Nos termos do disposto no artigo 83.º, 1, 2 e 6, do Estatuto da Ordem dos Advogados, os advogados estão impedidos de exercer a advocacia e, assim, impedidos de exercer o mandato forense ou a consulta jurídica, para entidades para quem exerçam ou tenham exercido as funções de Encarregado de Proteção de Dados"* – Parecer aprovado em sessão plenária do Conselho Geral da Ordem dos Advogados, de 28 de Setembro de 2018, sendo relator o Dr. Zacarias de Carvalho, com voto de vencido do Dr. Ricardo Brazete.

7. O impedimento referido no Parecer anotado em 6. não constitui uma incompatibilidade ou impedimento absoluto, mas sim um impedimento relativo, sendo a meu ver mais ajustado o entendimento perfilhado pelo Dr. Ricardo Brazete no seu voto de vencido, no sentido de que, de acordo com as recomendações do CCBE, tal impedimento só se verifica quando o advogado se coloque em situação de conflito de interesses e intervenha em representação em Juizo da entidade para quem exerça ou tenha exercido funções de E.P.D., em processo relacionado com a protecção de dados ou com matérias atinentes ao R.G.P.D..

Artigo 84.º – Verificação

1 – Os conselhos regionais ou o conselho geral podem solicitar às entidades com quem os advogados possam ter estabelecido relações profissionais, bem como a estes, as informações que entendam necessárias para a verificação da existência de incompatibilidade.

2 – Não sendo tais informações prestadas, pelo advogado, no prazo de 30 dias contados da receção do pedido, pode o conselho geral deliberar a suspensão da inscrição.

NOTAS:

1. O regime de verificação das incompatibilidades assenta no valor da confiança e, consequentemente, no dever de comunicação pelos advogados à Ordem com inerente pedido de suspensão da inscrição ou pedido de emissão de parecer, em caso de dúvida. Cfr. artigos 188.º n.º 1. *d)*, 91.º *d)*, 46.º n.º 1. *d)* e 54.º n.º 1. *f)* do E.O.A..

2. Independentemente deste dever de comunicação, que sendo incumprido gera responsabilidade disciplinar, pode a Ordem dos Advogados, por sua iniciativa, promover as diligências necessárias para a averiguação das eventuais incompatibilidades e impedimentos, usando para tal os poderes que a lei lhe faculta – Ver artigo 8.º e 83.º n.º 6 do E.O.A..

Artigo 85.º – Solicitadores e agentes de execução

1 – É proibida a inscrição cumulativa na Ordem dos Advogados e na Ordem dos Solicitadores e dos Agentes de Execução, sem prejuízo do disposto nos números seguintes.

2 – É, porém, permitida a inscrição cumulativa durante a primeira fase do estágio a que se alude no n.º 3 do artigo 195.º.

3 – Os advogados regularmente inscritos na Ordem dos Advogados podem inscrever-se no colégio dos agentes de execução desde que não exerçam o mandato judicial, nos termos do Estatuto da Ordem dos Solicitadores e dos Agentes de Execução.

NOTAS:

1. A disposição do n.º 2., que transita do regime estatutário cessante, foi incorporada na sequência da ponderação de que os advogados estagiários da 1.ª fase de estágio ainda não podem praticar actos próprios da profissão – cfr. artigos 195.º n.º 3 e 196.º n.º 1 do E.O.A..

2. O disposto no n.º 1 do art. 85.º do Estatuto da Ordem dos Advogados, conjugado com a alínea *p)* do art. 114.º do Estatuto da Câmara dos Solicitadores, deve ser interpretado no sentido de que, para o efeito de inscrição na Câmara dos Solicitadores, o advogado não precisa de solicitar o cancelamento da sua inscrição na Ordem dos Advogados, sendo suficiente que obtenha a suspensão de tal inscrição – Parecer do C. Superior de 5/11/2006.

3. Já quanto aos agentes de execução, o actual Estatuto esclarece e clarifica um regime especial, reconhecendo a inexistência de incompatibilidade desde que os advogados inscritos no colégio dos agentes de execução não exerçam o mandato judicial, considerando este causa de incompatibilidade nos termos do artigo 165.º n.º 1, *a)* do Estatuto da Ordem dos Solicitadores e dos Agentes de Execução – Lei n.º 154/2015, de 14 de Setembro de 2015.

4. Como o mandato judicial não esgota o elenco dos actos próprios da profissão de advogado, tal como se encontra definido no E.O.A. e na Lei 49/2004, os advogados que optarem por se inscrever no colégio dos agentes de execução podem praticar a consulta jurídica, a assistência jurídica e a representação de terceiros, apenas com os limites deontológicos emergentes do E.O.A.

5. A colaboração, ao abrigo de um contrato de trabalho, de uma advogada com agente de execução, configura uma situação de impedimento do exercício do mandato judicial pela advogada em qualquer execução em que esse agente de execução exerça essa função, em virtude da especial relação estabelecida com essa sua cliente, tendo em conta o disposto no artigo 78.º do E.O.A. (2005); já não haverá, em princípio, qualquer impedimento para o exercício do mandato judicial por essa advogada em acções executivas nas quais seja nomeado outro agente de execução, o qual porém existirá quando sejam postos em causa os princípios da isenção e independência no exercício da advocacia, que estão na base do regime das incompatibilidades e impedimentos – Vide neste sentido o Parecer n.º 10/PP/2012-P, sendo relatora Catarina Pinto de Resende, in "Ipso Jure" n.º 37, de Junho de 2012 – Portal da OA – C.R. do Porto.

Artigo 86.º – Aplicação no tempo das incompatibilidades e impedimentos

As incompatibilidades e impedimentos criados pelo presente Estatuto não prejudicam os direitos legalmente adquiridos ao abrigo de legislação anterior.

Artigo 87.º – Exercício ilegítimo da advocacia

1 – Os magistrados, conservadores, notários e responsáveis pelas repartições públicas têm obrigação de comunicar à Ordem dos Advogados qualquer facto que indicie o exercício ilegal ou irregular da advocacia, designadamente, do patrocínio judiciário.

2 – Para a finalidade prevista no número anterior, os trabalhadores dos serviços ali indicados dão conhecimento aos respetivos magistrados, conservadores, notários e responsáveis dos serviços dos factos correspondentes de que tenham conhecimento.

NOTAS:

1. Acolhe-se correctamente neste preceito a distinção entre o exercício ilegal e o exercício irregular da profissão. Vide sobre este tema as notas 24 e 25 ao artigo 66.º do E.O.A..

2. Cfr. artigos 190.º (exercício ilegal) e 121.º (exercício irregular) do E.O.A..

3. "*As comunicações efectuadas à Ordem dos Advogados, no cumprimento do disposto nos artigos 82.º e 116.º do E.O.A. de 2005 não conferem às entidades oficiantes a qualidade de "participantes", porquanto assim actuam por mero dever de ofício, não tendo qualquer interesse directo, pessoal e legítimo relativamente aos factos informados. Por consequência, tais entidades não têm de ser notificadas para os vários termos do procedimento disciplinar*" – Conclusão extraída no Parecer do Conselho Superior n.º 73/2010 – CS-R, sendo relator João Resende Neiva.

TÍTULO III - Deontologia profissional

CAPÍTULO I - Princípios gerais

Artigo 88.º – Integridade

1 – O advogado é indispensável à administração da justiça e, como tal, deve ter um comportamento público e profissional adequado à dignidade e responsabilidades da função que exerce, cumprindo pontual e escrupulosamente os deveres consignados no presente Estatuto e todos aqueles que a lei, os usos, costumes e tradições profissionais lhe impõem.

2 – A honestidade, probidade, retidão, lealdade, cortesia e sinceridade são obrigações profissionais.

NOTAS:

1. Neste Título III regula-se a Deontologia enquanto conjunto de regras de comportamento, assentes nos costumes e na moral, que regulam o exercício da profissão. Nestas normas deontológicas a moral e o direito associam-se intimamente, sendo da sua essência a existência de um conteúdo de natureza ética.

2. As normas deontológicas impõem deveres jurídicos, já que se caracterizam por imperativos que se traduzem em regras concretas de comportamento perante diversas situações que, a não serem observadas, implicam sanções disciplinares por decorrência do artigo 115.º do E.O.A..

3. De acordo com o ponto 1.2.1. do C.D.A.E., "*as regras profissionais e deontológicas aplicáveis ao advogado estão adequadas a garantir, através da sua espontânea observância, o exercício correcto de uma função que é reconhecida como indispensável em todas as sociedades civilizadas. O incumprimento dessas regras pelo advogado é susceptível de ser objecto de sanções disciplinares*".

4. A Deontologia é o timbre da advocacia, podendo sem dúvida afirmar-se que os advogados só poderão desempenhar a sua função social desde que se revelem capazes de merecer a confiança individual e colectiva que o seu papel exige, o que implica competência, idoneidade, qualidades de trabalho e correcção.

5. António Arnault, no seu Estatuto da Ordem dos Advogados Anotado – 10.ª edição, pág. 90, aponta, como grandes princípios da deontologia, a independência, a dignidade, a probidade, a isenção, o respeito pela verdade, a lealdade, a urbanidade e a confraternidade.

6. O valor da confiança é fundamental para a compreensão da deontologia profissional, referindo o C.D.A.E. no ponto 2.2 que *"as relações de confiança só podem existir se a honestidade, a probidade, a rectidão e a sinceridade do advogado forem inquestionáveis. Para o advogado, estas virtudes tradicionais são obrigações profissionais"*.

7. A deontologia dos advogados desdobra-se em deveres gerais de conduta e em deveres profissionais específicos, impondo aqueles regras de conduta nos domínios da honra, dignidade e integridade, exigindo constantemente aos advogados o aperfeiçoamento da sua consciência ética, cívica, social e profissional, e estes condutas concretas tendo em conta determinados destinatários de tais obrigações.

8. O artigo 88.º, sob a epígrafe "Integridade", trata do dever geral de probidade, que se pode definir como sendo o dever do advogado, no exercício da profissão e fora dela, se considerar um servidor da justiça e do direito e, como tal, mostrar-se digno da honra e das responsabilidades que lhe são inerentes.

9. Este dever de probidade tem questionado a possibilidade de os advogados poderem ser avaliados e eventualmente sancionados por actos praticados na sua esfera de actuação privada, questão que se deve resolver pela afirmativa, como vem sendo jurisprudência constante da Ordem dos Advogados, aceitando-se a censurabilidade do comportamento indecoroso dos advogados na sua vida privada, designadamente no plano da acção disciplinar, desde que tal comportamento seja cumulativamente escandaloso, desprimoroso aos olhos do público, desonroso para o autor e lesivo da classe – vide a propósito o muito citado Acórdão do C. Superior de 15/11/62 in R.O.A. 23, 182.

10. Sendo necessário diferenciar na vida privada dos advogados os actos da sua vida íntima e os que assumem repercussão pública, só estes poderão, em princípio, ser deontologicamente avaliados em face do enunciado do princípio, tal como consta do actual artigo 88.º n.º 1.

11. A falta de integridade ou de idoneidade moral implica inibição para o exercício da profissão nos termos do artigo 188.º n.º 1 *a)* do E.O.A., pelo qual não podem ser inscritos *"os que não possuam idoneidade moral para o exercício da profissão"*.

12. A falta de idoneidade moral é averiguada em processo próprio, nos termos do disposto nos artigos 188.º n.ºs 3, 4 e 5 e 177.º a 179.º do E.O.A..

13. Na parte final do artigo 88.º n.º 1 do E.O.A. reconhece-se que os usos e costumes profissionais são fonte de deveres deontológicos.

14. Contudo, da análise conjugada dos artigos 3.º n.º 1 do C. Civil e 88.º n.º 1 do E.OA. conclui-se que os usos e costumes profissionais só serão juridicamente atendíveis desde que a lei o determine e sejam reconhecidos pela Ordem dos Advogados, como resultava da alínea *c)* do revogado artigo 79.º do D. Lei 84/84 de 16 de Março, norma que impunha expressamente aos advogados o dever de acatamento dos usos e costumes profissionais. Com a eliminação deste dever específico pelo revogado E.O.A. de 2005, reconheceu o legislador que os usos e costumes profissionais, que não haviam sido até então normatizados, mais não eram do que simples praxes em desuso e sem qualquer valor jurídico para efeitos disciplinares.

15. A questão da relevância do comportamento na vida privada, tratada através do dever de proibidade, não é tema exclusivo da deontologia específica dos advogados, sendo também referência no Estatuto dos Magistrados Judiciais e no Estatuto dos Magistrados do Ministério Público.

16. Sobre a deontologia e a sua essencialidade para a advocacia, contendo diversas citações de relevantes autores ao logo da história, leia-se "Advocacia – As melhores citações" colectânea organizada por Helena Resende da Silva – Colecção Citações Jurídicas.

Artigo 89.º – Independência

O advogado, no exercício da profissão, mantém sempre em quaisquer circunstâncias a sua independência, devendo agir livre de qualquer pressão, especialmente a que resulte dos seus próprios interesses ou de influências exteriores, abstendo-se de negligenciar a deontologia profissional no intuito de agradar ao seu cliente, aos colegas, ao tribunal ou a terceiros.

NOTAS:

1. O princípio da independência é, a par do interesse público da profissão, um dos pilares fundamentais da deontologia dos advogados – Vide a propósito a nota 14 ao artigo 1.º deste E.O.A. sobre alguns dos numerosos afloramentos deste princípio no E.O.A..

2. Segundo Carlo Lega, em "Deontologia de la Profession de Abogado", a independência consiste na *"ausência de toda a forma de ingerência, de interferência, de vínculos e de pressões, quaisquer que sejam, provenientes do exterior, e que tendam a influenciar, desviar e distorcer a acção do ente profissional".*

3. Presentemente, as fontes de eventual dependência não podem colocar-se apenas nos domínios do poder político e do poder judicial, sendo de acautelar os advogados das pressões provenientes do poder económico e de outras formas de poder, como o da

comunicação social, não se olvidando a fundamental preservação do valor da independência perante os clientes.

4. No ponto 2.1.1 do C.D.A.E determina-se que *"a multiplicidade de deveres a que o advogado está sujeito impõe-lhe uma independência absoluta, isenta de qualquer pressão, especialmente a que possa resultar dos seus próprios interesses ou de influências exteriores. Esta independência é tão necessária à confiança na justiça como a imparcialidade do juiz. O advogado deve, pois, evitar pôr em causa a sua independência e nunca negligenciar a ética profissional com a preocupação de agradar ao seu cliente, ao juiz ou a terceiros"*. Trata-se de uma norma que influenciou claramente a redacção deste artigo 89.º do EOA, que a transcreve parcialmente.

5. No ponto 1.2 do mesmo código acrescenta-se que *"esta independência é necessária em toda e qualquer actividade do advogado, independentemente da existência ou não de um litígio concreto, não tendo qualquer valor o conselho dado ao cliente pelo advogado, se prestado apenas por complacência, ou por interesse pessoal ou sob o efeito de uma pressão exterior"*.

6. Sobre a independência em relação aos clientes, leia-se "O Cliente e a Independência do Advogado (Uma chave da Deontologia Profissional)" de Abel Laureano.

7. Sem independência perante os clientes, não poderão os advogados cumprir em relação a eles, de forma cabal, os seus deveres deontológicos, designadamente o de lhes dar opinião conscienciosa sobre o merecimento do direito ou pretensão invocada e o de aconselhar toda a composição justa e equitativa – alíneas *a)* e *c)* do n.º 1 do artigo 100.º do EOA.

8. Radica na preservação da independência em face dos clientes a proibição de celebração, em proveito próprio, de contratos sobre o objecto das questões confiadas – alínea *d)* do n.º 1 do artigo 100.º do E.O.A. – princípio que, por sua vez, se aplica em matéria de honorários com a proibição da "quota litis". Cfr. artigo 106.º do E.O.A..

9. António Arnaut, em artigo crítico ao E.O.A., publicado no n.º 37 (Maio/Julho e 2005) do Boletim da Ordem dos Advogados, sustenta que a defesa da dignidade e da independência dos advogados exigia que no texto estatutário tivessem ficado consagradas normas legais dispersas por outros diplomas, por ser essa a sede própria, realçando o preceito do n.º 3 do artigo 154.º do Código de Processo Civil, quanto à liberdade de expressão e o artigo 144.º da Lei 3/99 (revogada L.O.F.T.J.) quanto às imunidades no exercício da profissão.

10. A propósito da actuação de advogado em concertação com as autoridades judiciárias, desempenhando o papel de agente encoberto em processo pendente onde está formalmente constituído mandatário, o Conselho Distrital de Lisboa entendeu que esta prática viola os valores fundamentais do instituto do segredo profissional, da independência e da confiança dos Advogados, correspondendo a uma preterição dos artigos 87.º n.ºs 1 e 4, do EOA (2005), 135.º n.º 3 do C.P.P., 114.º n.º 3 *b)* da L.O.F.T.J. (revogada) e ainda dos artigos 20.º n.º 2, 26.º n.º 1 e 208.º da C.R.P. – Vide Parecer relatado pelo

Dr. Carlos Pinto de Abreu de 13 de Maio de 2009, emitido sob o pedido de Consulta n.º 29/2009, in Pareceres do C.D. de Lisboa – www.oa.pt.

11. O princípio da independência é um dos pilares do nosso edifício judiciário e, reconhecidamente, um dos valores essenciais do Estado de Direito, assim como o são a independência dos magistrados judiciais e a autonomia do Ministério Público. Sobre esta temática, numa abordagem conjunta, cfr. os artigos 66.º n.º 3, 69.º, 73.º n.º 3., 81.º n.ºs 1. e 2., 89.º, 90.º n.º 2 *b)*, 100.º n.º 1 *a)* e *c)*, e 106.º, todos do E.O.A., bem como o artigo 4.º do Estatuto dos Magistrados Judiciais e 2.º e 10.º do Estatuto do Ministério Público. Veja-se ainda com relação ao tema os artigos 203.º e 208.º da C.R.P., os artigos 7.º, 9.º e 150.º do C. P. Civil e os artigos 4.º, 9.º, 12.º e 13.º da L.O.S.J..

Artigo 90.º – Deveres para com a comunidade

1 – O advogado está obrigado a defender os direitos, liberdades e garantias, a pugnar pela boa aplicação das leis, pela rápida administração da justiça e pelo aperfeiçoamento da cultura e instituições jurídicas.

2 – Em especial, constituem deveres do advogado para com a comunidade:

a) Não advogar contra o direito, não usar de meios ou expedientes ilegais, nem promover diligências reconhecidamente dilatórias, inúteis ou prejudiciais para a correta aplicação de lei ou a descoberta da verdade;

b) Recusar os patrocínios que considere injustos;

c) Verificar a identidade do cliente e dos representantes do cliente, assim como os poderes de representação conferidos a estes últimos;

d) Recusar a prestação de serviços quando suspeitar seriamente que a operação ou atuação jurídica em causa visa a obtenção de resultados ilícitos e que o interessado não pretende abster-se de tal operação;

e) Recusar-se a receber e movimentar fundos que não correspondam estritamente a uma questão que lhe tenha sido confiada;

f) Colaborar no acesso ao direito;

g) Não se servir do mandato para prosseguir objetivos que não sejam profissionais;

h) Não solicitar clientes, por si ou por interposta pessoa.

NOTAS:

1. Nos termos da regulação dos deveres para com a comunidade, ressalta que os advogados são, em primeiro lugar, servidores da justiça e só depois do direito, princípio que muito dignifica e responsabiliza a profissão, constituindo uma evolução muito positiva em relação ao entendimento expresso no já longínquo artigo 570.º do Estatuto Judiciário de 1962, de que os advogados eram, fudamentalmente, servidores do direito.

2. Não obstante na actual redacção do actual artigo 90.º não ter sido acolhido, de forma expressa, o primado do advogado como servidor da justiça, não podem existir dúvidas de que nele assentam os deveres específicos para com a comunidade, designadamente os que constam no seu n.º 1 e na alínea *b)* do n.º 2.

3. De realçar a relevância indiscutível dos advogados na defesa dos direitos humanos, em consonância com o que já se consignara, no plano institucional, nos artigos 3.º n.º 1. *a)* e 46.º n.º 1. *a)* do E.O.A..

4. *"Os advogados de todo o mundo devem defender a independência da sua profissão, afirmar as garantias individuais, de harmonia com a soberania do Direito, e insistir para que seja concedido a cada acusado um julgamento legal"* - Acto de Atenas, aprovado em 1955 pela Comissão Internacional de Juristas.

5. Por dependência do Conselho Geral, tem tido papel de relevo a Comissão dos Direitos Humanos, Comissão dos Direitos Humanos da Ordem dos Advogados, Comissão dos Direitos Humanos, através da qual se dá cumprimento institucional ao dever constante do n.º 1 deste artigo 90.º do E.O.A..

6. Também por dependência do Conselho Geral, existe a Comissão de Legislação da Ordem dos Advogados, que tem por função emitir pareceres sobre projectos de diplomas legislativos e pugnar pela boa reforma das leis.

7. O compromisso deontológico com a verdade e com o direito exige aos advogados que respeitem os deveres processuais de cooperação, boa fé processual e de correcção, como também decorre dos artigos 7.º, 8.º e 9.º, todos do C. P. Civil.

8. O artigo 545.º do C. P. Civil regula o regime da má fé imputável aos advogados ou má fé instrumental, estabelecendo que *"quando se reconheça que o mandatário da parte teve responsabilidade pessoal e directa nos actos pelos quais se revelou a má fé na causa, dar-se-á conhecimento do facto à respectiva associação profissional, para que esta possa aplicar sanções e condenar o mandatário na quota-parte das custas, multa e indemnização que lhe parecer justa"*.

9. Para que haja má fé da responsabilidade pessoal do mandatário importa, porém, que ele tenha agido com intenção maliciosa, com verdadeiro dolo, não bastando a simples culpa ainda que muito grave. Vide, entre outros, o Acórdão do S.T.J. de 13/10/77 em B.M.J. n.º 270, pág. 17.

10. No regime sancionatório da má fé instrumental, o legislador respeitou a autonomia da Ordem e a independência dos advogados perante o poder judicial, criando um mecanismo processual que atribui à Ordem a apreciação, em sede disciplinar, da responsabilidade dos advogados e a acautelar a plena defesa destes sem risco de quebra do sigilo profissional, o que se verificaria se tal defesa fosse apresentada perante o juiz.

11. As faltas dos advogados às diligências judiciais para que tenham sido convocados, sem para tal existir motivo deontologicamente relevante e que determinem o adiamento de tais diligências, pode considerar-se prática susceptível de qualificação como acto dilatório, abrangido pela proibição da alínea *a)* do n.º 2 deste artigo 90.º.

12. Em termos de lei adjectiva, os mandatários têm o dever de comparência que decorre do disposto no artigo 7.º n.º 3 do C. P. Civil, estando o regime das faltas às diligências pelos advogados disciplinado nos artigos 151.º n.º 5 e 603.º n.º 1 do mesmo diploma legal.

13. O compromisso dos advogados com a verdade não deve confundir-se com a busca da verdade material que, com imparcialidade, cabe ao juiz realizar. O advogado é por definição parcial e cumpre-lhe defender a verdade relativa da parte que representa. Mas, se ao advogado se tolera a meia verdade, já não pode perdoar-se o recurso è mentira e à falsidade. É o dever geral de probidade que o exige e o compromisso para com a comunidade. Veja-se sobre o tema Alberto Luís, "A Profissão de Advogado e a Deontologia", lições distribuídas no Centro Distrital de Estágio do Conselho Distrital do Porto, Bastonário Augusto Lopes Cardoso, "Do Advogado e da Verdade, em Jeito de Charla" na Revista do Conselho Distrital do Porto, n.º 1, págs. 18 a 21 e Desembargador Dionísio de Pinho, "O Advogado perante a Verdade", em BOA n.º 15, pág. 30.

14. Deve entender-se que, sem prejuízo da liberdade de expressão escrita e oral fundamental no exercício da profissão, constitui obrigação dos advogados evitar excessiva prolixidade nas suas intervenções, não justificadas pelas exigências da lide, porque violadoras do princípio da cooperação com a boa administração da Justiça. J. Alberto dos Reis, no seu Código do Processo Civil Anotado, Vol. IV, pág. 541, aconselha uma alegação *"breve, clara e bem ordenada"*.

15. Sendo o advogado, antes de mais, um servidor da justiça, é sua obrigação lutar contra a lei injusta ou iníqua, mas tal combate deve ser feito sem, por outro lado, advogar contra o direito, como decorre da alínea *a)* do n.º 2. Assim, os advogados devem abster-se de patrocinar "contra legem", evitando deduzir pretensões que correspondam a soluções ilegítimas ou não consentidas pela lei, sem prejuízo de poderem defender, em alegação, a evolução do direito ou a sua interpretação no sentido das soluções mais justas.

16. No domínio da previsão da alínea *a)* do n.º 2, tem sido debatida a problemática do enquadramento deontológica do contacto com as testemunhas, matéria melindrosa que, durante muito tempo, foi analisada à luz dos costumes e tradições profissionais no sentido de ser prática intolerável. Vide nesta linha, agora afastada, os Acórdãos do Conselho Superior de 14/4/53 in R.O.A., n.º 13, pág. 520, de 8/2/68, in R.O.A., 1969, n.º 15, e de 28/5/82 inm R.O.A., n.º 42, pág. 823. No I Congresso Nacional de Advogados, realizado em Lisboa, em Novembro de 1985, embora mantendo-se a tradicional proibição, já se admitia, contudo, que a censurabilidade deontológica não resultava do contacto em si mesmo, mas da intenção de se afastar as testemunhas do caminho da verdade. Foi esta, em síntese, a tese que acabou por vingar nos trabalhos preparatórios do anterior Estatuto de 2005 e que agora se confirma no actual E.O.A através da formulação do seu artigo 109º.

17. A obrigação de recusa pelo advogado dos patrocínios que considere injustos (n.º 2 *b)*) é corolário do primado do advogado como servidor da justiça e constitui acto supremo da liberdade do advogado, já que a lei lhe confere o direito de aceitação ou recusa de uma causa em função da sua valoração ética e pelos padrões da sua própria consciência moral individual.

18. Atente-se que, pelos artigos 98.º e 100.º n.º 1. *b)* do E.O.A., os advogados devem garantir aos seus clientes disponibilidade e dedicar-lhes todos os recursos da sua experiência, saber e actividade, obrigações estas difíceis de concretizar caso aceitassem patrocinar causas violadoras dos seus princípios morais e de ética profissional.

19. O dever decorrente da alínea *b)* do n.º 2 do artigo 90.º não deve confundir-se com o dever de recusar patrocínio por verificação de conflito de interesses ou risco de quebra de sigilo profissional, conforme resulta do artigo 99.º do E.O.A. e do ponto 3.2 do C.D.A.E.

20. O dever de identificação do cliente e dos seus representantes, bem como a aferição dos poderes de representação destes, resulta do acolhimento no E.O.A. das medidas exigidas pela diretivas comunitárias referentes ao combate ao branqueamento de capitais e assentam ainda nas prerrogativas de fé pública conferidas aos advogados designadamente no domínio da prática de actos notariais.

21. A previsão da alínea *d)* do n.º 2 é de alguma forma complementar da alínea *b)*, pondo acento tónico na imperiosa necessidade de o advogado não aconselhar o cliente a praticar eventuais actos ilícitos, o que poderia transformar o próprio advogado em agente moral da ilicitude, situação de particular acuidade no sistema de combate ao branqueamento de capitais.

22. Na mesma linha da preocupação, determina-se na alínea *e)* do n.º 2 que os advogados devem recusar-se a receber e a movimentar fundos que não correspondam estritamente a uma questão que lhe tenha sido confiada.

23. A Lei n.º 25/2008, de 5 de Junho de 2008, que transpôs as Directivas 2005/60/CE, do Parlamento Europeu e do Conselho, de 26 de Outubro, e 2006/70/CE, da Comissão, de 1 de Agosto, (medidas de combate ao branqueamento de capitais) consagrou nos seus artigos 35.º, 38.º e 58.º um regime adequado à protecção do segredo profissional dos advogados e conferiu à Ordem dos Advogados a função fiscalizadora dos deveres previstos na lei para os Advogados – Vide DR Série I, n.º 108 de 5 de Junho de 2008.

24. Quanto ao tratamento a dar aos fundos dos clientes relacionados com assuntos legitimamente confiados, veja-se o regime dos artigos 101.º e 102.º do E.O.A. e o ponto 3.8 do C.D.A.E.

25. O sistema de acesso ao direito e aos tribunais destina-se a assegurar, por imperativo constitucional, que ninguém seja impedido ou dificultado, em razão da sua condição social ou cultural, ou por insuficiência de meios económicos, do conhecimento e do

exercício ou a defesa dos seus direitos, estando tal sistema regulado por lei e por regulamentos da Ordem dos Advogados, de acordo com os diplomas publicados nesta edição.

26. Nos termos do artigo 2.º da Lei 34/2004, o acesso ao direito e aos tribunais constitui uma responsabilidade do Estado, a promover através de dispositivos de cooperação com as instituições representativas das profissões forenses, compreendendo as modalidades de informação jurídica e de protecção jurídica.

27. A par do sistema de protecção jurídica por insuficiência económica, constitui ainda dever dos advogados aceitar patrocínios por nomeação directa da Ordem dos Advogados a benefício de cidadãos que não encontrem quem voluntariamente os patrocine. Vide artigos 54.º n.º 1, *o)* e 91.º *b)* do E.O.A..

28. O dever emergente da alínea *g)* do n.º 2 é corolário de dever de probidade e da função social da advocacia, ao mesmo tempo que se reitera que o princípio da independência e do necessário decoro no exercício da profissão reclamam que os advogados não depositem interesses pessoais sobre o objecto das questões confiadas. Cfr. artigos 88.º e 100.º n.º 1 *d)* do E.O.A..

29. A proibição de angariação de clientela a que alude a alínea *h)* do n.º 2 do artigo 90.º está intimamente associada ao princípio da escolha livre do advogado pelo mandante ou interessado, por se entender que tal forma de escolha é a única que garante a necessária relação de confiança entre o advogado e o seu cliente, como impõe radicialmente o artigo 97.º n.º 1). Assim, permanece intocado o princípio da escolha livre, agora consignado nos artigos 67.º n.º 2 e 98.º n.º 1 do E.O.A..

30. É em razão do decoro da profissão e também da sua independência, que o advogado está impedido de promover a captação de clientela por forma organizada. Como dizia Maurice Garçon, *"a verdadeira reputação forja-se no Tribunal"*.

31. Com agenciamento de clientela não deve confundir-se a legítima actuação do advogado em se afirmar social e profissionalmente por natural projecção do seu nome e prestígio, usando para o efeito formas lícitas de publicidade. Os advogados devem ser cidadãos particularmente atentos e activos no seio da comunidade, de cujos interesses são naturais intérpretes, pelo que nada de censurável há em que extraiam de tal actividade as contrapartidas profissionais da sua boa reputação, desde que alcançada por forma legítima e respeitável.

32. Dada a proibição de angariação de clientela, estão os advogados proibidos de partilhar honorários a não ser com outros advogados, advogados estagiários ou solicitadores que tenham colaborado na prestação dos serviços profissionais. Cfr. artigo 107.º do E.O.A..

33. Idêntica proibição decorre do disposto no ponto 3.6 do C.D.A.E., com reserva da partilha no seio das sociedades multidisciplinares nos países em que sejam autorizadas e da partilha com herdeiros de advogado falecido ou a advogado retirado, a título de sucessão de clientela.

34. A angariação de clientela está intimamente associada a formas de procuradoria ilícita. Veja-se o artigo 6.º da Lei 49/2004 de 24 de Agosto.

35. Os advogados portugueses aceitam pacificamente que é sua obrigação garantir o patrocínio e defesa dos interesses dos cidadãos, que em razão da sua condição social ou cultural e por insuficiência económica, os não podem contratar; o patrocínio oficioso prestado por advogados no âmbito do regime de acesso ao direito e aos tribunais deve sempre observar o princípio da livre escolha do advogado pelo cidadão e, em homenagem à necessária independência daquele, a possibilidade de aceitação ou recusa do serviço; a representação e o patrocínio oficioso devem, em tudo, aproximar-se das regras do mandato forense, conferindo a indispensável mútua confiança à relação advogado/patrocinado. Conclusões 12.ª, 13.ª e 14.ª (2.ª Secção) aprovadas no VI Congresso dos Advogados Portugueses (2005).

36. A defesa da profissão e a sua afirmação no futuro passam, como defendeu o Colega João Correia, pela sua relegitimação e afirmação à luz do dever de cidadania e de serviço em prol da justiça, o que implica, no domínio do acesso ao direito e à justiça dos cidadãos mais carenciados, que o patrocínio oficioso se aproxime, o mais possível, do paradigma do mandato judiciário. Assim, as nomeações oficiosas *"devem assumir os ingredientes, a qualidade, a natureza e o desenvolvimento da advocacia na plenitude da sua actividade"*, Vide "Afirmar a Advocacia – Reflexões sobre a Cidadania e a Justiça", Almedina, 2004.

37. A falta de advogado a uma diligência processual não implica, por si só, responsabilidade disciplinar para o advogado faltoso, porquanto só assim ocorrerá se tiver sido cometida sem justificação válida ou se dela resultarem prejuízos para o cliente. Parecer do C. Superior – AL 25/06 de 26 de Outubro de 2007.

38. A comunicação prevista no 545.º do Código do Processo Civil não tem como único intuito a aplicação de sanção disciplinar, por violação de dever deontológico, mas também condenar o advogado na sua quota-parte das custas, multa e indemnização. Tem sido entendimento dos órgãos da Ordem dos Advogados que a responsabilidade do mandatário para efeitos do 545.º do Código do Processo Civil é autónoma da responsabilidade disciplinar, não se extinguindo com esta – Parecer do C. Superior de 12/01/2007 (entre outros).

39. Não é obrigatória a existência e disponibilização do livro de reclamações nos escritórios dos advogados, uma vez que estes escritórios não podem ser considerados estabelecimentos de contacto com o público, pelo que estão excluídos do âmbito de aplicação dos Decretos-lei n.ºs 156/2005, de 15 de Setembro e 371/2007 de 6 de Novembro – Parecer da Procuradoria-Geral da República n.º 8/2009 de 12 de Novembro de 2009, in www.oa.pt.

40. *"1. É lícita a inclusão em página na internet criada e gerida por Advogado da informação objectiva constante do n.º 2 do art. 89.º do E.O.A.;*

2. A criação por advogado de página na internet por si gerida que tenha como objectivo a promoção de consulta jurídica "online" é ilícita, por violação do disposto nos arts. 89.º e 85.º, n.º 2, al. h) do E.O.A. (2005), de acordo com a recomendação formulada pelo Conselho Geral aos Conselhos Distritais (Regionais), nos termos do disposto na alínea i) do n.º1 do artigo 45.º do EOA (2005) no seu Parecer n.º 37/PP/2008-G;

3. A criação por Advogado de página na internet por si gerada que preveja a possibilidade de aquisição pelos utilizadores de minutas pré-elaboradas constitui situação potenciadora de eventuais infrações ao disposto na al. a), do n.º 1, do art. 107.º do EOA (2005) e situação potenciadora da procuradoria ilícita". Parecer n.º 33-PP-2012-P, in "Ipso Jure" n.º 58, de Março de 2014.

41. No dia 18 de Setembro de 2017, entrou em vigor a Lei n.º 83/2017 (DR n.º 159/17, I Série, de 18 de Agosto), que estabelece novas medidas de combate ao branqueamento de capitais e ao financiamento do terrorismo, transpondo parcialmente as Diretivas 2015/849/UE do Parlamento Europeu e do Conselho, de 20/5/15, e do Conselho , de 6/12/16, revogando a Lei n.º 25/2008, de 5 de Junho e o D.Lei n.º 125/2008, de 21 de Julho, mantendo, no geral, para os advogados os mesmos deveres da legislação revogada.

42. A informação do montante de honoráros a pagar por serviços jurídicos de planeamento migratório da sua prestação, de forma legal e abstracta, nas redes sociais, viola o disposto no artigo 90.º n.º 2 *h)* do EOA – Parecer do Conselho Regional do Porto n.º 23/PP/20022-P.

Artigo 91.º – Deveres para com a Ordem dos Advogados

Constituem deveres do advogado para com a Ordem dos Advogados:

a) Não prejudicar os fins e prestígio da Ordem dos Advogados e da advocacia;

b) Colaborar na prossecução das atribuições da Ordem dos Advogados, exercer os cargos para que tenha sido eleito ou nomeado e desempenhar os mandatos que lhe forem confiados;

c) Declarar, ao requerer a inscrição, para efeito de verificação de incompatibilidade, qualquer cargo ou atividade profissional que exerça;

d) Suspender imediatamente o exercício da profissão e requerer, no prazo máximo de 30 dias, a suspensão da inscrição na Ordem dos Advogados quando ocorrer incompatibilidade superveniente;

e) Pagar pontualmente as quotas e outros encargos, designadamente as obrigações impostas como sanções pecuniárias ou sanções acessórias, devidos à Ordem dos Advogados, estabelecidos no presente Estatuto e nos regulamentos;

f) Dirigir com empenhamento o estágio dos advogados estagiários;

g) Comunicar, no prazo de 30 dias, qualquer mudança de escritório;

h) Manter um domicílio profissional dotado de uma estrutura que assegure o cumprimento dos seus deveres deontológicos, em termos a definir por deliberação do conselho geral;

i) Promover a sua própria formação, com recurso a ações de formação permanente, cumprindo com as determinações e procedimentos resultantes de deliberações do conselho geral.

NOTAS:

1. Quanto ao dever de pagamento atempado das quotas, consequências do seu incumprimento e cobrança coerciva, veja-se o regime introduzido pelos artigos 180.º e 181.º do E.O.A..

2. O não pagamento das quotas, por prazo superior a 12 meses, deve ser comunicado ao Conselho de Deontologia competente, para efeitos de instauração de processo disciplinar ao advogado devedor ou à sociedade de advogados devedora – artigo 180.º n.º 2 do EOA.

3. Os advogados com quotas em atraso não podem obter a emissão de laudo de honorários – artigo 7.º n.º 6 do Regulamento dos Laudos de Honorários – Regulamento 40/2005 de 29/4/2005.

4. Sobre as quotas devidas pelas sociedades de advogados, veja-se o Regulamento das Quotas das Sociedades de Advogados.

5. Ver ainda sobre o dever de pagamento de quotas como decorrência do acto de inscrição os artigos 37.º n.º 2, 39.º e 40.º do Regulamento de Inscrições de Advogados e Advogados Estagiários – Regulamento n.º 913-C/2015 de 23 de Dezembro.

6. Na alínea *f)* permanece a obrigação dos advogados dirigirem com empenhamento o estágio de advogados estagiários, assim se preservando a importância dos patronos tradicionais no processo de formação inicial não obstante o crescente papel formador que a Ordem dos Advogados vem assumindo ao longo de todo o período do estágio. Sobre o papel relevante que no actual modelo de estágio é confiado aos patronos tradicionais, veja-se o artigo 192.º do E.O.A. e os artigos 15.º a 17.º do Regulamento Nacional de Estágio – Regulamento n.º 913-A/15 de 28 de Dezembro de 2015.

7. Na alínea *h)* introduz-se, de forma expressa, o dever de manutenção de domicílio profissional digno e capaz de garantir um exercício de actividade de acordo com as regras deontológicas, designadamente tendo em vista a proibição de angariação de clientela, a proibição de partilha do espaço profissional com quem não seja advogado, advogado estagiário ou solicitador, a preservação do sigilo profissional e a dignidade da profissão.

8. Estabelece-se na alínea *i)* o dever de auto-promoção da formação permanente, numa antevisão da inevitável obrigatoriedade da formação contínua, à semelhança do que já sucede em muito países da UE. Neste sentido já apontava, aliás, o revogado Regulamento Geral da Formação ao dispor, no seu artigo 2.º n.º 2, que a *"formação contínua destina-se a assegurar a todos os advogados e advogados estagiários uma constante actualização dos seus conhecimentos técnico-jurídicos e dos princípios deontológicos que regem o exercício da profissão,*

incidindo predominantemente sobre temas suscitados pelo desenvolvimento das ciências jurídicas, dos avanços tecnológicos e pela evolução da sociedade civil", prevendo-se no artigo 60.º a existência de uma rede nacional de pólos de formação contínua tendo em vista a concretização de uma programação ordinária anual, ideia que se mantém no artigo 37.º do actual Regulamento Nacional de Estágio - Regulamento 913-A/2015, de 22 de Dezembro de 2015, com as alterações introduzidas pela Deliberação n.º 1096-A/17.

9. Veja-se também sobre o dever de formação contínua, o artigo 197.º do E.O.A..

10. No VIII Congresso dos Advogados Portugueses, realizado em Junho de 2018, foi aprovada conclusão recomendando ao Conselho Geral da Ordem dos Advogados a regulamentação dos requisitos exigíveis para o domicílio profissional dos advogados, tendo em especial consideração a situação dos advogados estagiários, dos advogados de empresa, os advogados em regime de subordinação ou exclusividade e ainda os que pretendam instalar o seu escritório na sua habitação.

11. A "coabitação" porta com porta, de escritório de exercício da advocacia e escritório de gestão e administração de condomínios e património é suscetível de fazer perigar o respeito pelos deveres deontológicos para com os clientes e a comunidade, diminuindo a segurança do sigilo e diminuindo o respeito pelos valores densificados no artigo 88.º, 1 e 2 e 89.º a 91.º do EOA - Vide Parecer do Conselho Geral de Janeiro de 2020 - Proc. n.º 18/PP/2017-G, in Portal da OA.

Artigo 92.º - Segredo profissional

1 - O advogado é obrigado a guardar segredo profissional no que respeita a todos os factos cujo conhecimento lhe advenha do exercício das suas funções ou da prestação dos seus serviços, designadamente:

a) A factos referentes a assuntos profissionais conhecidos, exclusivamente, por revelação do cliente ou revelados por ordem deste;

b) A factos de que tenha tido conhecimento em virtude de cargo desempenhado na Ordem dos Advogados;

c) A factos referentes a assuntos profissionais comunicados por colega com o qual esteja associado ou ao qual preste colaboração;

d) A factos comunicados por coautor, corréu ou cointeressado do seu constituinte ou pelo respetivo representante;

e) A factos de que a parte contrária do cliente ou respetivos representantes lhe tenham dado conhecimento durante negociações para acordo que vise pôr termo ao diferendo ou litígio;

f) A factos de que tenha tido conhecimento no âmbito de quaisquer negociações malogradas, orais ou escritas, em que tenha intervindo.

2 – A obrigação do segredo profissional existe quer o serviço solicitado ou cometido ao advogado envolva ou não representação judicial ou extrajudicial, quer deva ou não ser remunerado, quer o advogado haja ou não chegado a aceitar e a desempenhar a representação ou serviço, o mesmo acontecendo para todos os advogados que, direta ou indiretamente, tenham qualquer intervenção no serviço.

3 – O segredo profissional abrange ainda documentos ou outras coisas que se relacionem, direta ou indiretamente, com os factos sujeitos a sigilo.

4 – O advogado pode revelar factos abrangidos pelo segredo profissional, desde que tal seja absolutamente necessário para a defesa da dignidade, direitos e interesses legítimos do próprio advogado ou do cliente ou seus representantes, mediante prévia autorização do presidente do conselho regional respetivo, com recurso para o bastonário, nos termos previstos no respetivo regulamento.

5 – Os atos praticados pelo advogado com violação de segredo profissional não podem fazer prova em juízo.

6 – Ainda que dispensado nos termos do disposto no n.º 4, o advogado pode manter o segredo profissional.

7 – O dever de guardar sigilo quanto aos factos descritos no n.º 1 é extensivo a todas as pessoas que colaborem com o advogado no exercício da sua atividade profissional, com a cominação prevista no n.º 5.

8 – O advogado deve exigir das pessoas referidas no número anterior, nos termos de declaração escrita lavrada para o efeito, o cumprimento do dever aí previsto em momento anterior ao início da colaboração, consistindo infração disciplinar a violação daquele dever.

NOTAS:

1. O segredo profissional, sendo radicialmente um dever para com o cliente, já que sem ele seria impossível o estabelecimento da relação de confiança, resulta também de um compromisso da advocacia com a sociedade. Na verdade, a função social desempenhada pelos advogados implica, para além da independência e isenção, o reconhecimento do seu papel como confidentes necessários.

2. A jurisprudência da Ordem dos Advogados vem assim considerando, pacificamente, que o segredo profissional é o "timbre da advocacia", sendo indissociável da sua própria identidade.

3. Pode ler-se no ponto 2.3.1. do C.D.A.E. que " *É requisito essencial do livre exercício da advocacia a possibilidade do cliente revelar ao advogado informações que não confiaria a mais ninguém, e que este possa ser o destinatário de informações sigilosas transmissíveis no pressuposto da confidencialidade. Sem a garantia de confidencialidade não pode haver confiança. O segredo profissional é, pois, reconhecido como direito e dever fundamental e primordial do advogado." E ainda:*

"A obrigação do advogado guardar segredo profissional visa garantir razões de interesse público, nomeadamente a administração da justiça e a defesa dos interesses dos clientes. Consequentemente, esta obrigação deve beneficiar de uma protecção especial por parte do Estado."

4. O segredo profissional dos advogados está regulado ou está subjacente em diversos normas de distintos diplomas legais, nomeadamente no artigo 208.º da C.R.P., nos artigos 195.º e 196.º do C. Penal, no artigo 135.º do C. P. Penal, nos artigos 497.º n.º 3 e 417.º n.º 3 alínea *c)* do C. P. Civil, nos pontos 2.3.1. a 2.3.4. do C.D.A.E., no artigo 13.º n.º 2 *a)* e *c)* da L.O.S.J., e nos artigos 75.º a 77.º, 92.º, 93.º, 94.º n.ºs 1 e 3 *h)*, 99.º n.º 5 e 113.º, todos do E.O.A.

5. A reprovação social pela violação da obrigação de segredo profissional manifesta-se pelos crimes de violação de segredo profissional e de aproveitamento indevido de segredo alheio, previstos pelos artigos 195.º e 196.º do C. Penal.

6. Resulta do n.º 1 deste artigo 92.º1 do E.O.A que estão abrangidos pela obrigação de segredo profissional todos os factos cujo conhecimento advenha do exercício das funções ou da prestação dos serviços profissionais e apenas os conhecidos *"no exercício da profissão"*, assim se estabelecendo a relação de causalidade necessária para a existência do sigilo entre o exercício das funções e o conhecimento dos factos.

7. Estabelece-se na alínea *c)* do n.º 1 deste artigo 92.º que estão abrangidos pelo sigilo os factos referentes a assuntos profissionais comunicados por colega com o qual o advogado esteja associado ou preste colaboração, o que deve considerar-se extensivo a qualquer forma de exercício da actividade em grupo.

8. A previsão da alínea *d)* corresponde à necessidade de extensão da protecção do sigilo a quem, tendo interesse convergente ou até divergente do cliente do advogado, nele tenha confiado, permitindo-se à luz de tal confiança uma abertura de espírito que não deve ser traída.

9. As alíneas *e)* e *f)* tratam a questão do sigilo profissional no âmbito das negociações transaccionais, sendo a previsão da alínea *e)* a mais ampla por abranger, a benefício da parte contrária ou dos seus representantes, os factos que estes tenham dado a conhecer ao advogado durante negociações que visem por termo ao litígio, independentemente do resultado de tais negociações; já pela alínea *f)* ficam abrangidos os factos conhecidos no âmbito de negociações malogradas, orais ou escritas, em que interveio advogado, pelo que mantém-se no actual E.O.A. uma redacção infeliz para esta norma. Na realidade, o que materialmente se terá pretendido significar, aliás como decorria da redacção anterior ao E.O.A. de 2005 e como sempre foi entendimento pacífico, é que tais factos (negociações malogradas) assumem natureza sigilosa pela intervenção de, pelo menos, um advogado, não podendo vir a ser revelados não só pelo advogado que interveio nas negociações como por qualquer outro advogado que, não tendo tido nelas intervenção, pudesse mais tarde ter interesse na revelação a benefício de uma das partes. É esta a solução que se impõe para a melhor protecção do sigilo e mesmo por imperativo do princípio

de igualdade de armas, mas que infelizmente não condiz com a literalidade da norma. Veja-se a propósito o que escreve o Bastonário Augusto Lopes Cardoso no "Do Segredo Profissional da Advocacia", 1998, págs. 40 a 46.

10. A obrigação de segredo profissional, uma vez constituída, mantém-se no tempo para além da extinção da relação profissional onde teve origem e transmite-se integralmente aos advogados que vierem a suceder no patrocínio ao advogado primitivo – Vide ponto 2.3.3. do C.D.A.E..

11. O conceito de "factos" para efeitos do sigilo profissional é um conceito amplo e compreende não só os factos materiais susceptíveis de alegação, como os próprios documentos, como resulta do disposto no n.º 3.

12. Nos n.ºs 7 e 8 transporta-se para o actual E.O.A. o regime de protecção do sigilo profissional contra eventuais devassas pelos colaboradores dos advogados que não sejam advogados, advogados estagiários ou solicitadores, o que já resultava do ponto 2.3.4. do C.D.A.E. Esta extenção da obrigação de segredo profissional deve entender-se como aplicável ainda, por maioria de razão, aos colaboradores da Ordem dos Advogados.

13. Tendo em vista uma adequada interpretação do n.º 4 do artigo 92.º, deve ter-se em consideração que, em regra, deve manter-se a obrigação de segredo, sendo por isso excepcional a autorização para a revelação do sigilo. Assim, a norma em questão não permite interpretação analógica e deve ser interpretada em rigoroso respeito pela sua literalidade.

14. No sistema legal vigente, cabe aos advogados, em primeira instância, e por dever deontológico, garantir a defesa do sigilo, seja revelando-se indisponíveis para a sua revelação a solicitação dos interessados, seja escusando-se a depor quando para tal notificados. Implica assim que os advogados possuam uma sólida informação sobre as normas e princípios que regulam o segredo profissional. Em caso de dúvida sobre a existência da obrigação, sempre podem os advogados solicitar parecer ao seu Conselho Regional ou ao Conselho Geral.

15. O actual E.O.A. prevê a regulamentação autónoma do processo administrativo de autorização prévia a que se reporta o n.º 4 do artigo 92.º, o que já foi cumprido pela aprovação do Regulamento de Dispensa do Segredo Profissional. Ver anotação 34.

16. Tem sido entendimento da Ordem dos Advogados que só o advogado obrigado ao segredo profissional possui legitimidade para o pedido de autorização prévia do n.º 4 do artigo 92.º, assim como para a interposição do recurso em caso de indeferimento daquele pedido, o que suscita a problemática, esta menos pacífica, da possibilidade de interposição de recurso para o Bastonário do despacho de autorização pelo advogado ou pela parte que se considerar lesada pela revelação do sigilo – ver anotação 37.ª a este artigo.

17. Do despacho final do Bastonário, a que se refere a parte final do n.º 4 do artigo 92.º, não cabe recurso contencioso para os tribunais administrativos, por se tratar de acto

praticado no uso de discricionariedade técnica e porque solução contrária permitiria a publicitação do segredo através da tramitação processual, o que seria contraditório com a "ratio" do regime legal que o regula.

18. Em face do que dispõe o artigo 40.º n.º 2 do E.O.A., ficou resolvida pela afirmativa a questão da possibilidade de delegação pelo Bastonário dos poderes conferidos em matéria de sigilo na parte final do n.º 4 do artigo 92.º.

19. O princípio expresso no n.º 6, permitindo aos advogados manter o segredo profissional mesmo tendo sido autorizados a revelá-lo, constitui um princípio geral que sofre importante derrogação pelo regime especial do artigo 135.º do C. P. Penal.

20. O artigo 135.º do C. P. Penal resolve o problema do eventual sacrifício do sigilo profissional para defesa de um interesse ou valor prevalecente, criando um mecanismo processual tendente à superação da escusa invocada pelo advogado, que pode culminar, uma vez ouvida a Ordem dos Advogados, numa decisão ordenando a prestação do depoimento sob pena de prática dos ilícitos previstos nos artigos 360.º n.º 2 e 367.º do C. Penal. Não bastará, contudo, para o sacrifício do sigilo, um mero interesse no apuramento da verdade material, já que sobre este deve aquele prevalecer, por resultar do interesse social da confiança nos confidentes necessários, como se decidiu, entre outros, no Acórdão da Relação de Coimbra de 20/01/93, em Col. Jur. 1993-I pág. 65.

21. A solução encontrada pelo legislador no artigo 135.º do C. P. Penal corresponde, na sua essência, à que já havia antes sido acolhida em sede estatutária, no regime regulado no artigo 77.º quanto à reclamação sobre apreensão de documentos aquando de busca em escritório de advogados.

22. A decisão final sobre o interesse prevalecente é, por natureza, uma decisão jurisdicional, não cabendo à Ordem dos Advogados dirimir esse conflito de interesses. Em contrapartida, deve defender-se que só à Ordem cabe, por vocação legal e para os efeitos do artigo 135.º do C. P. Penal, decidir em termos de qualificação jurídica, seja sobre a existência da obrigação de segredo profissional, seja quanto à legitimidade da escusa invocada pelo advogado, sendo nestes domínios vinculativo o seu parecer.

23. A prova produzida com violação da obrigação de segredo profissional é prova proibida e o advogado responsável por tal violação incorre em responsabilidade disciplinar, civil (artigo 483.º do C. Civil) e criminal (artigo 195.º do C. Penal).

24. Sobre a confidencialidade da correspondência entre advogados trata o artigo 113.º do E.O.A., sendo de registar a total proibição de levantamento do sigilo em relação às comunicações classificadas como confidenciais, às quais por isso não se aplica o n.º 4 do artigo 92.º.

25. Sem prejuízo desta especial protecção, a correspondência entre advogados sempre seria matéria de segredo profissional por força dos artigos 92.º 1 e 76.º do E.O.A., estando por tal razão os advogados portugueses, independentemente de declaração

nesse sentido, obrigados a guardar segredo profissional em relação aos assuntos profissionais versados em cartas trocadas com colegas.

26. Sobre a problemática do segredo profissional no âmbito da transposição da Directiva 2001/97/CE sobre o branqueamento de capitais, ver o artigo do Bastonário Augusto Lopes Cardoso no Boletim da OA, n.º 27 pág. 28 e na R.O.A. ano 60, Dezembro 2000, pág. 1459.

27. Para o estudo mais aprofundado do segredo profissional deve ler-se o trabalho do Bastonário Augusto Lopes Cardoso, "Do Segredo Profissional na Advocacia", 1988.

28. Sobre segredo profissional e verificação dos pressupostos para sua cessação vejam-se, entre outros, os Acórdãos do S.T.A. de 13-11-2003, 1.ª Secção, em Antologia de Acórdãos do S.TA. e do T.C.A. – A 7 n.º 1, pág. 175-177, de 7-10-2003, publicado em apêndice ao Diário da República de 30-07-2004 e de 15-12-2004, 3.ª Secção, em http:www.dgsi.pt/jsta.nsf/.

29. Constitui comportamento indigno e altamente desprestigiante para a profissão, vedado pelos artigos 88.º n.º 1 e 90.º n.º 1 do E.O.A., a renúncia por advogado a mandato formalmente aceite ou substabelecimento dos poderes de patrocínio para, no mesmo processo ou em processo conexo, agir como testemunha, situação que, de forma absoluta, deverá ser impeditiva da obtenção da autorização prevista no n.º 4 deste artigo 92.º do E.O.A..

30. *"Devem as regras nacionais, comunitárias e internacionais que proíbem as restrições à concorrência ceder em qualquer confronto com as normas jurídicas deontológicas da advocacia, para o que o Congresso recomenda ao Conselho Geral e ao Conselho Superior que promovam as iniciativas e os estudos que entendam necessários para inventariar e tratar com rigor as questões pertinentes em tal matéria, incluindo as formas de relacionamento institucional com a Autoridade nacional da concorrência."* Conclusão 13.ª (2.ª Secção) aprovada no VI Congresso dos Advogados Portugueses (2005).

31. A Directiva 2005/60/CE do PE e do Conselho de 26/10/2005 estabeleceu que *"Enquanto membros independentes de profissões que prestam consulta jurídica legalmente reconhecidas e controladas, tais como os advogados, estiverem a determinar a situação jurídica de clientes ou a representá-los em juízo, não seria adequado impor-lhes, ao abrigo da presente directiva, a obrigação de comunicarem, em relação a essas actividades, suspeitas relativas a operações de branqueamento de capitais ou de financiamento do terrorismo. Devem estar isentas de qualquer obrigação de comunicação as informações obtidas antes, durante ou após um processo judicial ou aquando da apreciação da situação jurídica do cliente. Por conseguinte, a consulta jurídica continua a estar sujeita à obrigação de segredo profissional, salvo se o consultor jurídico participar em actividades de branqueamento de capitais ou de financiamento do terrorismo, se prestar consulta jurídica para feitos de branqueamento de capitais ou de financiamento do terrorismo ou se o advogado estiver ciente de que o cliente solicita os seus serviços para esses efeitos"* – ponto 20 do preâmbulo.

32. Ao abrigo do artigo 92.º n.º 7 do E.O.A., os docentes das faculdades de Direito estão vinculados ao segredo profissional sempre que elaborem pareceres jurídicos a pedido de advogados, sobre assuntos a estes confiados, pois estão desse modo a colaborar com o advogado no exercício da sua actividade profissional. – Parecer do Conselho Geral n.º E-27/05, de 16/12/05, in www.oa.pt/pareceres.

33. Um advogado que tenha sido autorizado a revelar factos abrangidos pelo sigilo profissional ao abrigo do n.º 4 do artigo 92.º do E.O.A., pode depois dar consentimento ao seu empregado, de forma expressa ou tácita, para depor como testemunha sobre os mesmos factos objecto da autorização.

34. Por deliberação do Conselho Geral, reunido em Plenário, em 24 de Março de 2006, foi aprovado o Regulamento de Dispensa de Segredo Profissional, publicado no D.R. II Série de 12 de Junho de 2006 e que foi divulgado pelo Portal da Ordem dos Advogados e ainda pela sua publicação na íntegra na edição n.º 42 do Boletim da Ordem dos Advogados, pág. 106., assim se cumprindo com o disposto na parte final do n.º 4 artigo 92.º do E.O.A. – vide anotação 15.

35. A possibilidade de delegação de poderes no âmbito das competências em matéria de dispensa do sigilo, ora confirmada pelos artigos 40.º n.º 2 (Bastonário) e 55.º n.º 3 (Presidentes dos Conselhos Regionais) do E.O.A., havia já sido clarificada pelos n.ºs 3 e 4 do artigo 2.º do Regulamento de Dispensa de Segredo Profissional no sentido de que tal delegação de competência, pelo carácter reservado da matéria, apenas pode ser feita em membro do Conselho Distrital (Regional), ficando ainda esclarecido que, na falta do acto de delegação e ocorrendo impedimento do Presidente, caberá ao Vice-Presidente exercer essa competência.

36. Com o Regulamento de Dispensa de Segredo Profissional ficou definitivamente resolvida a questão da legitimidade para o pedido de autorização prévia previsto no n.º 4 do artigo 92.º, no sentido de que tal legitimidade apenas cabe ao advogado obrigado ao sigilo – vide artigos 5.º n.ºs 2 e 3 e 6.º n.º 2 do Regulamento.

37. De igual modo, ficou agora definido no artigo 6.º do mesmo Regulamento que é irrecorrível o despacho de deferimento da dispensa de segredo profissional, o que, a nosso ver, não invalida que o advogado ou a parte contrária, que venha a ser lesada pelos efeitos de tal despacho em sede probatória e uma vez conhecido os seus fundamentos, possa dele interpor recurso de revisão com base em erro na apreciação da matéria de facto alegada pelo advogado requerente no pedido de dispensa.

38. Sobre " Busca e Apreensão de documentos sujeitos a sigilo profissional" em gabinete de trabalho de advogado de empresa, leia-se o parecer do Conselho Geral n.º E-7/2007, de 6 Julho de 2007, já anotado a propósito do artigo 76.º do E.O.A..

39. Sobre o tema da anotação 9. a este artigo 92.º perfilhou o C. Superior o entendimento de que a norma que constava do art. 86.º n.º 1 *e)* do E.O.A./84 foi revogada pelo Estatuto de 2005 e só ao abrigo dela seria viável encontrar eventual ilícito no procedi-

mento de eventual revelação de factos ocorrido no âmbito de negociações malogradas por advogado que nelas não interveio. Veja-se o Parecer AL-57/06 de 17 de Abril de 2007, sendo relator o Dr. Laureano Santos.

40. Em sentido inverso do que foi perfilhado pelo Conselho Superior no seu Acórdão anotado no antecedente ponto 39. sobre a relevante questão do sigilo no âmbito das transacções negociais malogradas (vide também nota 9.), o Conselho Distrital de Lisboa, a solicitação do Conselho de Deontologia de Lisboa, emitiu parecer concluindo que o advogado está sujeito a sigilo quanto ao conteúdo das negociações malogradas em que tenha intervindo outro advogado em representação do seu cliente. E que esse sigilo recai também sobre a correspondência trocada entre mandatários que nelas intervieram, já que, segundo este parecer, o teor literal das alíneas *e)* e *f)* do artigo 87.º do E.O.A. (2005) não prejudicava este entendimento, que em última análise resulta do corpo do artigo. Vide teor da Consulta n.º 31/2009, relatada pelo Dr. Jaime Medeiros, in www.oa.pt (CD Lisboa).

41. A Lei n.º 25/2008, de 5 de Junho de 2008, que transpôs as Directivas 2005/60/CE, do Parlamento Europeu e do Conselho, de 26 de Outubro, e 2006/70/CE, da Comissão, de 1 de Agosto, (medidas de combate ao branqueamento de capitais) veio consagrar nos artigos 35.º, 38.º e 58.º um regime adequado à protecção do segredo profissional dos advogados e conferiu à Ordem dos Advogados a função fiscalizadora dos deveres previstos na lei para os Advogados – Vide DR Série I, n.º 108 de 5 de Junho de 2008.

42. Sobre a temática do dever de sigilo em relação a todas as pessoas que colaborem com o advogado no exercício da sua actividade profissional e correcta aplicação do disposto no n.º 7 do artigo 92.º, veja-se o Parecer do Conselho Geral no âmbito da Consulta n.º 14/2009, do qual foi Relator o Dr. Rui Souto, in www.oa.pt.

43. A propósito da actuação de advogado em concertação com as autoridades judiciárias desempenhando o papel de agente encoberto em processo pendente onde está formalmente constituído mandatário, o Conselho Distrital de Lisboa entendeu que esta prática viola os valores fundamentais do instituto do segredo profissional, da independência e da confiança dos Advogados, correspondendo a uma preterição dos artigos 87.º n.ºs 1 e 4, do E.O.A. (2005) 135.º n.º 3 do C.P.P., 114.º n.º 3 *b)* da L.O.F.J. e ainda dos artigos 20.º n.º 2, 26.º n.º 1 e 208.º da C.R.P.. Vide Parecer relatado pelo Sr. Dr. Carlos Pinto de Abreu de 13 de Maio de 2009, emitido sob o pedido de Consulta n.º 29/2009, in Pareceres do C.D. de Lisboa – www.oa.pt.

44. O Decreto-Lei n.º 29/2008 de 25 de Fevereiro de 2008 veio estabelecer deveres de comunicação, informação e esclarecimento à administração tributária para prevenir e combater o planeamento fiscal abusivo, obrigando os promotores de planeamento fiscal, entre os quais os advogados, a deveres de informação e esclarecimento prévio da administração fiscal dos esquemas que propõem aos seus clientes. Os preceitos deste diploma que tentam impor tal obrigação aos advogados e sociedades de advogados,

transformando-os em agentes delatores, é claramente uma afronta directa ao dever de sigilo profissional e fere, na sua essência, a função dos advogados protegida constitucionalmente pelo que estão feridos de inconstitucionalidade material.

45. Têm sido frequentes as notificações pessoais a advogados para, ao abrigo de dever de colaboração com os tribunais, prestarem informações referentes aos seus clientes ou relacionadas com eles a fim de facilitarem actos judiciais da responsabilidade exclusiva dos tribunais. Esta prática, que tendencialmente coloca os advogados no papel de informadores, não pode deixar de merecer censura, pelo que se revela de interesse e de manifesta oportunidade o teor do Parecer aprovado no CD do Porto, sendo relator o Sr. Dr. Pedro Costa Azevedo, perfilhando o entendimento de que é matéria sujeita a segredo profissional do advogado a informação de que este disponha acerca da morada do representante legal de determinada sociedade patrocinada por esse advogado, não sendo a obrigação de segredo profissional limitada no tempo e, por isso, subsistindo para além do termo da extinção da relação profissional com o cliente. Vide Parecer n.º 41-PP-2011-P, in "Ipso Jure" n.º 42 de Novembro de 2012, no Portal do CD do Porto da OA.

46. Em reforço à anotação 6 e à necessidade da existência de uma relação de causalidade entre o exercício da profissão e o conhecimento dos factos, veja-se o recente Parecer do CD do Porto n.º 59-PP/2013-P de 5 de Dezembro de 2013, relatado pelo Colega Pedro Costa Azevedo, onde se conclui que *"atento o disposto no artigo 87.º n.º 1 do EOA (2005), para que a matéria seja considerada a coberto do segredo profissional não basta que tenha sido conhecida pelo advogado por mera ocasião da prestação dos seus serviços ou dessa actividade, sendo necessário que haja uma conexão ou uma relação directa entre o exercício de determinado mandato e o conhecimento dos factos"*.

47. No mesmo sentido do anterior, também o Parecer do Conselho Distrital do Porto n.º 19-PP-2015-P, in Ipso Jure n.º 74, de Julho de 2015.

48. *"Se no incidente de derrogação do segredo profissional do advogado não forem indicados os factos susceptíveis de demonstrarem a absoluta necessidade ou imprescindibilidade do seu depoimento, não existe razão objectiva para que deva ser quebrado aquele segredo"*. – Ver Acórdão de 4 de Março de 2015 do Tribunal da Relação de Coimbra, in JusNet 1335/2015.

49. Na senda de anteriores Directivas, a 4.ª Directiva sobre combate ao branqueamento de capitais – Directiva UE 2015/849, estabelece que *"os membros de profissões jurídicas independentes, tal como definidos pelos Estados-Membros, deverão estar sujeitos ao disposto na presente diretiva quando participarem em operações financeiras ou societárias, designadamente quando prestarem serviços de consultoria fiscal, em que existe um risco mais elevado de os seus serviços serem utilizados de forma abusiva para efeitos de branqueamento do produto de atividades criminosas ou para efeitos de financiamento do terrorismo. Deverão, todavia, prever-se isenções da obrigação de comunicar as informações obtidas antes, durante ou após o processo judicial ou durante a apreciação da situação jurídica de um cliente. Assim, a consultoria jurídica deverá continuar a estar sujeita à obrigação de segredo profissional, salvo se o membro de profissão jurídica independente*

participar em atividades de branqueamento de capitais ou de financiamento do terrorismo, se prestar consulta jurídica para efeitos de branqueamento de capitais ou de financiamento do terrorismo ou se o membro de profissão jurídica independente estiver ciente de que o cliente solicita os seus serviços para esses efeitos."

50. Na mesma linha da anotação 29.ª, o Conselho Geral, no seu Parecer n.º 9/PP/2017-G, aprovado em 7 de Abril, concluiu:

"1) O advogado constituído em processo judicial regulado pelas normas do CPC não deve ser admitido a depor, nesse mesmo processo, como testemunha.

2) O advogado constituído em processo judicial regulado pelas normas do CPC não deve ser admitido a depor, nesse mesmo processo, como tetemunha, mesmo após renúncia ao mandato ou substabelecimento sem reserva noutro advogado dos poderes que lhe foram conferidos, caso tenha tido intervenção como advogado na questão que é objecto do processo, em consonância com a redacção da norma do art. 99.º, n.º 1 do EOA.

3) O advogado que integra a sociedade de advogados em que outros membros estejam constituídos como advogados em determinado processo judicial regulado pelas normas do CPC não está impedido de depor como testemunha nesse processo, desde que os factos sobre os quais vai depor não estejam abrangidos pelo segredo profissional do advogado.

4) O depoimento prestado, nas circunstâncias referidas nos pontos 1) e 2), integra uma nulidade processual, nos termos do art. 195.º do CPC.

51. Este mesmo entendimento vem sendo acolhido na jurisprudência, podendo consultar-se os Acórdãos do Tribunal da Relação do Porto de 7 de Fevereiro de 2007, in Colectânea de Jurisprudência, Ano XXXII, Tomo I, fls. 205 a 209, de 7 de de Outubro de 2009, lavrado no Proc. n.º 874/08.7TAVCD-A.P1, de 30 de Janeiro de 2017, proferido no proc. n.º 881/13.8TYVNG-A.P1 e da Relação de Lisboa de 7 de Março de 2013, proferido no Proc. n.º 2042/09.1IDLSB-A.L1-9 e de 15 de Fevereiro de 2018, lavrado no Proc. 8465/06.0TBMTS-C.L1-6.

52. No dia 18 de Setembro de 2017, entrou em vigor a Lei n.º 83/2017 (DR n.º 159/17, I Série, de 18 de Agosto), que estabelece novas medidas de combate ao branqueamento de capitais e ao financiamento do terrorismo, transpondo parcialmente as Diretivas 2015/849/UE do Parlamento Europeu e do Conselho, de 20/5/15 (vide anotação 49) e do Conselho, de 6/12/16, revogando a Lei n.º 25/2008, de 5 de Junho e o D.Lei n.º 125/2008, de 21 de Julho, mantendo, no geral, para os advogados os mesmos deveres da legislação revogada.

53. No VIII Congresso dos Advogados Portugueses, realizado em Junho de 2018, foi notória a preocupação revelada na necessidade de definição do âmbito dos deveres de colaboração e de comunicação impostos aos Advogados pela Lei 83/2017, tendo-se proposto a criação de uma Comissão do Conselho Geral para o aconselhamento dos Advogados na melhor forma de cumprirem os seus deveres legais sem violação da obrigação de segredo profissional e da quebra do valor da confiança a garantir aos cidadãos.

54. Ainda com especial relevo em matéria de segredo profissional, salienta-se o facto de, no mesmo VIII Congresso, se ter concluído no sentido do afastamento da tese contratualista do sigilo profissional, sustentando-se que não basta para o seu levantamento a autorização pelo cliente e que o depoimento testemunhal prestado por Advogado sobre factos sujeitos a segredo profissional sem o prévio levantamento nos temos estatutários constitui prova proibida.

55. *"I. Nem toda a actividade do advogado com o seu cliente está integralmente coberta pelo sigilo profissional consagrado no artigo 92.º do EOA e n.º 2.3.1. do Código de Deontologia dos Advogados Europeus. II. Estão excluídos do sigilo, por exemplo, os actos e serviços públicos praticados pelo advogado em nome ou para o seu constituinte, tais como articulados ou documentos em processos não sujeitos a segredo de justiça, ou factos articulados nestas diligencias, e seu resultado, tornadas públicas. III – O depoimento do advogado em audiência de julgamento sobre tais matérias, públicas e praticadas no exercício do mandato, é legal e válido, não está sujeito a dispensa de sigilo, pelo que deve ser valorado pelo tribunal na sentença sob pena de nulidade nos termos do artigo 615.º d) do CPC."* – Acórdão do Tribunal da Relação de Lisboa – Proc. N.º 2250/14.3T8FNC.L1-B de 8 de Junho de 2019.

56. O Regulamento Sobre a Prevenção e Combate ao Branqueamento de Capitais e Financiamento do Terrorismo, aprovado por deliberação da Assembleia Geral da Ordem dos Advogados em 30 de Junho de 2020, pretende conferir maior certeza e segurança aos Advogados no cumprimento dos deveres que lhes foram impostos pelas sucessivas Directivas comunitárias e pela subsequente legislação nacional de acolhimento no plano da prevenção de situações de branqueamento de capitais e financiamento do terrorismo, dando assim um passo relevante na fulcral questão da compatibilização de tais deveres com as obrigações emergentes do primordial instituto do segredo profissional, timbre da Advocacia.

57. Nos termos deste Regulamento (anotação 56), os actos de consulta jurídica ou emissão de pareceres, os actos de patrocínio forense e de representação judiciária e a informação obtida do cliente ou de terceiro visando a prática desses actos, antes, durante ou após a intervenção em processo mediante representação judiciária ou patrocínio forense, não exigem o cumprimento dos deveres legalmente impostos em matéria de prevenção e combate ao branqueamento de capitais e do financiamento do terrorismo.

58. Pela relevância que se traduz no reconhecimento e defesa do instituto do sigilo profissional dos Advogados e da sua extensibilidade no domínio da prova, transcrevemos na íntegra as Conclusões extraídas no Acórdão da 2.ª Secção do Supremo Tribunal de Justiça, tomado por unanimidade no Proc. 126/20.480AZ-A.P1.S1:

> *"I. O advogado está sujeito a sigilo profissional, relativamente a factos de que representante da parte contrária lhe tenha dado conhecimento durante negociações malogradas para acordo que visava pôr termo a litígio.*

II. Uma das consequências da violação deste dever de sigilo do advogado é a de que as provas que desrespeitem esse dever de segredo não são idóneas a fundamentar a demonstração daqueles factos, o que abrange não só o depoimento testemunhal do advogado ou dos seus colaboradores, como a junção de documentos que se relacionem direta ou indiretamente com a revelação de factos naquelas circunstâncias, e ainda o depoimento de terceiros cuja fonte de conhecimento dos factos relatados (razão de ciência) seja o ocorrido nesse momento negocial, por a elas terem assistido, por lhes ter sido relatado ou ainda por terem consultado documentação relativa às negociações, designadamente atas, relatos, resumos ou simples notas das mesmas (testemunhos indiretos).

III. Daí que não possa ser objeto de apreciação de prova o depoimento de uma testemunha que, embora não sendo advogado, nem tendo participado nas negociações entre advogados, invoque como razão de ciência para o conteúdo do seu depoimento a consulta de um apontamento escrito das negociações entre advogados com vista a solucionarem um determinado litígio.

IV. Estamos perante uma proibição de valoração da prova, tendo essa proibição um tratamento autónomo do que se encontra previsto para as nulidades processuais, podendo, designadamente, tal infração ser conhecida em recurso, sem que a nulidade da produção do respetivo meio de prova tenha que ser arguida nos termos previstos no artigo 199.º do Código de Processo Civil.

V. A proibição de prova não incide aqui sobre o seu tema, uma vez que os factos poderão ser sempre provados por outros meios que não hajam recolhido o seu conhecimento nas negociações ocorridas com vista à autocomposição do litígio, recaindo sim sobre as circunstâncias em que foi obtido esse conhecimento.

VI. A referência a "factos" nas alíneas e) e f), do artigo 92.º, do Estatuto da Ordem dos Advogados, é feita com um sentido amplo, não abrangendo exclusivamente os que correspondem a declarações de ciência, estando também cobertos pelo dever de sigilo as denominadas declarações de vontade emitidas naquele ambiente conciliatório.

VII. Assim, se numa negociação, o advogado de uma das partes reconhece que a sua cliente é devedora de uma determinada quantia e propõe o seu pagamento faseado, quer o reconhecimento da dívida, enquanto declaração de ciência, quer os termos da proposta de pagamento da mesma, enquanto declaração de vontade, estão sujeitos a sigilo, não podendo a sua revelação fundamentar a prova desses factos."

59. O Tribunal Constitucional, por acórdão de 6 de Abril de 2021, com voto de vencido do Conselheiro Pedro machete, não julgou inconstitucional a interpretação normativa resultante do artigo 671.º, n.º 2 do Código de Processo Civil, segundo a qual não é admissível recurso de revista para o Supremo Tribunal de Justiça da decisão proferida pelo Tribunal da Relação, no âmbito de incidente sobre a quebra do sigilo profissional, ao abrigo do artigo 135.º do Código de Processo penal, interposto pelo obrigado ao sigilo – ver a versão integral em http://www.tribunalconstitucional.pt/tc/acordaos/20210176.html

60. O Tribunal Constitucional, por acórdão de 13 de Maio de 2021, com voto de vencido do Conselheiro Pedro Machete, não julgou inconstitucional a interpretação

normativa resultante do artigo 135.º, n.ºs 3 e 4, do Código de Processo Penal (aplicável "ex vi" do n.º 4 do artigo 417.º do Código de Processo Civil, nos termos da qual a decisão do Tribunal da Relação que quebra o segredo profissional, invocado nos termos do disposto no artigo 135.º do CPP, é irrecorrível, em virtude, e proibição implícita constante daqueles preceitos normativos - ver a versão integral em http://www.tribunalconstitucional.pt/tc/acordaos/20210176.html.

61. O Tribunal de Justiça da União Europeia deliberou, no passado dia 8 de Dezembro de 2022, pela anulação parcial da Diretiva 2018/822, do Conselho, de 28 de Maio, transposta em Portugal pela Lei 26/2020 de 21 de Julho, sobre a troca automática e obrigatória de informações no campo tributário em relação aos mecanismos transfronteiriços sujeitos a comunicação, sustentando que a obrigação imposta ao advogado de informar os demais intermediários envolvidos não é necessária e viola o segredo profissional entre o advogado e o seu cliente, garantido no artigo 7.º da Carta de Direitos Fundamentais da União Europeia, o qual protege a confidencialidade de toda a correspondência entre particulares e proteção reforçada no caso de troca dentre advogados e os seus clientes, salientando ainda que esta proteção "*justifica-se pelo facto de lhes ser confiada uma missão fundamental numa sociedade democrática, nomeadamente, a defesa dos interesses legítimos dos cidadãos*".

Artigo 93.º - Discussão pública de questões profissionais

1 - O advogado não deve pronunciar-se publicamente, na imprensa ou noutros meios de comunicação social, sobre questões profissionais pendentes.

2 - O advogado pode pronunciar-se, excecionalmente, desde que previamente autorizado pelo presidente do conselho regional competente, sempre que o exercício desse direito de resposta se justifique, de forma a prevenir ou remediar a ofensa à dignidade, direitos e interesses legítimos do cliente ou do próprio.

3 - O pedido de autorização é devidamente justificado e indica o âmbito possível das questões sobre que entende dever pronunciar-se.

4 - O pedido de autorização é apreciado no prazo de três dias úteis, considerando-se tacitamente deferido na falta de resposta, comunicada, naquele prazo, ao requerente.

5 - Da decisão do presidente do conselho regional que indefira o pedido cabe recurso para o bastonário, que decide, no mesmo prazo.

6 - Sem prejuízo do disposto nos números anteriores, em caso de manifesta urgência, o advogado pode exercer o direito de resposta referido no n.º 2, de forma tão restrita e contida quanto possível, devendo informar, no prazo de cinco dias úteis, o presidente do conselho regional competente das circunstâncias que determinaram tal conduta e do conteúdo das declarações proferidas.

NOTAS:

1. O fenómeno da mediatização da justiça, gerador de uma perversa promiscuidade do poder judicial com o poder da comunicação social e tornando apetecível a instrumentalização dos "mass media" como forma de influência na acção da justiça, que deve ser serena e isenta de qualquer tipo de pressão, vem justificando sucessivas reformas das normas estatutárias destinadas a disciplinar a discussão pública pelos advogados das questões que lhes estão confiadas. Porém, a actual versão contida no artigo 93.º do E.O.A., que sucede sem alterações ao artigo 88.º do EOA de 2005, a qual, por sua vez, sucedera ao artigo 82.º do D. Lei 84/84 de 16 de Março, cuja versão original havia já sido modificada substancialmente pela Lei 80/2001 de 20 de Julho, vem-se revelando impotente para travar o constante incumprimento do dever deontológico que visa disciplinar.

2. Em relação ao regime anterior plasmado na versão da Lei 80/2001, constata-se haver sido eliminado o n.º 1 do artigo 82.º do D. Lei 84/84, que consagrava o princípio de que *"o advogado não deve influir ou tentar influir, através da comunicação social, na resolução de pleitos judiciais ou outras questões pendentes"*. Contudo, da eliminação da norma não se podia retirar a conclusão de que passara a ser permitido o que por ela era proibido, porquanto resultava, como continua a resultar, do reconhrecimento do papel do advogado como participante na administração da justiça e como servidor da justiça e do direito, assim como da imposição dos deveres de lealdade e correcção no exercício do patrocínio. Cfr. artigos 108.º, 110.º, 90.º n.º 2 *a)* e 88.º todos do actual E.O.A..

3. Permite-se que, "em caso de manifesta urgência", possam os advogados exercer o direito de resposta sem a prévia autorização imposta pelos n.ºs 2 a 5, mas sempre de forma restrita e concisa, devendo posteriormente, no prazo de cinco dias úteis contados da data da intervenção, informar o Presidente do Conselho Regional competente das circunstâncias que determinaram a necessidade e urgência da pronúncia e do seu teor.

4. Relacionada com esta questão está igualmente a proibição de formas indirectas de publicidade e promoção pessoal e profissional, como decorre do artigo 94.º n.º 1 do E.O.A. e que, mais inequivocamente, constava já do artigo 80.º n.º 2 do D. Lei 84/84 ao determinar que *"os advogados não devem fomentar, nem autorizar, nem autorizar, notícias referentes a causas judiciais ou outras questões profissionais a si confiadas"*

5. Sobre os problemas do foro deontológico decorrentes do fenómeno da mediatização da justiça, veja-se Iniciação à Advocacia de António Arnault, 5.ª edição, págs. 61 e sgs.

6. Subjacente ao regime de proibição da discussão pública de questões profissionais está ainda a obrigação de segredo profissional, que não só protege a divulgação do nome dos clientes, como a revelação pública de peças processuais referentes a processos pendentes – Ver artigo 94.º 3. *h)* do EOA.

7. O dever de reserva ou confidencialidade, de que trata este preceito, é por sua vez tratado no artigo 12.º do Estatuto dos Magistrados Judiciais e no artigo 84.º do Estatuto dos Magistrados do Ministério Público, estando as intervenções em público destes

magistrados respectivamente dependentes da autorização prévia do Conselho Superior da Magistratura e do Conselho Superior do Ministério Público.

8. No VIII Congresso dos Advogados Portugueses, realizado em Junho de 2018, foi patente a preocupação de se dar maior eficácia á probição de discussão pública de questões profissionais, tendo sido aprovadas várias conclusões no sentido do reforço dos poderes sancionatórios da Ordem dos Advogados e da alteração do actual artigo 93.º, designadamente com a redução para 48 horas do prazo de 5 dias previsto no seu n.º 6.

9. O artigo 93.º do EOA prevê a possibilidade de o Advogado fazer declarações públicas que forem necessárias à defesa do seu cliente, após previamente autorizado para o efeito por parte do Presidente do Conselho Regional competente, sendo que mais nenhum órgão dispõe de competência para se ingerir nesta matéria e, de alguma maneira, censurar o exercício do mandato, como consta do Comunicado do Bastonário Menezes Leitão de 10 de Setembro de 2021.

Artigo 94.º – Informação e publicidade

1 – Os advogados e as sociedades de advogados podem divulgar a sua atividade profissional de forma objetiva, verdadeira e digna, no rigoroso respeito dos deveres deontológicos, do segredo profissional e das normas legais sobre publicidade e concorrência.

2 – Entende-se, nomeadamente, por informação objetiva:

a) A identificação pessoal, académica e curricular do advogado ou da sociedade de advogados;

b) O número de cédula profissional ou do registo da sociedade de advogados;

c) A morada do escritório principal e as moradas de escritórios noutras localidades;

d) A denominação, o logótipo ou outro sinal distintivo do escritório;

e) A indicação das áreas ou matérias jurídicas de exercício preferencial;

f) A referência à especialização, nos termos admitidos no n.º 3 do artigo 70.º;

g) Os cargos exercidos na Ordem dos Advogados;

h) Os colaboradores profissionais integrados efetivamente no escritório do advogado;

i) O telefone, o fax, o correio eletrónico e outros elementos de comunicações de que disponha;

j) O horário de atendimento ao público;

k) As línguas ou idiomas, falados ou escritos;

l) A indicação do respetivo sítio na Internet;

m) A colocação, no exterior do escritório, de uma placa ou tabuleta identificativa da sua existência.

3 – São, nomeadamente, atos lícitos de publicidade:

a) A menção à área preferencial de atividade;

b) A utilização de cartões onde se possa colocar informação objetiva;

c) A colocação em listas telefónicas, de fax ou análogas da condição de advogado;

d) A publicação de informações sobre alterações de morada, de telefone, de fax e de outros dados relativos ao escritório;

e) A menção da condição de advogado, acompanhada de breve nota curricular, em anuários profissionais, nacionais ou estrangeiros;

f) A promoção ou a intervenção em conferências ou colóquios;

g) A publicação de brochuras ou de escritos, circulares e artigos periódicos sobre temas jurídicos em imprensa especializada ou não, podendo assinar com a indicação da sua condição de advogado e da organização profissional que integre;

h) A menção a assuntos profissionais que integrem o currículo profissional do advogado e em que este tenha intervindo, não podendo ser feita referência ao nome do cliente, salvo, excecionalmente, quando autorizado por este, se tal divulgação for considerada essencial para o exercício da profissão em determinada situação, mediante prévia deliberação do conselho geral;

i) A referência, direta ou indireta, a qualquer cargo público ou privado ou relação de emprego que tenha exercido;

j) A menção à composição e estrutura do escritório;

k) A inclusão de fotografia, ilustrações e logótipos adotados.

4 – São, designadamente, atos ilícitos de publicidade:

a) A colocação de conteúdos persuasivos, ideológicos, de autoengrandecimento e de comparação;

b) A menção à qualidade do escritório;

c) A prestação de informações erróneas ou enganosas;

d) A promessa ou indução da produção de resultados;

e) O uso de publicidade direta não solicitada;

5 – As disposições constantes dos números anteriores são aplicáveis ao exercício da advocacia quer a título individual quer às sociedades de advogados.

NOTAS:

1. Na área da publicidade dos advogados e das sociedades dos advogados registou-se uma notória evolução perante o reconhecimento pacífico de que as regras existentes, desde 1984, já não eram capazes de disciplinar esta matéria em face da significativa modificação, entretanto verificada, nas formas de exercício profissional e nos meios tecnológicos de informação e comunicação postos ao serviço da classe.

2. Constituíram passos importantes desta evolução, determinantes do actual regime inserido no artigo 94.º, o debate e as conclusões finais aprovadas sobre o tema no V Congresso da Ordem dos Advogados, a alteração introduzida no C.D.A.E. na sua versão aprovada em 6/12/2002 e o parecer interpretativo, de pendor actualista, aprovado no Conselho Geral em 17 de Janeiro de 2003 – Parecer E 41-02 publicado no Boletim da Ordem dos Advogados n.º 24/25 de 2003, pág. 76.

3. De acordo com as Conclusões 133 a 141 do V Congresso dos Advogados Portugueses, realizado de 17 a 20 de Maio de 2000, o EOA devia permitir a publicidade informativa do advogado, a qual deveria conter informação objectiva, verdadeira e digna, no rigoroso respeito dos deveres deontológicos, do segredo profissional e das normas legais sobre a publicidade e concorrência, cabendo ao Conselho Geral a elaboração de um Regulamento de Publicidade onde se fizesse constar em concreto o conteúdo da informação objectiva, os actos lícitos e ilícitos da publicidade informativa, os suportes permitidos como veículos publicitários e as sanções aplicáveis em caso de violação, mas esta regulamentação continua por realizar.

4. Contudo, não obstante a evidente liberalização do regime legal da publicidade dos advogados, subsiste inalterada a barreira entre a publicidade informativa, pessoal e profissional, e a publicidade de tipo comercial ou propagandística, comparativa e tendencialmente enganosa, sendo aquela lícita e esta ilícita, barreira essa imposta por exigência do decoro e da dignidade da profissão.

5. O título de advogado especialista está presentemente regulado pelo artigo 70.º n.º 3 do E.O.A. e pelo Regulamento Geral das Especialidades – Regulamento n.º 9/2016 de 6/01/2016.

6. É merecedor de especial atenção, dada a interligação ao segredo profissional, o reconhecimento da licitude, como acto de publicidade, da menção a assuntos profissionais, desde que com omissão do nome do cliente, a não ser em casos excepcionais com sua prévia autorização e, acrescidamente, com prévia deliberação do Conselho Geral – Vide alínea *h)* do n.º 3 do artigo 94.º.

7. O uso da tabuleta afixada no exterior do escritório do advogado não constitui legalmente um acto de publicidade, pelo que não está sujeita ao pagamento de uma taxa a cobrar pelas Câmaras Municipais. Ver neste sentido a sentença proferida pelo Tribunal Administrativo e Fiscal de Loulé em processo de impugnação judicial, divulgada no portal da Ordem dos Advogados – www.oa.pt/cd/Conteudos/Artigos

8. *"I. O Estatuto da Ordem dos Advogados permite aos advogados divulgar informação objectiva e verdadeira, relacionada com o exercício da advocacia, proibindo apenas as mensagens que, pela sua natureza retórica, persuasiva ou promocional, contêm elementos que verdadeiramente autonomizam e distinguem o anúncio publicitário;*

II. No contexto deste novo quadro normativo, a utilização por advogados de siglas, logótipos ou sinal distintivo do escritório não está submetido à prévia aprovação por parte de qualquer órgão da Ordem dos Advogados.

III. Exceptuam-se as siglas e logótipos que se destinem a identificar sociedades de advogados, sendo a sua sujeição a autorização pelo Conselho Geral imposta pelo artigo 11.º do Decreto-lei n.º 229/2004, que estabelece o regime jurídico das sociedades de advogados" – Parecer n.º E-20/05, aprovado pelo Conselho Geral em 16/12/2005, publicado no Boletim da Ordem dos Advogados n.º 40, pág. 63.

9. Pelos pontos 2.6.1 e 2.6.2. do C.D.A.E. *" O advogado pode informar o público dos serviços por si oferecidos, desde que tal informação seja verdadeira, objectiva, não induza em erro e respeite a obrigação de confidencialidade e outros deveres deontológicos essenciais", acrescentando-se que " é permitida a publicidade pessoal do Advogado através de qualquer meio de comunicação, nomeadamente a imprensa, rádio, televisão, meios electrónicos ou outros, na medida em que cumpra os requisitos definidos no artigo 2.6.1.".*

10. Para estudo mais aprofundado do regime legal da publicidade, designadamente quanto à sua evolução histórica e direito comparado, leia-se a monografia editada pelo Conselho Distrital de Lisboa "Informação e Publicidade na Advocacia – Contributos".

11. *"I. O E.O.A. permite aos advogados divulgar informação, desde que a mesma seja digna, verdadeira, objectiva e relacionada com o exercício da advocacia, apenas se proibindo a publicidade de carácter propagandístico, enganoso, e comparativo. II. O actual quadro normativo em matéria deontológica deve ser interpretado, nomeadamente no âmbito da publicidade, de acordo com as normas do Direito da Concorrência, constituindo-se assim em restrições legítimas à livre concorrência no mercado europeu; III. Enquanto restrição à concorrência, as normas deontológicas são admissíveis na medida dos interesses e direitos que tutelam, nomeadamente, os direitos dos consumidores, a dignidade da profissão e o acesso ao Direito; IV. O recurso, enquanto meio publicitário, a directórios de pesquisa de advogados, desde que não ofenda os princípios gerais em matéria deontológica ou corresponda a um acto ilícito de publicidade (cfr. artigo 89.º n.º 4) deverá ser atendido como um exercício legítimo do direito à divulgação das informações pessoais de que tido o Advogado é titular, assim como enquanto contributo para a satisfação do direito de todos os consumidores à informação."* (Parecer do C. Geral n.º 06/07 de 24/11/07, sendo Relator Bernardo Diniz Ayala).

12. *"O artigo 89.º n.º 4 estabelece um elenco não taxativo de actos ilícitos de publicidade, pelo que a qualificação de um acto como sendo um acto ilícito de publicidade dependerá da sua conformidade com os valores que aquele artigo pretende salvaguardar; a inserção no portfolio de uma sociedade de advogados de fotografias contendo imagens e monumentos históricos, de órgãos e instituições públicos, das respectivas identificações e de determinados objectos não constitui um acto ilícito de publicidade, dado que tal conduta não está prevista no elenco do n.º 4 do artigo 89.º, nem põe em causa a nobreza da profissão, nem os interesses do cliente, valores que aquela visa acautelar"* – Parecer n.º E-8/PP/2007-G do Conselho Geral, aprovado em 24 de Novembro de 2007, sendo Relator Bernardo Diniz Ayala.

13. Não é permitido aos advogados e às sociedades de advogados incluírem nas placas/tabuletas, nos cartões, em papel timbrado e/ou em quaisquer anúncios, a expressão "Balcão Único" (referência a oferta de serviços no âmbito da "casa pronta", "balcão das

heranças" e " divórcio com partilha") por tal informação e publicidade infringir o disposto no artigo 89.º do E.O.A. – Parecer do Conselho Geral n.º 80/PP/2010-G, in R.O.A. Ano 71 de Julho/Setembro de 2011.

14. *"1. É lícita a inclusão em página na internet criada e gerida por Advogado da informação objectiva constante do n.º 2 do art. 89.º do EOA;*

2. A criação por Advogado de página na internet por si gerida que tenha como objectivo a promoção de consulta jurídica "online" é ilícita, por violação do disposto nos arts. 89.º e 85.º, n.º 2, al. h) do EOA, de acordo com a recomendação formulada pelo Conselho Geral aos Conselhos Distritais, nos termos do disposto na alínea i) do n.º 1 do artigo 45.º do EOA, no seu Parecer n.º 37/PP/2008-G;

3. A criação por Advogado de página na internet por si gerada que preveja a possibilidade de aquisição pelos utilizadores de minutas pré-elaboradas constitui situação potenciadora de eventuais infrações ao disposto na al. a), do n.º 1, do art. 107.º do EOA e situação potenciadora da procuradoria ilícita". – Parecer n.º 33-PP-2012-P, in "Ipso Jure" n.º 58, de Março de 2014.

15. A publicitação da actividade de advogado por "placa" ou "tabuleta" em recintos desportivos, em outros recintos ou na via pública, bem como a utilização de folhetos, revistas ou pasquins de um clube futebolístico ou associado a qualquer outra actividade corresponde a uso de meios comerciais que põem em causa a nobreza e dignidade da função, enquanto essencial para a administração da justiça. Ver neste sentido o Parecer do Conselho Geral n.º 41/PP/2012-G, de 16 de Janeiro de 2013, sendo relator Miguel Salgueiro Meira.

16. A Lei 2/2013 de 10 de Janeiro (L.A.P.P.), no seu artigo 32.º, admite a imposição de restrições em matéria de publicidade, desde que não discriminatórias e sejam justificadas por razões imperiosas de interesse público, designadamente para assegurar o respeito pelo sigilo profissional, e estejam de acordo com critérios de proporcionalidade.

17. A mesma Lei 2/2013 prevê, no seu artigo 14.º, a criação, no seio das associações públicas com especialidades profissionais, de colégios de especialidade com âmbito nacional, com possibilidade de sujeição a período de estágio ou a um regime probatório e a realização de exames para a obtenção de título de especialidade, a regular em sede estatutária.

18. Pelo seu Parecer n.º 44-PP-2014, o Conselho Distrital do Porto concluiu que a fixação de placa identificativa no exterior do seu escritório não está sujeita a licenciamento, mas o mesmo já não sucede quando o advogado pretenda colocar placa na sua habitação ou habitação secundária, com indicação dos seus contactos profissionais, por se trarar de uma efectiva placa publicitária, sobre a qual poderá incidir a aplicação de uma taxa.

19. Neste mesmo Parecer, o Conselho Distrital concluiu ainda que a inclusão de publicidade em sítios onde os advogados manifestem disponibilidade para aceitar avenças, não só viola as regras da publicidade como constitui um acto de angariação de clientela

e atenta com a dignidade e prestígio da profissão, constituindo por isso violação dos artigos 94.º, 90.º n.º 2 *h)* e 91.º *a)* todos do actual E.O.A..

20. Pelo Parecer do Conselho Distrital do Porto n.º 35-PP-2014, é proibída a colocação de placa informativa contendo os serviços que o advogado se propõe prestar aos seus clientes, excedendo assim a mera informação da sua identificação, qualidade de advogado e o local do seu domicílio profissional, sendo tal proibição extensiva às vitrinas e janelas do seu escritório – Ver "Ipso Jure" n.º 65 de Outubro de 2014.

21. Não exercendo os advogados a sua profissão na forma de sociedade de advogados, mas sim individualmente ocupando o mesmo espaço, cada advogado deverá ter o seu próprio logótipo. De outra forma, a inclusão no logótipo e no site da expressão "advogados" (no plural), pode criar a ideia de um exercício em forma societária da actividade do advogado, sem corresponder à realidade, criando confusão e ideias erradas aos clientes sobre a responsabilidade civil dos profissionais que trabalham em conjunto – Vide Parecer do C.G. in R.O.A., ano 76, págs. 585 a 589.

22. Na senda do que já foi aprovado em anteriores Congressos, o VIII Congresso dos Advogados Portugueses, realizado em Junho de 2018, voltou a aprovar conclusão de que a Ordem dos Advogados deve elaborar e aprovar um Regulamento de Publicidade que defina de forma mais clara os limites da publicidade e dos respectivos conteúdos, incorporando os princípios reguladores da publicidade e da legislação da concorrência, devidamente adaptados à realidade social, económica e ética da Advocacia.

23. *"1. O logótipo, enquanto sinal distintivo e identificativo do escritório, deve conter informação objectiva, verdadeira e digna, em respeito ao disposto no n.º 1 do artigo 94.º do EOA; 2. O uso do logótipo da Ordem dos Advogados não constitui informação objectiva, não é um sinal que distinga qualquer advogado dos restantes e, por essa razão, viola o preceituado no n.º 1 do artigo 94.º do EOA."* – Parecer do CG n.º 8/PP/2017, aprovado 3 de Maio de 2019, com um voto de vencido do Dr. Ricardo Brazete, sendo relatora a Dra. Isabel Malheiro Almeida.

Artigo 95.º – Dever geral de urbanidade

No exercício da profissão o advogado deve proceder com urbanidade, nomeadamente para com os colegas, magistrados, árbitros, peritos, testemunhas e demais intervenientes nos processos, e ainda oficiais de justiça, funcionários notariais, das conservatórias e de outras repartições ou entidades públicas ou privadas.

NOTAS:

1. O dever geral de urbanidade, que deve pautar sempre o comportamento dos advogados, é natural corolário do seu papel como participantes na administração da justiça e de servidores da justiça e do direito. Cfr. artigos 88.º e 90.º do E.O.A..

2. Em contraponto com o dever geral de urbanidade, têm os advogados o direito a tratamento compatível com a dignidade das funções que exercem. Cfr. 72.º n.º 1 do E.O.A..

3. Sem prejuízo deste dever, impõem as normas deontológicos deveres especiais de urbanidade em relação a determinados destinatários no trato dos advogados. Cfr. artigos 110.º n.º 1. e 107.º n.º 1. *a)* do E.O.A..

4. De acordo com o artigo 150.º n.º 2 do C. P. Civil, o dever de urbanidade dos advogados não é incompatível com a firmeza e veemência nas suas intervenções, não se considerando ilícito o uso de expressões e imputações indispensáveis à defesa da causa.

Artigo 96.º – Patrocínio contra advogados e magistrados

O advogado, antes de intervir em procedimento disciplinar, judicial ou de qualquer outra natureza contra um colega ou um magistrado, deve comunicar-lhes por escrito a sua intenção, com as explicações que entenda necessárias, salvo tratando-se de procedimentos que tenham natureza secreta ou urgente.

NOTAS:

1. O dever específico de comunicação escrita previsto nesta disposição resulta da constatação de que a vida judiciária, pela especial tensão que gera no plano do relacionamento profissional, exige particulares cuidados na preservação de regras de cordialidade e urbanidade e, além disso, que o princípio da solidariedade profissional deve estar presente quando um advogado disponibiliza a sua prestação profissional contra interesses de outros advogados ou magistrados.

2. Este dever de solidariedade não deve, porém, cumprir-se por forma a colocar-se os interesses da profissão antes dos interesses legítimos dos clientes, como resulta claramente da parte final do preceito e também do ponto 5.1.1. do C.D.A.E..

3. A solidariedade profissional constitui valor deontológico relevante, como ressalta do artigo 111.º do E.O.A., estando ainda expressamente consagrada no ponto 5.1. do C.D.A.E..

4. Sobre os actos de natureza secreta ou urgente, cfr. artigos 164.º n.º 2 e 366.º n.º 1 do C. P. Civil, e artigo 79.º n.º 1 do E.O.A..

5. Com a actual redacção dada a este preceito, que transitou sem alteração do anterior E.O.A. (2005) ficou definitivamente resolvida a dúvida interpretativa, assente na versão do artigo 88.º do revogado D. Lei 84/84, sobre se o dever de comunicação previsto na norma tanto era exigível quando o advogado iniciava o patrocínio como representante do autor, requerente ou recorrente, cabendo-lhe assim o impulso processual inicial, como quando o advogado representava o réu, requerido ou recorrido. Agora, em face da expressão "antes de intervir", a questão fica resolvida no sentido de que se deve proceder

à comunicação em qualquer dos casos, como aliás era já entendimento maioritário, por ser esta a interpretação que melhor se adequava à finalidade do dever em causa.

6. Fica também esclarecido que o dever de comunicação ocorre antes da intervenção "em procedimento disciplinar, judicial ou de qualquer outra natureza", acolhendo a interpretação extensiva que se vinha efectuando no domínio do E.O.A. de 1984, onde apenas se referiam "diligências judiciais".

7. As excepções contidas na parte final da norma, dispensando a comunicação escrita nos casos de processos urgentes e secretos, não desobriga os advogados da comunicação escrita posterior, onde de igual forma se devem dar conta das razões, mesmo que sumariamente, da aceitação do patrocínio.

8. Sobre este tema do patrocínio contra advogados e magistrados, veja-se o estudo de José Carlos Soares Machado, em R.O.A. Ano 64, Novembro 2004, pág. 615.

9. Confrontar com o ponto 5.9 do C.D.A.E..

10. Quando o patrocínio contra advogados ou magistrados for assumido em causa própria por magistrados judiciais ou por magistrados do Ministério Público no exercício do direito consagrado nos artigos 19.º e 93.º dos seus respectivos estatutos, deve também nesse caso, em obediência ao princípio de igualdade, ser respeitado o dever de comunicação prévia regulado nesta norma, sob pena de responsabilidade disciplinar por violação da lei.

11. Visando a "ratio" deste preceito salvaguardar os valores da solidariedade, cordialidade, urbanidade, honorabilidade e prevenção contra contenciosos inúteis (por susceptíveis de resolução por conciliação), fica essa tutela assegurada quando se considere que este dever de comunicação prévia é imposto tão só no momento imediatamente anterior à primeira intervenção do advogado que patrocina procedimentos contra colega ou magistrado e que, uma vez cumprido, não o obriga a novas comunicações em relação a intervenções subsequentes, tanto nesses procedimentos como nos demais que sejam com eles conexos e/ou mero desenvolvimento natural dos procedimentos primitivos. Parecer do C. Superior de 7/11/2006.

12. Numa acção judicial pendente, em que nenhuma das partes é advogado, o advogado mandatado por uma das partes que, no decorrer da instância, entenda estarem verificados os pressupostos da má-fé instrumental imputável ao mandatário da parte contrária e que, por dever de patrocínio, recorra à invocação processual do artigo 545.º do C.P.C., não está obrigado a ter de proceder à comunicação prévia prevista neste artigo 96.º do E.O.A., por não ter esta norma, nessas circunstâncias, campo de aplicação material.

13. O "conteúdo mínimo" que deve conter a comunicação prevista no art.º 96.º do E.O.A., harmoniza os valores da solidariedade profissional e da urbanidade com os deveres para com o cliente e os legítimos interesses deste, devendo ser preenchido com os seguintes elementos: quem se representa, a natureza da intervenção e as razões

que sustentam a aceitação do mandato. A comunicação que não contenha o "conteúdo mínimo" deverá dar origem ao competente procedimento disciplinar – Parecer do Conselho Geral de 1/12/2020 – n.º 34/PP/2020-G, in Portal da OA.

14. Sobre a melhor interpretação e aplicação deste preceito e correspondente qualificação da infração disciplinar, que decorre da sua violação, veja-se o Acórdão do Tribunal Central Administrativo Sul de 21/01/2021, proferido em sede de recurso jurisdicional em acção administrativa especial de impugnação de acto administrativo, instaurada contra a Ordem dos Advogados no processo n.º 428/12.3BEALM, publicado na Revista da OA, n.º 81, págs.425/459.

CAPÍTULO II – Relações com os clientes

Artigo 97.º – Princípios gerais

1 – A relação entre o advogado e o cliente deve fundar-se na confiança recíproca.

2 – O advogado tem o dever de agir de forma a defender os interesses legítimos do cliente, sem prejuízo do cumprimento das normas legais e deontológicas.

NOTAS:

1. O valor da confiança constitui, sem dúvida, um dos pilares essenciais da deontologia, nele se alicerçando o interesse público da profissão, já que sem ele jamais poderiam os advogados garantir a função social que lhes está cometida como representantes dos cidadãos perante a administração da justiça, o que implica o reconhecimento pleno do seu papel como confidentes necessários.

2. No ponto 2.2 do C.D.A.E. pode ler-se que *"as relações de confiança só podem existir se a honestidade, a probidade, a rectidão e a sinceridade do advogado forem inquestionáveis. Para o advogado, estas virtudes tradicionais são obrigações profissionais"*.

3. O valor da confiança é ainda suporte e elemento essencial do instituto do segredo profissional, pois, como se escreve no ponto 2.3.1 do C.D.A.E., *"é requisito essencial do livre exercício da advocacia a possibilidade do cliente revelar ao advogado informações que não confiaria a mais ninguém, e que este possa ser o destinatário de informações sigilosas transmissíveis no pressuposto da confidencialidade. Sem a garantia de confidencialidade não pode haver confiança. O segredo profissional é, pois, reconhecido como direito e dever fundamental e primordial do advogado."*

4. O advogado deve procurar manter e aprofundar a relação de confiança com o cliente, cumprindo para o efeito todos os deveres deontológicos impostos pelos artigos 98.º a 107.º do E.O.A., mas também não deve hesitar perante a quebra de tal relação, quando imputável ao cliente, devendo agir por forma a libertar-se dos deveres de patro-

cínio, mas sempre com respeito às regras deontológicas e processuais que disciplinam a renúncia do mandato.

5. *"I. A relação de confiança entre cliente e advogado deve considerar-se condição "sine qua non" da representação profissional do advogado. Tal relação de confiança não se basta, aliás, com palavras mais ou menos de circunstância. II. Ora, se o facto de o cliente passar pelo tribunal para tomar conhecimento do processo não pode considerar-se, por si só, um acto de deslealdade ou desconfiança, já o mesmo não pode dizer-se da iniciativa de apresentar requerimentos, à revelia do advogado, para mais corrigindo afirmações por aqueles feitas. Esse comportamento é intolerável e justifica, em absoluto e sem sombra de dúvidas, sob pena de grave indignidade, que o advogado recuse manter patrocínio de quem assim se comporta".* Ac. do C. Superior de 9/1/2004, em Jurisprudência do Conselho Superior, pág. 796.

6. A propósito da actuação de advogado em concertação com as autoridades judiciárias, desempenhando o papel de agente encoberto em processo pendente, onde está formalmente constituído mandatário, o Conselho Distrital de Lisboa entendeu que esta prática viola os valores fundamentais do instituto do segredo profissional, da independência e da confiança dos advogados, correspondendo a uma preterição dos artigos 92.º n.ºs 1 e 4 do E.O.A., 135.º n.º 3 do C.P.P., 114.º n.º 3 *b)* da L.O.F.T.J. e ainda dos artigos 20.º n.º 2, 26.º n.º 1 e 208.º da C.R.P. – Vide Parecer relatado pelo Dr. Carlos Pinto de Abreu de 13 de Maio de 2009 – Consulta n.º 29/2009, in Pareceres do C.D. de Lisboa EOA – www.oa.pt.

Artigo 98.º – Aceitação do patrocínio e dever de competência

1 – O advogado não pode aceitar o patrocínio ou a prestação de quaisquer serviços profissionais se para tal não tiver sido livremente mandatado pelo cliente, ou por outro advogado, em representação do cliente, ou se não tiver sido nomeado para o efeito, por entidade legalmente competente.

2 – O advogado não deve aceitar o patrocínio de uma questão se souber, ou dever saber, que não tem competência ou disponibilidade para dela se ocupar prontamente, a menos que atue conjuntamente com outro advogado com competência e disponibilidade para o efeito.

NOTAS:

1. Quanto ao princípio da escolha livre pelo cliente, ver também os artigos 67.º n.º 2 e 90.º n.º 2 *h)* e respectivas notas.

2. As nomeações oficiosas podem resultar do regime de acesso ao direito e aos tribunais resultante da Lei 34/2004 de 29 de Julho e legislação complementar, do C. P. Penal no domínio das garantias de defesa do arguido em processo penal e ainda por nomeação

de advogado pela Ordem a cidadãos que não encontrem quem os represente, por força do disposto no artigo 54.º n.º 1, *o)* do E.O.A..

3. A deontologia especialmente exigente do advogado impõe-lhe, enquanto mandatário dos clientes, deveres específicos que se sobrepõem aos deveres gerais decorrentes do contrato de mandato civil. Esta realidade coloca-se com especial incidência nos planos da aceitação e renúncia aos mandatos.

4. O dever decorrente do n.º 2 deste artigo 98.º é corolário do dever de zelo e diligência previsto no artigo 100.º n.º 1. *b)* e, desde há muito, era património adquirido da deontologia do advogado – Vide Alfredo Gaspar, Estatuto Anotado, pág. 153.

5. A consagração expressa deste dever (artigo 98.º n.º 2) resulta do facto de ter sido considerado princípio fundamental nos deveres para com os clientes no quadro do C.D. do C.C.B.E. – Cfr. ponto 3.1.3. do actual C.D.A.E..

6. No caso de actuação conjunta com outro advogado é lícita a partilha de honorários, o mesmo já não sucedendo se o advogado a quem o assunto foi solicitado se limitar a indicar outro advogado para o desenvolvimento do patrocínio, não tendo com ele colaboração – artigo 107.º do E.O.A. e ponto 5.4. do C.D.A.E..

Artigo 99.º – Conflito de interesses

1 – O advogado deve recusar o patrocínio de uma questão em que já tenha intervindo em qualquer outra qualidade ou seja conexa com outra em que represente, ou tenha representado a parte contrária.

2 – O advogado deve recusar o patrocínio contra quem, noutra causa pendente, seja por si patrocinado.

3 – O advogado não pode aconselhar, representar ou agir por conta de dois ou mais clientes, no mesmo assunto ou em assunto conexo, se existir conflito entre os interesses desses clientes.

4 – Se um conflito de interesses surgir entre dois ou mais clientes, bem como se ocorrer risco de violação do segredo profissional ou de diminuição da sua independência, o advogado deve cessar de agir por conta de todos os clientes, no âmbito desse conflito.

5 – O advogado deve abster-se de aceitar um novo cliente se tal puser em risco o cumprimento do dever de guardar sigilo profissional relativamente aos assuntos de um anterior cliente, ou se do conhecimento destes assuntos resultarem vantagens ilegítimas ou injustificadas para o novo cliente.

6 – Sempre que o advogado exerça a sua atividade em associação, sob a forma de sociedade ou não, o disposto nos números anteriores aplica-se quer à associação quer a cada um dos seus membros.

NOTAS:

1. Sobre a epígrafe "conflito de interesses" foram fundidas neste artigo as antigas alíneas *a)* e *b)* do n.º 1 do artigo 83.º do revogado D. Lei 84/84 com os pontos 3.2.1., 3.2.2., 3.2.3. e 3.2.4. do C.D.A.E. tendo porém ficado descontextualizada a questão abordada no n.º 2, que não se relaciona com a problemática dos conflitos de interesses.

2. A situação prevista no n.º 2 reporta-se a causas distintas sem qualquer conexão entre si, pelo que a proibição da aceitação do mandato prende-se antes com razões de decoro e de lealdade no plano das relações com os clientes e à preservação do valor da confiança.

3. Paralelamente à problemática do conflito de interesses, a proibição da aceitação de mandato nos casos previstos no n.º 1. tem ainda como fundamento o risco de quebra do segredo profissional, como ressalta dos n.ºs 4 e 5.

4. Na previsão do n.º 1. deve entender-se como incluído não só o patrocínio judicial, resultante de mandato ou nomeação oficiosa, como a prestação de serviços independentemente do tipo de contrato que lhe seja subjacente.

5. Caso vulgar de aplicação desta norma é o do advogado que aceita patrocinar ambos cônjuges em divórcio por mútuo consentimento, ocorrendo posterior divergência entre eles. Neste caso, o advogado deve de imediato renunciar ao mandato de ambos, como se decidiu no Acórdão do Conselho Superior de 20/7/84 em R.O.A., 44, 465.

6. Nos termos do disposto no artigo 370.º n.º 2. do C. Penal, pratica o crime de prevaricação o advogado que intencionalmente prejudica a causa ou que, no mesmo processo, represente interesses em conflito.

7. *"Sob pena de violação do disposto na al. a) do n.º 1 o art. 83.º do EOA (D. Lei 84/84 de 16 de Março), não pode qualquer Advogado patrocinar qualquer um dos cônjuges em inventário para partilha de meações posterior a acção de divórcio na qual patrocinou ambos os cônjuges, sendo indiferente se, ali, os patrocinou ou não até final. A mesma impossibilidade se verifica em consequência do disposto no mesmo preceito legal, quanto ao patrocínio de um dos cônjuges em acção a intentar contra o outro, posteriormente ao divórcio, respeitante aos respectivos patrimónios e/ou ao património conjugal".* Parecer do Conselho Geral de 13 de Outubro de 2000, em R.O.A., ano 61, Janeiro 2001, pág. 417.

8. *"a) O advogado que representa réus em acção de reivindicação sobre um imóvel, à qual é posto termo e à qual se segue a compra de metade indivisa do mesmo imóvel pelos filhos menores daqueles réus, representados por um deles, também assistido e aconselhado pelo mesmo advogado, não pode depois aceitar e exercer o mandato de comproprietário do mesmo imóvel, réu em acção de reivindicação intentada pelos outros comproprietários que eram representados na acção de reivindicação e na compra e venda anterior pelo mesmo advogado, uma vez que tal conduta infringe o artigo 83.º n.º 1 do anterior Estatuto;*

b) A passagem de mandato que não dê lugar à prática de qualquer acto por parte do mandatário não responsabiliza este pela prática de actos dos comandatários." – Parecer de Conselho Superior, aprovado em 11/03/05, sendo relator o Dr. Jorge Abreu – www.oa.pt/pareceres.

9. O disposto no n.º 6, exportando para a actividade em grupo e em relação a todos os advogados associados as regras dos conflitos de interesses, assume especial relevância nas sociedades de advogados se tivermos em conta que, por força do revogado artigo 5.º n.º 7 do D. Lei 229/2004 (Regime Jurídico das Sociedades de Advogados), foi invertida a solução legal quanto à extensibilidade dos mandatos, passando a vigorar o princípio, ao contrário do que sucedia no regime anterior, de que o mandato conferido a apenas algum ou alguns dos sócios de uma sociedade de advogados não se considera automaticamente extensivo aos restantes sócios.

10. Em consonância com o disposto no n.º 6, veja-se o artigo 213.º n.º 5 deste E.O.A.

11. Cfr. com os pontos 3.2.1. a 3.2.4. do C.D.A.E..

12. Um advogado que tem em vigor um contrato de prestação de serviços com uma empresa detida a 100% por outra contra quem o mesmo advogado aceitou patrocinar judicialmente a parte contrária está em situação de conflito de interesses e, por outro lado, em risco de violação do segredo profissional ou de diminuição da sua independência, pelo que deverá observar o disposto no n.º 4 do artigo 94.º do E.O.A., impondo-se-lhe "cessar de agir por conta de todos os clientes, no âmbito desse conflito ...". Vide Parecer do Conselho Geral n.º 4/PP/2007-G de 23 de Fevereiro.

13. O conflito de interesses gera uma situação de impedimento – vide artigo 83º n.º 1 do E.O.A.

Artigo 100.º – Outros deveres

1 – Nas relações com o cliente, são ainda deveres do advogado:

a) Dar a sua opinião conscienciosa sobre o merecimento do direito ou pretensão que o cliente invoca, assim como prestar, sempre que lhe for solicitado, informação sobre o andamento das questões que lhe forem confiadas, sobre os critérios que utiliza na fixação dos seus honorários, indicando, sempre que possível, o seu montante total aproximado, e ainda sobre a possibilidade e a forma de obter apoio judiciário;

b) Estudar com cuidado e tratar com zelo a questão de que seja incumbido, utilizando para o efeito todos os recursos da sua experiência, saber e atividade;

c) Aconselhar toda a composição que ache justa e equitativa;

d) Não celebrar, em proveito próprio, contratos sobre o objeto das questões confiadas;

e) Não cessar, sem motivo justificado, o patrocínio das questões que lhe estão cometidas.

2 – Ainda que exista motivo justificado para a cessação do patrocínio, o advogado não deve fazê-lo por forma a impossibilitar o cliente de obter, em tempo útil, a assistência de outro advogado.

NOTAS:

1. O elenco de deveres constante deste artigo não é taxativo, já que não esgota todo o conjunto de deveres deontológicos assentes nos valores da confiança, lealdade, boa informação e aconselhamento, segredo profissional e devoção que pautam a relação advogado/cliente. Neste sentido, António Arnaut, Estatuto da Ordem dos Advogados, Anotado, pág. 100 e Alfredo Gaspar, Estatuto da Ordem dos Advogados, pág. 145.

2. No n.º 1. aborda-se, em planos distintos, o dever de informação. Num primeiro momento, o advogado deve respeitar o seu compromisso com a justiça e o direito e prestar ao seu cliente uma informação correcta e conscienciosa sobre o merecimento da pretensão que lhe é apresentada, sem receio de lhe desagradar ou garantir resultados. Impõe-se assim uma conduta independente em relação ao cliente. Num segundo momento, deve o advogado manter o seu cliente informado do desenvolvimento do caso, partilhando com ele as decisões de patrocínio mais importantes e prestando os esclarecimentos solicitados sobre o estado das pendências.

3. De acordo com o ponto 3.1.2., do C.D.A.E. *"um advogado deve aconselhar e defender o seu cliente com prontidão, consciência e diligência. O advogado assume pessoalmente a responsabilidade pelo cumprimento do mandato e deve informar o seu cliente da evolução do assunto que lhe foi confiado."*

4. Nas relações com os clientes devem os advogados agir com plena independência, já que lhes cabe exclusivamente a escolha dos meios que entenda mais convenientes à defesa dos interesses que lhe são confiados. Assim, não podem os advogados aceitar a posição de meros executores das instruções dos clientes, sendo doutrina pacífica a de que não devem ser aceites procurações forenses em que sejam estabelecidas regras de orientação para a sua actuação. Vide Acórdãos do C. Superior de 20/12/74 na R.O.A. 35.º pág. 522, de 9/2/67 na R.O.A. 28.º pág. 146 e de 24/1/52 na R.O.A. 12.º pág. 433.

5. Sobre o tema da independência perante os clientes, leia-se "O Cliente e a Independência do Advogado" de Abel Laureano.

6. O dever de actuação profissional com zelo e diligência exige aos advogados uma actualização profissional permanente dada a constante evolução do direito, pelo que se compreende, nesta perspectiva, a necessidade da formação contínua obrigatória.

7. Relacionada com este dever está a questão da responsabilidade civil profissional do advogado, já que a imunidade exigida no plano da liberdade de expressão, não implica isenção da responsabilidade civil por actos praticados em violação das obrigações contratuais ou por acto ou omissão violador de um dever de conduta.

8. Os advogados estão sujeitos às regras gerais da responsabilidade civil, que tanto pode ser contratual como extracontratual. Veja-se a propósito do tema Orlando Guedes da Costa, em "Direito Profissional do Advogado", 8.ª edição, pág. 435 e segts. António Arnaut, "Iniciação à Advocacia", pág. 115 e Carlos Mateus em "Deontologa Profissional – Contributo para a formação dos Advogados Portugueses", 2016, págs. 220 e sgts.

9. O Acórdão do S.T.J. de 24/1/87, in B.M.J. n.º 371, pág. 444, decidiu que é contratual a responsabilidade civil do advogado que, mandatado para instaurar uma acção, deixa prescrever o respectivo direito.

10. O Acórdão do S.T.J. de 30/5/95,in Col. Jur. 1995, tomo 2, pág. 114, responsabilizou pelos danos, em consequência de um despejo, o advogado que não tinha estudado devidamente a questão nem aconselhado e informado os seus clientes a proceder ao depósito das rendas não pagas.

11. Se o advogado não cumpre ou cumpre defeituosamente as obrigações que lhe advêm do exercício do mandato, incorre em responsabilidade contratual para com o cliente. Contudo, a ressarcibilidade do dano de perda de "chance" está dependente da formulação de um juízo hipotético sobre as consequências da conduta do advogado, sendo que essa perda só poderá ser valorada se traduzir uma probabilidade consistente e real de êxito que se frustrou. Assim decidiu o Tribunal da Relação de Lisboa, no seu Acórdão de 10 de Fevereiro de 2015, in "JusJornal" n.º 2111 de 20 de Março de 2015,

12. Sendo, em regra, de natureza contratual a responsabilidade civil dos advogados, a prescrição apenas opera ao fim de vinte anos – artigo 309.º do C. Civil – o que obriga para a sua salvaguarda, a preservação do arquivo por igual período de tempo.

13. Ver sobre este tema o Parecer do Conselho Geral parcialmente transcrito na anotação 13. ao subsequente artigo 101.º deste E.O.A..

14. Ver artigo 104.º quanto à obrigatoriedade de seguro de responsabilidade civil profissional e ainda os pontos 3.9.1. e 3.9.2. do C.D.A.E. quanto a idêntica obrigatoriedade de seguro para a prestação de serviços ou exercício de actividade num Estado Membro de acolhimento.

15. Na alínea *c)* deste artigo 100.º apela-se ao dever do advogado aconselhar os seus clientes no sentido da conciliação, quando esta se revele aos seus olhos satisfatória e capaz de salvaguardar os aspectos essenciais dos interesses confiados.

16. Um dos papéis mais relevantes do advogado no desempenho da sua função social é precisamente o da harmonização dos conflitos. Deve de facto ser ponderada a importância que os advogados têm na resolução dos litígios por via extrajudicial, evitando que a grande maioria dos casos que lhes são confiados acabem por ser encaminhados para os saturados tribunais.

17. Cabe ao advogado ajuizar, com bom senso e equilíbrio, quando o acordo por si proposto e aconselhado, mas negado pelo cliente, não constitui quebra da relação de confiança, ou quando a rejeição põe em causa a orientação do patrocínio; quando o cliente se mova apenas por "animus litigandi" pode o advogado justamente recusar-se a continuar no patrocínio por verificação de justa causa, ao abrigo da alínea *e)* do n.º 1 deste artigo 100.º do E.O.A..

18. A protecção do princípio da independência na relação com os clientes reclama ainda que os advogados não depositem interesses pessoais sobre o objecto das ques-

tões que lhes estão confiadas, já que, não sendo assim, poderiam perder a capacidade de aconselhamento do cliente em função tão-somente dos interesses patrocinados. Esta a razão de ser da proibição constante da alínea d), onde entronca o regime da "quota litis", especificamente regulado no artigo 106.º do E.O.A..

19. Na mesma linha, decorre do artigo 579.º do C. Civil a proibição da cessão de créditos ou outros direitos litigiosos, sob pena de nulidade, a favor de juízes, magistrados do M.P., funcionários de justiça e mandatários judiciais.

20. Ao contrário do que sucede com o contrato de mandato civil, o contrato de patrocínio ou de mandato por advogado não pode ser por este livremente revogado, já que o patrocínio interessa não só ao constituinte mas também ao interesse da boa administração da Justiça.

21. Carlo Lega (obra já citada) refere que *"o advogado está obrigado sempre a assistir ao cliente, a menos que exista uma causa legítima de recusa. Significa isso que, na renúncia ao mandato, o advogado goza de poderes discricionários, mas não arbitrários".*

22. O advogado pode, com a maior liberdade, aceitar ou recusar tratar de um assunto em função dos seus próprios valores e do seu conceito individual de justiça, como se permite no artigo 90.º n.º 2. *b)* do E.O.A.. Mas, uma vez aceitando, só poderá vir a renunciar perante situações graves que ponham definitivamente em causa a relação de confiança.

23. Para além da justa causa, importa ainda assegurar, em caso de renúncia ao mandato, que esta ocorra em momento que não cause dano aos interesses do constituinte, o que equivale à indispensável ponderação pelo advogado do critério da oportunidade, aliás como neste aspecto também decorre do artigo 1172.º *d)* do C. Civil.

24. Veja-se o artigo 103.º n.º 2 do E.O.A. quanto à existência de justa causa para a renúncia ao mandato em caso de não satisfação pelo cliente de um pedido de provisão.

25. Estando o advogado determinado a renunciar ao mandato por haver concluído verificar-se para tal justa causa, deverá privilegiar a sua substituição no patrocínio pela via do substabelecimento sem reserva, dando ao cliente a oportunidade de indicar advogado para tal efeito; assim, melhor protegida fica a desejável reserva de confidencialidade da relação advogado/cliente.

26. Em termos processuais, a renúncia ao mandato está regulada no artigo 47.º do C. P. Civil. O requerimento para a renúncia ao mandato não deve conter mais do que o estritamente necessário para apresentação de tal pretensão, não devendo conter qualquer fundamentação que devasse o sigilo profissional.

27. Não obstante a apresentação do requerimento de renúncia, ter-se-á em conta que o advogado renunciante deve continuar a garantir o patrocínio até que se operem os efeitos da renúncia, nos termos do citado artigo 47.º n.ºs 2, 3 e 4 do C. P. Civil.

28. *"A decisão de recorrer ou não do acto administrativo que negou a pretensão da Participada assume natureza eminentemente técnica e jurídica. Com efeito, trata-se de um juízo que só ao advo-*

gado cabe formular, de modo diligente e consciencioso, em honra à independência que lhe é garantida em relação ao próprio cliente, nos termos do artigo 84.º daquele Estatuto. Idêntica preocupação garantística enforma, por exemplo, o artigo 68.º do Estatuto da Ordem dos Advogados, em relação à independência técnica do advogado perante a entidade patronal, em situações de trabalho subordinado. Não existem razões para garantir menor grau de independência nas relações do advogado com o seu cliente." Parecer do C. Superior de 28 de Fevereiro de 2007.

Artigo 101.º – Valores e documentos do cliente

1 – O advogado deve dar a aplicação devida a valores, objetos e documentos que lhe tenham sido confiados, bem como prestar conta ao cliente de todos os valores deste que tenha recebido, qualquer que seja a sua proveniência, e apresentar nota de honorários e despesas, logo que tal lhe seja solicitado.

2 – Quando cesse a representação, o advogado deve restituir ao cliente os valores, objetos ou documentos deste que se encontrem em seu poder.

3 – O advogado, apresentada a nota de honorários e despesas, goza do direito de retenção sobre os valores, objetos ou documentos referidos no número anterior, para garantia do pagamento dos honorários e reembolso das despesas que lhe sejam devidos pelo cliente, a menos que os valores, objetos ou documentos em causa sejam necessários para prova do direito do cliente ou que a sua retenção cause a este prejuízos irreparáveis.

4 – Deve, porém, o advogado restituir tais valores e objetos, independentemente do pagamento a que tenha direito, se o cliente tiver prestado caução arbitrada pelo conselho regional.

5 – Pode o conselho regional, antes do pagamento e a requerimento do advogado ou do cliente, mandar entregar a este quaisquer objetos e valores quando os que fiquem em poder do advogado sejam manifestamente suficientes para pagamento do crédito.

NOTAS:

1. Neste artigo 101.º do E.O.A. foram agrupadas as normas essenciais sobre o dever de prestação de contas com os clientes.

2. O facto de se mencionar na parte final do n.º 1 deste artigo que o advogado deve apresentar nota de honorários e despesas logo que tal lhe seja solicitado não significa que não pode o advogado apresentar a nota por sua iniciativa logo que cesse a sua prestação profissional. A norma em causa reporta-se apenas ao dever de apresentação de contas, a solicitação do cliente, sendo certo que decorre do regime do artigo 1161.º *d)* do C. Civil que o mandatário é obrigado a prestar contas, findo o mandato ou quando o mandante as exigir.

3. Quanto à apresentação da nota de honorários, veja-se o artigo 105.º do E.O.A. e o Regulamento 40/2005 – Regulamento dos Laudos de Honorários.

4. Com a nota de honorários o advogado procede à fixação da compensação a que tem direito pela prestação dos seus serviços e interpela o cliente para o pagamento, pelo que sem ela não existe um crédito certo, líquido e exigível. O direito de retenção, para ser validamente exercido, implica, pois, a prévia apresentação ao cliente da nota de honorários, como decorre do disposto no n.º 3 deste artigo 101.º do E.O.A..

5. Sem apresentação da nota de honorários, também não goza o advogado do direito de obter a emissão de laudo – artigo 7.º n.º 1 do Regulamento 40/2005.

6. O direito de retenção não permite que o advogado se pague pelas suas próprias mãos, sendo *"infracção disciplinar deixar o advogado de entregar dinheiro em seu poder, mesmo que se trate de dinheiro recebido da parte contrária em virtude de transacção, para se pagar de honorários cuja conta não tenha sido aprovada pelo constituinte nem aprovada judicialmente"* – Acórdão do C. Superior de 4/10/74 na R.O.A. 45.ª, pág. 876.

7. Não pode também o advogado, que tenha cobrado um crédito em dinheiro do seu constituinte, remeter-lhe a conta de honorários e, sem o seu acordo, deduzir o valor destes no montante do crédito cobrado para lhe remeter apenas o saldo apurado – Acórdão do C. Superior de 17/6/83, na R.O.A., 43.º, pág. 853.

8. O advogado, que tenha em seu poder valores sobre os quais pretenda exercer o direito de retenção e que esteja em desacordo com o seu cliente por causa dos honorários, deve instaurar de imediato a acção de honorários ou solicitar a intervenção do seu Conselho Regional para os fins previstos nos n.ºs 4 e 5 deste artigo 101.º, podendo ainda solicitar a emissão de laudo ao Conselho Superior.

9. O direito de retenção respeita a valores e objectos na posse do advogado incumbido de vários assuntos, mesmo que aqueles valores e objectos não tenham relação imediata com dossier encerrado e com conta paga e se trate agora de garantir honorários e despesas de outros casos entregues – Parecer do Presidente do CD do Porto de 4-11-85 na R.O.A. 46, pág. 269.

10. *"O advogado goza do direito de retenção do montante indemnizatório para garantia do pagamento dos honorários e reembolso de despesas"* – AC. Rel. do Porto de 28/10/99, no Bol. 490-318.

11. O mecanismo da prestação de caução previsto nos n.ºs 4 e 5 deste artigo 101.º tanto pode ser despoletado por iniciativa do advogado como do seu cliente, funcionando o Conselho Regional como entidade arbitral.

12. Quanto ao direito de retenção do mandatário e da prestação de caução como forma de afastamento do direito de retenção, ver os artigos 755.º n.º 1. *c)* e 756.º *d)* do C. Civil.

13. Pelo especial interesse prático de que se reveste o tema do dever de guarda do arquivo profissional dos Advogados, passamos a transcrever as conclusões do Parecer

do Conselho Geral n.º 23/PP/2012-G, emitido em 5 de Dezembro de 2012 e que pode ser consultado na íntegra em www.oa.pt/Conteudos/Pareceres:

1.ª – Deve manter-se por ajustada e actual, a orientação do anterior Parecer de 1968 no que concerne à definição do "arquivo profissional do advogado" como sendo: "o conjunto de documentos de qualquer natureza que chagam à posse do advogado por virtude ou em razão do caso ou assunto profissional cuja defesa lhe foi cometida por mandato do constituinte ou por nomeação oficiosa; de cópias dos trabalhos jurídicos elaborados pelo advogado da parte adversa; dos duplicados dos articulados; das cópias do processo judicial respectivo – depoimentos, respostas de peritos, especificação e questionário, despachos, sentenças, acórdãos, etc., ou cópias de outros processos que, de qualquer modo, foram examinados e, porventura, até, utilizados de qualquer maneira no estudo da questão cometida ao advogado; as cópias de pareceres jurídicos ou técnicos; a cópia de correspondência trocada pelo advogado com o constituinte, com a parte adversa enquanto não representada ou com autorização do respectivo patrono, com este, com técnicos ou com quaisquer outras pessoas ou entidades, a respeito do assunto em causa; as certidões, cadernetas prediais, etc, etc, – ou seja, numa palavra, o conjunto ou a multiplicidade de tudo o que comummente se chama "dossiers" ou "processos" dos clientes";

2.ª – Findo o mandato, seja pela conclusão da causa, seja pela renúncia ou cessação, o advogado, deve devolver os documentos que pertençam ao cliente e estavam sob a sua guarda, nos termos estatuídos no artigo 96.º n.ºs 2 e 4 do Estatuto da Ordem dos Advogados (E.O.A.);

3.ª – Sendo o Estatuto da Ordem dos Advogados, omisso, quanto ao prazo de guarda do arquivo profissional do advogado e não havendo regulamentação sobre a matéria, deve aplicar-se por analogia o prazo de guarda previsto no artigo 40.º do Código Comercial, repristinando a tese defendida pelo Parecer de 1968, embora com a ressalva da alteração do artigo, que substituiu o prazo de 20 anos, pelo actual prazo de 10 anos, nos termos da demais legislação conexa com a matéria;

4.ª – Assim, todos os advogados que exerçam individualmente ou organizados em sociedades de advogados, devem conservar os seus arquivos profissionais de processos findos, quer os mesmos sejam em suporte de papel, ou em suporte informático, pelo prazo de 10 anos, enquanto exerçam a profissão por tal período, ou por período superior."

14. O sentido do Parecer anotado em 13. não invalida que, por precaução, se entenda mais prudente manter o arquivo pelo período de 20 anos, considerando ser este o prazo geral de prescrição – Vide anotação 12.º ao artigo 100.º deste E.O.A.

15. O dever especial de precaução referido na anotação anterior seria desnecessário se existisse norma que consagrasse a exoneração da responsabilidade civil profissional e da obrigação de conservação de documentos decorrido o prazo de cinco anos a contar da cessação do serviço prestado, tal como se verifica, por exemplo, na Bélgica pelo artigo 2276.º do Código Civil, introduzido por lei de 8.8.1985, e na França pelo artigo 2225.º do Código Civil, na redação da Lei n.º 2008-561.

Artigo 102.º – Fundos dos clientes

1 – Sempre que o advogado detiver fundos dos seus clientes ou de terceiros, para efetuar pagamentos de despesas por conta daqueles, deve observar as regras seguintes:

a) Os fundos devem ser depositados em conta do advogado ou sociedade de advogados separada e com a designação de conta clientes, aberta para o efeito num banco ou instituição similar autorizada, e aí mantidos até ao pagamento de despesas;

b) Os fundos devem ser pagáveis à ordem, a pedido do cliente ou nas condições que este tiver aceite;

c) O advogado deve manter registos completos e precisos relativos a todas as operações efetuadas com estes fundos, distinguindo-os de outros montantes por ele detidos, e deve manter tais registos à disposição do cliente.

2 – O conselho geral pode estabelecer, através de deliberação, regras complementares aplicáveis aos fundos a que o presente artigo se reporta, incluindo a sua centralização num sistema de gestão que por aquele conselho vier a ser aprovado.

3 – O disposto nos números anteriores não se aplica às provisões destinadas a honorários, pelas quais haja sido dada quitação ao cliente.

NOTAS:

1. O rigor e a transparência nas questões patrimoniais, particularmente na guarda e gestão de fundos pertencentes aos clientes, são fundamentais para a preservação do prestígio da profissão e do valor da confiança, pelo que a manutenção dos fundos de clientes, que constituiu uma novidade absoluta no quadro do revogado E.O.A. (2005), deve ser louvada, aguardando-se a sua melhor regulamentação.

2. Através dos fundos de clientes ficaria melhor assegurado o dever deontológico decorrente do artigo 101.º do E.O.A..

3. Se os fundos de clientes são novidade no ordenamento deontológico interno, há muito que são impostos pelo C.C.B.E, mantendo-se o instituto no ponto 3.8. do C.D.A.E..

4. Ao ficar prevista a possibilidade de criação de um centro de gestão destes fundos, fica aberta a hipótese de obtenção de benefícios provenientes dessa gestão não só para os clientes, como também para os advogados, por via institucional, já que resultam tais fundos da sua actividade profissional.

5. A actual norma é materialmente idêntica à do antecedente artigo 97.º do revogado E.O.A. (2005), com a única excepção do seu n.º 2., onde se prevê que a regulação das regras complementares dos fundos de clientes pelo Conselho Geral seja operada por via de deliberação e não por regulamento, o que se compreende tendo em conta a transferência do poder regulamentar para a Assembleia Geral. Veja-se a propósito os artigos 33.º n.º 2. *d)* e 46.º n.º 1. *g)* deste E.O.A..

Artigo 103.º – Provisões

1 – O advogado pode solicitar ao cliente a entrega de provisões por conta dos honorários ou para pagamento de despesas, não devendo tais provisões exceder uma estimativa razoável dos honorários e despesas prováveis.

2 – Não sendo entregue a provisão solicitada, o advogado pode renunciar a ocupar-se do assunto ou recusar aceitá-lo.

3 – O advogado apenas pode ser responsabilizado pelo pagamento de despesas ou quaisquer outros encargos que tenham sido provisionados para tal efeito pelo cliente e não é obrigado a dispor das provisões que tenha recebido para honorários, desde que a afetação destas aos honorários seja do conhecimento do cliente.

NOTAS:

1. O pedido de provisão é uma faculdade concedida ao advogado face ao reconhecimento de que a sua actividade profissional resulta de uma obrigação de meios e não de uma obrigação de resultado, pelo que tem o advogado direito a ser remunerado à medida do trabalho que vai desenvolvendo no interesse do cliente.
2. Os pedidos de provisão devem conter-se em limites razoáveis, aconselhando que só sejam apresentados quando o advogado disponha de uma previsão razoável do valor aproximado dos honorários admissíveis no termos da sua prestação profissional.
3. Se o advogado tiver subordinado a prestação dos seus serviços à condição de receber a provisão, não está obrigado a prestá-los enquanto ela não lhe for entregue.
4. Veja-se a alínea *e)* do n.º 1 do artigo 100.º e a nota 23 referente a essa norma.
5. As provisões para despesas e as provisões para honorários têm regimes distintos, como se constata do n.º 3, e devem ter tratamento contabilístico e fiscal diferenciado, pelo que se revela aconselhável que sejam pedidas por escrito com uma clara definição da sua natureza.
6. Quanto às provisões, veja-se ainda o ponto 3.5. do C.D.A.E..

Artigo 104.º – Responsabilidade civil profissional

1 – O advogado com inscrição em vigor deve celebrar e manter um seguro de responsabilidade civil profissional tendo em conta a natureza e âmbito dos riscos inerentes à sua atividade, por um capital de montante não inferior ao que seja fixado pelo conselho geral e que tem como limite mínimo € 250.000,00 sem prejuízo do regime especialmente aplicável às sociedades de advogados e do disposto no artigo 38.º da Lei n.º 2/2013, de 10 de janeiro.

2 – Quando a responsabilidade civil profissional do advogado se fundar na mera culpa, o montante da indemnização tem como limite máximo o corres-

pondente ao fixado para o seguro referido no número anterior, devendo o advogado inscrever no seu papel timbrado a expressão «responsabilidade limitada».

3 – O disposto no número anterior não se aplica sempre que o advogado não cumpra o estabelecido no n.º 1 ou declare não pretender qualquer limite para a sua responsabilidade civil profissional, caso em que beneficia sempre do seguro de responsabilidade profissional mínima de grupo de € 50.000,00 de que são titulares todos os advogados não suspensos.

NOTAS:

1. Cfr. artigo 100.º n.º 1. *b)* e respectivas anotações.

2. Todos os advogados portugueses beneficiam automaticamente de um seguro profissional de responsabilidade civil patrocinado pela Ordem dos Advogados por inerência à sua inscrição válida na Ordem dos Advogados.

3. Permite-se aos advogados limitar a sua responsabilidade civil profissional quando fundada em mera culpa até ao montante do valor do seguro que mantenha nos termos do n.º 1 deste artigo 104.º, com o capital mínimo de s 250.000,00 – ver, no mesmo sentido, o Parecer do C. Distrital do Porto de 6/1/2007, do qual foi relator o Dr. Carlos Mateus.

4. No caso de não possuírem seguro conforme previsto no n.º 1, os advogados respondem ilimitadamente, dispondo contudo do seguro mínimo de grupo disponibilizado e suportado pela Ordem dos Advogados.

5. Cfr. sobre este tema o ponto 3.9. do C.D.A.E.

6. O seguro previsto neste artigo 104.º não colide com os seguros que possam existir na regulação das sociedades de advogados, como já sucedia pelos artigos 33.º a 37.º da revogada Lei das Sociedades de Advogados – D. Lei 229/04 de 10 de Dezembro.

7. Leia-se a anotação 8. ao artigo 100.º do E.O.A..

8. *"O advogado, para beneficiar da responsabilidade civil profissional limitada, deve inscrever no seu papel timbrado a expressão "responsabilidade limitada" e usá-la enquanto pretender beneficiar dessa limitação, entendendo-se como "papel timbrado" qualquer documento onde se preste informação e publicidade da actividade profissional, assim se incluindo o suporte escrito no exercício da acção do advogado, tal como papel de carta, carimbo, cartões-de-visita, cabeçalho das peças judiciais e também nos documentos extrajudiciais usados nas repartições públicas."* (Parecer do C. Distrital do Porto de 2007.01.06, sendo relator o Dr. Carlos Mateus).

9. O Conselho Geral tem vindo a renovar a apólice de grupo de responsabilidade civil profissional que abrange todos os advogados com a inscrição em vigor. Desta forma, a referida apólice tem como âmbito de cobertura base o capital de € 150.000,00 por advogado e por sinistro, sendo garantidos os pagamentos de indemnizações que possam vir a ser exigidas aos segurados, a título de responsabilidade civil profissional, designadamente com base em erro ou omissão no âmbito do exercício da actividade profissional da advocacia. Não obstante, os advogados poderão aumentar o capital seguro através da

contratação de uma apólice de reforço sendo que, ao contratarem essa apólice individual de reforço (independentemente do capital), eliminarão a franquia existente na apólice de grupo. Para melhor informação, consultar o Portal da Ordem dos Advogados.

10. Nos termos e para os efeitos do disposto no n.º 2 do artigo 104.º do E.O.A., os advogados, ao subscreverem uma apólice de reforço por capital de € 250.000.00, limitam a sua responsabilidade civil profissional a esse montante, seja qual for o valor dos danos causados, desde que inscrevam no seu papel timbrado a expressão «responsabilidade limitada».

11. No n.º 1 deste preceito remete-se para o regime especial previsto para as sociedades de advogados, mas na realidade tal regime deixou de existir face à revogação do D.Lei 229/04 de 10 de Dezembro e, consequentemente, do seu artigo 37.º, onde esse regime assentava, não tendo em alternativa o actual E.O.A estabelecido qualquer outro preceito substitutivo.

Artigo 105.º – Honorários

1 – Os honorários do advogado devem corresponder a uma compensação económica adequada pelos serviços efetivamente prestados, que deve ser saldada em dinheiro e que pode assumir a forma de retribuição fixa.

2 – Na falta de convenção prévia reduzida a escrito, o advogado apresenta ao cliente a respetiva conta de honorários com discriminação dos serviços prestados.

3 – Na fixação dos honorários deve o advogado atender à importância dos serviços prestados, à dificuldade e urgência do assunto, ao grau de criatividade intelectual da sua prestação, ao resultado obtido, ao tempo despendido, às responsabilidades por ele assumidas e aos demais usos profissionais.

NOTAS:

1. Alfredo Gaspar, no seu Estatuto Anotado, págs. 93 a 95, faz um interessante estudo sobre a evolução histórica da remuneração típica dos advogados.

2. Nos termos do artigo 1158.º n.º 1 do C. Civil, o mandato forense presume-se oneroso, mas nada proíbe os advogados de prestarem serviços profissionais de forma gratuita.

3. Constitui princípio geral assente que é devida uma justa remuneração por todas as diligências feitas por mandatário judicial, independentemente do resultado, já que os advogados não assumem perante os seus clientes qualquer obrigação de resultado. Vide Acórdãos do C. Superior de 14/1/83 em R.O.A., 43, 227, de 27/11/74 em R.O.A., 35, 294 e de 14/4/81 em R.O.A. 42, 284.

4. Atendendo ao interesse público da profissão, o regime de fixação de honorários está sujeito, não só no domínio das formalidades e procedimentos, como também na sua valoração, a critérios legais e regulamentares, sob a tutela da Ordem dos Advogados.

Devem assim os advogados conhecer o Regulamento dos Laudos de Honorários – Regulamento 40/2005 de 29/4/05.

5. A remuneração dos advogados pode assumir diversas formas, consoante o regime contratual em que se baseie a sua actividade. Contudo, nos artigos 105.º a 107.º regula-se tão-somente a fixação de honorários referentes aos serviços profissionais prestados em regime profissional liberal.

6. A forma mais vulgar de fixação dos honorários é a da apresentação da nota de despesas e honorários após a conclusão do mandato ou da prestação de serviços, através da aplicação dos critérios gerais previstos no n.º 3 deste artigo 105.º.

7. Do confronto da redacção deste n.º 3 com a do n.º 1 do artigo 65.º do D. Lei 84/84 de 16 de Março regista-se a eliminação do factor "moderação" na ponderação da justa remuneração. A "moderação" era entendida como querendo significar justeza e adequação, evitando-se a carestia, excesso e exagero insuportável, preocupação que obviamente não devem os Advogados deixar de ter apesar daquela eliminação, já que ela deriva do papel dos Advogados como servidores da Justiça e do Direito. Vide sobre o tema os Acórdãos do C. Superior de 10/5/52 em R.O.A., 23, 166 e de 9/1/64, em R.O.A., 24, 417.

8. Nos termos do artigo 105.º n.º 3, o advogado deve fixar os seus honorários atendendo ao tempo gasto, à dificuldade e urgência do assunto, à importância dos serviços prestados, aos resultados obtidos, ao grau de criatividade intelectual da sua prestação, às responsabilidades assumidas e aos demais usos profissionais. Partindo do princípio de que a ordem pela qual estes factores são apresentados é irrelevante, importa registar que se aproveitou a actual redacção para a introdução de conceitos, que embora sendo já reconhecidos na apreciação concreta dos processos de laudo, estavam omissos no artigo 65.º n.º 1 do D. Lei 84/84. São eles a "urgência do assunto", o "grau de criatividade intelectual" e as "responsabilidades assumidas".

9. Na ponderação dos honorários não se pode esquecer que o tempo de trabalho prestado pelo advogado na defesa dos interesses do seu constituinte deverá ser valorado tendo em conta dois vectores distintos, mas complementares, ou seja, o correspondente à parte necessária para assegurar a cobertura financeira dos encargos gerais da sua estrutura profissional, sem o que não lhe seria possível exercer actividade profissional, e a contrapartida ou justo preço do trabalho qualificado efectivamente prestado. Por outro lado, a advocacia é uma actividade profissional livre, onde quem a exerce não tem garantido o trabalho e a própria remuneração, e está condicionada a regras deontológicas muito rigorosas que impedem formas de associação com quem não seja advogado e exigem um grau de envolvimento pessoal muito exigente.

10. O tempo gasto é um dos factores atendíveis mais relevantes, mas não é o único e nem mesmo é, em grande parte dos casos, o mais importante. Verifica-se, porém, a existência de uma tendência generalizada na emissão dos laudos no sentido de aproximação ao valor justo dos honorários através deste factor e pela aplicação de um valor/hora para

o trabalho intelectual do advogado, tendo também em conta os distintos custos fixos que os advogados suportam, variáveis em função da área geográfica das suas instalações.

11. A utilização do factor "resultado obtido" no n.º 3 do artigo 105.º não pode confundir-se com a referência feita no artigo 106.º n.º 2 do E.O.A. com a mesma expressão, porquanto, se nada impede o advogado de ponderar o resultado final obtido na fixação do valor dos seus justos honorários após a conclusão dos seus serviços, já não pode utilizar o resultado final, eventual e futuro, para, "antes da conclusão definitiva da questão" dele fazer depender, em exclusivo, a sua remuneração, sob pena de incorrer em "quota litis".

12. Na parte final da alínea *a)* do n.º 1 do artigo 100.º aponta-se a importância de os advogados manterem os seus clientes devidamente informados dos critérios utilizados ou a utilizar na fixação de honorários, o que para além da desejada transparência sobre esta sensível questão, deve ser encarado como corolário da relação de confiança.

13. De acordo com o D. Lei 138/90 de 26/4/90, foi estabelecida a obrigação de afixação pública dos preços de bens e serviços, mas a Portaria 240/2000 de 3 de Maio veio regular, em relação aos advogados, que *"No que concerne aos serviços típicos da actividade dos advogados e ao cumprimento da obrigação de publicitação dos respectivos preços, a que se refere o n.º 1 do artigo 10.º do Decreto-Lei n.º 138/90, com a redacção dada pelo artigo 1.º do Decreto-Lei n.º 162/99, é suficiente que o advogado dê indicação aos clientes ou potenciais clientes dos honorários previsíveis que se propõe cobrar-lhes em face dos serviços solicitados, identificando expressamente, além do valor máximo e mínimo da sua hora de trabalho, as regras previstas no n.º 1 do artigo 65.º do Estatuto da Ordem dos Advogados, aprovado pelo Decreto-Lei n.º 84/84, de 16 de Março, quanto à obrigação de proceder com moderação na fixação do valor final dos honorários, de atender ao tempo gasto, à dificuldade do assunto, à importância dos serviços prestados, à situação económica dos interessados, aos resultados obtidos, à praxe do foro e ao estilo da comarca."*

14. Em matéria de honorários importa conhecer o sistema legal de pagamento dos serviços desenvolvidos no regime do acesso ao direito nas vertentes de informação jurídica, consulta e apoio judiciário. A Portaria n.º 1386/2004, de 10 de Novembro, revogada pela Portaria n.º 10/2008, de 3 de Janeiro e repristinada, com alterações, pela Portaria n.º 210/2008 de 29 de Fevereiro, aprovou a tabela dos honorários para a protecção jurídica.

15. Cfr. anotações aos artigos 100.º,101.º, 102.º, 103.º, 106.º e 107.º do E.O.A..

16. *"I – No caso de haver um acordo verbal quanto ao montante de honorários e não existir uma conta/reclamação de pagamento dos mesmos, o Advogado não tem de apresentar uma conta por escrito. II – A nota de serviços, honorários e despesas é devida antes do pagamento dos honorários, para que o cliente possa ajuizar da justeza destes e do destino dado às provisões entregues. Não lhe assiste o direito de exigir essa nota depois de ter acordado o montante dos honorários, de os ter pago e saldado contas com o Advogado."* – Ac. C. Superior de 8/11/2002 em Jurisprudência do Conselho Superior, pág. 245.

17. Sobre as tabelas de honorários mínimos, o Tribunal de Justiça (Grande Secção), no seu Acórdão "Cipolla", de 5 de Dezembro de 2006, decidiu que as regras comuni-

tárias em matéria de concorrência não se opõem à adopção por um Estado Membro de uma medida normativa que aprove, com base num projecto elaborado por uma ordem profissional de advogados, uma tabela que fixe um limite mínimo de honorários dos advogados, tabela esta que é, em princípio, inderrogável, quer estejam em causa serviços reservados a esses profissionais quer serviços, como os extrajudiciais, que também podem ser prestados por qualquer operador económico não sujeito à referida tabela. Mais se decidiu no mesmo Acórdão que uma regulamentação que proíbe de modo absoluto a derrogação por acordo dos honorários mínimos fixados em tabela de honorários dos advogados, constitui uma restrição à livre prestação de serviços, competindo ao órgão jurisdicional de reenvio verificar se essa regulamentação, tendo em conta as respectivas modalidades concretas de aplicação, responde verdadeiramente aos objectivos de protecção dos consumidores e da boa administração da justiça que podem justificá-la e se as restrições que impõe não são desproporcionadas em relação a esses objectivos, Pode este tema ser comsultado em www.oa.pt/Conteudos/Artigos/detalhe.

18. Sobre os honorários dos advogados, ver "Les Honoraires des Avocats: actualités pratiques et jurisprudence", numa edição do Barreau de Paris, a solicitar à Ordre des Avocats de Paris, www.avocatparis.org.

19. O escritório de advogado não é um estabelecimento de contacto directo com o público, encontrando-se, assim, excluído do conceito de estabelecimento visado pelo D. Lei 156/2005, de 15 de Setembro, nos termos definidos no seu artigo 2.º e, consequentemente, excluído do âmbito de aplicação deste diploma, que determina a obrigatoriedade de existência e disponibilização de livro de reclamações – Parecer do C. Geral n.º 9/PP/2008-G, editado no Portal da Ordem dos Advogados.

20. O actual artigo 100.º n.ºs 1 e 2, do E.O.A. (2005), em conjugação com o Regulamento dos Laudos de Honorários da Ordem dos Advogados, não exclui que um juiz possa solicitar a emissão de um laudo de honorários pela Ordem, mesmo estando em causa uma "convenção prévia" de honorários. Como fundamento desta conclusão, pode aí ler-se que *"o contrário corresponderia, em última análise, ao assumir da asserção de que a remuneração dos serviços de um advogado, os honorários deste, que o EOA diz deverem corresponder a uma compensação económica adequada pelos serviços efectivamente prestados, poderiam, a coberto da convenção prévia, assumir, sem possibilidade de controlo técnico algum, carácter exorbitante, desproporcionado e sem qualquer correspondência nos serviços efectivamente prestados"*. Acórdão do Tribunal da Relação de Coimbra de 07.02.2012 – Proc. 897/07.3TBCTB-A.C2.

21. Ainda sobre o tema do regime legal de fixação de honorários consulte-se o estudo do Colega Dr. Orlando Guedes da Costa, no seu "Direito Profissional do Advogado" em 8.ª edição, págs. 287 a 305.

22. *"Apesar do laudo de honorários emitido pela Ordem dos Advogados, estar sujeito ao geral e comum princípio de livre apreciação do tribunal, não pode negar-se-lhe o valor informativo próprio de qualquer perícia, nem, de todo o modo, arredar-se o respeito e atenção que deve merecer, dada a*

especial qualificação de quem o emite. O laudo só deve ser afastado perante fortes motivos que nesse sentido apontem." – Sentença de 19 de Junho de 2017, proferida no Juiz 3 do Juízo Local Cível do Porto.

23. A informação do montante de honoráros a pagar por serviços jurídicos de planeamento migratório da sua prestação, de forma legal e abstracta, nas redes sociais, viola o disposto no artigo 105.º n.º 3 do EOA – Parecer do Conselho Regional do Porto n.º 23/PP/20022-P.

24. Uma cláusula de um contrato de prestação de serviços jurídicos celebrado entre um advogado e um consumidor que fixa o preço segundo o princípio do valor hora, sem conter outras precisões, não cumpre a exigência de clareza e inteligibilidade ... podendo constituir cláusula abusiva anulável – Acórdão do Tribunal de Justiça da União Europeia de 12 de janeiro de 2023 no Proc. C-395/21.

Artigo 106.º – Proibição da *quota litis*

1 – É proibido ao advogado celebrar pactos de *quota litis*.

2 – Por pacto de *quota litis* entende-se o acordo celebrado entre o advogado e o seu cliente, antes da conclusão definitiva da questão em que este é parte, pelo qual o direito a honorários fique exclusivamente dependente do resultado obtido na questão e em virtude do qual o constituinte se obrigue a pagar ao advogado parte do resultado que vier a obter, quer este consista numa quantia em dinheiro, quer em qualquer outro bem ou valor.

3 – Não constitui pacto de *quota litis* o acordo que consista na fixação prévia do montante dos honorários, ainda que em percentagem, em função do valor do assunto confiado ao advogado ou pelo qual, além de honorários calculados em função de outros critérios, se acorde numa majoração em função do resultado obtido..

NOTAS:

1. Os advogados podem celebrar ajuste prévio com os clientes sobre o valor dos honorários, sendo condição de admissibilidade que de tal ajuste resulte a fixação de uma verba certa sobre esse valor, como resulta do n.º 1. do artigo 105.º do E.O.A..

2. A proibição do pacto de *"quota litis"* assenta no princípio da preservação da independência dos advogados e radica no preceito, de previsão mais ampla, contido no artigo 100.º n.º 1 *d)* do E.O.A.. Cfr. as notas 17 e 18 a essa norma.

3. No C.D.A.E. define-se no ponto 3.3.2. o pacto de "quota litis" como sendo *"o acordo entre o advogado e o seu cliente, antes da conclusão definitiva da questão em que este é parte, através do qual o cliente se compromete a entregar ao advogado uma parte do resultado que vier a obter, independentemente do resultado corresponder a uma soma em dinheiro ou a qualquer outro bem ou*

valor.". Verifica-se, assim, do confronto com o artigo 106.º, que o regime do instituto no nosso ordenamento deontológico é mais permissivo do que o vigente para as relações transfronteiriças.

4. Constitui excepção à regra da proibição da *"quota litis"* a possibilidade de majoração da verba fixa, previamente ajustada, em função do resultado final, o que constitui uma clara abertura em relação ao regime anterior e vem confirmar prática, já de alguma forma generalizada na advocacia portuguesa, conhecida pelo *"palmário"*. Veja-se, a propósito, Valério Bexiga, Manual de Deontologia Forense, págs. 183/186.

5. A primeira parte do n.º 3 do artigo 106.º do E.O.A. foi decalcada da primeira parte do ponto 3.3.3. do C.D.A.E., trazendo à colação a problemática das tabelas de honorários, já que nestas é vulgar a definição dos mínimos a cobrar em função de taxas percentuais sobre o valor das acções ou dos assuntos confiados, o que não constitui "quota litis".

6. As tabelas de honorários são presentemente prática tendencialmente proibida e, como tal desaconselhada pelas Ordens europeias, em virtude do entendimento perfilhado pelo Tribunal da Comunidade de que as mesmas violam o artigo 81.º n.º 1 *a)* do Tratado de Roma, referente à proibição de práticas concertadas impeditivas da livre concorrência, sustentando Valério Bexiga, no seu Manual de Deontologia Forense, a pág. 187, que idêntico regime proibitivo resulta igualmente do artigo 81.º *e)* da Constituição da República Portuguesa e do artigo 2.º n.º 1 *a)* do D. Lei 371/93 de 29/10, que garante o princípio do livre funcionamento das regras de mercado, posição todavia que não temos por segura, já que os serviços prestados por advogados não devem ser considerados serviços de natureza mercantil, justificando-se a existência de reservas à aplicação de tais princípios em abono do interesse público da profissão.

7. As avenças representam uma fixação prévia e certa de honorários com relação a prestação de serviços de natureza continuada, pelo que podem ser consideradas modalidade de ajuste prévio.

8. Por comunicado de 5 de Setembro de 2005, a Comissão Europeia veio divulgar o Relatório de 2004 sobre concorrência nos serviços das profissões liberais, incluindo as profissões jurídicas, intensificando as pressões para a intensificação de esforços pelos Estados Membros com vista ao aumento da concorrência, designadamente quanto às práticas de interdição de publicidade e fixação de honorários.

9. Sobre a temática das tabelas de honorários, veja-se o Parecer 1/2006 aprovado no Conselho Superior da Ordem dos Advogados, do qual transcrevemos as seguintes conclusões:

"1. Sem prejuízo da prevalência das experiências e princípios deontológicos sobre considerações económicas, e bem assim da necessidade de a afirmar, sempre que justifique, designadamente perante os órgãos comunitários, as normas nacionais e comunitárias da concorrência são aplicáveis aos advogados, quanto profissionais liberais e à respectiva Ordem; e isto porque:

2. Para efeitos de aplicação da legislação da concorrência, o profissional liberal advogado, no caso – é equiparado a empresa, enquanto que a respectiva associação profissional – a Ordem dos Advogados – é equiparada a associação de empresas, ao actuar em representação dos seus membros, v.g. através da determinação de regras e/ou comportamentos respeitantes à retribuição dos serviços prestados; daí que

3. O art. 4.º n.º 1, al. a) desta Lei 18/2003, de 11 de Junho, proíbe práticas consertadas entre empresas, que tenham por objecto a restrição da concorrência, nomeadamente que se traduzam em fixar, de forma directa ou indirecta, os preços de compra ou de venda ou interferir na sua determinação pelo livre jogo do mercado, induzindo, artificialmente, quer a sua alta quer a sua baixa;

4. Tal proibição não contraria as exigências e princípios deontológicos fundamentais;

5. Consequentemente, a OA, designadamente através das suas Delegações, não pode aprovar tabelas de honorários, quer sejam mínimos, quer sejam máximos, dado que estas tendem, à partida, a impedir a livre fixação dos valores correspondentes aos serviços prestados, subvertendo as regras de concorrência;

Assim sendo, e porque tais tabelas são contrárias à legislação actual e aos seus princípios subjacentes, terão que considerar-se nulas sob pena de infracção e condenação da OA, devendo por conseguinte ser revogadas e retiradas das Delegações, e bem assim dos escritórios dos advogados que as tenham afixadas."

Artigo 107.º – Repartição de honorários

É proibido ao advogado repartir honorários, ainda que a título de comissão ou outra forma de compensação, exceto com advogados, advogados estagiários e solicitadores com quem colabore ou que lhe tenham prestado colaboração.

NOTAS:

1. Ver os pontos 3.6., 5.4.1. 5.4.2. e 5.7. do C.D.A.E..
2. Cfr. notas 29 a 34 a propósito do artigo 90.º n.º 2 *h)* do E.O.A..

CAPÍTULO III – Relações com os tribunais

Artigo 108.º – Dever de lealdade

1 – O advogado deve, em qualquer circunstância, atuar com diligência e lealdade na condução do processo.

2 – É vedado ao advogado, especialmente, enviar ou fazer enviar aos juízes ou árbitros quaisquer memoriais ou, por qualquer forma, recorrer a meios desleais de defesa dos interesses das partes.

NOTAS:

1. O compromisso deontológico com a verdade e com o direito exige aos advogados que respeitem os deveres processuais de cooperação, boa fé processual e de correcção, como também decorre dos artigos 7.º, 8.º e 9.º todos do C. P. Civil.

2. O artigo 545.º do C. P. Civil regula o regime da má fé imputável aos advogados ou má fé instrumental, estabelecendo que *"quando se reconheça que o mandatário da parte teve responsabilidade pessoal e directa nos actos pelos quais se revelou a má fé na causa, dar-se-á conhecimento do facto à Ordem dos Advogados ou à Câmara dos Solicitadores, para que estas possam aplicar as sanções respectiva e condenar o mandatário na quota-parte das custas, multa e indemnização que lhes parecer justa".*

3. Para que haja má fé da responsabilidade pessoal do mandatário importa, porém, que ele tenha agido com intenção maliciosa, com verdadeiro dolo, não bastando a simples culpa ainda que muito grave. Vide Acórdão do S.T.J. de 13/10/77 em B.M.J. n.º 270, pág. 17.

4. No regime sancionatório da má fé instrumental o legislador respeitou a autonomia da Ordem e a independência dos advogados perante o poder judicial, criando um mecanismo processual que permite que seja a Ordem a apreciar, em sede disciplinar, a responsabilidade dos advogados e a acautelar a plena defesa destes sem risco de quebra do sigilo profissional, o que se verificaria se tal defesa fosse apresentada perante o juiz.

5. O dever de lealdade está também particularmente presente nos deveres recíprocos dos advogados, constantes das alíneas *c), d)* e *e)* do n.º 1 do artigo 112.º do E.O.A..

6. No artigo 87.º do D. Lei 84/84 estabelecia-se que o advogado devia *"sempre, sem prejuízo da sua independência, tratar os juízes com o respeito devido à função que exercem e abster-se de intervir nas suas decisões, quer directamente, em conversa ou por escrito, quer por interposta pessoa, sendo como tal considerada a própria parte".*

7. No C.D.A.E. – ponto 4.2. – estipula-se no domínio do dever de lealdade na condução do processo, que o advogado *"deve, em todas as circunstância, observar o princípio da boa fé e da lealdade processual e o carácter contraditório dos debates".*

8. As relações entre os advogados e magistrados têm sido objecto de inúmeras obras de autor, de que apenas se citam algumas, a título exemplificativo: Bastonário Ângelo de Almeida Ribeiro, "Direitos dos Advogados, sua Independência e Relações com a Magistratura", Bastonário Osório de Castro, "A Crise da Justiça e as Relações Magistrados-Advogados", na R.O.A. 45, 621, Jacques Hamelin, "Paradoxe sur l'avocat. Entretiens sur le rôle du defenseur", Flávio Pinto Ferreira, "Uma Abordagem Sociológica da Magistratura", na R.O.A. 33, 133, António Fernandez Rodriguez, "Juízes e Advogados", Rui Polónio de Sampaio, "O Magistrado visto pelo Advogado", na R.O.A., 36.º, 221, Costa e Melo, "Gente de Toga e Beca" (edição da C.M. de Aveiro), Orlando Guedes da Costa, "Direito Profissional do Advogado", 8.ª edição, págs. 373 a 377 e António Arnault, "Iniciação à Advocacia" pág. 85 e segs.

9. Cfr. sobre os deveres para com os magistrados os artigos 95.º do E.O.A. e 151.º n.º 5 do C. P. Civil.

10. Da farta jurisprudência da Ordem dos Advogados no plano do relacionamento com os magistrados, poder-se-ão retirar as seguintes ilações:

a) O cabal exercício do mandato impõe ao advogado uma conduta isenta de cobardia ou de aquietante comodismo;

b) O advogado está autorizado ao emprego de expressões mais ou menos enérgicas, veementes, vibrantes, consoante a natureza do assunto e o temperamento emocional de quem as subscreve, desde que se mantenham nos limites da serenidade e compostura, que não são manifestações de subserviência ou de subalternização, mas de superioridade de espírito.

11. O advogado tem liberdade de expressão para ser firme, enérgico, agressivo mesmo (sem ser contundente) – contanto que as circunstâncias o imponham e não seja desprimoroso para o juiz, já que a lide forense não se compadece com "punhos de renda", pois é sempre uma luta viril e áspera – Acórdão do C. Superior de 23/1/76 na R.O.A., 37, 275.

12. *"1. O acesso dos advogados ao gabinete do juiz depende da prévia anuência deste, salvo quando aí forem praticados actos em que participem ou tenham interesse profissional; 2. Sempre que o exercício do mandato o exija, não é vedado ao advogado procurar o juiz no seu gabinete de trabalho, a horas de serviço e quando este não esteja ocupado por audiência ou outro serviço marcado; 3. Não exorbita o exercício do mandato o advogado que, nessas circunstâncias, solicite ao juiz esclarecimentos sobre um despacho em que supõe ter havido lapso, a fim de evitar o recurso a expedientes legais demorados em processo que carecia de decisão muito urgente"* (Parecer do Conselho Geral da O.A. de 18/3/88, na R.O.A., 48, 640).

13. Os advogados dispõem de liberdade de crítica com os limites previstos no artigo 150.º n.º 2 do C. P. Civil, sendo garantia consagrada pelo artigo 13.º n.º 2 *b)* da Lei n.º 62/2013, de 26 de Agosto (L.O.S.J.) o não sancionamento pela prática de actos conformes ao seu estatuto profissional, onde aquele direito de crítica sem dúvida se integra.

14. *"Os advogados gozam de imunidade civil e penal por todas as declarações pertinentes feitas de boa fé, por escrito ou em alegações orais ou no âmbito das suas intervenções profissionais perante um tribunal judicial ou outro ou uma autoridade administrativa"* (Ponto 20 do Anexo aos Princípios Básicos Relativos à Função dos Advogados, aprovado no 8.º Congresso das Nações Unidas para a Prevenção do Crime e Tratamento de Delinquentes – Ed. da PGR 1995).

15. O relacionamento entre advogados e magistrados deve ser pautado pelo respeito à dignidade da função judicial, pelo princípio da independência dos advogados e pelo dever de não ingerência nas decisões dos magistrados.

16. A responsabilidade dos advogados pelo crime de injúrias cometido por eventuais excessos de linguagem escrita ou falada na pessoa de magistrados (enquanto titulares de órgão de soberania) esteve especialmente agravada pelo D. Lei 65/84 de 24/2/84, diploma que todavia foi revogado, em 1995, pelo C. Penal.

17. Ver anotações ao artigo 110.º do E.O.A..

18. As penas previstas nos artigos 180.º a 182.º do Codigo Penal para o crime de injúrias são agravadas quando cometido contra as pessoas elencadas na alíena l) do artigo 132.º n.º 2., nelas se incluindo magistrados e advogados, de acordo com o artigo 184.º do mesmo diploma legal.

19. *"i) A obrigação de notificação da parte contrária, estabelecida no artigo 229-A do C. P. Civil, recai sobre a parte, na pessoa do seu mandatário judicial. ii) O mandatário judicial não pode ser pessoalmente condenado em multa ou custas pela falta de notificação do mandatário da contraparte, nos termos do artigo 229-A do C. P. Civil."* – Parecer do C. Geral aprovado em 21 de Dezembro de 2006, in Portal da O.A. – http://www.oa.pt.

Artigo 109.º – Relação com as testemunhas

É vedado ao advogado, por si ou por interposta pessoa, estabelecer contactos com testemunhas ou demais intervenientes processuais com a finalidade de instruir, influenciar ou, por qualquer outro meio, alterar o depoimento das mesmas, prejudicando, desta forma, a descoberta da verdade.

NOTAS:

1. No domínio da previsão da alínea *a)* do n.º 2 do artigo 90.º do E.O.A. tem sido debatida a problemática do enquadramento deontológico do contacto com as testemunhas, matéria melindrosa e que, durante muito tempo, foi analisada à luz dos costumes e tradições profissionais no sentido de que tal prática era imoral, não sendo por isso lícito aos advogados contactarem testemunhas, dando aso a que pareça que tentam influenciar o seu depoimento. Vide nesta linha, a título meramente exemplificativo, os Acórdãos do Conselho Superior de 14/4/53 em R.O.A., n.º 13, pág. 520, de 8/2/68 em R.O.A., 1969, n.º 15, de 28/5/82 em R.O.A., n.º 42, pág. 823.

2. No I Congresso Nacional de Advogados, realizado em Lisboa, em Novembro de 1985, embora mantendo-se a tradicional proibição, já se admitia que a censurabilidade deontológica não resultava do contacto em si mesmo, mas antes da intenção de se afastar as testemunhas do caminho da verdade. Foi esta, em síntese, a tese que acabou por vingar no artigo 104.º do E.O.A de 2005, ora transferido, sem alterações, para o actual artigo 109.º.

3. Antecedendo a consagração definitiva desta tese, o tema foi largamente debatido pelo Conselho Geral e pelo Conselho Superior, como pode ser aferido pela leitura dos pareceres, entre si contraditórios, do Conselho Geral de 28/12/98 e de 18/02/2000 e dos Acórdãos do C. Superior de 1/3/2002 e de 17/10/2003, disponíveis em Jurisprudência do Conselho Superior págs. 238 e 736 e também na R.O.A., ano 62, Dezembro de 2002, págs. 1033 e segs.

Artigo 110.º – Dever de correção

1 – O advogado deve exercer o patrocínio dentro dos limites da lei e da urbanidade, sem prejuízo do dever de defender adequadamente os interesses do seu cliente.

2 – O advogado deve obstar a que os seus clientes exerçam quaisquer represálias contra o adversário e sejam menos corretos para com os advogados da parte contrária, magistrados, árbitros ou quaisquer outros intervenientes no processo.

NOTAS:

1. O dever de urbanidade previsto no n.º 1. deste preceito já resulta do que dispõe o artigo 95.º, sendo aqui acentuado no exercício do patrocínio judiciário.

2. A norma do n.º 2. visa lembrar ao advogado a sua função apaziguadora, devendo por isso dissuadir o cliente de ser vingativo ou desrespeitoso, seja para quem for.

3. Transcrevendo o que Alfredo Gaspar escreve, a pág. 152 do seu Estatuto Anotado, sobre este dever, relacionado com a chamada "administração do cliente", dir-se-á o seguinte:

a) Se a iniciativa do cliente se destinar à prática de qualquer acto ilegal, ou ilícito, ou imoral (um acto ilegítimo "lato sensu") o advogado deve opor-se com a maior firmeza, pura e simplesmente;

b) Tratando-se de um acto ilícito, o advogado deve continuar a opor-se-lhe, se o não julgar legítimo, ou ainda se o julgar inoportuno ou inconveniente; já não se deve opor, porém, se o julgar apropriado e imposto por todas as circunstâncias atendíveis.

4. *"I – Os advogados, ao pugnarem pela defesa do Direito e pela satisfação dos interesses legítimos a seu cargo, terão certamente, em muitos casos, de atribuir aos actos dos juízes, aos actos de Colegas e aos actos de terceiros, os qualificativos que estarão associados à violação do direito e à actuação ilegítima. II – Não pode a Ordem condenar o emprego das expressões que, pelos Colegas que as usam, exprimam a revolta pelo que é sentido como um abuso de poder, um grave atropelo dos direitos ou uma conduta incorrecta"* – Ac. C. Superior de 1/3/2002, em Jurisprudência do Conselho Superior, pág. 275.

5. *"I – O Advogado, quando intervém em representação judicial de um seu constituinte, não defende interesses próprios mas alheios, actuando profissionalmente no exercício de mandato forense que lhe foi conferido, justamente para discutir a conflitualidade de interesses e direitos em colisão. II – Daí que, desde que o Advogado não exceda os meios necessários à defesa dos interesses dos seus constituintes – meios esses que têm muitas vezes de ser contundentes, firmes e incómodos para com os intervenientes – a sua acção não pode ser limitada ou coarctada, sob pena de poderem ficar irremediavelmente diminuídos e limitados os direitos dos seus representados"*. Ac. do C. Superior de 7/2/2003 em Jurisprudência do Conselho Superior, pág. 48.

6. Veja-se sobre a independência e a liberdade de expressão dos advogados perante os tribunais o Acórdão do Conselho Geral, relatado por Alberto Luís, intitulado "Sobre

a liberdade de crítica às sentenças judiciais", aprovado em 22 de Outubro de 2004, publicado na R.O.A., Ano 64, Novembro, pág. 675.

7. Deverá a Ordem pugnar para que o Tribunal competente para qualquer processo--crime contra advogado por factos cometidos no exercício de funções deva ser o tribunal imediatamente superior àquele onde se registaram os factos que deram origem ao procedimento. Conclusão 45.ª (2.ª Secção) aprovada no VI Congresso dos Advogados Portugueses (2005).

8. *"O Advogado, no exercício do patrocínio forense, não está impedido de criticar objectivamente as posições assumidas no processo por qualquer dos seus intervenientes, nem de censurar os tipos de actuação processual de que discorde. A necessidade, que não esteja em concreto excluída, das expressões que utilize para a defesa da causa, legitima-as. A sua conduta só é disciplinarmente ilícita se violar os limites que estatutariamente lhe são fixados – o ataque pessoal ou a alusão pessoalmente vexatória ou aviltante (a alusão deprimente)"* – Parecer aprovado pelo Conselho Superior em 28/10/05, sendo relator o Dr. Virgilio Vasconcelos Ribeiro, o qual contem vastas citações sobre o tema da liberdade de expressão dos Advogados no exercício do patrocínio, in www.oa.pt/Pareceres.

9. Na mesma linha do parecer anotado em 8. veja-se também o Parecer aprovado no Conselho Superior em 17/06/05, sendo relator o Dr. Alberto Jorge Silva, onde, para além de outras, se extrai a conclusão de que *"o ambiente próprio da administração da justiça pressupõe, por parte do juiz, a assunção da tolerância, humildade e disponibilidade aptas a afastar susceptibilidades exacerbadas face a comportamentos de advogados, aceitando deixar recuar os limites dentro dos quais a sua honra e consideração devem ser tuteladas pelo direito (penal ou disciplinar). Assim, deve ser, em nome da liberdade de expressão e actuação no exercício do patrocínio e do mandato forense, a qual só pode ser garantida se for afastado o receio da perseguição sancionatória: sem isso, não há advocacia livre e independente nem administração da justiça adequada ao Estado de Direito Democrático"*. Ver www.oa.pt/Pareceres

CAPÍTULO IV – Relações entre advogados

Artigo 111.º – Dever de solidariedade

A solidariedade profissional impõe uma relação de confiança e cooperação entre os advogados, em benefício dos clientes e de forma a evitar litígios inúteis, conciliando, tanto quanto possível, os interesses da profissão com os da justiça ou daqueles que a procuram.

NOTAS:

1. O actual E.O.A. inicia a regulação deontológica das relações entre advogados invocando o dever de solidariedade, dever este já presente, mas de forma apenas encapotada, no artigo 86.º do revogado D. Lei 84/84.

2. A norma deste artigo 111.º acolhe e transcreve parcialmente a formulação do ponto 5.1. do C.D.A.E.. sobre o princípio da solidariedade profissional.

3. Não obstante nesta transposição se haver olvidado a referência contida na parte final do ponto 5.1. do C.D.A.E., deve entender-se que, por mais relevantes que sejam os deveres deontológicos perante os Colegas, não podem eles sobrepor-se, em caso de colisão, aos deveres para com os clientes, já que nestes assentam os pilares de todo o edifício da deontologia do advogado.

4. Os deveres deontológicos, que informam as relações entre advogados, são corolário dos princípios da urbanidade, lealdade, solidariedade e sigilo profissional.

5. Para além da valoração ética que deve ser realçada no domínio das boas relações entre advogados, podem ainda estas ser encaradas de forma mais pragmática como instrumento essencial no desempenho da profissão, já que a confiança entre os profissionais forenses é indispensável para um melhor patrocínio das partes e para a boa administração da justiça.

6. Constitui atribuição da Ordem dos Advogados reforçar a solidariedade entre os advogados – artigo 3.º alínea *f)* do E.O.A..

7. Nesta linha do dever de solidariedade articula-se o regime do artigo 96.º do E.O.A..

8. Por sequela ainda do dever de solidariedade profissional, constitui obrigação dos advogados dirigir com empenhamento o estágio dos advogados estagiários, sendo património inestimável da profissão a forma tradicional de transmissão de conhecimentos através do relacionamento dos advogados com os advogados estagiários, elemento de formação essencial – Vide artigos 91.º alínea *f)* do E.O.A. e 15.º e 16.º do Regulamento Nacional de Estágio.

9. Sobre a cooperação entre advogados de diferentes Estados-Membros da UE, ver os pontos 5.2.1. e 5.2.2. do C.D.A.E..

Artigo 112.º – Deveres recíprocos dos advogados

1 – Constituem deveres dos advogados nas suas relações recíprocas:

a) Proceder com a maior correção e urbanidade, abstendo-se de qualquer ataque pessoal, alusão deprimente ou crítica desprimorosa, de fundo ou de forma;

b) Responder, em prazo razoável, às solicitações orais ou escritas;

c) Não emitir publicamente opinião sobre questão que saiba confiada a outro advogado, salvo na presença deste ou com o seu prévio acordo;

d) Atuar com a maior lealdade, procurando não obter vantagens ilegítimas ou indevidas para o seu cliente;

e) Não contactar a parte contrária que esteja representada por advogado, salvo se previamente autorizado por este, ou se tal for indispensável, por imposição legal ou contratual;

f) Não assinar pareceres, peças processuais ou outros escritos profissionais que não sejam da sua autoria ou em que não tenha colaborado;

g) Comunicar, atempadamente, a impossibilidade de comparecer a qualquer diligência aos outros advogados que nela devam intervir.

2 – O advogado a quem se pretende cometer assunto anteriormente confiado a outro advogado não deve iniciar a sua atuação sem antes diligenciar no sentido de a este serem pagos os honorários e demais quantias que a este sejam devidas, devendo expor ao colega, oralmente ou por escrito, as razões da aceitação do mandato e dar-lhe conta dos esforços que tenha desenvolvido para aquele efeito.

NOTAS:

1. O dever enunciado na alínea *a)* pretende evidenciar que o legítimo exercício do direito de crítica, por mais áspero e contundente que seja, não deve resvalar para o ataque pessoal já que, quer sobre o ponto de vista técnico, quer no plano deontológico, é censurável personificar as questões nos advogados que nelas intervêm.

2. Sobre esta temática pode ler-se João Menéres Campos, em "Relações entre Advogados", www.Portal.oa.pt.

3. O dever de correcção e urbanidade, aliado ao dever de cooperação, exige aos advogados que respondam de forma expedita à correspondência recebida dos colegas e que os informem da sua intenção de faltar a quaisquer diligências judiciais, a fim de se evitarem deslocações e despesas inúteis e embaraços de agenda. Estes deveres, antes tratados como emergentes dos usos e costumes profissionais, estão presentemente consagrados nas alíneas *b)* e *g)* deste artigo 112.º do E.O.A..

4. Tratando-se de um processo em que o advogado participante é parte, não pode ser exigido que o advogado da parte contrária adopte um comportamento diverso daquele que seria o necessário e adequado para a salvaguarda dos interesses do seu constituinte, sob pena de se criar para os advogados, quando forem partes no processo, um estatuto especial que os protege de afirmações negativas sobre o seu comportamento ou a sua personalidade, a que qualquer cidadão pode ser sujeito num processo da mesma natureza. Ver neste sentido o Ac. do C. Superior de 3/5/2002 em Jurisprudência do Conselho Superior, pág. 346.

5. A alínea *c)* reporta-se ao dever de reserva ou confidencialidade e ao dever de lealdade, impondo aos advogados uma atitude de não pronúncia pública sobre questão que saiba confiada a outro advogado, salvo na presença deste ou com o seu prévio consentimento. Este dever de reserva não colide, contudo com a possibilidade de, em privado, um advogado ouvir um cliente de outro advogado tendo em vista a emissão de uma segunda opinião ou para uma eventual substituição no patrocínio, sem prejuízo de, neste último caso, dever observar-se o comportamento previsto no n. 2 deste artigo 112.º do E.O.A..

6. O princípio da lealdade aparece em plenitude na previsão da alínea *d)*, sendo questão melindrosa discernir em que situação poderá um advogado extrair benefício de erro praticado pelo colega. Carlo Lega, em "Deontologia de la Profession de Abogado", págs. 174-175, distingue entre os erros de direito e erros de facto, salientando que, em relação aos primeiros, deve tirar-se proveito da deficiência, enquanto, em relação aos segundos, apenas tal aproveitamento não será legítimo quando o erro for banal ou desculpável.

7. Veja-se a nota 3. ao artigo 111.º sobre a hipótese de colisão entre o dever de lealdade para com outro advogado e o dever de lealdade para com o cliente.

8. Os advogados esgrimem, na defesa dos interesses dos seus clientes, com todas as armas concedidas pelos direitos substantivo e adjectivo, pelo que na luta judiciária todas as vantagens alcançadas serão legítimas desde que não provenham de meios desleais, como serão exemplos a extracção de consequências de atrasos momentâneos a diligências judiciais, prestação de informações falsas aos Colegas, não reconhecimento de impedimentos ocasionais e justificados e o não cumprimento de palavra dada ou de compromissos assumidos.

9. *"O advogado que celebra um acordo em nome do seu constituinte, sabendo que este não tenciona cumpri-lo, e que obtém do advogado da parte contrária o cumprimento do que a este competia, assegurando-lhe que o mesmo faria o seu próprio cliente, comete um grave acto de deslealdade para com o seu colega"* – Acórdão do C. Superior de 27/11/74, na R.O.A., 35, pág. 700.

10. Ainda como corolário do dever de lealdade, impõe a alínea *e)* que os advogados não tentem, de forma unilateral e ardilosa, contactar terceiros à revelia dos demais colegas intervenientes no mesmo caso, para assim tentarem obter vantagens ilegítimas, incluindo-se neste conceito de terceiros a parte contrária. Aliás, este mesmo princípio já foi aflorado no domínio das relações com o tribunal – Vide artigo 103.º n.º 2 do E.O.A..

11. No mesmo sentido aponta o C.D.A.E. – ponto 5.5.

12. Quanto à alínea *f)*, cfr. artigo 107º do E.OA..

13. A disposição do n.º 2 deste artigo 112.º traduz um dever de comportamento alicerçado no princípio da solidariedade e tem por razão fundamental permitir a um advogado substituído no patrocínio conhecer as razões de tal substituição, tantas das vezes sem fundamento, a par de uma garantia do pagamento dos seus justos honorários.

14. Este comportamento solidário não deve, porém, ser interpretado como impositivo da não aceitação de mandato quando o advogado a substituir pretenda, com base nele, cobrar-se dos seus honorários por forma imoderada e instrumentalizando esse dever de solidariedade, situação que sempre poderá ser resolvida com recurso ao pedido de laudo ao Conselho Superior.

15. De acordo com Parecer do C. Geral de 26/7/63, na R.O.A., 24-176, *"aquele (advogado) não está inibido de aceitar o patrocínio pelo facto de o constituinte se recusar a liquidar ao anterior advogado a respectiva conta de honorários".* Entendemos, porém, que esta doutrina só

será aceitável desde que o advogado demonstre ter feito esforços junto do cliente para o pagamento da conta e tenha solicitado a emissão de laudo em representação do cliente.

16. Outras regras existem no âmbito das relações entre advogados não contidas em norma, como sejam o empenhamento no cumprimento de transacções mesmo após a cessação do patrocínio e o de reacção firme contra atitudes abusivas e prepotentes contra outros advogados.

17. Veja-se ainda o dever especial de cortesia, lealdade e solidariedade previsto e disciplinado pelo artigo 96.º deste E.O.A.

Artigo 113.º – Correspondência entre advogados e entre estes e solicitadores

1 – Sempre que um advogado pretenda que a sua comunicação, dirigida a outro advogado ou solicitador, tenha caráter confidencial, deve exprimir claramente tal intenção.

2 – As comunicações confidenciais não podem, em qualquer caso, constituir meio de prova, não lhes sendo aplicável o disposto no n.º 4 do artigo 92.º.

3 – O advogado ou solicitador destinatário da comunicação confidencial que não tenha condições para garantir a confidencialidade da mesma deve devolvê-la ao remetente sem revelar a terceiros o respetivo conteúdo.

NOTAS:

1. Este artigo é equivalente ao da versão do E.O.A. de 2005, que introduziu soluções novas em relação ao nosso regime estatutário anterior, acolhendo no nosso direito interno o sistema da garantia de confidencialidade que já decorria do ponto 5.3. do C.D. do C.C.B.E, transposto para o actual C.D.A.E., o que nos parece inadequado em função do que já se deixou anotado a propósito do artigo 92.º – vide notas 25 e 26.

2. Alarga-se porém agora a garantia de confidencialidade não só à correspondência entre advogados, como ainda entre advogados e solicitadores.

3. Igualmente inovadora havia sido a proibição absoluta do levantamento do sigilo em relação à correspondência confidencial entre advogados (agora também solicitadores), já que não podia ser ela objecto do pedido de autorização prévia previsto no n.º 4 do artigo 92.º do E.O.A., solução que se mantém. Assim, toda a correspondência trocada entre mandatários forenses (advogados e solicitadores) continua sujeita à obrigação de segredo profissional, só podendo ser dispensada desde que previamente seja objecto do pedido de autorização previsto no n.º 4 do art. 92.º. Contudo, a que for classificada como confidencial não poderá nunca ser revelada, não podendo mesmo ser sujeita a tal autorização prévia.

4. Cfr. ainda com o artigo 76.º do E.O.A..

5. A expressão "em qualquer caso", contida no n.º 2, pode suscitar a questão da prevalência desta norma sobre a do n.º 4 do artigo 76.º do E.OA.. Cremos, contudo, que a correspondência entre advogados, qualificada como confidencial, poderá ser excepcionalmente apreendida quando em causa esteja a prova de facto criminoso relativamente ao qual o advogado tenha sido constituído arguido, cabendo ao presidente do tribunal da relação, havendo reclamação nos termos do artigo 77.º n.º 1, decidir ao abrigo dos poderes conferidos pelo n.º 4, se tal documento poderá ou não fazer prova válida, tendo em conta a definição e preservação do interesse preponderante.

6. *"1. Para que determinada correspondência fique abrangida pelo dever de reserva previsto no art. 108.º do EOA (2005), o seu subscritor terá, expressa e claramente, de referir que a mesma tem carácter de confidencialidade.*

2. Assim, entendemos que as menções genéricas ao eventual conteúdo confidencial de um email, utilizadas como "template" ou "modelo" por um Advogado, não são suficientes para concluir pela absoluta confidencialidade da correspondência.

3. Não consta do EOA e demais legislação aplicável qualquer norma que proíba, sem mais, a divulgação do conteúdo de correspondência enviada por um Advogado a contraparte.

4. Apenas está sujeita a sigilo profissional a correspondência trocada entre mandatários, quando se verifique que do seu conteúdo, tendo em conta a relação de confiança existente entre as partes quanto à reserva dos factos transmitidos exista um interesse objectivo em que esses factos se mantivessem reservados.

5. Não estão abrangidos por este dever os factos transmitidos por um Advogado à contraparte com natureza meramente interpelatória, como sucede no presente caso, com o objectivo, por um lado, de marcar a posição dos direitos e interesses dos clientes de um Advogado em relação à contraparte e, por outro, de serem retiradas consequências práticas e jurídicas, sem carácter negocial." – Parecer do CD de Lisboa, de 30 de Janeiro de 2013, sendo relator o Dr. Rui Souto, que pode ser consultada em www.oa.pt/Conteudos/Pareceres.

TÍTULO IV – Ação disciplinar

CAPÍTULO I – Disposições gerais

Artigo 114.º – Poder disciplinar

1 – Os advogados e os advogados estagiários estão sujeitos ao poder disciplinar exclusivo dos órgãos da Ordem dos Advogados, nos termos previstos no presente Estatuto e nos respetivos regulamentos.

2 – O pedido de cancelamento ou suspensão da inscrição não faz cessar a responsabilidade disciplinar por infrações anteriormente praticadas.

3 – Durante o tempo de suspensão da inscrição o advogado continua sujeito ao poder disciplinar da Ordem dos Advogados, mas não assim após o cancelamento.

4 – A punição com a sanção de expulsão não faz cessar a responsabilidade disciplinar do advogado relativamente às infrações por ele cometidas antes da decisão definitiva que tenha aplicado aquela sanção.

5 – Os profissionais que prestem serviços em território nacional em regime de livre prestação de serviços e as sociedades de advogados são equiparados aos advogados para efeitos disciplinares, com as especificidades constantes do n.º 10 do artigo 130.º.

NOTAS:

1. As normas estatutárias referentes à acção disciplinar haviam sido significativamente alteradas pela Lei n.º 80/2001, pelo que os actuais artigos 114.º a 175.º, embora com significativas alterações, assentam basicamente no regime do revogado E.O.A. de 2005.

2. O regime legal da responsabilidade disciplinar é complementado pelo Regulamento Disciplinar – Regulamento 668-A/2015 – aprovado em sessão plenária do Conselho Superior de 1 de Outubro de 2015, visando a uniformização de procedimentos entre os diversos órgãos com competência disciplinar.

3. O n.º 1 deste artigo 114.º do E.O.A. consagra o princípio da jurisdição disciplinar exclusiva da Ordem sobre os Advogados, como é característico das advocacias colegiadas, assim se evitando o poder disciplinar dos juízes sobre os advogados no desempenho do patrocínio, como ocorre nos sistemas de advocacia livre.

4. Estão sujeitas a responsabilidade disciplinar não só os advogados e advogados estagiários, como ainda as sociedades de advogados, conforme determina o artigo 213.º n.º 5 do E.O.A., em consonância com o artigo 18.º da Lei n.º 53/2015 de 11 de Junho (Lei das das Sociedades Profissionais sujeitas a Associações Públicas Profissionais).

5. Não têm a natureza de sanções disciplinares as multas aplicadas a advogados de acordo com as regras do processo e das custas judiciais, já que tais multas decorrem ou do exercício dos poderes de "polícia de audiência" ou da necessidade de regularização do processo.

6. Veja-se a propósito e com referência ao artigo 545.º do C. P. Civil as anotações 3, 4 e 5 ao artigo 98.º do presente Estatuto.

7. Os tribunais não podem aplicar qualquer multa a advogado por causa do exercício das suas funções, pois é à Ordem dos Advogados que compete exercer, em exclusivo, a jurisdição disciplinar sobre advogados. Assim bem se decidiu no Acórdão do S.T.J. de 19-2-98, no Boletim da O.A. n.º 4/99, pág. 28.

8. A falta de advogado a acto judicial não carece de ser justificada perante o juiz, como dispôs o artigo 1.º do D. Lei 330/91 de 5 de Setembro.

9. O regime disciplinar dos advogados da União Europeia está regulado no artigo 209.º do E.O.A quando sob a jurisdição da O.A. portuguesa, pelo que, de acordo com o n.º 5 deste artigo 104.º, os profissionais que prestem serviços em território nacional em regime de livre prestação de serviços e as sociedades de advogados são equiparados aos advogados portugueses para efeitos disciplinares.

10. Para além de exclusiva, a competência disciplinar da Ordem sobre os advogados é ainda independente e autónoma, razão pela qual se estabelece no artigo 116.º n.º 1 do E.O.A. que a responsabilidade disciplinar é independente das responsabilidades civil e criminal.

11. Quanto às causas de suspensão e cancelamento da inscrição, ver artigos 45.º a 51.º do Regulamento de Inscrição de Advogados e Advogados Estagiários – Regulamento n.º 913-C/2015 de 23 de Dezembro de 2015.

12. O regime resultante do n.º 3 deste artigo 114.º assenta na circunstância de, com o cancelamento da inscrição, se extinguir o vínculo administrativo que liga o advogado à Ordem, ao contrário do que sucede com a mera suspensão, já que esta, enquanto perdura, apenas impede o exercício da actividade profissional.

13. O C.C.B.E., em 7 de Setembro de 2007, adoptou um conjunto de recomendações sobre a acção disciplinar para a profissão de advocacia, assentes em princípios comuns das Ordens Europeias, que reconhecem o papel da profissão no seio da comunidade e os principais valores deontológicos, incluindo a titularidade da acção disciplinar e a jurisdição própria e autónoma das ordens, resultando a afirmação dos seguintes pontos:

- independência do processo disciplinar em relação às autoridades públicas;
- responsabilidade primária das ordens na condução da acção disciplinar;
- respeito da Convenção Europeia dos Direitos do Homem no quadro do processo disciplinar contra os advogados;
- autonomia entre os procedimentos disciplinares e penais;
- protecção do segredo profissional;

14. Nos termos do artigo 199.º n.º 2 do C. P. Penal, a medida de coacção de suspensão de actividade profissional, quando se referir a profissão ou actividade cujo exercício dependa de um título público ou de uma autorização ou homologação da autoridade pública, é comunicada à autoridade administrativa, civil ou judiciária normalmente competente para decretar a suspensão ou a interdição respectivas.

15. A exclusividade do exercício do poder disciplinar das associações públicas profissionais sobre os seu membros inscritos foi consagrada no artigo 18.º Lei n.º 2/2013 de 10 de Janeiro de 2013, apenas aí se reconhecendo ao Provedor e ao Ministério Público a legitimidade para participarem os factos susceptíveis de costituir infração disciplinar.

16. Cfr. com o artigo 121.º do EOA.

Artigo 115.º – Infrações disciplinares

1 – Comete infração disciplinar o advogado ou advogado estagiário que, por ação ou omissão, violar dolosa ou culposamente algum dos deveres consagrados no presente Estatuto, nos respetivos regulamentos e nas demais disposições legais aplicáveis.

2 – A tentativa é punível.

3 – A infração disciplinar é:

a) Leve, quando o arguido viole de forma pouco intensa os deveres profissionais a que se encontra adstrito no exercício da advocacia;

b) Grave, quando o arguido viole de forma séria os deveres profissionais a que se encontra adstrito no exercício da advocacia;

c) Muito grave, quando o arguido viole os deveres profissionais a que está adstrito no exercício da advocacia, afetando com a sua conduta, de tal forma, a dignidade e o prestígio profissional, que fique definitivamente inviabilizado o exercício da advocacia.

4 – As infrações disciplinares previstas no presente Estatuto e demais disposições legais e regulamentares aplicáveis são puníveis a título de dolo ou negligência.

NOTAS:

1. Desta norma resulta a natureza jurisdicional das normas deontológicas vigentes para a advocacia, já que através dela decorre a existência de sanções para o incumprimento das regras concretas de actuação nelas impostas. O artigo 110.º garante, assim, a coercibilidade genérica dos deveres deontológicos impostos pela lei e pelos regulamentos aplicáveis.

2. Ao contrário do que sucede com o ilícito criminal, o ilícito disciplinar não impõe a sua tipificação integral, bastando, para que se verifique, a existência de uma norma geral que abranja os deveres profissionais e ainda as acções e omissões da vida privada dos advogados que, pela sua especial natureza e relevância, possam repercutir-se na sua profissão. Vide Orlando Guedes da Costa, Do Direito Profissional do Advogado", 8.ª edição, pág. 429.

3. Veja-se ainda o Estatuto da Ordem dos Advogados de Alfredo Gaspar, págs. 175 a 177.

4. Nos termos do ponto 1.2.1. do C.D.A.E., *"as regras profissionais e deontológicas aplicáveis ao advogado estão adequadas a garantir, através da sua espontânea observância, o exercício correcto de uma função que é reconhecida como indispensável em todas as sociedades civilizadas. O incumprimento dessas regras pelo advogado é susceptível de ser objecto de sanções disciplinares."*

5. Cfr. artigo 116.º deste E.O.A..

6. O direito disciplinar constante do E.O.A. não viola os preceitos constitucionais que consagram o princípio da tipicidade nem, tão pouco, os direitos à segurança no emprego, ao trabalho e dos trabalhadores (artigos 53.º, 58.º e 59.º da C.R.P.). Assim decidiu o Conselho Superior da Ordem dos Advogados no seu Parecer n.º 56/2008, sendo relatora a Dra. Nicolina Cabrita, publicado na R.O.A. Ano 71, Julho/Setembro de 2011.

7. Pelos n.ºs 1 e 5 do actual artigo 115.º as infracções disciplinares por violação dos deveres legais ou regulamentares são puníveis a título de dolo ou negligência.

8. Pelo n.º 2 desse mesmo preceito, passa a ser punível a tentativa de infracção disciplinar.

Artigo 116.º – Independência da responsabilidade disciplinar

1 – A responsabilidade disciplinar é independente da responsabilidade civil e criminal decorrente da prática do mesmo facto.

2 – O processo disciplinar é promovido independentemente de qualquer outro e nele se resolvem todas as questões que interessarem à decisão da causa.

3 – Quando, com fundamento nos mesmos factos, tiver sido instaurado processo criminal contra advogado, pode ser ordenada a suspensão do processo disciplinar, devendo a mesma ser comunicada pela Ordem dos Advogados à autoridade judiciária competente, a qual deve ordenar a remessa à Ordem dos Advogados de cópia do despacho de acusação e, se a ele houver lugar, do despacho de pronúncia.

4 – Decorrido o prazo fixado no n.º 2 do artigo 118.º sem a prolação dos despachos de acusação ou de pronúncia, os factos são apurados no processo disciplinar.

5 – Sempre que, em processo criminal contra advogado, for designado dia para a audiência de julgamento, o tribunal deve ordenar a remessa à Ordem dos Advogados, preferencialmente por via eletrónica, do despacho de acusação, do despacho de pronúncia e da contestação, se tiver sido apresentada, bem como quaisquer outros elementos solicitados pelo membro do conselho competente.

6 – A responsabilidade disciplinar dos advogados perante a Ordem dos Advogados é independente da responsabilidade perante os respetivos empregadores, por infração dos deveres emergentes de relações de trabalho.

NOTAS:

1. Este preceito é parcialmente idêntico ao anterior artigo 111.º do E.OA., acrescentando-se no n.º 2, quanto à independência da responsabilidade disciplinar da responsabilidade civil e criminal pela prática dos mesmos factos, que aquela é promovida

independentemente de qualquer outra e que nela, em princípio, se devem resolver todas as questões que interessarem à decisão da causa.

2. Ainda neste domínio e sem pôr em causa a possibilidade de suspensão do processo disciplinar nos termos do n.º 3, limita-se o período de suspensão a 18 meses, de acordo com o n.º 2 do artigo 118.º quando não haja prolação de acusação ou pronúncia.

3. Estas alterações, inovadores em relação ao regime anterior, visam salutarmente impedir a pendência de uma acção disciplinar por tempo indefinido por excessiva dependência do processo criminal contra o advogado ou advogado estagiário arguido.

4. Veja-se a anotação 9. ao artigo 109.º deste E.O.A..

5. Sem prejuízo da possibilidade de imputação a advogados de outros crimes, designadamente de natureza patrimonial, estão especialmente previstos na legislação criminal, em relação ao exercício da profissão, os crimes de prevaricação (art. 370.º CP), de violação de segredo profissional (art. 195.º CP) e de infidelidade (art. 224.º CP).

6. As comunicações efectuadas à Ordem dos Advogados, no cumprimento do disposto nos arts. 82.º, 111.º, n.ºs 2 e 3, e 116.º, todos do E.O.A. (2005)., não conferem às entidades oficiantes a qualidade de *"participantes"*, porquanto assim actuam por mero dever de ofício, não tendo qualquer interesse directo, pessoal e legítimo relativamente aos factos informados. Por consequência, tais entidades não têm de ser notificadas para os vários termos do procedimento disciplinar. Conclusão extraída no Parecer do Conselho Superior n.º 73/2010 – CS-R, sendo relator o Dr. João Resende Neiva.

7. Pelo n.º 8 do actual artigo 116.º do E.O.A., como sempre resultaria da diversa natureza dos vínculos jurídicos que legitimam as respectivas acção disciplinares, a responsabilidade disciplinar dos advogados perante a Ordem dos Advogados é independente da responsabilidade perante os empregadores, por infracção dos deveres emergentes de relações de trabalho que os mesmos possam ter.

Artigo 117.º – Prescrição do procedimento disciplinar

1 – O procedimento disciplinar extingue-se, por efeito de prescrição, logo que sobre a prática da infração tiver decorrido o prazo de cinco anos, salvo o disposto no número seguinte.

2 – Se a infração disciplinar constituir simultaneamente infração criminal para a qual a lei estabeleça prescrição sujeita a prazo mais longo, o procedimento disciplinar apenas prescreve após o decurso deste último prazo.

3 – O prazo de prescrição do procedimento disciplinar corre desde o dia em que o facto se tiver consumado.

4 – Para efeitos do disposto no número anterior, o prazo de prescrição só corre:

a) Nas infrações instantâneas, desde o momento da sua prática;

b) Nas infrações continuadas, desde o dia da prática do último ato;

c) Nas infrações permanentes, desde o dia em que cessar a consumação.

5 – A prescrição do procedimento disciplinar tem sempre lugar quando, desde o seu início e ressalvado o tempo de suspensão, tiver decorrido o prazo normal de prescrição acrescido de metade.

6 – A prescrição é de conhecimento oficioso, podendo o advogado arguido, no entanto, requerer a continuação do processo.

NOTAS:

1. O prazo da prescrição mantém-se em cinco anos, podendo embora ser superior quando a infracção disciplinar constituir, simultaneamente, infracção criminal para a qual a lei estabeleça prescrição sujeita a prazo mais longo, caso em que o procedimento disciplinar apenas prescreve após o decurso deste último prazo, como agora emerge do n.º 2.

2. A possibilidade de, não obstante a verificação da prescrição, ser requerida a continuação do processo pelo Advogado arguido, visa defender o legítimo interesse deste na declaração de inexistência da responsabilidade disciplinar pelos factos que lhe tenham sido injustamente imputados, à semelhança do que também sucede perante a hipótese de desistência, como estipula o artigo 120.º do E.O.A..

3. As normas sobre prescrição do procedimento têm natureza material e, por isso, aplicam-se, quanto a elas, os princípios da aplicação no tempo das leis penais substantivas. Isto significa, segundo o que estabelecem as disposições conjugadas dos n.ºs 1 e 4 do artigo do Código Penal, que serão as leis vigentes à data da prática dos factos que se hão-de determinar os prazos e causas da interrupção e suspensão do procedimento disciplinar, salvo na medida em que as leis posteriores sejam mais favoráveis ao arguido, caso em que são estas aplicáveis retroactivamente. Veja-se o Parecer do C. Superior de 23/02/2007.

4. Quanto ao momento em que começa a correr o prazo de prescrição do procedimento disciplinar, o n.º 3 deste artigo 117.º clarifica agora a solução consoante as infracções em causa sejam instantâneas, continuadas e permanentes.

Artigo 118.º – Suspensão do prazo de prescrição do procedimento disciplinar

1 – O prazo de prescrição do procedimento disciplinar suspende-se durante o tempo em que:

a) O processo disciplinar estiver suspenso, a aguardar despacho de acusação ou de pronúncia em processo criminal;

b) O processo disciplinar estiver pendente, a partir da notificação da acusação nele proferida;

2 – A suspensão do prazo de prescrição do procedimento disciplinar não pode ultrapassar o prazo máximo de 18 meses.

3 – O prazo prescricional volta a correr a partir do dia em que cessar a causa da suspensão.

NOTAS:

1. Em relação ao regime anterior do artigo 113.º do E.O.A. de 2005 cessa, como causa de suspensão do prazo de prescrição, o tempo em que a decisão final do processo disciplinar não puder ser notificada ao arguido, por motivo que lhe seja imputável.

2. Quanto ao prazo limite de suspensão do prazo prescricional passa de dois anos, como sucedia por força do revogado n.º 2 do artigo 113.º, para se fixar agora em dezoito meses.

Artigo 119.º – Interrupção do prazo de prescrição do procedimento disciplinar

1 – O prazo de prescrição do procedimento disciplinar interrompe-se com a notificação ao advogado arguido:

a) Da instauração do processo disciplinar;

b) Da acusação.

2 – Após cada período de interrupção começa a correr novo prazo de prescrição.

Artigo 120.º – Desistência da participação

A desistência da participação extingue a responsabilidade disciplinar, salvo se a falta imputada afetar a dignidade do advogado visado, o prestígio da Ordem dos Advogados ou da profissão.

NOTAS:

1. Veja-se a anotação 2. ao artigo 117.º.

2. Para além da dignidade do visado e do prestígio da Ordem dos Advogados ou da profissão, deve ainda o procedimento disciplinar prosseguir para defesa de valores deontológicos essenciais ou quando o interesse público subjacente ao exercício da profissão mais claramente esteja em causa, como sucede com o segredo profissional.

Artigo 121.º – Participação pelos tribunais e outras entidades

1 – Os tribunais e quaisquer autoridades devem dar conhecimento à Ordem dos Advogados de todos os factos suscetíveis de constituir infração disciplinar praticados por advogados.

2 – O Ministério Público e os órgãos e autoridades de polícia criminal devem remeter à Ordem dos Advogados certidão de todas as denúncias, participações ou queixas apresentadas contra advogados.

NOTAS:

1. Cfr. artigo 87.º e anotações 24 e 25 ao artigo 66.º deste E.O.A..
2. Cfr. ainda anotações 2. 3. e 4. ao artigo 108.º e 15. e 16. ao artigo 114.º.
3. As comunicações efectuadas à Ordem dos Advogados no cumprimento do disposto nos arts. 82.º, 111.º, n.ºs 2 e 3, e 116.º, todos do E.O.A. (2005), não conferem às entidades oficiantes a qualidade de *"participantes"*, porquanto assim actuam por mero dever de ofício, não tendo qualquer interesse directo, pessoal e legítimo relativamente aos factos informados. Por consequência, tais entidades não têm de ser notificadas para os vários termos, do procedimento disciplinar. Conclusão extraída no Parecer do Conselho Superior n.º 73/2010 – CS-R, sendo relator o Dr. João Resende Neiva.

Artigo 122.º – Legitimidade procedimental e extinção do direito de queixa

1 – Tem legitimidade para participar à Ordem dos Advogados factos suscetíveis de constituir infração disciplinar qualquer pessoa direta ou indiretamente afetada por estes.

2 – Podem intervir no processo as pessoas com interesse direto, pessoal e legítimo relativamente aos factos participados, requerendo e alegando o que tiverem por conveniente.

3 – O direito de queixa extingue-se no prazo de seis meses a contar da data em que o titular tiver tido conhecimento dos factos.

4 – Sendo vários os titulares do direito de queixa, o prazo conta-se autonomamente para cada um deles.

NOTAS:

1. Admite-se a participação por qualquer pessoa directa ou indirectamente afectada pelos factos susceptíveis de constituírem infracção disciplinar. Contudo, pelo artigo 123.º n.º 1, exige-se que tais pessoas estejam devidamente identificadas, assim se invalidando as denúncias anónimas, cuja prática corrente vinha ocorrendo nos Conselhos de Deontologia.

2. Introduzem-se regras quanto à extinção do direito de queixa, o que constituía uma omissão relevante no regime disciplinar anterior, assim se procurando proteger os advogados e os advogados estagiários contra tardias formas persecutórias com manipulação da acção disciplinar.

Artigo 123.º – Instauração do procedimento disciplinar

1 – O procedimento disciplinar é instaurado por decisão dos presidentes dos conselhos com competência disciplinar ou por deliberação dos respetivos órgãos, com base em participação dirigida aos órgãos da Ordem dos Advogados por qualquer pessoa devidamente identificada.

2 – O bastonário e os conselhos superior, geral, regional e de deontologia da Ordem dos Advogados podem, independentemente de participação, ordenar a instauração de procedimento disciplinar.

3 – Quando se conclua que a participação é infundada, é dela dado conhecimento ao advogado visado e são-lhe sempre passadas as certidões que o mesmo entenda necessárias para a tutela dos seus direitos e interesses legítimos.

NOTAS:

1. Exige-se para a validação das participações a identificação do participante, assim se inviabilizando qualquer tipo de procedimento com base em comunicações ou denúncias anónimas, tantas vezes apresentadas maldosamente e sem fundamento na Ordem dos Advogados.

2. No n.º 3 deste artigo 123.º prevê-se uma apreciação liminar, matéria que os artigos 3.º e 4.º do Regulamento Disciplinar regulam e disciplinam com maior rigor, preenchendo-se uma lacuna do regime estatutário actual ao reconduzir os procedimentos ao processo comum e especial, olvidando que grande parte das participações, por se revelarem manifestamente infundadas, podem e devem ser apreciadas e arquivadas em sede de processo de averiguação sumária.

Artigo 124.º – Comunicação sobre o movimento dos processos

Durante o primeiro mês de cada trimestre, e com referência ao trimestre anterior, devem os conselhos superior e de deontologia da Ordem dos Advogados enviar ao bastonário nota dos processos disciplinares distribuídos, pendentes e julgados no trimestre anterior.

NOTAS:

1. O exercício da acção disciplinar é uma das funções essenciais da Ordem dos Advogados. Da eficácia de tal acção depende, em grande parte, o prestígio e a dignificação da profissão. Assim, este dever de comunicação constitui instrumento fundamental para que o Bastonário e o Conselho Geral, a que preside, possam manter uma constante avaliação do desempenho dos Conselhos com competência disciplinar.

2. Cfr. artigos 3.º alíneas *d)* e *g)*, 40.º alínea *d)* do E.O.A..

Artigo 125.º – Natureza secreta do processo disciplinar

1 – O processo é de natureza secreta até ao despacho de acusação.

2 – O relator pode, contudo, autorizar a consulta do processo pelo interessado ou pelo arguido, quando não haja inconveniente para a instrução.

3 – O relator pode ainda, no interesse da instrução, dar a conhecer ao interessado ou ao arguido cópia de peças do processo, a fim de sobre elas se pronunciarem.

4 – Mediante requerimento em que se indique o fim a que se destinam, pode o conselho competente, ou algum dos seus membros, autorizar a passagem de certidões em qualquer fase do processo, para defesa de interesses legítimos dos requerentes, podendo condicionar a sua utilização, sob pena de o infrator incorrer no crime de desobediência, e sem prejuízo do dever de guardar segredo profissional.

5 – O arguido e o interessado, quando advogado, que não respeitem a natureza secreta do processo incorrem em responsabilidade disciplinar.

NOTAS:

1. Foi eliminada, em relação ao regime anterior, a possibilidade do relator poder autorizar a informação pública da pendência de processo disciplinar contra advogado determinado, sem identificar os factos e a fase processual, o que se nos afigura acertado, já que tal correspondia uma excepção ao carácter secreto do processo com manifesta desigualdade de tratamento do colega visado.

2. O processo disciplinar é secreto até ao despacho de acusação e deve perdurar posteriormente como sendo confidencial, ficando sujeito ao tratamento do regime especial de limitação da publicidade do processo previsto no artigo 164.º do C.P.C., aplicável supletivamente ao C.P.P. e ao C.P.T.A, solução esta que encaixa no regime já previsto para a protecção do sigilo na situação prevista no artigo 77.º n.º 4 do E.O.A.

Artigo 126.º – Direito subsidiário

Ao exercício do poder disciplinar da Ordem dos Advogados, em tudo o que não for contrário ao estabelecido no presente Estatuto e respetivos regulamentos, são subsidiariamente aplicáveis as normas procedimentais previstas na Lei Geral do Trabalho em Funções Públicas, aprovada pela Lei n.º 35/2014, de 20 de junho.

NOTAS:

1. Cfr. anotações ao artigo 115.º deste E.O.A..

2. O presente artigo altera profundamente o regime anterior, no qual o direito subsidiariamente aplicável assentava nas normas do Código Penal, em matéria substantiva, e nas normas do Código de Processo Penal, em matéria adjectiva.

CAPÍTULO II – Titulares dos órgãos jurisdicionais

Artigo 127.º – Independência

Os titulares dos órgãos da Ordem dos Advogados com competência disciplinar são independentes no exercício da sua competência jurisdicional.

NOTAS:

1. Os artigos 127.º a 129.º, que transitaram inalterados do E.O.A. de 2005, garantem os princípios da independência, isenção e irresponsabilidade funcional dos titulares dos órgãos da Ordem dos Advogados investidos por lei em poderes disciplinares e jurisdicionais.

2. O princípio da independência consagrado neste artigo implica a não ingerência dos demais órgãos da Ordem dos Advogados no funcionamento dos Conselhos de Deontologia e do Conselho Superior, sem prejuízo do recurso hierárquico e do recurso contencioso para os tribunais administrativos das decisões definitivas de natureza jurisdicional do Conselho Superior.

3. O exercício das funções executivas, disciplinares e de fiscalização em órgãos das associações públicas profissionais é incompatível entre si, como corolário do princípio de separação dos poderes – ver artigo 19.º n.º1 da Lei 2/2013 de 10 de Janeiro.

Artigo 128.º – Irresponsabilidade

1 – Os titulares dos órgãos da Ordem dos Advogados com competência disciplinar não podem ser responsabilizados pelas decisões proferidas no exercício das suas funções.

2 – Só nos casos especialmente previstos na lei é que os titulares dos órgãos da Ordem dos Advogados com competência disciplinar podem ser sujeitos, em razão do exercício das suas funções, a responsabilidade civil, criminal ou disciplinar.

3 – Fora dos casos em que a falta constitua crime, a responsabilidade civil apenas pode ser efetivada mediante ação de regresso da Ordem dos Advogados contra o titular dos seus órgãos jurisdicionais, com fundamento em dolo ou culpa grave.

4 – Em caso de responsabilidade disciplinar dos titulares dos órgãos jurisdicionais da Ordem dos Advogados, a deliberação de instauração do procedimento, bem como a de aplicação de sanção disciplinar, deve ser tomada por maioria de, pelo menos, dois terços de todos os membros do conselho superior.

NOTAS:

1. A definição clara dos pressupostos e dos requisitos legais da responsabilização excepcional dos titulares dos órgãos da Ordem com competência disciplinar por actos praticados no exercício das suas funções constituiu inovação no E.O.A de 2005, que se aplaudiu com veemência, atendendo ao crescente risco de impossibilidade de constituição de listas para estes órgãos em face da já não rara exposição dos advogados, que neles vêm exercendo funções, a participações criminais e a acções cíveis indemnizatórias sem o mínimo de fundamento e de cariz meramente persecutório por parte de advogados agastados pelas sanções disciplinares aplicadas por dever funcional.

Artigo 129.º – Processos disciplinares contra titulares de cargos da Ordem

Têm carácter urgente, com prioridade sobre quaisquer outros, os processos disciplinares em que sejam visados titulares de algum dos órgãos da Ordem dos Advogados em exercício de funções.

CAPÍTULO III – Sanções, sua medida, graduação e execução

Artigo 130.º – Sanções disciplinares

1 – As sanções disciplinares são as seguintes:

a) Advertência;

b) Censura;

c) Multa de quantitativo até ao valor da alçada dos tribunais de comarca;

d) Multa de quantitativo entre o valor da alçada dos tribunais de comarca e o valor da alçada dos tribunais de Relação ou, no caso de pessoas coletivas, o valor do triplo da alçada da Relação;

e) Suspensão até 10 anos;

f) Expulsão.

2 – A sanção de advertência é aplicável quando o arguido tenha violado de forma leve os deveres profissionais no exercício da advocacia e tem por finalidade evitar a repetição da conduta lesiva.

3 – A sanção de censura consiste num juízo de reprovação pela falta cometida e é aplicável a condutas que violem os deveres profissionais dos advogados

ainda de forma leve, mas para as quais, em razão da culpa do arguido, já não seja bastante a advertência.

4 – A sanção de multa é fixada em quantia certa, em função da gravidade e das consequências da infração cometida sendo aplicável a infrações disciplinares graves.

5 – A sanção de suspensão consiste no afastamento total do exercício da advocacia durante o período de cumprimento da sanção e é aplicável a infrações disciplinares graves, que ponham em causa a integridade física das pessoas ou lesem de forma grave a honra ou o património alheio ou valores equivalentes.

6 – A sanção de expulsão consiste no afastamento total do exercício da advocacia, sem prejuízo de reabilitação e é aplicável a infrações disciplinares muito graves, que ponham em causa a integridade física, a vida, ou lesem de forma muito grave a honra ou o património alheio ou valores equivalentes.

7 – As sanções são sempre registadas e produzem unicamente os efeitos declarados no presente Estatuto.

8 – Cumulativamente ou não com qualquer das sanções previstas no presente Estatuto, pode ser imposta a restituição total ou parcial de honorários.

9 – Independentemente da decisão final do processo, pode ser imposta a restituição de quantias, documentos ou objetos que hajam sido confiados ao advogado.

10 – No caso de profissionais em regime de livre prestação de serviços em território nacional e de sociedades de advogados, as sanções de suspensão e expulsão assumem a forma de interdição temporária ou definitiva do exercício da atividade profissional, respetivamente.

11 – A decisão de aplicação de sanção mais grave do que a de advertência a advogado que exerça algum cargo nos órgãos da Ordem dos Advogados, quando não seja passível de recurso, determina a imediata destituição desse cargo.

12 – Sempre que a infração resulte da violação de um dever por omissão, o cumprimento das sanções aplicadas não dispensa o arguido do cumprimento daquele, se tal ainda for possível.

NOTAS:

1. Mantém-se o anterior elenco das penas disciplinares, mas introduzem-se nos n.ºs 2 a 6 elementos para melhor definição da moldura e da sua corresponde aplicação em função da gravidade, em abstracto, das infracções disciplinares.

2. A sanção de expulsão foi introduzida pelo Lei n.º 80/2001, após haver sido eliminada do elenco das penas aplicáveis pelo D. Lei 39704 de 22 de Junho de 1944, sendo desde há muito reclamada, até por equiparação ao regime dos magistrados judiciais, que sempre estiveram sujeitos à sanção de exoneração.

3. A pena de expulsão não deve ser confundida com a medida administrativa de cancelamento forçoso da inscrição por decorrência do processo de averiguação de inidoneidade para o exercício da profissão a que se reportam os artigos 176.º a 178.º deste E.O.A., mesmo tramitando este, por forma análoga ao processo disciplinar comum.

4. A pena de expulsão existe na maioria dos países de advocacia colegiada e tem sido sustentada na advocacia portuguesa desde o I Congresso de Lisboa de 1973, onde se concluiu que *"deve ser restabelecida a pena de expulsão dos quadros da Ordem, para os advogados condenados por crime doloso gravemente desonroso, sem prejuízo da possibilidade da sua reintegração, mediante prévio inquérito, mas nunca antes de decorrido o prazo de dez anos, que é o máximo da actual pena de suspensão".*

5. Pelo artigo 18.º n.º 1 do EOA, a condenação em pena superior a advertência implica a caducidade do mandato para o exercício de qualquer cargo electivo da Ordem dos Advogados e pelo n.º 11 deste 130.º idêntica condenação determina a imediata destituição do cargo, o que configura incongruência a ser reparada em futura revisão do E.O.A..

6. A condenação em sanção superior à de multa inibe a aceitação da direcção do estágio de acordo com o artigo 191.º n.º 2 do E.O.A..

7. A condenação em pena superior à da multa inibe o exercício da função de formador como estipula o artigo 7.º n.º 3 do Regulamento Nacional de Estágio.

8. Qualquer pena aplicada é passível de revisão – Cfr. artigos 167.º a 172.º deste E.O.A..

9. As penas superiores a suspensão por dois anos só podem ser aplicadas por maioria qualificada de dois terços dos votos do conselho ou secção competente, após audiência pública. Cfr. artigo 140.º n.º 1 do E.O.A..

10. As penas de suspensão e expulsão têm sempre publicidade. Cfr. artigo 142.º n.º 1 do E.O.A..

11. As penas acessórias previstas nos n.ºs 8. e 9. deste artigo 130.º só podem ser aplicadas em cúmulo com alguma das penas principais e não isoladamente. Vide artigo 136 n.º 4 deste E.O.A..

12. Quanto às sanções acessórias, cfr. ainda artigo 91.º *e)* do E.O.A..

13. As penas de advertência e censura não comportam gravidade bastante para operarem a revogação da medida de suspensão da execução das penas disciplinares. Cfr. artigo 138.º n.º 2 do E.O.A..

14. Quanto ao n.º 10 do presente artigo 130.º, veja-se o n.º 5 do artigo 114.º.

Artigo 131.º – Medida e graduação da sanção

1 – Na determinação da medida das sanções deve atender-se aos antecedentes profissionais e disciplinares do arguido, ao grau da culpa, à gravidade e às

consequências da infração, à situação económica do arguido e a todas as demais circunstâncias agravantes e atenuantes.

2 – A tentativa é punível com a sanção aplicável à infração consumada especialmente atenuada.

NOTAS:

1. Este artigo 131.º deve ser analisado em conjugação com o artigo 130.º para onde transitaram os n.ºs 2 a 6 do artigo 126.º do E.O.A. de 2005.

2. Para além da gravidade das infracções e do grau de culpa do infractor, deve ainda ter-se em conta, na ponderação da justa medida da pena, o fim da prevenção da acção disciplinar e o seu carácter pedagógico.

3. Pelo acórdão do Tribunal Central Administrativo Sul de 21/01/2021, proferido em sede de recurso jurisdicional em acção administrativa especial de impugnação de acto administrativo instaurada contra a Ordem dos Advogados, publicado na Revista da OA, n.º 81, págs.425/459, foi concluído que, em princípio, no âmbito do processo disciplinar, não pode o julgador sindicar, por regra, a medida da pena, salvo nos casos de erro grosseiro ou clara violação do princípio da proporcionalidade.

Artigo 132.º – Circunstâncias atenuantes

Constituem, entre outras, circunstâncias atenuantes:

a) O exercício efetivo da advocacia por um período superior a cinco anos, sem qualquer sanção disciplinar;

b) A confissão;

c) A colaboração do advogado arguido para a descoberta da verdade;

d) A reparação espontânea, pelo advogado arguido, dos danos causados pela sua conduta.

NOTAS:

1. Esta norma corresponde na íntegra à do anterior 127.º do E.O.A. de 2005, mantendo-se assim as alíneas *c)* e *d)* intimamente associadas à finalidade de prevenção e à natureza pedagógica da acção disciplinar – Ver nota 2. ao artigo 131.º.

Artigo 133.º – Circunstâncias agravantes

Constituem, entre outras, circunstâncias agravantes:

a) A verificação de dolo;

b) A premeditação;

c) O conluio;

d) A reincidência;

e) A acumulação de infrações;

f) A prática de infração disciplinar durante o cumprimento de sanção disciplinar ou de suspensão da respetiva execução;

g) A produção de prejuízo de valor igual ou superior a metade da alçada dos tribunais de Relação.

NOTAS:

1. A formulação deste artigo 133.º traduz uma evidente preocupação de simplificação conceptual das circunstâncias agravantes, depurando-se assim a norma de elementos despiciendos; sem prejuízo, os conceitos de reincidência e acumulação de infracções são tratados especialmente nas normas subsequentes dos artigos 134.º e 135.º.

Artigo 134.º - Reincidência

Considera-se reincidente o advogado que cometa uma infração disciplinar antes de decorrido o prazo de cinco anos após o dia em que tiver findado o cometimento de infração anterior.

NOTAS:

1. Os elementos constitutivos da reincidência são significativamente alterados em relação ao artigo 129.º do E.O.A. revogado, onde era considerada quando o advogado cometesse uma infracção disciplinar que devesse ser punida com pena igual ou superior à de multa, antes de decorrido o prazo de três anos sobre o termo do cumprimento de pena efectiva de igual ou superior gravidade que lhe tivesse sido definitivamente aplicada pela prática de infracção anterior.

Artigo 135.º - Unidade e acumulação de infrações

1 - Verifica-se a acumulação de infrações sempre que duas ou mais infrações sejam cometidas simultaneamente ou antes da punição de infração anterior.

2 - Não pode ser aplicada ao mesmo advogado mais de uma sanção disciplinar:

a) Por cada infração cometida;

b) Pelas infrações acumuladas que sejam apreciadas num único processo;

c) Pelas infrações apreciadas em mais de um processo, quando apensados.

NOTAS:

1 A disposição do n.º 1 corresponde à definição contida o artigo 130.º do E.O.A. de 2005.

2. As diversas alíneas do n.º 2 contemplam hipóteses distintas, que reclamam a aplicação de uma pena única, em obediência ao princípio da unidade.

Artigo 136.º – Punição do concurso de infrações

1 – É igualmente condenado numa única sanção disciplinar o advogado que, antes de se tornar definitiva a sua condenação por uma infração, venha também a ser condenado pela prática de outra ou outras infrações, apreciadas em processos distintos e que não tenham sido apensados.

2 – Em tal caso, a sanção aplicável tem:

a) Como limite máximo, a soma das sanções concretamente aplicadas às várias infrações, não podendo ultrapassar o limite de 15 anos tratando-se da sanção de suspensão e o dobro do valor da alçada dos tribunais de Relação tratando-se de sanção de multa; se, porém, tiver sido concretamente aplicada a sanção de expulsão por qualquer dessas infrações ou mais de uma sanção concreta de suspensão com duração superior a 15 anos, então a sanção máxima aplicável é a de expulsão;

b) Como limite mínimo, a mais elevada das sanções concretamente aplicadas às várias infrações.

3 – Sem prejuízo da situação prevista na segunda parte da alínea *a)* do número anterior, quando as sanções concretamente aplicadas às infrações em concurso forem umas de suspensão e outras de multa, de censura ou de advertência, a diferente natureza destas mantém-se na sanção única resultante da aplicação dos critérios estabelecidos nos números anteriores.

4 – Cumulativamente com a sanção única é aplicada ao advogado arguido a obrigação de restituição imposta nos termos dos n.ºs 8 e 9 do artigo 130.º, ainda que apenas determinada por uma das infrações em concurso.

NOTAS:

1. Esta norma foi introduzida pelo E.O.A. de 2005 e veio resolver, em concreto, os critérios a adoptar pelos diversos Conselhos com competência disciplinar na punição com concurso de infracções, assim se evitando indesejáveis distorções, susceptíveis de ferirem o princípio da igualdade no exercício da acção disciplinar.

Artigo 137.º – Conhecimento superveniente do concurso

1 – Se, depois de uma condenação definitiva, mas antes de a respetiva sanção estar cumprida, prescrita ou extinta, se apurar que o advogado arguido prati-

cou, anteriormente àquela condenação, outra ou outras infrações, são aplicáveis as regras do artigo anterior.

2 – O disposto no número anterior é ainda aplicável no caso de todas as infrações terem sido separadamente objeto de condenações definitivas.

NOTAS:

1. Norma igualmente introduzida pelo E.O.A. de 2005 e que constitui complemento, por extensão, do actual artigo 136.º.

Artigo 138.º – Suspensão da execução das sanções

1 – Atendendo, nomeadamente, ao grau de culpa, ao comportamento do arguido e às circunstâncias que rodearam a prática da infração, a execução das sanções de suspensão, multa e censura pode ser suspensa por um período compreendido entre um e cinco anos.

2 – A suspensão da execução da sanção é revogada sempre que, no seu decurso, seja proferida decisão definitiva que imponha nova sanção disciplinar superior à de censura, pela prática de infração posterior à primitiva condenação.

NOTAS:

1. No regime do primitivo D. Lei 84/84 de 16 de Março poderiam ser suspensas as penas disciplinares inferiores a expulsão, solução depois reduzida pelo E.O.A de 2005 às penas inferiores à de censura. Esta alteração drástica gerava mesmo a suspeita de que pudesse ter havido erro material na remissão da norma para o n.º 3 do artigo 126.º.

2. Esta questão foi agora clarificada e resolvida pela menção expressa de que podem ser suspensas as penas de suspensão, multa e censura, igualmente por um período entre um e cinco anos.

3. A introdução da possibilidade de suspensão das penas disciplinares ocorreu pela Lei 80/2001, visando uma clara aproximação do regime ao quadro do direito penal, tendência que agora se acentua com o actual E.O.A..

4. Mantém-se, por sua vez, a solução em relação ao regime anterior quanto às causas de revogação da medida decretada de suspensão das penas já que, de acordo com o actual n.º 2, apenas as sanções superiores a censura possuem para tal relevância.

5. Acresce que a revogação da suspensão exige uma decisão definitiva que imponha nova pena disciplinar, não bastando a simples acusação, como de forma muito gravosa para o arguido ocorria no domínio do D. Lei 84/84 de 16 de Março.

6. Veja-se anotação 6. ao artigo 18.º sobre os eventuais efeitos da suspensão de execução das penas disciplinares no domínio da elegibilidade para os cargos electivos da Ordem dos Advogados.

Artigo 139.º – Causas de exclusão da culpa

São causas de exclusão da culpa as previstas na lei penal.

Artigo 140.º – Aplicação de sanção de suspensão superior a dois anos ou de sanção de expulsão

1 – A aplicação de sanção de suspensão de duração superior a dois anos ou de sanção de expulsão só pode ter lugar mediante deliberação que obtenha a maioria de dois terços dos votos do conselho ou da secção competente para julgamento, após audiência pública realizada nos termos do artigo 161.º.

2 – Sem prejuízo do disposto no número anterior, a sanção de suspensão de duração superior a dois anos e a sanção de expulsão, devem ainda ser ratificadas por deliberação do conselho superior, tomada em plenário.

3 – A sanção de expulsão só pode ser aplicada às infrações muito graves, não podendo ter origem no incumprimento pelo advogado do dever de pagar quotas.

4 – O incumprimento pelo advogado do dever de pagar quotas pode dar lugar à aplicação de sanção disciplinar de suspensão quando se apure que é culposo e se prolongue por período superior a 12 meses, cessando ou extinguindo-se a sanção quando ocorra o pagamento voluntário.

NOTAS:

1. A exigência de uma maioria qualificada de dois terços do órgão competente para o julgamento da acção disciplinar ocorre agora para aplicação de pena de suspensão superior a dois anos e não apenas para as superiores a três anos, como se verificava na vigência do E.O.A. de 2005. Exige-se ainda a prévia audiência pública realizada nos termos do artigo 161.º, o que anteriormente não ocorria.

2. Quanto à sanção de expulsão, passou a ser necessária a ratificação do Conselho Superior em plenário e não apenas pelas secções.

3. Os n.ºs 3 e 4 reportam-se à relação entre a sanção de expulsão e do incumprimento do dever de pagamento de quotas, estabelecendo-se que por este incumprimento apenas poderá haver a aplicação de sanção de suspensão quando seja culposo e se prolongue por período superior a 12 meses, cessando ou extinguindo-se a sanção com o pagamento voluntário.

Artigo 141.º – Condenação em processo criminal

1 – Sempre que em processo criminal seja imposta a proibição de exercício da profissão durante período de tempo determinado, este é deduzido à sanção

disciplinar de suspensão que, pela prática dos mesmos factos, vier a ser aplicada ao advogado.

2 – A condenação de advogado em processo criminal é comunicada à Ordem dos Advogados para efeitos de registo no respetivo processo individual.

NOTAS:

1. O preceito do n.º 1 foi introduzido pelo E.O.A. de 2005 e veio clarificar o princípio da não acumulação dos períodos de inibição de exercício da profissão imposto por pena acessória de natureza criminal com a pena de suspensão disciplinar, o que pode suceder em caso de apreciação independente das responsabilidades criminal e disciplinar pela prática dos mesmos factos.

Artigo 142.º – Publicidade das sanções

1 – É sempre dada publicidade à aplicação das sanções de expulsão e de suspensão efetiva, apenas sendo publicitadas as restantes sanções quando tal for determinado na deliberação que as aplique.

2 – Sem prejuízo do disposto no artigo 202.º, a publicidade é feita por meio de edital afixado nas instalações do conselho de deontologia e publicado no sítio da Ordem dos Advogados na Internet e num dos jornais diários de âmbito nacional, dele constando a identidade, o número da cédula profissional e o domicílio profissional do advogado arguido, bem como as normas violadas e a sanção aplicada.

3 – O edital referido no número anterior é enviado a todos os tribunais, conservatórias, cartórios notariais e repartições de finanças e publicado num jornal diário de âmbito nacional durante três dias seguidos quando a sanção aplicada for a de expulsão ou de suspensão efetiva.

NOTAS:

1. Dada a independência e autonomia entre os Conselhos Regionais e os Conselhos de Deontologia, o edital deve ser afixado nas instalações do Conselho de Deontologia.

2. É alargado o elenco das entidades a quem deve ser remetido o edital, incluindo-se agora, para além dos Tribunais, as Conservatórias, Cartórios Notariais e Repartições de Finanças, o que bem se compreende porque todos esses locais respeitam ao giro profissional dos advogados.

3. Os órgãos da Ordem dos Advogados com competência para promover a execução das penas disciplinares podem divulgar, por correio electrónico dirigido à universalidade dos advogados inscritos, a aplicação de todas e de cada uma das penas de suspensão e de expulsão – Ver Parecer do Conselho Superior aprovado em 5 de Março de 2010, sendo relator o Sr. Dr. Pedro Alhinho.

Artigo 143.º – Incumprimento da sanção

O presidente do órgão competente em matéria disciplinar deve determinar a suspensão da inscrição do advogado ou advogado estagiário, sempre que, a contar da data em que se deva considerar notificado da decisão definitiva, este não proceda:

a) À entrega da cédula profissional no prazo de 15 dias, quando haja sido condenado na sanção de expulsão ou suspensão;

b) Ao pagamento, no prazo de três meses, da multa em que haja sido condenado;

c) Ao cumprimento, no prazo de 15 dias, do disposto nos nºs 8 e 9 do artigo 130.º.

NOTAS:

1. Trata-se de um preceito introduzido no E.O.A. de 2005, que veio reforçar significativamente os poderes efectivos da Ordem para a boa execução das penas disciplinares, introduzindo-se o mecanismo da suspensão de inscrição em caso de incumprimento, sem prejuízo de tal incumprimento corresponder a nova infracção disciplinar e dos poderes do Bastonário na adopção das medidas judiciais adequadas.

2. Cfr. artigos 173.º e 174.º deste E.O.A. e artigo 10.º do Regulamento Disciplinar.

3. Sem prejuízo da anotação 1. regista-se a incongruência da alínea *a)* ao estabelecer que deve ser determinada a suspensão da inscrição do advogado ou do advogado estagiário, sempre que este não entregue a cédula quando condenado na pena de expulsão ou suspensão, assim se impondo uma sanção com os mesmos efeitos da decisão incumprida.

CAPÍTULO IV – Processo

SECÇÃO I – Disposições gerais

Artigo 144.º – Formas do processo

1 – A ação disciplinar comporta as seguintes formas:

a) Processo disciplinar;

b) Processo de inquérito.

2 – Aplica-se o processo disciplinar sempre que a determinado advogado ou advogado estagiário sejam imputados factos devidamente concretizados, susceptíveis de constituir infração.

3 – O processo de inquérito é aplicável quando a participação for da autoria de um particular ou de entidades estranhas à Ordem dos Advogados e nela não

esteja claramente identificado o advogado ou advogado estagiário visado ou se imponha a realização de diligências sumárias para esclarecimento ou concretização dos factos participados.

4 – Depois de averiguada a identidade do advogado ou advogado estagiário visado ou, logo que se mostrem minimamente concretizados ou esclarecidos os factos participados, sendo eles suscetíveis de constituir infração, é proposta a imediata conversão do processo de inquérito em processo disciplinar, mediante parecer sucintamente fundamentado.

5 – Quando a participação seja manifestamente inviável ou infundada, deve a mesma ser liminarmente arquivada, dando-se cumprimento ao disposto no n.º 3 do artigo 123º.

NOTAS:

1. Mantém-se a recuperação do processo de inquérito, que havia sido injustificadamente eliminado com a Lei 80/2001. Na realidade, com as alterações introduzidas por esta Lei, o processo disciplinar passou a conter apenas a forma comum e a especial, sendo esta correspondente ao processo de revisão e aquela *"sempre que ao advogado ou advogado estagiário seja imputada falta determinada"* – artigo 112.º do D. Lei 84/84.

2. Nos termos do artigo 134.º do E.O.A. anterior à alteração da Lei 80/2001, o processo de inquérito seria usado *"sempre que não esteja concretizada a infracção ou não seja conhecido o infractor e ainda quando se torne necessário proceder a averiguações destinadas ao esclarecimento dos factos".*

3. Não obstante a eliminação do processo de inquérito, que muito bem se reintroduziu e ora se mantém no E.O.A., a sua manifesta utilidade impôs o acolhimento desta forma processual por via regulamentar, do que resultou ter sido admitida no Regulamento Disciplinar de 10/10/2002 e, posteriormente, no Regulamento Disciplinar de 5 de Novembro de 2010 e, actualmente, no Regulamento Disciplinar n.º 668-A/2015 de 1 de Outubro de 2015.

4. Nos termos do actual n.º 3 deste artigo 144.º, o processo de inquérito deve ser instaurado sempre que ocorram as circunstâncias aí previstas e ainda quando a participação for da autoria de um particular ou de entidades estranhas à Ordem dos Advogados e nela não esteja claramente identificado o advogado ou advogado estagiário visado.

5. Pelos actuais artigos 3.º, 4.º e 6.º do Regulamento Disciplinar n.º 668-A/2015, foi acolhida e tratada com especial relevo a figura da "apreciação liminar"; assim, quando a participação for manifestamente infundada ou inviável, pode ser decidida por simples despacho fundamentado do relator com recurso apenas para o próprio Conselho em caso de arquivamento e sendo irrecorrível quando se determine o prosseguimento da acção disciplinar.

6. Sobre o alargamento da responsabilidade disciplinar às sociedades de advogados e respectivo regime veja-se o artigo 18.º da lei 53/2015, de 11 de Junho – Lei das Sociedades Profissionais sujeitas a Associações Públicas Profissionais.

Artigo 145.º – Tramitação do processo

1 – Na instrução do processo deve o relator procurar atingir a verdade material, removendo todos os obstáculos ao seu regular e rápido andamento e recusando, fundamentadamente, tudo o que for impertinente, inútil ou dilatório.

2 – A forma dos atos, quando não esteja expressamente regulada, deve ajustar-se ao fim em vista e limitar-se ao indispensável para o alcançar.

NOTAS:

1. Corresponde aos princípios já anteriormente afirmados no revogado artigo 140.º do E.O.A. de 2005.

2. Quanto à designação dos relatores, cfr. artigo 149.º n.º 4. do E.O.A..

3. São afloramentos dos princípios gerais previstos nesta norma, as disposições constantes dos n.ºs 6 e 8 do artigo 151.º do E.O.A..

Artigo 146.º – Prazos

1 – À contagem dos prazos em todos os processos regulados no presente capítulo são aplicáveis as regras do Código de Processo Penal.

2 – Na falta de disposição especial, é de 10 dias o prazo para a prática de qualquer ato no âmbito dos processos regulados no presente capítulo.

NOTAS:

1. Esta disposição reproduz o anterior artigo 141.º do E.O.A. de 2005.

2. Sobre a inaplicabilidade ao processo disciplinar da regra do n.º 5 do artigo 145.º do Código de Processo Civil, entendeu o C. Superior que o escopo sancionatório desta norma, quando tolera a eficácia do acto praticado dentro dos três dias seguintes ao término do prazo, sujeitando-a ao cumprimento de um ónus (o pagamento de uma multa calculada por referência ao montante devido para a prática desse mesmo acto) impede a aplicação de tal disposição à tramitação do processo disciplinar, já que uma norma que encerra em si um escopo sancionatório a realizar por referência a uma realidade inexistente em sede de processo disciplinar, implicaria esvaziar de conteúdo uma parte dessa norma, determinando, no limite, a coexistência de um prazo suplementar com todos os restantes prazos peremptórios previstos no Estatuto da Ordem dos Advogados. Na verdade, a ser assim, todos os prazos do processo disciplinar seriam acrescentados três dias,

sem qualquer sanção, o que se revela inaceitável – Despacho R-56/07 do Presidente do C. Superior de 17/04/2007.

Artigo 147.º – Impedimentos, escusas e recusas

1 – Aos impedimentos, escusas e recusas do relator e demais membros do conselho com competência disciplinar são aplicáveis, com as necessárias adaptações, as regras constantes do Código de Processo Penal.

2 – O incidente é resolvido no prazo máximo de oito dias pela entidade que designou o relator e, caso seja julgado procedente, é logo designado um novo relator.

3 – Se o impedimento, recusa ou escusa respeitar a membro do conselho que não seja o relator, o incidente é decidido pelo respetivo presidente ou por quem o substitua.

NOTAS:

1. Esta norma transcreve o teor do revogado artigo 142.º do E.O.A. de 2005.
2. Cfr. artigo 39.º e sgs. do C.P.P.

Artigo 148.º – Cumprimento dos prazos

Não sendo cumpridos os prazos consagrados no presente capítulo, pode o processo ser redistribuído a outro relator nos mesmos termos e condições, devendo os factos ser comunicados ao presidente do conselho competente, para eventual procedimento disciplinar.

NOTAS:

1. O prazo para a conclusão da instrução é de 180 dias, contado a partir da data da distribuição, podendo ser prorrogado por mais 180 dias em caso de excepcional complexidade; o prazo para a realização de diligências ordenadas pelo relator, após a realização da prova requerida pela defesa, é de 60 dias, podendo ser prorrogado por mais 30 dias; o relatório final a apresentar pelo relator é de 10 dias após a conclusão da instrução e, finalmente, o prazo para julgamento em audiência pública é de 30 dias – Vide artigos 146.º n.ºs 4 e 5, 158.º n.º 2, 159.º n.º 1 e 161.º n.º 1 todos do E.O.A..

2. Pela solução actualmente acolhida na parte final deste artigo 148.º, a comunicação sobre incumprimento pelo relator dos prazos processuais é feita aos Presidentes dos Conselhos competentes e não sempre ao Presidente do Conselho Superior, não implicando de imediato a instauração de processo disciplinar.

SECÇÃO II – Processo

Artigo 149.º – Distribuição do processo

1 – Instaurado o processo disciplinar, o presidente do conselho competente procede à respetiva distribuição, sem prejuízo de delegação em qualquer dos seus membros.

2 – Em caso de impedimento permanente do relator ou nos seus impedimentos temporários, procede-se a nova distribuição, sempre que as circunstâncias o justifiquem.

3 – Procede-se ainda a nova distribuição sempre que o presidente do conselho aceite escusa do relator.

4 – Os conselhos podem nomear relatores-adjuntos ou cometer a instrução dos processos a advogados inscritos pela respetiva região há mais de cinco anos e sem qualquer punição de caráter disciplinar superior a advertência.

NOTAS:

1. De acordo com os artigos 123.º n.º 3. e 144.º n.º 5 do E.O.A., as participações para fins disciplinares ou são manifestamente infundadas e são liminarmente arquivadas, ou dão lugar à instauração de processo disciplinar ou de processo de inquérito.

2. A fase de apreciação liminar regula-se pelo Regulamento Disciplinar nos seus artigos 3.º, 4.º e 6.º.

3. Este artigo 149.º do E.O.A. corresponde, no geral, às soluções contidas no revogado artigo 144.º do E.O.A. de 2005, continuando a ser possível a nomeação de relatores estranhos aos Conselhos, desde que inscritos pela respectiva região há mais de cinco anos; todavia, foi eliminada a exigência da inexistência de sanção disciplinar superior a advertência, o que todavia não implica que não se considere que uma sanção superior a advertência deixe de gerar inibição para o cargo de relator adjunto, à semelhança do que sucede com os titulares do próprio órgão disciplinar, como resulta do artigo 18.º do E.O.A..

4. O recurso a relatores adjuntos, que não sejam titulares do órgão, resulta da consagração de uma política de abertura institucional da Ordem dos Advogados à participação funcional de advogados não directamente eleitos, o que tem permitido uma significativa melhoria na capacidade de resposta da classe à crescente necessidade de prestação de serviços e à progressiva intensidade e complexidade das funções atribuídas à sua estrutura orgânica.

Artigo 150.º – Apensação de processos

1 – Estando pendentes vários processos disciplinares contra o mesmo arguido, ainda que em conselhos diferentes, são todos apensados ao mais antigo e proferida uma só decisão, exceto se da apensação resultar manifesto inconveniente.

2 – Estando pendentes vários processos disciplinares contra vários arguidos em simultâneo, são extraídas as necessárias certidões de modo a dar-se cumprimento ao disposto no número anterior.

Artigo 151.º – Instrução do processo

1 – Compete ao relator regular o andamento da instrução do processo e manter a disciplina nos respetivos atos.

2 – A instrução do processo realiza-se na sede do respetivo conselho, se não houver conveniência em que as diligências se efetuem em local diferente.

3 – No caso previsto na parte final do número anterior, as diligências podem ser requisitadas por qualquer meio idóneo de comunicação ao órgão competente, com indicação do prazo para cumprimento e da matéria sobre que devem incidir.

4 – A instrução não pode ultrapassar o prazo de 180 dias contados a partir da distribuição.

5 – Em casos de excecional complexidade ou por outros motivos devidamente justificados, pode o relator solicitar ao presidente do conselho a prorrogação do prazo previsto no número anterior, não podendo, no entanto, a prorrogação ultrapassar o limite máximo de mais 180 dias.

6 – Na instrução do processo são admissíveis todos os meios de prova em direito permitidos.

7 – Na fase de instrução, o advogado arguido deve ser sempre ouvido sobre a matéria da participação.

8 – O interessado e o arguido podem requerer ao relator as diligências de prova que considerem necessárias ao apuramento da verdade.

9 – Na fase de instrução, o interessado e o arguido não podem indicar, cada um, mais de três testemunhas por cada facto, com o limite máximo de 10 testemunhas.

10 – Consideram-se não escritos os nomes das testemunhas arroladas que ultrapassem o limite definido no número anterior.

NOTAS:

1. O prazo para a realização da instrução mantém-se em 180 dias, podendo ser prorrogado até um ano nos processos de especial complexidade.

2. As deprecadas para a realização de diligências probatórias podem ser requisitadas aos Delegados, às Delegações ou aos Agrupamentos de Delegações – Vide artigo 64.º n.º 1 *e)* do E.O.A..

Artigo 152.º – Termo da instrução

1 – Finda a instrução, o relator ordena a junção do extrato do registo disciplinar do advogado arguido e profere despacho de acusação ou emite parecer fundamentado em que conclua pelo arquivamento do processo.

2 – Não sendo proferido despacho de acusação, o relator apresenta o parecer na primeira sessão do conselho ou da secção, a fim de ser deliberado o arquivamento do processo.

3 – Caso o conselho ou a secção deliberem o seu prosseguimento com a realização de diligências complementares ou a emissão de despacho de acusação, pode ser designado novo relator de entre os membros do conselho ou secção que tenham votado a continuação do processo.

NOTAS:

1. Este artigo corresponde ao anterior artigo 147.º do E.O.A.

2. O processo ou é arquivado ou prossegue com despacho de acusação ou de realização de diligências complementares, pelo que não pode permanecer indefinidamente em aberto, a aguardar melhor prova.

Artigo 153.º – Despacho de acusação

O despacho de acusação deve revestir a forma articulada e mencionar:

a) A identidade do arguido;

b) Os factos imputados e as circunstâncias de tempo, modo e lugar em que os mesmos foram praticados;

c) As normas legais e regulamentares infringidas, bem como, se for caso disso, a possibilidade de aplicação da sanção de suspensão ou de expulsão; e

d) O prazo para a apresentação da defesa.

Artigo 154.º – Suspensão preventiva

1 – Juntamente com o despacho de acusação, o relator pode propor que seja aplicada ao advogado arguido a medida de suspensão preventiva quando:

a) Haja fundado receio da prática de novas e graves infrações disciplinares ou de perturbação do decurso do processo;

b) O advogado arguido tenha sido acusado ou pronunciado criminalmente por crime cometido no exercício da profissão ou por crime a que corresponda pena superior a três anos de prisão, ou

c) Seja desconhecido o paradeiro do advogado arguido.

2 – A suspensão não pode exceder o período de seis meses e deve ser deliberada por maioria de dois terços dos membros do conselho onde o processo correr os seus termos.

3 – Excecionalmente e precedendo decisão devidamente fundamentada, o conselho superior pode, mediante proposta aprovada por dois terços dos membros do órgão onde o processo correr termos, prorrogar a suspensão por mais seis meses.

4 – O tempo de duração da medida de suspensão preventiva é sempre descontado nas sanções de suspensão.

5 – Os processos disciplinares com arguido suspenso preventivamente têm caráter urgente e a sua marcha processual prefere a todos os demais.

6 – O recurso interposto da decisão que aplique a medida de suspensão preventiva tem subida imediata e efeito devolutivo.

NOTAS:

1. Para além das situações previstas nas alíneas *a)* e *b)* desta norma, que transitam do regime anterior, passa agora a ser também causa de suspensão preventiva o desconhecimento do paradeiro do advogado arguido.

2. De acordo com a actual alínea *a)*, a suspensão preventiva pode ser proposta quando ocorra fundado receio de "perturbação do decurso do processo" e não tão só quando tal perturbação se verifique no seu "andamento".

3. O prazo máximo de suspensão mantém-se em seis meses, podendo ser prorrogado por novo prazo de seis meses.

4. Em função da autonomização das competências disciplinares, foi transferida para o Conselho Superior a competência, antes cometida ao Bastonário, para decretar a prorrogação da suspensão preventiva, desde que a respectiva proposta seja aprovada por maioria qualificada de dois terços dos membros do Conselho onde o processo corra termos. Poderá colocar-se a questão de se saber se será também exigível a maioria qualificada de dois terços no Conselho Superior quando a proposta lhe seja apresentada já aprovada por um Conselho de Deontologia. No silêncio da norma e porque tal maioria qualificada já funcionou no Conselho onde corre o processo, afigura-se ser dispensável essa exigência no Conselho Superior.

Artigo 155.º – Notificação da acusação

1 – O arguido é notificado da acusação, pessoalmente ou por via postal, com a entrega da respetiva cópia e a informação do prazo para apresentação da defesa e ainda de que o julgamento é realizado em audiência pública caso o requeira e, independentemente de requerimento, sempre que a infração seja passível de sanção de suspensão ou de expulsão.

2 – A notificação por via postal é efetuada através de carta registada com aviso de receção endereçada para o domicílio profissional ou para a residência do arguido, consoante a sua inscrição esteja ou não em vigor.

3 – Se o arguido estiver ausente do País, ou for desconhecida a sua residência, é notificado por edital, que deve apenas conter a menção de que contra ele se encontra pendente procedimento disciplinar e o prazo fixado para apresentar a sua defesa, a afixar nas instalações do conselho e a divulgar no sítio da Ordem dos Advogados, pelo período de 20 dias.

Artigo 156.º – Exercício do direito de defesa

1 – O prazo para apresentação da defesa é de 20 dias.

2 – Se o arguido for notificado no estrangeiro ou por edital, o prazo para a apresentação da defesa é fixado pelo relator, não podendo ser inferior a 30 dias nem superior a 60 dias.

3 – O relator pode, em caso de justo impedimento, admitir a defesa apresentada extemporaneamente.

4 – Se o arguido estiver impossibilitado de organizar a sua defesa por motivo de incapacidade devidamente comprovada, o relator nomeia-lhe imediatamente um curador para esse efeito, preferindo a pessoa a quem competiria a tutela, em caso de interdição nos termos da lei civil.

5 – O curador nomeado nos termos do número anterior pode usar de todos os meios de defesa facultados ao arguido.

6 – O incidente de alienação mental pode ser suscitado pelo relator, pelo arguido ou por qualquer familiar deste.

7 – Durante o prazo para a apresentação da defesa, o processo pode ser consultado na secretaria ou confiado ao arguido ou ao advogado por ele constituído, para exame no seu escritório.

8 – A confiança do processo nos termos do número anterior deve ser precedida de despacho do relator.

9 – Não sendo possível proferir de imediato o despacho referido no número anterior, a secretaria contacta o relator pelo meio mais expedito, devendo este, pelo mesmo meio, comunicar a sua decisão, da qual é lavrada cota no processo.

NOTAS:

1. Corresponde ao anterior artigo 151.º do E.O.A. de 2005.

2. A possibilidade de exercício extemporâneo do direito de defesa é alargada a todas as situações de justo impedimento e a nomeação de curador ocorre em todos os casos de incapacidade comprovada.

3. Sobre a nomeação de curador, veja-se o artigo 143.º do C. Civil.

Artigo 157.º - Apresentação da defesa

1 - A defesa é feita por escrito e apresentada na secretaria do conselho competente, devendo expor clara e concisamente os factos e as razões que a fundamentam.

2 - Com a defesa, o arguido deve apresentar o rol de testemunhas, podendo indicar três testemunhas por cada facto, com o limite máximo de 10 testemunhas, juntar documentos e requerer quaisquer diligências, que podem ser recusadas, mediante despacho fundamentado, quando manifestamente impertinentes, dilatórias ou desnecessárias para o apuramento dos factos e da responsabilidade do arguido.

3 - O arguido deve indicar os factos sobre os quais incide a prova, sendo convidado a fazê-lo, sob sanção de indeferimento na falta de indicação.

4 - O relator pode permitir que o número de testemunhas referido nos termos do n.º 2 seja acrescido das que considerar necessárias para a descoberta da verdade.

Artigo 158.º - Realização de novas diligências

1 - Além das requeridas pela defesa, o relator deve ordenar todas as diligências de prova que considere necessárias para o apuramento da verdade.

2 - O disposto no número anterior não deve ultrapassar o prazo de 60 dias, podendo o conselho prorrogar o prazo por mais 30 dias, ocorrendo motivo justificado, nomeadamente em razão da excecional complexidade do processo.

Artigo 159.º - Relatório final

1 - Realizadas as diligências referidas no artigo anterior, o relator elabora, no prazo de 10 dias, um relatório fundamentado, que deve ser notificado ao arguido, para se pronunciar em igual prazo, e do qual constem os factos apurados, a sua qualificação e gravidade, a sanção que entende dever ser aplicada ou a proposta de arquivamento dos autos.

2 – Seguidamente, no prazo máximo de cinco dias, o processo é entregue no conselho ou na secção respetivos, para julgamento.

Artigo 160.º – Julgamento

1 – Não havendo lugar a audiência pública e se todos os membros do conselho ou da secção se considerarem para tanto habilitados, é votada a deliberação e lavrado e assinado o acórdão.

2 – Se algum ou alguns membros se declararem não habilitados a deliberar, o processo é dado para vista, por cinco dias, a cada membro que a tiver solicitado, findo o que é novamente presente para julgamento.

3 – Os votos de vencido devem ser fundamentados.

4 – Antes do julgamento, o conselho ou a secção podem ordenar a realização de novas diligências, a cumprir no prazo que para o efeito estabeleça.

5 – O acórdão final é notificado ao arguido, nos termos do artigo 155.º, ao participante e ao bastonário.

NOTAS:

1. O julgamento deverá decorrer em audiência pública sempre que esta tenha sido requerida pelo arguido, nos termos do artigo 155.º n.º 1, ou quando, independentemente de requerimento, seja proposta pelo relator a aplicação das sanções de suspensão ou de expulsão, como resulta do artigo 140.º n.º 3, ambos deste E.O.A..
2. As penas de suspensão e de expulsão devem ser sempre votadas e aprovadas em plenário do conselho competente, devendo ainda ter-se em conta as maiorias qualificadas para as penas de expulsão e de suspensão superior a dois anos e a ratificação especial para o Plenário do Conselho Superior para a aplicação da pena de expulsão, como decorre do artigo 140.º n.ºs 1 e 2 do E.O.A..
3. Pelo acórdão do Tribunal Central Administrativo Sul de 21/01/2021, proferido em sede de recurso jurisdicional em acção administrativa especial de impugnação de acto administrativo, instaurada contra a Ordem dos Advogados, publicado na Revista da OA, n.º 81, págs.425/459, foi concluído que, em princípio, no âmbito do processo disciplinar, não pode o julgador sindicar, por regra, a medida da pena, salvo nos casos de erro grosseiro ou clara violação do princípio da proporcionalidade.

Artigo 161.º – Audiência pública

1 – Havendo lugar a audiência pública, é a mesma realizada no prazo de 30 dias e nela devem participar, pelo menos, quatro quintos dos membros do conselho ou da secção.

2 – A audiência pública é presidida pelo presidente do conselho ou secção respetivo ou pelo seu legal substituto e nela podem intervir o participante que seja direto titular do interesse ofendido pelos factos participados, o arguido e os mandatários que hajam constituído.

3 – A audiência pública só pode ser adiada uma vez por falta do arguido ou do seu defensor.

4 – Faltando o arguido e não podendo ser adiada a audiência, o processo é decidido nos termos do artigo anterior.

5 – Aberta a audiência, o relator lê o relatório final, procedendo-se de seguida à produção de prova complementar requerida pelo participante ou pelo arguido e que deve ser imediatamente oferecida, podendo ser arroladas até cinco testemunhas.

6 – Finda a produção de prova, é dada a palavra ao participante e ao arguido ou aos respetivos mandatários para alegações orais, por período não superior a 30 minutos.

7 – Caso o considere conveniente, o conselho ou a secção pode determinar a realização de novas diligências.

8 – Encerrada a audiência, o conselho ou a secção reúne de imediato para deliberar, lavrando acórdão, que deve ser notificado nos termos do artigo 155.º.

NOTAS:

1. No elenco das pessoas que podem intervir na audiência pública estão incluídos os mandatários que tenham sido constituídos pelo arguido e pelo participante titular do interesse ofendido.

2. Mantém-se, em relação ao regime anterior, a possibilidade do Conselho poder determinar a realização complementar de novas diligências, o que bem se compreende, já que idêntica prerrogativa possui o arguido por força do n.º 5 deste artigo 161.º.

3. A audiência pública é realizada em secção nos Conselhos de Deontologia de Lisboa, Porto e Coimbra e em conselho nos restantes, como corolário da composição e funcionamento previstos no artigo 57.º, mas sempre no respeito do "quorum" de quatro quintos dos seus membros, como estipula o n.º 1 deste artigo 161.º do E.O.A..

CAPÍTULO V – Recursos ordinários

Artigo 162.º – Deliberações recorríveis

1 – Das deliberações dos conselhos de deontologia ou suas secções cabe recurso para o conselho superior.

2 – Das deliberações das secções do conselho superior, nos termos da alínea *d*) do n.º 3 do artigo 44.º, cabe recurso para o plenário do mesmo órgão.

3 – Não são suscetíveis de recurso as deliberações do plenário do conselho superior, sem prejuízo do disposto no n.º 3 do artigo 6.º.

4 – Não admitem recurso em qualquer instância as decisões de mero expediente ou de disciplina dos trabalhos.

NOTAS:

1. Corresponde ao anterior artigo 157.º do E.O.A. de 2005.

2. Cfr. artigo 9.º do Regulamento Disciplinar n.º 668-A/2015 de 1 de Outubro de 2015.

Artigo 163.º – Legitimidade para a interposição do recurso

1 – Têm legitimidade para interpor recurso o arguido, os interessados e o bastonário.

2 – Não é permitida a renúncia ao recurso antes do conhecimento da deliberação final.

Artigo 164.º – Subida e efeitos do recurso

1 – Os recursos interpostos de despachos ou acórdãos interlocutórios sobem com o da decisão final.

2 – Têm efeito suspensivo os recursos interpostos pelo bastonário e os das decisões finais.

NOTAS:

1. Tendo em conta o teor do n.º 2, é concedido efeito suspensivo a todos os recursos das decisões finais, independentemente das penas concretamente aplicadas.

Artigo 165.º – Interposição e notificação do recurso

1 – O prazo para a interposição dos recursos é de 15 dias a contar da notificação da deliberação final, ou de 30 dias a contar da afixação do edital.

2 – O requerimento de interposição do recurso é sempre motivado, sob sanção de não admissão do mesmo, sendo, para tanto, facultada a consulta do processo.

3 – Com a motivação, que deve enunciar especificamente os fundamentos do recurso e terminar com a formulação de conclusões, pode o recorrente requerer

a junção dos documentos que entenda convenientes, desde que os mesmos não pudessem ter sido apresentados até à decisão final objeto do recurso.

4 – O bastonário pode recorrer mediante simples despacho, com mera indicação do sentido da sua discordância, não sendo aplicável o disposto nos n.ºs 2 e 3.

5 – O recurso não é admitido quando a decisão for irrecorrível, quando for interposto fora de tempo, quando o recorrente não tiver as condições necessárias para recorrer ou por falta da motivação, quando exigível.

6 – Admitido o recurso que subir imediatamente, é notificado o recorrido para responder no prazo de 15 dias, sendo-lhe facultada a consulta do processo.

7 – Junta a resposta do recorrido, deve a mesma ser notificada ao recorrente quando este não seja o bastonário e os autos remetidos ao órgão competente para julgamento do recurso.

NOTAS:

1. O prazo de recurso mantém-se, sendo de 15 dias sobre a data da notificação das decisões finais e de 30 dias sobre a data da afixação do edital, sendo este um prazo especial que derroga o prazo geral previsto no artigo 6.º n.º 2.

2. Não existe prazo especial para o Bastonário recorrer, pelo que se aplicará o prazo geral de 15 dias.

3. A motivação do recurso é dispensada ao Bastonário, o qual pode exercer tal direito por despacho contendo a mera indicação das razões pelas quais discorda da decisão recorrida.

4. A motivação é apresentada simultaneamente com a interposição do recurso, continuando a não ser exigível despacho a ordenar a notificação do recorrente e do recorrido para apresentação de alegações, como sucedia já no regime anterior.

5. O prazo para resposta pelo recorrido à motivação do recorrente é igualmente de 15 dias.

Artigo 166.º – Baixa do processo ao conselho de deontologia

Julgado definitivamente qualquer recurso, o processo baixa ao conselho de deontologia respetivo.

NOTAS:

1. Cfr. artigo 174.º sobre a execução das decisões disciplinares.

CAPÍTULO VI – Recurso de revisão

Artigo 167.º – Fundamentos e admissibilidade da revisão

1 – É admissível a revisão de decisão definitiva proferida pelos órgãos da Ordem dos Advogados com competência disciplinar sempre que:

a) Uma decisão judicial transitada em julgado declarar falsos quaisquer elementos;

b) Uma decisão judicial transitada em julgado tiver dado como provado crime cometido por membro ou membros do órgão que proferiu a decisão revidenda e relacionado com o exercício das suas funções no processo;

c) Os factos que serviram de fundamento à decisão condenatória forem inconciliáveis com os dados como provados noutra decisão definitiva e da oposição resultarem graves dúvidas sobre a justiça da condenação;

d) Se tenham descoberto novos factos ou meios de prova que, por si ou combinados com os que foram apreciados no processo, suscitem graves dúvidas sobre a justiça da decisão condenatória proferida.

2 – Com fundamento na alínea *d)* do número anterior não é admissível revisão com o único fim de corrigir a medida concreta da sanção aplicada.

3 – A simples alegação de ilegalidade, formal ou substancial, do processo e decisão disciplinares não constitui fundamento para a revisão.

4 – A revisão é admissível ainda que o procedimento se encontre extinto ou a sanção prescrita ou cumprida.

NOTAS:

1. A matéria do recurso de revisão transita sem alterações do anterior E.O.A., depois de neste ter sido operada uma significativa reformulação em relação ao "processo de revisão", tratado inicialmente nos artigos 137.º a 142.º do D. Lei 84/84, não só no plano formal, mas também no tocante à legitimidade e aos fundamentos de admissibilidade.

2. Assim, tendo-se então abandonado a enumeração exemplificativa contida no revogado artigo 139.º do E.O.A. de 1984, o actual artigo 167.º enumera taxativamente os fundamentos do recurso de revisão nas alíneas *a)* a *d)* do seu n.º 1.

3. O conhecimento superveniente de eventual inimputabilidade do arguido, tem acolhimento na previsão da alínea *d)* do n.º 1 do artigo 162.º do E.O.A. como eventual fundamento para o recurso de revisão.

4. O fundamento previsto na alínea *b)* do n.º 1 do actual artigo 167.º foi introduzido pelo E.O.A. de 2005 tendo em consideração a perda da idoneidade e isenção que objectivamente dele pode decorrer para o órgão julgador.

Artigo 168.º – Legitimidade

1 – Têm legitimidade para requerer a revisão:

a) O participante, relativamente a decisões de arquivamento do processo disciplinar;

b) O advogado condenado ou seu defensor, relativamente a decisões condenatórias.

2 – Têm ainda legitimidade para requerer a revisão e para a prosseguir, nos casos em que o advogado condenado tiver falecido, o cônjuge, os descendentes, adotados, ascendentes, adotantes, parentes ou afins até ao quarto grau da linha colateral, os herdeiros que mostrem um interesse legítimo, os advogados com quem o condenado mantinha sociedade ou partilhava escritório ou quem do condenado tiver recebido incumbência expressa.

3 – O bastonário pode também apresentar proposta de revisão de decisões definitivas condenatórias ou de arquivamento.

NOTAS:

1. No regime do D. Lei 84/84 apenas o arguido condenado ou, caso houvesse falecido, os seus descendentes, ascendentes, cônjuges ou irmãos e ainda o Bastonário tinham legitimidade para requerer a revisão. Presentemente, como já sucedia no revogado E.O.A. de 2005, tal legitimidade foi alargada ao participante, relativamente a decisões de arquivamento e ainda aos adoptados, adoptantes, parentes e afins até ao 4.º grau da linha colateral, herdeiros que mostrem interesse legítimo, advogados com quem o condenado mantinha sociedade ou partilhava escritório ou quem do condenado tiver recebido incumbência expressa, quanto às decisões condenatórias.

2. O reforço e dignificação do papel do mandatário em toda a tramitação do processo disciplinar tem também aqui expressa concretização na alínea *b)* do n.º 1.

Artigo 169.º – Formulação do pedido ou proposta de revisão

1 – O requerimento ou proposta de revisão é apresentado ao órgão com competência disciplinar que proferiu a decisão a rever.

2 – O requerimento ou proposta de revisão é sempre motivado e contém a indicação dos meios de prova.

3 – Devem ser juntos ao requerimento ou proposta de revisão os documentos necessários à instrução do pedido.

NOTAS:

1. O pedido de revisão deve ser entregue no órgão com competência disciplinar que proferiu a decisão revidenda e não no Conselho Superior, como sucedia no EOA de 1984.

2. Quanto à competência para conhecimento dos pedidos de revisão, cfr. artigo 171.º n.ºs 2 e 3 do actual EOA.

Artigo 170.º – Tramitação do pedido ou proposta de revisão

1 – A revisão é processada por apenso aos autos em que foi proferida a decisão a rever.

2 – A parte ou partes contra quem é pedida ou proposta a revisão são notificadas para, no prazo de 15 dias, apresentarem a sua resposta e indicarem os seus meios de prova.

3 – Nos casos referidos no n.º 1 do artigo 167.º, o relator a quem o processo for distribuído procede às diligências que considere indispensáveis para a descoberta da verdade, mandando documentar, por redução a escrito ou por qualquer meio de reprodução integral, as declarações prestadas.

4 – O requerente não pode indicar testemunhas que não tiverem sido ouvidas no processo, a não ser justificando que ignorava a sua existência ao tempo da decisão ou que estiveram impossibilitadas de depor.

NOTAS:

1. O prazo de resposta mantém-se em 15 dias.

2. Os meios de prova devem ser indicados com o pedido de revisão, precisando-se que não podem ser indicadas testemunhas que não tenham sido ouvidas no processo, salvo se o requerente ignorava a sua existência ao tempo da decisão ou que estiveram impossibilitadas de depor.

3. Sendo taxativa a enumeração contida nas diversas alíneas do n.º 1 do artigo 167.º, para o qual o n.º 3 do artigo 170.º remete, melhor seria afirmar, à semelhança do que sucedia no artigo 140.º n.º 1 do D. Lei 84/84 de 16 de Março, que o relator pode ordenar sempre as diligências requeridas e ainda as que se revelarem necessárias.

Artigo 171.º – Julgamento

1 – Uma vez expirado o prazo de resposta ou realizadas as diligências requeridas, quando a elas houver lugar, o relator elabora, no prazo de 10 dias, parecer fundamentado sobre o mérito do pedido ou da proposta de revisão e, no prazo máximo de cinco dias, entrega o processo ao conselho ou à secção respetivos, para deliberação.

2 – Se a decisão a rever tiver sido proferida pelo conselho superior, o julgamento tem lugar em plenário após a entrega do processo com parecer fundamentado, nos termos do número anterior.

3 – Se a decisão a rever tiver sido proferida por um conselho de deontologia, o processo é em seguida remetido ao conselho superior, para julgamento em plenário.

4 – A concessão da revisão tem de ser votada por maioria de dois terços dos membros do conselho e da respetiva deliberação cabe apenas recurso contencioso.

5 – A revisão apenas pode conduzir à manutenção, à alteração ou à revogação da deliberação proferida no processo revisto, mas nunca pode agravar a sanção aplicada.

6 – A pendência de recurso contencioso incidente sobre a sanção proferida em processo disciplinar não prejudica a revisão deste.

NOTAS:

1. Mantém-se o prazo para a emissão do parecer do relator em 10 dias.

2. A competência para o julgamento subsiste inalterada no Conselho Superior, o qual decide pelas secções ou pelo plenário, consoante a decisão revidenda tenha sido proferida em Conselho de Deontologia ou no Conselho Superior.

3. Quanto ao recurso contencioso, cfr. artigo 6.º n.º 3 do E.O.A..

4. A disposição contida no n.º 6 é sequela do princípio da independência e autonomia da acção disciplinar da Ordem dos Advogados em relação às demais jurisdições. Sobre esta temática, veja-se o artigo 116.º do E.O.A. e as suas respectivas anotações.

Artigo 172.º – Baixa do processo, averbamentos e publicidade

1 – Depois de julgado o pedido ou a proposta de revisão, o processo baixa, se for caso disso, ao conselho de deontologia respetivo, que o instrui e julga de novo, se a revisão tiver sido admitida.

2 – No caso de absolvição, são cancelados os averbamentos das decisões condenatórias.

3 – Ao acórdão proferido em julgamento na sequência da revisão é dada a publicidade devida, nos termos do artigo 142.º.

CAPÍTULO VII – Execução de sanções

Artigo 173.º – Início de produção de efeitos das sanções

1 – As sanções disciplinares, bem como as determinações constantes dos n.ºs 8 e 9 do artigo 130.º, iniciam a produção dos seus efeitos findo o prazo para a respetiva impugnação contenciosa.

2 – A execução da sanção não pode começar ou continuar em caso de cancelamento da inscrição.

3 – Se na data em que a decisão se torna definitiva estiver suspensa a inscrição do arguido por motivos não disciplinares, o cumprimento da sanção disciplinar de suspensão tem início no dia imediato ao levantamento da suspensão.

4 – As sanções disciplinares irrecorríveis devem ser comunicadas à Ordem dos Solicitadores e dos Agentes de Execução, bem como à Comissão para o Acompanhamento dos Auxiliares da Justiça, quando o advogado for também agente de execução.

NOTAS:

1. Em relação ao regime anterior do artigo 168.º do E.O.A. de 2005, sufraga-se agora o entendimento de que a decisão apenas se torna definitiva findo o prazo para a sua impugnação contenciosa, não tendo assim vingado a proposta de lei nesta matéria ao prever o início da produção dos efeitos das sanções disciplinares com a sua notificação.

2. Quanto aos efeitos da suspensão e do cancelamento da inscrição na responsabilidade disciplinar, cfr. artigo 114.º n.ºs 2 e 3 do E.O.A..

Artigo 174.º – Competência para a execução de decisões disciplinares

Incumbe aos presidentes do conselho superior ou dos conselhos de deontologia a execução de todas as decisões proferidas nos processos para que sejam competentes esses órgãos.

Artigo 175.º – Cancelamento do registo da sanção

São canceladas automaticamente e de forma irrevogável, no respetivo registo, as decisões que tenham aplicado sanções disciplinares, decorridos 10 anos sobre a sua extinção, com exceção das decisões que apliquem a sanção de expulsão.

NOTAS:

1. As sanções disciplinares estão sujeitas a registo nos termos do artigo 130.º n.º 7, regulando-se agora a extinção automática do registo das sanções disciplinares com excepção da pena de expulsão, à qual se aplica a norma do subsequente artigo 176.º.

CAPÍTULO VIII – Reabilitação subsequente à expulsão ou interdição definitiva

Artigo 176.º – Regime

1 – Independentemente do pedido ou proposta de revisão da decisão, o advogado ou sociedade de advogados punidos com a sanção de expulsão ou de interdição definitiva, respetivamente, podem ser reabilitados desde que se verifiquem cumulativamente os seguintes requisitos:

a) Tenham decorrido mais de 15 anos sobre a data em que se tornou definitiva a decisão que aplicou a sanção de expulsão ou de interdição definitiva;

b) O reabilitando tenha revelado boa conduta, podendo, para o demonstrar, utilizar os meios de prova admitidos em direito.

2 – É aplicável ao pedido de reabilitação, com as necessárias adaptações, o disposto nos artigos 167.º a 171.º.

3 – Concedida a reabilitação, nos termos do artigo 171.º, o advogado ou a sociedade reabilitados recuperam plenamente os seus direitos e é dada a publicidade devida, nos termos do artigo 142.º, com as necessárias adaptações.

NOTAS:

1. O processo de reabilitação foi introduzido pela Lei 80/2001 de 20 de Julho em face da introdução da pena de expulsão, antes inexistente, tramitando nos termos previstos para o recurso de revisão dos artigos 167.º a 171.º do E.O.A..
2. Quanto à reabilitação judicial, cfr. artigo 179.º do E.O.A..
3. Sobre a sanção de expulsão veja-se o artigo 130.º n.ºs 1 *f)* e n.º 6 deste E.O.A..

CAPÍTULO IX – Averiguação de inidoneidade para o exercício da profissão

Artigo 177.º – Instauração do processo

1 – É instaurado processo para averiguação de inidoneidade para o exercício profissional sempre que o advogado ou advogado estagiário:

a) Tenha sido condenado por qualquer crime gravemente desonroso;

b) Não esteja no pleno gozo dos direitos civis;

c) Seja declarado incapaz de administrar pessoas e bens por sentença transitada em julgado;

d) Esteja em situação de incompatibilidade ou inibição do exercício da advocacia e não tenha tempestivamente requerido a suspensão ou o cancelamento da sua inscrição, continuando a exercer a sua atividade profissional, mesmo através da prática de atos isolados próprios da mesma;

e) Tenha, no momento da inscrição, prestado falsas declarações no que diz respeito a incompatibilidade para o exercício da advocacia;

f) Seja condenado, no foro disciplinar da Ordem, em um ou mais processos, por reiterado e grave incumprimento dos deveres profissionais que lhe são impostos pelo presente Estatuto e respetivos regulamentos.

2 – Para efeitos do disposto na alínea *a)* do número anterior, consideram-se crimes gravemente desonrosos para o exercício da profissão, designadamente, os crimes de furto, roubo, burla, burla informática e nas comunicações, extorsão, abuso de confiança, recetação, infidelidade, falsificação, falsas declarações, insolvência dolosa, frustração de créditos, insolvência negligente, favorecimento de credores, emissão de cheques sem provisão, abuso de cartão de garantia ou de crédito, apropriação ilegítima de bens do sector público ou cooperativo, administração danosa em unidade económica do sector público ou cooperativo, usura, suborno, corrupção, tráfico de influência, peculato, receção não autorizada de depósitos ou outros fundos reembolsáveis, prática ilícita de atos ou operações inerentes à atividade seguradora ou dos fundos de pensões, fraude fiscal ou outro crime tributário, branqueamento de capitais ou crime previsto no Código das Sociedades Comerciais ou no Código dos Valores Mobiliários, bem como os previstos na alínea *i)* do artigo 55.º do Código dos Contratos Públicos.

NOTAS:

1. O processo de averiguação de inidoneidade para o exercício da profissão prende-se intimamente com o dever de integridade ou probidade a que se refere o artigo 88.º do E.O.A., pelo qual o advogado deve ter um comportamento público e profissional adequado à dignidade e responsabilidade da função.

2. Pode ainda a questão da idoneidade colocar-se em relação ao valor da confiança que o advogado deve saber merecer nas relações com os seus clientes e ainda no seio da comunidade em que se insere, sem o que jamais seria capaz de desempenhar a função social inerente à profissão.

3. A falta de idoneidade moral para o exercício da profissão inibe a inscrição do advogado ou do advogado estagiário e determina o cancelamento da inscrição quando verificada posteriormente – ver artigo 188.º 1. *a)* do E.O.A..

4. De acordo com o n.º 5 do artigo 188.º do E.O.A., a verificação de falta de idoneidade moral é sempre objecto de processo próprio, que segue os termos do processo disciplinar, com as necessárias adaptações, mas tal tipo de processo especial, de natureza administrativa, apenas foi regulado em normas estatutárias ou regulamentares pelos artigos 171.º a 173.º do revogado EOA de 2005, tendo este tipo de processo transitado, sem significativas alterações, para o actual EOA.

5. A obrigatoriedade de instauração de processo para averiguação de inidoneidade nos casos previstos nas alíneas *b)* e *c)* deste artigo 177.º parece ser uma solução errada, já que em nenhuma dessas soluções está em causa o dever de integridade ou dever de probidade, sendo antes situações geradoras de incapacidade, como aliás decorre do artigo 188.º, n.º 1. *b)*, *c)* do E.O.A..

6. Em relação ao regime anterior do E.O.A. de 2005, foi eliminada a alínea *g)* que previa como causa da averiguação de inidoneidade o reconhecimento judicial da incapacidade mental para assumir a defesa de interesses de terceiros, eliminação essa acertada pelas mesmas razões que nos conduziram à conclusão extraída no ponto anterior em relação às situações das alíneas *b)* e *c)*.

7. Verdadeiramente nova e relevante foi a introdução do n.º 2 deste preceito, contendo uma concreta definição dos crimes considerados como gravemente desonrosos para os efeitos do disposto na alínea *a)*.

8. Não obstante esta definição, genericamente assente em crimes de natureza patrimonial, afigura-se que ela não pode ser taxativa, porquanto existem outros crimes que, pela sua natureza e gravidade, podem evidenciar graves fissuras de carácter de quem os pratique e, consequentemente, justificarem uma declaração de inidoneidade para o exercíco da profissão. Ver a propósito as anotações n.ºs 8, 9 e 10 ao artigo 88.º deste E.O.A..

9. Não obstante não exista norma que tal imponha, deve entender-se como adequado o reconhecimento da natureza urgente deste tipo de procedimento, em especial quando o processo de averiguação seja despoletado previamente à inscrição e tendo em conta o efeito inibidor desta, tantas vezes, a final, sem fundamento.

Artigo 178.º – Processo

1 – O processo para averiguação de inidoneidade para o exercício da profissão é instaurado nos mesmos termos em que o são os processos disciplinares.

2 – O processo segue os termos do processo disciplinar, com as necessárias adaptações, havendo sempre lugar a julgamento em audiência pública.

3 – A deliberação de falta de idoneidade para o exercício da profissão só pode ser proferida mediante decisão que obtenha dois terços dos votos de todos os membros do conselho competente.

4 – Da deliberação final cabe recurso, nos termos previstos para as decisões em matéria disciplinar.

NOTAS:

1. Corresponde sem alterações ao anterior artigo 172.º do E.O.A. de 2005.
2. Sobre o recurso e seus efeitos, vide artigos 162.º a 166.º do E.O.A..

Artigo 179.º – Reabilitação do advogado a quem haja sido reconhecida inidoneidade para o exercício da profissão

1 – Os advogados condenados criminalmente que tenham obtido a reabilitação judicial podem, decorridos 10 anos sobre a data da condenação, solicitar a sua inscrição, sobre a qual decide, com recurso para o conselho superior, o competente conselho de deontologia.

2 – O pedido só é deferido quando, mediante inquérito prévio com audiência do requerente, se comprove a manifesta dignidade do seu comportamento nos últimos três anos e se alcance a convicção da sua completa recuperação para o exercício da profissão.

TÍTULO V – Receitas e despesas da Ordem dos Advogados

Artigo 180.º – Quotas para a Ordem dos Advogados

1 – Os advogados com inscrição em vigor e as sociedades de advogados são obrigados a contribuir para a Ordem dos Advogados com a quota mensal que for fixada em regulamento.

2 – O não pagamento das quotas, por prazo superior a 12 meses, deve ser comunicado ao conselho competente, para efeitos de instauração de processo disciplinar ao advogado devedor ou à sociedade de advogados devedora.

3 – O pagamento voluntário das quotas em dívida extingue o procedimento disciplinar ou a sanção, consoante tenha lugar na pendência do processo disciplinar ou após a decisão final.

4 – A certidão de dívida de quotas emitida pelo conselho geral constitui título executivo.

5 – O produto das quotas é dividido em partes iguais entre o conselho geral, por um lado, e o conselho regional e delegação respetiva, por outro, repartindo-se os encargos da cobrança na proporção das respetivas receitas.

6 – O conselho geral entrega aos conselhos regionais que, por sua vez, entregam às delegações, nos 60 dias seguintes à respetiva cobrança, a parte que a cada um caiba no produto da cobrança das quotas.

7 – O conselho geral pode abonar mensalmente aos conselhos regionais que, por sua vez, podem entregar às delegações uma importância por conta da parte que lhes cabe no produto da cobrança das quotas, bem como prestar-lhes, dentro das suas possibilidades, auxílio financeiro, quando devidamente justificada a sua necessidade.

NOTAS:

1. A matéria deste Título V foi desenvolvida e disciplinada pelo Regulamento Financeiro da Ordem dos Advogados, aprovado em sessão plenária do Conselho Geral de 17 de Setembro de 2021 – Regulamento n.º 926/2021 – publicado no DR , 2.ª Série, n.º 206, de 22 de Outubro de 2021.

2. Prevê-se agora a obrigatoriedade de pagamento de quotas pelas sociedades de advogados, o que antes não ocorria, sancionando-se ainda estas por via disciplinar em caso de incumprimento, em consonância com o disposto nos artigos 213.º n.º 5 do E.O.A. e 18.º da Lei n.º 53/2015 de 11 de Junho. Confere-se ainda a qualificação de títulos executivos às certidões de dívida de quotas emitidas pela Ordem dos Advogados, criando-se assim um mecanismo novo de cobrança coerciva, conforme artigo 181.º.

3. O Conselho Geral passa a ter apenas competência para propor o valor das quotas e taxas a pagar pelos advogados, de acordo com a alínea *m)* do n.º 1 do artigo 46.º, onde contudo e estranhamente se omite a referência ao valor das quotas a pagar pelas sociedades de advogados.

4. Em contrapartida, contra o que seria desejável, mantém-se a indefinição do regime financeiro dos Conselhos de Deontologia, o que não responde às necessidades de garantia da sua autonomia e independência funcional. Veja-se a propósito o comentado no ponto 7. ao artigo 58.º deste E.O.A..

5. Cfr. artigo 91.º n.º 1. alínea *e)* do E.O.A..

6. Sobre o tema das quotas, ver o Regulamento das Quotas das Sociedades de Advogados – Regulamento n.º 512/2018, de 6 de Agosto, de 2018 e o Regulamento das Quotas dos Advogados – Regulamento n.º 791/2018, de 15 de Outubro de 2018.

Artigo 181.º – Cobrança coerciva

1 – Compete à Ordem dos Advogados, através dos órgãos competentes para o efeito, proceder à liquidação e cobrança das suas receitas, incluindo as quotas e taxas, bem como as multas e outras receitas obrigatórias.

2 – Em caso de não pagamento dentro dos prazos devidos é emitido aviso para pagamento no prazo de 15 dias.

NOTAS:

1. Ver sobre este preceito, que não tem correspondente no E.O.A. de 2005, o antecedente artigo 180.º n.º 1 e ao artigo 46.º n.º 1 alíneas *t)* e *u)* do actual E.O.A..

2. Ver anotação 2. ao artigo anterior.

Artigo 182.º – Contabilidade e gestão financeira

1 – O exercício económico da Ordem dos Advogados coincide com o ano civil.

2 – As contas da Ordem dos Advogados são encerradas com referência a 31 de dezembro de cada ano.

3 – A contabilidade da Ordem dos Advogados obedece ao regime da normalização contabilística para as entidades do sector não lucrativo (ESNL), que integra o Sistema de Normalização Contabilística.

4 – Constituem instrumentos de controlo de gestão:

a) O orçamento;

b) O relatório e as contas do exercício com referência a 31 de dezembro.

5 – O conselho geral deve elaborar, até 31 de março do ano seguinte, o relatório e as contas do exercício anterior e, até 31 de outubro, o orçamento para o ano subsequente.

6 – Os conselhos regionais devem apresentar ao conselho geral, até 28 de fevereiro do ano seguinte, as contas do exercício anterior e, até 30 de setembro, as propostas para inclusão no orçamento para o ano subsequente.

7 – As delegações devem apresentar ao conselho regional respetivo, até 31 de janeiro do ano seguinte, as contas do exercício anterior e, até 31 de agosto, as suas propostas para inclusão no orçamento para o ano subsequente.

8 – As contas do exercício, logo que elaboradas pelo órgão competente, devem ser objeto de certificação legal das contas, a emitir pelo revisor oficial de contas, no prazo de 30 dias.

9 – A atividade contabilística e de gestão financeira da Ordem dos Advogados fica sujeita à jurisdição do Tribunal de Contas, nos termos da respetiva legislação.

NOTAS:

1. Corresponde, com reduzidas alterações, ao anterior artigo 175.º do E.O.A..

2. Adita-se o n.º 2 sobre a submissão da contabilidade da O.A. ao regime de normalização contabilística para as entidades do sector não lucrativo, que integra o S.N.C. e ainda o n.º 9, registando a jurisdição do Tribunal de Contas sobre a sua actividade contabilística e gestão financeira.

3. A data para aprovação do orçamento no Conselho Geral mantém-se em 31 de Outubro dada a necessidade de consolidação das contas, forçando os Conselhos Regionais a apresentarem as suas propostas orçamentais até 30 de Setembro e as Delegações até 31 de Agosto.

4. Cfr. artigos 46.º alíneas *r), s), t)* e *u)*, 54.º alíneas *i)* e *k)* e 64.º alíneas *c)* e *d)*, todos do E.O.A..

5. A redacção do n.º 8 deste preceito resultou da alteração introduzida ao Estatuto da Ordem dos Advogados pela Lei n.º 23/2020, de 6 de julho.

6. As regras relativas à obtenção de receitas e realização de despesas, as regras orçamentais, contabilísticas e financeiras, bem como as normas de reporte a serem aplicadas

à actividade corrente da Ordem dos Advogados e as competências dos órgãos decisores, bem como a definição das normas relativas à contração e gestão dos recursos humanos da OA, constam presentemente do Regulamento Financeiro da Ordem dos Advogados – Regulamento n.º 926/2021, aprovado pelo Conselho Geral em 17 de Setembro de 2021, publicado no DR, 2.ª Série, n.º 206, de 22 de Outubro de 2021.

Artigo 183.º – Processos na Ordem dos Advogados

Não dão lugar a custas ou a taxa de justiça os processos que corram na Ordem dos Advogados.

NOTAS:

1. A isenção de custas e imposto de justiça é corolário do reconhecimento do interesse público inerente às funções da Ordem do Advogados e à sua natureza de associação pública.

Artigo 184.º – Reuniões nas salas dos tribunais

Os órgãos da Ordem dos Advogados podem reunir-se, nas comarcas em que não tenham instalação própria, nas salas dos tribunais indicadas pelos respetivos juízes ou administradores judiciários e a horas em que não prejudiquem os serviços judiciais.

NOTAS:

1. É pura transcrição do revogado artigo 177.º anterior e traduz uma prática corrente, que se revela de grande relevância para o funcionamento das Delegações quando os respectivos tribunais não dispõem de instalações próprias para os advogados e para a Ordem.

2. Presentemente, os novos tribunais já são projectados com dotação de instalações próprias para os advogados e para a Ordem, designadamente por força do que já dispunha o artigo 146.º da L.O.F.T.J. e, mais recentemente, do que estabelece o artigo 17.º da L.O.S.J..

Artigo 185.º – Livros e impressos

Todos os livros, impressos e documentos eletrónicos destinados ao expediente dos serviços da Ordem dos Advogados devem ser conformes aos modelos aprovados pelo conselho geral.

TÍTULO VI - Advogados, advogados estagiários e sociedades de advogados

CAPÍTULO I - Inscrição

Artigo 186.º - Inscrição na Ordem dos Advogados e domicílio profissional

1 - A inscrição é feita no conselho geral, sendo o processo de inscrição tramitado preparatoriamente pelo conselho regional competente.

2 - Todas as comunicações previstas no presente Estatuto e nos regulamentos da Ordem dos Advogados devem ser feitas, salvo disposição legal expressa em contrário, para o domicílio profissional.

3 - O domicílio profissional do advogado estagiário é o do seu patrono.

NOTAS:

1. É através da inscrição na Ordem do Advogados que se adquire o estatuto e o título profissional de Advogado - Ver artigo 66.º n.º 1 do E.O.A. e artigo 2.º n.º 2 do Regulamento 913-C/2015 de 23 de Dezembro de 2015.

2. Para além das normas do presente Estatuto, deve sobre esta matéria ter-se em conta o Regulamento de Inscrição de Advogados e Advogados Estagiários - Regulamento 913-C/2015 de 23/12/2015.

3. Quanto à inscrição em Portugal de Advogados da União Europeia, ver artigo 208.º do E.O.A..

4. A inscrição é operada no Conselho Geral, embora o requerimento de inscrição e a tramitação preparatória do processo continue sob a alçada dos Conselhos Regionais.

5. O domicílio profissional dos Advogados é o que foi escolhido como centro da sua vida profissional, devendo estar dotado de uma estrutura que assegure o cumprimento dos deveres deontológicos inerentes à prática profissional - ver artigo 91.º alínea *h)* do E.O.A..

6. Quanto à obrigação de comunicação à Ordem dos Advogados das mudanças de domicílio profissional, ver artigo 91.º *g)* do E.O.A..

7. Decorre do n.º 3 deste artigo 186.º que os advogados estagiários não podem ter domicílio profissional próprio durante o período do estágio, devendo exercer as práticas tuteladas da sua competência sob a orientação dos patronos e no domicílio profissional destes.

8. Sobre a inscrição de advogados estagiários, ver também os artigos 9.º, 11.º, 12.º e 13.º do Regulamento Nacional de Estágio (2017) e os artigos 6.º e 7.º do Regulamento 913-C/2015 de 23/12/2015.

9. Nos termos do artigo 199.º n.º 2 do C. P. Penal, a medida de coacção de suspensão de actividade profissional quando, entre outras, se referir a profissão ou actividade

cujo exercício dependa de um título público ou de uma autorização ou homologação da autoridade pública, é comunicada à autoridade administrativa competente para decretar a suspensão ou a interdição respectivas. Esta norma, no tocante à advocacia, respeita as competências, a autonomia legal e a independência institucional da Ordem dos Advogados.

Artigo 187.º - Cédula profissional

1 - A cada advogado ou advogado estagiário inscrito é entregue a respetiva cédula profissional, a qual serve de prova da inscrição na Ordem dos Advogados.

2 - Compete ao conselho geral definir, por deliberação, as caraterísticas das cédulas profissionais, incluindo o respetivo prazo de validade e o modelo a que devem obedecer, bem como outros elementos que possa considerar adequados para a identificação dos advogados e advogados estagiários.

3 - O advogado ou advogado estagiário no exercício das respetivas funções deve obrigatoriamente fazer prova da sua inscrição através de cédula profissional válida, a ser exibida ou junta por fotocópia, consoante os casos, ou através de outro elemento de identificação adequado, para tanto aprovado pelo conselho geral.

4 - O advogado suspenso ou com a inscrição cancelada deve restituir a cédula profissional ao conselho regional em que esteja inscrito e, se o não fizer no prazo de 15 dias, pode a Ordem dos Advogados proceder à respetiva apreensão judicial.

5 - Pela expedição de cada cédula profissional é cobrada pelos conselhos regionais o emolumento fixado pelo conselho geral, que constitui receita da Ordem dos Advogados.

6 - Às reinscrições correspondem novas cédulas.

NOTAS:

1. Sobre a emissão e entrega das cédulas profissionais e procedimentos a adoptar em caso de perda, extravio ou inutilização, ver os artigos 33.º a 35.º do Regulamento de Inscrições de Advogados e Advogados Estagiários. - Regulamento 913-C/2015 de 23/12/2015.

2. As características das cédulas profissionais passam a ser definidas por deliberação do Conselho Geral e não por via regulamentar, como sucedia ao abrigo do revogado artigo 180.º n.º 2 do E.O.A. de 2005.

3. Com a revogação do n.º 3 do anterior artigo 188.º do E.O.A. (2005), a cédula profissional deve ser agora entregue aos advogados estagiários no momento da sua inscrição, como decorre do artigo 187.º n.º 1 do EOA e não, como anteriormente, com a sua passagem à segunda fase do estágio.

Artigo 188.º – Restrições ao direito de inscrição

1 – Não podem ser inscritos:

a) Os que não possuam idoneidade moral para o exercício da profissão;

b) Os que não estejam no pleno gozo dos direitos civis;

c) Os declarados incapazes de administrar as suas pessoas e bens por sentença transitada em julgado;

d) Os que estejam em situação de incompatibilidade ou inibição do exercício da advocacia;

e) Os magistrados e trabalhadores com vínculo de emprego público que, mediante processo disciplinar, hajam sido demitidos, aposentados, reformados ou colocados na inatividade por falta de idoneidade moral.

2 – O disposto na alínea *d)* do número anterior não prejudica a possibilidade de inscrição de candidatos cujas condições realizem o estabelecido no n.º 3 do artigo 82.º.

3 – Para os efeitos da alínea *a)* do n.º 1, presumem-se não idóneos para o exercício da profissão, designadamente, os condenados por qualquer crime gravemente desonroso, nos termos do n.º 2 do artigo 177.º.

4 – Aos advogados e advogados estagiários que se encontrem em qualquer das situações enumeradas no número anterior é suspensa ou cancelada a inscrição.

5 – A verificação de falta de idoneidade moral é sempre objeto de processo próprio, nos termos do disposto nos artigos 177.º a 179.º, com as seguintes adaptações:

a) Para a instrução e julgamento é competente o conselho de deontologia da região onde tenha sido requerida a inscrição;

b) Há lugar a audiência pública apenas quando requerida pelo interessado.

NOTAS:

1. Neste artigo são tratadas, de forma algo desordenada, as causas de incapacidade para o exercício da profissão (alíneas *a), b), c)* do n.º 1) e as situações de incompatibilidade ou inibição da actividade profissional (alíneas *d)* e *e)* do n.º 1), todas como factores restritivos do direito à inscrição, impedindo-a, originária ou supervenientemente.

2. Sobre o processo de averiguação de idoneidade moral para o exercício da profissão, ver as anotações aos artigos 177.º a 179.º deste E.O.A..

3. Não se traduzindo concretamente em restrições ao direito à inscrição, mas antes limitações materiais ao pleno exercício da profissão, deve recordar-se o que decorre do artigo 196.º do E.O.A. sobre a competência dos advogados estagiários.

4. Quanto às incompatibilidades ou impedimentos absolutos, que não devem ser confundidas com incapacidades pessoais, veja-se os artigos 81.º a 87.º deste E.O.A..

5. Na actual redacção do n.º 3 deste preceito remete-se expressamente para o n.º 2 do artigo 177.º, porquanto aí foram concretamente identificados, embora de foma não

taxativa, os crimes gravemente desonrosos para o exercício da profissão, com inerente incidência no processo especial de averiguação de inidoneidade.

6. Ver as notas ao artigo 177.º do E.O.A..

Artigo 189.º – Inscrições preparatórias e nos quadros da Ordem dos Advogados

1 – A inscrição rege-se pelo presente Estatuto e respetivos regulamentos e é requerida junto do conselho regional em que o advogado ou o advogado estagiário pretenda ter o domicílio para o exercício da profissão ou para fazer estágio.

2 – O requerimento deve ser acompanhado de certidão do registo de nascimento, documento comprovativo da habilitação académica necessária, em original ou pública-forma ou, na falta deste, documento comprovativo de que já foi requerido e está em condições de ser expedido, certificado do registo criminal, declaração de advogado na qual este declare aceitar a direção do estágio, boletins preenchidos nos termos regulamentares, assinados pelos interessados e acompanhados de três fotografias.

3 – Para a inscrição como advogado é dispensada a apresentação de documento comprovativo da habilitação académica necessária quando a mesma já conste dos arquivos da Ordem dos Advogados.

4 – No requerimento pode o interessado indicar, para uso no exercício da profissão, nome abreviado, que não é admitido se for suscetível de provocar confusão com outro anteriormente requerido ou inscrito, exceto se o possuidor deste com isso tiver concordado.

NOTAS:

1. Esta matéria está também disciplinada nos artigos 10.º e 11.º do Regulamento de Inscrição de Advogados e Advogados Estagiários.

2. Tem sido prática corrente do Conselho Geral, tendo em vista evitar demoras desnecessárias nos processos de inscrição, delegar a sua competência para a inscrição de advogados e advogados estagiários em vogais com domicílio profissional na área dos Conselhos Regionais, a fim de aí serem praticados os actos inerentes ao processo de inscrição.

3. Na actual redacção do n.º 2 passou a ter consagração estatutária a exigência de apresentação, com o requerimento de inscrição, da declaração de aceitação do patrono, o que também é imposto pelo artigo 6.º n.º 2, alínea l) do Regulamento de Inscrição de Advogados e Advogados Estagiários. – Regulamento n.º 913-C/2015 de 23 de Dezembro.

4. Só podem ser patronos os advogados com, pelo menos, cinco anos de exercício efectivo de profissão, sem punição disciplinar superior à de multa – Ver n.º 2 do artigo 192.º do E.O.A. e norma regulamentar citada na antecedente anotação 3.

Artigo 190.º – Exercício da advocacia por não inscritos

1 – Os que transgredirem o preceituado no n.º 1 do artigo 66.º são, salvo nomeação judicial e sem prejuízo das disposições penais aplicáveis, excluídos do processo por despacho do juiz ou do tribunal, proferido oficiosamente, mediante reclamação apresentada pelos conselhos ou delegações da Ordem dos Advogados ou a requerimento dos interessados.

2 – Deve o juiz, no seu prudente arbítrio, acautelar no seu despacho dano irreparável dos legítimos interesses das partes.

3 – O transgressor é inibido de continuar a intervir na lide e, desde logo, o juiz nomeia advogado oficioso que represente os interessados, até que estes provejam dentro do prazo que lhes for concedido sob pena de, findo o prazo, cessar de pleno direito a nomeação, suspendendo-se a instância ou seguindo a causa à revelia.

NOTAS:

1. Esta norma aborda a situação do exercício ilegal de profissão, a que corresponde o crime de procuradoria ilícita previsto no artigo 7.º da Lei 49/2004 de 24 de Agosto.
2. Cfr. anotações ao artigo 66.º do E.O.A..
3. Diferente do exercício ilegal de profissão é o mero exercício irregular da actividade por advogado ou advogado estagiário, tratado nos artigos 115.º e 121.º do E.O.A..

CAPÍTULO II - Estágio

Artigo 191.º – Objetivos do estágio e sua orientação

1 – O pleno e autónomo exercício da advocacia depende de um tirocínio sob orientação da Ordem dos Advogados, destinado a habilitar e certificar publicamente que o candidato obteve formação técnico-profissional e deontológica adequada ao início da atividade e cumpriu os demais requisitos impostos pelo presente Estatuto e regulamentos para a aquisição do título de advogado.

2 – O acesso ao estágio, a transmissão dos conhecimentos de natureza técnico-profissional e deontológica e o inerente sistema de avaliação são assegurados pelos serviços de estágio da Ordem dos Advogados, nos termos regulamentares.

NOTAS:

1. No que diz respeito à formação e ao estágio em particular, o actual E.O.A. enveredou por uma solução equivalente à do anterior, confirmando a opção dos princípios estruturantes do modelo, agora à luz dos ditames da Lei n.º 2/2013 de 10 de Janeiro (L.A.P.P.), e relegando para regulamento específico a sua formatação mais adequada, visando a plena realização desses princípios e regras legais imperativas.

2. Contudo, ao invés do que antes sucedia em face do disposto no artigo 184.º n.º 2 do revogado EOA (2005), o Conselho Geral perdeu o controlo da definição do modelo de estágio já que o poder regulamentar em geral transitou para as competências da Assembleia Geral.

3. Embora já fosse uma realidade desde a entrada em vigor do Regulamento Geral da Formação, aprovado em 25 de Julho de 2002, reitera-se que o processo de estágio decorre todo ele sob a orientação da Ordem dos Advogados e que através dele se pretende a certificação pública de aquisição de uma formação técnica e deontológica indispensável à atribuição do título de advogado, o que implica a existência de uma avaliação final, tal como foi reconhecido na L.A.P.P..

4. Cfr. com o artigo 54.º n.º 1 alínea *h)* quanto às responsabilidades dos Conselhos Regionais na promoção das acções de formação inicial e contínua, as quais vêm sendo desenvolvidas através dos centros regionais de estágio.

5. Os agrupamentos de delegações e as delegações possuem também competências no área da formação, com especial relevância na formação contínua. Vide artigo 64.º n.º 1, *b)* e n.º 2, *e)* do E.O.A..

6. A formação contínua é um dever específico dos advogados perante a Ordem dos Advogados – vide artigo 86.º *i)* do E.O.A., estando expressamente prevista nos artigos 197.º e 198.º, embora pendente de regulamentação.

7. A formação é hoje um objectivo comum de todos os Estados-Membros da UE, constando do ponto 5.8 do C.D.A.E que *"os advogados devem actualizar e melhorar o seu nível de conhecimento e das sua competências profissionais, tendo em consideração a dimensão europeia da sua profissão."*

8. Veja-se a anotação 8. ao artigo 195.º do EOA.

9. *Deve a Ordem dos Advogados:*

a) continuar a garantir, sob a sua directa responsabilidade e direcção, a formação inicial e complementar dos advogados estagiários;

b) continuar a garantir essa formação através de uma estrutura nacional dependente do Conselho Geral e com uma programação nacional desenvolvida por forma descentralizada, respeitando o princípio de igualdade dos advogados estagiários em relação às suas expectativas no acesso à profissão;

c) pugnar para que o Estado assuma, de forma estável e duradoura, uma política efectiva de apoio à formação por emanação do reconhecimento do interesse público da profissão. Conclusão 30.ª (2.ª Secção) aprovada no VI Congresso dos Advogados Portugueses (2005).

10. *Deve o processo de avaliação do estágio, como condição de ingresso na profissão, ser justo, rigoroso e proporcionado aos serviços de formação disponibilizados pela Ordem dos Advogados, com base num modelo de avaliação contínua onde se inclua um exame final com prova escrita e oral, devendo esta avaliação permitir a apreciação do mérito relativo dos avaliandos evidenciado ao longo do seu processo formativo, e a eliminação de quem não satisfaça os padrões mínimos de qualida-*

de técnica e deontológica exigível para o início do pleno desempenho da profissão. Conclusão 31.ª (2.ª Secção) aprovada no VI Congresso dos Advogados Portugueses (2005).

11. Aplaude-se a conclusão extraída pela 2.ª Sessão Plenária do I Congresso Internacional dos Advogados de Língua Portuguesa, realizado em Lisboa em Março de 2010, tomada sem votos contra, no sentido de estimular a criação de escolas de advocacia como instrumento de qualificação profissional, recomendando-se cursos sobre ética, deontologia profissional e prerrogativas dos advogados.

12. Nos artigos 8.º n.º 1 alíneas *c)* e *d)* e n.ºs 2 e 3, e 24.º n.ºs 6 e 7 da Lei 2/2013 de 10 de Janeiro (L.A.P.P.), foram estabelecidos os parâmetros gerais do regime de estágios profissionais e de acesso à profissão a sufragar nos estatutos das associações públicas, sendo de realçar a proibição de fixação de "numerus clausus" no acesso à profissão, a formação e verificação de conhecimentos relativos ao código deontológico da profissão e a realização de exame final de estágio com o objectivo de avaliar os conhecimentos e as competências necessárias para aprática de actos de confiança pública.

13. Tendo em consideração o artigo 1.º da Portaria n.º 204/B/2013 de 18 de Junho, na versão introduzida pela Portaria n.º 149-B/2014, de 24 de Junho, o Conselho Geral, pelo seu parecer de 16 de Outubro de 2015, visando uniformização de procedimentos, entendeu que os advogados/as estagiários/as, no decurso dos respectivos estágios, podem requerer, com o apoio dos seus patronos, os incentivos financeiros concedidos pelo Estado para a realização de estágios profissionais, desde que, cumulativamente, estejam preenchidos todos os requisitos legalmente previstos para o acesso a esses incentivos e seja assegurado que todos os montantes pagos ao abrigo do incentivo sejam canalizados, assim que recebidos, para o advogado/a estagiário/a beneficirário/a.

14. No 8.º Congresso dos Advogados Portugueses, realizado em Viseu, em Junho de 2018, foram aprovadas várias conclusões convergindo na necessidade de se implementar efectivamente a formação contínua obrigatória, universal, gratuita e descentralizada, de cariz prático, a ministrar por Advogados e outros profissionais forenses.

Artigo 192.º – Patronos e requisitos para aceitação do tirocínio

1 – Os patronos desempenham um papel fundamental ao longo de todo o período de estágio, sendo a sua função iniciar e preparar os estagiários para o exercício pleno da advocacia.

2 – Só podem aceitar a direção do estágio, como patronos, os advogados com, pelo menos, cinco anos de exercício efetivo de profissão, que não tenham sofrido punição disciplinar superior à de multa.

3 – Cada patrono apenas pode ter sob sua orientação, em simultâneo, um estagiário nomeado pela Ordem dos Advogados, não podendo o número total de estagiários por patrono exceder o fixado na regulamentação do estágio.

4 – O advogado nomeado pela Ordem dos Advogados para exercer as funções de patrono apenas pode escusar-se quando ocorra motivo fundamentado, que deve ser livremente apreciado pelo conselho regional competente, cabendo recurso de tal decisão para o conselho geral.

5 – Incumbe ao patrono:

a) Acompanhar a preparação dos seus estagiários;

b) Assegurar as intervenções processuais obrigatórias;

c) Providenciar para que os estagiários cumpram os demais deveres do estágio;

d) Elaborar um relatório final do estágio de cada estagiário, que deve ser apresentado diretamente ao competente júri de avaliação.

NOTAS:

1. O papel central e fundamental dos patronos tradicionais no processo de estágio é aqui afirmado categoricamente, na senda do que já resulta do artigo 91.º *f)* do E.O.A., e é ainda reiterado nos artigos 15.º a 17.º do Regulamento Nacional de Estágio.

2. Quanto às intervenções concretas dos patronos tradicionais no processo de estágio, cfr. ainda os artigos 195.º n.º 4 do E.O.A. e artigos 15.º a 17.º e 25.º do R.N.E..

3. O actual n.º 4, embora venha na sequência de prática corrente, reconhece a necessidade de nomeação oficiosa pela Ordem do Advogados de patronos para garantia do tirocínio a advogados estagiários que para tal não possuam meios ao seu alcance, designadamente nos maiores centros urbanos, realidade que, aliás, já esteve anteriormente na base da criação da figura dos patronos formadores, entretanto abandonada.

Artigo 193.º – Aplicabilidade do Estatuto

Os advogados estagiários ficam, desde a sua inscrição, obrigados ao cumprimento do presente Estatuto e demais regulamentos.

NOTAS:

1. Quanto aos deveres específicos dos advogados estagiários em função do seu estatuto de transição, ver o artigo 196.º do E.O.A. e artigos 18.º e 24.º do R.N.E.

Artigo 194.º – Inscrição no estágio

Podem requerer a sua inscrição como advogados estagiários:

a) Os titulares do grau de licenciado em Direito;

b) Os titulares de um grau académico superior estrangeiro em Direito a que tenha sido conferida equivalência ao grau a que se refere a alínea anterior ou que tenha sido reconhecido com o nível deste.

NOTAS:

1. A inscrição como advogado(a) estagiário(a) para iniciar o seu estágio e para obtenção, a final, do título e estatuto pleno de advogado ao abrigo da lei portuguesa, depende apenas do grau de licenciatura em Direito, obtido em universidade nacional ou estrangeira, neste último caso desde que com equivalência reconhecida, tendo-se assim adoptada uma solução final diferente da preconizada pela Ordem dos Advogados e acolhida na 1.ª versão da proposta do Governo, colocada a discussão pública em Janeiro de 2014, que exigia a licenciatura em Direito obtida antes do processo de Bolonha ou mestrado em Direito obtido posteriormente ao processo de Bolonha, em qualquer dos casos desde que através de cursos oficialmente reconhecidos.

2. A Lei 2/2013 de 10 de Janeiro – Lei das Associações Públicas Profissionais estabeleceu regras gerais do modelo de estágio constante deste E.O.A e do actual Regulamento Nacional de Estágio – Regulamento n.º 913-A/2015, de 22 de Dezembro de 2015, com as alterações introduzidas pela Deliberação do Conselho Geral n.º 1096/-A/2017, de 30 de Novembro de 2017.

Artigo 195.º – Duração do estágio, suas fases e prova de agregação

1 – O estágio visa a formação dos advogados estagiários através do exercício da profissão sob a orientação do patrono, tendo em vista o aprofundamento dos conhecimentos profissionais e o apuramento da consciência deontológica, em termos a definir pelo conselho geral.

2 – O estágio tem início, pelo menos, uma vez em cada ano civil, em data a fixar pelo conselho geral, e a duração máxima de 18 meses, contados da data de inscrição até à realização da prova referida no n.º 6.

3 – A primeira fase do estágio, com a duração mínima de seis meses, destina-se a habilitar os estagiários com os conhecimentos técnico-profissionais e deontológicos essenciais para a prática de atos próprios da profissão, podendo ser exigido aos estagiários a feitura de trabalhos ou relatórios que comprovem os conhecimentos adquiridos, os quais devem ser tidos em conta na sua avaliação final como elementos integrantes da prova de agregação.

4 – A segunda fase do estágio visa uma formação alargada, complementar e progressiva dos advogados estagiários através da vivência da profissão, baseada no relacionamento com os patronos tradicionais, intervenções judiciais em práticas tuteladas, contactos com a vida judiciária e demais serviços relacionados com a atividade profissional, assim como o aprofundamento dos conhecimentos técnicos e apuramento da consciência deontológica mediante a frequência de ações de formação temática e participação no regime do acesso ao direito e à justiça no quadro legal vigente.

5 – O regulamento de estágio fixa o número mínimo de intervenções processuais a realizar pelos estagiários, bem como as áreas jurídicas em que devem incidir, devendo prever todas as condições necessárias para que possam praticar os atos que estatutariamente lhes são permitidos.

6 – O estágio termina com a realização da prova de agregação, na qual são avaliados os conhecimentos adquiridos nas duas fases do estágio, dependendo a atribuição do título de advogado de aprovação nesta prova, resultante da ponderação das suas várias componentes, nos termos do regulamento de estágios, que define, entre outros aspetos, a estrutura da prova de agregação.

7 – O advogado estagiário pode requerer a suspensão do seu estágio até um período máximo de seis meses, importando esta sempre a suspensão da duração do tempo de estágio e o seu reingresso na fase em que se encontrava aquando da suspensão.

8 – Excecionalmente e a requerimento do advogado estagiário, pode ser autorizada a prorrogação do tempo de estágio por período não superior a seis meses.

9 – Cabe ao conselho geral propor a regulamentação do modelo concreto de formação inicial e complementar durante o estágio, estrutura orgânica dos serviços de formação e respetivas competências, sistema de avaliação contínua, regime de acolhimento e integração no modelo de estágio de formação externa facultada por outras instituições e organização e realização da prova de agregação.

NOTAS:

1. Na sequência da expurgação do texto estatutário de toda a matéria de natureza regulamentar referente à formação, quedaram-se no actual artigo 195.º, sucessor do antecedente artigo 188.º do EOA (2005), apenas alguns aspectos essenciais do modelo de estágio, que se vem consolidando no seio da Ordem dos Advogados, alguns deles dando satisfação às imposições da Lei 2/2013 de 10 de Janeiro (L.A.P.P.)

2. Pela alínea *a)* do n.º 2 do artigo 8.º da Lei 2/2013, de 10 de Janeiro (L.A.P.P.), o estágio profissional, como condicionante ao acesso às profissões reguladas por associações públicas, não pode exceder a duração de 18 meses a contar da data da inscrição, incluindo já as suas fases de formação e avaliação.

3. Assim, o período de duração do estágio regressa aos 18 meses, agora contado da data da inscrição, tendo o seu termo ou data limite com a realização da prova de agregação, o que reduz significativamente o tempo efectivo de estágio em relação ao modelo anterior.

4. Como resulta do disposto no n.º 3, são eliminadas as provas selectivas de aferição, podendo em sua substituição ser exigidos relatórios que comprovem os conhecimentos adquiridos na 1.ª fase de seis meses para serem tidos em conta na avaliação final como elementos integrantes da prova de agregação.

5. Ao invés do que vinha sucedendo ao abrigo do regime de estágio previsto no E.O.A. de 2005, os cursos de estágio passam a ter apenas início uma vez em cada ano civil, o que se afigura porventura insuficiente por acarretar uma acumulação excessiva de candidatos nas sessões de formação da Ordem.

6. No n.º 4 deste artigo 195.º acentua-se a relevância da formação prática tutelada na segunda fase de formação complementar.

7. O n.º 2 deste artigo 195.º aplica-se imediatamente aos advogados estagiários inscritos à data da entrada em vigor da presente lei, computando-se no prazo aí previsto todo o período de estágio decorrido desde a respectiva inscrição, conforme determina a disposição transitória do artigo 3.º n.º 2 das disposições preambulares da lei que aprovou o presente E.O.A..

Artigo 196.º – Competência e deveres dos advogados estagiários

1 – Concluída a primeira fase do estágio, o advogado estagiário pode, sempre sob orientação do patrono, praticar os seguintes atos próprios da profissão:

a) Todos os atos da competência dos solicitadores;

b) Exercer a consulta jurídica.

2 – O advogado estagiário pode ainda praticar os atos próprios da profissão não incluídos no número anterior, desde que efetivamente acompanhado pelo respetivo patrono.

3 – O advogado estagiário deve indicar, em qualquer ato em que intervenha, apenas e sempre esta sua qualidade profissional.

4 – São deveres do advogado estagiário durante todo o seu período de estágio e formação:

a) Observar escrupulosamente as regras, condições e limitações admissíveis na utilização do escritório do patrono;

b) Guardar respeito e lealdade para com o patrono;

c) Submeter-se aos planos de estágio que vierem a ser definidos pelo patrono;

d) Colaborar com o patrono sempre que este o solicite e efetuar os trabalhos que lhe sejam determinados, desde que se revelem compatíveis com a atividade do estágio;

e) Colaborar com empenho, zelo e competência em todas as atividades, trabalhos e ações de formação que venha a frequentar no âmbito dos programas de estágio;

f) Guardar sigilo profissional;

g) Comunicar ao serviço de estágio competente qualquer facto que possa condicionar ou limitar o pleno cumprimento das normas estatutárias e regulamentares inerentes ao estágio;

h) Cumprir em plenitude todas as demais obrigações deontológicas e regulamentares no exercício da atividade profissional.

5 – No momento da inscrição, o estagiário deve apresentar comprovativo de subscrição da apólice de seguro de grupo disponibilizada pela Ordem dos Advogados, ou contratada por si, relativa a:

a) Seguro de acidentes pessoais, que cubra os riscos que possam ocorrer durante e por causa do estágio;

b) Seguro de responsabilidade civil profissional, que cubra, durante a realização do estágio e enquanto a respetiva inscrição se mantiver ativa, os riscos inerentes ao desempenho das tarefas que enquanto advogado estagiário lhe forem atribuídas, conforme o estabelecido na apólice respetiva, renovando-o sempre que necessário até à sua conclusão.

NOTAS:

1. Com a revogação do n.º 3 do anterior artigo 188.º do EOA (2005), a cédula profissional deverá ser entregue aos advogados estagiários no momento da sua inscrição, como decorre do artigo 187.º do E.O.A., e não, como anteriormente, com a sua passagem à segunda fase do estágio.

2. Os advogados estagiários só podem praticar actos próprios de advocacia, para além da consulta jurídica e dos actos da competência dos solicitadores, quando sejam acompanhados pelos patronos ou quando a lei do processo o permita, como determina o n.º 3 deste artigo 196.º do E.O.A..

3. Quanto às competências dos advogados estagiários no regime de protecção jurídica, ver a Lei 34/2004 de 29 de Julho e legislação complementar.

4. Para além das competências previstas neste artigo, deve ainda ter-se em conta que os advogados estagiários podem fazer requerimentos em que se não levantem questões de direito, ainda que em processos em que seja obrigatória a constituição de advogado, como resulta do artigo 40.º n.º 2 do C. P. Civil.

5. Nos termos do n.º 2 do artigo 136.º do Estatuto da Ordem dos Solicitadores e Agentes de Execução, (Lei n.º 154/2015, de 14 de Setembro) os solicitadores com inscrição em vigor podem, em todo o território nacional, praticar os actos próprios de profissão previstos na Lei n.º 49/2004 de 24 de Agosto.

6. Contra o actual regime, *"deve articular-se a área da formação com a do acesso ao direito; o apoio judiciário não deve servir de cobaia para os estagiários mas estes não podem ser afastados de todas as suas fases – inclusive o patrocínio e a defesa oficiosa. Os advogados estagiários devem poder prestar os serviços para que estejam preparados, com especial acompanhamento do patrono tradicional – ou do patrono formador"* – Conclusões 19.ª e 20.ª (2.ª Secção) aprovadas no VI Congresso dos Advogados Portugueses (2005).

7. Por deliberação de 6/1/2006, o Conselho Geral homologou o seguinte Parecer da C.N.E.F. sobre a interpretação do então artigo 189.º n.º 2:

"Foi entendimento da CNEF que o art. 189/2 do EOA (hoje artigo 195.º n.º 2) deveria ser interpretado no sentido de que a prática de actos próprios de advogado pelo advogado estagiário nos processos a que se reporta aquele normativo:

1. está condicionada ao efectivo acompanhamento pelo patrono ou patrono formador que assegura a tutela do tirocínio do advogado estagiário,

2. que a tutela do tirocínio implica:

2.1. que o mandato judicial seja conferido conjuntamente ao advogado estagiário e patrono ou patrono formador; e

2.2. que todas as peças processuais em que se coloquem questões de direito sejam subscritas por ambos, devendo ainda o patrono ou patrono formador estar presente em todas as diligências orais a que haja lugar."

8. Quanto à competência dos advogados estagiários no regime de acesso ao direito e patrocínio oficioso, veja-se o artigo 41.º n.º 1 da Lei n.º 34/2004 de 29 de Julho, o artigo 12.º da Portaria n.º 10/2008 de 3 de Janeiro e ainda o artigo 2.º do Regulamento de Organização e Funcionamento do Sistema de Acesso ao Direito e aos Tribunais na Ordem dos Advogados.

9. Não obstante o disposto no actual artigo 195.º do E.O.A., a lei do processo ao abrigo do artigo 58.º n.º 3 do C. P. Civil, confere aos advogados estagiários competência para requererem acções executivas de valor superior ao da alçada dos tribunais de 1.ª Instância, excepto quando tal valor seja superior ao da alçada do Tribunal da Relação, quando nelas ocorra algum procedimento que siga a forma declarativa, ou em caso de reclamações de créditos de valor superior ao da alçada da 1.ª Instância.

10. Possuem também os advogados estagiários competência própria para injunções de qualquer valor, salvo quando haja oposição e, nos termos desta, o processo venha a ser distribuído com valor superior ao da alçada da 1.ª Instância, como decorre da melhor interpretação do artigo 10.º n.ºs 5 e 6 do D. Lei 269/98 de 1 de Setembro.

11. Sufragando o entendimento perfilhado na parte final da nota anterior, veja-se o Parecer do Conselho Regional do Porto n.º 48-PP-2012-P, sendo relator o Colega Paulo Duarte, in "Ipso Jure" n.º 44 de Janeiro de 2013.

12. As alterações ao regime e ao modelo de estágio, com excepção da norma do n.º 2 do artigo 195.º do EOA, incluindo as referentes às competências dos advogados estagiários, apenas se aplicam aos estágios que se iniciem em data posterior à entrada em vigor da presente lei, como resulta da disposição transitória do artigo 3.º n.º 1 contida nas disposições preambulares da lei que aprovou o presente E.O.A..

13. Os advogados estagiários podem ainda representar e patrocinar as partes nos processos de competência dos Julgados de Paz – artigo 38.º n.º 1 da Lei 78/2001 de 13 de Julho.

14. Os advogados estagiários são competentes para autenticar procurações nos termos das disposições conjugadas dos art.ºs 116.º, n.º 1, do Código do Notariado, 38.º, n.º 1, do DL n.º 76-A/2006, de 29 de Março e 196.º, n.º 1, alínea *a)* do E.OA – Parecer do Conselho Geral aprovado em 16 de Novembro de 2018.

15. Na mesma linha da anotação anterior, o Conselho Geral, pelo seu Parecer de 10 de Janeiro de 2020 (Parecer n.º 43/PP/2017-G), deliberou que os advogados estagiários são competentes para autenticar documentos particulares, nos termos das disposições conjugadas do artigo 38.º n.º 1, do DL n.º 76-A/2006 de 29 de Março e 196.º n.º 1, alínea *a)* do E.O.A., já que têm competência para praticar todos os atos da competência dos solicitadores. Contudo, de acordo com o n.º 3 do referido artigo 196.º do Estatuto da Ordem dos Advogados, deverão sempre agir sob a supervisão do patrono.

CAPÍTULO III – Formação contínua

Artigo 197.º – Objetivos

A formação contínua constitui um dever de todos os advogados, sendo da responsabilidade da Ordem dos Advogados a organização dos serviços de formação destinados a garantir uma constante atualização dos seus conhecimentos técnico-jurídicos, dos princípios deontológicos e dos pressupostos do exercício da atividade, incidindo predominantemente sobre temas suscitados pelo desenvolvimento das ciências jurídicas e dos avanços tecnológicos e pela evolução da sociedade civil.

NOTAS:

1. A formação contínua dos advogados constititui um dever deontológico por força do artigo 91.º *i)* do E.O.A..

2. O actual E.O.A., ao consagrar o princípio da obrigatoriedade da formação contínua, segue o caminho desde há muito trilhado por outros ordenamentos deontológicos europeus nesta área, embora em poucos países da UE existam regulamentos rigorosos que assegurem o cumprimento dessa obrigação. No triénio de 2002/2004, foi elaborado um projecto de regulamento de formação contínua que, todavia, não foi ratificado pelo Conselho Geral por inexistência da norma habilitante, o que só viria a ocorrer no E.O.A. de 2005, agora confirmada no actual E.O.A..

3. Desde Janeiro de 2005 todos os advogados franceses devem, por determinação legal, efectuar um mínimo de 20 horas de formação por ano ou 40 horas em dois anos sobre certas áreas essenciais para a advocacia. – Vide Bulletin du Barreau de Paris, n.º 10, pág. 75.

4. Pelo ponto 5.8. do C.D.A.E., os advogados devem actualizar e melhorar o seu nível de conhecimento e das suas competências profissionais, tendo em consideração a dimensão europeia da sua profissão.

5. No 8.º Congresso dos Advogados Portugueses, realizado em Viseu, em Junho de 2018, foram aprovadas várias conclusões convergindo na necessidade de se implementar efectivamente a formação contínua obrigatória, universal, gratuita e descentralizada, de cariz prático, a ministrar por Advogados e outros profissionais forenses.

Artigo 198.º – Regulamentação

1 – O conselho geral regulamenta a organização, a nível nacional, dos serviços de formação contínua, que garantam o cumprimento do dever referido no artigo anterior, visando uma efetiva coordenação das iniciativas dos centros de estudos e dos serviços de formação dos diversos serviços de estágio e das delegações que se constituam como polos de formação permanente.

2 – Na elaboração dos programas de formação contínua podem ser prosseguidas parcerias e formas de colaboração e participação com outras entidades ou instituições.

NOTAS:

1. A abertura da formação contínua ou permanente a parcerias ou à colaboração com outras entidades e instituições desde há muito vem sendo praticada pela Ordem dos Advogados, com especial intensidade com as Universidades e com o Centro de Estudos Judiciários. Este tipo de cooperação tem sido um dos toques essenciais da reforma do estágio operada a partir de 2002.

2. O Regulamento Nacional de Estágio – Regulamento 52/A/2005 – de 1 de Agosto de 2005 (revogado), deixou expressamente de fora a formação contínua, com anúncio de que seria objecto de regulamentação específica, o que ainda não sucedeu, pelo que vem sendo desenvolvida pelos Conselhos Regionais sem uma adequada coordenação e organização a nível nacional.

3. *"Deve ser regulada e implementada a formação contínua dos advogados, após um debate alargado no seio da advocacia, para uma melhor compreensão e aceitação desta reforma para a dignificação da profissão"* – Conclusão 118 aprovada no VII Congresso da O.A. – Novembro 2011.

4. Na VIII Convenção das Delegações, realizada entre os dias 12 a 14 de Outubro de 2012, na cidade de Aveiro, foram tomadas as seguintes conclusões:

- A formação contínua constitui hoje exigência e necessidade de todos os advogados.
- Torna-se urgente a definição de uma política de formação contínua dos advogados, com contornos e objectivos bem claros em função também do levantamento das

necessidades respectivas, a que correspondam depois programas de formação estruturados e condições de concretização adequadas nos meios e nas competências.

- Na concretização de uma cultura de formação contínua, tem relevância incontornável o nível da formação descentralizada, no qual as delegações assumem o espaço de excelência para a dinamização dos processos de formação, eventualmente potenciado numa lógica de escala que agregue ou agrupe várias delegações para esse efeito.
- Uma futura regulamentação nacional da formação contínua dos advogados deverá ter em devida conta a definição e configuração da formação descentralizada, enquanto opção necessária, assegurando, na mesma medida, a participação e intervenção das delegações no respectivo desenvolvimento.

CAPÍTULO IV – Inscrição como advogado

Artigo 199.º – Requisitos de inscrição

1 – A inscrição como advogado depende da conclusão do estágio com aprovação na prova de agregação, nos termos do presente Estatuto.

2 – Excetuam-se do disposto no número anterior, pelo que podem requerer a sua inscrição imediata como advogados, prescindindo-se da realização do estágio:

a) Os doutores em Direito, com efetivo exercício da docência de Direito numa instituição de ensino superior;

b) Os antigos magistrados com efetivo exercício profissional.

3 – Para efeitos do disposto na alínea *a)* do número anterior, é relevante a docência exercida antes e depois do doutoramento.

4 – Nos casos previstos no n.º 2, a inscrição como advogado depende da realização de um tirocínio, com a duração máxima de seis meses, sob a orientação de um patrono escolhido pelo interessado, visando a apreensão dos princípios deontológicos.

NOTAS:

1. Nos termos do artigo 8.º do Regulamento de Inscrição de Advogados e Advogados Estagiários e do artigo 36.º do Regulamento Nacional de Estágio, a inscrição como advogado deve ser requerida no prazo de 30 dias contados da data da publicação da aprovação na prova de agregação, sob pena de cancelamento imediato da inscrição como advogado estagiário.

2. As excepções do n.º 2 correspondem, com alterações, ao que antes era consentido pelos artigos 192.º e 193.º do E.O.A. de 2005. Ficam agora dispensados do estágio e do exame final de avaliação e agregação os doutores em Direito, com efectivo exercício da

docência de Direito numa instituição de ensino superior, e os antigos magistrados com efectivo exercício profissional, eliminando-se quanto a estes a exigência de que tal exercício fosse por tempo igual ou superior ao do estágio e que fossem possuidores de boa classificação.

3. Veja-se o disposto no artigo 12.º n.º 1 do Regulamento de Inscrição de Advogados e Advogados Estagiários (Reg. n.º 913/C/2015).

4. Ao abrigo da alínea *a)* do n.º 2 deste artigo 192.º, é admitida a inscrição como Advogado, com dispensa de estágio, a quem seja doutor em Direito, com efectivo exercício da docência de Direito numa instituição de ensino superior, independentemente de ser ou não titular do grau de mestre em Direito – Parecer do C.S. da O.A. n.º 205/2014, de 16/11/2016, in Portal da O.A – Pareceres do C. Superior.

5. O Conselho Geral, pelo seu Parecer n.º 11/PP/2017-G, aprovado em 3 de Março de 2017, visando a melhor interpretação do conceito de "efectivo exercício profissional" para efeitos de aplicação do disposto na alíena *b)* do n.º 2 deste artigo 199.º, entendeu, a título de recomendação prevista na alínea *j)* do n.º 1 do art. 46.º do EOA, que "*... somente os requerentes que tenham a qualidade funcional de magistrado e que tenham efectivamente exercido tal actividade – entendendo-se como tal o exercício profissional subsequente à tomada da primeira posse por um período de tempo suficientemente consistente – aqui deverá ser de considerar como tempo de referência o tempo de duração de estágio – 18 meses – poderão requerer a sua inscrição como advogados com dispensa de estágio.*"

Artigo 200.º – Inscrição de juristas de reconhecido mérito, mestres e outros doutores em Direito

1 – Sem prejuízo do disposto no artigo anterior, a inscrição na Ordem dos Advogados de juristas de reconhecido mérito e de mestres e outros doutores em Direito cujo título seja reconhecido em Portugal depende da prévia realização de um exame de aptidão, sem necessidade de realização de estágio.

2 – O exame de aptidão tem por fim a avaliação do conhecimento das regras deontológicas que regem o exercício da profissão.

3 – Consideram-se juristas de reconhecido mérito os licenciados em Direito que demonstrem ter conhecimentos e experiência profissional suficientes no domínio do direito interno português ou do direito internacional para exercer consulta jurídica, com a dignidade e a competência exigíveis à profissão.

4 – Para efeitos do disposto no n.º 1, presumem-se juristas de reconhecido mérito designadamente os juristas que tenham efetivamente prestado atividade profissional por, pelo menos, 10 anos consecutivos.

5 – Os juristas de reconhecido mérito, mestres e outros doutores em Direito inscritos na Ordem dos Advogados nos termos do presente artigo podem

praticar apenas atos de consulta jurídica, sendo-lhes aplicável, com as necessárias adaptações, as disposições do presente Estatuto e demais regulamentos.

NOTAS:

1. Esta norma contém algumas modificações em relação ao regime anterior, sendo a mais significativa a eliminação da exigência de experiência profissional, limitando-se o exame de aptidão à avaliação do conhecimento das regras deontológicas da profissão.

2. Recorde-se que a inscrição como advogado pode ainda ser alcançada por *"juristas de reconhecido mérito"* que exercessem à data da entrada em vigor do Regulamento 15/2004 - Regulamento Geral das Especialidades - pública actividade de consulta ou consulta e ensino, por período superior a cinco anos, tivessem publicado trabalhos de relevante interesse na área da especialidade e não se encontrassem em situação de incompatibilidade para o exercício da advocacia, por força do artigo 11.º do citado Regulamento. Assim, ao abrigo desta disposição transitória, foram vários os juristas que se puderam inscrever na Ordem como advogados especialistas, sem prévia sujeição ao estágio, por o haverem requerido até 5 de Setembro de 2004 e terem visto a sua pretensão deferida pelo Conselho Geral.

3. Com a disposição contida no n.º 5 mantém-se no seio da Ordem dos Advogados Portugueses uma nova carreira profissional de advogados/consultores jurídicos, com a sua competência limitada à consulta jurídica.

4. A inscrição ao abrigo desta norma está disciplinada pelo Regulamento n.º 111/2006, publicado no DR II Série, n.º 120, de 23/06/2006.

Artigo 201.º - Exercício da advocacia por estrangeiros

1 - Os estrangeiros oriundos de Estados não Membros da União Europeia a que haja sido conferido por uma instituição de ensino superior portuguesa um dos graus académicos a que se referem as alíneas *a)* e *b)* do artigo 194.º podem inscrever-se na Ordem dos Advogados, nos mesmos termos dos portugueses, se a estes o seu país conceder reciprocidade.

2 - Os advogados brasileiros cuja formação académica superior tenha sido realizada no Brasil ou em Portugal podem inscrever-se na Ordem dos Advogados em regime de reciprocidade.

NOTAS:

1. A norma do n.º 1 contém o princípio geral, aplicável a todos os estrangeiros, com excepção de advogados brasileiros e nacionais de países membros da UE.

2. Pela legislação brasileira resulta que os advogados portugueses e brasileiros, portadores de diplomas idóneos emitidos por Faculdades de Direito portuguesas podem

inscrever-se na Ordem dos Advogados do Brasil, desde que estejam os requisitos comuns de inscrição das legislações do Brasil e Portugal, quanto aos seus nacionais, bastando para a prova da idoneidade a exibição de atestado da Ordem dos Advogados Portugueses.

3. A jurisprudência das Ordens dos Advogados Portugueses e do Brasil tem sido a de se conceder a inscrição aos advogados, respectivamente brasileiros e portugueses, que provem estar inscritos ou em condições de poderem ser inscritos nas Ordens do Brasil e de Portugal. (Ver Parecer do Conselho Geral de 27-5-88, em R.O.A. 48-648)

4. Sobre este tema, aconselha-se a leitura do "Direito Profissional do Advogado" de Orlando Guedes da Costa, 8.ª edição, págs. 111 a 141.

5. O Regulamento de Inscrição de Advogados e Advogados Estagiários – Regulamento n.º 913-C/2015 de 23/12/2015 – veio concentrar num só diploma, o que se louva, a matéria regulamentar de inscrições de advogados e advogados estagiários nacionais e estrangeiros, contemplando os diversos regimes acolhidos no E.O.A., como sejam os advogados estrangeiros em regime de reciprocidade, os advogados brasileiros e os provenientes dos Estados Membros da União Europeia, visando ainda a modernização e uniformização dos procedimentos internos da Ordem dos Advogados, em obediência ao princípio da igualdade.

Artigo 202.º – Publicação obrigatória

Toda a regulamentação emergente dos competentes órgãos da Ordem dos Advogados bem como as decisões administrativas suscetíveis de recurso contencioso atinentes ao exercício da profissão de advogado devem ser obrigatoriamente publicadas na 2.ª série do *Diário da República*.

CAPÍTULO V – Advogados de outros Estados-Membros da União Europeia e do Espaço Económico Europeu

Artigo 203.º – Reconhecimento do título profissional

1 – São reconhecidas em Portugal, na qualidade de advogados, e como tal autorizadas a exercer a respetiva profissão, nos termos dos artigos subsequentes, as pessoas que, nos respetivos países membros da União Europeia e do Espaço Económico Europeu, estejam autorizadas a exercer as atividades profissionais com um dos títulos profissionais seguintes:

Na Bélgica – Avocat/Advocaat/Rechtsanwalt;

Na Dinamarca – Advokat;

Na Alemanha – Rechtsanwalt;

Na Grécia – dijgcóqoy;
Em Espanha – Abogado/Advocat/Avogado/Abokatu;
Em França – Avocat;
Na Irlanda – Barrister/Solicitor;
Em Itália – Avvocato;
No Luxemburgo – Avocat;
Nos Países Baixos – Advocaat;
Na Áustria – Rechtsanwalt;
Na Finlândia – Asianajaja/Advokat;
Na Suécia – Advokat;
No Reino Unido – Advocate/Barrister/Solicitor;
Na República Checa – Advokát;
Na Estónia – Vandeadvokaat;
No Chipre – dijgcóqoy;
Na Letónia – Zverinats advokáts;
Na Lituânia – Advokatas;
Na Hungria – Ügyvéd;
Em Malta – Avukat/Prokuratur Legali;
Na Polónia – Advwokat/Radca prawny;
Na Eslovénia – Odvetnik/Odvetnica;
Na Eslováquia – Advokát/Komer*y' právnik;
Na Bulgária – адвокат;
Na Roménia – Avocat;
Na Croácia – Odvjetnik, Odvjetnica;
Na Islândia – Lögmaður;
No Liechtenstein – Rechtsanwalt;
Na Noruega – Advokat.

2 – O mesmo regime de reconhecimento vale para os advogados de outros países que gozam de liberdade de prestação de serviços segundo o direito da União Europeia.

NOTAS:

1. Os artigos 203.º a 212.º do E.O.A. correspondem, com alterações, aos anteriores artigos 196.º a 202.º do E.O.A. (2005) e resultam da necessidade de transposição e harmonização do direito interno à Directiva do Conselho n.º 77/249/CEE de 23 de Março de 1977, relativa à livre prestação de serviços em Portugal por advogados de outros Estados-Membros da Comunidade Europeia e, posteriormente, à Directiva do Conselho e Parlamento n.º 98/5/CE, sobre o direito de estabelecimento e ainda do acolhimento da Lei n.º 9/2009, de 4 de Março, alterada pelas Leis n.º 41/2012, de 28 de Agosto e 25/2014 de

2 de Maio, que transpôs para o nosso direito interno a Directiva n.º 2005/36/CE do Parlamento e do Conselho, de 7 de Setembro, relativa ao reconhecimento das qualificações profissionais.

2. O novo E.O.A., de acordo com o preâmbulo da lei que o aprova, visou robustecer as políticas de livre prestação de serviços e de liberdade de exercício da profissão e de estabelecimento da União Europeia enfatizadas pela Lei n.º 2/2013, de 10 de Janeiro, actualizando a norma referente ao reconhecimento do título profissional à entrada da Croácia na União Europeia – Vide artigos 36.º a 40.º desta lei.

3. As diversas designações constantes do artigo 203.º correspondem aos títulos de origem expressos na respectiva língua oficial, pelo que não é lícita utilização do título de "Advogado" a quem não se encontre validamente inscrito na Ordem dos Advogados Portugueses (ver artigo 204.º n.º 3 do E.O.A.), como também é vedada a utilização por advogados portugueses de títulos com designação de origem quando não se encontrem inscritos nos respetivos países, que os concedem.

4. Sobre a matéria dos artigos 203.º a 212.º, aconselha-se o estudo através do "Direito Profissional do Advogado", de Orlando Guedes da Costa, 8.ª edição, Almedina, págs. 114 a 139.

5. A Directiva 2005/36/CE do Parlamento Europeu e do Conselho, de 7 de Setembro de 2005, relativa ao reconhecimento das qualificações profissionais, não afecta a aplicação da Directiva 77/249/CEE, tendente a facilitar o exercício efectivo da livre prestação de serviços pelos advogados, nem da Directiva 98/5/CE, tendente a facilitar o exercício permanente da profissão de advogado num Estado Membro diferente daquele em que foi adquirida a qualificação profissional. Ver Jornal Oficial da União Europeia – L255 (30 de Setembro de 2005), pág. 22-142.

6. Vide artigo 23.º do Regulamento de Inscrição de Advogados e Advogados Estagiários.

7. O Regulamento de Registo e Inscrição dos Advogados Provenientes de Outros Estados Membros da União Europeia, que foi publicado em anexo à Lei n.º 80/2001 de 20 de Julho, que veio alterar e republicar o E.O.A. (D. Lei 84/84 de 16 de Março), havia em princípio caducado pela revogação do D. Lei 84/84 de 16 de Março pela Lei 15/25 de 26 de Janeiro, que aprovou o EOA (2005). Assim, o Regulamento de Inscrição de Advogados e Advogados Estagiários (Regulamento n.º 232/07 de 4/9/07) veio resolver o vazio regulamentar então existente e, acrescidamente, regular pela primeira vez os regimes das inscrições dos Advogados brasileiros e dos provenientes de outros Estados em regime de simples reciprocidade.

8. Foi editado pelo C.C.B.E., a partir de 1978, reconhecido pelo Tribunal das Comunidades Europeias e pela regulamentação nacional da maioria dos Países membros da EU, um bilhete de identidade profissional de Advogado Europeu, pelo que qualquer

advogado português interessado na obtenção de tal documento de identificação poderá dirigir-se à Ordem dos Advogados para o efeito à luz do respectivo regulamento.

Artigo 204.º – Modos de exercício profissional

1 – Qualquer dos advogados identificados no artigo anterior, adiante designados por advogados da União Europeia, pode, de harmonia com o disposto no artigo seguinte, exercer a sua atividade em Portugal com o seu título profissional de origem, expresso na respetiva língua oficial e com a indicação da organização profissional a que pertence ou da jurisdição junto da qual se encontra admitido nos termos da lei do seu Estado de origem.

2 – Sem prejuízo do disposto no número anterior, a representação e o mandato judiciais perante os tribunais portugueses só podem ser exercidos por advogados da União Europeia que exerçam a sua atividade com o seu título profissional de origem sob a orientação de advogado inscrito na Ordem dos Advogados.

3 – Os advogados da União Europeia podem ainda exercer a sua atividade em Portugal com o título de advogado, mediante prévia inscrição na Ordem dos Advogados.

NOTAS:

1. Vide artigos 24.º, 25.º e 26.º; do Regulamento de Inscrição de Advogados e Advogados Estagiários.

Artigo 205.º – Exercício com o título profissional de origem

1 – A prestação ocasional de serviços profissionais de advocacia em Portugal por advogados da União Europeia que exerçam a sua atividade com o seu título profissional de origem é livre, sem prejuízo de estes deverem dar prévio conhecimento desse facto à Ordem dos Advogados, ao abrigo da Lei n.º 9/2009, de 4 de março, alterada pelas Leis n.ºs 41/2012, de 28 de agosto, e 25/2014, de 2 de maio.

2 – O estabelecimento em Portugal de advogados da União Europeia que pretendam exercer a sua atividade com o seu título profissional de origem depende de prévio registo na Ordem dos Advogados, ao abrigo da Lei n.º 9/2009, de 4 de março, alterada pelas Leis n.ºs 41/2012, de 28 de agosto, e 25/2014, de 2 de maio.

NOTAS:

1. Ver anotações ao antecedente artigo 203.º do E.O.A..

2. De acordo com o artigo 5.º n.º 1 da Lei 9/2009 de 4 de Março, com a alteração introduzida pela Lei n.º 41/2012, de 28 de Agosto, aquando da primeira deslocação ao

território nacional, no caso de profissão regulamentada por associação pública, como é o caso da advocacia, deve comunicar-se o exercício da sua actividade às autoridades competentes por razões de interesse público.

3. Ver a propósito também o artigo 23.º da Lei n.º 2/2013 de 10 de Janeiro (L.A.P.P.)

4. Vide artigos 24.º, 25.º e 26.º do Regulamento de Inscrição de Advogados e Advogados Estagiários.

Artigo 206.º – Comércio eletrónico

Os advogados da União Europeia podem exercer a sua atividade através de comércio eletrónico, com destino ao território nacional, observados que sejam os requisitos aplicáveis no Estado-Membro de origem, nomeadamente as normas deontológicas aí vigentes, assim como a disponibilização permanente de informação prevista no artigo 10.º do Decreto-Lei n.º 7/2004, de 7 de janeiro, alterado pelo Decreto-Lei n.º 62/2009, de 10 de março, e pela Lei n.º 46/2012, de 29 de agosto.

NOTAS:

1. O DL n.º 7/2004 de 7 de Janeiro realizou fundamentalmente a transposição da Directiva n.º 2000/31/CE do Parlamento Europeu e do Conselho, de 8 de Junho de 2000, relativa a certos aspectos legais dos serviços da sociedade de informação, em especial do comércio electrónico, bem como do artigo 13.º da Directiva n.º 2002/58/CE de 12 de Julho, relativa ao tratamento de dados pessoais e à protecção da privacidade no sector das comunicações electrónicas.

2. A Lei n.º 46/2012, de 29 de Agosto, transpôs para o direito interno a Directiva n.º 2009/136/CE na parte que alterou a Directiva n.º 2002/58/CE, do Parlamento Europeu e do Conselho, de 12 de Julho, relativa ao tratamento de dados pessoais e à protecção da privacidade no sector das comunicações electrónicas.

3. Ver a propósito também o artigo 23.º da L.A.P.P.

Artigo 207.º – Estatuto profissional

1 – Na prestação de serviços profissionais de advocacia em Portugal os advogados da União Europeia que exerçam a sua atividade com o seu título profissional de origem estão sujeitos às regras profissionais e deontológicas aplicáveis aos advogados portugueses, sem prejuízo das regras do Estado de origem a que devam continuar a sujeitar-se.

2 – Os advogados da União Europeia estabelecidos em Portugal a título permanente e registados nos termos do artigo anterior elegem, de entre si, um representante ao congresso dos advogados portugueses.

NOTAS:

1. No n.º 2 ocorre um erro manifesto no texto legal ao remeter para o artigo anterior, sendo que a norma correcta será a do n.º 2 do artigo 205.º deste E.O.A..

2. Prevê-se, como já decorria no regime anterior, a responsabilidade disciplinar dos profissionais que prestem serviços em território nacional em regime de livre prestação de serviços, os quais são equiparados aos advogados para efeitos disciplinares, como estipula o subsequente artigo 209.º deste EOA.

3. Veja-se o ponto 2.4. do Código de Deontologia dos Advogados Europeus.

4. A recusa de entrega de um "router" de ligação à rede privada virtual dos advogados, pelas autoridades competentes, a um advogado devidamente inscrito na Ordem dos Advogados de outro Estado-Membro, apenas pelo facto de esse advogado não estar inscrito numa das Ordens dos Advogados do primeiro Estado-Membro em que pretende exercer a sua profissão em regime de livre prestação de serviços, nos casos em que a lei não impõe a obrigação de actuar de concerto com outro advogado, constitui uma restrição à livre prestação de serviços na acepção do artigo 4.º da Directiva 77/249/CEE do Conselho, de 22 de Março de 1977, tendente a facilitar o exercício efectivo da livre prestação de serviços pelos advogados – Vide Acórdão do Tribunal de Justiça (3.ª Secção) de 18 de Maio de 2017, no processo de reenvio prejudicial C-99/16, in Eur-Lex – 62016CJ0099 – EN – EUR-Lex.

Artigo 208.º – Inscrição na Ordem dos Advogados

1 – O estabelecimento em Portugal de advogados da União Europeia que pretendam exercer a sua atividade com o título profissional de advogado, em plena igualdade de direitos e deveres com os advogados portugueses, depende de prévia inscrição na Ordem dos Advogados.

2 – A utilização do título profissional de advogado não prejudica o direito de utilização do título profissional de origem, nos termos do disposto no n.º 1 do artigo 205.º.

NOTAS:

1. Com a eliminação dos n.ºs 3 a 5 do revogado artigo 200.º do E.O.A. (2005) deixa de ser exigível a realização de um exame de aptidão para a inscrição na Ordem dos Advogados e aquisição do título de "Advogado" para o estabelecimento permanente em Portugal de advogados provenientes da União Europeia, cujos requisitos de registo e inscrição na Ordem dos Advogados, incluindo a regulamentação do exame de aptidão, estavam regulados no Regulamento de Inscrição dos Advogados e Advogados Estagiários – artigos 23.º a 38.º do Regulamento n.º 232/07, que veio substituir o Regulamento de Registo dos Advogados Provenientes de Outros Estados-Membros da União Europeia publicado no DR n.º 167, de 20/7/01, em Anexo I à Lei 80/2001.

2. Veja-se, presentemente, quanto ao registo e inscrição dos advogados da União Europeia, os artigos 26.º a 32.º do Regulamento de Inscrição dos Advogados e Advogados Estagiários – Regulamento n.º 913-C/2015 de 21/12/2015.

Artigo 209.º – Responsabilidade disciplinar

1 – Os advogados da União Europeia que exerçam a sua atividade com o seu título profissional de origem estão sujeitos às sanções disciplinares previstas para os advogados portugueses, devendo o respetivo processo disciplinar ser instruído em colaboração com a organização profissional equivalente do Estado de origem, a qual é informada da sanção aplicada.

2 – A responsabilidade disciplinar perante a Ordem dos Advogados é independente da responsabilidade disciplinar perante a organização profissional do respetivo Estado de origem, valendo, no entanto, a comunicação por esta última dos factos que determinaram a instauração de um processo disciplinar ou a aplicação de uma sanção a um advogado que também exerça a sua atividade em Portugal como participação disciplinar para efeitos do disposto no regulamento disciplinar.

3 – Sem prejuízo do disposto no número anterior, o advogado da União Europeia que tenha sido suspenso ou proibido de exercer a profissão pela organização profissional do Estado de origem fica automaticamente impedido de exercer a sua atividade em Portugal com o seu título profissional de origem, enquanto durar aquela suspensão ou proibição.

NOTAS:

1. Esta norma corresponde, sem alterações, ao anterior artigo 201.º do E.O.A. (2005).
2. Ver as anotações 2. e 3. ao artigo 207.º deste EOA.

Artigo 210.º – Sociedades de advogados estabelecidos em Portugal

Os advogados estabelecidos em território nacional podem exercer em grupo a profissão, constituindo ou ingressando como sócios ou associados em sociedades de advogados, com os limites resultantes do n.º 7 do artigo 213.º.

NOTAS:

1. Em função do disposto pelo n.º 7 do artigo 213.º do EOA e do artigo 6.º da Lei 49/2004 de 24 de Agosto, é vedado às sociedades de advogados, nacionais ou estrangeiras, o exercício em Portugal, de forma directa ou indireceta, da sua actividade em qualquer tipo de associação ou integração com outras profissões, actividades e entidades

cujo objecto social não seja o exercício exclusivo da advocacia, assim de consagrando a proibição das sociedades multidisciplinares e multiprofissionais com base no regime excepcional previsto no n.º 4 da Lei 2/2013 de 10 de Jáneiro, que estabelece o regime juridico de criação, organização e funcionamento das associações públicas profissionais.

2. Para melhor compreensão da opção tomada pelo legislador quanto às sociedades multidisciplinares/multiprofissionais, importa ler o que sobre o tema consta do preâmbulo da presente lei, onde se refere que a proibição teve em conta a especial natureza da função dos advogados, porquanto colaborando na administração da justiça, encontram-se obrigados a observar o respeito de estritas regras deontológicas específicas da sua actividade, as quais subsistem e merecem respeito para salvaguarda do interesse público subjacente a esta profissão.

3. A proibição das sociedades multidisciplinares já decorria dos artigos 61.º n.º 1, 202.º n.º 4 e 203.º n.º 3 todos do EOA (2005) e ainda do artigo 6.º da Lei 49/2004 de 24 de Agosto (actos próprios de profissão) e artigos 1.º n.º 2 e 5.º n.º 1 do ora revogado D. Lei 229/2004 de 10 de Dezembro (sociedades de advogados).

4. A figura dos "associados", corresponde aos advogados que participam profissionalmente nas sociedades como não sócios, mas com aspiração à aquisição desse estatuto, o que é uma situação vulgar mas que não teve ainda, até à data, a necessária regulação estatutária, não obstante o disposto no artigo 215.º do actual E.O.A..

5. Sobre a problemática das sociedades veja-se o estudo de autoria do Dr. Orlando Guedes da Costa, publicado no n.º 93/94 do Boletim da Ordem dos Advogados (Agosto/Setembro de 2012) e ainda do mesmo autor o estudo editado e publicado no Suplemento n.º 19 de Outubro de 2013, do jornal "Público", onde ao autor defende e demonstra que a *"eventual consagração por lei de sociedades multiprofissionais, liberais ou não, e sociedades de profissionais e não profissionais, civis ou comercias, é contrária à conceção do advogado como participante na administração da Justiça – artigos 12.º e 15.º (a fortiori) da Lei n.º 62/2013, de 26 de Agosto – Lei da Organização dos Sistema Judiciário – e ao disposto nos artigos 62.º n.º 2, 76.º, 77.º, 78.º, 85.º n.º2 h), 94.º e 102.º do Estatuto da Ordem dos Advogados (2005) e aos artigos 27.º n.º 1, parte final, 27.º n.º 4 2 29.º da Lei n.º 2/2013 de 10 de Janeiro – Lei das Associações Públicas Profissionais".*

6. No VIII Congresso dos Advogados Portugueses, realizado em Viseu, em Junho de 2018, foi aprovada recomendação à Ordem dos Advogados para que se estabeleça a *"proibição de escritórios ou gabinetes multidisciplinares onde o Advogado partilhe o mesmo espaço físico com profissionais de outras actividades."*

Artigo 211.º – Organizações associativas de profissionais de outros Estados-Membros

1 – As organizações associativas de profissionais equiparados a advogados constituídas noutro Estado-Membro da União Europeia para o exercício de ativi-

dade profissional cujo gerente ou administrador seja um profissional e cujo capital com direito de voto caiba maioritariamente aos profissionais em causa ou a outras organizações associativas cujo capital e direitos de voto caiba maioritariamente àqueles profissionais podem inscrever as respetivas representações permanentes em Portugal, constituídas nos termos da lei comercial, como membros da Ordem dos Advogados, sendo enquanto tal equiparadas a sociedades de advogados para efeitos do presente Estatuto, com os limites resultantes do n.º 7 do artigo 213.º.

2 – Os requisitos de capital referidos no número anterior não são aplicáveis caso esta não disponha de capital social, aplicando-se, em seu lugar, o requisito de atribuição da maioria de direitos de voto aos profissionais ali referidos.

3 – O juízo de equiparação a que se refere o n.º 1 é regido:

a) Quanto a nacionais de Estados-Membros da União Europeia, pelo n.º 4 do artigo 1.º da Lei n.º 9/2009, de 4 de março, alterada pelas Leis n.ºs 41/2012, de 28 de agosto, e 25/2014, de 2 de maio;

b) Quanto a nacionais de países terceiros cujas qualificações tenham sido obtidas fora de Portugal, pelo regime de reciprocidade vigente.

4 – O regime jurídico de inscrição das organizações associativas de profissionais de outros Estados-Membros consta do regime jurídico da constituição e funcionamento das sociedades de profissionais que estejam sujeitas a associações públicas profissionais.

Artigo 212.º – Outros prestadores de serviços de advocacia

1 – As empresas que se estabeleçam em território nacional para a prestação de serviços de advocacia através dos seus sócios, administradores, gerentes, empregados ou subcontratados que não se constituam sob a forma de sociedades de advogados nem se pretendam inscrever na Ordem dos Advogados nos termos do artigo anterior, carecem de registo na Ordem dos Advogados.

2 – A violação do disposto no número anterior constitui contraordenação, punível com coima de € 2 500 a € 25 000, nos termos do regime geral das contraordenações.

3 – Aos prestadores referidos no n.º 1 aplicam-se os limites resultantes do n.º 7 do artigo seguinte com as necessárias adaptações.

CAPÍTULO VI – Sociedades de advogados

Artigo 213.º – Sociedades de advogados

1 – Os advogados podem exercer a profissão constituindo ou ingressando em sociedades de advogados, como sócios ou associados.

2 – Podem ainda ser sócios de sociedades de advogados:

a) Sociedades de advogados previamente constituídas e inscritas na Ordem dos Advogados;

b) Organizações associativas de profissionais equiparados a advogados constituídas noutro Estado-Membro da União Europeia cujo capital e direitos de voto caiba maioritariamente aos profissionais em causa.

3 – O requisito de capital referido na alínea *b)* do número anterior não é aplicável caso esta não disponha de capital social.

4 – O juízo de equiparação a que se refere a alínea *b)* do n.º 2 é regido:

a) Quanto a nacionais de Estados-Membros da União Europeia, pelo n.º 4 do artigo 1.º da Lei n.º 9/2009, de 4 de março, alterada pelas Leis n.ºs 41/2012, de 28 de agosto, e 25/2014, de 2 de maio;

b) Quanto a nacionais de países terceiros cujas qualificações tenham sido obtidas fora de Portugal, pelo regime de reciprocidade vigente.

5 – As sociedades de advogados gozam dos direitos e estão sujeitas aos deveres aplicáveis aos advogados que sejam compatíveis com a sua natureza, estando nomeadamente sujeitas aos princípios e regras deontológicos constantes do presente Estatuto, bem como ao poder disciplinar da Ordem dos Advogados.

6 – Os membros do órgão executivo das sociedades de advogados, independentemente da sua qualidade como advogados inscritos na Ordem dos Advogados, devem respeitar os princípios e regras deontológicos, a autonomia técnica e científica e as garantias conferidas aos advogados pela lei e pelo presente Estatuto.

7 – Não é permitido às sociedades de advogados exercer direta ou indiretamente a sua atividade em qualquer tipo de associação ou integração com outras profissões, atividades e entidades cujo objeto social não seja o exercício exclusivo da advocacia.

8 – A constituição e funcionamento das sociedades de advogados consta do regime jurídico da constituição e funcionamento das sociedades de profissionais que estejam sujeitas ao regime das associações públicas profissionais.

9 – As relações entre os advogados que integram as sociedades, designadamente entre os sócios, os associados e os estagiários, bem como as relações contratuais com os demais advogados que prestem serviços a essas sociedades, são objeto de regulamento próprio.

10 – As sociedades devem optar, no momento da sua constituição, por um dos dois tipos seguintes, consoante o regime de responsabilidade por dívidas sociais a adotar, devendo a firma conter a menção ao regime adotado:

a) Sociedades de responsabilidade ilimitada, RI;

b) Sociedades de responsabilidade limitada, RL.

11 – A responsabilidade por dívidas sociais inclui as geradas por ações ou omissões imputadas a sócios, associados e estagiários, no exercício da profissão.

12 – Nas sociedades de responsabilidade ilimitada, os sócios respondem pessoal, ilimitada e solidariamente pelas dívidas sociais, sem prejuízo do disposto no número seguinte.

13 – Os credores da sociedade de responsabilidade ilimitada só podem exigir aos sócios o pagamento de dívidas sociais após a prévia excussão dos bens da sociedade.

14 – Nas sociedades de responsabilidade limitada, apenas a sociedade responde pelas dívidas sociais, até ao limite do seguro de responsabilidade civil obrigatório.

15 – Às sociedades de advogados é aplicável o regime fiscal previsto para as sociedades constituídas sob a forma comercial.

NOTAS:

1. O regime jurídico das sociedades de advogados foi inicialmente regulado pelo D. Lei n.º 513-Q/79 de 26 de Dezembro e, posteriormente, pelo ora revogado D. Lei n.º 229/2004 de 10 de Dezembro.

2. Até à entrada em vigor da presente lei, o regime legal das sociedades de advogados constava assim de um diploma autónomo, limitando-se o revogado artigo 203.º do E.O.A. de 2005, a acolher alguns princípios gerais fundamentais desse regime, agora igualmente consagrados no artigo 213.º n.ºs 1, 5 e 7 do actual E.O.A.

3. Os actuais artigos 213.º a 222.º estabelecem um quadro legal geral, remetendo para regulamentação própria e autónoma a matéria das relações entre os advogados que integram as sociedades, designadamente entre sócios, associados e estagiários, bem como as relações contratuais com os demais advogados que prestem serviços a essas sociedades – artigo 213.º n.º 9.

4. Já a constituição e o funcionamento das sociedades de advogados constam do regime jurídico da constituição e funcionamento das sociedades de profissionais que estejam sujeitas ao regime das associações públicas profissionais – Lei n.º 53/2015 de 11 de Junho.

5. Na sequência da anotação anterior, veja-se o disposto no artigo 27.º da Lei n.º 2/2013, de 10 de Jáneiro (L.A.P.P.).

6. As sociedades de advogados mantêm a natureza de sociedades civis, mas podem ser constituídas sob a forma comercial, tal como previsto no artigo 27.º n.º 2 da L.A.P.P, no respeito do princípio da natureza não mercantil deste tipo de sociedades.

7. Quanto à problemática das sociedades multidisciplinares, ver as anotações ao artigo 210.º deste E.O.A..

8. As sociedades de advogados apenas podem ser constituídas por advogados, com exclusão dos advogados estagiários.

9. As disposições legais que regulam o exercício de certas profissões de interesse público são de carácter imperativo a fim de se garantir o público contra a inidoneidade de quem as exerce, pelo que a sua violação gera a nulidade absoluta prevista no artigo 280.º n.º 2 e 294.º do C. Civil – Neste sentido, ver o Acórdão do S.T.J. de 5/11/74, no B.M.J. n.º 241, pág. 265, e o Assento do mesmo S.T.J. de 9/3/89, in DR de 18/5/89. Ver ainda Vaz Serra, no B.M.J., n.º 74, pág. 142.

10. Pelo n.º 14 deste artigo 213.º, as sociedades de advogados, que se constituírem em responsabilidade limitada, apenas responderão pelas dívidas sociais até ao limite do seguro de responsabilidade civil obrigatório. Porém, dada a revogação do anterior artigo 37.º do D. Lei 229/2004, de 10 de Dezembro e o facto de o actual artigo 104.º do EOA apenas se reportar à responsabilidade civil profissional dos advogados a titulo individual, em local algum deste E.O.A. se encontra agora norma que imponha às sociedades de advogados a obrigatoriedade de um seguro de responsabilidade civil nem, por maioria de razão, qual o capital mínimo desse seguro, pelo que estamos confrontados com uma notória omissão do legislador a ter de ser suprida por via legal ou regulamentar.

11. No VIII Congresso dos Advogados Portugueses, realizado em Viseu, em Junho de 2018, foram aprovadas conclusões no sentido de que se deverá continuar a pugnar no sentido de que as sociedades de advogados possam optar pela sua tributação entre o regime do IRC ou de transparência fiscal, propondo-se ao Governo a consagração desta opção.

12. Para um estudo mais aprofundado do regime legal das sociedades de advogados, recomenda-se a leitura de Orlando Guedes da Costa "Direito Profissional do Advogado", 8.º edição, págs, 143 a 206.

13. Sobre o alargamento da responsabilidade disciplinar às sociedades de advogados e respectivo regime veja-se o artigo 18.º da Lei 53/2015, de 11 de Junho – Lei das Sociedades Profissionais sujeitas a Associações Públicas Profissionais.

Artigo 214.º – Sócios

Os sócios profissionais de indústria só podem exercer a atividade profissional de advogado numa única sociedade, não podendo exercer tal atividade fora desta, salvo se o contrato de sociedade dispuser em contrário ou for celebrado acordo escrito nesse sentido por todos os sócios.

NOTAS:

1. Ao contrário do que sucedia pelo revogado D. Lei 229/2004, de 10 de Dezembro, não se impõe agora a obrigatoriedade das participações serem necessariamente nomina-

tivas e admite-se que as sociedades de advogados, previamente constituídas e inscritas na Ordem dos Advogados, bem como organizações profissionais equiparadas constituídas noutro Estado-membro da UE, com as limitações decorrentes da alínea *b)* do n.º 2 do artigo 213.º, possam ser sócias de outras sociedades de advogados, o que tudo constitui entorses importantes do princípio personalista destas sociedades.

2. Na versão actual do EOA, deixa de haver uma clara distinção entre os sócios de capital e os sócios de indústria, embora decorra do artigo 219.º que continuam a existir participações de capital e participações de indústria; todavia, apenas aos sócios de indústria se aplica agora, aparentemente, o regime de exclusividade emergente do actual artigo 214.º, resultando assim a possibilidade de interpretação de que poderiam os sócios de capital participar activamente em várias sociedades, independentemente de acordo dos demais sócios, o que não se crê ter sido intenção do legislador. Deverá, pelo exposto, entender-se, à semelhança do que vinha sucedendo no domínio do regime revogado constante do artigo 12.º da D.Lei 229/2004, que a todos os sócios, que integram as sociedades de advogados, se aplica o princípio de exclusividade.

3. Como resulta da alínea *c)* do n.º 1 do artigo 92.º do EOA, a troca de informações entre sócios numa sociedade de advogados, não implica violação da reserva do segredo profissional, uma vez que todos os sócios estão abrangidos por idêntica obrigação. Esta é, aliás, uma realidade que vem sendo invocada em abono do princípio da proibição das sociedades multidisciplinares, onde a partilha de informações entre sócios de diferentes estatutos deontológicos seria incompatível com a preservação do sigilo profissional, pondo em causa o interesse público que lhe é inerente e o justifica.

Artigo 215.º – Associados

1 – Nas sociedades de advogados podem exercer a sua atividade profissional advogados não sócios que tomam a designação de associados.

2 – Os direitos e deveres dos associados devem constar do contrato de sociedade ou ficar definidos nos planos de carreira e deles deve ser dado conhecimento ao associado, no momento da sua integração na sociedade.

NOTAS:

1. É aqui reconhecida a figura dos "associados", advogados que participam nas sociedades como não sócios, mas com aspiração à aquisição do estatuto, situação vulgar já aflorada no revogado D. Lei 229/2004 de 10 de Dezembro, mas que tarda em ser devidamente regulamentada para definição do estatuto profissional dos "associados".

2. Quanto aos planos de carreira, veja-se o artigo 25.º Lei 53/2015, de 11 de Junho – Lei das Sociedades Profissionais sujeitas a Associações Públicas Profissionais.

Artigo 216.º – Alteração do contrato

As alterações do contrato de sociedade dependem de deliberação dos sócios, aprovada por maioria de 75% dos votos expressos.

Artigo 217.º – Aprovação do projeto de pacto social

1 – O projeto de pacto social é submetido à aprovação do conselho geral da Ordem dos Advogados, que decide em 30 dias.

2 – Da deliberação do conselho geral cabe recurso para o conselho superior da Ordem dos Advogados.

NOTAS:

1. O controlo exercido pelo Conselho Geral neste domínio, segundo defende Orlando Guedes da Costa in "Direito Profissional do Advogado" 8.ª edição, pág. 153, não se tem de confinar à verificação dos aspectos estritamente legais dos projectos de contrato, devendo estender-se ao modo como neles são ajustados e regulamentados os interesses dos sócios, sobretudo quanto à repartição dos lucros entre participações de capital e participações de indústria e quanto aos termos em que os sócios nele participam, assim se assegurando um desejável equilíbrio imposto pelos princípios deontológicos.

Artigo 218.º – Correspondência e documentos

1 – A firma da sociedade e a menção do regime de responsabilidade devem constar da correspondência e de todos os documentos da sociedade e dos escritos profissionais dos sócios, associados ou estagiários.

2 – Sem prejuízo do previsto no número anterior, é permitido o uso de denominações abreviadas com recurso às iniciais dos nomes que compõem a firma da sociedade, bem como de logótipos, sujeitos a aprovação nos termos do artigo anterior.

NOTAS:

1. Sobre o conceito de papel timbrado e obrigatoriedade de inserção da expressão "responsabilidade limitada" em prática isolada, deve ler-se o interessante Parecer do C. Distrital do Porto de 06/01/2007, relatado pelo Colega Carlos Mateus, onde se conclui que tal expressão deve ser sempre usada enquanto o advogado pretenda beneficiar dessa limitação, entendendo-se como "papel timbrado" qualquer documento onde se preste informação e publicidade da actividade profissional, assim se incluindo o suporte escrito no exercício da acção do advogado, tal como papel de carta, carimbo, cartões-de-visita, cabeçalho das peças judiciais e também nos documentos extrajudiciais usados nas repartições públicas.

Artigo 219.º – Participações sociais

A transmissão da participação de capital do sócio não implica a extinção da respetiva participação de indústria, salvo deliberação unânime em contrário.

Artigo 220.º – Votos

Em assembleia geral, o sócio pode fazer-se representar no exercício do direito de voto por outro sócio, mandatado para o efeito.

NOTAS:

1. Esta disposição reproduz a anterior artigo 26.º n.º 4 do D. Lei 229/2004, de 10 de Dezembro, com a única modificação quanto à forma do mandato.

Artigo 221.º – Administração da sociedade

O exercício dos poderes de administração deve conformar-se com a independência do sócio enquanto advogado, relativamente à prática dos respetivos atos profissionais.

NOTAS:

1. Reproduz na íntegra o n.º 2 do artigo 28.º do revogado D. Lei 229/2004, de 10 de Dezembro.

Artigo 222.º – Dissolução imediata

A sociedade dissolve-se nos casos previstos na lei, no contrato de sociedade e ainda:

a) Quando, no prazo de seis meses, não for reconstituída a pluralidade de sócios;

b) Por deliberação dos sócios, aprovada por unanimidade, salvo se diversamente convencionado no contrato de sociedade.

NOTAS:

1. As sociedades unipessoais de advogados não são admissíveis e não só pela razão fundamental invocada, no seu estilo muito próprio pelo Colega Valério Bexiga, ao comentar que *"o advogado, como qualquer besta cavalar, não faz parelha sozinho. E, muito menos, sociedade, que, ademais, representa a personificação da parelha"* – Ver Lições de Deontologia Profissional, pág. 121, edição do Autor com o apoio do Conselho Distrital de Faro da Ordem dos Advogados.

2. Na verdade, como pelo mesmo Autor também é referido, o regime jurídico das sociedades civis não contempla a figura das sociedades unipessoais e, sendo estas, por essência, de responsabilidade limitada, não se adequaria ao regime das sociedades de advogados que podem ser de responsabilidade ilimitada.

3. Por isso, estabelece a alínea *b)* do n.º 1 do presente preceito que, no caso de uma sociedade de advogados cair em situação de unipessoalidade, a mesma se extinguirá se a pluralidade de sócios não for reconstituída ao fim de seis meses.

TÍTULO VII – Disposições finais e transitórias

Artigo 223.º – Balcão único e documentos

1 – Todos os pedidos, comunicações e notificações previstos no presente Estatuto entre a Ordem dos Advogados e os advogados, sociedades de advogados ou outras organizações associativas de profissionais, com exceção dos relativos a procedimentos disciplinares e ao voto por correspondência, são realizados por meios eletrónicos, através do balcão único eletrónico dos serviços, referido nos artigos 5.º e 6.º do Decreto-Lei n.º 92/2010, de 26 de julho, acessível através do sítio na Internet da Ordem dos Advogados.

2 – A apresentação de documentos em forma simples nos termos do número anterior dispensa a remessa dos documentos originais, autênticos, autenticados ou certificados, sem prejuízo do disposto nas alíneas *a)* e *c)* do n.º 3 e nos n.ºs 4 e 5 do artigo 7.º do Decreto-Lei n.º 92/2010, de 26 de julho.

3 – Quando não for possível o cumprimento do disposto no n.º 1, por motivos de indisponibilidade das plataformas eletrónicas, bem como nos casos em que o interessado não disponha de meios que lhe permitam aceder às mesmas, a transmissão da informação em apreço pode ser feita por entrega nos serviços da Ordem dos Advogados, por remessa pelo correio sob registo, por telecópia ou por correio eletrónico.

4 – São ainda aplicáveis aos procedimentos referidos no presente artigo o disposto nas alíneas *d)* e *e)* do artigo 5.º e no n.º 1 do artigo 7.º do Decreto-Lei n.º 92/2010, de 26 de julho.

NOTAS:

1. Nos artigos 223.º, 224.º e 225.º adapta-se o E.O.A. ao regime consagrado nos artigos 22.º, 23.º e 12.º n.º 3 da Lei n.º 2/2013 de 10 de Janeiro sobre as matérias do balcão único electrónico, às informações a prestar e à cooperação administrativa, já anteriormente reguladas no Decreto-lei n.º 92/2010, de 26 de Julho o qual, por sua vez, transpôs

para a ordem jurídica interna a Directiva n.º 2006/123/CE, do Parlamento Europeu e do Conselho, de 12 de Dezembro.

2. Com o balcão único electrónico é criada uma plataforma destinada à apresentação de requerimentos e à efectivação de comunicações e notificações previstas no E.O.A., assim se disponibilizando novo meio de contacto entre advogados, sociedades de advogados e a Ordem dos Advogados; de salientar, contudo, que tal plataforma electrónica não acolherá todos os procedimentos estatutários, uma vez que dela ficam excluídos os procedimentos disciplinares e o voto por correspondência.

3. No tocante aos meios de prova dos factos relativos aos requisitos de acesso ou ao exercício de actividade ou serviço, a regra geral é a da apresentação de documentos em forma simples, com as excepções permitidas nas alíneas *a)* e *c)* do n.º 3 e nos n.ºs 4 e 5 do artigo 7.º do Decreto-Lei n.º 92/2010, designadamente as referentes ao reconhecimento das qualificações profissionais, as referidos no n.º 3 do artigo 198.º do Estatuto da Ordem dos Advogados, aprovado pela Lei n.º 15/2005, de 26 de Janeiro, atinente ao exercício permanente da profissão de Advogado num Estado membro diferente daquele em que foi adquirida a qualificação profissional, e aos documentos redigidos em língua estrangeira, cuja tradução pode ser exigida para língua portuguesa excepto quando estejam redigidos em inglês.

Artigo 224.º – Informação na Internet

Para além da informação referida no n.º 3 do artigo 6.º do Decreto-Lei n.º 92/2010, de 26 de julho, e no n.º 4 do artigo 19.º da Diretiva 2000/31/CE, do Parlamento Europeu e do Conselho, de 8 de junho de 2000, relativa a certos aspetos legais dos serviços da sociedade de informação, em especial do comércio eletrónico, no mercado interno, a Ordem dos Advogados deve disponibilizar ao público em geral, através do seu sítio na Internet, as seguintes informações:

a) Regime de acesso e exercício da profissão;

b) Princípios e regras deontológicas aplicáveis aos advogados;

c) Procedimento de apresentação de queixa ou reclamações pelos destinatários relativamente aos serviços prestados pelos advogados no âmbito da sua atividade;

d) Ofertas de emprego na Ordem dos Advogados;

e) Registo atualizado dos advogados inscritos na Ordem dos Advogados, donde conste:

i) O nome, o domicílio profissional e o número de cédula profissional;

ii) A designação do título e das especialidades profissionais;

iii) A situação de suspensão ou interdição temporária do exercício da atividade, se for caso disso;

f) Registo atualizado dos advogados da União Europeia, donde conste:
 i) O nome e o domicílio profissionais e, caso exista, a designação do título profissional de origem e das respetivas especialidades;
 ii) A identificação da associação pública profissional do Estado-Membro de origem, na qual o profissional se encontre inscrito;
 iii) A situação de suspensão ou interdição temporária do exercício da atividade, se for caso disso;
 iv) A informação relativa às sociedades de profissionais ou outras formas de organização associativa de profissionais para que prestem serviços no Estado membro de origem, caso aqui prestem serviços nessa qualidade;

g) Registo atualizado de sociedades de advogados e de outras formas de organização associativa inscritas com a respetiva designação, sede, número de inscrição e número de identificação fiscal ou equivalente.

NOTAS:

1. Esta norma visa garantir a eficiência e a transparência administrativas, a proximidade com os interessados e o princípio de uma administração aberta, como prevêem os artigos 14.º n.º 1 e 17.º n.º 1 do Código do Procedimento Administrativo.
2. Considerando que a plataforma do balcão único electrónico ficou reservada para os profissionais da advocacia, este artigo 224.º remete para o "site" da OA o meio próprio para a prestação das obrigações de informação previstas na norma.

Artigo 225.º – Cooperação administrativa

A Ordem dos Advogados presta e solicita às autoridades administrativas dos outros Estados membros e à Comissão Europeia assistência mútua e toma as medidas necessárias para cooperar eficazmente, nomeadamente através do Sistema de Informação do Mercado Interno, no âmbito dos procedimentos relativos a prestadores de serviços já estabelecidos noutro Estado membro, nos termos do capítulo VI do Decreto-Lei n.º 92/2010, de 26 de julho, do n.º 2 do artigo 51.º da Lei n.º 9/2009, de 4 de março, alterada pelas Leis n.ºs 41/2012, de 28 de agosto, e 25/2014, de 2 de maio, e dos n.ºs 2 e 3 do artigo 19.º da Diretiva n.º 2000/31/CE do Parlamento Europeu e do Conselho, de 8 de junho de 2000, relativa a certos aspetos legais dos serviços da sociedade de informação, em especial do comércio eletrónico.

NOTAS:

1. Sobre o princípio da cooperação legal com a União Europeia, cfr. o artigo 19.º n.º 1 do Código do Procedimento Administrativo.

2. O Sistema de Informação do Mercado Interno rege-se pelo Regulamento (UE) n.º 1024/2012 do Parlamento Europeu e do Conselho de 25 de Outubro de 2012.

Artigo 226.º – Tribunal arbitral

1 – Os conflitos entre sócios de uma sociedade de advogados, ou entre estes e a sociedade, podem ser submetidos a tribunal arbitral, nos termos da lei e de proposta de regulamento a elaborar pelo conselho geral da Ordem dos Advogados.

2 – Da decisão final do tribunal arbitral cabe recurso para os tribunais judiciais.

Artigo 227.º – Tutela de legalidade

Os poderes de tutela de legalidade sobre a Ordem dos Advogados, em conformidade com o artigo 45.º da Lei n.º 2/2013, de 10 de Janeiro, são exercidos pelo membro do Governo responsável pela área da justiça.

NOTAS:

1. Na versão definitiva deste preceito, foi eliminado o n.º 2, que constava da proposta do Governo submetida à Assembleia da Republica, pelo qual no âmbito da tutela de legalidade, os regulamentos que versassem sobre os estágios, as provas de acesso à profissão e a especialidades profissionais só produziriam efeitos após homologação do membro do Governo responsável pela área da justiça, o que corresponderia, caso fosse aprovado, a uma notória e significativa ofensa ao princípio da autonomia e independência do poder regulamentar da Ordem dos Advogados, enquanto associação pública.

2. Veja-se a propósito do poder regulamentar o teor dos artigos 1.º n.º 2, 33.º n.º 2, alínea *d)* e 46.º n.º 1, alínea *g)* deste EOA.

ANEXO
(a que se refere o n.º 3 do artigo 2.º do Estatuto da Ordem dos Advogados)
Correspondência territorial das regiões

Municípios que pertencem à área geográfica e de competência do Conselho Regional de Lisboa da Ordem dos Advogados

Municípios de Alcochete, Alenquer, Almada, Amadora, Arruda dos Vinhos, Barreiro, Benavente, Bombarral, Cadaval, Caldas da Rainha, Cascais, Lisboa, Loures, Lourinhã, Mafra, Moita, Montijo, Odivelas, Oeiras, Peniche, Rio Maior, Sintra, Seixal, Sesimbra, Sobral de Monte Agraço, Torres Vedras e Vila Franca de Xira.

Municípios que pertencem à área geográfica e de competência do Conselho Regional do Porto da Ordem dos Advogados

Municípios de Alfândega da Fé, Alijó, Amarante, Amares, Arcos de Valdevez, Armamar, Arouca, Baião, Barcelos, Boticas, Braga, Bragança, Cabeceiras de Basto, Caminha, Carrazeda de Ansiães, Castelo de Paiva, Castro Daire, Celorico de Basto, Chaves, Cinfães, Espinho, Esposende, Estarreja, Fafe, Felgueiras, Freixo de Espada à Cinta, Gondomar, Guimarães, Lamego, Lousada, Macedo de Cavaleiros, Maia, Marco de Canaveses, Matosinhos, Melgaço, Mesão Frio, Miranda do Douro, Mirandela, Mogadouro, Moimenta da Beira, Monção, Mondim de Basto, Montalegre, Murça, Murtosa, Oliveira de Azeméis, Ovar, Paços de Ferreira, Paredes de Coura, Paredes, Penafiel, Penedono, Peso da Régua, Ponte da Barca, Ponte de Lima, Porto, Póvoa de Lanhoso, Póvoa de Varzim, Resende, Ribeira de Pena, Sabrosa, Santa Maria da Feira, Santa Marta de Penaguião, Santo Tirso, São João da Madeira, São João da Pesqueira, Sernancelhe, Tabuaço, Tarouca, Terras de Bouro, Torre de Moncorvo, Trofa, Vale de Cambra, Valença, Valongo, Valpaços, Viana do Castelo, Vieira do Minho, Vila do Conde, Vila Flor, Vila Nova de Cerveira, Vila Nova de Famalicão, Vila Nova de Gaia, Vila Pouca de Aguiar, Vila Real, Vila Verde, Vimioso, Vinhais e Vizela.

Municípios que pertencem à área geográfica e de competência do Conselho Regional de Faro da Ordem dos Advogados

Municípios de Albufeira, Alcoutim, Aljezur, Castro Marim, Faro, Lagoa, Lagos, Loulé, Monchique, Olhão, Portimão, São Brás de Alportel, Silves, Tavira, Vila do Bispo e Vila Real de Santo António.

Municípios que pertencem à área geográfica e de competência do Conselho Regional de Évora da Ordem dos Advogados

Municípios de Abrantes, Alandroal, Alcácer do Sal, Aljustrel, Almeirim, Almodôvar, Alpiarça, Alter do Chão, Alvito, Arraiolos, Arronches, Avis, Azambuja, Barrancos, Beja,

Borba, Campo Maior, Cartaxo, Castelo de Vide, Castro Verde, Chamusca, Constância, Coruche, Crato, Cuba, Elvas, Entroncamento, Estremoz, Évora, Ferreira do Alentejo, Fronteira, Gavião, Golegã, Grândola, Mação, Marvão, Mértola, Monforte, Montemor-o-Novo, Mora, Moura, Mourão, Nisa, Odemira, Ourique, Palmela, Ponte de Sôr, Portalegre, Portel, Redondo, Reguengos de Monsaraz, Salvaterra de Magos, Santarém, Santiago do Cacém, Sardoal, Serpa, Setúbal, Sines, Sousel, Vendas Novas, Viana do Alentejo, Vidigueira, Vila Nova da Barquinha e Vila Viçosa.

Municípios que pertencem à área geográfica e de competência do Conselho Regional de Coimbra da Ordem dos Advogados

Municípios de Águeda, Aguiar da Beira, Albergaria-a-Velha, Alcanena, Alcobaça, Almeida, Alvaiázere, Anadia, Ansião, Arganil, Aveiro, Batalha, Belmonte, Cantanhede, Carregal do Sal, Castanheira de Pera, Castelo Branco, Celorico da Beira, Coimbra, Condeixa-a-Nova, Covilhã, Ferreira do Zêzere, Figueira da Foz, Figueira de Castelo Rodrigo, Figueiró dos Vinhos, Fornos de Algodres, Fundão, Góis, Gouveia, Guarda, Idanha-a-Nova, Ílhavo, Leiria, Lousã, Mangualde, Manteigas, Marinha Grande, Mealhada, Meda, Mira, Miranda do Corvo, Montemor-o-Velho, Mortágua, Nazaré, Nelas, Óbidos, Oleiros, Oliveira de Frades, Oliveira do Bairro, Oliveira do Hospital, Ourém, Pampilhosa da Serra, Penacova, Penalva do Castelo, Penamacor, Penedono, Penela, Pedrógão Grande, Pinhel, Pombal, Porto de Mós, Proença-a-Nova, Sabugal, Santa Comba Dão, São Pedro do Sul, Sátão, Seia, Sertã, Sever do Vouga, Soure, Tábua, Tomar, Tondela, Torres Novas, Trancoso, Vagos, Vila de Rei, Vila Nova de Foz Côa, Vila Nova de Paiva, Vila Nova de Poiares, Vila Velha de Rodão, Viseu e Vouzela.

Municípios que pertencem à área geográfica e de competência do Conselho Regional da Madeira da Ordem dos Advogados

Municípios de Calheta (Madeira), Câmara de Lobos, Funchal, Machico, Ponta do Sol, Porto Moniz, Porto Santo, Ribeira Brava, Santa Cruz, Santana e São Vicente.

Municípios que pertencem à área geográfica e de competência do Conselho Regional dos Açores da Ordem dos Advogados

Municípios de Angra do Heroísmo, Calheta (S. Jorge), Corvo, Horta, Lagoa, Lages das Flores, Lages do Pico, Madalena, Nordeste, Ponta Delgada, Povoação, Praia da Vitória, Ribeira Grande, Santa Cruz da Graciosa, Santa Cruz das Flores, São Roque do Pico, Velas, Vila do Porto e Vila Franca do Campo.

3.
Legislação Complementar

3.1
Lei n.º 49/2004, de 24 de Agosto

Define o sentido e o alcance dos actos próprios dos advogados e dos solicitadores e tipifica o crime de procuradoria ilícita

NOTA PREAMBULAR

1. Com aprovação da Lei 49/2004 de 24 de Agosto foi dado um assinalável passo no domínio do combate à procuradoria ilícita. O diploma visa essencialmente:

a) Definir em concreto os actos de procuradoria ilícita;

b) Criar um novo tipo de crime específico para quem os pratique sem a necessária habilitação – crime de procuradoria ilícita;

c) Atribuir à Ordem dos Advogados e à Câmara dos Solicitadores (presentemente Ordem dos Solicitadores e Agentes de Execução) a legitimidade para se constituírem assistentes nos processos crime contra os agentes infractores;

d) Estabelecer um regime contra-ordenacional para sancionar a actuação de promoção, divulgação e publicidade dos actos de procuradoria ilícita, quando da responsabilidade de pessoas não autorizadas à sua prática;

e) Reforçar a responsabilidade civil pelos danos decorrentes da lesão de interesses públicos inerentes ao regime de proibição da procuradoria ilícita pela instituição do princípio da presunção de culpa, e definir a Ordem dos Advogados e a Câmara dos Solicitadores como entidades com legitimidade para a propositura das respectivas acções judiciais.

Todavia, ao fim 16 anos de vigência, a Lei n.º 49/2004 carece de urgente reformulação, quer no sentido de uma maior precisão na definição dos actos próprios dos advogados e dos solicitadores, quer no desenvolvimento e aperfeiçoamento dos meios de combate à procuradoria ilícita, que se mantém pujante e a minar o interesse público subjacente ao exercício destas profissões. Assim sendo, este tema foi central no âmbito da organização do VIII Congresso dos Advogados Portugueses, realizado em Viseu, em Junho de 2018, tendo aí sido aprovadas relevantes conclusões, cuja leitura se aconselha para uma melhor apreciação da complexidade e relevância desta área de imperiosa intervenção da Ordem dos Advogados na promoção de soluções de maior eficácia.

De realçar que, em Outubro de 2017, o Conselho Geral deliberou pela aprovação do Regulamento da Comissão Nacional de Defesa dos Actos Próprios dos Advogados e Solicitadores, (Regulamento n.º 00/2017), comissão essa constituída por um presidente e dois vogais designados pelo Conselho Geral, sete vogais designados por cada um dos Comselhos Regionais da Ordem dos Advogados e um represetante da Ordem dos Solicitadores e Agentes de Execução, tendo por função essencial concentrar e agilizar de forma mais eficiente o combate à procuradoria ilícita.

TEXTO DA LEI

Artigo 1.º - Actos próprios dos advogados e dos solicitadores

1 - Apenas os licenciados em Direito com inscrição em vigor na Ordem dos Advogados e os solicitadores inscritos na Câmara dos Solicitadores podem praticar os actos próprios dos advogados e dos solicitadores.

2 - Podem ainda exercer consulta jurídica juristas de reconhecido mérito e os mestres e doutores em Direito cujo grau seja reconhecido em Portugal, inscritos para o efeito na Ordem dos Advogados nos termos de um processo especial a definir no Estatuto da Ordem dos Advogados.

3 - Exceptua-se do disposto no n.º 1 a elaboração de pareceres escritos por docentes das faculdades de Direito.

4 - No âmbito da competência que resulta do artigo 173.º-C do Estatuto da Ordem dos Advogados e do artigo 77.º do Estatuto da Câmara dos Solicitadores, podem ser praticados actos próprios dos advogados e dos solicitadores por quem não seja licenciado em Direito.

5 - Sem prejuízo do disposto nas leis de processo, são actos próprios dos advogados e dos solicitadores:

a) O exercício do mandato forense;

b) A consulta jurídica.

6 - São ainda actos próprios dos advogados e dos solicitadores os seguintes:

a) A elaboração de contratos e a prática dos actos preparatórios tendentes à constituição, alteração ou extinção de negócios jurídicos, designadamente os praticados junto de conservatórias e cartórios notariais;

b) A negociação tendente à cobrança de créditos;

c) O exercício do mandato no âmbito de reclamação ou impugnação de actos administrativos ou tributários.

7 – Consideram-se actos próprios dos advogados e dos solicitadores os actos que, nos termos dos números anteriores, forem exercidos no interesse de terceiros e no âmbito de actividade profissional, sem prejuízo das competências próprias atribuídas às demais profissões ou actividades cujo acesso ou exercício é regulado por lei.

8 – Para os efeitos do disposto no número anterior, não se consideram praticados no interesse de terceiros os actos praticados pelos representantes legais, empregados, funcionários ou agentes de pessoas singulares ou colectivas, públicas ou privadas, nessa qualidade, salvo se, no caso da cobrança de dívidas, esta constituir o objecto ou actividade principal destas pessoas.

9 – São também actos próprios dos advogados todos aqueles que resultem do exercício do direito dos cidadãos a fazer-se acompanhar por advogado perante qualquer autoridade.

10 – Nos casos em que o processo penal determinar que o arguido seja assistido por defensor, esta função é obrigatoriamente exercida por advogado, nos termos da lei.

11 – O exercício do mandato forense e da consulta jurídica pelos solicitadores está sujeito aos limites do seu estatuto e da legislação processual.

NOTAS:

1. Sobre os temas dos actos próprios da profissão e da procuradoria ilícita, cfr. com os artigos 66.º a 70.º deste E.O.A. e as suas respectivas anotações e comentários.

2. Estando em causa um diploma legal que não prima pela clareza e porque regula um conjunto de actos que, pela sua complexidade, oferecem algumas dificuldades conceptuais, afigura-se-nos de grande utilidade, designadamente para o estudo desta temática, definir sinteticamente a questão da legitimidade para a prática dos actos próprios dos advogados, seguindo para o efeito, como base, um esclarecedor artigo de autoria do Colega Dr. Almeida Correia, publicado no Boletim n.º 42 da Ordem dos Advogados; assim:

2.1. O primeiro princípio geral a reter é o de que a Lei, como já sucedia anteriormente, pretende evitar que os actos próprios da profissão venham a ser praticados por quem não seja advogado ou advogado estagiário ou, independentemente desta qualificação, através de uma qualquer estrutura organizativa de cariz profissional que não seja composta exclusivamente por advogados, advogados estagiários ou sociedade de advogados.

No desenvolvimento deste princípio, resulta o seguinte:

a) De acordo com o artigo 1.º n.º 1 da Lei 49/04, só os licenciados em Direito, com inscrição em vigor na Ordem dos Advogados, podem praticar os actos próprios de advocacia, o que se reitera nos artigos 61.º e 65.º do EOA (hoje 66.º a 70.º)

b) Estão sujeitos à inscrição obrigatória na Ordem dos Advogados os advogados-estagiários e os advogados – cfr. artigos 179.º a 183.º, 189.º e 192.º a 195.º todos do EOA (presentemente 186.º a 189.º, 194.º, 199.º a 202.º)

c) Estão assim excluídos de tal prática os meros licenciados em direito e os advogados e advogados estagiários com a sua inscrição suspensa.

d) Mas, apesar da qualificação como advogado ou advogado estagiário e de se encontrar a inscrição em vigor, apenas podem os actos próprios ser prestados a terceiros em prática isolada ou em integração em escritório ou gabinete compostos exclusivamente por advogados, advogados e solicitadores e sociedades de advogados. Vide artigos 1.º n.º 1 e 6.º n.º 1 da Lei 49/04 e anotação 4. ao artigo 210.º do EOA.

e) Consequentemente, não podem tais actos ser validamente praticados mesmo por advogados e advogados estagiários quando estejam integrados em escritório ou gabinete, qualquer que seja o seu objecto ou forma jurídica, constituídos por ou com outras pessoas, que não sejam advogados, advogados estagiários ou solicitadores.

f) E também não podem os advogados e advogados estagiários, mesmo quando associados apenas entre si, praticar actos próprios de advocacia a terceiros, quando o objecto da actividade do escritório ou gabinete, constituído sob qualquer forma jurídica, não for exclusivamente a prática de tais actos. – Vide artigos 66.º n.º 1 e 6.º n.º 1 da Lei 49/04.

g) Assim, é sempre proibido o funcionamento de escritório ou gabinete, constituído por qualquer forma jurídica, que preste a terceiros serviços que compreendam, ainda que isolada ou marginalmente, a prestação de actos próprios dos advogados. Cfr. art. 6.º n.º 1 da Lei 49/2004.

h) Deve, porém, ter-se em conta que são excluídos do conceito de prática de actos no interesse de terceiros, os que forem praticados pelos representantes legais, empregados, funcionários ou agentes de pessoas colectiva ou singulares, públicas ou privadas, nessa qualidade, salvo os casos de cobrança de dívidas, se este for o objecto ou a actividade principal dessas pessoas. Vide art. 8.º n.º 1 da Lei 48/2004.

2.2. A Lei prevê, contudo, a existência das seguintes excepções ao princípio geral enunciado em 2.1.:

a) Quanto à consulta jurídica, permite-se que a mesma venha a ser prestada por juristas de reconhecido mérito, mestres e doutores em direito, desde que inscritos na Ordem dos Advogados ao abrigo do artigo 200.º do EOA e respectivo Regulamento n.º 111/2006 de 23/06/06.

b) Pode ainda a consulta jurídica ser prestada através de pareceres escritos por autoria de docentes das faculdades de direito. Cfr. art. 1.º n.º 3 da Lei 49/2004.

c) A consulta jurídica pode ainda ser prestada através dos Gabinetes de Consulta Jurídica Gratuita, organizados pela Ordem dos Advogados. Vide art. 6.º n.º 1 da Lei 49/2004 e 15.º da Lei 34/2004 de 29 de Julho.

d) Podem também os actos próprios de advocacia ser praticados em território português por advogados estrangeiros, sociedades de advogados estrangeiras e organizações associativas equiparadas constituídas noutro Estado membro da UE nos termos previstos nos artigos 201.º e 203.º a 212.º do E.O.A..

e) Por legislação especial, foram atribuídas competências para a prática de alguns actos próprios de advocacia aos Centros de Formalidades de Empresas, aos consultores do Centro Jurídico da Presidência do Conselho de Ministros, quando demandados os membros do governo, aos serviços jurídicos dos ministérios, quando demandados os directores-gerais, secretários-gerais, inspectores-gerais e equiparados e encarregados de missão, aos licenciados em direito com funções de apoio jurídico, nos processos que tenham por objecto relações contratuais e de responsabilidade, da competência dos tribunais administrativos, designados para o efeito por pessoas colectivas de direito público ou pelos ministérios, e à Fazenda Nacional, através dos seus representantes nos Tribunais Administrativos e Fiscais – ver "Direito Profissional do Advogado", de Orlando Guedes da Costa, 6.ª edição, págs. 89 a 95.

f) Permite-se por sua vez aos sindicatos e associações patronais a prática de actos próprios dos advogados, desde que o sejam para a defesa exclusiva dos interesses comuns em causa e que estes sejam individualmente exercidos por advogado, advogado estagiário ou solicitador. Cfr. art. 6.º n.º 3 desta Lei 49/2004.

g) As associações representativas dos senhorios, dos arrendatários e dos comerciantes, desde que possuam personalidade jurídica e não possuam fins lucrativos, podem assegurar a defesa judicial exclusiva dos seus membros em questões relativas ao arrendamento, e desde que tenham, pelo menos, 300, 500 ou 1000 associados, conforme sejam de âmbito local, regional ou nacional, respectivamente, mas desde que tais actos sejam exercidos individualmente por advogados e advogados Estagiários – Vide artigo 13.º da Lei 6/2006 de 27 de Fevereiro (nova lei do arrendamento urbano).

h) Prevê-se ainda a possibilidade de prática de actos próprios de Advogados por entidades sem fins lucrativos, que requeiram o estatuto de utilidade pública e, simultaneamente, o pedido de autorização para tal prática, sendo esta para a defesa exclusiva dos interesses comuns em causa e que sejam exercidos individualmente por advogado e advogado estagiário, devendo a autoridade competente para o reconhecimento do estatuto de utilidade pública ouvir previamente a Ordem dos Advogados. Cfr. art. 6.º n.ºs 4 e 5 desta Lei 49/2004.

i) Finalmente, de acordo com o artigo 1.º n.º 7, desta Lei 49/2004, permite-se a prática de actos próprios de advogados, no interesse de terceiros e de âmbito de actividade profissional, por parte de profissões e actividades, cujo acesso ou exercício é regulado por lei e sempre no âmbito das competências que aí lhes são reconhecidas.

3. Com base numa proposta da C.N.C.P.I. – Comissão Nacional Contra a Procuradoria Ilícita, o Conselho Geral, através de Deliberação de 10/12/2009, recomendou aos

Conselhos Distritais (Regionais) a adopção das seguintes medidas e procedimentos contra o exercício ilegal da advocacia no âmbito da prestação de serviços de gestão de cobranças e recuperação de créditos pelas "empresas de cobranças":

a) Acções de declaração de nulidade, junto do Ministério Público, do objecto social (pactos sociais) das sociedades que prevejam a negociação de dívidas;

b) Participação aos Conselhos de Deontologia dos colegas que colaborem, de alguma forma, com empresas de cobrança que procedam à negociação de dívidas;

c) Participação criminal por procuradoria ilícita das empresas que se dediquem à cobrança com negociação de dívidas, ainda que com base em prévio contrato de cessão de créditos.

d) Participação ao Banco de Portugal das empresas que se apresentem a adquirir créditos, por não se tratarem de sociedades sujeitas a legislação financeira específica.

e) E, quanto às empresas ou pessoas individuais que divulguem, promovam ou publicitem actos próprios dos advogados quando não autorizadas a praticá-los, deverão ser apresentadas participações à DGC – Direcção Geral do Consumidor.

4. Ver o Regulamento da Comissão de Defesa dos Actos Próprios dos Advogados e Solicitadores – Regulamento n.º 1099/2020, in DR n.º 246/2020, séie II, de 21/12/2020.

5. Pelo artigo 10.º n.º 2 *b)* do Estatuto da Ordem dos Contabilistas Certificados, aprovado pelo Decreto-Lei n.º 452/99, de 5 de Novembro, passou a ser da competência dos seus inscritos *"intervir, em representação dos sujeitos passivos por cujas contabilidades sejam responsáveis, na fase graciosa do procedimento tributário e no processo tributário, até ao limite a partir do qual, nos termos legais, é obrigatória a constituição de advogado, no âmbito de questões relacionadas com as suas competências específicas"*, o que, a nosso ver, constitui uma violação do princípio da exclusividade garantida aos advogados, advogados estagiários e soilicitadores pelo artigo 1.º alínea *c)* desta Lei 49/2004 de 24 de Agosto e do artigo 67.º n.º 1 alínea *c)* do E.O.A.

6. Em conformidade com o Parecer do CG n.º 26/PP/2012-G, de 23 de Novembro, o n.º 10 do artigo 1.º da Lei n.º 49/2004, de 24 de Agosto, pressupõe que, em sede civil, nunca um advogado tem, em acção própria, de constituir advogados ou de lhes ser nomeado advogado e, em sede penal, só será obrigatória a constituição de advogado ou a nomeação de defensor a arguido-advogado, relativamente às diligências referidas nas alíneas *a)* a *g)* do n.º 1 do artigo 64.º do C.P.P. e, fora destes casos, apenas quando circunstâncias concretas revelarem a "necessidade ou a conveniência" dessa assistência. Já em sede contra-ordenacional, a constituição ou a nomeação de advogado a arguido/advogado só é obrigatória em caso de recurso, cf. alínea *d)* do n.º 1 do artigo 64.º do C.P.P. e n.º 4 do artigo 74.º do Regime Geral do Ilícito de Mera Ordenação Social.

7. A prática por advogado de actos notariais relativamente aos quais sejam partes ou beneficiários, directos ou indirectos, quer o próprio advogado quer o seu cônjuge ou qualquer parente ou afim na linha recta ou em 2.º grau da linha colateral, não é compa-

tível com as garantias mínimas de rigor e isenção que devem presidir aos actos notariais, para além de violar o n.º 1 do artigo 5.º do Código do Notariado, ex vi artigo 38.º n.º 1 do Decreto-Lei 76/2006, de 29 de Março. Ver o Parecer do Conselho Geral da OA, aprovado ao abrigo das alíeneas *d)* e *e)* do artigo 54.º n.º 1 do EOA.

8. *"I – Nos termos da alínea a) do n.º 1 do artigo 189.º do EOA, o advogado estagiário, uma vez obtida a cédula profissional, pode autonomamente, sempre sob a orientação do patrono, praticar os actos profissionais da competência dos solicitadores;*

II – Deste modo, nos termos do n.º 1 do artigo 38.º do DL n.º 76-A/2006, de 29 de Março, o advogado estagiário, tal como o solicitador, pode fazer reconhecimentos simples e com menções especiais, presenciais por semelhança, autenticar documentos particulares, certificar, ou fazer a certificar, traduções de documentos, nos termos previsto na lei notarial;

III – A orientação do patrono, relativa ao Advogado Estagiário, e prevista no corpo do n.º 1 do citado artigo 189.º do EOA, não tem de ser demonstrada, nem física, nem por via de qualquer assinatura ou certificados daquele, nomeadamente na prática, pelo advogado estagiário, dos actos previstos no n.º 1 do citado 38.º do DL n.º 76-A/2006, de 29 de Março;

IV – Falece, pois, fundamento legal ao Acórdão da Relação de Coimbra, de 27 de Maio de 20114 (proc. N.º 117/14.4TJCBR.C1-JTRC), que o Advogado Estagiário não tem competência para a prática dos aludidos actos previstos no n.º 1 do artigo 38.º do DL n.º 76-A/2006, de 29 de Março e, consequentemente, à circular da Ordem dos Notários que passou a aplicar tal "jurisprudência" – Parecer do Conselho Geral n.º 27/PP/2014-G, de 7 de Abril de 2015 e n.º 30/PP/2014-G de 7 de Abril de 2015:

9. *"1 – Os Advogados têm competência tal como os Notários para o Reconhecimento de todo o tipo de assinaturas, nas quais se inclui as assinaturas a Rogo.*

2 – Os Advogados tal como os Notários, podem celebrar procurações, em que o mandante não possa, ou não saiba assinar.

3 – A verificação da identidade dos outorgantes pode ser feita por conhecimento pessoal do Advogado, e não apenas por conhecimento pessoal do Notário" – Parecer do Conselho Geral n.º 6/PP/2018, sendo relatora a Dra. Regina Franco de Sousa.

10. O Conselho Geral da Ordem dos Advogados criou a Comissão Nacional de Defesa dos Actos Próprios dos Advogados e Solicitadores, que se rege presentemente pelo Regulamento n.º 1099/2020, publicado no DR. n.º 246/20202, Série II de 2020/12/21, tendo por função essencial concentrar e agilizar de forma mais eficiente o combate à procuradoria ilícita.

11. No âmbito da sua actividade profissional os advogados podem exercer advocacia em causa própria; a única excepção a esta regra é em sede penal, quando o advogado seja arguido ou quando, sendo ofendido, pretenda constituir-se assistente como decorre da lei processual penal – artigos 64.º, n.º 1 do art.º 70.º, 141.º, 360.º, 371.º, 385.º, 389.º, 391.º – E, 396.º, 421.º e 422.º – Parecer do Conselho Geral n.º 17/PP/2021-G, de 17/09/2021.

Artigo 2.º – Mandato forense

Considera-se mandato forense o mandato judicial conferido para ser exercido em qualquer tribunal, incluindo os tribunais ou comissões arbitrais e os julgados de paz.

NOTAS:

1. A definição do mandato forense foi sujeita, posteriormente, a um claro alargamento no artigo 67.º do E.O.A.. Sobre esta temática ver as anotações a esse artigo do E.O.A.

Artigo 3.º – Consulta jurídica

Considera-se consulta jurídica a actividade de aconselhamento jurídico que consiste na interpretação e aplicação de normas jurídicas mediante solicitação de terceiro.

NOTAS:

1. Vide artigos 68.º e 200.º do EOA e respectivas anotações.

Artigo 4.º – Liberdade de exercício

Os advogados, advogados estagiários e solicitadores com inscrição em vigor não podem ser impedidos, por qualquer autoridade pública ou privada, de praticar actos próprios dos advogados e dos solicitadores.

NOTAS:

1. Esta norma foi transposta, com ligeira adaptação, para o artigo 69.º do E.O.A., acolhendo para os actos próprios de advocacia o mesmo princípio geral consignado no n.º 3 do seu artigo 66.º.

2. Como decorre do n.º 4 do artigo 6.º desta Lei 49/2004, só pode ser autorizada a prática de actos próprios de advogado por associação de utilidade pública se esse acto se compreender no âmbito da defesa exclusiva dos interesses comuns em causa, ou seja, dos interesses comuns dos associados corporizados no objecto da associação, assim não sendo lícita a consulta jurídica genérica e universal por violar a competência exclusiva de advogados, advogados estagiários e solicitadores – Ver parecer do CG de 7 de Junho de 2018, in Portal da OA.

Artigo 5.º – Título profissional de advogado e solicitador

1 – O título profissional de advogado está exclusivamente reservado aos licenciados em Direito com inscrição em vigor na Ordem dos Advogados, bem como

a quem, nos termos do respectivo estatuto, reúne as condições necessárias para o adquirir.

2 – O título profissional de solicitador está exclusivamente reservado a quem, nos termos do respectivo estatuto, reúne as condições necessárias para o adquirir.

3 – Os advogados e solicitadores honorários podem usar a denominação de advogado ou de solicitador, desde que seguidamente a esta façam indicação daquela qualidade.

NOTAS:

1. Este artigo 5.º, com as necessárias adaptações, foi transposto para o artigo 70.º do E.O.A.

Artigo 6.º – Escritório de procuradoria ou de consulta jurídica

1 – Com excepção dos escritórios ou gabinetes compostos exclusivamente por advogados, por solicitadores ou por advogados e solicitadores, as sociedades de advogados, as sociedades de solicitadores e os gabinetes de consulta jurídica organizados pela Ordem dos Advogados e pela Câmara dos Solicitadores, é proibido o funcionamento de escritório ou gabinete, constituído sob qualquer forma jurídica, que preste a terceiros serviços que compreendam, ainda que isolada ou marginalmente, a prática de actos próprios dos advogados e dos solicitadores.

2 – A violação da proibição estabelecida no número anterior confere à Ordem dos Advogados ou à Câmara dos Solicitadores o direito de requererem junto das autoridades judiciais competentes o encerramento do escritório ou gabinete.

3 – Não são abrangidos pelo disposto nos números anteriores os sindicatos e as associações patronais, desde que os actos praticados o sejam para defesa exclusiva dos interesses comuns em causa e que estes sejam individualmente exercidos por advogado, advogado estagiário ou solicitador.

4 – Não são igualmente abrangidas pelo disposto nos números anteriores as entidades sem fins lucrativos que requeiram o estatuto de utilidade pública, desde que, nomeadamente:

a) No pedido de atribuição se submeta a autorização específica a prática de actos próprios dos advogados ou solicitadores;

b) Os actos praticados o sejam para defesa exclusiva dos interesses comuns em causa;

c) Estes sejam individualmente exercidos por advogado, advogado estagiário ou solicitador.

5 – A concessão da autorização específica referida no número anterior é precedida de consulta à Ordem dos Advogados e à Câmara dos Solicitadores.

NOTAS:

1. Para a melhor interpretação deste preceito, veja-se a anotação 2. ao artigo 1.º desta Lei.

2. Corresponde este artigo 6.º ao primitivo artigo 56.º do D. Lei 84/84 de 16 de Março, mantendo-se agora a regra da proibição de actos próprios de advocacia por gabinetes ou escritórios que não sejam exclusivamente compostos por advogados ou por advogados e solicitadores, embora estes como colaboradores, regra esta que está, entre outras, na base da ilicitude da constituição e funcionamento, em Portugal, das sociedades multidisciplinares. Vide artigo 213.º n.ºs 1, 5 e 7 deste E.O.A. e respectivas anotações e ainda anotações ao artigo 210.º.

3. Pelo artigo 27.º da Lei n.º 2/2013 de 10 de Janeiro, que veio estabelecer o regime jurídico de criação, organização e funcionamento das associações públicas profissionais, foi confirmada a possibilidade de constituição de sociedades profissionais que tenham por objecto principal o exercício de profissões organizadas numa única associação pública profissional, em conjunto ou em separado com o exercício de outras profissões ou actividades, desde que seja observado o regime de incompatibilidades e impedimentos aplicável, admitindo o n.º 4 do mesmo normativo que podem ser estabelecidas restrições a esta possibilidade por via dos estatutos das associações públicas, mas apenas com fundamento no exercício de poderes de autoridade pública que a profissão comporte ou por razões imperiosas de interesse público ligadas à missão de interesse público que na sua globalidade a profissão prossiga, como é o cado da advocacia.

4. Sobre esta problemática das associações públicas multiprofissionais e da sua inadmissibilidade no seio da advocacia, é de realçar o estudo do Sr. Dr. Orlando Guedes da Costa, publicado no Suplemento n.º 19 de Outubro de 2013, editado pelo jornal "Público", onde o autor defende e demonstra que a *"eventual consagração por lei de sociedades multiprofissionais, liberais ou não, e sociedades de profissionais e não profissionais, civis ou comercias, é contrária à conceção do advogado como participante na administração da Justiça – artigos 12.º e 15.º (a fortiori) da Lei n.º 62/2013, de 26 de Agosto – Lei da Organização dos Sistema Judiciário – e ao disposto nos artigos 62.º n.º2, 76.º, 77.º, 78.º, 85.º n.º 2 h), 94.º e 102.º do Estatuto da Ordem dos Advogados e aos artigos 27.º n.º 1, parte final, 27.º n.º 4 e 29.º da Lei n.º 2/2013 de 10 de Janeiro – Lei das Associações Públicas Profissionais".*

5. Pelo Acórdão do Supremo Tribunal Administrativo n.º 1/2018, in DR n.º 17/2018, Série I de 2018-01-24, foi uniformizada jurisprudência no sentido de que as acções instauradas ao abrigo do n.º 2 do artigo 6.º da Lei 49/2004, relativas à fiscalização de procuradoria ilícita, são da competência dos tribunais administrativos.

6. A "coabitação" porta com porta, de escritório de exercício da advocacia e escritório de gestão e administração de condomínios e património é suscetível de fazer perigar o respeito pelos deveres deontológicos para com os clientes e a comunidade, diminuindo a segurança do sigilo e diminuindo o respeito pelos valores densificados no artigo 88.º,

1 e 2 e 89.º a 91.º do EOA – Vide Parecer do Conselho Geral de Janeiro de 2020 – Proc. n.º 18/PP/2017-G, in Portal da OA.

7. Na mesma linha da anotação anterior, o "exercício da advocacia e o exercício de uma sociedade de contabilidade enquanto tal, podem ter o mesmo domicilio profissional desde que exerçam as suas funções em salas distintas e nenhum dos serviços seja comum, devendo essas salas ser absolutamente autónomas no sentido de garantirem o respeito integral dos referidos deveres dos advogados com especial enfoque na preservação do segredo profissional e a não permissão da angariação ilícita de clientela" – Parecer do Conselho Geral n.º 9/PP/21, de 23 de julho de 2021.

8. Não cabe dentro da mediação imobiliária a celebração de contratos promessa de compra e venda ou de contratos de arrendamento, mesmo que tal passe apenas pelo preenchimento dos espaços em branco de contratos já minutados e adquiridos como contratos tipo, tendo a empresa de mediação a obrigação de informar os interessados de que as questões relacionadas com tais contratos não podem ser por si resolvidas e que devem para esse fim consultar ou constituir advogado – Vide Parecer do Conselho Superior da OA de 21 de maio de 2021, publicado na Revista da Ordem dos Advogados de Julho/Dezembro, Ano 81, págs. 857 a 865.

Artigo 7.º – Crime de procuradoria ilícita

1 – Quem em violação do disposto no artigo 1.º:

a) Praticar actos próprios dos advogados e dos solicitadores;

b) Auxiliar ou colaborar na prática de actos próprios dos advogados e dos solicitadores; é punido com pena de prisão até 1 ano ou com pena de multa até 120 dias.

2 – O procedimento criminal depende de queixa.

3 – Além do lesado, são titulares do direito de queixa a Ordem dos Advogados e a Câmara dos Solicitadores.

4 – A Ordem dos Advogados e a Câmara dos Solicitadores têm legitimidade para se constituírem assistentes no procedimento criminal.

NOTAS:

1. A Lei 49/2004 tipificou um novo crime, semipúblico, que passa a servir de moldura penal para a prática, colaboração ou auxílio de actos próprios de advogado e solicitadores, assim se operando uma significativa modificação no domínio da incriminação destes actos que, até à sua entrada em vigor, ocorria exclusivamente pelo crime de usurpação de funções, previsto no artigo 358.º do Código Penal. De notar que o crime de usurpação de funções se afigura mais exigente nos seus elementos constitutivos do que o posteriormente criado crime de procuradoria ilícita, pelo que a solução encontrada permite uma maior eficácia na perseguição criminal dos agentes de procuradoria ilícita.

2. Além do lesado, é reconhecida nos n.ºs 3 e 4 a legitimidade da Ordem dos Advogados para o exercício do direito de queixa e para se constituir como assistente, esclarecendo-se dúvidas em relação ao quadro normativo anterior.

Artigo 8.º – Contra-ordenações

1 – Constitui contra-ordenação a promoção, divulgação ou publicidade de actos próprios dos advogados ou dos solicitadores, quando efetuada por pessoas, singulares ou colectivas, não autorizadas a praticar os mesmos.

2 – As entidades referidas no número anterior incorrem numa coima de €500 a €2500, no caso das pessoas singulares, e numa coima de €1250 a €5000, no caso das pessoas colectivas, ainda que irregularmente constituídas.

3 – As entidades reincidentes incorrem numa coima de €5000 a €12500, no caso das pessoas singulares, e numa coima de €10000 a €25000, no caso das pessoas colectivas, devendo para o efeito o Instituto do Consumidor elaborar um cadastro do qual constem todas as entidades que tiverem sido alvo de condenação.

4 – Os representantes legais das pessoas colectivas, ou os sócios das sociedades irregularmente constituídas, respondem solidariamente pelo pagamento das coimas e custas referidas nos números anteriores.

NOTAS:

1. A introdução deste modelo contra-ordenacional na tutela do Instituto do Consumidor, mas sob promoção da Ordem dos Advogados, é absolutamente inovador, podendo constituir, pelas suas consequências patrimoniais, um eficaz mecanismo no combate à procuradoria ilícita.

Artigo 9.º – Processamento e aplicação das coimas

O processamento das contra-ordenações e a aplicação das coimas referidas no artigo anterior compete ao Instituto do Consumidor, mediante denúncia fundamentada do Conselho Distrital da Ordem dos Advogados ou do Conselho Regional da Câmara dos Solicitadores territorialmente competentes.

Artigo 10.º – Produto das coimas

O produto das coimas é distribuído da seguinte forma:

a) 40% para o Instituto do Consumidor;

b) 60% para o Estado.

NOTAS:

1. É de aplaudir a solução encontrada para o destino das coimas, apesar do manifesto interesse directo que a Ordem dos Advogados possui na boa aplicação do sistema. Fica assim eliminada qualquer eventual suspeição de que a actuação da Ordem dos Advogados possa visar a satisfação de interesses privados de natureza económica ou corporativa.

Artigo 11.º – Responsabilidade civil

1 – Os actos praticados em violação do disposto no artigo 1.º presumem-se culposos, para efeitos de responsabilidade civil.

2 – A Ordem dos Advogados e a Câmara dos Solicitadores têm legitimidade para intentar acções de responsabilidade civil, tendo em vista o ressarcimento de danos decorrentes da lesão dos interesses públicos que lhes cumpre, nos termos dos respectivos estatutos, assegurar e defender.

3 – As indemnizações previstas no número anterior revertem para um fundo destinado à promoção de acções de informação e implementação de mecanismos de prevenção e combate à procuradoria ilícita, gerido em termos a regulamentar em diploma próprio.

NOTAS:

1. A introdução da presunção de culpa no domínio da responsabilidade civil é outra das soluções inovadoras da Lei 49/2004 e constitui uma outra arma importante no combate à procuradoria ilícita, já que um dos mais difíceis obstáculos anteriores nesse combate era, face às regras do ónus da prova, a demonstração pelo lesado da prática dos factos ilícitos e da culpa dos seus autores, auxiliares ou colaboradores.

2. Medida igualmente positiva constitui, nos termos do n.º 2, o reconhecimento do interesse directo da Ordem dos Advogados para lhe permitir, com legitimidade, a propositura das acções de responsabilidade civil contra os agentes de procuradoria ilícita.

Artigo 12.º – Norma revogatória

São revogados:

a) Os artigos 53.º e 56.º do Estatuto da Ordem dos Advogados, aprovado pelo Decreto-Lei n.º 84/84, de 16 de Março, com as alterações introduzidas pela Lei n.º 6/86, de 26 de Março, pelos Decretos-Lei n.ºs 119/86, de 28 de Maio, e 325/88, de 23 de Setembro, e pelas Leis n.ºs 33/94, de 6 de Setembro, 30-E/2000, de 20 de Dezembro, e 80/2001, de 20 de Julho;

b) O artigo 104.º do Estatuto da Câmara dos Solicitadores, aprovado pelo Decreto-Lei n.º 88/2003, de 26 de Abril.

Aprovada em 8 de Julho de 2004.

O Presidente da Assembleia da República, *João Bosco Mota Amaral.*

Promulgada em 6 de Agosto de 2004.

Publique-se.

O Presidente da República, JORGE SAMPAIO.

Referendada em 11 de Agosto de 2004.

O Primeiro-Ministro, *Pedro Miguel de Santana Lopes.*

3.2
Lei n.º 34/2004, de 29 de Julho

ACESSO AO DIREITO E À JUSTIÇA

REPUBLICAÇÃO

(Sem edição do Anexo referente ao cálculo do rendimento para a protecção jurídica)

Com as alterações introduzidas pela Lei n.º 47/2007 de 28/8, Lei n.º 40/2018, de 08/08, Decreto-Lei n.º 120/2018, de 27/12, e Lei n.º 2/2020, de 31/03

Com Jurisprudência do Tribunal Constitucional

CAPÍTULO I - Concepção e objectivos

Artigo 1.º - Finalidades

1 - O sistema de acesso ao direito e aos tribunais destina-se a assegurar que a ninguém seja dificultado ou impedido, em razão da sua condição social ou cultural, ou por insuficiência de meios económicos, o conhecimento, o exercício ou a defesa dos seus direitos.

2 - Para concretizar os objectivos referidos no número anterior, desenvolver-se-ão acções e mecanismos sistematizados de informação jurídica e de protecção jurídica.

Artigo 2.º - Promoção

1 - O acesso ao direito e aos tribunais constitui uma responsabilidade do Estado, a promover, designadamente, através de dispositivos de cooperação com as instituições representativas das profissões forenses.

2 – O acesso ao direito compreende a informação jurídica e a protecção jurídica.

Artigo 3.º – Funcionamento

1 – O sistema de acesso ao direito e aos tribunais funcionará por forma que os serviços prestados aos seus utentes sejam qualificados e eficazes.

2 – O Estado garante uma adequada compensação aos profissionais forenses que participem no sistema de acesso ao direito e aos tribunais.

3 – É vedado aos profissionais forenses que prestem serviços no âmbito do acesso ao direito em qualquer das suas modalidades auferir, com base neles, remuneração diversa da que tiverem direito nos termos da presente lei e da portaria referida no n.º 2 do artigo 45.º.

CAPÍTULO II – Informação jurídica

Artigo 4.º – Dever de informação

1 – Incumbe ao Estado realizar, de modo permanente e planeado, acções tendentes a tornar conhecido o direito e o ordenamento legal, através de publicação e de outras formas de comunicação, com vista a proporcionar um melhor exercício dos direitos e o cumprimento dos deveres legalmente estabelecidos.

2 – A informação jurídica é prestada pelo Ministério da Justiça, em colaboração com todas as entidades interessadas, podendo ser celebrados protocolos para esse efeito.

Artigo 5.º – Serviços de informação jurídica

(Revogado pela Lei n.º 47/2007, de 28 de Agosto)

CAPÍTULO III – Protecção jurídica

SECÇÃO I – Disposições gerais

Artigo 6.º – Âmbito de protecção

1 – A protecção jurídica reveste as modalidades de consulta jurídica e de apoio judiciário.

2 – A protecção jurídica é concedida para questões ou causas judiciais concretas ou susceptíveis de concretização em que o utente tenha um interesse próprio e que versem sobre direitos directamente lesados ou ameaçados de lesão.

3 – Lei própria regulará os sistemas destinados à tutela dos interesses colectivos ou difusos e dos direitos só indirecta ou reflexamente lesados ou ameaçados de lesão.

4 – No caso de litígio transfronteiriço, em que os tribunais competentes pertençam a outro Estado da União Europeia, a protecção jurídica abrange ainda o apoio pré-contencioso e os encargos específicos decorrentes do carácter transfronteiriço do litígio, em termos a definir por lei.

Artigo 7.º – Âmbito pessoal

1 – Têm direito a protecção jurídica, nos termos da presente lei, os cidadãos nacionais e da União Europeia, bem como os estrangeiros e os apátridas com título de residência válido num Estado membro da União Europeia, que demonstrem estar em situação de insuficiência económica.

2 – Aos estrangeiros sem título de residência válido num Estado membro da União Europeia é reconhecido o direito a protecção jurídica, na medida em que ele seja atribuído aos portugueses pelas leis dos respectivos Estados.

3 – As pessoas colectivas com fins lucrativos e os estabelecimentos individuais de responsabilidade limitada não têm direito a protecção jurídica.

4 – As pessoas colectivas sem fins lucrativos têm apenas direito à protecção jurídica na modalidade de apoio judiciário, devendo para tal fazer a prova a que alude o n.º 1.

5 – A protecção jurídica não pode ser concedida às pessoas que alienaram ou oneraram todos ou parte dos seus bens para se colocarem em condições de o obter, nem, tratando-se de apoio judiciário, aos cessionários do direito ou objecto controvertido, quando a cessão tenha sido realizada com o propósito de obter aquele benefício.

Jurisprudência

1. Ac. Tribunal Constitucional n.º 591/2016, de 13/12: Julga inconstitucional a norma do artigo 7.º, n.º 3, Lei n.º 34/2004, de 29 de julho, na redação dada pela Lei n.º 47/2007, de 28 de agosto, na parte em que recusa proteção jurídica a pessoas coletivas com fins lucrativos, sem consideração pela concreta situação económica das mesmas.

2. Ac. TC n.º 242/2018, 7/6: Declara a inconstitucionalidade, com força obrigatória geral, da norma do artigo 7.º, n.º 3, Lei n.º 34/2004, de 29 de julho, na redação dada pela Lei n.º 47/2007, de 28 de agosto, na parte em que recusa proteção jurídica a pessoas

coletivas com fins lucrativos, sem consideração pela concreta situação económica das mesmas, por violação do artigo 20.º, n.º 1, da Constituição da República Portuguesa.

Artigo 8.º – Insuficiência económica

1 – Encontra-se em situação de insuficiência económica aquele que não tem condições objetivas para suportar pontualmente os custos de um processo, nos termos definidos no artigo seguinte.

2 – O disposto no número anterior aplica-se, com as necessárias adaptações, às pessoas colectivas sem fins lucrativos.

3 – *(Revogado pela Lei n.º 47/2007, de 28 de Agosto.)*

4 – *(Revogado pela Lei n.º 47/2007, de 28 de Agosto.)*

5 – *(Revogado pela Lei n.º 47/2007, de 28 de Agosto.)*

Artigo 8.º-A – Apreciação da insuficiência económica

1 – A apreciação da insuficiência económica das pessoas singulares, para os efeitos da presente lei, é efetuada considerando o rendimento médio mensal do agregado familiar do respetivo requerente, com vista à determinação sobre se este:

a) Não tem condições objetivas para suportar qualquer quantia relacionada com os custos de um processo, caso em que beneficia igualmente de atribuição de agente de execução e de consulta jurídica gratuita;

b) Tem condições objetivas para suportar os custos de uma consulta jurídica sujeita ao pagamento prévio de uma taxa, mas não tem condições objetivas para suportar pontualmente os custos de um processo e, por esse motivo, beneficia de apoio judiciário nas modalidades de pagamento faseado e de atribuição de agente de execução;

c) Não se encontra em situação de insuficiência económica.

2 – As condições objetivas, a que se reportam as alíneas *a)* a *c)* do número anterior, são aferidas tendo por referência o indexante dos apoios sociais (IAS), em função de limiares a definir por decreto regulamentar.

3 – O rendimento médio mensal do agregado familiar é apurado nos termos do decreto-lei que estabelece as regras uniformes para a determinação da situação de insuficiência económica a ter em conta no reconhecimento do direito à atribuição e manutenção dos apoios sociais ou subsídios sujeitos a condição de recursos.

4 – O conceito e a composição do agregado familiar do requerente de proteção jurídica são os definidos no decreto-lei referido no número anterior.

5 – O valor da taxa devida pela prestação da consulta jurídica a que se refere a alínea *b)* do n.º 1 é fixado por portaria do membro do Governo responsável pela área da justiça.

6 – Se o valor dos créditos depositados em contas bancárias e o montante de valores mobiliários admitidos à negociação em mercado regulamentado de que o requerente ou qualquer membro do seu agregado familiar sejam titulares forem superiores a 24 vezes o valor do indexante de apoios sociais, considera-se que o requerente de protecção jurídica não se encontra em situação de insuficiência económica, independentemente do valor do rendimento relevante para efeitos de protecção jurídica do agregado familiar.

7 – Excecionalmente e por motivo justificado, bem como em caso de litígio com um ou mais elementos do agregado familiar, a apreciação da situação de insuficiência económica do requerente tem em conta apenas o rendimento médio mensal do requerente ou dele e de alguns elementos do seu agregado familiar, desde que ele o solicite.

8 – Se, perante um caso concreto, o dirigente máximo dos serviços de segurança social competente para a decisão sobre a concessão de protecção jurídica entender que a aplicação dos critérios previstos nos números anteriores conduz a uma manifesta negação do acesso ao direito e aos tribunais pode, por despacho especialmente fundamentado e sem possibilidade de delegação, decidir de forma diversa daquela que resulta da aplicação dos referidos critérios.

Artigo 8.º-B – Prova da insuficiência económica

1 – A prova da insuficiência económica é feita nos termos a definir por portaria conjunta dos ministros responsáveis pelas áreas da justiça e da segurança social.

2 – Em caso de dúvida sobre a verificação de uma situação de insuficiência económica, pode ser solicitado pelo dirigente máximo do serviço de segurança social que aprecia o pedido que o requerente autorize, por escrito, o acesso a informações e documentos bancários e que estes sejam exibidos perante esse serviço e, quando tal se justifique, perante a administração tributária.

3 – Se todos os elementos necessários à prova da insuficiência económica não forem entregues com o requerimento de protecção jurídica, os serviços da segurança social notificam o interessado, com referência expressa à cominação prevista no número seguinte, para que este os apresente no prazo de 10 dias, suspendendo-se o prazo para a formação de acto tácito.

4 – No termo do prazo referido no número anterior, se o interessado não tiver procedido à apresentação de todos os elementos de prova necessários, o requerimento é indeferido, sem necessidade de proceder a nova notificação ao requerente.

Artigo 8.º-C – Vítimas de violência doméstica

1 – No caso de atribuição do estatuto de vítima do crime de violência doméstica previsto no artigo 152.º do Código Penal, nos termos da Lei n.º 112/2009, de 16 de setembro, presume-se, até prova em contrário, que a vítima se encontra em situação de insuficiência económica.

2 – Nos casos previstos no número anterior, é garantida à vítima a célere e sequente concessão de apoio judiciário, com natureza urgente.

Artigo 9.º – Isenções

Estão isentos de impostos, emolumentos e taxas os requerimentos, certidões e quaisquer outros documentos pedidos para fins de protecção jurídica.

Artigo 10.º – Cancelamento da protecção jurídica

1 – A protecção jurídica é cancelada, quer na sua totalidade quer relativamente a alguma das suas modalidades:

a) Se o requerente ou o respectivo agregado familiar adquirirem meios suficientes para poder dispensá-la;

b) Quando se prove por novos documentos a insubsistência das razões pelas quais foi concedida;

c) Se os documentos que serviram de base à concessão forem declarados falsos por decisão com trânsito em julgado;

d) Se, em recurso, for confirmada a condenação do requerente como litigante de má fé;

e) Se, em acção de alimentos provisórios, for atribuída ao requerente uma quantia para custeio da demanda;

f) Se o requerente a quem tiver sido concedido apoio judiciário em modalidade de pagamento faseado não proceder ao pagamento de uma prestação e mantiver esse incumprimento no termo do prazo que lhe for concedido para proceder ao pagamento em falta acrescido de multa equivalente à prestação em falta.

2 – No caso da alínea *a)* do número anterior, o requerente deve declarar, logo que o facto se verifique, que está em condições de dispensar a protecção jurídica em alguma ou em todas as modalidades concedidas, sob pena de ficar sujeito às sanções previstas para a litigância de má fé.

3 – A protecção jurídica pode ser cancelada oficiosamente pelos serviços da segurança social ou a requerimento do Ministério Público, da Ordem dos Advogados, da parte contrária, do patrono nomeado ou do agente de execução atribuído.

4 – O requerente de protecção jurídica é sempre ouvido.

5 – Sendo cancelada a protecção jurídica concedida, a decisão é comunicada ao tribunal competente e à Ordem dos Advogados ou à Câmara dos Solicitadores, conforme os casos.

Artigo 11.º – Caducidade

1 – A protecção jurídica caduca nas seguintes situações:

a) Pelo falecimento da pessoa singular ou pela extinção ou dissolução da pessoa colectiva a quem foi concedida, salvo se os sucessores na lide, no incidente da sua habilitação, juntarem cópia do requerimento de apoio judiciário e os mesmos vierem a ser deferidos;

b) Pelo decurso do prazo de um ano após a sua concessão sem que tenha sido prestada consulta ou instaurada acção em juízo, por razão imputável ao requerente.

2 – O apoio judiciário nas modalidades de nomeação e pagamento de honorários de patrono e de nomeação e pagamento faseado de honorários de patrono é incompatível com o patrocínio pelo Ministério Público nos termos previstos no Código de Processo do Trabalho.

Artigo 12.º – Impugnação

Da decisão que determine o cancelamento ou verifique a caducidade da protecção jurídica cabe impugnação judicial, que segue os termos dos artigos 27.º e 28.º.

Artigo 13.º – Aquisição de meios económicos suficientes

1 – Caso se verifique que o requerente de protecção jurídica possuía, à data do pedido, ou adquiriu no decurso da causa ou no prazo de quatro anos após o seu termo, meios económicos suficientes para pagar honorários, despesas, custas, imposto, emolumentos, taxas e quaisquer outros encargos de cujo pagamento haja sido declarado isento, é instaurada acção para cobrança das respectivas importâncias pelo Ministério Público ou por qualquer outro interessado.

2 – Para os efeitos do número anterior, presume-se aquisição de meios económicos suficientes a obtenção de vencimento na acção, ainda que meramente parcial, salvo se, pela sua natureza ou valor, o que se obtenha não possa ser tido em conta na apreciação da insuficiência económica nos termos do artigo 8.º.

3 – A acção a que se refere o n.º 1 segue a forma sumaríssima, podendo o juiz condenar no próprio processo, no caso previsto no número anterior.

4 – Para fundamentar a decisão, na acção a que se refere o n.º 1, o tribunal deve pedir parecer à segurança social.

5 – As importâncias cobradas revertem para o Instituto de Gestão Financeira e de Infra-Estruturas de Justiça, I. P.

6 – O disposto nos números anteriores não prejudica a instauração de procedimento criminal se, para beneficiar da protecção jurídica, o requerente cometer crime.

SECÇÃO II – Consulta jurídica

Artigo 14.º – Âmbito

1 – A consulta jurídica consiste no esclarecimento técnico sobre o direito aplicável a questões ou casos concretos nos quais avultem interesses pessoais legítimos ou direitos próprios lesados ou ameaçados de lesão.

2 – No âmbito da consulta jurídica cabem ainda as diligências extrajudiciais que decorram directamente do conselho jurídico prestado ou que se mostrem essenciais para o esclarecimento da questão colocada.

3 – *(Revogado pela Lei n.º 47/2007, de 28 de Agosto.)*

4 – *(Revogado pela Lei n.º 47/2007, de 28 de Agosto.)*

Artigo 15.º – Prestação da consulta jurídica

1 – A consulta jurídica pode ser prestada em gabinetes de consulta jurídica ou nos escritórios dos advogados que adiram ao sistema de acesso ao direito.

2 – A prestação de consulta jurídica deve, tendencialmente, cobrir todo o território nacional.

3 – A criação de gabinetes de consulta jurídica, bem como as suas regras de funcionamento, são aprovadas por portaria do membro do Governo responsável pela área da justiça, ouvida a Ordem dos Advogados.

4 – Os gabinetes de consulta jurídica podem abranger a prestação de serviços por solicitadores, em moldes a convencionar entre a Câmara dos Solicitadores, a Ordem dos Advogados e o Ministério da Justiça.

5 – O disposto nos números anteriores não obsta à prestação de consulta jurídica por outras entidades públicas ou privadas sem fins lucrativos, nos termos da lei ou a definir por protocolo celebrado entre estas entidades e a Ordem dos Advogados e sujeito a homologação pelo Ministério da Justiça.

SECÇÃO III – Apoio judiciário

Artigo 16.º – Modalidades

1 – O apoio judiciário compreende as seguintes modalidades:

a) Dispensa de taxa de justiça e demais encargos com o processo;

b) Nomeação e pagamento da compensação de patrono;

c) Pagamento da compensação de defensor oficioso;

d) Pagamento faseado de taxa de justiça e demais encargos com o processo;

e) Nomeação e pagamento faseado da compensação de patrono;

f) Pagamento faseado da compensação de defensor oficioso;

g) Atribuição de agente de execução.

2 – Sem prejuízo de, em termos a definir por lei, a periodicidade do pagamento poder ser alterada em função do valor das prestações, nas modalidades referidas nas alíneas *d)* a *f)* do número anterior, o valor da prestação mensal dos beneficiários de apoio judiciário é o seguinte:

a) 1/72 do valor anual do rendimento relevante para efeitos de protecção jurídica, se este for igual ou inferior a uma vez e meia o valor do indexante de apoios sociais;

b) 1/36 do valor anual do rendimento relevante para efeitos de protecção jurídica, se este for superior a uma vez e meia o valor do indexante de apoios sociais.

3 – Nas modalidades referidas nas alíneas *d)* a *f)* do n.º 1 não são exigíveis as prestações que se vençam após o decurso de quatro anos desde o trânsito em julgado da decisão final da causa.

4 – Havendo pluralidade de causas relativas ao mesmo requerente ou a elementos do seu agregado familiar, o prazo mencionado no número anterior conta-se desde o trânsito em julgado da última decisão final.

5 – O pagamento das prestações relativas às modalidades mencionadas nas alíneas *d)* a *f)* do n.º 1 é efectuado em termos a definir por lei.

6 – Se o requerente de apoio judiciário for uma pessoa colectiva, o apoio judiciário não compreende a modalidade referida nas alíneas *d)* a *f)* do n.º 1.

7 – No caso de pedido de apoio judiciário por residente noutro Estado membro da União Europeia para acção em que tribunais portugueses sejam competentes, o apoio judiciário abrange os encargos específicos decorrentes do carácter transfronteiriço do litígio em termos a definir por lei.

Artigo 17.º – Âmbito de aplicação

1 – O regime de apoio judiciário aplica-se em todos os tribunais, qualquer que seja a forma do processo, nos julgados de paz e noutras estruturas de resolução

alternativa de litígios a definir por portaria do membro do Governo responsável pela área da justiça.

2 – O regime de apoio judiciário aplica-se, também, com as devidas adaptações, nos processos de contra-ordenação.

3 – O apoio judiciário é aplicável nos processos que corram nas conservatórias, em termos a definir por lei.

Artigo 18.º – Pedido de apoio judiciário

1 – O apoio judiciário é concedido independentemente da posição processual que o requerente ocupe na causa e do facto de ter sido já concedido à parte contrária.

2 – O apoio judiciário deve ser requerido antes da primeira intervenção processual, salvo se a situação de insuficiência económica for superveniente, caso em que deve ser requerido antes da primeira intervenção processual que ocorra após o conhecimento da situação de insuficiência económica.

3 – Se se verificar insuficiência económica superveniente, suspende-se o prazo para pagamento da taxa de justiça e demais encargos com o processo até à decisão definitiva do pedido de apoio judiciário, aplicando-se o disposto nos n.ºs 4 e 5 do artigo 24.º.

4 – O apoio judiciário mantém-se para efeitos de recurso, qualquer que seja a decisão sobre a causa, e é extensivo a todos os processos que sigam por apenso àquele em que essa concessão se verificar, sendo-o também ao processo principal, quando concedido em qualquer apenso.

5 – O apoio judiciário mantém-se ainda para as execuções fundadas em sentença proferida em processo em que essa concessão se tenha verificado.

6 – Declarada a incompetência do tribunal, mantém-se, todavia, a concessão do apoio judiciário, devendo a decisão definitiva ser notificada ao patrono para este se pronunciar sobre a manutenção ou escusa do patrocínio.

7 – No caso de o processo ser desapensado por decisão com trânsito em julgado, o apoio concedido manter-se-á, juntando-se oficiosamente ao processo desapensado certidão da decisão que o concedeu, sem prejuízo do disposto na parte final do número anterior.

SECÇÃO IV – Procedimento

Artigo 19.º – Legitimidade

A protecção jurídica pode ser requerida:

a) Pelo interessado na sua concessão;

b) Pelo Ministério Público em representação do interessado;

c) Por advogado, advogado estagiário ou solicitador, em representação do interessado, bastando para comprovar essa representação as assinaturas conjuntas do interessado e do patrono.

Artigo 20.º – Competência para a decisão

1 – A decisão sobre a concessão de protecção jurídica compete ao dirigente máximo dos serviços de segurança social da área de residência ou sede do requerente.

2 – No caso de o requerente não residir ou não ter a sua sede em território nacional, a decisão referida no número anterior compete ao dirigente máximo dos serviços de segurança social onde tiver sido entregue o requerimento.

3 – A competência referida nos números anteriores é susceptível de delegação e de subdelegação.

4 – A decisão quanto ao pedido referido no n.º 7 do artigo 8.º-A compete igualmente ao dirigente máximo dos serviços de segurança social competente para a decisão sobre a concessão de proteção jurídica, sendo suscetível de delegação e de subdelegação.

Artigo 21.º – Juízo sobre a existência de fundamento legal da pretensão

(Revogado pela Lei n.º 47/2007, de 28 de Agosto.)

Artigo 22.º – Requerimento

1 – O requerimento de proteção jurídica é apresentado através da plataforma informática disponibilizada pelo sítio eletrónico da segurança social, que emite prova da respetiva entrega.

2 – Sem prejuízo do disposto no número anterior, em casos excecionais a definir na portaria referida no n.º 1 do artigo 8.º-B, pode o requerimento de proteção jurídica ser apresentado em serviço de atendimento da segurança social.

3 – *(Revogado.)*

4 – *(Revogado.)*

5 – *(Revogado.)*

6 – *(Revogado.)*

7 – É da competência dos serviços da segurança social a identificação rigorosa dos elementos referentes aos beneficiários, bem como a identificação precisa do fim a que se destina o apoio judiciário, para os efeitos previstos no n.º 5 do artigo 24.º e nos artigos 30.º e 31.º.

Artigo 23.º – Audiência prévia

1 – A audiência prévia do requerente de protecção jurídica tem obrigatoriamente lugar, por escrito, nos casos em que está proposta uma decisão de indeferimento, total ou parcial, do pedido formulado, nos termos do Código do Procedimento Administrativo.

2 – Se o requerente de protecção jurídica, devidamente notificado para efeitos de audiência prévia, não se pronunciar no prazo que lhe for concedido, a proposta de decisão converte-se em decisão definitiva, não havendo lugar a nova notificação.

3 – A notificação para efeitos de audiência prévia contém expressa referência à cominação prevista no número anterior, sob pena de esta não poder ser aplicada.

Artigo 24.º – Autonomia do procedimento

1 – O procedimento de protecção jurídica na modalidade de apoio judiciário é autónomo relativamente à causa a que respeite, não tendo qualquer repercussão sobre o andamento desta, com excepção do previsto nos números seguintes.

2 – Nos casos previstos no n.º 4 do artigo 467.º do Código de Processo Civil e, bem assim, naqueles em que, independentemente das circunstâncias aí referidas, esteja pendente impugnação da decisão relativa à concessão de apoio judiciário, o autor que pretenda beneficiar deste para dispensa ou pagamento faseado da taxa de justiça deve juntar à petição inicial documento comprovativo da apresentação do respectivo pedido.

3 – Nos casos previstos no número anterior, o autor deve efectuar o pagamento da taxa de justiça ou da primeira prestação, quando lhe seja concedido apoio judiciário na modalidade de pagamento faseado de taxa de justiça, no prazo de 10 dias a contar da data da notificação da decisão que indefira, em definitivo, o seu pedido, sob a cominação prevista no n.º 5 do artigo 467.º do Código de Processo Civil.

4 – Quando o pedido de apoio judiciário é apresentado na pendência de acção judicial e o requerente pretende a nomeação de patrono, o prazo que estiver em curso interrompe-se com a junção aos autos do documento comprovativo da apresentação do requerimento com que é promovido o procedimento administrativo.

5 – O prazo interrompido por aplicação do disposto no número anterior inicia-se, conforme os casos:

a) A partir da notificação ao patrono nomeado da sua designação;

b) A partir da notificação ao requerente da decisão de indeferimento do pedido de nomeação de patrono.

Jurisprudência

1. Ac. Tribunal Constitucional n.º 461/2016, de 13-10: – Julga inconstitucional a interpretação normativa, extraída do artigo 24.º, n.º 5, alínea *a)*, da Lei n.º 34/2004, com o sentido de que o prazo interrompido por aplicação do n.º 4 do mesmo artigo se inicia com a notificação ao patrono nomeado da sua designação, quando o requerente do apoio judiciário desconheça essa nomeação, por dela ainda não ter sido notificado.

Artigo 25.º – Prazo

1 – O prazo para a conclusão do procedimento administrativo e decisão sobre o pedido de protecção jurídica é de 30 dias, é contínuo, não se suspende durante as férias judiciais e, se terminar em dia em que os serviços da segurança social estejam encerrados, transfere-se o seu termo para o 1.º dia útil seguinte.

2 – Decorrido o prazo referido no número anterior sem que tenha sido proferida uma decisão, considera-se tacitamente deferido e concedido o pedido de protecção jurídica.

3 – No caso previsto no número anterior, é suficiente a menção em tribunal da formação do acto tácito e, quando estiver em causa um pedido de nomeação de patrono, a tramitação subsequente à formação do acto tácito obedecerá às seguintes regras:

a) Quando o pedido tiver sido apresentado na pendência de acção judicial, o tribunal em que a causa está pendente solicita à Ordem dos Advogados que proceda à nomeação do patrono, nos termos da portaria referida no n.º 2 do artigo 45.º;

b) Quando o pedido não tiver sido apresentado na pendência de acção judicial, incumbe ao interessado solicitar a nomeação do patrono, nos termos da portaria referida no n.º 2 do artigo 45.º

4 – O tribunal ou, no caso referido na alínea *b)* do número anterior, a Ordem dos Advogados deve confirmar junto dos serviços da segurança social a formação do acto tácito, devendo estes serviços responder no prazo máximo de dois dias úteis.

5 – Enquanto não for possível disponibilizar a informação de forma desmaterializada e em tempo real, os serviços da segurança social enviam mensalmente a informação relativa aos pedidos de protecção jurídica tacitamente deferidos ao Gabinete para a Resolução Alternativa de Litígios, à Ordem dos Advogados, se o pedido envolver a nomeação de patrono, e ao tribunal em que a acção se encontra, se o requerimento tiver sido apresentado na pendência de acção judicial.

Artigo 26.º – Notificação e impugnação da decisão

1 – A decisão final sobre o pedido de protecção jurídica é notificada ao requerente e, se o pedido envolver a designação de patrono, também à Ordem dos Advogados.

2 – A decisão sobre o pedido de protecção jurídica não admite reclamação nem recurso hierárquico ou tutelar, sendo susceptível de impugnação judicial nos termos dos artigos 27.º e 28.º.

3 – *(Revogado pela Lei n.º 47/2007, de 28 de Agosto.)*

4 – Se o requerimento tiver sido apresentado na pendência de acção judicial, a decisão final sobre o pedido de apoio judiciário é notificada ao tribunal em que a acção se encontra pendente, bem como, através deste, à parte contrária.

5 – A parte contrária na acção judicial para que tenha sido concedido apoio judiciário tem legitimidade para impugnar a decisão nos termos do n.º 2.

Jurisprudência

1. Acórdão n.º 658/2011, do Tribunal Constitucional, in D.R. n.º 19, Série II de 2012-01-26: Julga inconstitucional a norma constante do artigo 28.º, n.º 4, da Lei n.º 34/2004, de 29 de Julho, na interpretação segundo a qual o juiz pode conceder provimento à impugnação apresentada pela parte contrária, nos termos do artigo 26.º, n.º 5, do mesmo diploma, sem que ao beneficiário do apoio judiciário seja dado conhecimento da impugnação e sem que lhe seja dada a possibilidade de a contraditar.

Artigo 27.º – Impugnação judicial

1 – A impugnação judicial pode ser intentada directamente pelo interessado, não carecendo de constituição de advogado, e deve ser entregue no serviço de segurança social que apreciou o pedido de protecção jurídica, no prazo de 15 dias após o conhecimento da decisão.

2 – O pedido de impugnação deve ser escrito, mas não carece de ser articulado, sendo apenas admissível prova documental, cuja obtenção pode ser requerida através do tribunal.

3 – Recebida a impugnação, o serviço de segurança social dispõe de 10 dias para revogar a decisão sobre o pedido de protecção jurídica ou, mantendo-a, enviar aquela e cópia autenticada do processo administrativo ao tribunal competente.

Artigo 28.º – Tribunal competente

1 – É competente para conhecer e decidir a impugnação o tribunal da comarca em que está sedeado o serviço de segurança social que apreciou o pedido de

protecção jurídica ou, caso o pedido tenha sido formulado na pendência da acção, o tribunal em que esta se encontra pendente.

2 – No caso de existirem tribunais de competência especializada ou de competência específica, a impugnação deve respeitar as respectivas regras de competência.

3 – Se o tribunal se considerar incompetente, remete para aquele que deva conhecer da impugnação e notifica o interessado.

4 – Recebida a impugnação, esta é distribuída, quando for caso disso, e imediatamente conclusa ao juiz que, por meio de despacho concisamente fundamentado, decide, concedendo ou recusando o provimento, por extemporaneidade ou manifesta inviabilidade.

5 – A decisão proferida nos termos do número anterior é irrecorrível.

Jurisprudência

1. Acórdão do Tribunal Constitucional n.º 637/2013. D.R. n.º 203, Série I de 2013-10-21, que declara, com força obrigatória geral, a inconstitucionalidade da norma constante do n.º 4 do artigo 28.º da Lei n.º 34/2004, de 29 de julho, na interpretação segundo a qual o juiz pode conceder provimento a impugnação apresentada pela parte contrária, nos termos do n.º 5 do artigo 26.º, do mesmo diploma, sem que ao beneficiário do apoio judiciário seja dado conhecimento da impugnação e sem que lhe seja dada possibilidade de a contraditar.

2. Acórdão n.º 658/2011, do Tribunal Constitucional, in D.R. n.º 19, Série II de 2012-01-26: Julga inconstitucional a norma constante do artigo 28.º, n.º 4, da Lei n.º 34/2004, de 29 de Julho, na interpretação segundo a qual o juiz pode conceder provimento à impugnação apresentada pela parte contrária, nos termos do artigo 26.º, n.º 5, do mesmo diploma, sem que ao beneficiário do apoio judiciário seja dado conhecimento da impugnação e sem que lhe seja dada a possibilidade de a contraditar.

Artigo 29.º – Alcance da decisão final

1 – A decisão que defira o pedido de protecção jurídica especifica as modalidades e a concreta medida do apoio concedido.

2 – Para concretização do benefício de apoio judiciário nas modalidades previstas nas alíneas *a)* e *d)* do n.º 1 do artigo 16.º, devem os interessados apresentar o documento comprovativo da sua concessão ou da apresentação do respectivo pedido no momento em que deveriam apresentar o documento comprovativo do pagamento da taxa de justiça.

3 – *(Revogado pela Lei n.º 47/2007, de 28 de Agosto.)*

4 – O indeferimento do pedido de apoio judiciário importa a obrigação do pagamento das custas devidas, bem como, no caso de ter sido solicitada a nomeação de patrono, o pagamento ao Instituto de Gestão Financeira e de Infra-Estruturas de Justiça, I. P., da quantia prevista no n.º 2 do artigo 36.º.

5 – Não havendo decisão final quanto ao pedido de apoio judiciário no momento em que deva ser efectuado o pagamento da taxa de justiça e demais encargos do processo judicial, proceder-se-á do seguinte modo:

a) No caso de não ser ainda conhecida a decisão do serviço da segurança social competente, fica suspenso o prazo para proceder ao respectivo pagamento até que tal decisão seja comunicada ao requerente;

b) Tendo havido já decisão do serviço da segurança social, concedendo apoio judiciário numa ou mais modalidades de pagamento faseado, o pagamento da primeira prestação é devido no prazo de 10 dias contados da data da sua comunicação ao requerente, sem prejuízo do posterior reembolso das quantias pagas no caso de procedência da impugnação daquela decisão;

c) Tendo havido já decisão negativa do serviço da segurança social, o pagamento é devido no prazo de 10 dias contados da data da sua comunicação ao requerente, sem prejuízo do posterior reembolso das quantias pagas no caso de procedência da impugnação daquela decisão.

Jurisprudência

1. Ac. do TC n.º 353/2017, de 13-09: Declara inconstitucional, com força obrigatória geral, a norma que impõe o pagamento da taxa de justiça inicial nos 10 dias contados da data da comunicação ao requerente da decisão negativa do serviço da segurança social sobre o apoio judiciário, sem prejuízo do posterior reembolso das quantias pagas no caso de procedência da impugnação daquela decisão, constante da alínea *c)* do n.º 5 do artigo 29.º da Lei n.º 34/2004, de 29 de julho, na redação dada pela Lei n.º 47/2007, de 28 de agosto.

Artigo 30.º – Nomeação de patrono

1 – A nomeação de patrono, sendo concedida, é realizada pela Ordem dos Advogados, nos termos da portaria referida no n.º 2 do artigo 45.º.

2 – *(Revogado pela Lei n.º 47/2007, de 28 de Agosto.)*

3 – *(Revogado pela Lei n.º 47/2007, de 28 de Agosto.)*

4 – *(Revogado pela Lei n.º 47/2007, de 28 de Agosto.)*

5 – *(Revogado pela Lei n.º 47/2007, de 28 de Agosto.)*

Artigo 31.º – Notificação da nomeação

1 – A nomeação de patrono é notificada pela Ordem dos Advogados ao requerente e ao patrono nomeado e, nos casos previstos no n.º 4 do artigo 26.º, para além de ser feita com a expressa advertência do início do prazo judicial, é igualmente comunicada ao tribunal.

2 – A notificação da decisão de nomeação do patrono é feita com menção expressa, quanto ao requerente, do nome e escritório do patrono bem como do dever de lhe dar colaboração, sob pena de o apoio judiciário lhe ser retirado.

3 – *(Revogado pela Lei n.º 47/2007, de 28 de Agosto.)*

4 – *(Revogado pela Lei n.º 47/2007, de 28 de Agosto.)*

Artigo 32.º – Substituição do patrono

1 – O beneficiário do apoio judiciário pode, em qualquer processo, requerer à Ordem dos Advogados a substituição do patrono nomeado, fundamentando o seu pedido.

2 – Deferido o pedido de substituição, aplicam-se, com as devidas adaptações, os termos dos artigos 34.º e seguintes.

3 – Se a substituição de patrono tiver sido requerida na pendência de um processo, a Ordem dos Advogados deve comunicar ao tribunal a nomeação do novo patrono.

Artigo 33.º – Prazo de propositura da acção

1 – O patrono nomeado para a propositura da acção deve intentá-la nos 30 dias seguintes à notificação da nomeação, apresentando justificação à Ordem dos Advogados ou à Câmara dos Solicitadores se não instaurar a acção naquele prazo.

2 – O patrono nomeado pode requerer à Ordem dos Advogados ou à Câmara dos Solicitadores a prorrogação do prazo previsto no número anterior, fundamentando o pedido.

3 – Quando não for apresentada justificação, ou esta não for considerada satisfatória, a Ordem dos Advogados ou a Câmara dos Solicitadores deve proceder à apreciação de eventual responsabilidade disciplinar, sendo nomeado novo patrono ao requerente.

4 – A acção considera-se proposta na data em que for apresentado o pedido de nomeação de patrono.

Artigo 34.º – Pedido de escusa

1 – O patrono nomeado pode pedir escusa, mediante requerimento dirigido à Ordem dos Advogados ou à Câmara dos Solicitadores, alegando os respectivos motivos.

2 – O pedido de escusa, formulado nos termos do número anterior e apresentado na pendência do processo, interrompe o prazo que estiver em curso, com a junção dos respectivos autos de documento comprovativo do referido pedido, aplicando-se o disposto no n.º 5 do artigo 24.º.

3 – O patrono nomeado deve comunicar no processo o facto de ter apresentado um pedido de escusa, para os efeitos previstos no número anterior.

4 – A Ordem dos Advogados ou a Câmara dos Solicitadores aprecia e delibera sobre o pedido de escusa no prazo de 15 dias.

5 – Sendo concedida a escusa, procede-se imediatamente à nomeação e designação de novo patrono, excepto no caso de o fundamento do pedido de escusa ser a inexistência de fundamento legal da pretensão, caso em que pode ser recusada nova nomeação para o mesmo fim.

6 – O disposto nos n.ºs 1 a 4 aplica-se aos casos de escusa por circunstâncias supervenientes.

Artigo 35.º – Substituição em diligência processual

1 – O patrono nomeado pode substabelecer, com reserva, para diligência determinada, desde que indique substituto.

2 – A remuneração do substituto é da responsabilidade do patrono nomeado.

3 – *(Revogado pela Lei n.º 47/2007, de 28 de Agosto.)*

Artigo 35.º-A – Atribuição de agente de execução

Quando seja concedido apoio judiciário na modalidade de atribuição de agente de execução, este é sempre um oficial de justiça, determinado segundo as regras da distribuição.

Artigo 36.º – Encargos

1 – Sempre que haja um processo judicial, os encargos decorrentes da concessão de protecção jurídica, em qualquer das suas modalidades, são levados a regra de custas a final.

2 – Os encargos decorrentes da concessão de apoio judiciário nas modalidades previstas nas alíneas *b)*, *c)*, *e)* e *f)* do n.º 1 do artigo 16.º são atualizados anualmente

por portaria do membro do Governo responsável pela área da justiça, tendo em conta a evolução da inflação e a necessidade de garantir uma remuneração digna e justa aos advogados intervenientes.

3 – A portaria referida no número anterior é publicada até 31 de dezembro de cada ano para vigorar no ano seguinte.

Artigo 37.º – Regime subsidiário

São aplicáveis ao procedimento de concessão de protecção jurídica as disposições do Código do Procedimento Administrativo em tudo o que não esteja especialmente regulado na presente lei.

Artigo 38.º – Contagem de prazos

Aos prazos processuais previstos na presente lei aplicam-se as disposições da lei processual civil.

CAPÍTULO IV – Disposições especiais sobre processo penal

Artigo 39.º – Nomeação de defensor

1 – A nomeação de defensor ao arguido, a dispensa de patrocínio e a substituição são feitas nos termos do Código de Processo Penal, do presente capítulo e da portaria referida no n.º 2 do artigo 45.º.

2 – A nomeação é antecedida da advertência ao arguido do seu direito a constituir advogado.

3 – Caso não constitua advogado, o arguido deve proceder, no momento em que presta termo de identidade e residência, à emissão de uma declaração relativa ao rendimento, património e despesa permanente do seu agregado familiar.

4 – A secretaria do tribunal deve apreciar a insuficiência económica do arguido em função da declaração emitida e dos critérios estabelecidos na presente lei.

5 – Se a secretaria concluir pela insuficiência económica do arguido, deve ser-lhe nomeado defensor ou, no caso contrário, adverti-lo de que deve constituir advogado.

6 – A nomeação de defensor ao arguido, nos termos do número anterior, tem carácter provisório e depende de concessão de apoio judiciário pelos serviços da segurança social.

7 – Se o arguido não solicitar a concessão de apoio judiciário, é responsável pelo pagamento do triplo do valor estabelecido nos termos do n.º 2 do artigo 36.º.

8 – Se os serviços da segurança social decidirem não conceder o benefício de apoio judiciário ao arguido, este fica sujeito ao pagamento do valor estabelecido nos termos do n.º 2 do artigo 36.º, salvo se se demonstrar que a declaração proferida nos termos do n.º 3 foi manifestamente falsa, caso em que fica sujeito ao pagamento do quíntuplo do valor estabelecido no n.º 2 do artigo 36.º.

9 – Se, no caso previsto na parte final do n.º 5, o arguido não constituir advogado e for obrigatória ou considerada necessária ou conveniente a assistência de defensor, deve este ser nomeado, ficando o arguido responsável pelo pagamento do triplo do valor estabelecido nos termos do n.º 2 do artigo 36.º.

10 – O requerimento para a concessão de apoio judiciário não afecta a marcha do processo.

Jurisprudência

1. Ac. TC n.º 487/2018, 22/11: Não julga inconstitucional a norma resultante da interpretação do disposto nos artigos 39.º, n.º 1, 42.º, n.º 3, e 44.º, n.º 1, da Lei n.º 34/2004, de 29 de julho, com as alterações introduzidas pela Lei n.º 47/2007, de 28 de agosto, e do artigo 66.º, n.º 4, do Código de Processo Penal, segundo a qual o prazo de interposição de recurso da decisão depositada na secretaria não se interrompe nem se suspende no caso de, no decurso do mesmo, o arguido apresentar junto da Ordem dos Advogados pedido de substituição do defensor que lhe fora nomeado no processo.

Artigo 40.º – Escolha de advogado

(Revogado pela Lei n.º 47/2007, de 28 de Agosto.)

Artigo 41.º – Escalas de prevenção

1 – A nomeação de defensor para assistência ao primeiro interrogatório de arguido detido, para audiência em processo sumário ou para outras diligências urgentes previstas no Código de Processo Penal processa-se nos termos do artigo 39.º, devendo ser organizadas escalas de prevenção de advogados e advogados estagiários para esse efeito, em termos a definir na portaria referida no n.º 2 do artigo 45.º.

2 – A nomeação deve recair em defensor que, constando das escalas de prevenção, se apresente no local de realização da diligência após a sua chamada.

3 – O defensor nomeado para um acto pode manter-se para os actos subsequentes do processo, em termos a regulamentar na portaria referida no n.º 2 do artigo 45.º.

4 – *(Revogado pela Lei n.º 47/2007, de 28 de Agosto.)*

Artigo 42.º – Dispensa de patrocínio

1 – O advogado nomeado defensor pode pedir dispensa de patrocínio, invocando fundamento que considere justo, em requerimento dirigido à Ordem dos Advogados.

2 – A Ordem dos Advogados aprecia e delibera sobre o pedido de dispensa de patrocínio no prazo de cinco dias.

3 – Enquanto não for substituído, o defensor nomeado para um acto mantém-se para os actos subsequentes do processo.

4 – Pode, em caso de urgência, ser nomeado outro defensor ao arguido, nos termos da portaria referida no n.º 2 do artigo 45.º.

5 – *(Revogado pela Lei n.º 47/2007, de 28 de Agosto.)*

Jurisprudência

1. Ac. TC n.º 487/2018, 22/11: Não julga inconstitucional a norma resultante da interpretação do disposto nos artigos 39.º, n.º 1, 42.º, n.º 3, e 44.º, n.º 1, da Lei n.º 34/2004, de 29 de julho, com as alterações introduzidas pela Lei n.º 47/2007, de 28 de agosto, e do artigo 66.º, n.º 4, do Código de Processo Penal, segundo a qual o prazo de interposição de recurso da decisão depositada na secretaria não se interrompe nem se suspende no caso de, no decurso do mesmo, o arguido apresentar junto da Ordem dos Advogados pedido de substituição do defensor que lhe fora nomeado no processo.

Artigo 43.º – Constituição de mandatário

1 – Cessam as funções do defensor nomeado sempre que o arguido constitua mandatário.

2 – O defensor nomeado não pode, no mesmo processo, aceitar mandato do mesmo arguido.

Artigo 44.º – Disposições aplicáveis

1 – Em tudo o que não esteja especialmente regulado no presente capítulo relativamente à concessão de protecção jurídica ao arguido em processo penal aplicam-se, com as necessárias adaptações, as disposições do capítulo anterior, com excepção do disposto nos n.ºs 2 e 3 do artigo 18.º, devendo o apoio judiciário ser requerido até ao termo do prazo de recurso da decisão em primeira instância.

2 – Ao pedido de protecção jurídica por quem pretenda constituir-se assistente ou formular ou contestar pedido de indemnização cível em processo penal aplica-se o disposto no capítulo anterior, com as necessárias adaptações.

Jurisprudência

1. Ac. TC n.º 487/2018, 22/11: Não julga inconstitucional a norma resultante da interpretação do disposto nos artigos 39.º, n.º 1, 42.º, n.º 3, e 44.º, n.º 1, da Lei n.º 34/2004, de 29 de julho, com as alterações introduzidas pela Lei n.º 47/2007, de 28 de agosto, e do artigo 66.º, n.º 4, do Código de Processo Penal, segundo a qual o prazo de interposição de recurso da decisão depositada na secretaria não se interrompe nem se suspende no caso de, no decurso do mesmo, o arguido apresentar junto da Ordem dos Advogados pedido de substituição do defensor que lhe fora nomeado no processo.

CAPÍTULO V – Disposições finais e transitórias

Artigo 45.º – Participação dos profissionais forenses no acesso ao direito

1 – A admissão dos profissionais forenses ao sistema de acesso ao direito, a nomeação de patrono e de defensor e o pagamento da respectiva compensação realizam-se nos termos seguintes:

a) A selecção dos profissionais forenses deve assegurar a qualidade dos serviços prestados aos beneficiários de protecção jurídica no âmbito do sistema de acesso ao direito;

b) Os participantes no sistema de acesso ao direito podem ser advogados, advogados estagiários e solicitadores;

c) Os profissionais forenses podem ser nomeados para lotes de processos e escalas de prevenção;

d) Se o mesmo facto der causa a diversos processos, o sistema deve assegurar, preferencialmente, a nomeação do mesmo mandatário ou defensor oficioso ao beneficiário;

e) Todas as notificações e comunicações entre os profissionais forenses, a Ordem dos Advogados, os serviços da segurança social, os tribunais e os requerentes previstos no sistema de acesso ao direito devem realizar-se, sempre que possível, por via electrónica;

f) Os profissionais forenses participantes no sistema de acesso ao direito devem utilizar todos os meios electrónicos disponíveis no contacto com os tribunais, designadamente no que respeita ao envio de peças processuais e requerimentos autónomos;

g) Os profissionais forenses que não observem as regras do exercício do patrocínio e da defesa oficiosos podem ser excluídos do sistema de acesso ao direito;

h) Os profissionais forenses participantes no sistema de acesso ao direito que saiam do sistema, independentemente do motivo, antes do trânsito em julgado de um processo ou do termo definitivo de uma diligência para que estejam nomeados devem restituir, no prazo máximo de 30 dias, todas as quantias entregues por conta de cada processo ou diligência em curso;

i) O disposto na alínea anterior aplica-se aos casos de escusa e de dispensa de patrocínio, relativamente aos processos em que cesse o patrocínio e a defesa oficiosa;

j) O pagamento da compensação devida aos profissionais forenses deve ser processado até ao termo do mês seguinte àquele em que é devido;

l) A resolução extrajudicial dos litígios, antes da audiência de julgamento, deve ser incentivada mediante a previsão de um montante de compensação acrescido.

2 – A admissão dos profissionais forenses ao sistema de acesso ao direito, a nomeação de patrono e de defensor e o pagamento da respectiva compensação, nos termos do número anterior, é regulamentada por portaria do membro do Governo responsável pela área da justiça.

3 – *(Revogado pela Lei n.º 47/2007, de 28 de Agosto.)*

4 – *(Revogado pela Lei n.º 47/2007, de 28 de Agosto.)*

5 – *(Revogado pela Lei n.º 47/2007, de 28 de Agosto.)*

Artigo 46.º – Colaboração de outras instituições com a Ordem dos Advogados

(Revogado pela Lei n.º 47/2007, de 28 de Agosto.)

Artigo 47.º – Gabinetes de consulta jurídica

(Revogado pela Lei n.º 47/2007, de 28 de Agosto.)

Artigo 48.º – Comissão de acompanhamento

(Revogado pela Lei n.º 47/2007, de 28 de Agosto.)

Artigo 49.º – Encargos da segurança social

Os encargos decorrentes da presente lei a assumir pelos serviços da segurança social são suportados pelo Orçamento do Estado, mediante transferência das correspondentes verbas para o orçamento da segurança social.

Artigo 50.º – Norma revogatória

É revogada a Lei n.º 30-E/2000, de 20 de Dezembro.

Artigo 51.º – Regime transitório

1 – As alterações introduzidas pela presente lei aplicam-se apenas aos pedidos de apoio judiciário que sejam formulados após o dia 1 de Setembro de 2004.

2 – Aos processos de apoio judiciário iniciados até à entrada em vigor da presente lei é aplicável o regime legal anterior.

3 – Nos processos judiciais pendentes em 1 de Setembro de 2004 em que ainda não tenha sido requerido o benefício de apoio judiciário, este poderá ser requerido até ao trânsito em julgado da decisão final.

Artigo 52.º – Transposição

A presente lei efectua a transposição parcial da Directiva n.º 2003/8/CE, do Conselho, de 27 de Janeiro, relativa à melhoria do acesso à justiça nos litígios transfronteiriços, através do estabelecimento de regras mínimas comuns relativas ao apoio judiciário no âmbito desses litígios.

Artigo 53.º – Entrada em vigor

A presente lei entra em vigor em 1 de Setembro de 2004, salvo o n.º 4 do artigo 6.º e o n.º 4 do artigo 16.º, que entram em vigor no dia 30 de Novembro de 2004.

Aprovada em 27 de Maio de 2004.

O Presidente da Assembleia da República, *João Bosco Mota Amaral.*

Promulgada em 12 de Julho de 2004.

Publique-se.

O Presidente da República, JORGE SAMPAIO.

Referendada em 16 de Julho de 2004.

O Primeiro-Ministro, *José Manuel Durão Barroso.*

3.3
Decreto-Lei n.º 71/2005, de 17 de Março

– Apoio judiciário nas relações transfronteirias –

A Lei n.º 34/2004, de 29 de Julho, que alterou o regime de acesso ao direito e aos tribunais, procedeu à transposição parcial da Directiva n.º 2003/8/CE, do Conselho, de 27 de Janeiro, relativa à melhoria do acesso à justiça nos litígios transfronteiriços através do estabelecimento de regras mínimas comuns relativas ao apoio judiciário no âmbito desses litígios, lançando assim as bases para a consagração, na ordem jurídica portuguesa, das orientações comunitárias nesta matéria.

Refira-se, no entanto, que algumas soluções adoptadas na directiva já encontravam acolhimento no anterior regime, aprovado pela Lei n.º 30-E/2000, de 20 de Dezembro, tendo sido, por essa razão, mantidas na nova lei.

A Lei n.º 34/2004, de 29 de Julho, veio, contudo, aprofundar o objectivo comunitário de desenvolvimento de um espaço de liberdade, de segurança e de justiça em matéria de apoio judiciário em litígios transfronteiriços, contemplando no seu articulado parte da disciplina da directiva.

Desde logo o novo regime de acesso ao direito e aos tribunais alargou a concessão do benefício de protecção jurídica a estrangeiros com título de residência válido noutro Estado-Membro da União Europeia.

Acolhendo uma das propostas da directiva, a nova lei consagrou também a obrigatoriedade de um juízo sobre a existência de fundamento legal da pretensão sempre que seja requerida a nomeação de patrono para efeitos de propositura de acção judicial, a ter lugar em sede de consulta jurídica.

Por outro lado, previu-se a cobertura dos encargos específicos decorrentes do carácter transfronteiriço do litígio, quer no caso em que Portugal é o Estado do foro quer no caso em que os tribunais competentes pertençam a outro Estado-

-Membro da União Europeia. O novo diploma esclareceu ainda que a protecção jurídica concedida em Portugal no caso de litígio transfronteiriço em que os tribunais competentes sejam os de outro Estado-Membro da União Europeia abrange o apoio pré-contencioso. A definição dos termos em que tais benefícios são concedidos foi remetida, contudo, para diploma legal a aprovar.

O presente decreto-lei destina-se, pois, fundamentalmente, a concluir o processo de transposição da Directiva n.º 2003/8/CE, desenvolvendo o regime da Lei n.º 34/2004, de 29 de Julho. Regulam-se, assim e apenas, os aspectos de regime substantivo e procedimental específicos do acesso à justiça nos litígios transfronteiriços, aplicando-se, no demais, o disposto na referida lei.

A tarefa ora empreendida apresenta a dificuldade de conciliar categorias próprias de uma directiva, que é um instrumento de harmonização de uma série de sistemas jurídicos, com a ordem jurídica portuguesa. Desde logo, o conceito de «apoio judiciário» surge na directiva com significados diversos, que correspondem, na ordem jurídica nacional, ora à categoria mais ampla de protecção jurídica ora à categoria mais restrita de apoio judiciário, entendido como uma modalidade de protecção jurídica. Opta-se, assim, no presente diploma, por empregar, caso a caso, a categoria portuguesa que corresponde à acepção pretendida no instrumento comunitário.

Quanto às opções de regime, procede-se, em primeiro lugar, à limitação do âmbito de aplicação do presente diploma aos litígios transfronteiriços que tenham uma conexão com Portugal, explicitando ainda o conceito de «litígio transfronteiriço». Este é entendido, na directiva e nesta sede, como a demanda em que o requerente de protecção jurídica tem domicílio ou residência habitual num Estado-Membro da União Europeia diverso do Estado-Membro do foro. O presente diploma é assim aplicável sempre que Portugal seja o Estado do domicílio ou da residência habitual do requerente de protecção jurídica, no caso de litígio em que os tribunais competentes pertençam a outro Estado-Membro da União Europeia, ou, em alternativa, o Estado do foro, no caso de o requerente residir noutro Estado-Membro da União Europeia.

Em matéria substantiva, procede-se agora à concretização das opções assumidas na Lei n.º 34/2004, de 29 de Julho, no que concerne ao âmbito de protecção jurídica no caso de litígios transfronteiriços, que passa a abranger o apoio pré-contencioso e os encargos específicos decorrentes do carácter transfronteiriço do litígio ou, de entre os dois, apenas estes últimos, consoante Portugal seja, respectivamente, o Estado do domicílio ou da residência habitual do requerente ou o Estado do foro. A solução adoptada segue de perto o texto da directiva, que coloca na esfera da protecção jurídica concedida pelo Estado-Membro do foro os encargos resultantes de serviços prestados por intérprete, tradução de documentos necessários para a resolução do litígio e despesas de deslocação, cometendo ao Estado-Membro do domicílio ou da residência habitual do requerente a obrigação de suportar os encargos com a assistência jurídica a prestar ao requerente até à apresentação do pedido de protecção jurídica no Estado-Membro do foro e com a tradução do referido pedido e dos necessários documentos comprovativos.

Clarifica-se ainda que, no caso de litígio transfronteiriço em que os tribunais competentes pertençam a outro Estado-Membro da União Europeia, os «encargos específicos decorrentes do carácter transfronteiriço do litígio» são apenas qualificáveis como tais quando o requerente seja pessoa singular e se esteja perante um litígio transfronteiriço em matéria civil e comercial.

Procurando, por outro lado, enquadrar o conceito de apoio pré-contencioso nos quadros vigentes na nossa ordem jurídica, assim clarificando o seu âmbito, estabelece-se que o mesmo é prestado nos termos da consulta jurídica regulada na Lei n.º 34/2004, de 29 de Julho. Em sede de consulta jurídica pode, aliás, haver lugar à realização de diligências extrajudiciais ou mecanismos de mediação e conciliação, o que bem responde ao objectivo definido na directiva para o apoio pré-contencioso: a obtenção de um acordo prévio a uma eventual acção judicial.

Na tarefa de transposição das regras relativas ao procedimento, as opções adoptadas seguem de perto a disciplina vertida na directiva.

Indica-se, desde logo, a autoridade nacional competente para transmitir os pedidos de protecção jurídica apresentados por requerente com domicílio ou residência habitual em Portugal à autoridade competente do Estado-Membro do foro e, bem assim, receber os pedidos apresentados por residente noutro Estado-Membro da União Europeia, directamente ou por intermédio da autoridade competente, nesse Estado, para a transmissão dos pedidos. Tal incumbência é cometida aos serviços da segurança social, atentas as competências que já possuem, nos termos da lei, em matéria de apreciação de pedidos de protecção jurídica. No mesmo sentido concorrem razões de aproveitamento da experiência acumulada por aqueles serviços, nos últimos quatro anos, na avaliação dos pedidos de apoio judiciário, e, bem assim, de celeridade do procedimento. Esta autoridade deve não só transmitir e receber os pedidos que lhe são apresentados como também assegurar que os pedidos a transmitir são correctamente instruídos e prestar aos interessados informação acerca do andamento daqueles. Incumbe-lhe ainda apreciar previamente o pedido a transmitir, podendo recusar tal transmissão sempre que o pedido manifestamente não tenha fundamento ou esteja fora do âmbito de aplicação do presente diploma. A decisão de recusa da transmissão é, no entanto, passível de impugnação judicial.

Relativamente ao acto de transmissão do pedido pelo Estado-Membro do domicílio ou da residência habitual do requerente ao Estado-Membro do foro, a directiva reconhece que a determinação de um prazo relativamente curto para o mesmo contribui para o bom funcionamento da justiça, pelo que o fixa em 15 dias contados da recepção, pela autoridade de transmis-são, do pedido devidamente redigido numa das línguas permitidas e acompanhado dos documentos comprovativos, também eles traduzidos, se necessário, numa dessas línguas. O presente diploma acolhe a solução da directiva, explicitando apenas que, nos casos em que a autoridade nacional competente para a transmissão proceda à tradução do pedido, dos necessá-rios documentos ou de ambos, o referido prazo conta-se da data da conclusão dessa tradução, em consonância com as competências atribuídas nesta matéria àquela autoridade.

São também definidas regras quanto ao idioma do pedido e à tradução dos documentos necessários para a sua apreciação, optando-se pelas línguas portuguesa ou inglesa nos casos em que o pedido é apresentado por residente noutro Estado-Membro da União Europeia para acção em que os tribunais portugueses sejam competentes. A apresentação de pedidos redigidos em língua diversa das permitidas pode ser motivo de recusa pela autoridade nacional competente para a recepção.

Em sede de apreciação do pedido, esclarece-se que a decisão sobre a concessão de protecção jurídica compete ao Estado-Membro do foro, que aplica a sua própria lei, com excepção da decisão relativa à concessão de apoio pré-contencioso a residente em Portugal no âmbito de litígio em que os tribunais competentes pertençam a outro Estado-Membro da União Europeia. Esta última cabe, com efeito, ao Estado Português.

A directiva salvaguarda ainda a possibilidade de o requerente de protecção jurídica fazer a prova de que, em virtude das diferenças de custo de vida entre o Estado-Membro do foro e o Estado-Membro de domicílio ou da residência habitual, não pode suportar os custos com o processo ainda que os seus recursos ultrapassem o limiar máximo fixado para a concessão do benefício pelo Estado-Membro do foro. Esta orientação comunitária é acolhida no presente diploma, devendo a entidade competente, ao abrigo da Lei n.º 34/2004, de 29 de Julho, para apreciar o pedido tomar em conta tais elementos, sem prejuízo de o procedimento seguir os termos previstos na referida lei.

Foram ouvidos os órgãos de governo próprio das Regiões Autónomas e a Ordem dos Advogados.

Assim:

Nos termos da alínea *a)* do n.º 1 do artigo 198.º da Constituição, o Governo decreta o seguinte:

CAPÍTULO I - Objecto e âmbito

Artigo 1.º - Objecto

O presente decreto-lei completa a transposição para a ordem jurídica interna da Directiva n.º 2003/8/CE, do Conselho, de 27 de Janeiro, relativa à melhoria do acesso à justiça nos litígios transfronteiriços, através do estabelecimento de regras mínimas comuns relativas ao apoio judiciário no âmbito desses litígios, desenvolvendo o regime previsto na Lei n.º 34/2004, de 29 de Julho.

Artigo 2.º - Âmbito

1 - O presente diploma regula a protecção jurídica no âmbito de litígios transfronteiriços que se achem em conexão com Portugal nos termos do número seguinte.

2 - Entende-se por «litígio transfronteiriço» o litígio em que o requerente de protecção jurídica tem à data de apresentação do pedido domicílio ou residência habitual num Estado-Membro da União Europeia diferente do Estado-Membro do foro.

3 - O domicílio do requerente é determinado nos termos do artigo 59.º do Regulamento (CE) n.º 44/2001, do Conselho, de 22 de Dezembro de 2000, relativo à competência judiciária, ao reconhecimento e à execução de decisões em matéria civil e comercial.

CAPÍTULO II - Protecção jurídica

SECÇÃO I - Acção a instaurar em Portugal

Artigo 3.º - Encargos relacionados com o carácter transfronteiriço do litígio

No caso de pedido de apoio judiciário apresentado por residente noutro Estado-Membro da União Europeia para acção em que os tribunais portugueses sejam competentes, o apoio judiciário, a conceder nos termos da Lei n.º 34/2004, de 29 de Julho, abrange ainda os seguintes encargos específicos decorrentes do carácter transfronteiriço do litígio:

a) Serviços prestados por intérprete;

b) Tradução dos documentos exigidos pelo tribunal ou pela autoridade competente e apresentados pelo beneficiário do apoio judiciário que sejam necessários à resolução do litígio;

c) Despesas de deslocação a suportar pelo requerente, na medida em que a lei ou o tribunal exijam a presença física, em audiência, das pessoas a ouvir e o tribunal decida que estas não possam ser ouvidas satisfatoriamente por quaisquer outros meios.

SECÇÃO II – Acção a instaurar noutro Estado-Membro da União Europeia

Artigo 4.º – Apoio pré-contencioso

1 – No caso de litígio transfronteiriço em que os tribunais competentes pertençam a outro Estado-Membro da União Europeia, a protecção jurídica abrange o apoio pré-contencioso.

2 – O apoio pré-contencioso visa assegurar a assistência jurídica do requerente até à recepção do pedido de protecção jurídica no Estado-Membro do foro e é prestado nos termos e segundo as regras da consulta jurídica prevista na Lei n.º 34/2004, de 29 de Julho.

Artigo 5.º – Encargos com a tradução

1 – No caso do litígio transfronteiriço previsto no n.º 1 do artigo anterior, a protecção jurídica abrange ainda os encargos específicos decorrentes do carácter transfronteiriço do litígio.

2 – Para efeitos do disposto no número anterior, são encargos específicos decorrentes do carácter transfronteiriço do litígio os resultantes da tradução do pedido de protecção jurídica e dos necessários documentos comprovativos pela autoridade nacional de transmissão e recepção, desde que o requerente seja pessoa singular e se trate de um litígio transfronteiriço em matéria civil e comercial.

3 – Se o pedido de protecção jurídica for rejeitado pela autoridade do Estado-Membro competente para decidir da sua concessão, o requerente deve reembolsar a autoridade nacional de transmissão e recepção dos encargos de tradução suportados.

CAPÍTULO III – Procedimento

SECÇÃO I – Transmissão e recepção do pedido

Artigo 6.º – Autoridade nacional de transmissão e recepção

1 – A autoridade nacional competente para, nos termos do número seguinte, transmitir e receber pedidos de protecção jurídica no âmbito de litígios transfronteiriços é a segurança social, através dos seguintes serviços:

a) Instituto da Segurança Social, I. P., no território continental;

b) Centro da Segurança Social, na Região Autónoma da Madeira;

c) Instituto da Acção Social, na Região Autónoma dos Açores.

2 – Compete à autoridade nacional de transmissão e recepção:

a) Transmitir, nos termos e prazo previstos no artigo 9.º, os pedidos de protecção jurídica apresentados por requerente com domicílio ou residência habitual em Portugal à autoridade do Estado-Membro do foro que seja competente para a sua recepção;

b) Receber, sempre que Portugal seja o Estado-Membro do foro, os pedidos de protecção jurídica apresentados por residente noutro Estado-Membro da União Europeia, directamente ou por intermédio da autoridade competente para a transmissão dos pedidos nesse Estado-Membro;

c) Prestar aos interessados, sempre que requerido, informação acerca do andamento do pedido de protecção jurídica.

3 – Compete ainda à autoridade nacional de transmissão e recepção, previamente à transmissão dos pedidos de protecção jurídica:

a) Auxiliar o requerente a certificar-se de que o pedido é acompanhado de todos os documentos comprovativos necessários à sua apreciação;

b) Traduzir, sempre que necessário, os pedidos e os documentos comprovativos.

Artigo 7.º – Idioma do pedido

1 – O pedido de protecção jurídica apresentado por residente noutro Estado-Membro da União Europeia para acção em que os tribunais portugueses sejam competentes é redigido em português ou em inglês.

2 – Sem prejuízo de poder ser redigido em português, nos termos do número seguinte, o pedido de protecção jurídica apresentado por residente em Portugal para acção em que sejam competentes os tribunais de outro Estado-Membro da União Europeia é redigido numa das seguintes línguas:

a) Língua oficial desse Estado;

b) Outra língua desse Estado, desde que corresponda a uma das línguas das instituições comunitárias;

c) Outra língua, desde que o Estado a indique como aceitável nos termos do n.º 3 do artigo 14.º da Directiva n.º 2003/8/CE, do Conselho, de 27 de Janeiro.

3 – O pedido de protecção jurídica referido no número anterior pode ser redigido em português se for apresentado à autoridade nacional de transmissão e recepção, a qual procede à respectiva tradução, se necessário, para uma das línguas previstas no número anterior.

Artigo 8.º – Documentos

1 – Os documentos juntos com o pedido de protecção jurídica apresentado por residente noutro Estado-Membro da União Europeia para acção em que os tribunais portugueses sejam competentes são acompanhados da respectiva tradução em português ou em inglês.

2 – Os documentos juntos com o pedido de protecção jurídica apresentado por residente em Portugal para acção em que sejam competentes os tribunais de outro Estado-Membro da União Europeia devem ser acompanhados da respectiva tradução numa das línguas previstas nas alíneas do n.º 2 do artigo anterior.

3 – Caso os documentos referidos no número anterior sejam apresentados à autoridade nacional de transmissão e recepção sem a correspondente tradução, deve esta traduzi-los, se necessário.

4 – Os documentos apresentados nos termos do presente artigo estão dispensados de legalização ou de outra formalidade equivalente.

Artigo 9.º – Transmissão do pedido

1 – O pedido de protecção jurídica é transmitido pela autoridade nacional de transmissão e recepção à autoridade competente, no Estado-Membro do foro, para a sua recepção no prazo de 15 dias contados da data de apresentação do pedido devidamente redigido numa das línguas a que se referem as alíneas do n.º 2 do artigo 7.º e dos correspondentes documentos, traduzidos, se necessário, numa dessas línguas.

2 – Nos casos previstos no n.º 3 do artigo 7.º e no n.º 3 do artigo 8.º, e sempre que a autoridade nacional de transmissão e recepção tenha de proceder à tradução do pedido e dos documentos comprovativos, o prazo estabelecido no número anterior conta-se da data de conclusão da tradução.

3 – Conjuntamente com o pedido de protecção jurídica, é remetido o requerimento para a sua transmissão, o qual é redigido pela autoridade nacional de transmissão e recepção numa das línguas previstas nas alíneas do n.º 2 do artigo 7.º.

Artigo 10.º – Recusa de transmissão e de recepção

1 – A autoridade nacional de transmissão e recepção pode recusar a transmissão de um pedido de protecção jurídica sempre que:

a) Manifestamente, não exista um litígio transfronteiriço, tal como é definido no artigo 2.º;

b) Manifestamente, o pedido de protecção jurídica não tenha fundamento;

c) O requerente não seja pessoa singular ou o litígio não respeite a matéria civil ou comercial.

2 – A decisão que recuse a transmissão de um pedido de protecção jurídica é impugnável judicialmente, aplicando-se, com as necessárias adaptações, o disposto nos artigos 27.º e 28.º da Lei n.º 34/2004, de 29 de Julho.

3 – Sempre que Portugal seja o Estado-Membro do foro, a autoridade nacional de transmissão e recepção pode recusar a recepção de um pedido de protecção jurídica quando o mesmo não seja redigido numa das línguas a que se refere o n.º 1 do artigo 7.º.

Artigo 11.º – Requerimentos

1 – Sem prejuízo do disposto no número seguinte, o requerimento de protecção jurídica no âmbito de litígios transfronteiriços e o requerimento para a sua transmissão são formulados em modelos a aprovar por decisão da Comissão Europeia, publicados no Jornal Oficial da União Europeia.

2 – O pedido de apoio pré-contencioso previsto no artigo 4.º é formulado no modelo aprovado nos termos do n.º 2 do artigo 22.º da Lei n.º 34/2004, de 29 de Julho.

SECÇÃO II – Apreciação do pedido

Artigo 12.º – Competência para a decisão

1 – Sem prejuízo do disposto no número seguinte, a decisão sobre a concessão de protecção jurídica incumbe à autoridade competente do Estado-Membro do foro, que aplica a respectiva lei.

2 – No caso de litígio transfronteiriço em que os tribunais competentes pertençam a outro Estado-Membro da União Europeia, a competência para a decisão sobre a concessão de apoio pré-contencioso é da entidade competente para decidir sobre a concessão de protecção jurídica, nos termos previstos na Lei n.º 34/2004, de 29 de Julho.

Artigo 13.º – Apreciação do pedido

1 – Sem prejuízo do procedimento previsto na Lei n.º 34/2004, de 29 de Julho, a entidade competente para decidir sobre a concessão do pedido de protecção jurídica formulado por residente noutro Estado-Membro da União Europeia deve ter em conta as diferenças de custo de vida entre Portugal e o Estado-Membro

de domicílio ou da residência habitual do requerente se este fizer prova de que, ainda que não se encontre em situação de insuficiência económica de acordo com os critérios previstos na lei, não tem condições objectivas para suportar pontualmente os custos com o processo em razão dessas diferenças.

2 – Para efeitos do disposto no número anterior, o serviço de segurança social que aprecia o pedido pode solicitar ao requerente informação que permita verificar se este preenche os critérios de elegibilidade para efeitos de concessão de protecção jurídica estabelecidos no Estado-Membro do domicílio ou da residência habitual.

CAPÍTULO IV – Disposição final

Artigo 14.º – Entrada em vigor

O presente decreto-lei produz efeitos no 1.º dia do 2.º mês subsequente à respectiva publicação.

Visto e aprovado em Conselho de Ministros de 27 de Janeiro de 2005. – *Pedro Miguel de Santana Lopes – António José de Castro Bagão Félix – António Victor Martins Monteiro – José Pedro Aguiar Branco – Fernando Mimoso Negrão.*

Promulgado em 28 de Fevereiro de 2005.

Publique-se.

O Presidente da República, Jorge Sampaio.

Referendado em 3 de Março de 2005.

O Primeiro-Ministro, *Pedro Miguel de Santana Lopes.*

3.4
Republicação da Portaria n.º 10/2008, de 3 de Janeiro

Portaria n.º 10/2008 de 3 de Janeiro – Regulamenta a lei do acesso ao direito, aprovada pela Lei n.º 34/2004, de 29 de Julho, na redacção dada pela Lei n.º 47/2007, de 28 de Agosto, Ministério da Justiça, S.I, DR n.º 2, p. 87-93, alterada pela Portaria n.º 210/2008 de 29 de Fevereiro, alterada e republicada pela Portaria n.º 654/2010 de 11 de Agosto, alterada pela Portaria 319/2011 de 30 de Dezembro.

CAPÍTULO I - Protecção jurídica

SECÇÃO I - Consulta jurídica

Artigo 1.º – Prestação de consulta jurídica

1 – Sem prejuízo do disposto nos números seguintes, a prestação de consulta jurídica gratuita ou sujeita ao pagamento de uma taxa, nos termos da Lei n.º 34/2004, de 29 de Julho, na redacção dada pela Lei n.º 47/2007, de 28 de Agosto, é definida por protocolo a celebrar entre o Ministério da Justiça e a Ordem dos Advogados.

2 – A consulta jurídica pode ser prestada nos gabinetes de consulta jurídica e nos escritórios dos advogados participantes no sistema de acesso ao direito.

3 – A nomeação dos profissionais forenses para a prestação de consulta jurídica é efectuada pela Ordem dos Advogados a pedido dos serviços de segurança social, podendo essa nomeação ser efectuada de forma totalmente automática, através de sistema electrónico gerido por aquela entidade.

4 – A consulta jurídica a prestar às vítimas de violência doméstica nos termos do n.º 1 do artigo 25.º da Lei n.º 112/2009, de 16 de Setembro, é efectuada por advogado, aplicando -se, para efeitos de nomeação, o disposto no número anterior.

5 – O valor da taxa devida pela prestação da consulta jurídica, nos termos do n.º 4 do artigo 8.º-A da Lei n.º 34/2004, de 29 de Julho, é de s 30.

6 – Sendo a consulta jurídica prestada em escritório de advogado, o pagamento da taxa a que se refere o número anterior é efectuado até ao momento da prestação da consulta jurídica, a favor do Instituto de Gestão Financeira e de Infra-Estruturas da Justiça, I. P. (IGFIJ, I. P.), por meio de documento único de cobrança (DUC), aplicando-se, com as necessárias adaptações, o disposto no n.º 1 do artigo 9.º da Portaria n.º 419-A/2009, de 17 de Abril.

7 – O profissional forense nomeado para prestar consulta jurídica colabora com o beneficiário para efeitos de emissão do DUC.

8 – Sendo a consulta jurídica prestada em gabinete de consulta jurídica, o pagamento da taxa a que se refere o n.º 5 efectua-se junto do mesmo, revertendo o produto da taxa para o referido gabinete.

9 – O Gabinete para a Resolução Alternativa de Litígios (GRAL) acompanha a actividade dos gabinetes de consulta jurídica e divulga publicamente informação acerca do seu funcionamento.

SECÇÃO II – Apoio judiciário

Artigo 2.º – Nomeação de patrono e de defensor

1 – Sem prejuízo do disposto no artigo seguinte, a nomeação de patrono ou de defensor é efectuada pela Ordem dos Advogados, podendo ser realizada de forma totalmente automática, através de sistema electrónico gerido por esta entidade.

2 – Para efeitos do disposto no número anterior, os tribunais, as secretarias ou serviços do Ministério Público, os órgãos de polícia criminal e os serviços de segurança social devem solicitar a nomeação de patrono ou de defensor à Ordem dos Advogados, sempre que, nos termos da lei, se mostre necessária.

Artigo 3.º – Nomeação para diligências urgentes

1 – A nomeação para assistência ao primeiro interrogatório de arguido detido, para audiência em processo sumário ou para outras diligências urgentes previstas no Código de Processo Penal é efectuada pelo tribunal através da secretaria, com base na designação feita pela Ordem dos Advogados constante da lista de escala de prevenção de advogados e de advogados estagiários.

2 – A nomeação referida no número anterior pode ser feita:

a) Pelo Ministério Público, através da secretaria ou dos seus serviços, e pelos órgãos de polícia criminal, nos casos previstos na alínea *c)* do n.º 1 do artigo 64.º do Código de Processo Penal;

b) Pelo Ministério Público, através da secretaria ou dos seus serviços, nos casos previstos no n.º 3 do artigo 64.º e no n.º 2 do artigo 143.º do Código de Processo Penal.

3 – *(Revogado.)*

4 – *(Revogado.)*

5 – A nomeação efectuada nos termos dos números anteriores é mantida para as restantes diligências do processo quando:

a) Não exista mandatário constituído ou defensor nomeado, salvo se o arguido afirmar pretender constituir mandatário para as restantes diligências do processo;

b) Exista defensor nomeado e este tenha faltado a diligência em que devesse estar presente.

6 – A nomeação efectuada nas situações referidas na alínea *b)* do número anterior implica a substituição do defensor anteriormente nomeado, aplicando-se, com as necessárias adaptações, o disposto no n.º 3 do artigo 15.º

7 – Havendo mandatário constituído, a nomeação efectuada nos termos do n.º 1 é feita apenas para a diligência em causa.

Artigo 4.º – Escalas de prevenção

1 – A Ordem dos Advogados elabora listas de escalas de prevenção de advogados e de advogados estagiários disponíveis para se deslocar, quando tal for solicitado, ao local em que decorra determinada diligência urgente.

2 – A escala de prevenção não importa a efectiva permanência do advogado ou advogado estagiário no local da eventual realização da diligência, salvo nos casos em que a Direcção – Geral da Administração da Justiça o solicite à Ordem dos Advogados, com, pelo menos, um mês de antecedência relativamente à data da escala de prevenção.

3 – No caso de haver lugar a diligências urgentes, as entidades referidas nos n.ºs 1 e 2 do artigo anterior devem contactar, directamente e por qualquer meio idóneo, os advogados ou advogados estagiários constantes da lista, em número estritamente necessário à assistência e defesa dos beneficiários envolvidos.

4 – Os advogados ou advogados estagiários contactados nos termos do número anterior devem deslocar-se ao local da diligência no prazo máximo de uma hora após o contacto.

5 – Os advogados ou advogados estagiários de escala de prevenção podem ser contactados para a participação em mais de uma diligência, mesmo que estas se reportem a processos distintos.

Artigo 5.º – Apreciação da insuficiência económica do arguido

Para efeitos do disposto no n.º 4 do artigo 39.º da Lei n.º 34/2004, de 29 de Julho, a secretaria do tribunal aprecia a insuficiência económica do arguido, em função da declaração emitida e dos critérios estabelecidos na lei, mediante o recurso, sempre que possível, a simulador electrónico.

Artigo 6.º – Nomeação de patrono na sequência de acto tácito de deferimento

Quando o pedido de protecção jurídica tenha sido concedido tacitamente nos termos do n.º 2 do artigo 25.º da Lei n.º 34/2004, de 29 de Julho, e esteja em causa um pedido de nomeação de patrono sem que se encontre pendente uma acção judicial, o interessado deve pedir a nomeação de patrono junto da segurança social, para que esta, no prazo máximo de dois dias úteis, solicite a nomeação à Ordem dos Advogados.

Artigo 7.º – Pluralidade de processos resultantes do mesmo facto

1 – Quando o mesmo facto der causa a diversos processos, o sistema deve assegurar, preferencialmente, a nomeação do mesmo patrono ou defensor oficioso ao beneficiário.

2 – *(Revogado.)*

3 – Nos casos em que o profissional forense intente apenso ou incidente no processo para que tenha sido nomeado, informa o representado de tal facto, bem como do objectivo a atingir com a criação do apenso ou incidente, por carta registada, com aviso de recepção.

Artigo 8.º – Encargos e despesas decorrentes da concessão de apoio judiciário

1 – Para efeitos do disposto no n.º 2 do artigo 36.º da Lei n.º 34/2004, de 29 de Julho, o valor dos encargos decorrentes da concessão de apoio judiciário, nas modalidades previstas nas alíneas *b)*, *c)*, *e)* e *f)* do n.º 1 do artigo 16.º do mesmo diploma, é de s 150 por processo.

2 – Para além do disposto no presente artigo, as despesas dos profissionais forenses que participam no sistema de acesso ao direito são reguladas pelos artigos 8.º-A a 8.º-D.

3 – O pagamento de quaisquer despesas suportadas pelo profissional forense nomeado para apoio judiciário depende da apresentação de nota de despesas junto do processo, a homologar pela Ordem dos Advogados.

4 – Não há lugar ao pagamento de deslocações que ocorram dentro da comarca de inscrição.

5 – Só é assegurado o pagamento de deslocações quando na comarca de destino não houver profissional forense inscrito no sistema de acesso ao direito.

Artigo 8.º-A – Deslocações efectuadas nas Regiões Autónomas

1 – Sempre que se verifique a indispensabilidade de deslocação de patrono ou defensor nomeado para ilha diversa da do seu domicílio, e que nesta não haja profissional forense inscrito no sistema de acesso ao direito, o Ministério da Justiça, através do IGFIJ, I. P., assegura antecipadamente o pagamento dos custos inerentes àquela deslocação.

2 – Entende -se por «custo inerente à deslocação»:

a) Passagem aérea em classe económica entre ilhas;

b) Quando necessário, alojamento de uma noite, em estabelecimento hoteleiro, classificado como «3 estrelas», nos termos da Portaria n.º 327/2008, de 28 de Abril.

3 – Sempre que a duração da diligência a realizar implique a permanência do patrono ou defensor nomeado por mais de 24 horas no local, o tempo de alojamento previsto na alínea *b)* do número anterior prolonga-se pelo tempo estritamente necessário.

Artigo 8.º-B – Adiantamento do pagamento de despesas nas Regiões Autónomas

1 – Compete à Ordem dos Advogados autorizar o adiantamento do pagamento dos custos inerentes à deslocação do patrono ou defensor nomeado, verificadas as condições previstas no n.º 1 do artigo anterior.

2 – É obrigatória, antes da autorização referida no número anterior, a verificação prévia de que inexiste profissional forense inscrito no sistema de acesso ao direito, em cumprimento do disposto no n.º 5 do artigo 8.º

3 – Não há lugar ao pagamento antecipado de despesas de deslocação que ocorram dentro de Portugal continental.

Artigo 8.º-C – Comprovativo da realização de despesas nas Regiões Autónomas

1 – No prazo máximo de 30 dias após a realização da despesa, o patrono ou defensor nomeado remete cópia dos documentos que comprovem a mesma para o IGFIJ, I. P.

2 – O não cumprimento do disposto no número anterior implica a dedução do valor da despesa, previamente assegurado pelo IGFIJ, I. P., na compensação a receber pelo patrono ou defensor nomeado.

Artigo 8.º-D – Reembolso de despesas

1 – O reembolso das despesas de deslocação realizadas dentro de Portugal continental, bem como de todas as despesas referentes ao processo, apresentadas pelos profissionais forenses participantes no sistema de acesso ao direito fica dependente de homologação da Ordem dos Advogados.

2 – Para efeitos do número anterior, o patrono ou defensor nomeado remete à Ordem dos Advogados, juntamente com o pedido de reembolso, os documentos originais que comprovem a realização da despesa, podendo esta exigir àquele a prestação de quaisquer informações e documentos de suporte que repute necessários para comprovar a sua efectiva realização.

Artigo 9.º – Estruturas de resolução alternativa de litígios

Para efeitos do disposto no n.º 1 do artigo 17.º da Lei n.º 34/2004, de 29 de Julho, as estruturas de resolução alternativa de litígios em que se aplica o regime do apoio judiciário são as constantes do anexo do presente diploma e do qual faz parte integrante.

CAPÍTULO II – Participação dos profissionais forenses no sistema de acesso ao direito

SECÇÃO I – Profissionais forenses e admissão ao sistema de acesso ao direito

Artigo 10.º – Selecção dos profissionais forenses

1 – Sem prejuízo do disposto no Estatuto da Ordem dos Advogados e no Estatuto da Câmara dos Solicitadores, a candidatura para participar no sistema de acesso ao direito é voluntária.

2 – A selecção dos profissionais forenses para participar no sistema de acesso ao direito é efectuada em termos a definir pela Ordem dos Advogados.

3 – A selecção deve procurar assegurar a qualidade dos serviços prestados aos beneficiários de protecção jurídica no âmbito do sistema de acesso ao direito.

Artigo 11.º – Solicitadores

A participação de solicitadores no sistema de acesso ao direito é efectuada de acordo com critérios definidos em protocolo celebrado entre a Câmara dos Solicitadores, a Ordem dos Advogados e o Ministério da Justiça, devendo constar do mesmo, designadamente, os termos de acesso ao sistema electrónico gerido pela Ordem dos Advogados e o modo como as comunicações entre os vários intervenientes se processam.

Artigo 12.º – Advogados estagiários

1 – Sem prejuízo das competências estatutárias que lhes estão cometidas, os advogados estagiários podem participar no sistema de acesso ao direito, mediante acompanhamento por parte do seu patrono, em todas as diligências e processos a este atribuídos.

2 – A Ordem dos Advogados define os termos da participação dos advogados estagiários, em diligências e processos que não estejam atribuídos ao seu patrono.

SECÇÃO II – Regras de participação no sistema de acesso ao direito

Artigo 13.º – Utilização de meios electrónicos

Os profissionais forenses participantes no sistema de acesso ao direito devem utilizar todos os meios electrónicos disponíveis no contacto com os tribunais, designadamente no que respeita ao envio de peças processuais e documentos por transmissão electrónica de dados, nos termos definidos no artigo 150.º do Código de Processo Civil e na portaria prevista no n.º 1 do artigo 138.º-A do mesmo Código.

Artigo 14.º – Exclusão do sistema de acesso ao direito

1 – A exclusão do sistema de acesso ao direito de profissionais forenses que não observem as regras de exercício do patrocínio e da defesa oficiosas é efectuada nos termos definidos pela Ordem dos Advogados.

2 – O juiz e o Ministério Público devem informar a Ordem dos Advogados da inobservância, por parte de um profissional forense, das regras de exercício do patrocínio e da defesa oficiosas.

Artigo 15.º – Saída do sistema de acesso ao direito

1 – Os profissionais forenses participantes no sistema de acesso ao direito que saiam do sistema, independentemente do motivo, antes do trânsito em julgado de um processo ou do termo definitivo de uma diligência para que estejam nomeados devem restituir, no prazo máximo de 30 dias, todas as quantias entregues por conta de cada processo ou diligência em curso.

2 – Exceptuam-se do disposto no número anterior as situações em que haja lugar a integral substituição do profissional forense a quem foi atribuído um dos lotes referidos no n.º 2 do artigo 18.º por outro participante do sistema.

3 – Compete à Ordem dos Advogados a determinação dos termos em que se deve processar a integral substituição num lote referida no número anterior, bem como a forma de repartição entre os profissionais forenses das quantias entregues.

4 – *(Revogado.)*

Artigo 16.º – Escusa e dispensa de patrocínio

O disposto no artigo anterior aplica-se aos casos de escusa e de dispensa de patrocínio, relativamente aos processos em que cesse o patrocínio e a defesa oficiosas.

Artigo 17.º – Substituição em diligência processual

1 – O patrono ou defensor nomeado pode substabelecer, com reserva, para diligência determinada, desde que indique substituto.

2 – A remuneração do substabelecido é da responsabilidade do patrono ou defensor nomeado.

CAPÍTULO III – Lotes de processos e escalas de prevenção

Artigo 18.º – Lotes

1 – Os profissionais forenses devem optar, no momento da sua candidatura, pela designação para as seguintes modalidades de prestação de serviços no sistema de acesso ao direito:

a) Lotes de processos;

b) Nomeação isolada para processos;

c) Lotes de escalas de prevenção;

d) Designação isolada para escalas de prevenção;

e) Designação para consulta jurídica.

2 – Os lotes de processos podem ter a seguinte composição:

a) Lote de acompanhamento de 50 processos em simultâneo;

b) Lote de acompanhamento de 30 processos em simultâneo;

c) Lote de acompanhamento de 20 processos em simultâneo;

d) Lote de acompanhamento de 10 processos em simultâneo.

3 – Os lotes de escalas de prevenção podem ter a seguinte composição:

a) Lote de 36 escalas de prevenção por ano;

b) Lote de 24 escalas de prevenção por ano;

c) Lote de 12 escalas de prevenção por ano;

d) Lote de 6 escalas de prevenção por ano.

4 – O profissional forense não pode inscrever-se:

a) Para mais de um lote de processos;

b) Para um lote de processos e para nomeação isolada para processos;

c) Para mais de um lote de escalas de prevenção;

d) Para um lote de escalas de prevenção e para designação isolada para escalas de prevenção.

Artigo 19.º – Limites geográficos

1 – Os lotes, nomeações e designações definidos no artigo anterior têm de respeitar a processos, escalas de prevenção e consultas jurídicas da mesma circunscrição.

2 – Para os efeitos definidos no número anterior, a Ordem dos Advogados pode agregar comarcas para formar circunscrições de maiores dimensões.

3 – Para os efeitos deste artigo são consideradas como pertencentes à mesma circunscrição:

a) As comarcas da área metropolitana de Lisboa;

b) As comarcas da área metropolitana do Porto.

Artigo 20.º – Número de lotes por circunscrição

1 – Compete à Ordem dos Advogados determinar o número de lotes de processos e de escalas de prevenção e a respectiva composição, bem como definir as circunscrições em que se justifica a sua existência.

2 – *(Revogado.)*

Artigo 21.º – Preenchimento dos lotes

1 – Os lotes são de preenchimento sucessivo, pelo que dentro de cada circunscrição só se inicia o preenchimento de um lote após o total preenchimento do lote anterior.

2 – Compete à Ordem dos Advogados hierarquizar os profissionais forenses pertencentes ao sistema de acesso ao direito, determinando por essa via a ordem de preenchimento dos lotes.

3 – Independentemente da competência da Ordem dos Advogados a que se refere o número anterior, os profissionais forenses que optarem por lotes de maior dimensão têm prioridade no preenchimento dos lotes e aqueles que optarem por lotes têm prioridade relativamente aos que se inscreverem para as modalidades referidas nas alíneas *b)* e *d)* do n.º 1 do artigo 18.º.

4 – Nos lotes de processos, a remoção de um processo do lote, designadamente por trânsito em julgado ou constituição de mandatário pelo beneficiário, determina a substituição automática por outro processo, respeitando sempre as regras de prioridade no preenchimento dos lotes.

5 – *(Revogado.)*

6 – Apenas são contabilizadas para efeitos de preenchimento dos lotes as escalas de prevenção em que tenha ocorrido efectiva deslocação ao local de realização da diligência.

7 – Para todos os efeitos, é contabilizada em duplicado a escala de prevenção que, em virtude do número de diligências ou da particular complexidade de uma ou de algumas delas, implique a permanência no local das diligências por período superior a seis horas.

8 – Sem prejuízo do disposto no n.º 3 do artigo 26.º, a nomeação para as restantes diligências do processo, nos termos do n.º 5 do artigo 3.º, não obsta à contabilização dessa diligência para efeitos de preenchimento do lote de escalas de prevenção.

9 – A Ordem dos Advogados disponibiliza electronicamente no seu sítio da Internet informação relativa ao preenchimento dos lotes.

Artigo 22.º – Regras especiais de preenchimento dos lotes

1 – Caso o profissional forense se encontre inscrito para lotes de processos, a nomeação efectuada nos termos do n.º 5 do artigo 3.º é contabilizada para efeitos de preenchimento do lote, mesmo que isso signifique o aumento temporário do número de processos correspondentes ao seu lote.

2 – Verificando-se a situação prevista na parte final do número anterior, não há lugar a substituição de um processo que tenha sido removido do lote enquanto o número de processos não for inferior ao valor máximo previsto para esse lote.

3 – Se o profissional forense não se encontrar inscrito para lote de processos, a nomeação efectuada nos termos do n.º 5 do artigo 3.º é considerada, para todo os efeitos, como nomeação isolada para processo, nos termos da alínea *b)* do n.º 1 do artigo 18.º.

Artigo 23.º – Renovação de lotes de escalas de prevenção

1 – *(Revogado.)*

2 – O profissional forense que não pretenda a renovação do lote de escalas de prevenção em que se encontra inscrito deve comunicá-lo à Ordem dos Advogados, em termos a definir por esta entidade.

Artigo 24.º – Nomeações e designações isoladas

1 – As nomeações isoladas para processos consistem na nomeação ocasional dos profissionais forenses para um processo concreto.

2 – Não está limitado o número de processos em que o profissional forense, que optou pela modalidade de nomeação isolada para processos, pode ser nomeado, mas as nomeações devem respeitar sempre as regras de prioridade na atribuição de processos.

3 – Salvo nos casos especialmente previstos, não se considera nomeação isolada para um processo a nomeação para uma diligência durante uma escala de prevenção.

4 – As designações isoladas para escalas de prevenção consistem na designação ocasional dos profissionais forenses para uma escala de prevenção em concreto, aplicando-se o disposto no n.º 2.

CAPÍTULO IV – Compensação dos profissionais forenses

Artigo 25.º – Tabela de compensações pelas nomeações para processos

1 – Os valores das compensações devidas aos profissionais forenses pela inscrição em lotes de processos ou pela nomeação isolada para processo são os estabelecidos na Portaria n.º 1386/2004, de 10 de Novembro.

2 – *(Revogado.)*

3 – Sem prejuízo do disposto no número seguinte, caso o profissional forense se encontre inscrito em lote de processos, o pagamento da compensação é efectuado nos seguintes moldes:

a) Pagamento de 30% do valor, tendo em conta apenas o procedimento em 1.ª instância, de cada processo inserido no lote, no momento da atribuição do lote;

b) Pagamento do remanescente da compensação devida pelo processo específico, quando ocorra o trânsito em julgado do processo ou a constituição de mandatário;

c) Aplica-se o disposto na alínea *a)* sempre que haja a entrada de um novo processo para o lote.

4 – Acresce à remuneração referida no n.º 1 duas unidades de referência após a resolução do litígio que ponha termo ao processo, se esta ocorrer antes da audiência de julgamento, e, tratando-se de processo penal, desde que tenha havido acusação.

5 – *(Revogado.)*

6 – Nas nomeações isoladas para processos, o pagamento da compensação é efectuado quando ocorra o trânsito em julgado do processo ou a constituição de mandatário.

7 – No caso previsto na alínea *a)* do n.º 3, tendo o processo de apoio judiciário por finalidade a propositura de uma acção ou instauração de um processo e vindo a concluir-se pela inexistência de fundamento para a pretensão do beneficiário, é devida apenas ao patrono nomeado uma compensação correspondente ao montante de uma unidade de referência.

8 – *(Revogado.)*

9 – Sem prejuízo do disposto no n.ºs 1, 3 e 6, nos casos em que a nomeação referida no n.ºs 1 e 2 do artigo 3.º resulte da não comparência de mandatário constituído, o arguido suporta a quantia prevista para o caso de nomeação para diligência isolada em processo, que entra em regra de custas.

10 – Sem prejuízo do disposto nos n.ºs 1, 3 e 6, o disposto no n.º 7 aplica-se aos casos em que o disposto na alínea *a)* do n.º 5 do artigo 3.º não é aplicável porque o arguido afirmou pretender constituir mandatário para as restantes diligências do processo.

Artigo 26.º – Tabela de compensações pelas designações para escalas de prevenção

1 – Os valores das compensações devidas aos profissionais forenses pela inscrição em lotes de escalas de prevenção ou pela designação isolada para escalas de prevenção são os estabelecidos na Portaria n.º 1386/2004, de 10 de Novembro.

2 – As compensações das escalas de prevenção previstas no número anterior são devidas após a realização da escala de prevenção com efectiva deslocação ao local da diligência.

3 – Se o profissional forense for nomeado para as restantes diligências do processo, nos termos do n.º 5 do artigo 3.º, apenas é devida compensação pelo processo.

Artigo 27.º – Tabela de compensação da consulta jurídica

Pela realização de uma consulta jurídica em escritório de advogado é devido o pagamento de € 25, após a efectiva realização da consulta.

Artigo 28.º – Processamento e meio de pagamento da compensação

1 – O pagamento da compensação devida aos profissionais forenses deve ser processado pelo IGFIJ, I. P., até ao termo do mês seguinte àquele em que é confirmada no sistema, pela secretaria do tribunal ou serviço competente junto do qual corre o processo, a prática dos factos determinantes da compensação descritos nas alíneas *a)* a *d)* do número subsequente.

2 – Para efeitos do disposto no número anterior, os factos determinantes da compensação são os seguintes:

a) No caso previsto na alínea *a)* do n.º 3 do artigo 25.º, a atribuição de um lote de processos;

b) No caso previsto na alínea *b)* do n.º 3 e no n.º 6 do artigo 25.º, o trânsito em julgado ou a constituição de mandatário;

c) No caso previsto na alínea *c)* do n.º 3 do artigo 25.º, a entrada de um novo processo no lote;

d) No caso previsto no n.º 1 do artigo 26.º, a realização da escala de prevenção com efectiva deslocação ao local da diligência;

e) Na consulta jurídica realizada em escritório de advogado, a sua realização, confirmada por remessa electrónica, em formato PDF, pelo profissional forense ao IGFIJ, I. P. de declaração assinada pelo beneficiário da consulta jurídica atestando que a mesma lhe foi prestada.

3 – O pagamento é sempre efectuado por via electrónica, tendo em conta a informação remetida pela Ordem dos Advogados ao IGFIJ, I. P., confirmada nos termos dos números anteriores.

4 – Para efeitos de confirmação no sistema a que se refere o n.º 1, o IGFIJ, I. P cria e disponibiliza uma página da internet, de acesso reservado às entidades junto das quais corra processo em que tenha sido concedido apoio judiciário, com os mecanismos para tal necessários.

5 – As entidades junto das quais corra processo em que tenha sido concedido apoio judiciário devem verificar quinzenalmente a página da internet mencionada no número anterior.

6 – Os Serviços do Ministério da Justiça devem realizar auditorias ao sistema de acesso ao direito e aos tribunais, podendo solicitar, a todo o tempo, informação aos tribunais, às entidades referidas no n.º 2 do artigo 3.º, ou a quaisquer entidades junto das quais corram processos em que tenha havido nomeação de patrono.

Os n.ºs 1, alínea e) do n.º 2, 3 e 4 foram alterados pela Portaria n.º 319/2011, de 30/12, que também aditou os n.ºs 5 e 6.

Artigo 28.º-A – Constituição de mandatário

Sempre que o beneficiário de apoio judiciário constitua mandatário após ter sido nomeado profissional forense é devido a este:

a) Caso não tenha tido qualquer intervenção processual, uma unidade de referência;

b) Caso tenha tido intervenção processual, quatro unidades de referência ou, mediante requerimento, o montante previsto para os actos ou diligências em que comprovadamente participou até ao limite correspondente ao valor dos honorários aplicáveis ao processo em causa.

CAPÍTULO V – Sistema de gestão, monitorização e informação do acesso ao direito

Artigo 29.º – Notificações, pedidos de nomeação e outras comunicações

Todas as notificações, pedidos de nomeações e outras comunicações entre a Ordem dos Advogados e os tribunais, as secretarias ou serviços do Ministério Público, os órgãos de polícia criminal, os profissionais forenses participantes no sistema de acesso ao direito, os serviços da segurança social e o IGFIJ, I. P., devem realizar-se por via electrónica, através de sistema gerido pela Ordem dos Advogados.

Artigo 30.º – Informação financeira

O sistema referido no artigo anterior deve assegurar a produção, por via informática, da informação financeira relevante para garantir a verificação da elegibilidade das despesas e a transparência e auditabilidade das contraprestações financiadas.

Artigo 31.º – Informação estatística

A Ordem dos Advogados deve disponibilizar periodicamente e por meios electrónicos informação estatística sobre o sistema de acesso ao direito à Direcção-Geral da Política de Justiça.

Artigo 32.º – Comissão de acompanhamento do sistema de acesso ao direito

1 – Sem prejuízo das competências da Ordem dos Advogados e do Ministério da Justiça, a monitorização do sistema de acesso ao direito compete a uma comissão de acompanhamento do acesso ao direito.

2 – A comissão é composta por quatro representantes designados pelo membro do Governo responsável pela área da justiça, quatro representantes designados pela Ordem dos Advogados e um representante designado pelo membro do Governo responsável pela área da segurança social.

3 – Os representantes designados pelo membro do Governo responsável pela área da justiça pertencem às seguintes áreas de competência:

a) Política de justiça;

b) Gestão financeira da justiça;

c) Administração da justiça;

d) Meios de resolução alternativa de litígios.

4 – A comissão tem por competência a apresentação de relatórios anuais de monitorização do sistema de acesso ao direito, bem como apresentar propostas de aperfeiçoamento do sistema.

5 – O primeiro relatório de monitorização, acompanhado de propostas de aperfeiçoamento do sistema, deve ser apresentado ao membro do Governo responsável pela área da justiça até 1 de Setembro de 2009.

6 – Por meio de deliberação adoptada em reunião da comissão, esta pode convidar quaisquer pessoas ou entidades a participarem nos trabalhos que sejam realizados no âmbito da mesma.

CAPÍTULO VI – Disposições finais e transitórias

Artigo 33.º – Encargos decorrentes da gestão do sistema de acesso ao direito

Os encargos decorrentes da gestão do sistema de acesso ao direito são suportados em termos a definir por protocolo celebrado entre o Ministério da Justiça e a Ordem dos Advogados.

Artigo 34.º – Aperfeiçoamento do sistema de acesso ao direito

1 – O sistema de acesso ao direito deve ser objecto de revisão e aperfeiçoamento decorridos 18 meses da sua entrada em funcionamento.

2 – A revisão referida no número anterior deve ser realizada com a participação da Ordem dos Advogados e ter em conta o relatório de monitorização e as

propostas de aperfeiçoamento da comissão de acompanhamento do sistema de acesso ao direito, referidas no n.º 4 do artigo 32.º.

Artigo 35.º - Aplicação no tempo e direito transitório

1 - A presente portaria aplica -se aos pedidos, dirigidos à Ordem dos Advogados, de nomeação de patrono, defensor e de consulta jurídica realizados após a sua entrada em vigor.

2 - Até 31 de Agosto de 2008 mantêm -se em vigor as regras relativas à selecção e participação dos profissionais forenses envolvidos no sistema de acesso ao direito, bem como as relativas ao pagamento dos honorários e à compensação das despesas.

3 - As nomeações efectuadas antes de 1 de Janeiro de 2008 para escalas a realizar após essa data são reguladas pelo regime anterior ao estabelecido pela presente portaria.

Artigo 36.º - Norma revogatória

(Revogado.)

Artigo 37.º - Entrada em vigor

1 - Sem prejuízo do disposto no número seguinte, a presente portaria entra em vigor em 1 de Janeiro de 2008.

2 - Os n.ºs 1 a 3 do artigo 1.º, 5 a 7 do artigo 3.º e 2 do artigo 7.º e os artigos 10.º, 12.º a 16.º, 18.º a 26.º e 28.º a 33.º entram em vigor em 1 de Setembro de 2008.

ANEXO
(a que faz referência o Artigo 9.º)

a) Julgados de Paz.

b) Sistema de Mediação Laboral, criado pelo protocolo celebrado em 5 de Maio de 2006 entre o Ministério da Justiça e a Confederação da Indústria Portuguesa, Confederação do Comércio e Serviços de Portugal, Confederação do Turismo Português, Confederação dos Agricultores de Portugal, Confederação Geral dos Trabalhadores Portugueses – Intersindical Nacional e a União Geral dos Trabalhadores.

c) Sistema de Mediação Familiar, criado pelo despacho n.º 18 778/2007, publicado no Diário da República, 2.ª série, de 22 de Agosto de 2007.

d) Sistema de Mediação Penal, criado pela Lei n.º 21/2007, de 12 de Junho.

e) Centro de Arbitragem de Conflitos de Consumo de Lisboa, autorizado nos termos conjugados dos despachos n.os 5/90, de 2 de Fevereiro, 20/93, de 4 de Maio, publicado no Diário da República, 2.ª série, de 21 de Maio de 1993, e 21 620/2004, de 13 de Outubro, publicado no Diário da República, 2.ª série, de 22 de Outubro de 2004.

f) Centro de Arbitragem do Sector Automóvel, autorizado nos termos conjugados dos despachos n.os 36/93, de 3 de Agosto, publicado no Diário da República, 2.ª série, de 24 de Agosto de 1993, 532/99, de 23 de Dezembro de 1998, publicado no Diário da República, 2.ª série, de 13 de Janeiro de 1999, e 26 196/2002, de 27 de Novembro, publicado no Diário da República, 2.ª série, de 11 de Dezembro de 2002.

g) Centro de Informação de Consumo e Arbitragem do Porto, autorizado nos termos conjugados dos despachos n.os 79/95, de 2 de Junho, publicado no Diário da República, 2.ª série, de 24 Junho de 1995, 3294/2001, de 5 de Fevereiro, publicado no Diário da República, 2.ª série, de 16 Fevereiro de 2001, 10 685/2001, de 8 de Maio, publicado no Diário da República, 2.ª série, de 22 Maio de 2001, e 13 518/2001, de 11 de Junho, publicado no Diário da República, 2.ª série, de 29 de Junho de 2001.

h) Centro de Informação, Mediação e Arbitragem de Consumo do Vale do Cávado, autorizado nos termos conjugados dos despachos nos 147/95, de 27 de Setembro, publicado no Diário da República, 2.ª série, de 14 de Outubro de 1995, 9968/97, de 14 de Outubro, publicado no Diário da República, 2.ª série, de 28 de Outubro de 1997, e 5479/2003, de 11 de Março, publicado no Diário da República, 2.ª série, n.º 67, de 20 de Março de 2003.

i) Centro de Arbitragem de Conflitos de Consumo do Distrito de Coimbra, autorizado nos termos conjugados dos despachos n.os 166/95, de 23 de Outubro, publicado no Diário da República, 2.ª série, de 9 de Novembro de 1995, e 19 533/2000, de 11 de Setembro, publicado no Diário da República, 2.ª série, de 29 de Setembro de 2000.

j) Centro de Arbitragem de Conflitos de Consumo do Vale do Ave/Tribunal Arbitral, autorizado nos termos conjugados dos despachos n.ºs 53/93, de 30 de Outubro, publicado no Diário da República, 2.ª série, de 23 de Novembro de 1993, 26-A/SEAMJ/97, de 28 de Fevereiro, publicado no Diário da República, 2.ª série, de 22 de Março de 1997.

l) Centro de Informação, Mediação e Arbitragem de Conflitos de Consumo do Algarve, autorizado nos termos conjugados dos despachos n.ºs 10 478/2000, de 11 de Maio, publicado no Diário da República, 2.ª série, de 23 de Maio de 2000, 10 185/2004, de 7 de Maio, publicado no Diário da República, 2.ª série, de 24 de Maio de 2004, e 20 779/2009, de 8 de Setembro, publicado no Diário da República, 2.ª série, de 16 de Setembro de 2009.

m) Centro de Informação, Mediação e Arbitragem de Seguros Automóveis, autorizado nos termos do despacho n.º 25 380/2000, de 28 de Novembro, publicado no Diário da República, 2.ª série, de 13 de Dezembro de 2000.

n) Centro Nacional de Informação e Arbitragem de Conflitos de Consumo, autorizado nos termos do despacho n.º 20 778/2009, de 8 de Setembro, publicado no Diário da República, 2.ª série, de 16 de Setembro de 2009.

o) Centro de Arbitragem para a Propriedade Industrial, Nomes de Domínio, Firmas e Denominações, autorizado nos termos do despacho n.º 28 519/2008, de 22 de Outubro, publicado no Diário da República, 2.ª série, de 6 de Novembro de 2008.

p) Centro de Arbitragem Administrativa, autorizado nos termos do despacho n.º 5097/2009, de 27 de Janeiro, publicado no Diário da República, 2.ª série, de 12 de Fevereiro de 2009.

3.5
Portaria n.º 1386/2004, de 10 de Novembro

(Revogada pela Portaria n.º 10/2008 de 3 de Janeiro e repristinada, com alterações, pela Portaria n.º 210/2008 de 29 de Fevereiro)

A Lei n.º 34/2004, de 29 de Julho, que procedeu a alterações profundas no regime de acesso ao direito e aos tribunais, remete para portaria conjunta dos Ministros das Finanças e da Justiça a definição dos termos em que o Estado garante a remuneração dos profissionais forenses pelos serviços prestados no âmbito da protecção jurídica, bem como o reembolso das respectivas despesas.

Esta matéria encontra-se actualmente regulamentada na Portaria n.º 150/ /2002, de 19 de Fevereiro, que aprovou a tabela para pagamento dos honorários dos advogados, advogados estagiários e solicitadores, no âmbito do patrocínio oficioso. Todavia, a fim de garantir a compatibilidade do novo regime decorrente da Lei n.º 34/2004, de 29 de Julho, com o actual modelo de remuneração dos profissionais forenses que prestem serviços no âmbito do patrocínio oficioso, importa, desde já, aditar um novo número à referida tabela, relativo à consulta jurídica para apreciação liminar de existência de fundamento legal da pretensão para efeito de nomeação de patrono oficioso, a qual é obrigatória sempre que esteja em causa a pro-positura de uma acção.

Por outro lado, constata-se que a terminologia constante de alguns números da tabela anexa à Portaria n.º 150/2002, de 19 de Fevereiro, encontra-se desajustada à luz das alterações legislativas ocorridas desde a sua aprovação e que importa corrigir imediatamente.

Assim, sem prejuízo da continuação do estudo de um novo modelo de remuneração dos profissionais forenses que intervêm no sistema de acesso ao direito e aos tribunais, e que o Governo tem vindo a desenvolver com a participação de todas as entidades interessadas, são introduzidas desde já as referidas alterações mínimas necessárias no modelo aprovado pela Portaria n.º 150/2002, de 19 de Fevereiro, mantendo-se, no essencial, o seu regime.

Aproveita-se, ainda, para alterar a regra relativa ao valor dos honorários a pagar em caso de superação do litígio por transacção judicial, agora alargada aos casos em que haja desistência, confissão, transacção ou impossibilidade superveniente da lide antes do fim da audiência de julgamento, introduzindo-se, a este nível, maior equidade e eficácia.

Por último, reconhecendo-se a oportunidade para melhorar a estrutura formal da Portaria n.º 150/2002, de 19 de Fevereiro, procede-se à sua reformulação, transferindo para o articulado algumas das regras previstas em anotação à tabela.

Foram ouvidas a Ordem dos Advogados e a Câmara dos Solicitadores.

Assim:

Manda o Governo, pelos Ministros das Finanças e da Administração Pública e da Justiça, ao abrigo do disposto no n.º 2 do artigo 3.º da Lei n.º 34/2004, de 29 de Julho, o seguinte:

1.º – É aprovada a tabela de honorários dos advogados, advogados estagiários e solicitadores pelos serviços que prestem no âmbito da protecção jurídica, a qual é publicada em anexo à presente portaria, da qual faz parte integrante.

2.º – 1 – São devidos aos advogados, pelos serviços que prestem no âmbito da protecção jurídica, os honorários constantes da tabela em anexo.

2 – Os honorários devidos aos advogados estagiários são os constantes da tabela em anexo reduzidos a dois terços.

3 – *Revogado pela Portaria 210/2008, de 29/02/08.*

4 – *Revogado pela Portaria 210/2008, de 29/02/08.*

3.º – *Revogado pela Portaria 210/2008, de 29/02/08.*

4.º – *Revogado pela Portaria 210/2008, de 29/02/08.*

5.º – 1 – Quando, no mesmo período da manhã ou da tarde, o advogado, advogado estagiário ou solicitador intervier em mais de um processo, os honorários são limitados ao montante da remuneração mais elevada prevista para os processos em que nesse período tiver intervindo, qualquer que tenha sido o número efectivo de intervenções.

2 – Quando, durante um mesmo dia, todas as intervenções se limitarem a processos sumários, sumaríssimos, de transgressão ou contravenção de natureza penal, os honorários são limitados ao montante da remuneração mais elevada prevista para estes processos, qualquer que tenha sido o número efectivo de intervenções, acrescido da rubrica prevista no n.º 10 da tabela anexa, quando o número de intervenções for igual ou superior a quatro.

6.º – *Revogado pela Portaria 210/2008, de 29/02/08.*

7.º – *Revogado pela Portaria 210/2008, de 29/02/08.*

8.º – 1 – Para efeito de reembolso de despesas pelos serviços prestados, nos termos do artigo 41.º da Lei n.º 34/2004, de 29 de Julho, o advogado, advogado estagiário ou solicitador apresenta nota de despesas reali-zadas seguidamente ao acto ou diligência para que foi nomeado.

2 – Nos restantes casos, o advogado, advogado estagiário ou solicitador deve apresentar a nota de despesas no prazo de cinco dias contados da decisão que seja proferida no processo.

9.º – É revogada a Portaria n.º 150/2002, de 19 de Fevereiro.

10.º – A presente portaria entra em vigor no dia seguinte ao da sua publicação, produzindo efeitos desde o dia 1 de Setembro de 2004.

Em 26 de Outubro de 2004.

O Ministro das Finanças e da Administração Pública
António José de Castro Bagão Félix.

O Ministro da Justiça
José Pedro Aguiar-Branco.

ANEXO
Tabela de honorários para a protecção jurídica

	Valor da acção (em euros)	Unidade de referência (UR=1/4 da UC)
1 — Processo civil:		
1.1 — Acção declarativa:		
1.1.1 — Processo ordinário:		
1.1.1.1 — Com variação de valores entre	14 963,91 a 24 939,85	21,00.
1.1.1.2 — Com variação de valores entre	24 939,86 a 49 879,70	24,00.
1.1.1.3 — Com variação de valores entre	49 879,71 a 149 639,10	32,00.
1.1.1.4 — Com variação de valores entre	149 639,11 a 399 037,60	57,00.
1.1.1.5 — Com variação de valores entre	399 037,61 a 598 556,40	90,00.
1.1.1.6 — Com variação de valores entre	Superior a 598 556,40	126,00.
1.1.2 — Processo sumário:		
1.1.2.1 — Com variação de valores entre	3 740,98 a 5 985,56	8,00.
1.1.2.2 — Com variação de valores entre	5 985,57 a 9 975,94	10,00.
1.1.2.3 — Com variação de valores entre	9 975,95 a 14 963,91	14,00.
1.1.3 — Processo sumaríssimo e acção especial para cumprimento de obrigações pecuniárias.		7,00.
1.1.4 — Procedimento de injunção que não dê lugar a acção especial para cumprimento de obrigações pecuniárias.		3,00.
1.2 — Acção executiva:		
1.2.1 — Com dedução de oposição e ou liquidação		Os valores aplicáveis às acções declarativas n.os 1.1.1.1 a 1.1.2.3.
1.2.2 — Sem dedução de oposição		7,00.
1.2.3 — Mandado de despejo		4,00.
1.3 — Recursos:		
1.3.1 — Apelação e revista		9,00.
1.3.2 — Agravo		4,00.
1.3.3 — Outros		8,00.
2 — Processo de trabalho:		
2.1 — Acção declarativa:		
2.1.1 — Com variação de valores entre	Até 5 985,56	8,00.
2.1.2 — Com variação de valores entre	5 985,57 a 24 939,85	12,00.
2.1.3 — Com variação de valores entre	Superior a 24 939,85	16,00.
2.2 — Acção executiva		7,00.
2.3 — Processos especiais		8,00.
2.4 — Recursos:		
2.4.1 — Apelação e revista		8,00.
2.4.2 — Agravo		4,00.
3 — Processo penal:		
3.1 — Processo penal:		
3.1.1 — Processo comum:		
3.1.1.1 — Crimes da competência do tribunal colectivo:		
3.1.1.1.1 — Puníveis com pena superior a 8 anos.		16,00.
3.1.1.1.2 — Puníveis com pena até 8 anos		13,00.
3.1.1.2 — Crimes da competência do tribunal singular.		11,00

	Valor da acção (em euros)	Unidade de referência (UR = $^1/_4$ da UC)
3.1.2 — Processo abreviado		9,00.
3.1.3 — Processo sumário		8,00.
3.1.4 — Processo sumaríssimo		7,00.
3.1.5 — Transgressão e contravenção		3,00.
3.1.6 — Julgamento com a intervenção do júri		21,00.
3.2 — Pedido de indemnização civil		Os valores aplicáveis às acções declarativas n.os 1.1.1.1 a 1.1.2.3.
3.3 — Execução de pedido de indemnização civil		Os valores aplicáveis às acções executivas n.os 1.2.1 e 1.2.2.
3.4 — Recursos:		
3.4.1 — Ordinários		9,00.
3.4.2 — Extraordinários		4,00.
4 — Processos especiais e outros:		
4.1 — Divórcio e separação de pessoas e bens:		
4.1.1 — Acção litigiosa		21,00.
4.1.2 — Mútuo consentimento		10,00.
4.2 — Jurisdição de menores		21,00.
4.3 — Inventário		Os valores aplicáveis às acções declarativas n.os 1.1.1.1 a 1.1.2.3, em função do quinhão.
4.4 — Insolvência		20,00.
4.5 — Constitucional		13,00.
4.6 — Administrativo e fiscal:		
4.6.1 — Administrativo:		
4.6.1.1 — Acção administrativa especial		13,00
4.6.1.2 — Acção administrativa comum		Os valores aplicáveis às acções declarativas n.os 1.1.1.1 a 1.1.2.3.
4.6.2 — Fiscal		13,00.
4.6.3 — Recurso de decisões jurisdicionais		4,00.
4.7 — Contra-ordenações		13,00.
5 — Incidentes processuais, procedimentos cautelares, meios processuais acessórios e pedidos de suspensão de eficácia do acto.		8,00.
6 — Intervenção ocasional em acto ou diligência isolada do processo, designadamente em diligências deprecadas.		5,00.
7 — Assistência a arguido preso ou junto de entidades policiais		5,00.
8 — Por cada deslocação do patrono/defensor a estabelecimento prisional para conferência com o patrocinado preso ou detido, com um máximo de três deslocações.		3,00.
9 — Quando a diligência comporte mais de duas sessões, por cada sessão a mais.		3,00.
10 — Por cada presença, período da manhã ou da tarde, no âmbito das escalas de urgência, desde que não tenha sido efectuada qualquer diligência.		3,00.
11 — Pela consulta jurídica para apreciação liminar da existência de fundamento legal da pretensão.		1,00.
12 — Pela superação do litígio por transacção ou a sua resolução por meios alternativos, designadamente mediação ou arbitragem, no âmbito da consulta jurídica.		5,00.
13 — Outras intervenções de patronos oficiosos		8,00.

3.6
Decreto-Lei n.º 131/2009, de 1 de Junho c/ as alterações introduzidas pelos Decretos-Lei n.º 50/2018 de 25 de Junho e n.º 172 de 12 de Dezembro de 2019

Adiamento de Actos Processuais em Casos de Maternidade, Paternidade ou Luto

Artigo 1.º – Objecto

O presente decreto-lei consagra o direito dos advogados ao adiamento de actos processuais em que devam intervir em caso de maternidade, paternidade e luto e regula o respectivo exercício.

Artigo 2.º – Maternidade ou paternidade

Em caso de maternidade ou paternidade, os advogados, ainda que no exercício do patrocínio oficioso, gozam do direito de obter, mediante comunicação ao tribunal, o adiamento dos atos processuais em que devam intervir, nos seguintes termos:

a) Quando a diligência devesse ter lugar durante o primeiro mês após o nascimento, o adiamento não deve ser inferior a dois meses e quando devesse ter lugar durante o segundo mês, o adiamento não deverá ser inferior a um mês;

b) Em caso de processos urgentes, os prazos previstos na alínea anterior são reduzidos a duas semanas e uma semana, respectivamente, sem prejuízo do disposto na alínea seguinte;

c) Nos casos em que existam arguidos sujeitos a qualquer das medidas de coacção previstas nos artigos 201.º e 202.º do Código de Processo Penal, não têm aplicação as disposições previstas nas alíneas anteriores.

Artigo 3.º – Falecimento

Os advogados, ainda que no exercício do patrocínio oficioso, gozam do direito de obter, mediante comunicação ao tribunal, o adiamento dos atos processuais em que devam intervir:

a) Nos cinco dias consecutivos ao falecimento do cônjuge não separado de pessoas e bens, de pessoa com quem vivam em condições análogas às dos cônjuges, ou de parente ou afim no 1.º grau da linha reta;

b) Nos dois dias consecutivos ao falecimento de outro parente ou afim na linha reta ou no 2.º grau da linha colateral.

Artigo 4.º – Prova

1 – A comunicação ao tribunal deve, quando possível, ser acompanhada de documento comprovativo da gravidez ou do nascimento em caso de maternidade ou paternidade, ou dos documentos comprovativos do óbito.

2 – Quando não for possível apresentar os documentos comprovativos referidos no número anterior no momento da comunicação ao tribunal, o advogado deve fazê-lo nos 10 dias subsequentes.

Artigo 4.º-A

O disposto nos artigos anteriores é aplicável aos solicitadores no exercício do mandato forense, nos termos previstos na lei processual.

Artigo 5.º – Disposição final

O direito ao adiamento dos actos processuais, nos casos previstos nos artigos 1.º e 2.º do presente decreto-lei, em nada prejudica os poderes do mandatário de substabelecer o mandato nos termos da lei, nem a liberdade de escolha do mandatário pelo mandante.

Visto e aprovado em Conselho de Ministros de 9 de Abril de 2009. – *José Sócrates Carvalho Pinto de Sousa* – *Alberto Bernardes Costa.*

Promulgado em 20 de Maio de 2009.

Publique-se.

O Presidente da República, Aníbal Cavaco Silva.

Referendado em 21 de Maio de 2009.

O Primeiro-Ministro, *José Sócrates Carvalho Pinto de Sousa.*

3.7
Lei n.º 2/2013, de 10 de janeiro

Estabelece o regime jurídico de criação, organização e funcionamento das associações públicas profissionais

A Assembleia da República decreta, nos termos da alínea *c)* do artigo 161.º da Constituição, o seguinte:

CAPÍTULO I – Disposições gerais

Artigo 1.º – Objeto

A presente lei estabelece o regime jurídico de criação, organização e funcionamento das associações públicas profissionais.

Artigo 2.º – Associações públicas profissionais

Para efeitos da presente lei, consideram-se associações públicas profissionais as entidades públicas de estrutura associativa representativas de profissões que devam ser sujeitas, cumulativamente, ao controlo do respetivo acesso e exercício, à elaboração de normas técnicas e de princípios e regras deontológicos específicos e a um regime disciplinar autónomo, por imperativo de tutela do interesse público prosseguido.

Artigo 3.º – Constituição

1 – A constituição de associações públicas profissionais é excecional, podendo apenas ter lugar quando:

a) Visar a tutela de um interesse público de especial relevo que o Estado não possa assegurar diretamente;

b) For adequada, necessária e proporcional para tutelar os bens jurídicos a proteger; e

c) Respeitar apenas a profissões sujeitas aos requisitos previstos no artigo anterior.

2 – A constituição de novas associações públicas profissionais é sempre precedida dos seguintes procedimentos:

a) Apresentação de estudo, elaborado por entidade de independência e mérito reconhecidos, sobre as exigências referidas no artigo anterior e o cumprimento dos requisitos previstos no número anterior, bem como sobre o seu impacte na regulação da profissão em causa;

b) Audição das associações representativas da profissão;

c) Submissão a consulta pública, por um período não inferior a 60 dias, de projetos de diploma de criação e de estatutos da associação pública profissional, acompanhado do estudo referido na alínea *a)*.

3 – A cada profissão regulada corresponde apenas uma única associação pública profissional, podendo esta representar mais do que uma profissão, desde que tenham uma base comum de natureza técnica ou científica.

Artigo 4.º – Natureza e regime jurídico

1 – As associações públicas profissionais são pessoas coletivas de direito público e estão sujeitas a um regime de direito público no desempenho das suas atribuições.

2 – Em tudo o que não estiver regulado na presente lei e na respetiva lei de criação, bem como nos seus estatutos, são subsidiariamente aplicáveis às associações públicas profissionais:

a) No que respeita às suas atribuições e ao exercício dos poderes públicos que lhes sejam conferidos, o Código do Procedimento Administrativo, com as necessárias adaptações, e os princípios gerais de direito administrativo;

b) No que respeita à sua organização interna, as normas e os princípios que regem as associações de direito privado.

Artigo 5.º – Atribuições

1 – São atribuições das associações públicas profissionais, nos termos da lei:

a) A defesa dos interesses gerais dos destinatários dos serviços;

b) A representação e a defesa dos interesses gerais da profissão;

c) A regulação do acesso e do exercício da profissão;

d) A concessão, em exclusivo, dos títulos profissionais das profissões que representem;

e) A concessão, quando existam, dos títulos de especialidade profissional;

f) A atribuição, quando existam, de prémios ou títulos honoríficos;

g) A elaboração e a atualização do registo profissional;

h) O exercício do poder disciplinar sobre os seus membros;

i) A prestação de serviços aos seus membros, no respeitante ao exercício profissional, designadamente em relação à informação e à formação profissional;

j) A colaboração com as demais entidades da Administração Pública na prossecução de fins de interesse público relacionados com a profissão;

k) A participação na elaboração da legislação que diga respeito ao acesso e exercício das respetivas profissões;

l) A participação nos processos oficiais de acreditação e na avaliação dos cursos que dão acesso à profissão;

m) O reconhecimento de qualificações profissionais obtidas fora do território nacional, nos termos da lei, do direito da União Europeia ou de convenção internacional;

n) Quaisquer outras que lhes sejam cometidas por lei.

2 – As associações públicas profissionais estão impedidas de exercer ou de participar em atividades de natureza sindical ou que se relacionem com a regulação das relações económicas ou profissionais dos seus membros.

3 – As associações públicas profissionais não podem, por qualquer meio, seja ato ou regulamento, estabelecer restrições à liberdade de acesso e exercício da profissão que não estejam previstas na lei, nem infringir as regras da concorrência na prestação de serviços profissionais, nos termos dos direitos nacional e da União Europeia.

Artigo 6.º – Princípio da especialidade

1 – Sem prejuízo da observância do princípio da legalidade no domínio da gestão pública, e salvo disposição expressa em contrário, a capacidade jurídica das associações públicas profissionais abrange a prática de todos os atos jurídicos, o gozo de todos os direitos e a sujeição a todas as obrigações necessárias à prossecução dos respetivos fins e atribuições.

2 – As associações públicas profissionais não podem prosseguir atividades nem usar os seus poderes fora das suas atribuições nem dedicar os seus recursos a finalidades diversas das que lhes tenham sido legalmente cometidas.

Artigo 7.º – Criação

1 – As associações públicas profissionais são criadas por lei.

2 – O projeto de diploma de criação de cada associação pública profissional deve ser acompanhado de uma nota justificativa da necessidade da sua constituição, nos termos do artigo 3.º, bem como as opções que nele foram tomadas.

3 – A lei de criação de cada associação pública profissional define os aspetos essenciais do seu regime, nomeadamente:

a) Denominação;

b) Profissões abrangidas;

c) Fins e atribuições.

4 – As associações públicas profissionais são criadas por tempo indefinido e só podem ser extintas, fundidas ou cindidas nos termos do artigo 3.º e dos números anteriores.

Artigo 8.º – Estatutos

1 – Os estatutos das associações públicas profissionais são aprovados por lei e devem regular, nomeadamente, as seguintes matérias:

a) Âmbito de atuação, fins e atribuições;

b) Aquisição e perda da qualidade de membro;

c) Estágios profissionais ou outros, previstos em lei especial, que sejam justificadamente necessários para o acesso e exercício da profissão;

d) Número de períodos de inscrição por ano, nos casos em que esteja prevista a realização de estágio profissional ou exame;

e) Categoria de membros;

f) Direitos e deveres dos membros;

g) Organização interna e competência dos órgãos;

h) Incompatibilidades no respeitante ao exercício dos cargos associativos;

i) Eleições e respetivo processo eleitoral;

j) Princípios e regras deontológicos;

k) Procedimento disciplinar e respetivas sanções;

l) Regime económico e financeiro, em especial relativo à fixação, cobrança e repartição de quotas;

m) Colégios de especialidades profissionais, se os houver;

n) Regimes de incompatibilidades e de impedimentos relativos ao exercício da profissão, se os houver;

o) Reconhecimento das qualificações profissionais obtidas fora do território nacional, nos termos da lei, do direito da União Europeia ou de convenção internacional;

p) Provedor dos destinatários dos serviços, se o houver.

2 – Para os efeitos das alíneas *c)* e *d)* do número anterior, os estatutos devem estabelecer o regime do estágio de acesso à profissão ou, sendo o caso, do período formativo correspondente, nomeadamente, quanto aos seguintes aspetos:

a) Duração máxima do estágio, que não pode exceder os 18 meses, a contar da data de inscrição e incluindo as fases eventuais de formação e de avaliação;

b) Direitos e deveres do orientador ou patrono;

c) Direitos e deveres do estagiário;

d) Regime de suspensão e cessação do estágio;

e) Seguro de acidentes pessoais;

f) Seguro profissional.

3 – A organização das fases eventuais de formação e de avaliação dos estágios profissionais referidos no número anterior é da exclusiva responsabilidade das associações públicas profissionais respetivas, salvo se a lei definir o envolvimento de entidades públicas nos procedimentos de implementação ou de execução do estágio profissional ou regimes de financiamento das entidades formadoras públicas e, sendo caso disso, o envolvimento de entidades empregadoras públicas na realização dos estágios.

4 – Nas situações em que a realização do estágio profissional ou do necessário processo formativo deva ocorrer em entidades empregadoras públicas, as matérias referidas nas alíneas *c)* e *d)* do n.º 1 são reguladas por decreto-lei.

Artigo 9.º – Autonomia administrativa

1 – No exercício dos seus poderes públicos as associações públicas profissionais praticam os atos administrativos necessários ao desempenho das suas funções e aprovam os regulamentos previstos na lei e nos estatutos.

2 – Ressalvados os casos previstos na lei, os atos e regulamentos das associações públicas profissionais não estão sujeitos a aprovação governamental.

Artigo 10.º – Autonomia patrimonial e financeira

1 – As associações públicas profissionais dispõem de património próprio e de finanças próprias, bem como de autonomia orçamental.

2 – A autonomia financeira inclui o poder de fixar, nos termos da lei, o valor de:

a) Quota mensal ou anual dos seus membros;

b) Taxas pelos serviços prestados, de acordo com critérios de proporcionalidade.

Artigo 11.º – Denominações

1 – As associações públicas profissionais têm a denominação «ordem profissional» quando correspondam a profissões cujo exercício é condicionado à obtenção prévia de uma habilitação académica de licenciatura ou superior e a denominação «câmara profissional» no caso contrário.

2 – A utilização das denominações «ordem profissional» e «câmara profissional» bem como da denominação «colégio de especialidade profissional» é exclusiva das associações públicas profissionais ou seus organismos, respetivamente.

Artigo 12.º – Cooperação com outras entidades

1 – As associações públicas profissionais podem constituir ou participar em associações de direito privado e cooperar com entidades afins, nacionais ou estrangeiras, especialmente no âmbito da União Europeia, do Espaço Económico Europeu e da Comunidade dos Países de Língua Portuguesa.

2 – Para melhor desempenho das suas atribuições, as associações públicas profissionais podem estabelecer acordos de cooperação com outras entidades públicas ou privadas, nacionais ou estrangeiras, ressalvadas as entidades de natureza sindical ou política.

3 – As associações públicas profissionais devem ainda prestar e solicitar às associações públicas profissionais ou autoridades administrativas competentes dos outros Estados membros e à Comissão Europeia assistência mútua e tomar as medidas necessárias para cooperar eficazmente, no âmbito dos procedimentos relativos a prestadores de serviços já estabelecidos em outro Estado membro, nos termos dos artigos 26.º a 29.º do Decreto-Lei n.º 92/2010, de 26 de julho, do n.º 2 do artigo 51.º da Lei n.º 9/2009, de 4 de março, alterada pela Lei n.º 41/2012, de 28 de agosto, e dos n.ºs 2 e 3 do artigo 19.º da Diretiva n.º 2000/31/CE, do Parlamento Europeu e do Conselho, de 8 de junho de 2000, relativa a certos aspetos legais dos serviços da sociedade de informação, em especial do comércio eletrónico, no mercado interno, nomeadamente através do Sistema de Informação do Mercado Interno.

4 – Em matéria de reconhecimento das qualificações profissionais, as associações públicas profissionais exercem as competências previstas no n.º 9 do artigo 47.º e no n.º 2 do artigo 51.º da Lei n.º 9/2009, de 4 de março, alterada pela Lei n.º 41/2012, de 28 de agosto, sob a coordenação da entidade que exerça as atribuições previstas no artigo 52.º da Lei n.º 9/2009, de 4 de março, alterada pela Lei n.º 41/2012, de 28 de agosto.

CAPÍTULO II - Organização interna

Artigo 13.º - Âmbito geográfico

1 - As associações públicas profissionais têm âmbito nacional.

2 - Sem prejuízo do disposto no número anterior, as associações públicas profissionais podem compreender estruturas regionais e locais, às quais incumbe a prossecução das atribuições daquelas na respetiva área territorial, nos termos dos estatutos.

3 - No caso previsto no número anterior, o estatuto de cada associação profissional especifica quais as delegações regionais e locais em que se estrutura, bem como a sua organização e competências.

4 - Excetuados os controlos que, por razões imperiosas de interesse público, devam incidir direta e especificamente sobre determinadas instalações físicas, têm validade nacional:

a) As permissões administrativas concedidas por estruturas regionais e locais; e

b) As formalidades de controlo praticadas pelos profissionais, pelas sociedades de profissionais ou por outras organizações associativas de profissionais a prestar serviços em território nacional nos termos do n.º 4 do artigo 37.º perante estruturas regionais e locais.

Artigo 14.º - Colégios de especialidade profissionais

1 - Sempre que a lei preveja a existência de especialidades profissionais, as associações públicas profissionais correspondentes podem organizar-se internamente em colégios de especialidade profissionais, de âmbito nacional.

2 - Os estatutos estabelecem a organização e as competências dos colégios de especialidade profissionais, podendo prever, por razões imperiosas de interesse público ou inerentes à própria capacidade das pessoas, a sujeição a período de estágio ou probatório ou a realização de exame para a obtenção de título de especialidade profissional.

3 - Nos casos em que a qualificação obtida noutro Estado membro da União Europeia ou do Espaço Económico Europeu diga respeito ao exercício de atividades comparáveis àquelas exercidas pelos profissionais especializados em território nacional, o procedimento de reconhecimento de qualificações profissionais especializadas segue os termos do artigo 47.º da Lei n.º 9/2009, de 4 de março, alterada pela Lei n.º 41/2012, de 28 de agosto.

4 - Sempre que uma especialidade obtida noutro Estado membro não tenha correspondência em Portugal e não seja possível reconhecer as qualificações do

profissional de forma global com recurso a medidas de compensação, nos termos da alínea *c)* do n.º 1 do artigo 11.º da Lei n.º 9/2009, de 4 de março, alterada pela Lei n.º 41/2012, de 28 de agosto, o acesso às especialidades nacionais é regulado pelas disposições aplicáveis aos profissionais cujas qualificações de base foram obtidas em território nacional, sem qualquer discriminação, seguindo os termos do artigo 47.º da Lei n.º 9/2009, de 4 de março, alterada pela Lei n.º 41/2012, de 28 de agosto, apenas o reconhecimento das qualificações profissionais de base.

Artigo 15.º – Órgãos

1 – As associações públicas profissionais dispõem de órgãos próprios e a sua organização interna está sujeita ao princípio da separação de poderes.

2 – Constituem órgãos obrigatórios das associações públicas profissionais:

a) Uma assembleia representativa, com poderes deliberativos gerais, nomeadamente em matéria de aprovação do orçamento, do plano de atividades, e de projetos de alteração dos estatutos, de aprovação de regulamentos, de quotas e de taxas ou de criação de colégios de especialidade;

b) Um órgão executivo colegial, que exerce poderes de direção e de gestão, nomeadamente em matéria administrativa e financeira, bem como no tocante à representação externa dos interesses da associação;

c) Um órgão de supervisão, que vela pela legalidade da atividade exercida pelos órgãos da associação e exerce poderes de controlo, nomeadamente em matéria disciplinar;

d) Um órgão de fiscalização da gestão patrimonial e financeira, que inclui um revisor oficial de contas.

3 – Os estatutos das associações públicas profissionais podem prever a existência de um presidente ou bastonário, como presidente do órgão executivo ou como órgão autónomo, com competências próprias, designadamente de representação externa da associação.

4 – Os estatutos podem prever ainda a existência de outros órgãos para deliberar sobre questões de caráter geral, bem como órgãos técnicos e consultivos.

5 – Os mandatos dos titulares dos órgãos das associações públicas profissionais não podem ser superiores a quatro anos, sendo renováveis apenas por uma vez.

6 – A denominação dos órgãos é livremente escolhida pelo estatuto de cada associação pública profissional, ressalvada a designação «bastonário», que é privativa do presidente das ordens.

7 – A assembleia representativa e o órgão de supervisão das associações públicas profissionais são eleitos por sufrágio universal, direto, secreto e periódico.

8 – A assembleia representativa é eleita através do sistema de representação proporcional, nos círculos territoriais definidos nos estatutos, podendo porém incluir uma representação das estruturas regionais, se existirem.

9 – Em caso de eleição direta do presidente ou bastonário, deve ser observado o regime previsto na Constituição para a eleição do Presidente da República, com as necessárias adaptações.

10 – O órgão de supervisão é independente no exercício das suas funções, podendo incluir elementos estranhos à profissão, até um terço da sua composição.

11 – As estruturas regionais e locais, se existirem, têm como órgãos obrigatórios a assembleia dos profissionais inscritos na respetiva circunscrição territorial e um órgão executivo eleito por aquela assembleia.

12 – Os cargos executivos permanentes podem ser remunerados, nos termos dos estatutos ou do regulamento da associação.

Artigo 16.º – Elegibilidade

1 – Qualquer profissional membro efetivo com a inscrição em vigor e no pleno exercício dos seus direitos pode votar e ser eleito para os órgãos da respetiva associação.

2 – Os estatutos podem condicionar a elegibilidade para o cargo de membro dos órgãos com competências executivas à verificação de um tempo mínimo de exercício da profissão, nunca superior a cinco anos, e para o cargo de presidente, de bastonário ou de membro do órgão com competência disciplinar, nunca superior a 10 anos.

3 – A designação dos membros dos órgãos das associações públicas profissionais não está sujeita a homologação governamental.

Artigo 17.º – Poder regulamentar

1 – Os regulamentos das associações públicas profissionais aplicam-se aos seus membros e, bem assim, aos candidatos ao exercício da profissão.

2 – A elaboração dos regulamentos segue o regime previsto no Código do Procedimento Administrativo, incluindo o disposto quanto à consulta pública e à participação dos interessados, com as devidas adaptações.

3 – Os regulamentos das associações públicas profissionais com eficácia externa são publicados na 2.ª série do Diário da República, sem prejuízo da sua publicação na revista oficial ou no sítio eletrónico da associação.

Artigo 18.º – Poder disciplinar

1 – As associações públicas profissionais exercem, nos termos dos respetivos estatutos e com respeito, nomeadamente, pelos direitos de audiência e defesa, o poder disciplinar sobre os seus membros, inscritos nos termos dos artigos 24.º, 25.º e 37.º, bem como sobre os profissionais em livre prestação de serviços, na medida em que os princípios e regras deontológicos lhes sejam aplicáveis, nos termos dos n.ºs 2 e 6 do artigo 36.º.

2 – Os estatutos de cada associação pública profissional enunciam os factos que constituem infração disciplinar bem como as sanções disciplinares aplicáveis.

3 – As sanções disciplinares de suspensão e de expulsão da associação pública profissional são aplicáveis apenas às infrações graves e muito graves praticadas no exercício da profissão, não podendo ter origem no incumprimento pelo membro do dever de pagar quotas ou de qualquer outro dever de natureza pecuniária.

4 – Excetua-se do disposto no número anterior o incumprimento pelo membro do dever de pagar quotas que pode dar lugar à aplicação de sanção disciplinar de suspensão quando se apure que aquele incumprimento é culposo e se prolongue por um período superior a 12 meses.

5 – Na situação prevista no número anterior, o pagamento voluntário das quotas em dívida determina a impossibilidade de aplicação de sanção disciplinar de suspensão ou a sua extinção, caso já tenha sido aplicada.

6 – A sanção disciplinar de expulsão é aplicável quando, tendo em conta a natureza da profissão, a infração disciplinar tenha posto em causa a vida, a integridade física das pessoas ou seja gravemente lesiva da honra ou do património alheios ou de valores equivalentes, sem prejuízo do direito à reabilitação, nos termos dos respetivos estatutos.

7 – O exercício das funções disciplinares das associações públicas profissionais é definido nos respetivos estatutos, competindo, pelo menos em última instância, ao órgão previsto na alínea *c)* do n.º 2 do artigo 15.º.

8 – Nos casos omissos, são aplicáveis, com as necessárias adaptações, as normas procedimentais previstas no Estatuto Disciplinar dos Trabalhadores Que Exercem Funções Públicas.

9 – Têm legitimidade para participar factos suscetíveis de constituir infração disciplinar ao órgão com competência disciplinar, designadamente:

a) Os órgãos de governo da associação;

b) O provedor dos destinatários dos serviços, quando exista;

c) O Ministério Público; e

d) Qualquer pessoa direta ou indiretamente afetada pelos factos participados.

Artigo 19.º – Incompatibilidades no exercício de funções

1 – O exercício das funções executivas, disciplinares e de fiscalização em órgãos das associações públicas profissionais é incompatível entre si.

2 – O cargo de titular de órgão das associações públicas profissionais é incompatível com o exercício de quaisquer funções dirigentes na função pública e com qualquer outra função com a qual se verifique um manifesto conflito de interesses.

3 – A regra prevista na primeira parte do número anterior pode ser excecional, e fundamentadamente, derrogada pelos estatutos da respetiva associação pública profissional.

Artigo 20.º – Provedor

1 – Sem prejuízo do estatuto do Provedor de Justiça, as associações públicas profissionais podem designar uma personalidade independente com a função de defender os interesses dos destinatários dos serviços profissionais prestados pelos membros daquelas.

2 – O provedor dos destinatários dos serviços é designado nos termos previstos nos estatutos da associação e não pode ser destituído, salvo por falta grave no exercício das suas funções.

3 – Compete ao provedor analisar as queixas apresentadas pelos destinatários dos serviços e fazer recomendações, tanto para a resolução dessas queixas, como em geral para o aperfeiçoamento do desempenho da associação.

4 – O cargo de provedor pode ser remunerado, nos termos dos estatutos ou do regulamento da associação.

5 – No caso de ser membro da associação pública profissional, a pessoa designada para o cargo de provedor requer a suspensão da sua inscrição nos termos dos estatutos ou do regulamento da associação.

Artigo 21.º – Referendo interno

1 – Os estatutos das associações públicas profissionais podem prever a submissão a referendo, com caráter vinculativo ou consultivo, mediante deliberação da assembleia representativa, sobre questões de particular relevância para a associação que caibam nas respetivas atribuições.

2 – São obrigatoriamente submetidas a referendo interno as propostas de dissolução da associação.

3 – Os estatutos de cada associação pública profissional podem especificar outras questões a submeter obrigatoriamente a referendo interno.

4 – A realização de referendos é obrigatoriamente precedida da verificação da sua conformidade legal ou estatutária pelo órgão de supervisão previsto na alínea *c)* do n.º 2 do artigo 15.º.

Artigo 22.º – Balcão único

1 – Todos os pedidos, comunicações e notificações ou declarações relacionados com a profissão organizada em associação pública profissional entre a associação e o profissional, sociedade de profissionais ou prestadores de serviços referidos na parte final do n.º 2 do artigo 24.º, com exceção dos relativos a procedimentos disciplinares, são efetuados por transmissão eletrónica de dados, através do balcão único eletrónico dos serviços, acessível através do sítio na Internet da respetiva associação pública profissional.

2 – A apresentação de documentos em forma simples nos termos do número anterior dispensa a remessa dos documentos originais, autênticos, autenticados ou certificados, sem prejuízo do disposto nas alíneas *a)* e *c)* do n.º 3 e nos n.ºs 4 e 5 do artigo 7.º do Decreto-Lei n.º 92/2010, de 26 de julho.

3 – Quando não for possível o cumprimento do disposto no n.º 1, por motivos de indisponibilidade das plataformas eletrónicas, bem como nos casos em que o interessado não disponha de meios que lhe permitam aceder às mesmas, a transmissão da informação em apreço pode ser feita por entrega nos serviços da associação profissional respetiva, por remessa pelo correio sob registo, por telecópia ou por correio eletrónico.

4 – São ainda aplicáveis aos procedimentos que decorram entre a associação e o profissional ou sociedade de profissionais o disposto nas alíneas *d)* e *e)* do artigo 5.º e no n.º 1 do artigo 7.º do Decreto-Lei n.º 92/2010, de 26 de julho.

Artigo 23.º – Transparência

Sem prejuízo do disposto no n.º 3 do artigo 6.º do Decreto-Lei n.º 92/2010, de 26 de julho, e do n.º 4 do artigo 19.º da Diretiva n.º 2000/31/CE, do Parlamento Europeu e do Conselho, de 8 de junho de 2000, relativa a certos aspetos legais dos serviços da sociedade de informação, em especial do comércio eletrónico, no mercado interno, as associações públicas profissionais devem disponibilizar ao público em geral, através do sítio eletrónico da associação, pelo menos, as seguintes informações:

a) Regime de acesso e exercício da profissão;

b) Princípios e regras deontológicos e normas técnicas aplicáveis aos seus associados;

c) Registo atualizado dos respetivos profissionais inscritos que contemple, pelo menos:

i) O nome, o domicílio profissional e o número de carteira ou cédula profissionais;

ii) A designação do título e das especialidades profissionais;

iii) A situação de suspensão ou interdição temporária do exercício da atividade, se for caso disso;

d) Registo atualizado dos profissionais em livre prestação de serviços no território nacional, que se consideram inscritos nos termos do n.º 2 do artigo 4.º da Lei n.º 9/2009, de 4 de março, alterada pela Lei n.º 41/2012, de 28 de agosto, que contemple, pelo menos:

i) O nome e o domicílio profissionais e, caso exista, a designação do título profissional de origem e das respetivas especialidades;

ii) A identificação da associação pública profissional no Estado membro de origem, na qual o profissional se encontre inscrito;

iii) A situação de suspensão ou interdição temporária do exercício da atividade, se for caso disso;

iv) A informação relativa às sociedades de profissionais ou outras formas de organização associativa de profissionais para que prestem serviços no Estado membro de origem, caso aqui prestem serviços nessa qualidade;

e) Registo atualizado de sociedades de profissionais e de outras formas de organização associativa inscritas que contemple, nomeadamente, a designação, a sede, o número de inscrição e o número de identificação fiscal ou equivalente;

f) Registo atualizado dos demais prestadores de serviços profissionais referidos na parte final do n.º 2 do artigo seguinte, caso exista a obrigação de registo, que contemple o respetivo nome ou designação e o seu domicílio, sede ou estabelecimento principal;

g) Procedimento de apresentação de queixa ou reclamações pelos destinatários relativamente aos serviços prestados pelo profissional no âmbito da sua atividade;

h) Ofertas de emprego na associação pública profissional.

CAPÍTULO III – Acesso e exercício da profissão

Artigo 24.º – Acesso e registo

1 – Sem prejuízo do disposto no artigo 36.º, o exercício de profissão organizada em associação pública profissional, seja a título individual seja sob a forma de sociedade de profissionais ou outra organização associativa de profissionais

nos termos do n.º 4 do artigo 37.º, depende de inscrição prévia enquanto membro daquela associação pública, salvo se regime diferente for estabelecido na lei de criação da respetiva associação.

2 – A lei pode estender a obrigação de inscrição prevista no número anterior a todos os profissionais e sociedades de profissionais ou outras organizações associativas de profissionais a prestar serviços em território nacional nos termos do n.º 4 do artigo 37.º e impor ainda uma obrigação de registo em associação pública profissional aos demais prestadores de serviços profissionais, estabelecidos em território nacional, empregadores ou subcontratantes de profissionais qualificados, que envolvam a prática de atos próprios da profissão em causa, salvo se aqueles estiverem abrangidos por outro registo público obrigatório de âmbito setorial.

3 – Caso seja exigido, nos termos do número anterior, o registo de empregadores ou subcontratantes de profissionais que, não sendo profissionais qualificados, sociedades de profissionais ou outra organização associativa de profissionais a prestar serviços em território nacional nos termos do n.º 4 do artigo 37.º, prestem ainda assim serviços profissionais a terceiros, não pode o mesmo assumir caráter de permissão administrativa nem o seu incumprimento determinar a interdição do exercício da atividade.

4 – A inscrição para estágio de acesso à profissão, caso seja obrigatório, depende apenas da titularidade da habilitação legalmente exigida para o exercício da profissão.

5 – Os requisitos de que depende a inscrição definitiva em associação pública profissional são taxativamente fixados na lei de criação da associação ou na lei de regulação da profissão.

6 – Para efeitos do número anterior, a inscrição definitiva de profissional depende apenas da titularidade da habilitação legalmente exigida para o exercício da profissão e, caso sejam justificadamente necessários para o exercício desta, por razões imperiosas de interesse público ou inerentes à própria capacidade das pessoas, do cumprimento de algum dos seguintes requisitos:

a) Verificação das capacidades profissionais pela sujeição a estágio profissional ou outro, previstos em lei especial;

b) Formação e verificação dos conhecimentos relativos ao código deontológico da profissão;

c) Realização de exame final de estágio com o objetivo de avaliar os conhecimentos e as competências necessárias para a prática de atos de confiança pública.

7 – Sem prejuízo do disposto n.º 1 do artigo 33.º, em caso algum pode verificar-se a fixação de numerus clausus no acesso à profissão, incluindo a qualquer especialidade, associado ou não a restrições territoriais em função da população ou de distâncias geográficas entre profissionais ou suas sociedades e organi-

zações associativas, ou a acreditação, pelas associações públicas profissionais, de cursos oficialmente reconhecidos.

8 – Salvo disposição legal em contrário, a concessão de permissões administrativas para o acesso à profissão, individualmente ou em sociedade de profissionais ou outra organização associativa de profissionais nos termos do n.º 4 do artigo 37.º, não está sujeita ao princípio do deferimento tácito, sendo no entanto sempre aplicável o disposto na alínea *a)* do n.º 2 do artigo 9.º do Decreto-Lei n.º 92/2010, de 26 de julho.

Artigo 25.º – Inscrição

1 – Têm direito a inscrever-se nas associações públicas profissionais todos os que preencham os requisitos legais para o acesso à profissão e a desejem exercer, individualmente ou em sociedade de profissionais.

2 – Em caso de aplicação de pena que tenha como efeito a interdição definitiva do exercício da profissão, cessa automaticamente a inscrição na associação pública profissional, sem prejuízo do direito à reabilitação, nos termos dos respetivos estatutos.

3 – Sem prejuízo do regime de reconhecimento de qualificações obtidas fora de Portugal por nacional de Estado membro da União Europeia ou do Espaço Económico Europeu, os requisitos referidos no n.º 1 não podem ser discriminatórios em razão da nacionalidade, do local de residência ou do domicílio profissional de cidadão de Estado membro, nem em razão da nacionalidade, do local de constituição, sede ou administração principal noutro Estado membro de sociedade de profissionais ou outra forma de organização associativa de profissionais, nos termos do n.º 1 do artigo 10.º do Decreto-Lei n.º 92/2010, de 26 de julho, nem violar o disposto na alínea *a)* do n.º 1 do artigo 11.º daquele decreto-lei.

4 – O disposto no número anterior não prejudica a imposição de requisitos específicos aos profissionais ou às suas sociedades ou organizações associativas, diretamente justificados por critérios objetivos com base no exercício da autoridade pública que o exercício da profissão comporte, na missão específica de interesse público em causa ou em razões de ordem, segurança e saúde públicas, nomeadamente a necessidade de manter em território nacional arquivo documental, a imposição de atuação concertada com profissional estabelecido de forma imediata no território nacional ou a necessidade de indicar um domicílio, próprio ou de outro profissional, em território nacional, para receção de citações e notificações, salvo quando a lei admitir a citação e notificação por telecópia ou sistema eletrónico de informação e tal seja expressamente aceite pelo profissional.

5 – É proibida a imposição dos pressupostos, dos requisitos e das condições referidos nas alíneas *b)* a *h)* do n.º 1 do artigo 11.º do Decreto-Lei n.º 92/2010, de 26 de julho.

6 – Todas as restrições ao acesso e exercício de determinada profissão, incluindo as referentes a qualificações profissionais, devem fundamentar-se em razões imperiosas de interesse público, nomeadamente atendendo à missão específica de interesse público em causa, em função da autoridade pública que o exercício da profissão comporte, ou em razões inerentes à própria capacidade da pessoa.

Artigo 26.º – Exercício da profissão em geral

1 – Sem prejuízo das normas técnicas e dos princípios e regras deontológicos aplicáveis, o exercício da profissão deve observar o princípio da livre concorrência, bem como as regras da defesa da concorrência e de proteção contra a concorrência desleal.

2 – Sem prejuízo do disposto no n.º 1 do artigo 33.º, a permissão para o acesso e exercício de uma profissão organizada em associação pública profissional é concedida por tempo indeterminado e só pode caducar quando deixem de se verificar os pressupostos, os requisitos ou as condições de que depende a sua concessão, não podendo a referida permissão ser sujeita a qualquer outro termo ou condição.

3 – Sem prejuízo do disposto n.º 1 do artigo 33.º, não podem ser estabelecidas restrições territoriais ou ao número de estabelecimentos, imposições de números mínimos de trabalhadores ou de prestadores de serviços, nem restrições à fixação de preços a praticar ou imposições de serviços a prestar a par dos serviços contratados no exercício de profissão organizada em associação pública profissional.

4 – Os prestadores de serviços profissionais, incluindo as sociedades de profissionais ou outras formas de organização associativa de profissionais referidas no n.º 4 do artigo 37.º e os demais empregadores ou subcontratantes de profissionais, ficam sujeitos aos requisitos constantes dos n.ºs 1 e 2 do artigo 19.º e dos artigos 20.º e 22.º do Decreto-Lei n.º 92/2010, de 26 de julho, e ainda, no que se refere a serviços prestados por via eletrónica, ao disposto no artigo 10.º do Decreto-Lei n.º 7/2004, de 7 de janeiro, alterado pelo Decreto-Lei n.º 62/2009, de 10 de março, e pela Lei n.º 46/2012, de 29 de agosto.

5 – O disposto no número anterior não se aplica aos serviços e organismos da administração direta e indireta do Estado, das regiões autónomas e das autarquias locais, nem às demais pessoas coletivas públicas não empresariais.

Artigo 27.º – Sociedades de profissionais

1 – Podem ser constituídas sociedades de profissionais que tenham por objeto principal o exercício de profissões organizadas numa única associação pública profissional, em conjunto ou em separado com o exercício de outras profissões ou atividades, desde que seja observado o regime de incompatibilidades e impedimentos aplicável.

2 – As sociedades de profissionais constituídas em Portugal podem ser sociedades civis ou assumir qualquer forma jurídica admissível por lei para o exercício de atividades comerciais.

3 – Podem ser sócios, gerentes ou administradores das sociedades referidas no número anterior pessoas que não possuam as qualificações profissionais exigidas para o exercício das profissões organizadas na associação pública profissional respetiva, salvo se, atentos os estatutos da sociedade, tal colocar em causa a reserva de atividade estabelecida nos termos do artigo 30.º, devendo, no entanto, ser sempre assegurado o cumprimento do disposto no n.º 1 e pelo menos:

a) A maioria do capital social com direito de voto pertencer aos profissionais em causa estabelecidos em território nacional, a sociedades desses profissionais constituída ao abrigo do direito nacional ou a outras formas de organização associativa de profissionais equiparados constituídas noutro Estado membro da União Europeia ou do Espaço Económico Europeu, cujo capital e direitos de voto caiba maioritariamente aos profissionais em causa; e

b) Um dos gerentes ou administradores ser membro da associação pública profissional respetiva ou, caso a inscrição seja facultativa, cumprir os requisitos de acesso à profissão em território nacional.

4 – Podem ser estabelecidas restrições ao disposto nos números anteriores, por via dos estatutos das associações públicas profissionais, apenas com fundamento no exercício de poderes de autoridade pública que a profissão comporte ou em razões imperiosas de interesse público ligadas à missão de interesse público que a profissão, na sua globalidade, prossiga.

Artigo 28.º – Princípios e regras deontológicos e normas técnicas

1 – O exercício de profissão organizada em associação pública profissional deve respeitar o cumprimento dos princípios e regras deontológicos e das normas técnicas aplicáveis, quer a atividade profissional seja exercida individualmente, em nome próprio ou por profissional empregado ou subcontratado, quer sob a forma de sociedade de profissionais previstas no artigo anterior ou outra organização associativa de profissionais nos termos do n.º 4 do artigo 37.º

2 – Sem prejuízo do disposto no n.º 1 do artigo 33.º, não pode ser proibido o exercício da atividade profissional em regime de subordinação jurídica, nem exigido que o empregador seja profissional qualificado ou sociedade de profissionais, desde que sejam observados os princípios e regras deontológicos e o respeito pela autonomia técnica e científica e pelas garantias conferidas aos profissionais pelos respetivos estatutos, e cumprido o disposto no n.º 2 do artigo 30.º.

3 – O empregador, o beneficiário e os sócios, gerentes ou administradores de sociedades de profissionais que não possuam as qualificações profissionais exigidas para o exercício da profissão organizada em associação pública profissional devem respeitar os princípios e regras deontológicos, a autonomia técnica e científica e as garantias conferidas aos profissionais pela lei e pelos respetivos estatutos.

Artigo 29.º – Incompatibilidades e impedimentos

Os estatutos podem prever regras relativas a incompatibilidades e impedimentos no exercício da profissão, desde que respeitem o disposto na presente lei e se mostrem proporcionais ao objetivo de garantir a independência, imparcialidade e integridade da profissão e, caso se justifique, o segredo profissional.

Artigo 30.º – Reserva de atividade

1 – Sem prejuízo do disposto na alínea *b)* do artigo 358.º do Código Penal, as atividades profissionais associadas a cada profissão só lhe são reservadas quando tal resulte expressamente da lei, fundada em razões imperiosas de interesse público, de acordo com critérios de proporcionalidade.

2 – Os serviços profissionais que envolvam a prática de atos próprios de cada profissão e se destinem a terceiros, ainda que prestados em regime de subordinação jurídica, são exclusivamente assegurados por profissionais legalmente habilitados para praticar aqueles atos.

3 – O disposto no número anterior não se aplica aos trabalhadores dos serviços e organismos da administração direta e indireta do Estado, das regiões autónomas e das autarquias locais, nem das demais pessoas coletivas públicas não empresariais no âmbito das respetivas funções, exceto se a tal estiverem obrigados pelos estatutos das respetivas associações públicas profissionais.

Artigo 31.º – Seguro de responsabilidade profissional

Sem prejuízo do disposto no artigo 38.º, os estatutos das associações públicas profissionais podem fazer depender o exercício da profissão da subscrição de um seguro obrigatório de responsabilidade civil profissional ou da prestação de garantia ou instrumento equivalente, os quais devem ser adequados à natureza e à dimensão do risco, e apenas na medida em que o serviço profissional apresente risco direto e específico para a saúde ou segurança do destinatário do serviço ou terceiro ou para a segurança financeira do destinatário do serviço.

Artigo 32.º - Publicidade

1 - Sem prejuízo do disposto no artigo seguinte, não podem ser estabelecidas normas que imponham uma proibição absoluta de qualquer das modalidades de publicidade relativa a profissão organizada em associação pública profissional.

2 - Podem ser impostas restrições em matéria de publicidade quando essas restrições não sejam discriminatórias, sejam justificadas por razões imperiosas de interesse público, designadamente para assegurar o respeito pelo sigilo profissional, e estejam de acordo com critérios de proporcionalidade.

3 - É aplicável aos profissionais que prestem serviços por via eletrónica o disposto nos artigos 20.º a 23.º do Decreto-Lei n.º 7/2004, de 7 de janeiro, alterado pelo Decreto-Lei n.º 62/2009, de 10 de março, e pela Lei n.º 49/2012, de 29 de agosto.

Artigo 33.º - Serviços profissionais de interesse económico geral e exercício de poderes de autoridade pública

1 - No caso de profissões que prossigam, na globalidade ou em alguns dos seus atos e atividades, missões específicas de interesse público, ou no caso de profissões cuja globalidade de atos ou atividades tenha uma ligação direta e específica ao exercício de poderes de autoridade pública, podem ser estabelecidos, nos respetivos estatutos, requisitos contrários ao disposto no n.º 7 do artigo 24.º, nos n.ºs 2 a 3 do artigo 26.º, no n.º 2 do artigo 28.º e no n.º 1 do artigo anterior, desde que se mostrem justificados e proporcionais, respetivamente, por razões imperiosas de interesse geral ligadas à prossecução da missão de interesse público em causa, ou ao exercício daqueles poderes de autoridade pública.

2 - Aos profissionais nacionais de Estado membro da União Europeia ou do Espaço Económico Europeu qualificados fora de Portugal para o exercício de atividades comparáveis a atividades que, em Portugal, estão relacionadas com o exercício de poderes de autoridade pública, nos termos do artigo 51.º do Tratado sobre o Funcionamento da União Europeia, não são aplicáveis os regimes previstos no Decreto-Lei n.º 7/2004, de 7 de janeiro, alterado pelo Decreto-Lei n.º 62/2009, de 10 de março, e pela Lei n.º 46/2012, de 29 de agosto, na Lei

n.º 9/2009, de 4 de março, alterada pela Lei n.º 41/2012, de 28 de agosto, e no Decreto-Lei n.º 92/2010, de 26 de julho, na medida daquele exercício de poderes de autoridade.

Artigo 34.º – Direitos dos membros

São direitos dos membros das associações públicas profissionais:

a) Eleger os órgãos da associação e candidatar-se às eleições, ressalvadas as inelegibilidades estabelecidas na lei e nos estatutos;

b) Participar nas atividades da associação;

c) Beneficiar dos serviços proporcionados pela associação, sem qualquer discriminação;

d) Outros previstos na lei e nos estatutos.

Artigo 35.º – Deveres dos membros

São deveres dos membros das associações públicas profissionais:

a) Participar na vida da associação;

b) Pagar as quotas;

c) Contribuir para o prestígio da associação;

d) Os demais deveres legais e estatutários.

CAPÍTULO IV – Livre prestação de serviços e liberdade de estabelecimento

Artigo 36.º – Livre prestação de serviços

1 – O profissional legalmente estabelecido em Estado membro da União Europeia ou do Espaço Económico Europeu que desenvolva atividades comparáveis às atividades de profissão organizada em Portugal em associação pública profissional podem exercê-las, de forma ocasional e esporádica, em território nacional, nos termos previstos na Lei n.º 9/2009, de 4 de março, alterada pela Lei n.º 41/2012, de 28 de agosto, nomeadamente o disposto nos seus capítulos II e IV.

2 – Ao profissional referido no número anterior é ainda aplicável o disposto no n.º 7 do artigo 24.º, no n.º 4 do artigo 25.º, no artigo 26.º, no n.º 2 do artigo 28.º e no artigo 30.º, a proibição constante das alíneas *b)* e *d)* a *h)* do n.º 1 do artigo 11.º do Decreto-Lei n.º 92/2010, de 26 de julho, e ainda as normas legais ou regulamentares relativas à conduta profissional, nos termos do n.º 2 do artigo 3.º da Lei n.º 9/2009, de 4 de março, alterada pela Lei n.º 41/2012, de 28 de agosto.

3 – O profissional que preste serviços, de forma subordinada ou autónoma ou na qualidade de sócio ou que atue como gerente ou administrador no Estado membro de origem, no âmbito de sociedade de profissionais ou outra forma de organização associativa de profissionais e pretenda exercer a sua atividade profissional em território nacional nessa qualidade, em regime de livre prestação de serviços, deve identificar a sociedade ou a organização associativa, por conta da qual presta serviços, na declaração ou no requerimento referidos nos artigos 5.º e 6.º da Lei n.º 9/2009, de 4 de março, alterada pela Lei n.º 41/2012, de 28 de agosto, respetivamente, sem necessidade de a sociedade ou organização associativa ser titular de qualquer permissão administrativa nem estar inscrita ou registada na associação pública profissional em causa.

4 – Os demais requisitos aplicáveis ao profissional em livre prestação de serviços em território nacional devem ser especificados por lei e ser fundamentados em razões imperiosas de ordem pública, saúde pública, segurança pública e proteção do ambiente, em razões imperiosas ligadas à missão específica de interesse público que a profissão, na sua globalidade, prossiga enquanto serviço de interesse económico geral, no exercício de poderes de autoridade pública que o exercício da profissão comporte ou em razões inerentes à própria capacidade da pessoa.

5 – O disposto nos n.ºs 2 e 4 aplica-se à livre prestação de serviços por correio, telefone ou telecópia ou através de qualquer outro meio de prestação não eletrónica à distância.

6 – Os requisitos aplicáveis aos profissionais ou às suas organizações associativas legalmente estabelecidos noutro Estado membro da União Europeia ou do Espaço Económico Europeu que prestem serviços destinados ao território nacional, através de comércio eletrónico, devem constar de lei e ser fundamentados em razões imperiosas de ordem pública, saúde pública, segurança pública e proteção do consumidor, no exercício de poderes de autoridade pública que o exercício da profissão comporte ou em razões inerentes à própria capacidade da pessoa.

7 – Aplica-se ainda ao regime de livre prestação de serviços profissionais organizados em Portugal em associação pública profissional o disposto no n.º 3 do artigo 19.º do Decreto-Lei n.º 92/2010, de 26 de julho.

Artigo 37.º – Direito de estabelecimento

1 – O reconhecimento das qualificações profissionais adquiridas noutro Estado membro da União Europeia ou do Espaço Económico Europeu por nacional de Estado membro é regulado pela Lei n.º 9/2009, de 4 de março, alterada pela Lei n.º 41/2012, de 28 de agosto.

2 – Sem prejuízo do estabelecimento de condições de reciprocidade, o reconhecimento das qualificações obtidas fora da União Europeia por nacional de Estado membro da União Europeia ou do Espaço Económico Europeu ou equiparado é regulado pela Lei n.º 9/2009, de 4 de março, alterada pela Lei n.º 41/2012, de 28 de agosto.

3 – Podem ainda inscrever-se nas associações públicas profissionais os nacionais de Estados terceiros, em condições de reciprocidade, desde que obtenham o reconhecimento das qualificações necessárias, nos termos da lei em vigor.

4 – Os profissionais estabelecidos em Portugal que prestem serviços de forma subordinada ou autónoma ou na qualidade de sócio ou que atuem como gerentes ou administradores no âmbito de sociedade de profissionais ou outra forma de organização associativa de profissionais a operar noutro Estado só podem prestar serviços de forma habitual em território nacional naquela qualidade caso a organização em causa se estabeleça, ela própria, em Portugal, a título principal ou secundário, nomeadamente pela constituição de uma sociedade de profissionais, quando legalmente admissível nos termos do artigo 27.º, ou pela constituição de representação permanente, nos termos da lei comercial, sempre que a organização cumpra, ela própria, o disposto nos n.ºs 3 e 4 do artigo 27.º, devidamente adaptado.

5 – Os profissionais estabelecidos em Portugal que pertençam a sociedade de profissionais ou outra forma de organização associativa de profissionais a operar noutro Estado devem informar a respetiva associação pública profissional desse facto, identificando a organização em causa.

Artigo 38.º – Seguro de responsabilidade profissional

1 – Não pode ser imposta a um prestador de serviços profissionais estabelecido noutro Estado membro da União Europeia ou do Espaço Económico Europeu a subscrição de um seguro de responsabilidade profissional pela atividade desenvolvida em território nacional caso o mesmo tenha essa atividade, total ou parcialmente, coberta por seguro, garantia ou instrumento equivalente subscrito ou prestado no Estado membro onde se encontre estabelecido.

2 – Caso o seguro, a garantia ou o instrumento equivalente subscrito noutro Estado membro cubra parcialmente os riscos decorrentes da atividade, o prestador de serviços deve complementá-lo de forma a abranger os elementos ou riscos não cobertos.

3 – Para efeitos do disposto nos números anteriores, o profissional deve entregar à associação pública profissional a respetiva certidão emitida por instituição de crédito ou empresa de seguros estabelecida em qualquer outro Estado

membro, a qual é título bastante para a demonstração do cumprimento do requisito de cobertura da atividade por seguro ou garantia equivalente subscrito ou prestado no Estado membro onde se encontre estabelecido.

Artigo 39.º – Comunicação de requisitos de acesso e de exercício e de medidas restritivas

1 – O Ministério dos Negócios Estrangeiros, quando solicitado pelo ministério setorial competente, comunica à Comissão Europeia, nos termos da legislação aplicável, a criação ou alteração de requisitos de acesso e exercício aplicáveis aos profissionais provenientes de outro Estado membro da União Europeia ou do Espaço Económico Europeu que exerçam em Portugal atividade de profissão organizada em associação pública profissional, nomeadamente:

a) Requisitos previstos nas alíneas *i)* a *q)* do n.º 1 do artigo 11.º do Decreto-Lei n.º 92/2010, de 26 de julho, aplicáveis a profissionais estabelecidos em território nacional, que não resultem de legislação europeia, de acordo com o disposto no n.º 7 do artigo 15.º da Diretiva n.º 2006/123/CE, do Parlamento Europeu e do Conselho, de 12 de dezembro de 2006, relativa aos serviços no mercado interno;

b) Requisitos aplicáveis a profissionais em livre prestação de serviços em território nacional que não resultem de legislação europeia, de acordo com o disposto no n.º 5 do artigo 39.º da diretiva referida na alínea anterior;

c) Requisitos exclusivamente aplicáveis aos profissionais que prestem serviços por via eletrónica, de acordo com o disposto na Diretiva n.º 98/34/CE, do Parlamento Europeu e do Conselho, de 22 de junho de 1998, relativa a um procedimento de informação no domínio das normas e regulamentações técnicas e das regras relativas aos serviços da sociedade da informação;

d) Requisitos aplicáveis a prestadores em livre prestação de serviços por via eletrónica, que não resultem de legislação europeia nem devam ser comunicados nos termos da alínea anterior, de acordo com o disposto nos n.ºs 4 a 6 do artigo 3.º da Diretiva n.º 2000/31/CE, do Parlamento Europeu e do Conselho, de 8 de junho de 2000, relativa a certos aspetos legais dos serviços da sociedade de informação, em especial do comércio eletrónico, no mercado interno.

2 – As medidas restritivas da livre prestação de serviços de profissionais provenientes de outro Estado membro da União Europeia ou do Espaço Económico Europeu, que exerçam em Portugal atividade de profissão organizada em associação pública profissional, são tomadas e comunicadas à Comissão e ao Estado membro de estabelecimento do profissional em causa, nos termos da legislação aplicável, nomeadamente do artigo 28.º do Decreto-Lei n.º 92/2010, de 26 de julho, ou dos artigos 7.º a 9.º do Decreto-Lei n.º 7/2004, de 7 de janeiro, alterado

pelo Decreto-Lei n.º 62/2009, de 10 de março, alterada pela Lei n.º 46/2012, de 29 de agosto.

Artigo 40.º – Carteira profissional europeia

As associações públicas profissionais podem estabelecer formas de colaboração ou de cooperação com outras entidades estrangeiras que visem facilitar e incentivar a mobilidade dos profissionais, nomeadamente através da emissão, validação e utilização da carteira profissional europeia.

CAPÍTULO V – Regime laboral, financeiro e fiscal

Artigo 41.º – Pessoal

1 – Aos trabalhadores das associações públicas profissionais é aplicável o regime previsto no Código do Trabalho e o disposto nos números seguintes.

2 – A celebração de contrato de trabalho deve ser precedida de um processo de seleção que obedeça aos princípios da igualdade, da transparência, da publicidade e da fundamentação com base em critérios objetivos de seleção.

3 – As regras a que deve obedecer o processo de seleção constam obrigatoriamente dos estatutos próprios ou dos regulamentos internos das associações públicas profissionais.

Artigo 42.º – Orçamento, gestão financeira e contratos públicos

1 – As associações públicas profissionais têm orçamento próprio, proposto pelo órgão executivo e aprovado pela assembleia representativa.

2 – As associações públicas profissionais estão sujeitas:

a) Às regras de equilíbrio orçamental e de limitação do endividamento estabelecidas em diploma próprio;

b) Ao regime do Código dos Contratos Públicos;

c) Ao regime da normalização contabilística para as entidades do sector não lucrativo (ESNL), que integra o Sistema de Normalização Contabilística.

3 – O Estado não garante as responsabilidades financeiras das associações públicas profissionais, nem é responsável pelas suas dívidas.

Artigo 43.º – Receitas

1 – São receitas das associações públicas profissionais:

a) As quotas dos seus membros;

b) As taxas cobradas pela prestação de serviços;
c) Os rendimentos do respetivo património;
d) O produto de heranças, legados e doações;
e) Outras receitas previstas na lei e nos estatutos.

2 – O Estado só pode financiar as associações públicas profissionais quando se trate da contrapartida de serviços determinados, estabelecidos mediante protocolo e não compreendidos nas suas incumbências legais.

3 – As deliberações sobre a fixação das quotas e das taxas são aprovadas pela assembleia representativa, por maioria absoluta, sob proposta do órgão executivo, e na base de um estudo que fundamente adequadamente os montantes propostos, observados os requisitos substantivos previstos na lei geral sobre as taxas e outras contribuições da Administração Pública.

4 – A cobrança dos créditos resultantes das receitas previstas nas alíneas *a)* e *b)* do n.º 1 segue o processo de execução tributária.

Artigo 44.º – Serviços

1 – As associações públicas profissionais instituem os serviços operacionais e técnicos necessários para o desempenho das suas atribuições, sem prejuízo da faculdade de externalização de tarefas.

2 – As associações públicas profissionais podem estabelecer acordos de cooperação com os serviços de inspeção da Administração Pública para o desempenho da tarefa de fiscalização do cumprimento dos deveres profissionais por parte dos seus membros.

3 – Podem ser estabelecidos acordos de cooperação com os serviços de inspeção indicados no número anterior, que visem impedir o exercício ilegal da profissão, nomeadamente por quem não reúna as qualificações legalmente estabelecidas.

CAPÍTULO VI – Tutela, controlo judicial e responsabilidade

Artigo 45.º – Tutela administrativa

1 – As associações públicas profissionais não estão sujeitas a superintendência governamental nem a tutela de mérito, ressalvados, quanto a esta, os casos especialmente previstos na lei.

2 – As associações públicas profissionais estão sujeitas a tutela de legalidade idêntica à exercida pelo Governo sobre a administração autónoma territorial.

3 – A lei de criação ou os estatutos de cada associação pública profissional estabelecem qual o membro do Governo que exerce os poderes de tutela sobre cada associação pública profissional.

4 – Ressalvado o disposto no número seguinte, a tutela administrativa sobre as associações públicas profissionais é de natureza inspetiva.

5 – No âmbito da tutela de legalidade, os regulamentos que versem sobre os estágios profissionais, as provas profissionais de acesso à profissão e as especialidades profissionais só produzem efeitos após homologação da respetiva tutela, que se considera dada se não houver decisão em contrário nos 90 dias seguintes ao da sua receção.

6 – Para efeitos do número anterior, o membro do Governo que exerce os poderes de tutela sobre a associação pública profissional deve solicitar os esclarecimentos e os documentos necessários à decisão sobre a homologação dos regulamentos nos 45 dias posteriores à receção do requerimento da associação pública profissional.

7 – A associação pública profissional deve responder às solicitações do membro do Governo que exerce os poderes de tutela nos 10 dias seguintes, não se suspendendo o prazo previsto no n.º 5, salvo se este prazo for ultrapassado.

8 – É aplicável às associações públicas profissionais, com as necessárias adaptações, o disposto na Lei n.º 27/96, de 1 de agosto, alterada pela Lei Orgânica n.º 1/2011, de 30 de novembro.

Artigo 46.º – Controlo jurisdicional

1 – As decisões das associações públicas profissionais praticadas no exercício de poderes públicos estão sujeitas ao contencioso administrativo, nos termos das leis do processo administrativo.

2 – Têm legitimidade para impugnar a legalidade dos atos e regulamentos das associações públicas profissionais:

a) Os interessados, nos termos das leis do processo administrativo;

b) O Ministério Público;

c) O membro do Governo que exerce os poderes de tutela sobre a respetiva associação pública profissional;

d) O Provedor de Justiça.

Artigo 47.º – Fiscalização pelo Tribunal de Contas

As associações públicas profissionais estão sujeitas à jurisdição do Tribunal de Contas, nos termos estabelecidos na Lei de Organização e Processo e no Regulamento Geral do Tribunal de Contas.

Artigo 48.º – Relatório anual e deveres de informação

1 – As associações públicas profissionais elaboram anualmente um relatório sobre o desempenho das suas atribuições, o qual deve ser apresentado à Assembleia da República e ao Governo, até 31 de março de cada ano.

2 – As associações públicas profissionais prestam à Assembleia da República e ao Governo toda a informação que lhes seja solicitada relativamente ao exercício das suas atribuições.

3 – Os bastonários e os presidentes dos órgãos executivos devem corresponder ao pedido das comissões parlamentares competentes para prestarem as informações e esclarecimentos de que estas necessitem.

Artigo 49.º – Processo penal

As associações públicas profissionais podem constituir-se assistentes nos processos penais relacionados com o exercício da profissão que representam ou com o desempenho de cargos nos seus órgãos, salvo quando se trate de factos que envolvam responsabilidade disciplinar.

CAPÍTULO VII – Disposições complementares, transitórias e finais

Artigo 50.º – Comissões instaladoras

1 – Até à tomada de posse dos órgãos das novas associações públicas profissionais, os respetivos estatutos devem prever, pelo período máximo de um ano, a existência de comissões instaladoras, às quais incumbe a prática dos atos necessários à eleição da assembleia representativa e à instalação definitiva daqueles órgãos.

2 – Os membros das comissões instaladoras, sendo um deles o presidente, são nomeados pelo membro do Governo que exerce os poderes de tutela sobre a associação pública profissional, ouvidas as associações profissionais interessadas.

Artigo 51.º – Sistema de Certificação de Atributos Profissionais com o Cartão de Cidadão

1 – As associações públicas profissionais devem facultar aos seus associados mecanismos eletrónicos de certificação da qualidade de associado, bem como dos respetivos títulos profissionais atribuídos.

2 – A certificação de atributos profissionais prevista no número anterior pode ser efetuada com interação eletrónica entre o Sistema de Certificação de Atri-

butos Profissionais com o Cartão de Cidadão e os sistemas mantidos e geridos pela associação pública profissional.

3 – A associação pública profissional, sempre que opte por um sistema distinto do Sistema de Certificação de Atributos Profissionais com o Cartão de Cidadão, indicado no número anterior, deve proceder, em conjunto com a Agência para a Modernização Administrativa, I. P., a uma análise custo-benefício do sistema adotado face ao Sistema de Certificação de Atributos Profissionais com o Cartão de Cidadão.

4 – Quando não for possível o cumprimento do disposto no n.º 1, por motivos de indisponibilidade das plataformas eletrónicas, bem como nos casos em que o interessado não disponha de meios que lhe permitam aceder às mesmas, a prova da qualidade de associado e respetivos títulos profissionais pode ser feita através de outros meios previstos nos respetivos estatutos ou regulamentação emitida pela associação pública profissional.

Artigo 52.º – Imperatividade

1 – As normas constantes da presente lei prevalecem sobre as normas legais ou estatutárias que as contrariem.

2 – O disposto na presente lei não prejudica os regimes especiais previstos em diretivas ou regulamentos europeus ou em convenções internacionais aplicáveis às profissões reguladas por associações públicas profissionais.

Artigo 53.º – Normas transitórias e finais

1 – O regime previsto na presente lei aplica-se às associações públicas profissionais já criadas e em processo legislativo de criação.

2 – As associações públicas profissionais já criadas devem adotar as medidas necessárias para o cumprimento do disposto na presente lei.

3 – No prazo máximo de 30 dias a contar do primeiro dia útil seguinte ao da publicação da presente lei, cada associação pública profissional já criada fica obrigada a apresentar ao Governo um projeto de alteração dos respetivos estatutos e de demais legislação aplicável ao exercício da profissão, que os adeque ao regime previsto na presente lei.

4 – Para efeitos do número anterior e independentemente das normas previstas na lei de criação de cada associação pública profissional ou nos respetivos estatutos, a elaboração, aprovação e apresentação ao Governo dos referidos projetos compete, em exclusivo, ao órgão executivo colegial daquela.

5 – No prazo de 90 dias a contar do 1.º dia útil seguinte ao da publicação da presente lei, o Governo apresenta à Assembleia da República as propostas de

alteração dos estatutos das associações públicas profissionais já criadas e demais legislação aplicável ao exercício da profissão que se revelem necessárias para a respetiva adaptação ao regime previsto na presente lei.

6 – A inobservância do disposto nos n.ºs 2 a 4 determina a inaplicabilidade das normas dos estatutos das associações públicas profissionais que não sejam conformes com o disposto na presente lei, sendo diretamente aplicável o regime nesta consagrado.

7 – Por força do disposto no artigo 6.º, as associações públicas profissionais devem, no prazo de um ano a contar da entrada em vigor da presente lei, cessar todas as atividades comerciais que extravasem os respetivos fins e atribuições, nomeadamente encerrando todos os estabelecimentos que explorem e alienando todas as participações que detenham em entidades comerciais com objeto diverso das suas atribuições.

8 – Em caso de incumprimento do disposto no número anterior, o membro do Governo que exerce os poderes de tutela nos termos do n.º 3 do artigo 45.º pode determinar a aplicação de uma sanção pecuniária compulsória, fixada segundo critérios de razoabilidade e proporcionalidade, e cujo montante reverte para o Estado.

9 – O montante diário da sanção pecuniária compulsória pode ser fixado entre € 500 e € 100 000, não podendo o valor acumulado ultrapassar o montante de € 3 000 000 nem a duração máxima de 30 dias.

Artigo 54.º – Norma revogatória

É revogada a Lei n.º 6/2008, de 13 de fevereiro.

Artigo 55.º – Entrada em vigor

Sem prejuízo do disposto nos n.ºs 3 e 5 do artigo 53.º, a presente lei entra em vigor 30 dias após a sua publicação.

Aprovada em 23 de novembro de 2012.

A Presidente da Assembleia da República, *Maria da Assunção A. Esteves.*

Promulgada em 27 de dezembro de 2012.

Publique-se.

O Presidente da República, Aníbal Cavaco Silva.

Referendada em 28 de dezembro de 2012.

O Primeiro-Ministro, *Pedro Passos Coelho.*

3.8
Lei n.º 53/2015, de 11 de junho

Regime jurídico da constituição e funcionamento das sociedades de profissionais que estejam sujeitas a associações públicas profissionais

A Assembleia da República decreta, nos termos da alínea *c)* do artigo 161.º da Constituição, o seguinte:

CAPÍTULO I – Disposições gerais

Artigo 1.º – Objeto

A presente lei estabelece o regime jurídico da constituição e funcionamento das sociedades de profissionais que estejam sujeitas a associações públicas profissionais.

Artigo 2.º – Âmbito de aplicação

1 – A presente lei aplica-se às sociedades de profissionais e entidades equiparadas estabelecidas em território nacional, que tenham por objeto principal o exercício em comum de atividades profissionais organizadas numa única associação pública profissional.

2 – Para efeitos do disposto no número anterior, entende-se por exercício em comum de atividades profissionais organizadas, a prestação de serviços profissionais através de pessoa coletiva constituída nos termos da presente lei.

3 – A presente lei aplica-se às sociedades de revisores oficiais de contas e demais sociedades de profissionais regidas pelo direito da União Europeia, na medida em que não contrarie a legislação que lhes é especialmente aplicável.

4 – A presente lei não se aplica às pessoas coletivas que, não sendo sociedades de profissionais ou entidades equiparadas, prestem serviços profissionais através de profissionais seus sócios, administradores, gerentes ou seus colaboradores.

Artigo 3.º – Definições

Para efeitos da presente lei, entende-se por:

a) «Capital profissional», a parte do capital social representado pelas participações sociais dos sócios profissionais;

b) «Estabelecimento», o exercício de uma atividade profissional no território de um Estado, por tempo indeterminado, de acordo com as seguintes modalidades:

i) «Imediato», o primeiro estabelecimento de uma pessoa singular num determinado Estado, após adquiridas, nesse ou noutro Estado, as qualificações legalmente exigidas para o acesso à atividade;

ii) «Principal», o estabelecimento num determinado Estado através de domicílio ou sede principais e efetivos da administração da atividade do profissional, sociedade de profissionais ou organização associativa de profissionais;

iii) «Secundário», o estabelecimento num determinado Estado através de escritório, representação permanente ou participação numa sociedade de profissionais, sob a direção de domicílio ou sede localizados noutro Estado;

c) «Organização associativa de profissionais», a entidade constituída ao abrigo do direito de outro Estado membro da União Europeia ou do Espaço Económico Europeu para o exercício em comum de atividade profissional;

d) «Sociedade de profissionais», a sociedade constituída nos termos da presente lei ou do direito da União Europeia para o exercício em comum de atividade profissional, responsabilizando-se contratual e disciplinarmente por esse exercício;

e) «Sócio profissional», o sócio de sociedade de profissionais que detenha participações sociais e preste, naquela sociedade, os serviços profissionais incluídos no respetivo objeto principal; e

f) «Sócio não profissional», o sócio de sociedade de profissionais que detenha participações sociais, mas não preste, naquela sociedade, os serviços profissionais incluídos no respetivo objeto principal, ainda que para tanto se encontre habilitado.

Artigo 4.º – Liberdade de forma e direito subsidiário

1 – As sociedades de profissionais podem ser sociedades civis ou assumir qualquer forma jurídica societária admissível segundo a lei comercial, salvo o disposto no número seguinte.

2 – As sociedades de profissionais não podem constituir-se enquanto sociedades anónimas europeias.

3 – No que a presente lei não dispuser, são aplicáveis às sociedades de profissionais as normas da lei civil ou da lei comercial, consoante se trate de uma sociedade de profissionais sob a forma civil ou de uma sociedade de profissionais sob a forma comercial, respetivamente.

4 – Sem prejuízo do disposto no número anterior, são aplicáveis às sociedades de profissionais que se constituam enquanto sociedades unipessoais por quotas as disposições da presente lei compatíveis com a sua natureza.

Artigo 5.º – Personalidade jurídica

1 – As sociedades de profissionais gozam de personalidade jurídica, sendo esta adquirida a partir da data do registo definitivo do contrato de sociedade no registo nacional de pessoas coletivas ou no registo comercial, consoante o que ao caso seja aplicável.

2 – Com o registo definitivo do contrato, a sociedade de profissionais assume os direitos e obrigações dos atos praticados em seu nome no período compreendido entre a celebração do contrato de sociedade e o seu registo.

3 – Com o registo definitivo do contrato, a sociedade de profissionais assume ainda os direitos e obrigações emergentes de negócios jurídicos concluídos antes do ato de constituição, desde que especificados e expressamente ratificados.

Artigo 6.º – Capacidade

1 – A capacidade da sociedade de profissionais compreende os direitos e obrigações necessários ou convenientes à prossecução do seu objeto social e que sejam compatíveis com a sua natureza.

2 – Sem prejuízo do disposto no número anterior, a sociedade de profissionais apenas pode iniciar o exercício da atividade profissional que constitua o respetivo objeto principal após a sua inscrição na associação pública profissional correspondente.

CAPÍTULO II – Objeto social e composição da sociedade de profissionais

Artigo 7.º – Objeto social

1 – O objeto principal das sociedades de profissionais consiste no exercício em comum de atividades profissionais organizadas numa única associação pública profissional.

2 – As sociedades de profissionais podem ainda desenvolver, a título secundário, qualquer atividade, incluindo atividades profissionais organizadas em associação pública profissional, desde que seja observado o regime de incompatibilidades e impedimentos aplicável.

Artigo 8.º – Sócios

1 – As sociedades de profissionais, com exceção das que se constituam enquanto sociedades unipessoais por quotas, dispõem obrigatoriamente de pelo menos dois sócios profissionais, podendo igualmente dispor, caso o contrato de sociedade não o proíba, de sócios não profissionais, observado o disposto nos n.ºs 2 e 3 do artigo seguinte.

2 – Podem ser sócios profissionais:

a) As pessoas singulares legalmente estabelecidas em território nacional para o exercício da profissão em causa, independentemente da modalidade de estabelecimento em causa;

b) As sociedades de profissionais cujo objeto principal consista no exercício em comum de atividades profissionais organizadas na associação pública profissional a que se encontra sujeita a sociedade participada;

c) As organizações associativas de profissionais equiparados a profissionais sujeitos à associação pública profissional a que a sociedade participada se encontra sujeita, constituídas noutro Estado membro da União Europeia ou do Espaço Económico Europeu para o exercício da atividade profissional em causa, cujo capital e direitos de voto caiba maioritariamente aos profissionais em causa.

3 – O requisito de capital referido na alínea *c)* do número anterior não é aplicável caso esta não disponha de capital social.

4 – Uma pessoa singular, as sociedades de profissionais ou entidades equiparadas só podem ser sócios profissionais de uma única sociedade de profissionais cujo objeto principal seja o exercício de determinada atividade profissional, e apenas quando não participem noutra organização associativa de profissionais constituída noutro Estado membro para o exercício da atividade profissional em causa, enquanto profissionais equiparados aos que caracterizam a sociedade em que participam.

5 – Sempre que o contrato de sociedade não o proíba, a pessoa singular que seja sócia de uma sociedade de profissionais pode exercer a atividade profissional em causa a título individual.

6 – O juízo de equiparação a que se refere a alínea *c)* do n.º 2 e o n.º 4 é regido:

a) Quanto a nacionais de Estado membro da União Europeia ou do Espaço Económico Europeu, pelo n.º 4 do artigo 1.º da Lei n.º 9/2009, de 4 de março, alterada pelas Leis n.ºs 41/2012, de 28 de agosto, e 25/2014, de 2 de maio;

b) Quanto a nacionais de países terceiros cujas qualificações tenham sido obtidas fora de Portugal, pelo regime de reciprocidade internacionalmente vigente.

7 – Um sócio profissional só pode participar em sociedade de profissionais caso não esteja impedido de exercer a atividade profissional em causa por decisão judicial ou disciplinar, nem se encontre em situação de incompatibilidade ou impedimento.

8 – As incompatibilidades e os impedimentos para o exercício da atividade profissional objeto principal da sociedade de profissionais que afete um dos seus sócios profissionais determina a incompatibilidade ou impedimento da sociedade e dos demais sócios profissionais durante o mesmo período, exceto se aquele transmitir a sua participação, se exonerar ou for excluído da sociedade.

9 – As entidades referidas no n.º 2 podem ser sócias não profissionais de sociedades de profissionais, ficando-lhes no entanto vedado o exercício da atividade profissional objeto principal da sociedade de profissionais em causa enquanto sócios dessa mesma sociedade.

Artigo 9.º – Capital social, controlo, administração, mandato e conflitos de interesses

1 – O capital social de uma sociedade de profissionais é estipulado pelas partes, com respeito pela legislação referida no n.º 3 do artigo 4.º

2 – A maioria do capital social com direito de voto de uma sociedade de profissionais ou a maioria dos direitos de voto, conforme aplicável, pertencem obrigatoriamente aos seus sócios profissionais.

3 – Pelo menos um dos gerentes ou administradores da sociedade de profissionais, que desempenhe funções executivas, deve estar legalmente estabelecido em território nacional para o exercício da profissão em causa, independentemente da modalidade de estabelecimento.

4 – A sociedade de profissionais e os seus sócios profissionais autorizados a exercer atividade profissional a título individual, nos termos do n.º 5 do artigo 8.º, não podem prestar serviços que consubstanciem, entre eles, uma situação de conflito de interesses.

Artigo 10.º – Participações sociais

1 – As participações em sociedades de profissionais são obrigatoriamente nominativas.

2 – As participações sociais de sócio profissional não podem ser detidas em contitularidade.

Artigo 11.º – Entradas

1 – São admitidas entradas em dinheiro, bens ou indústria, nos termos previstos na legislação referida no n.º 3 do artigo 4.º

2 – As entradas em indústria não são computadas na formação do capital social e presumem-se iguais, salvo estipulação em contrário do contrato de sociedade.

3 – Os sócios profissionais ficam ainda obrigados, para além das respetivas entradas, a exercer em nome da sociedade de profissionais a atividade profissional que constitua o respetivo objeto principal.

Artigo 12.º – Transmissão de participações sociais

1 – As participações de indústria são intransmissíveis e extinguem-se sempre que o respetivo titular deixe, por qualquer razão, de ser sócio da sociedade.

2 – Extinguindo-se a participação, o sócio ou os seus herdeiros têm direito, salvo convenção em contrário, a receber da sociedade, relativamente à sua participação de indústria e na proporção desta:

a) Uma importância correspondente à quota-parte das reservas sociais constituídas com referência ao período de tempo em que o sócio efetivamente exerceu a sua atividade na sociedade;

b) Uma importância correspondente aos lucros do exercício em curso, em cujo cálculo se inclui o valor dos serviços já prestados e ainda não faturados, na proporção do tempo decorrido desse exercício.

Artigo 13.º – Aumento de capital

Nos aumentos de capital para permitir a entrada de sócio profissional na sociedade ou para aumentar a participação social de sócio profissional, não há direito de preferência dos demais sócios não profissionais.

Artigo 14.º – Aquisição de participações próprias

1 – A sociedade de profissionais pode adquirir participações próprias, na medida em que a legislação referida no n.º 3 do artigo 4.º o permita, mas apenas até ao limite de 10/prct., sendo consideradas como participações sociais de sócio profissional.

2 – A sociedade de profissionais só pode deter participações próprias pelo prazo máximo de um ano, devendo neste prazo alienar a participação ou amortizá-la.

3 – A participação própria de capital profissional só pode ser transmitida a sócio profissional.

CAPÍTULO III – Regime de responsabilidade

Artigo 15.º – Responsabilidade civil

A responsabilidade civil das sociedades de profissionais e das organizações associativas referidas no artigo 27.º rege-se pela legislação referida no n.º 3 do artigo 4.º.

Artigo 16.º – Direito de regresso

As sociedades de profissionais e as organizações associativas referidas no artigo 27.º têm direito de regresso contra os sócios, administradores, gerentes ou colaboradores responsáveis pelos atos ou omissões culposos geradores de responsabilidade civil da sociedade ou organização, presumindo-se iguais as culpas das pessoas responsáveis.

Artigo 17.º – Seguro de responsabilidade civil

Sem prejuízo do disposto nos artigos anteriores, a legislação que rege atividades profissionais organizadas em associação pública profissional pode obrigar as sociedades de profissionais e as organizações associativas referidas no artigo 27.º a cobrir os riscos inerentes ao exercício da atividade profissional dos seus sócios, administradores, gerentes ou colaboradores.

Artigo 18.º – Responsabilidade disciplinar

1 – As sociedades de profissionais e as organizações associativas referidas no artigo 27.º respondem, enquanto membros, disciplinarmente perante a associação pública profissional em que se encontram inscritas, nos termos da legislação que rege a atividade em causa.

2 – As entidades referidas no número anterior são responsáveis pelas infrações disciplinares quando cometidas:

a) Em seu nome e no interesse coletivo, por pessoas que nelas ocupem uma posição de liderança, de facto ou de direito; ou

b) Por quem aja sob a autoridade das pessoas referidas na alínea anterior, em virtude de uma violação dos deveres de vigilância ou controlo que lhes incumbem.

3 – A responsabilidade disciplinar das sociedades de profissionais e das organizações associativas referidas no artigo 27.º é excluída quando o infrator tiver atuado contra ordens ou instruções expressas de quem de direito.

4 – A responsabilidade disciplinar das sociedades de profissionais e das organizações associativas referidas no artigo 27.º não exclui a responsabilidade disciplinar individual dos respetivos infratores, nem depende da responsabilização destes.

5 – A assunção pela sociedade de profissionais de negócios jurídicos concluídos antes do seu ato de constituição não determina a sua responsabilização disciplinar por atos praticados no âmbito daqueles negócios jurídicos antes do ato de criação.

6 – No período compreendido entre a celebração do contrato de sociedade e o seu registo definitivo, a entidade é responsável disciplinarmente, nos termos do presente artigo.

7 – A cisão e a fusão não determinam a extinção da responsabilidade disciplinar da entidade, respondendo pela prática da infração:

a) A sociedade que resulte da fusão, a sociedade incorporante ou a entidade equiparada; e

b) As sociedades ou entidades equiparadas que resultaram da cisão.

8 – Sem prejuízo do direito de regresso quanto às quantias pagas, as pessoas que ocupem uma posição de liderança são subsidiariamente responsáveis pelo pagamento das multas em que a entidade for condenada, relativamente às infrações:

a) Praticadas no período de exercício do seu cargo, sem a sua oposição expressa;

b) Praticadas anteriormente, quando tiver sido por culpa sua que o património da entidade se tornou insuficiente para o respetivo pagamento; ou

c) Praticadas anteriormente, quando a decisão definitiva de as aplicar tiver sido notificada durante o período de exercício do seu cargo e lhes seja imputável a falta de pagamento.

9 – Sendo várias as pessoas responsáveis nos termos do número anterior, é solidária a sua responsabilidade.

10 – Se as multas forem aplicadas a uma entidade sem personalidade jurídica, responde por elas o património comum e, na sua falta ou insuficiência, solidariamente, o património de cada um dos sócios ou associados.

11 – A perda da condição de sócio ou a sua exclusão, qualquer que seja a causa, não exonera o sócio da responsabilidade disciplinar que pudesse ser-lhe exigível, nos termos da presente lei, por atos praticados enquanto foi sócio.

12 – As sociedades de profissionais e as organizações associativas referidas no artigo 27.º não podem ser responsabilizadas disciplinarmente por atos prati-

cados, a título individual, por pessoa singular que seja sócia de uma sociedade de profissionais.

13 – Nos casos em que a sociedade de profissionais desenvolva atividade a título secundário, os seus sócios, administradores, gerentes ou colaboradores que, de facto, prestem os serviços em causa, assumem, de forma exclusivamente individual, a responsabilidade disciplinar pelos mesmos.

14 – Para efeitos do disposto no presente artigo, entende-se que ocupam uma posição de liderança, os órgãos e representantes da entidade e quem nela tiver autoridade para exercer o controlo da sua atividade.

CAPÍTULO IV – Contrato de sociedade, constituição e inscrição

Artigo 19.º – Contrato de sociedade

1 – O contrato de sociedade deve conter as menções obrigatórias nos termos da legislação referida no n.º 3 do artigo 4.º e, em qualquer caso, o nome e firma de todos os sócios profissionais e respetivos números de inscrição na associação pública profissional que organiza a atividade profissional objeto principal da sociedade, caso a inscrição seja obrigatória para o exercício da atividade em território nacional por prestadores estabelecidos.

2 – O contrato de sociedade só pode ser celebrado após aprovação, nos termos do artigo 21.º, do respetivo projeto pela associação pública profissional que organiza a atividade profissional objeto principal da sociedade.

Artigo 20.º – Firma de sociedade de profissionais

1 – A firma das sociedades de profissionais rege-se pela legislação referida no n.º 3 do artigo 4.º, sem prejuízo do disposto nos números seguintes.

2 – A firma da sociedade pode conter o nome, completo ou abreviado, de anteriores sócios, mediante autorização escrita destes ou dos seus herdeiros, dada a qualquer momento.

3 – Quando o nome do anterior sócio tenha figurado na firma da sociedade por mais de 20 anos, deixa de ser necessária a autorização referida no número anterior.

4 – A firma das sociedades de profissionais inclui sempre a menção do título profissional dos respetivos sócios profissionais, seguido da expressão «sociedade de profissionais» ou «SP», imediatamente antes da menção da forma jurídica societária que concretamente assuma, e à qual esteja obrigada nos termos da legislação referida no n.º 3 do artigo 4.º.

5 – A expressão «sociedade de profissionais» ou «SP» é exclusiva das sociedades de profissionais constituídas nos termos da presente lei.

Artigo 21.º – Aprovação do projeto de contrato de sociedade

1 – O projeto de contrato de sociedade é submetido a um controlo de mera legalidade pela associação pública profissional, verificando designadamente se o mesmo está conforme ao disposto na presente lei e às normas deontológicas constantes da legislação que rege a atividade em causa.

2 – O projeto referido no número anterior deve ser acompanhado de certificado de admissibilidade de firma.

3 – Caso a associação pública profissional não se pronuncie no prazo de 20 dias úteis, considera-se o projeto tacitamente aprovado, para todos os efeitos legais.

4 – O prazo de deferimento tácito referido no número anterior é de 40 dias úteis, nos casos em que haja sócio profissional, gerente ou administrador executivo proveniente de outro Estado membro da União Europeia ou do Espaço Económico Europeu, e o mesmo não se encontre inscrito na associação pública profissional em virtude do caráter facultativo da inscrição para o exercício da atividade profissional em território nacional por prestadores estabelecidos.

Artigo 22.º – Registo do contrato e inscrição da sociedade

Após o registo definitivo do contrato de sociedade de profissionais, esta é inscrita, no seguimento de mera comunicação prévia pela sociedade de profissionais, na associação pública profissional que organiza a atividade profissional objeto principal da sociedade, sendo-lhe emitida a respetiva cédula profissional.

Artigo 23.º – Alterações do contrato

A alteração do contrato de sociedade ou dos respetivos estatutos deve ser objeto de mera comunicação pela sociedade de profissionais à respetiva associação pública profissional, no prazo de 20 dias úteis.

Artigo 24.º – Gerentes

Quando não seja designado no contrato de sociedade, a sociedade de profissionais deve, no prazo de 10 dias úteis após a nomeação, comunicar à associação pública profissional onde se deve inscrever ao abrigo do artigo 22.º, o nome do gerente ou administrador executivo referido no n.º 3 do artigo 9.º, e o respetivo número de inscrição na associação pública profissional que organiza a atividade profissional objeto principal da sociedade, caso a inscrição seja obrigatória para o exercício da atividade em território nacional por prestadores estabelecidos.

Artigo 25.º – Planos de carreira

A sociedade de profissionais deve comunicar à respetiva associação pública profissional os planos de carreira que detalhem as categorias e critérios de progressão dos colaboradores para o possível acesso à categoria de sócio.

Artigo 26.º – Transformação em sociedade de profissionais

O disposto nos artigos 20.º a 26.º é aplicável, com as devidas adaptações, às sociedades de regime geral que se transformem em sociedades de profissionais.

Artigo 27.º – Inscrição de organizações associativas de outros Estados membros

1 – As organizações associativas de profissionais equiparados a profissionais organizados em associação pública profissional, constituídas noutro Estado membro da União Europeia ou do Espaço Económico Europeu para o exercício de atividade profissional, cujo gerente ou administrador seja um profissional, e cujo capital com direito de voto caiba maioritariamente aos profissionais em causa ou a outras organizações associativas cujo capital e direitos de voto caiba maioritariamente àqueles profissionais, podem inscrever as respetivas representações permanentes em Portugal, constituídas nos termos da lei comercial, como membros da associação pública profissional, sendo passíveis de responsabilização disciplinar pela sua atividade profissional perante aquela associação.

2 – Os requisitos de capital referidos no número anterior não são aplicáveis caso a organização associativa em causa não disponha de capital social, aplicando-se, no seu lugar, o requisito de atribuição da maioria de direitos de voto aos profissionais ali referidos.

3 – O juízo de equiparação a que se refere o n.º 1 é regido:

a) Quanto a nacionais de Estado membro da União Europeia ou do Espaço Económico Europeu, pelo n.º 4 do artigo 1.º da Lei n.º 9/2009, de 4 de março, alterada pelas Leis n.ºs 41/2012, de 28 de agosto, e 25/2014, de 2 de maio;

b) Quanto a nacionais de países terceiros cujas qualificações tenham sido obtidas fora de Portugal, pelo regime de reciprocidade internacionalmente vigente.

4 – O pedido de inscrição é instruído com cópia do ato constitutivo da respetiva representação permanente em Portugal e demais comprovativos dos requisitos constantes dos números anteriores.

5 – Caso a associação pública profissional não se pronuncie no prazo de 20 dias úteis, considera-se o pedido tacitamente aprovado e a organização associativa inscrita como membro da associação pública profissional, para todos os efeitos legais.

6 – O prazo referido no número anterior é de 40 dias úteis, nos casos em que haja pedido de esclarecimentos ou aperfeiçoamento à organização associativa ou pedido de informações a autoridade congénere de outro Estado membro, nos termos do artigo 57.º.

7 – A organização associativa inscrita deve comunicar à respetiva associação pública profissional o encerramento, por qualquer motivo, da atividade em território nacional.

CAPÍTULO V – Das deliberações dos sócios

Artigo 28.º – Assembleias gerais

1 – Compete à assembleia geral dos sócios deliberar sobre as matérias não compreendidas nas atribuições legais ou estatutárias da administração e ainda sobre as matérias que lhe sejam atribuídas nos termos da legislação referida no n.º 3 do artigo 4.º

2 – Dependem, em qualquer caso, de deliberação dos sócios, os seguintes atos:

a) Consentimento para transmissão de capital profissional a não sócios, nos termos em que tal é permitido;

b) Amortização de participações sociais;

c) Aquisição, alienação e oneração de participações sociais próprias;

d) Extinção da participação de indústria de sócios profissionais;

e) Admissão e exclusão de sócio profissional;

f) Designação e destituição de gerentes ou administradores e fixação das respetivas remunerações;

g) Alienação ou oneração de bens imóveis e alienação, oneração e locação de estabelecimentos da sociedade;

h) Aprovação do relatório e contas do exercício, os quais devem ser depositados na associação pública profissional no decurso dos 60 dias seguintes à sua aprovação;

i) Distribuição de lucros;

j) Propositura de ações pela sociedade contra sócios, membros do órgão de administração e membros do órgão de fiscalização;

k) Participação em consórcios, associações em participação, agrupamentos complementares de empresas e em agrupamentos europeus de interesse económico;

l) Prorrogação da duração da sociedade;

m) Dissolução da sociedade;

n) Fusão, cisão e fusão-cisão da sociedade;

o) Transformação da sociedade de profissionais em sociedade de regime geral;

p) Alteração do contrato de sociedade.

3 – À convocação, constituição e funcionamento das assembleias gerais, incluindo às respetivas deliberações, é aplicável a legislação referida no n.º 3 do artigo 4.º

CAPÍTULO VI – Da transmissão, amortização e extinção de participações sociais de capital profissional

Artigo 29.º – Cessões de participações sociais de capital entre sócios profissionais

1 – A cessão onerosa de participações de capital é livre entre os sócios profissionais, sem prejuízo do direito de preferência dos restantes sócios profissionais.

2 – O sócio profissional que pretenda ceder uma participação de que seja titular a algum ou alguns dos sócios profissionais, deve comunicar aos restantes o valor, os termos e as condições da projetada cessão, bem como a identificação do previsto ou previstos cessionários.

3 – Recebida a comunicação, devem os destinatários, no prazo de 15 dias, comunicar ao sócio cedente se pretendem exercer o seu direito de preferência.

4 – As comunicações previstas nos números anteriores são efetuadas através de carta registada, com aviso de receção, ou através de notificação pessoal, mediante assinatura de documento certificador.

5 – Manifestando vários sócios profissionais vontade de exercer o direito de preferência, este é exercido na proporção das participações de que sejam titulares na data do exercício do direito, salvo disposição em contrário do contrato de sociedade.

6 – Na falta de comunicação ao sócio cedente, a participação pode ser cedida a sócio profissional ou, nos termos do artigo seguinte, a não sócio.

Artigo 30.º – Cessões de participações sociais de capital profissional a não sócios

1 – A cessão de participações de capital profissional a não sócios só é admitida quando o cessionário cumpra o disposto no n.º 2 do artigo 8.º e depende de autorização da sociedade.

2 – O sócio profissional que pretenda ceder uma participação de que seja titular a não sócio, deve comunicar à sociedade o valor, os termos e as condições da projetada cessão, bem como a identificação do previsto ou previstos cessionários.

3 – Recebida a comunicação, deve a sociedade, no prazo de 45 dias, comunicar ao sócio se consente ou não na cessão.

4 – As comunicações previstas nos números anteriores são efetuadas através de carta registada, com aviso de receção, ou através de notificação pessoal, mediante assinatura de documento certificador.

5 – Na falta de comunicação por parte da sociedade, a cessão torna-se livre.

Artigo 31.º – Amortização ou aquisição por recusa de autorização

1 – Se a sociedade recusar a autorização para a cessão de participação de capital profissional a não sócio, a comunicação da recusa inclui uma proposta de amortização ou de aquisição da participação em causa.

2 – A proposta fica sem efeito, mantendo-se a recusa de consentimento, se o sócio não a aceitar no prazo de 30 dias, através de carta registada, com aviso de receção, ou através de notificação pessoal, mediante assinatura de documento certificador.

3 – O valor da amortização ou aquisição da participação é determinado nos termos do disposto no contrato de sociedade ou na legislação referida no n.º 3 do artigo 4.º.

4 – Sem prejuízo do disposto no número anterior, o valor oferecido não deve ser inferior ao valor da projetada cessão, exceto se a sociedade, nos 30 dias seguintes à notificação a que se refere o n.º 1, comunicar ao sócio que não aceita tal preço como valor da amortização ou aquisição.

5 – No caso previsto na parte final do número anterior, o valor da amortização ou aquisição é fixado por uma comissão arbitral composta por três profissionais, sendo um designado pela sociedade, outro pelo sócio e o terceiro pela associação pública profissional, cabendo a este presidir à comissão e estabelecer os termos do respetivo processo.

6 – A comissão é constituída a requerimento da sociedade ou do sócio, dirigido à associação pública profissional.

7 – No cálculo do valor da amortização ou aquisição, a comissão arbitral toma em consideração o valor da clientela que acompanhar o sócio na sua saída.

8 – O valor da amortização é acrescido da importância apurada nos termos do n.º 2 do artigo 12.º.

9 – Na determinação do valor da amortização ou aquisição, a comissão arbitral pode ser auxiliada por um perito.

Artigo 32.º - Cessão gratuita

1 – O disposto nos artigos 31.º a 33.º é aplicável, com as necessárias adaptações, à cessão de participações de capital profissional a título gratuito.

2 – Nas comunicações a que se referem o n.º 2 do artigo 29.º e o n.º 2 do artigo 30.º, deve o sócio que pretenda ceder gratuitamente a sua participação de capital atribuir-lhe o respetivo valor.

Artigo 33.º - Transmissão não voluntária entre vivos

1 – No caso de transmissão não voluntária entre vivos de participação de capital profissional, a sociedade pode amortizá-la ou adquiri-la, ainda que o adquirente cumpra o disposto no n.º 2 do artigo 8.º.

2 – A deliberação sobre a amortização deve ser tomada no prazo máximo de 60 dias, a contar da data em que a sociedade teve conhecimento da transmissão não voluntária.

3 – A transmissão da participação de capital profissional a quem não cumpra o disposto no n.º 2 do artigo 8.º não produz qualquer efeito, estando a sociedade obrigada a proceder à sua amortização ou aquisição.

4 – À fixação do valor da amortização ou aquisição é aplicável, com as necessárias adaptações, o disposto nos n.ºs 5 a 8 do artigo 31.º, salvo se o contrato de sociedade, o acordo escrito de todos os sócios ou a legislação referida no n.º 3 do artigo 4.º dispuser de modo diferente.

Artigo 34.º - Extinção da participação de capital profissional

1 – As participações de capital profissional podem extinguir-se por exoneração, exclusão ou por morte ou extinção do titular.

2 – Em caso de morte do titular de participação de capital profissional, deve a sociedade, no prazo máximo de 30 dias, adquirir, amortizar ou fazer adquirir a participação em causa por sócio profissional ou por não sócio que cumpra os requisitos correspondentemente aplicáveis.

3 – A requerimento de herdeiro ou herdeiros que cumpram o disposto no n.º 2 do artigo 8.º, pode a sociedade consentir que lhe sejam transmitidas as participações de capital profissional.

4 – O valor da amortização ou aquisição da participação referida no n.º 2 é determinado de acordo com os critérios fixados no contrato de sociedade ou na legislação referida no n.º 3 do artigo 4.º

5 – Na ausência dos critérios referidos no número anterior, pode o valor ser determinado por acordo entre a sociedade e os herdeiros.

6 – Na falta de acordo, o valor da participação é fixado pela forma prevista nos n.ºs 5 a 7 do artigo 31.º.

7 – O valor determinado nos termos do disposto no número anterior é acrescido da importância apurada nos termos do n.º 2 do artigo 12.º.

8 – O disposto nos n.ºs 2 a 7 é aplicável, com as necessárias adaptações, aos casos em que for decretada a interdição ou inabilitação do sócio pessoa singular.

9 – Quando for cancelada a inscrição do sócio como membro da associação pública profissional, por motivo diverso da sua expulsão dessa associação ou interdição definitiva do exercício da atividade profissional, aplica-se o disposto nos números anteriores quanto à morte ou extinção do titular, sempre que a lei que regula o exercício da atividade profissional exija aquela inscrição para esse exercício.

10 – Seja qual for o seu motivo, sempre que a amortização da participação de capital profissional não seja acompanhada da correspondente redução do capital, as participações dos outros sócios são proporcionalmente aumentadas.

11 – Pode, porém, estipular-se no contrato de sociedade ou podem os sócios profissionais deliberar por unanimidade que, em vez da participação amortizada, sejam criadas uma ou mais participações de capital profissional, cujo valor nominal total seja igual ao da participação extinta, para imediata transmissão a sócio profissional ou a terceiro que cumpra o disposto no n.º 2 do artigo 8.º.

CAPÍTULO VII – Da exoneração, exclusão e impossibilidade temporária de sócios profissionais

Artigo 35.º – Exoneração de sócio profissional

1 – Sem prejuízo do disposto no n.º 11 do artigo 18.º, os sócios profissionais têm o direito de se exonerar da sociedade, nos termos da legislação referida no n.º 3 do artigo 4.º, do artigo 44.º, e dos números seguintes.

2 – Constitui causa de exoneração, designadamente:

a) A entrada de novos sócios profissionais, se o sócio tiver votado contra na respetiva deliberação da assembleia geral;

b) A prorrogação da duração da sociedade, se o sócio tiver votado contra na respetiva deliberação da assembleia geral;

c) A ocorrência de justa causa de exclusão de outro sócio profissional, nos termos da alínea *a)* do n.º 1 do artigo seguinte, se a sociedade não deliberar excluí-lo ou não promover a sua exclusão judicial.

3 – O sócio deve comunicar à sociedade a intenção e os motivos da exoneração, através de carta registada, com aviso de receção, ou através de notificação pessoal, mediante assinatura de documento certificador.

4 – A exoneração só se torna efetiva no fim do ano social em que é feita a comunicação, mas nunca antes de decorridos três meses sobre a data desta comunicação.

5 – Se a causa de exoneração invocada pelo sócio não for aceite pela assembleia geral, a exoneração só pode ser autorizada judicialmente.

6 – Recebida a comunicação e não sendo recusada a exoneração nos termos do número anterior, a sociedade, no prazo que venha a resultar da aplicação do n.º 4, amortiza a participação, adquire-a ou fá-la adquirir por sócio ou terceiro.

7 – À amortização de participação aplica-se o disposto no capítulo anterior.

Artigo 36.º – Exclusão de sócio profissional

1 – A exclusão de sócio profissional pode verificar-se nos casos previstos no contrato de sociedade, na legislação referida no n.º 3 do artigo 4.º e ainda nos seguintes casos:

a) Quando ao sócio seja imputável violação grave de obrigações para com a sociedade ou de deveres deontológicos;

b) Quando o sócio esteja impossibilitado, de forma definitiva, de prestar ou deixe de prestar de modo continuado à sociedade, conforme aferido nos termos do respetivo contrato de sociedade, a atividade profissional a que é obrigado nos termos do n.º 3 do artigo 11.º.

2 – A exclusão produz efeitos decorridos 30 dias úteis sobre a data do registo da deliberação na respetiva associação pública profissional.

3 – O direito de oposição judicial do sócio excluído caduca decorrido o prazo referido no número anterior.

4 – Na eventualidade de a sociedade ter apenas um sócio profissional, a sua exclusão só pode ser decretada judicialmente.

5 – O sócio ao qual tenha sido aplicada pena disciplinar de expulsão ou interdição definitiva do exercício da atividade profissional considera-se automaticamente excluído da sociedade a partir da data do trânsito em julgado da decisão que aplicou aquela pena.

6 – O sócio que, por qualquer motivo, seja excluído da sociedade de profissionais tem direito a receber da sociedade a quantia apurada nos termos previstos no contrato de sociedade, em acordo escrito de todos os sócios ou na legislação referida no n.º 3 do artigo 4.º.

7 – Na ausência dos critérios referidos no número anterior, a quantia é fixada com recurso à comissão arbitral, aplicando-se o disposto nos n.ºs 5 a 7 do artigo 31.º.

8 – O valor determinado nos termos do disposto no número anterior é acrescido da importância apurada nos termos do n.º 2 do artigo 12.º.

Artigo 37.º – Impossibilidade temporária de exercício por motivos de saúde

1 – No caso de impossibilidade temporária de exercício da profissão por motivos de saúde, o sócio profissional mantém o direito aos resultados correspondentes à sua participação de capital.

2 – Salvo estipulação diversa mais favorável ao sócio no contrato de sociedade ou em acordo escrito dos sócios, durante os primeiros seis meses de impossibilidade, mantém o sócio direito aos lucros correspondentes à participação de indústria e, no período subsequente, até dois anos, direito a metade dos mesmos.

3 – Se a impossibilidade exceder 30 meses, ou prazo superior estipulado no contrato de sociedade, pode a sociedade proceder à amortização ou aquisição da participação de capital do sócio, nos termos da presente lei, extinguindo-se simultaneamente a respetiva participação de indústria, caso exista.

4 – O valor da amortização ou aquisição é determinado nos termos do artigo 31.º.

Artigo 38.º – Suspensão do sócio profissional

No caso de suspensão, por qualquer motivo, da inscrição do sócio na associação pública profissional que seja obrigatória para o exercício da atividade profissional em território nacional, este mantém o direito aos resultados correspondentes à sua participação de capital e a metade dos lucros correspondentes à participação de indústria, mas, neste caso, apenas durante os primeiros seis meses de duração da suspensão.

CAPÍTULO VIII – Da fusão e cisão de sociedades de profissionais

SECÇÃO I – Fusão de sociedades

Artigo 39.º – Noção e modalidades

1 – É permitida a fusão de duas ou mais sociedades de profissionais sujeitas à mesma associação pública profissional, mediante a sua reunião numa única sociedade.

2 – A fusão pode realizar-se:

a) Mediante a transferência global do património de uma ou mais sociedades para outra e atribuição aos sócios daquela de participações da sociedade incorporante, de indústria e ou de capital;

b) Mediante a constituição de uma nova sociedade, para a qual se transferem globalmente os patrimónios das sociedades fundidas, sendo aos sócios destas atribuídas participações de indústria ou de capital na nova sociedade.

Artigo 40.º – Projecto de fusão

1 – As administrações das sociedades que pretendam fundir-se devem elaborar, em conjunto, um projecto de fusão, do qual constem os seguintes elementos:

a) A modalidade, os motivos, as condições e os objetivos da fusão, relativamente a todas as sociedades participantes;

b) A firma, a sede, o montante do capital e a data de inscrição na associação pública profissional de cada uma das sociedades;

c) A descrição e valor dos elementos do ativo e do passivo a transferir para a sociedade incorporante ou para a nova sociedade;

d) As participações, de indústria e ou de capital, a atribuir aos sócios da sociedade a incorporar ou das sociedades a fundir;

e) O projeto de alteração a introduzir no contrato da sociedade incorporante ou o projeto de contrato da nova sociedade;

f) A data a partir da qual as operações da sociedade incorporada ou das sociedades a fundir são consideradas, do ponto de vista contabilístico, como efetuadas por conta da sociedade incorporante ou da nova sociedade;

g) Os direitos assegurados pela sociedade incorporante ou pela nova sociedade a sócios da ou das sociedades incorporadas ou das sociedades a fundir que possuam direitos especiais;

h) As medidas de proteção dos direitos dos credores.

2 – O projeto de fusão deve ser aprovado pela assembleia geral de cada uma das sociedades com maioria de três quartos dos votos expressos pertencentes a sócios profissionais, seja qual for a percentagem de capital profissional nela representada.

SECÇÃO II – Cisão de sociedades

Artigo 41.º – Noção e modalidades

1 – É permitida a cisão de sociedades de profissionais.

2 – As sociedades de profissionais podem:

a) Destacar parte do seu património para efeitos de constituição de outra sociedade de profissionais;

b) Dissolver-se e dividir o seu património, sendo cada uma das partes resultantes destinada a constituir uma nova sociedade de profissionais;

c) Destacar partes do seu património ou dissolver-se, dividindo o seu património em duas ou mais partes, para as fundir com sociedades de profissionais já existentes ou com partes do património de outras sociedades de profissionais, separadas por idênticos processos e com igual finalidade, todas sujeitas à mesma associação pública profissional.

Artigo 42.º – Projeto de cisão

1 – A administração de sociedade que pretenda cindir-se ou, tratando-se de cisão-fusão, as administrações das sociedades participantes devem elaborar, em conjunto, um projeto de cisão, donde constem os seguintes elementos:

a) A modalidade, os motivos, as condições e os objetivos da cisão, relativamente a todas as sociedades participantes;

b) A firma, a sede, o montante do capital e a data de inscrição na associação pública profissional de cada uma das sociedades participantes;

c) A descrição e valor dos elementos do ativo e do passivo a transmitir para as novas sociedades ou, no caso de cisão-fusão, para as sociedades incorporantes;

d) As participações, de indústria ou de capital, a atribuir aos sócios das novas sociedades ou, no caso de cisão-fusão, das sociedades incorporantes;

e) O projeto de contrato das novas sociedades ou, no caso de cisão-fusão, o projeto de alteração a introduzir no contrato das sociedades incorporantes;

f) A data a partir da qual as operações da sociedade cindida ou, no caso de cisão-fusão, das sociedades incorporantes, são consideradas, do ponto de vista contabilístico, como efetuadas por conta da ou das sociedades resultantes da cisão;

g) Os direitos assegurados pelas sociedades resultantes da cisão ou, no caso de cisão-fusão, pelas sociedades incorporantes aos sócios da ou das sociedades cindidas ou aos sócios das sociedades incorporadas titulares de direitos especiais;

h) As medidas de proteção dos direitos dos credores.

2 – O projeto de cisão deve ser aprovado pela assembleia geral da sociedade cindida e, no caso de cisão-fusão, pelas assembleias gerais das sociedades participantes, com maioria de três quartos dos votos expressos pertencentes a sócios profissionais.

SECÇÃO III – Disposições comuns

Artigo 43.º – Registo e aprovação do projecto

1 – Sem prejuízo do regime de registo comercial, quando aplicável, o projeto de fusão ou de cisão deve ser comunicado à respetiva associação pública profissional.

2 – À comunicação do projeto e respetivo controlo aplica-se, com as devidas adaptações, o disposto no artigo 21.º.

Artigo 44.º – Direito de exoneração dos sócios

O sócio ou sócios que votarem contra o projeto de fusão ou de cisão têm o direito de se exonerar da sociedade, nos termos da presente lei.

Artigo 45.º – Contrato de fusão ou cisão, registo e inscrição das sociedades emergentes

1 – A celebração do contrato de fusão ou cisão depende do controlo prévio do respetivo projeto pela associação pública profissional, nos termos do artigo 43.º.

2 – A forma do contrato de fusão ou cisão é regida pela legislação referida no n.º 3 do artigo 4.º.

3 – Uma vez celebrado o contrato, deve ser requerida a inscrição da fusão ou cisão no registo, devendo a mesma ser simultaneamente comunicada à associação pública profissional, para efeitos de alteração da inscrição ou inscrição da nova sociedade.

Artigo 46.º – Efeitos do registo

1 – Com o registo da fusão:

a) Extinguem-se as sociedades incorporadas ou, no caso de constituição de nova sociedade, todas as sociedades fundidas, transmitindo-se os seus direitos e obrigações para a sociedade incorporante ou para a nova sociedade;

b) Os sócios das sociedades extintas tornam-se sócios da sociedade incorporante ou da nova sociedade.

2 – Com o registo da cisão:

a) Transmitem-se os direitos e obrigações da sociedade cindida para a nova sociedade ou, no caso de cisão-fusão, para a sociedade incorporante;

b) No caso de cisão-dissolução, extingue-se a sociedade cindida;

c) Os sócios da sociedade cindida, a quem sejam atribuídas participações de indústria e ou de capital da sociedade incorporante ou da nova sociedade, tornam-se sócios das mesmas.

Artigo 47.º – Transformação, fusão e cisão

As sociedades de profissionais podem transformar-se em sociedades de regime geral ou fundir-se e cindir-se sem observância do disposto no presente capítulo, perdendo, nestes casos, a natureza de sociedade de profissionais.

CAPÍTULO IX - Modalidades de associação societária envolvendo sociedades de profissionais

Artigo 48.º - Modalidades de associação societária

1 - As sociedades de profissionais podem associar-se a outras sociedades, sejam estas sociedades de profissionais ou não, para o exercício em conjunto de atividades que não sejam incompatíveis entre si, observado o regime de impedimentos aplicável, nos termos gerais, e cumprido o disposto no artigo seguinte.

2 - A associação pode assumir as seguintes modalidades:

a) Consórcio;

b) Associação em participação;

c) Agrupamento complementar de empresas ou agrupamento europeu de interesse económico.

3 - As associações que incluam sociedades de profissionais não são membros das associações públicas profissionais a que aquelas sociedades estejam sujeitas, nem estão em si mesmas sujeitas a responsabilidade disciplinar.

Artigo 49.º - Comunicação à associação pública profissional

As sociedades de profissionais envolvidas em associações devem comunicar os negócios jurídicos que constituam a base dessas associações com outras sociedades à associação pública profissional a que se encontram sujeitas, no prazo máximo de 10 dias úteis, a contar da respetiva celebração.

CAPÍTULO X - Dissolução, liquidação e partilha da sociedade de profissionais

Artigo 50.º - Dissolução

1 - A sociedade de profissionais é dissolvida nos casos previstos na lei e no contrato de sociedade.

2 - A sociedade de profissionais é ainda dissolvida extrajudicialmente:

a) Se se verificar a continuada violação dos requisitos para a sua constituição, constantes dos artigos 8.º a 12.º;

b) Quando lhe for aplicada pena disciplinar de expulsão da respetiva associação profissional ou interdição definitiva do exercício da atividade profissional.

3 - Em caso de dissolução, a sociedade deve efetuar mera comunicação à respetiva associação pública profissional.

4 - Nos casos previstos no n.º 2, a dissolução é decretada pela associação pública profissional, uma vez observado o princípio do contraditório, a qual promove o respetivo registo.

Artigo 51.º – Liquidação do património social

Dissolvida a sociedade, deve proceder-se à liquidação do seu património, nos termos da legislação referida no n.º 3 do artigo 4.º.

Artigo 52.º – Exercício da atividade profissional pelos sócios de sociedade dissolvida

Dissolvida a sociedade, por qualquer motivo, é permitido aos sócios profissionais o exercício da atividade profissional por si mesmos, ou noutra sociedade de profissionais, ainda que não se encontre concluído o processo de liquidação e partilha, sempre que não tenham sido eles próprios suspensos, expulsos ou interditos definitivamente no decurso de procedimento disciplinar.

CAPÍTULO XI – Disposições transitórias e finais

Artigo 53.º – Norma transitória

As sociedades de profissionais constituídas antes da entrada em vigor da presente lei devem adotar as regras nesta estabelecidas no prazo de 180 dias, a contar da data da entrada em vigor da lei que adaptar os estatutos da respetiva associação pública profissional à Lei n.º 2/2013, de 10 de janeiro, sob pena de passarem a ser consideradas sociedades de regime geral, com o cancelamento automático da respetiva inscrição na associação pública profissional de que fossem membros.

Artigo 54.º – Usurpação de funções

1 – Se duas ou mais pessoas, quer pelo uso de uma firma comum, quer por qualquer outro meio, criarem a falsa aparência de que existe entre elas um contrato de sociedade de profissionais, praticam o crime de usurpação de funções, punível com pena de prisão até dois anos ou com pena de multa até 240 dias.

2 – As sociedades e as organizações de facto que resultem do número anterior são responsáveis, nos termos gerais, pelo crime previsto no mesmo número.

Artigo 55.º – Derrogação

No caso de profissões que prossigam, na globalidade ou em alguns dos seus atos e atividades, missões específicas de interesse público, ou no caso de profissões cuja globalidade de atos ou atividades tenha uma ligação direta e específica ao exercício de poderes de autoridade pública, podem ser estabelecidos, nos estatutos da respetiva associação pública profissional ou noutras leis, requisitos de constituição e funcionamento de sociedades de profissionais, e requisitos de inscrição de organizações associativas de profissionais, diversos dos previstos na presente lei, desde que se mostrem justificados e proporcionais, respetivamente, por razões imperiosas de interesse geral ligadas à prossecução da missão de interesse público em causa, ou ao exercício daqueles poderes de autoridade pública.

Artigo 56.º – Balcão único

1 – Todos os pedidos, comunicações e notificações previstos na presente lei, entre a associação pública profissional e profissionais, sociedades de profissionais ou outras organizações associativas de profissionais, são realizados por meios eletrónicos, através do balcão único eletrónico dos serviços, referido nos artigos 5.º e 6.º do Decreto-Lei n.º 92/2010, de 26 de julho, acessível através do sítio na Internet da associação pública profissional em causa.

2 – Quando, por motivos de indisponibilidade das plataformas eletrónicas, não for possível o cumprimento do disposto no número anterior, a transmissão da informação pode ser feita por entrega nos serviços da associação pública profissional em causa, por correio eletrónico, por telecópia ou por remessa pelo correio sob registo.

3 – A apresentação de documentos em forma simples, nos termos dos números anteriores, dispensa a remessa dos documentos originais, autênticos, autenticados ou certificados, sem prejuízo do disposto nas alíneas *a)* e *c)* do n.º 3 e nos n.ºs 4 e 5 do artigo 7.º do Decreto-Lei n.º 92/2010, de 26 de julho.

4 – É ainda aplicável aos procedimentos referidos no presente artigo o disposto nas alíneas *d)* e *e)* do artigo 5.º e no n.º 1 do artigo 7.º do Decreto-Lei n.º 92/2010, de 26 de julho.

Artigo 57.º – Cooperação administrativa

As associações públicas profissionais competentes nos termos da presente lei prestam e solicitam às autoridades administrativas dos outros Estados membros da União Europeia e à Comissão Europeia assistência mútua e tomam as medidas necessárias para cooperar eficazmente, nomeadamente através do Sistema de Informação do Mercado Interno, no âmbito dos procedimentos relativos a prestadores de serviços já estabelecidos noutro Estado membro, nos termos do capítulo VI do Decreto-Lei n.º 92/2010, de 26 de julho, e do n.º 2 do artigo 51.º da Lei n.º 9/2009, de 4 de março, alterada pelas Leis n.ºs 41/2012, de 28 de agosto, e 25/2014, de 2 de maio.

Artigo 58.º – Entrada em vigor

A presente lei entra em vigor 30 dias após a data da sua publicação.

Aprovada em 10 de abril de 2015.

A Presidente da Assembleia da República, *Maria da Assunção A. Esteves.*

Promulgada em 26 de maio de 2015.

Publique-se.

O Presidente da República, Aníbal Cavaco Silva.

Referendada em 28 de maio de 2015.

4.
Regulamentação da Ordem dos Advogados

4.1 Regulamento de Inscrição de Advogados e Advogados Estagiários

Regulamento n.º 913-C/2015 (Série II), de 28 de Dezembro

D.R. n.º 252 – II Série – 1.º Suplemento, de 28/12/2015

A Assembleia Geral da Ordem dos Advogados reunida em 21 de dezembro de 2015, ao abrigo do disposto na alínea *d)*, do n.º 2, do artigo 33.º do Estatuto da Ordem dos Advogados (EOA), aprovado pela Lei n.º 145/2015, de 9 de setembro, deliberou aprovar a proposta de Regulamento de Inscrição de Advogados e Advogados Estagiários, elaborada pelo Conselho Geral da Ordem dos Advogados, nos termos do disposto na alínea *g)*, do n.º 1, do artigo 46.º do EOA:

CAPÍTULO I – Disposições Comuns

Artigo 1.º – Âmbito de aplicação

1 – A inscrição de Advogados e de Advogados estagiários, bem como a inscrição ou registo de Advogados provenientes de outros Estados-Membros da União Europeia e do Espaço Económico Europeu na Ordem dos Advogados, rege-se pelas disposições respetivas do Estatuto da Ordem dos Advogados (EOA) e pelo presente regulamento.

2 – A inscrição de juristas de reconhecido mérito, Mestres e outros Doutores em direito, para a prática de atos de consulta jurídica, rege-se pelas disposições do EOA e por regulamento próprio.

Artigo 2.º – Inscrição e uso do título de Advogado e de Advogado estagiário

1 – Só podem inscrever-se na Ordem dos Advogados os titulares do grau académico necessário nos termos previstos no EOA, que reúnam os demais requisitos de inscrição prescritos nesse diploma legal e no presente regulamento.

2 – A inscrição e sua manutenção em vigor é condição do exercício dos direitos e do título de «Advogado» e de «Advogado estagiário».

Artigo 3.º – Restrições ao direito de inscrição

1 – É indeferida a inscrição, bem como o levantamento da sua suspensão, aos requerentes que:

a) Não possuam idoneidade moral para o exercício da profissão;

b) Não estejam no pleno gozo dos seus direitos civis;

c) Tenham sido declarados incapazes de administrar as suas pessoas e bens por decisão transitada em julgado;

d) Estejam em situação de incompatibilidade ou inibição para o exercício da Advocacia;

e) Os magistrados e trabalhadores com vínculo de emprego público que, mediante processo disciplinar, hajam sido demitidos, aposentados, reformados ou colocados na inatividade por falta de idoneidade moral.

2 – A verificação de inidoneidade moral dos candidatos à inscrição na Ordem dos Advogados é sempre objeto de processo próprio, que segue os termos do processo disciplinar, com as necessárias adaptações, conforme estatuído pelo n.º 2, do artigo 178.º do EOA.

3 – A competência para a instrução e decisão do processo previsto no número anterior cabe ao Conselho de Deontologia territorialmente competente, que o desencadeia oficiosamente ou a requerimento.

4 – O processo de averiguação de inidoneidade para o exercício da profissão de todos aqueles que se encontram sujeitos à jurisdição disciplinar da Ordem dos Advogados é instaurado nos mesmos termos em que o são os processos disciplinares, conforme o disposto nos artigos 178.º e seguintes do EOA e do regulamento disciplinar que estiver em vigor.

Artigo 4.º – Data da inscrição

1 – A data de inscrição na Ordem dos Advogados é a do dia em que é deliberada a inscrição pelo Conselho Geral, contando-se a antiguidade a partir dessa data.

2 – Cabe ao Conselho Regional competente receber e tramitar preparatoriamente os processos de inscrição dos Advogados e dos Advogados estagiários para confirmação da inscrição pelo Conselho Geral.

3 – O recebimento e tramitação preparatória dos processos de inscrição efetuados pelos Conselhos Regionais e a realização da prova de agregação não conferem qualquer direito adquirido aos candidatos relativamente à inscrição

como Advogado estagiário ou como Advogado, a cujas inscrições procede o Conselho Geral.

Artigo 5.º – Nome profissional

1 – Os requerentes, no ato de inscrição, indicam o nome completo, podendo indicar, para uso no exercício da profissão, nome abreviado, o qual não é admitido se igual ou confundível com outro anteriormente requerido ou inscrito a nível nacional, exceto se o titular deste autorizar tal uso por escrito.

2 – Verificando-se que o nome abreviado de Advogado ou de Advogado estagiário indicado pelo requerente é igual ou confundível com outro já requerido ou inscrito a nível nacional e na ausência da autorização referida no número anterior, a inscrição é registada com o nome completo do requerente sem prejuízo do direito que a este assiste de indicar outro nome abreviado admissível.

3 – A autorização para uso do nome abreviado caduca em virtude da suspensão voluntária da inscrição durante um período ininterrupto de dez anos.

4 – O disposto no número anterior aplica-se igualmente aos Advogados reformados que se mantenham nessa situação durante um período ininterrupto de cinco anos, sem terem requerido autorização para advogar.

CAPÍTULO II – Inscrição de Advogados e Advogados Estagiários Portugueses

SECÇÃO I – Advogado Estagiário

Artigo 6.º – Requerimento de inscrição de Advogado estagiário

1 – O requerimento de inscrição de Advogado estagiário é apresentado junto do Conselho Regional competente em razão do domicílio do patrono, com a indicação deste, do nome completo e demais dados de identificação do requerente, cargos e atividades exercidos, telefone, fax, endereço de correio eletrónico, bem como a sua morada.

2 – Sem prejuízo de outros elementos ou documentos que venham a ser considerados necessários nos termos legais, o requerimento de inscrição de Advogado estagiário é instruído com os seguintes documentos:

a) Boletim de inscrição com a assinatura pessoal e profissional do requerente;

b) Comprovativo da habilitação académica necessária em original ou pública-forma, com menção da data de conclusão e respetiva média final, ou, na sua falta, documento comprovativo de que aquele já foi requerido se encontra em condições de ser expedido;

c) Certidão de narrativa do registo de nascimento;

d) Certificado do registo criminal;

e) Quatro fotografias iguais, a cores, tipo passe;

f) Cópia do Bilhete de Identidade e do Cartão de Contribuinte ou do Cartão do Cidadão, devendo ser exibidos os respetivos originais;

g) Impresso para emissão da cédula profissional de Advogado estagiário;

h) Autorização do requerente para o tratamento dos seus dados pessoais e profissionais;

i) Declaração, sob compromisso de honra, datada e assinada pelo requerente, de não estar em situação de incompatibilidade com o exercício da Advocacia, nos termos dos artigos 81.º e seguintes do EOA;

j) Cópia do contrato de trabalho, do documento comprovativo do título de provimento, ou de qualquer outro vínculo contratual, com indicação das funções e respetivo horário, quando o requerente declare exercer qualquer atividade e, em termos gerais, qualquer que seja o cargo, função ou atividade desempenhada;

k) Certidão do registo disciplinar, caso o requerente tenha sido funcionário ou agente da administração, ou magistrado;

l) Declaração do patrono com, pelo menos, cinco anos de exercício efetivo da profissão, sem punição disciplinar superior à de multa, em como aceita o patrocínio com todas as obrigações legais inerentes, declaração que pode ser aposta no próprio requerimento de inscrição;

m) Comprovativo de subscrição da apólice de seguro de grupo disponibilizada pela Ordem dos Advogados, ou contratada por si, relativa a seguro de acidentes pessoais, que cubra os riscos que possam ocorrer durante e por causa do estágio;

n) Comprovativo de subscrição da apólice de seguro de grupo disponibilizada pela Ordem dos Advogados, ou contratada por si, relativa a seguro de responsabilidade civil profissional, que cubra, durante a realização do estágio e enquanto a respetiva inscrição se mantiver ativa, os riscos inerentes ao desempenho das tarefas que enquanto Advogado estagiário lhe forem atribuídas, conforme o estabelecido na apólice respetiva, renovando-o sempre que necessário até à sua conclusão.

Artigo 7.º – Tramitação preparatória e inscrição de Advogado estagiário

1 – Com a entrega do requerimento de inscrição e respetivos documentos é constituído um processo ao qual é atribuído um número único nacional que coincide com o número da cédula profissional de Advogado estagiário.

2 – O Conselho Regional, depois de ter verificado que o requerimento de inscrição está devidamente instruído e que nada obsta à inscrição, emite proposta

relativamente à inscrição pelo Conselho Geral, remetendo a este todo o processo para proceder à inscrição do Advogado estagiário.

SECÇÃO II - Inscrição de Advogado

SUBSECÇÃO I - Inscrição precedida de estágio

Artigo 8.º - Cessação do estágio

1 - A inscrição como Advogado depende do cumprimento das obrigações de estágio com aprovação na prova de agregação nos termos do regulamento de estágio que estiver em vigor.

2 - Considerado concluído o estágio nos termos do regulamento de estágio que estiver em vigor, fica o Advogado estagiário obrigado a requerer a sua inscrição como Advogado nos prazos aí definidos, sem prejuízo do disposto no n.º 4 do art. 10.º.

3 - O incumprimento da obrigação de requerer a inscrição como Advogado determina a suspensão administrativa da inscrição de Advogado estagiário, sem prejuízo de outras consequências determinadas pelo regulamento de estágio que estiver em vigor.

Artigo 9.º - Requerimento de inscrição de Advogado

1 - O requerimento de inscrição de Advogado é apresentado junto do Conselho Regional competente em razão do domicílio escolhido como centro da sua vida profissional, com a indicação deste, do nome completo e demais dados de identificação do requerente, cargos e atividades exercidos, telefone, número de fax, endereço de correio eletrónico, bem como a sua morada.

2 - Sem prejuízo de outros elementos ou documentos que venham a ser considerados necessários nos termos legais, o requerimento de inscrição de Advogado é instruído com os seguintes documentos:

a) Boletim de inscrição com a assinatura pessoal e profissional do requerente;

b) Comprovativo da habilitação académica necessária em original ou pública-forma, com menção da data de conclusão e respetiva média final, caso não conste do processo de Advogado estagiário;

c) Certidão de narrativa do registo de nascimento;

d) Certificado do registo criminal;

e) Quatro fotografias iguais, a cores, tipo passe;

f) Cópia do Bilhete de Identidade e do Cartão de Contribuinte, ou do Cartão do Cidadão, devendo ser exibidos os respetivos originais;

g) Impresso para emissão da cédula profissional de Advogado;

h) Cédula profissional de Advogado estagiário;

i) Autorização do requerente para o tratamento dos seus dados pessoais e profissionais;

j) Declaração, sob compromisso de honra, datada e assinada pelo requerente, de não estar em situação de incompatibilidade com o exercício da Advocacia, nos termos dos artigos 81.º e seguintes do EOA;

k) Cópia do contrato de trabalho, do documento comprovativo do título de provimento, ou de qualquer outro vínculo contratual, com indicação das funções e respetivo horário, quando o requerente declare exercer qualquer atividade e, em termos gerais, qualquer que seja o cargo, função ou atividade desempenhada;

l) Certidão do registo disciplinar, caso o requerente tenha sido funcionário ou agente da administração, ou magistrado;

m) Documentos exigidos pelo regulamento de estágio que estiver em vigor;

n) Declaração de autorização para eliminação da documentação não essencial relativa ao estágio, caso o requerente não proceda ao seu levantamento após notificação do respetivo Conselho Regional.

Artigo 10.º – Tramitação preparatória e inscrição de Advogado

1 – Realizada a prova de agregação com aprovação, o requerimento de inscrição de Advogado é submetido ao Conselho Regional competente para conclusão da tramitação preparatória do processo de inscrição.

2 – O Conselho Regional competente, depois de ter verificado que o requerimento de inscrição está devidamente instruído e que o requerente está em condições de vir a ser inscrito, emite proposta relativamente à inscrição pelo Conselho Geral, remetendo a este todo o processo para proceder à inscrição do Advogado.

3 – O Conselho Geral verificada a conformidade do processo de inscrição com o EOA e com o presente regulamento procede à da inscrição do Advogado, contando-se a antiguidade a partir desta data.

4 – O Conselho Geral pode sujeitar a inscrição do Advogado à verificação de condição suspensiva quando tal decisão seja proferida em data anterior à aprovação na prova de agregação, caso em que a inscrição só produz efeitos na data da verificação de tal condição.

5 – A decisão do Conselho Geral proferida sob condição nos termos do número anterior caduca automaticamente se o requerente reprovar na prova de agregação, no caso de ter de repetir a segunda fase do estágio, bem como no caso de sobrevirem quaisquer factos impeditivos da inscrição.

Artigo 11.º – Tramitação subsequente à inscrição

1 – No prazo máximo de oito dias a contar da inscrição o Conselho Regional competente procede à atribuição de um número sequencial nacional de Advogado.

2 – Dentro do prazo previsto no número anterior o Conselho Regional coloca à disposição do requerente uma declaração comprovativa da sua inscrição como Advogado, válida por sessenta dias, a qual pode ser renovada pelos serviços do Conselho Geral, por iguais períodos de tempo, até à entrega da cédula profissional.

3 – Após a inscrição, o Conselho Geral procede à criação do processo individual de Advogado e à emissão e entrega da respetiva cédula profissional.

4 – Com vista à criação do processo mencionado no número anterior, os conselhos regionais enviam ao Conselho Geral os seguintes documentos:

a) Cópia digitalizada do boletim de inscrição de Advogado estagiário;

b) Cópia digitalizada do boletim de inscrição de Advogado;

c) Cópia digitalizada da deliberação de inscrição pelo Conselho Geral;

d) Cópia digitalizada da declaração, sob compromisso de honra, datada e assinada pelo requerente, de não estar em situação de incompatibilidade com o exercício da Advocacia, nos termos dos artigos 81.º e seguintes do EOA;

e) Cópia digitalizada da certidão narrativa do registo de nascimento.

5 – Os documentos referidos no número anterior podem ser enviados por via eletrónica, dispensando-se o envio daqueles que se encontrem disponíveis, em suporte digital, no Sistema de Informação da Ordem dos Advogados (SINOA).

SUBSECÇÃO II – Inscrição com dispensa de estágio

Artigo 12.º – Inscrição de Doutores em Ciências Jurídicas e de antigos magistrados

1 – É admitida a inscrição como Advogado a quem seja doutor em Direito, com efetivo exercício da docência de Direito numa instituição de ensino superior, bem como de antigos magistrados com efetivo exercício profissional, após a realização de um tirocínio, com a duração máxima de seis meses, sob a orientação de um patrono escolhido pelo interessado, com pelo menos cinco anos de exercício efetivo da profissão e sem punição disciplinar superior à multa, visando a apreensão dos princípios deontológicos.

2 – O requerimento de inscrição é apresentado junto do Conselho Regional competente em razão do domicílio escolhido como centro da sua vida profissional, com a indicação deste, do nome completo e demais dados de identificação

do requerente, cargos e atividades exercidos, telefone, número de fax, endereço de correio eletrónico, bem como a sua morada.

3 – Sem prejuízo de outros elementos ou documentos que venham a ser considerados necessários nos termos legais, o requerimento de inscrição é instruído com os seguintes documentos:

a) Boletim de inscrição com a assinatura pessoal e profissional do requerente;

b) Certidão de narrativa do registo de nascimento;

c) Certificado do registo criminal;

d) Quatro fotografias iguais, a cores, tipo passe;

e) Cópia do Bilhete de Identidade e do Cartão de Contribuinte, ou do Cartão do Cidadão, devendo ser exibidos os respetivos originais;

f) Impresso para emissão da cédula profissional de Advogado;

g) Autorização do requerente para o tratamento dos seus dados pessoais e profissionais;

h) Declaração, sob compromisso de honra, datada e assinada pelo requerente, de não estar em situação de incompatibilidade com o exercício da Advocacia, nos termos dos artigos 81.º e seguintes do EOA;

i) Cópia do contrato de trabalho, do documento comprovativo do título de provimento, ou de qualquer outro vínculo contratual, com indicação das funções e respetivo horário, quando o requerente declare exercer qualquer atividade e, em termos gerais, qualquer que seja o cargo, função ou atividade desempenhada;

j) Certidão do registo disciplinar, caso o requerente tenha sido funcionário ou agente da administração, ou magistrado;

k) Comprovativo da habilitação académica necessária, e do efetivo exercício da docência de Direito numa instituição de ensino superior; ou,

l) Certidão comprovativa do exercício efetivo da magistratura.

m) Comprovativo da realização do tirocínio, com a duração máxima de seis meses, nos termos regulamentares.

Artigo 13.º – Tramitação preparatória e inscrição

1 – O Conselho Regional, depois de ter verificado que o requerimento de inscrição está devidamente instruído e que nada obsta à inscrição, emite proposta relativamente à inscrição pelo Conselho Geral, remetendo a este todo o processo para proceder à inscrição do Advogado, procedendo ao seu registo provisório.

2 – O Conselho Geral, verificada a conformidade do processo de inscrição com o EOA e com o presente regulamento, procede à inscrição, seguindo-se o procedimento previsto no artigo 11.º, com as devidas adaptações.

CAPÍTULO III – Registo e Inscrição de Advogados Estrangeiros

SECÇÃO I – Inscrição na Ordem dos Advogados em Regime de Reciprocidade

SUBSECÇÃO I – Advogados de outros Estados

Artigo 14.º – Inscrição de Advogados estrangeiros em regime de reciprocidade

1 – Os Advogados estrangeiros oriundos de Estados não membros da União Europeia diplomados por qualquer Faculdade de Direito de Portugal podem inscrever-se na Ordem dos Advogados nos mesmos termos dos Advogados portugueses, se a estes o país de origem daqueles conceder reciprocidade de tratamento.

2 – Considera-se existir reciprocidade para os efeitos previstos no número anterior desde que, mediante tratado internacional ou acordo escrito entre a Ordem dos Advogados e a organização profissional equivalente do Estado de origem do Advogado estrangeiro, que deverá especificar as condições de reciprocidade, seja admitida a inscrição dos Advogados portugueses naquela organização profissional.

Artigo 15.º – Requerimento de inscrição

1 – O requerimento de inscrição de Advogado estrangeiro, em regime de reciprocidade, é apresentado junto do Conselho Regional competente em razão do domicílio escolhido como centro da sua vida profissional, com a indicação deste, do nome completo e demais dados de identificação do requerente, cargos e atividades exercidos, telefone, número de fax, endereço de correio eletrónico bem como a morada em Portugal.

2 – Sem prejuízo de outros elementos ou documentos que venham a ser considerados necessários nos termos legais, o requerimento de inscrição é instruído com os seguintes documentos:

a) Boletim de inscrição com a assinatura pessoal e profissional do requerente;

b) Certidão do processo completo de inscrição na organização profissional equivalente à Ordem dos Advogados, do Estado de origem;

c) Comprovativo da habilitação académica necessária oficialmente reconhecida, por Faculdade de Direito de Portugal, com menção da data de conclusão e respetiva média final, documento que será dispensado se constar do processo de inscrição mencionado na alínea anterior;

d) Certidão de narrativa do registo de nascimento ou do documento equivalente do Estado de origem;

e) Certificado do registo criminal emitido pela entidade competente do Estado de origem;

f) Certificado do registo criminal emitido pela entidade competente do Estado português;

g) Quatro fotografias iguais, a cores, tipo passe;

h) Cópia do título de autorização de residência emitido pela autoridade competente do Estado português, devendo ser exibido o respetivo original;

i) Cópia do Cartão de Contribuinte, devendo ser exibido o respetivo original;

j) Impresso para emissão da cédula profissional de Advogado;

k) Autorização do requerente para o tratamento dos seus dados pessoais e profissionais;

l) Declaração, sob compromisso de honra, datada e assinada pelo requerente, de não estar em situação de incompatibilidade com o exercício da Advocacia, nos termos dos artigos 81.º e seguintes do EOA;

m) Cópia da cédula profissional de Advogado ou do documento equivalente da organização profissional análoga à Ordem dos Advogados, do Estado de origem;

n) Cópia do contrato de trabalho, do documento comprovativo do título de provimento, ou de qualquer outro vínculo contratual, com indicação das funções e respetivo horário, quando o requerente declare exercer qualquer atividade e, em termos gerais, qualquer que seja o cargo, função ou atividade desempenhada.

3 – Todos os documentos emitidos no Estado de origem devem ser legalizados e, caso não estejam redigidos em língua portuguesa, serão ainda acompanhados da respetiva tradução, nos termos previstos na lei.

Artigo 16.º – Tramitação preparatória e inscrição

A tramitação preparatória e a inscrição de Advogado estrangeiro oriundo de Estado não membro da União Europeia, em regime de reciprocidade, segue o disposto no artigo 13.º.

SUBSECÇÃO II – Inscrição de Advogados brasileiros

Artigo 17.º – Inscrição de Advogados de nacionalidade brasileira

1 – Por força do disposto no EOA, os Advogados brasileiros cuja formação académica superior tenha sido realizada no Brasil ou em Portugal podem inscrever-se na Ordem dos Advogados desde que idêntico regime seja aplicável aos Advogados de nacionalidade portuguesa inscritos na Ordem dos Advogados que se queiram inscrever na Ordem dos Advogados do Brasil.

2 - O regime de reciprocidade previsto no número anterior permite a inscrição de Advogado brasileiro com dispensa da realização de estágio e da obrigatoriedade de realizar prova de agregação.

Artigo 18.º - Requerimento de Inscrição

1 - O requerimento de inscrição como Advogado, nos termos do artigo anterior, é apresentado junto do Conselho Regional competente em razão do domicílio escolhido como centro da sua vida profissional, com a indicação deste, do nome completo e demais dados de identificação do requerente, cargos e atividades exercidos, telefone, número de fax, endereço de correio eletrónico bem como a morada em Portugal.

2 - Sem prejuízo de outros elementos ou documentos que venham a ser considerados necessários nos termos legais, o requerimento de inscrição é instruído com os seguintes documentos:

a) Boletim de inscrição com a assinatura pessoal e profissional do requerente;

b) Certidão do processo completo da inscrição principal como Advogado na Ordem dos Advogados do Brasil;

c) Certidão emitida pela Ordem dos Advogados do Brasil comprovativa da inscrição em vigor, da situação contributiva, e bem assim do registo disciplinar do requerente;

d) Comprovativo da habilitação académica necessária oficialmente reconhecida, por faculdade de Direito de Portugal, ou diploma em Direito emitido por instituição de ensino oficialmente credenciada no Brasil, com menção da data de conclusão e respetiva média final, documento que será dispensado se constar do processo de inscrição mencionado na alínea *b*);

e) Certidão de narrativa do registo de nascimento;

f) Certificado do registo criminal emitido pela entidade competente do Estado brasileiro;

g) Certificado do registo criminal emitido pela entidade competente do Estado português;

h) Quatro fotografias iguais, a cores, tipo passe;

i) Cópia do título de autorização de residência emitido pela autoridade competente do Estado português, devendo ser exibido o respetivo original;

j) Cópia do Passaporte, devendo ser exibido o original;

k) Cópia do Cartão de contribuinte, devendo ser exibido o original;

l) Impresso para emissão da cédula profissional de Advogado;

m) Autorização do requerente para o tratamento dos seus dados pessoais e profissionais;

n) Declaração, sob compromisso de honra, datada e assinada pelo requerente, de não estar em situação de incompatibilidade com o exercício da Advocacia, nos termos dos artigos 81.º e seguintes do EOA;

o) Cópia da carteira ou do cartão de identidade de Advogado brasileiro, devendo ser exibido o original;

p) Cópia do contrato de trabalho, do documento comprovativo do título de provimento, ou de qualquer outro vínculo contratual, com indicação das funções e respetivo horário, quando o requerente declare exercer qualquer atividade e, em termos gerais, qualquer que seja o cargo, função ou atividade desempenhada;

q) Documento comprovativo dos requisitos necessários para que os Advogados portugueses se possam inscrever na Ordem dos Advogados do Brasil.

3 - Todos os documentos emitidos no Brasil devem ser legalizados nos termos previstos na lei.

4 - Não é requisito da inscrição a residência habitual em Portugal se idêntico regime for aplicável aos Advogados portugueses que se queiram inscrever na Ordem dos Advogados do Brasil, porém, nesse caso, o Advogado brasileiro deve indicar e manter domicílio profissional em território nacional ou, juntar declaração, emitida por Advogado, com inscrição em vigor na Ordem dos Advogados, autorizando a indicação do respetivo domicílio profissional como domicílio profissional do requerente e comprometendo-se a entregar todas as comunicações que lhe forem dirigidas.

Artigo 19.º - Tramitação Preparatória e Inscrição

A tramitação preparatória e a inscrição de Advogado brasileiro segue o disposto no artigo 13.º.

SECÇÃO II - Inscrição de Estrangeiros não Abrangidos por Regimes de Reciprocidade

Artigo 20.º - Inscrição de cidadãos estrangeiros como Advogados estagiários

1 - Podem requerer a sua inscrição como Advogados estagiários os cidadãos estrangeiros a quem haja sido conferido por uma instituição de ensino superior portuguesa um dos graus académicos a que se referem as alíneas *a)* e *b)* do artigo 194.º - do EOA.

2 - O processo de tramitação preparatória e inscrição segue os termos previstos no artigo 7.º do presente regulamento, com as devidas adaptações.

Artigo 21.º – Requerimento de inscrição

1 – O requerimento de inscrição de cidadão estrangeiro como Advogado estagiário é apresentado junto do Conselho Regional competente em razão do domicílio do patrono, com a indicação deste, do nome completo e demais dados de identificação do requerente, cargos e atividades exercidos, telefone, fax, endereço de correio eletrónico bem como a morada em Portugal.

2 – Sem prejuízo de outros elementos ou documentos que venham a ser considerados necessários nos termos legais, o requerimento de inscrição é instruído com os seguintes documentos:

a) Boletim de inscrição com a assinatura pessoal e profissional do requerente;

b) Comprovativo da habilitação académica necessária, oficialmente reconhecida ou equiparada, em original ou pública-forma, com menção da data de conclusão e respetiva média final, ou, na sua falta, documento comprovativo de que aquele já foi requerido e se encontra em condições de ser expedido;

c) Certidão de narrativa do registo de nascimento ou documento equivalente do Estado de origem;

d) Certificado do registo criminal emitido pela entidade competente do Estado de origem;

e) Certificado do registo criminal emitido pela entidade competente do Estado português;

f) Quatro fotografias iguais, a cores, tipo passe;

g) Cópia do título de autorização de residência, emitido pela autoridade competente do Estado português, devendo ser exibido o respetivo original;

h) Cópia do Cartão de Contribuinte, devendo ser exibido o respetivo original;

i) Impresso para emissão da cédula profissional de Advogado estagiário;

j) Autorização do requerente para o tratamento dos seus dados pessoais e profissionais;

k) Declaração, sob compromisso de honra, datada e assinada pelo requerente, de não estar em situação de incompatibilidade com o exercício da Advocacia, nos termos dos artigos 81.º e seguintes do EOA;

l) Cópia do contrato de trabalho, do documento comprovativo do título de provimento, ou de qualquer outro vínculo contratual, com indicação das funções e respetivo horário, quando o requerente declare exercer qualquer atividade e, em termos gerais, qualquer que seja o cargo, função ou atividade desempenhada;

m) Declaração do patrono com pelo menos cinco anos de exercício efetivo da profissão, sem punição disciplinar superior à de multa, em como aceita o patrocínio com todas as obrigações legais inerentes, declaração que pode ser aposta no próprio requerimento de inscrição;

n) Comprovativo de subscrição da apólice de seguro de grupo disponibilizada pela Ordem dos Advogados, ou contratada por si, relativa a seguro de acidentes pessoais, que cubra os riscos que possam ocorrer durante e por causa do estágio;

o) Comprovativo de subscrição da apólice de seguro de grupo disponibilizada pela Ordem dos Advogados, ou contratada por si, relativa a seguro de responsabilidade civil profissional, que cubra, durante a realização do estágio e enquanto a respetiva inscrição se mantiver ativa, os riscos inerentes ao desempenho das tarefas que enquanto Advogado estagiário lhe forem atribuídas, conforme o estabelecido na apólice respetiva, renovando-o sempre que necessário até à sua conclusão.

3 – Todos os documentos emitidos no Estado de origem devem ser legalizados e, caso não estejam redigidos em língua portuguesa, são ainda acompanhados da respetiva tradução, nos termos previstos na lei.

Artigo 22.º – Tramitação preparatória e inscrição de cidadãos estrangeiros como Advogados precedida de estágio

1 – À tramitação preparatória e inscrição de cidadãos estrangeiros que tenham realizado estágio é aplicável o disposto nos artigos 8.º a 11.º, com as adaptações previstas no presente artigo.

2 – Sem prejuízo de outros elementos ou documentos que venham a ser considerados necessários nos termos legais, o requerimento de inscrição é instruído com os seguintes documentos:

a) Boletim de inscrição com a assinatura pessoal e profissional do requerente;

b) Comprovativo da habilitação académica necessária com menção da data de conclusão e respetiva média final, caso não conste do processo de Advogado estagiário; *c*) Certidão de narrativa do registo de nascimento ou do documento equivalente do Estado de origem;

d) Certificado do registo criminal emitido pela entidade competente do Estado de origem;

e) Certificado do registo criminal emitido pela entidade competente do Estado Português;

f) Cópia do título de autorização de residência, emitido pela autoridade competente do Estado português, devendo ser exibido o respetivo original;

g) Quatro fotografias iguais, a cores, tipo passe;

h) Cópia do Cartão de Contribuinte, devendo ser exibido o respetivo original;

i) Impresso para emissão da cédula profissional de Advogado;

j) Cédula profissional de Advogado estagiário;

k) Autorização do requerente para o tratamento dos seus dados pessoais e profissionais;

l) Declaração, sob compromisso de honra, datada e assinada pelo requerente, de não estar em situação de incompatibilidade com o exercício da Advocacia, nos termos dos artigos 81.º e seguintes do EOA;

m) Cópia do contrato de trabalho, do documento comprovativo do título de provimento, ou de qualquer outro vínculo contratual, com indicação das funções e respetivo horário, quando o requerente declare exercer qualquer atividade e, em termos gerais, qualquer que seja o cargo, função ou atividade desempenhada;

n) Certidão do registo disciplinar, caso o requerente tenha sido funcionário ou agente da administração, ou magistrado;

o) Documentos exigidos pelo regulamento de estágio que estiver em vigor;

p) Declaração de autorização para eliminação da documentação não essencial relativa ao estágio, caso o requerente não proceda ao seu levantamento após notificação do respetivo Conselho Regional.

3 – Todos os documentos emitidos no Estado de origem devem ser legalizados e, caso não estejam redigidos em língua portuguesa, são ainda acompanhados da respetiva tradução, nos termos previstos na lei.

SECÇÃO III – Registo e Inscrição de Advogados de Outros Estados-Membros da União Europeia

SUBSECÇÃO I – Prestação ocasional e estabelecimento

Artigo 23.º – Reconhecimento do título profissional

São reconhecidos em Portugal na qualidade de Advogados, e como tal autorizados a exercer a respetiva profissão, nos termos dos artigos subsequentes, as pessoas que, nos respetivos países membros da União Europeia e do Espaço Económico Europeu, estejam autorizadas a exercer as atividades profissionais com um dos títulos profissionais seguintes:

Na Bélgica – Avocat/Advocaat/Rechtsanwalt;

Na Dinamarca – Advokat;

Na Alemanha – Rechtsanwalt;

Na Grécia – dijgcóqoy;

Em Espanha – Abogado/Advocat/Avogado/Abokatu;

Em França – Avocat;

Na Irlanda – Barrister/Solicitor;

Em Itália – Avvocato;

No Luxemburgo – Avocat;

Nos Países Baixos – Advocaat;

Na Áustria – Rechtsanwalt;

Na Finlândia – Asianajaja/Advokat;
Na Suécia – Advokat;
No Reino Unido – Advocate/Barrister/Solicitor;
Na República Checa – Advokát;
Na Estónia – Vandeadvokaat;
No Chipre – dijgcóqoy;
Na Letónia – Zverinatsadvokáts;
Na Lituânia – Advokatas;
Na Hungria – Ügyvéd;
Em Malta – Avukat/ProkuraturLegali;
Na Polónia – Advwokat/Radcaprawny;
Na Eslovénia – Odvetnik/Odvetnica;
Na Eslováquia – Advokát/Komer*y' právnik;
Na Bulgária – адвокат;
Na Roménia – Avocat;
Na Croácia – Odvjetnik, Odvjetnica;
Na Islândia – Lögmaður;
No Liechtenstein – Rechtsanwalt;
Na Noruega – Advokat.

Artigo 24.º – Estatuto profissional

1 – Na prestação de serviços profissionais de Advocacia em Portugal, os Advogados da União Europeia que exerçam a sua atividade com o seu título profissional de origem estão sujeitos às regras profissionais e deontológicas aplicáveis aos Advogados inscritos na Ordem dos Advogados, sem prejuízo das regras do Estado-membro de origem a que continuam sujeitos.

2 – Os Advogados da União Europeia, autorizados a exercer em Portugal nos termos previstos nos artigos seguintes, ficam obrigados a mencionar no exercício da sua atividade:

a) O título profissional de origem, expresso na ou numa das línguas do Estado-membro de origem;

b) A inscrição na organização profissional a que pertencem ou da jurisdição junto da qual se encontram admitidos nos termos da lei do Estado-membro de origem;

c) O modo de exercício da atividade em Portugal indicando o número de registo na Ordem dos Advogados, no caso de estabelecimento permanente, ou mencionando o exercício em regime de prestação ocasional de serviços.

3 – Os Advogados da União Europeia aos quais se refere o artigo 26.º ficam ainda obrigados a comunicar à Ordem dos Advogados qualquer alteração relativa ao estado da inscrição na organização profissional equivalente à Ordem dos Advogados do Estado – membro de origem.

Artigo 25.º – Prestação ocasional de serviços

1 – A prestação ocasional de serviços profissionais de Advocacia em Portugal por Advogados da União Europeia, que exerçam a sua atividade com o seu título profissional de origem é livre, sem prejuízo destes terem que dar prévio conhecimento desse facto à Ordem dos Advogados, e do cumprimento do disposto no art. 29.

2 – A comunicação prevista no número anterior é efetuada por escrito e dirigida ao Bastonário da Ordem dos Advogados, acompanhada de cópia do título comprovativo do direito a exercer a profissão no Estado-membro de origem.

3 – Nos casos em que a prestação ocasional envolva a representação e o exercício do mandato judicial perante os tribunais portugueses, a comunicação é ainda acompanhada de declaração de Advogado inscrito na Ordem dos Advogados em como assegura a orientação efetiva do patrocínio.

4 – Em caso de dúvida relativamente à inscrição na organização profissional equivalente à Ordem dos Advogados do Estado-membro de origem pode ser exigida a apresentação de documentação complementar.

Artigo 26.º – Estabelecimento em Portugal

O estabelecimento em Portugal de Advogados da União Europeia que pretendam exercer a sua atividade com o seu título profissional de origem depende de prévio registo na Ordem dos Advogados.

Artigo 27.º – Requerimento de registo

1 – O requerimento para realização do registo previsto no artigo anterior é apresentado junto do Conselho Regional competente em razão do domicílio escolhido como centro da vida profissional em Portugal, com a indicação deste, nome completo e demais dados de identificação do requerente, telefone, número de fax, endereço de correio eletrónico, bem como a morada em Portugal.

2 – Sem prejuízo de outros elementos ou documentos que venham a ser considerados necessários nos termos legais, o requerimento de registo é instruído com os seguintes documentos:

a) Boletim de registo com a assinatura pessoal e profissional do requerente;

b) Certificado emitido há menos de três meses pela organização profissional equivalente à Ordem dos Advogados do Estado-membro de origem, comprovativo da inscrição em vigor nesta organização, donde conste a situação contributiva e uma certificação do registo disciplinar do requerente;

c) Certidão de narrativa do registo de nascimento ou documento equivalente do Estado-membro de origem;

d) Certificado do registo criminal emitido pela entidade competente do Estado-membro de origem;

e) Certificado do registo criminal emitido pela entidade competente do Estado Português;

f) Autorização do requerente para o tratamento dos seus dados pessoais e profissionais, nomeadamente autorizando a troca de toda a informação relevante relativa ao exercício da atividade profissional do requerente entre a Ordem dos Advogados e a organização profissional equivalente à Ordem dos Advogados do Estado-membro de origem;

g) Quatro fotografias iguais, a cores, tipo passe;

h) Cópia do Bilhete de Identidade ou do Passaporte e do cartão de contribuinte, devendo ser exibidos os respetivos originais;

i) Cópia da cédula profissional ou do documento equivalente da organização profissional análoga à Ordem dos Advogados do Estado-membro de origem;

j) Declaração, sob compromisso de honra, datada e assinada pelo requerente, de não estar em situação de incompatibilidade com o exercício da Advocacia, nos termos dos artigos 81.º e seguintes do EOA;

k) Cópia do contrato de trabalho, do documento comprovativo do título de provimento, ou de qualquer outro vínculo contratual, com indicação das funções e respetivo horário, quando o requerente declare exercer qualquer atividade e, em termos gerais, qualquer que seja o cargo, função ou atividade desempenhada;

l) Comprovativo da existência, em vigor, de seguro de responsabilidade civil profissional com uma cobertura mínima igual à assegurada pelo seguro de responsabilidade civil de que beneficiam todos os Advogados com inscrição em vigor na Ordem dos Advogados, nos termos do EOA.

3 – Todos os documentos emitidos no Estado-membro de origem devem ser acompanhados da respetiva tradução para português, podendo ser exigida a legalização dos documentos nos termos da lei.

Artigo 28. º – Tramitação preparatória e registo

1 – O Conselho Regional competente cria o respetivo processo individual e, depois de ter verificado que o requerimento está devidamente documentado e

que nada obsta ao registo, emite proposta relativamente ao registo pelo Conselho Geral, remetendo a este todo o processo para proceder a esse registo.

2 – Efetuado o registo pelo Conselho Geral, o Conselho Regional emite uma certidão probatória do registo que é entregue ao requerente.

3 – A certidão prevista no número anterior contém, pelo menos, os seguintes elementos:

a) Identificação do Conselho Regional responsável pelo registo;

b) O título profissional de origem, expresso na ou numa das línguas do Estado-membro de origem;

c) A identificação da organização profissional a que o Advogado pertence ou da jurisdição junto da qual se encontra admitido nos termos da lei do Estado-membro de origem;

d) O nome profissional adotado no Estado-membro de origem;

e) A fotografia do titular;

f) O número da certidão probatória correspondente ao processo de registo;

g) A norma estatutária ao abrigo da qual é emitida;

h) A data de emissão e o respetivo prazo de validade que não será superior a cinco anos;

i) A assinatura do titular;

j) A assinatura do Bastonário.

Artigo 29.º – Condição de exercício do mandato judicial

1 – A representação e o mandato judicial perante os tribunais portugueses só podem ser exercidos por Advogados da União Europeia que exerçam a sua atividade com o seu título profissional de origem sob a orientação efetiva de Advogado com a inscrição em vigor na Ordem dos Advogados.

2 – Para os efeitos previstos no número anterior a procuração forense passada a Advogado da União Europeia deve mencionar expressamente que é emitida para os efeitos previstos no n.º 2, do artigo 204.º, do EOA, e bem assim identificar devidamente o Advogado inscrito na Ordem dos Advogados responsável pela orientação do patrocínio e a qualidade em que este intervém.

SUBSECÇÃO II – Inscrição de Advogados da União Europeia

Artigo 30.º – Inscrição na Ordem dos Advogados

1 – O estabelecimento em Portugal dos Advogados da União Europeia mencionados no artigo 23.º, que pretendam exercer a sua atividade com o título

profissional de «Advogado», em plena igualdade de direitos e deveres com os Advogados portugueses, depende de prévia inscrição na Ordem dos Advogados nos mesmos termos destes.

2 – A utilização do título profissional de «Advogado» não prejudica o direito de utilização do título profissional de origem.

Artigo 31.º – Requerimento de inscrição de Advogado da União Europeia

1 – O requerimento de inscrição de Advogado da União Europeia é apresentado junto do Conselho Regional competente em razão do domicílio escolhido como centro da sua vida profissional, com a indicação deste, do nome completo e demais dados de identificação do requerente, cargos e atividades exercidos, telefone, fax, endereço de correio eletrónico, bem como a morada em Portugal.

2 – Sem prejuízo de outros elementos ou documentos que venham a ser considerados necessários nos termos legais, o requerimento de inscrição é instruído com os seguintes documentos:

a) Boletim de inscrição com a assinatura pessoal e profissional do requerente;

b) Certificado emitido há menos de três meses pela organização profissional equivalente à Ordem dos Advogados do Estado-membro de origem, comprovativo da inscrição em vigor nesta organização, donde conste uma certificação do registo disciplinar do requerente;

c) Comprovativo da habilitação académica necessária, oficialmente reconhecida ou equiparada, com menção da data de conclusão e respetiva média final, em original ou pública-forma;

d) Certidão de narrativa do registo de nascimento ou documento equivalente do Estado-membro de origem;

e) Certificado do registo criminal emitido pela entidade competente do Estado-membro de origem;

f) Certificado do registo criminal emitido pela entidade competente do Estado português;

g) Quatro fotografias iguais, a cores, tipo passe;

h) Cópia do Bilhete de Identidade ou do Passaporte, devendo ser exibido o respetivo original;

i) Cópia do Cartão de Contribuinte, devendo ser exibido o original;

j) Impresso para emissão de cédula profissional de Advogado;

k) Cópia da cédula profissional ou do documento equivalente da organização profissional análoga à Ordem dos Advogados do Estado-membro de origem;

l) Autorização do requerente para o tratamento dos seus dados pessoais e profissionais, nomeadamente autorizando a troca de toda a informação relevante relativa ao exercício da atividade profissional do requerente entre a Ordem dos Advogados e a organização profissional equivalente à Ordem dos Advogados do Estado-membro de origem;

m) Declaração, sob compromisso de honra, datada e assinada pelo requerente, de não estar em situação de incompatibilidade com o exercício da Advocacia, nos termos dos artigos 81.º e seguintes do EOA;

n) Cópia do contrato de trabalho, do documento comprovativo do título de provimento, ou de qualquer outro vínculo contratual, com indicação das funções e respetivo horário, quando o requerente declare exercer qualquer atividade e, em termos gerais, qualquer que seja o cargo, função ou atividade desempenhada.

3 – Todos os documentos emitidos no Estado-membro de origem devem ser acompanhados da respetiva tradução para português, podendo ser exigida a legalização dos documentos nos termos da lei.

Artigo 32.º – Tramitação preparatória da inscrição de Advogado da União Europeia

O Conselho Regional competente, depois de ter verificado que o requerimento está devidamente documentado e que o requerente está em condições de vir a ser inscrito, emite proposta relativamente ao registo pelo Conselho Geral, remetendo a este todo o processo para proceder a esse registo.

CAPÍTULO IV – Da Cédula Profissional

Artigo 33.º – Cédula profissional

1 – A cada Advogado ou Advogado estagiário é entregue a respetiva cédula profissional, a qual serve de prova da inscrição na Ordem dos Advogados.

2 – O Advogado ou o Advogado estagiário no exercício das respetivas funções deve, sempre que necessário, fazer prova da sua inscrição através de cédula profissional válida.

3 – A cédula profissional de Advogado e de Advogado estagiário deve conter obrigatoriamente os seguintes elementos:

a) A menção «Ordem dos Advogados» e o respetivo símbolo oficial;

b) A indicação «Cédula Profissional de Advogado» ou «Cédula Profissional de Advogado Estagiário»;

c) O nome abreviado do titular, quando adotado, para uso no exercício da profissão;

d) A data de inscrição na Ordem dos Advogados;

e) O número do Bilhete de Identidade ou do Cartão do Cidadão ou do Passaporte, quando aplicável e o número de identificação fiscal;

f) A assinatura digitalizada do titular, para uso no exercício da profissão;

g) A assinatura digitalizada do Bastonário;

h) O número da cédula profissional correspondente ao número de inscrição;

i) A fotografia digitalizada do titular;

j) A respetiva data de validade;

k) O selo digitalizado da Ordem dos Advogados.

4 – As cédulas profissionais de Advogado e de Advogado estagiário têm um prazo máximo de validade de cinco e três anos, respetivamente.

5 – A cédula profissional pode conter um chip eletrónico, utilizado para armazenar informação relativa ao estado da inscrição do titular e outros elementos úteis relacionados com o exercício da profissão.

Artigo 34.º – Renovação da cédula

1 – No caso de perda, extravio ou inutilização da cédula profissional, o requerente solicita a emissão de segunda via da mesma ao órgão que a tiver emitido, prestando os esclarecimentos e fornecendo os elementos que lhe forem solicitados para este efeito.

2 – O órgão competente, depois de apreciar o pedido, solicita a emissão de segunda via da cédula profissional, efetuando as comunicações e os averbamentos necessários.

3 – Ocorrendo caducidade da cédula profissional de Advogado ou de Advogado estagiário com a inscrição em vigor, compete ao Conselho Geral ou ao Conselho Regional competente providenciar pela emissão e envio da nova cédula, devendo o titular proceder à devolução da cédula caducada.

4 – O requerimento de emissão de nova cédula é acompanhado do respetivo impresso e de uma fotografia, a cores, tipo passe, bem como da cédula inutilizada, quando aplicável.

Artigo 35.º – Entrega da cédula de Advogado

A cédula profissional dos novos Advogados é entregue diretamente ou em cerimónia pública precedida da prestação de juramento nos termos do artigo seguinte.

Artigo 36.º – Juramento

Na cerimónia pública referida no artigo anterior é, pelos novos Advogados, prestado o seguinte juramento:

"Juro, pela minha honra, exercer a Advocacia com independência, espírito de serviço, coragem e dignidade e, como servidor da humanidade, da justiça, do direito e da lei, cumprir escrupulosamente os deveres fundamentais, legais e deontológicos, da profissão".

Artigo 37.º – Deveres gerais

1 – Sem prejuízo das obrigações previstas no EOA, nos regulamentos e demais legislação a que estão vinculados, os Advogados e os Advogados estagiários, inscritos ou registados ao abrigo do presente regulamento, ficam sujeitos ao cumprimento dos seguintes deveres:

a) Suspender imediatamente o exercício da profissão e requerer no prazo máximo de trinta dias a suspensão da inscrição ou do registo quando ocorrer incompatibilidade superveniente;

b) Comunicar qualquer alteração do domicílio profissional e, bem assim, qualquer alteração dos seus dados profissionais, nos termos regulados no artigo seguinte;

c) Manter ou indicar, consoante o caso, um domicílio profissional em território nacional, dotado de uma estrutura que assegure o cumprimento dos seus deveres profissionais, nos termos de regulamento a aprovar pelo Conselho Geral.

2 – Os Advogados inscritos na Ordem dos Advogados estão ainda obrigados a:

a) Pagar pontualmente as quotas e outros encargos devidos à Ordem dos Advogados;

b) Promover a sua própria formação contínua nos termos de regulamento a aprovar pelo Conselho Geral.

Artigo 38.º – Comunicação de alterações

1 – A alteração do domicílio profissional ou qualquer outro fato que possa influir na inscrição, deve ser comunicada pelo requerente ao Conselho Geral, ou ao Conselho Regional competente no caso dos Advogados estagiários, no prazo de trinta dias.

2 – A comunicação prevista no número anterior pode ser efetuada por escrito e remetida por qualquer meio que garanta a identificação do requerente, designadamente via postal, fax, ou mensagem de correio eletrónico de conta de correio eletrónico atribuída pela Ordem, com aposição de assinatura digital, sem prejuízo do disposto no número seguinte.

3 – As alterações aos dados pessoais ou profissionais podem também, em alternativa, ser indicadas on-line, pelo requerente, o qual, para o efeito, deve aceder à área reservada do portal da Ordem dos Advogados, na Internet, introduzindo a respetiva senha de acesso, ou por acesso ao Balcão eletrónico.

Artigo 39.º – Quotas

1 – A inscrição como Advogado e sua manutenção em vigor na Ordem dos Advogados obriga ao pagamento de uma quota mensal cujo quantitativo é fixado nos termos legais.

2 – Não é exigível o pagamento de quotas aos Advogados estagiários.

3 – Não é devido o pagamento da quota relativa ao mês em que ocorre:

a) A inscrição como Advogado;

b) O levantamento da suspensão da inscrição.

4 – É devido o pagamento da quota correspondente ao mês em que é requerida ou decretada a suspensão da inscrição.

Artigo 40.º – Prazo e forma de pagamento

1 – A quota mensal tem de ser paga até ao último dia do mês a que respeita, sendo enviado para esse efeito, aos Advogados com inscrição em vigor, aviso/recibo de pagamento da quota mensal.

2 – Sem prejuízo de outras formas de pagamento autorizadas pelo Conselho Geral, o pagamento da quota pode ser efetuado:

a) Em numerário, cheque ou Multibanco, na sede da Ordem dos Advogados;

b) Por cheque, remetido via postal para a sede da Ordem dos Advogados;

c) Nos CTT ou no Multibanco.

3 – O Conselho Geral pode definir outras modalidades de pagamento, designadamente, pagamento antecipado, anual ou semestral.

Artigo 41.º – Emolumentos

Pela emissão dos documentos ou pela prática dos atos previstos no presente regulamento são devidos os emolumentos fixados pelo Conselho Geral, nos termos da respetiva tabela, os quais constituem receitas dos conselhos regionais ou do Conselho Geral, consoante se tratem de atos praticados ou de documentos emitidos por aqueles ou por este.

Artigo 42.º – Certidões

1 – As certidões das inscrições não devem conter os averbamentos das penas disciplinares, salvo:

a) Quando tal for expressamente requerido pelos interessados e autorizado pelo órgão competente para o efeito;

b) Quando requerido e ordenado pelos órgãos da Ordem dos Advogados;

c) Quando se encontre em vigor pena disciplinar de suspensão.

2 – A emissão de certidão, quando o requerente seja Advogado, está dependente do cumprimento integral da obrigação do pagamento de quotas.

Artigo 43.º – Averbamentos à inscrição

1 – São averbados à inscrição mediante registo no respetivo processo individual:

a) O cancelamento da inscrição, com indicação da decisão ou facto que o motivou;

b) A suspensão da inscrição, com indicação da decisão que a motivou;

c) Qualquer pena disciplinar, determinada por decisão definitiva;

d) As condenações em processo criminal, após o trânsito em julgado da respetiva decisão;

e) O levantamento da suspensão da inscrição, com indicação da decisão ou do facto que o motivar;

f) Os cargos estatuários que o Advogado exerça ou tenha exercido na Ordem dos Advogados;

g) As alterações de domicílio profissional, dos dados profissionais ou pessoais e, bem assim, quaisquer outros elementos que venham a ser determinados pelos órgãos competentes da Ordem dos Advogados;

h) O cumprimento das penas disciplinares e das sanções acessórias;

i) A passagem ao estado de Advogado reformado e a autorização para advogar, quando requerida.

2 – Cabe ao Conselho Geral ou ao Conselho Regional competente, consoante se trate de processo de Advogado ou de Advogado estagiário respetivamente, proceder aos averbamentos previstos no número anterior, bem como arquivar no processo individual os documentos respetivos e, caso aqueles estejam sujeitos a publicação no Diário da República, arquivar o comprovativo da respetiva publicação.

Artigo 44.º – Cancelamento do averbamento do registo da sanção

São canceladas automaticamente e de forma irrevogável, no respetivo registo, os averbamentos das decisões que tenham aplicado sanções disciplinares, decorridos 10 anos sobre a sua extinção, com exceção das decisões que apliquem a sanção de expulsão.

Artigo 45.º – Suspensão da inscrição

1 – A inscrição do Advogado ou do Advogado estagiário é suspensa:

a) A pedido do requerente quando pretenda cessar temporariamente o exercício da Advocacia;

b) Se for declarado em situação de incompatibilidade com o exercício da Advocacia;

c) Se no âmbito de processo de verificação da existência de incompatibilidades não forem prestadas, pelo interessado, as informações que lhe tenham sido solicitadas;

d) Se for decretada a suspensão preventiva ou condenado na pena de suspensão efetiva.

2 – A inscrição de Advogado estagiário será ainda suspensa nos demais casos previstos no regulamento de estágio que estiver em vigor.

Artigo 46.º – Suspensão a pedido do requerente

1 – O requerimento de suspensão da inscrição a pedido do interessado será dirigido ao Presidente do Conselho Geral ou ao Presidente do Conselho Regional competente, consoante se trate de Advogado ou de Advogado estagiário respetivamente, por escrito, e remetido por qualquer meio que garanta a identificação do requerente, designadamente via postal, fax, ou mensagem de correio eletrónico da conta de correio eletrónico atribuída pela Ordem com aposição de assinatura digital.

2 – A decisão é notificada ao requerente com indicação expressa da data a partir da qual produz efeitos que é a data da receção do requerimento.

3 – No caso de circunstâncias excecionais, pode, nos termos da lei, ser atribuída eficácia retroativa ou diferida à suspensão da inscrição desde que devidamente fundamentada.

Artigo 47.º – Suspensão por incompatibilidade

1 – A declaração de incompatibilidade com o exercício da Advocacia e a consequente suspensão da inscrição são deliberadas pelo Conselho Geral ou pelo Conselho Regional competente, nos termos dos artigos 81.º e seguintes do EOA.

2 – Os Conselhos Regionais ou o Conselho Geral podem solicitar às entidades com quem os Advogados ou os Advogados estagiários possam ter relações profissionais, bem como a estes, as informações que entendam necessárias para a verificação da existência de incompatibilidade.

3 – Os pedidos de informação aos Advogados ou aos Advogados estagiários são notificados por carta registada, com aviso de receção.

4 – A deliberação final do Conselho Geral ou do Conselho Regional, quando esteja proposta a declaração de incompatibilidade, é precedida da audiência do interessado.

5 – Para os efeitos previstos no número anterior, o interessado é notificado por carta registada, com a indicação do sentido provável da decisão, para, no prazo de quinze dias, vir dizer, por escrito, o que tiver por conveniente.

Artigo 48.º – Suspensão em consequência de processo disciplinar

As suspensões em consequência de processo disciplinar previstas na alínea *d)*, do n.º – 1, do artigo 45.º, são comunicadas ao Conselho Geral ou ao Conselho Regional competente com cópia integral da decisão e identificação da publicação no Diário da República, quando tal publicação seja obrigatória.

Artigo 49.º – Efeitos da suspensão da inscrição

1 – A suspensão da inscrição impede o exercício da Advocacia e o uso do título de «Advogado» ou de «Advogado estagiário».

2 – Durante o tempo de suspensão da inscrição o interessado continua sujeito à jurisdição disciplinar da Ordem dos Advogados.

3 – Sem prejuízo do disposto no n.º 4, do artigo 39.º, a suspensão da inscrição determina a suspensão da obrigação do pagamento de quotas.

Artigo 50.º – Levantamento da suspensão

1 – A suspensão da inscrição de Advogado ou de Advogado estagiário é levantada pelo Conselho Geral ou pelo Conselho Regional competente, consoante o caso:

a) A prevista na alínea *a)* do n.º 1, do artigo 45.º, a requerimento do interessado que pretenda retomar o exercício da Advocacia;

b) A prevista na alínea *b)*, do n.º 1, do artigo 45.º, após comprovada a cessação da incompatibilidade que lhe deu causa;

c) As previstas na alínea *c)* e *d)*, do n.º 1, do artigo 45.º, quando o órgão que determinou tal suspensão tiver decidido o levantamento da mesma.

2 – O levantamento da suspensão da inscrição mencionado no número anterior fica condicionado ao cumprimento dos deveres estatutários previstos na alínea *e)* do artigo 91.º do EOA.

3 – O requerimento do interessado com vista ao levantamento da suspensão da inscrição contém obrigatoriamente uma declaração, sob compromisso

de honra, datada e assinada pelo requerente, de como não está numa situação de incompatibilidade com o exercício da Advocacia, nos termos dos artigos 81.º e seguintes do EOA, podendo o órgão competente para proceder à respetiva apreciação, recorrer ao procedimento previsto no n.º 2, do artigo 47.º deste regulamento.

Artigo 51.º – Cancelamento da inscrição

1 – O Conselho Geral ou o Conselho Regional competente consoante se trate de Advogado ou de Advogado estagiário, respetivamente, determina o cancelamento da inscrição:

a) A requerimento do interessado que pretenda abandonar definitivamente o exercício da Advocacia;

b) Após ser proferida decisão definitiva que julgue verificada a falta de idoneidade para o exercício da profissão, nos termos do EOA;

c) Após ser proferida decisão definitiva que condene na pena disciplinar de expulsão;

d) Nas situações tipificadas no Regulamento Nacional de Estágio;

e) Nas demais situações previstas na lei ou nos regulamentos em vigor.

Artigo 52.º – Efeitos do cancelamento da inscrição

1 – O cancelamento da inscrição impede o exercício da Advocacia e o uso do título de «Advogado» ou de «Advogado estagiário».

2 – Com o cancelamento da inscrição o interessado deixa de estar sujeito à jurisdição disciplinar da Ordem dos Advogados.

3 – Excetua-se do disposto no número anterior a responsabilidade disciplinar relativamente às infrações praticadas até à data da decisão que ordenou o cancelamento da inscrição.

Artigo 53.º – Publicação e comunicações

1 – As decisões de suspensão administrativa da inscrição, suscetíveis de recurso contencioso, bem como as de levantamento da suspensão, são publicadas na 2.ª série do Diário da República.

2 – Às decisões de suspensão ou de cancelamento da inscrição em consequência de processo disciplinar ou que sigam os seus respetivos termos, sem prejuízo do disposto no número anterior, será ainda dada publicidade nos termos previstos no EOA e no Regulamento Disciplinar que estiver em vigor.

3 – A suspensão, o levantamento e, bem assim, o cancelamento da inscrição, por qualquer motivo, são comunicadas pelo Conselho Geral ou pelo Conselho Regional competente conforme o caso, à Caixa de Previdência dos Advogados e Solicitadores, aos tribunais, aos serviços do Ministério da Justiça e a outras entidades a designar pelo Conselho Geral, nos termos e formas que por este venham a ser definidos.

4 – Os levantamentos de suspensão de inscrição de Advogados ou Advogados estagiários são comunicados pela forma mais célere possível, às entidades referidas no número anterior.

Artigo 54.º – Restituição da cédula

1 – O Advogado ou Advogado estagiário cuja inscrição seja suspensa ou cancelada fica obrigado à restituição da cédula profissional no prazo de quinze dias a contar da notificação para o efeito, sob pena de a Ordem dos Advogados proceder à respetiva apreensão judicial.

2 – Sob pena de indeferimento liminar, nos casos de suspensão ou cancelamento da inscrição a pedido do interessado, deve este pedido ser acompanhado da restituição da respetiva cédula profissional.

3 – É aplicável à devolução da cédula, com as necessárias adaptações, o disposto no n.º 1 do artigo 34.º.

CAPÍTULO VII – Das Notificações e Recursos

Artigo 55.º – Regime das notificações

1 – Ao regime das notificações previstas no presente regulamento são aplicáveis as disposições correspondentes do Código do Procedimento Administrativo, com as adaptações previstas neste regulamento.

2 – As notificações são sempre efetuadas para o domicílio profissional principal do notificando por este comunicado à Ordem dos Advogados.

3 – O domicílio profissional do Advogado estagiário é o do seu patrono.

4 – Excetua-se do disposto no n.º 2, as notificações aos interessados cuja inscrição haja sido indeferida, suspensa ou cancelada, as quais são efetuadas para a última morada comunicada à Ordem dos Advogados.

Artigo 56.º – Forma das notificações

1 – As notificações no âmbito do presente regulamento podem ser efetuadas:

a) Pessoalmente;

b) Por via postal registada;

c) Por telefax;

d) Por correio eletrónico, com aposição de assinatura eletrónica digital, enviada para o endereço de correio eletrónico disponibilizado a cada Advogado pela Ordem dos Advogados;

e) Por telefone, se a urgência do caso assim o exigir ou recomendar.

2 – As notificações efetuadas por telefone são confirmadas nos termos das alíneas *a*), *b*), *c*) ou *d*) do número anterior, no dia útil seguinte, sem prejuízo de a notificação se considerar feita na data da primeira comunicação.

3 – As notificações previstas nas alíneas *b*), *c*) e *d*), do n.º 1, consideram-se efetuadas na data da respetiva expedição.

4 – As notificações dos atos praticados pelos membros do Conselho Geral, ao abrigo de delegação de competências, são cumpridas pelos serviços do Conselho Geral ou pelos serviços dos Conselhos Regionais.

Artigo 57.º – Indeferimento por falta de apresentação de documentos

A falta de junção de qualquer documento nos termos do presente Regulamento, após a notificação do interessado para esse efeito, dá lugar ao indeferimento do pedido.

Artigo 58.º – Recorribilidade das decisões

Sem prejuízo da eventual admissibilidade, nos termos gerais de direito, da interposição de recurso contencioso para os tribunais administrativos, as decisões previstas no presente regulamento admitem os recursos preceituados no EOA e regulados nos artigos seguintes.

Artigo 59.º – Recursos das decisões dos Conselhos Regionais

Cabe recurso para o Conselho Geral das decisões dos Conselhos Regionais identificadas nas alíneas seguintes:

a) Da declaração de incompatibilidade com o exercício da Advocacia;

b) Do cancelamento da inscrição de Advogado estagiário;

c) De outras decisões recorríveis, cuja competência para apreciação não esteja especialmente conferida a outro órgão.

Artigo 60.º – Recursos das decisões do Conselho Geral

Cabe recurso para o Conselho Superior das decisões do Conselho Geral identificadas nas alíneas seguintes:

a) Do indeferimento da inscrição de Advogado estagiário e de Advogado;

b) Do indeferimento do registo previsto no artigo 28.º;

c) Da decisão que determine a suspensão da inscrição;

d) Da declaração de incompatibilidade com o exercício da Advocacia, quando proferida em primeira instância;

e) Das decisões proferidas pelo Conselho Geral em primeira instância, cuja competência para apreciação não esteja especialmente conferida a outro órgão.

Artigo 61.º – Prazo e forma dos recursos das decisões dos Conselhos Regionais e do Conselho Geral

1 – O prazo para a interposição de recurso é de quinze dias a contar da notificação da decisão ao interessado.

2 – O requerimento de interposição de recurso é apresentado junto do órgão recorrido e dirigido ao órgão competente para dele conhecer, contendo a respetiva fundamentação, sob pena de indeferimento liminar do mesmo.

3 – Assiste ao órgão recorrido a faculdade de suprir nulidades e, bem assim, de proceder à retificação de erros materiais da decisão recorrida.

4 – Interposto o recurso, o órgão recorrido notifica o recorrente, consoante o caso:

a) Da remessa do recurso para o órgão competente para dele conhecer;

b) Da decisão proferida ao abrigo da faculdade prevista no n.º 3, quando aplicável.

5 – Cabe ao órgão competente para conhecer do recurso a apreciação de todas as questões prévias e incidentais incluindo a verificação dos respetivos pressupostos de admissibilidade.

Artigo 62.º – Recursos das decisões dos Conselhos de Deontologia

Cabe recurso para o Conselho Superior, nas condições e prazos previstos no EOA e no regulamento disciplinar, das decisões dos Conselhos de Deontologia que declarem a inidoneidade moral para o exercício da profissão, nos termos dos n.ºs 2 e 3, do artigo 3.º, do presente regulamento.

Artigo 63.º – Simplificação de procedimentos

1 – Mediante deliberação do Conselho Geral pode ser admitida a apresentação por correio eletrónico, em suporte digital ou digitalizado, de algum ou alguns dos documentos que devam instruir os requerimentos de inscrição ou de registo.

2 – O Conselho Geral pode, ainda, deliberar a admissibilidade da entrega dos requerimentos de inscrição ou de registo pelos meios descritos no número anterior ou mediante o preenchimento on-line, em área especialmente criada para o efeito, no Portal na Internet, de cada Conselho Regional.

3 – Sempre que nos termos do presente regulamento seja necessário enviar aos órgãos da Ordem dos Advogados documentos que estejam arquivados noutros órgãos desta, devem estes facultar cópia dos documentos solicitados, dispensando-se, sempre que possível, a entrega de novos documentos.

4 – O arquivo de documentos previstos no presente regulamento pode ser efetuado em suporte digital e a respetiva transmissão por via eletrónica desde que as capacidades técnicas dos serviços o permitam.

Artigo 64.º – Norma revogatória

É revogado o Regulamento de Inscrição de Advogados e Advogados Estagiários, aprovado em sessão do Conselho Geral de 6 de julho de 2007, Regulamento n.º – 232/2007, publicado no Diário da República, 2.ª série, n.º 170, de 4 de setembro de 2007, com as alterações que posteriormente lhe foram introduzidas pela Deliberação n.º 2170/2010, publicada no Diário da República, 2.ª série, n.º 227, de 23 de novembro de 2010.

Artigo 65.º – Início de vigência

1 – O presente regulamento entra vigor no dia seguinte ao da sua publicação.

2 – O presente regulamento aplica-se a todos os pedidos de inscrição e de registo apresentados após a sua entrada em vigor.

Lisboa, 23 de Dezembro de 2015.

A Presidente da Assembleia Geral e Presidente do Conselho Geral, *Elina Fraga*

4.2
Regulamento de Inscrição de Juristas de Reconhecido Mérito, Mestres e Doutores em Direito, para a Prática de Actos de Consulta Jurídica

Regulamento n.º 111/2006, aprovado em Plenário do Conselho Geral de 7 de Abril de 2006, publicado no DR II Série, n.º 120, de 23 de Junho de 2006.

Artigo 1.º – Objecto

O presente regulamento estabelece o regime de inscrição na Ordem dos Advogados de juristas de reconhecido mérito, mestres e doutores em Direito, exclusivamente para o exercício da consulta jurídica.

Artigo 2.º – Condições de inscrição

1 – É admitida a inscrição na Ordem dos Advogados para a prática de actos de consulta jurídica, de juristas de reconhecido mérito, mestres e doutores em Direito, cujo título seja reconhecido em Portugal.

2 – A inscrição prevista no número anterior depende da prévia realização de um exame de aptidão nos termos e com os fins previstos nos artigos seguintes.

Artigo 3.º – Requerimento de inscrição

1 – O requerimento de inscrição é entregue nos serviços do Conselho Distrital, a cuja área pertença o domicílio profissional escolhido como centro da vida profissional, e dirigido ao Conselho Geral, com a indicação desse domicílio, nome completo do requerente, demais dados de identificação, cargos e actividades exercidos, telefone, fax, endereço de correio electrónico, bem como a residência habitual.

2 – No requerimento pode o interessado indicar, para uso no exercício da actividade de consulta jurídica, nome abreviado, que não é admitido se susceptível de provocar confusão com outro anteriormente requerido ou inscrito, excepto se o possuidor deste o autorizar.

3 – Sem prejuízo de outros elementos ou documentos que venham a ser considerados necessários por deliberação do Conselho Geral, o requerimento de inscrição é instruído com os seguintes documentos:

a) Boletim de inscrição com a assinatura pessoal e profissional do requerente;

b) Documento comprovativo, em original ou pública-forma, do grau académico em Direito do qual o requerente é titular;

c) Certificado do registo criminal;

d) Duas fotografias iguais, a cores, tipo passe;

e) Fotocópia do Bilhete de Identidade e do Cartão de Contribuinte, devendo ser exibidos os respectivos originais;

f) Impresso para emissão da cédula profissional;

g) Autorização do requerente para o tratamento dos seus dados pessoais e profissionais;

h) Declaração, sob compromisso de honra, datada e assinada pelo requerente, de não estar em situação de incompatibilidade com o exercício da actividade de consulta jurídica, nos termos dos artigos 76.º e seguintes do EOA.

i) Cópia do contrato de trabalho, documento comprovativo do título de provimento ou de qualquer outro vínculo contratual, com indicação das funções e respectivo horário, quando o requerente declare exercer qualquer actividade e, em termos gerais, qualquer que seja o cargo, função ou actividade desempenhada;

j) Certidão do registo disciplinar, caso o requerente tenha sido funcionário ou agente da administração, ou magistrado;

k) Currículo profissional do requerente e respectivos documentos comprovativos.

4 – Se o requerimento de inscrição não estiver devidamente instruído nos termos do número anterior, é o requerente notificado para, no prazo de dez dias, apresentar a documentação em falta, e expressamente advertido para o disposto no número seguinte.

5 – Se decorrido o prazo fixado no número anterior, o requerente não tiver efectuado a junção da documentação em falta, o respectivo requerimento será indeferido.

Artigo 4.º – Apreciação preliminar

1 – Cabe ao Conselho Distrital a cuja área pertença o domicílio profissional indicado, a apreciação preliminar do requerimento de inscrição verificando,

designadamente, se este está devidamente instruído e quaisquer restrições ao direito de inscrição, previstas nas disposições estatutárias e regulamentares da Ordem dos Advogados.

2 – O resultado da apreciação do Conselho Distrital é junto ao requerimento de inscrição e remetida ao Conselho Geral para decisão.

3 – Exceptua-se do disposto no número anterior, a decisão de indeferimento do requerimento de inscrição com fundamento na falta de junção de documentos que o devam instruir, prevista no n.º 5, do artigo 3.º, a qual é da competência do Conselho Distrital respectivo.

Artigo 5.º – Admissão ao exame de aptidão

1 – O Conselho Geral aprecia o requerimento de inscrição apresentado junto do Conselho Distrital a fim de verificar se o requerente reúne as condições para vir a ser inscrito e, se for o caso, notifica-o da admissão ao exame de aptidão previsto no artigo seguinte.

2 – A decisão prevista no número anterior pode ser tomada com base nos fundamentos da apreciação preliminar respectiva do Conselho Distrital, a qual, nesse caso, constitui parte integrante da decisão do Conselho Geral.

Artigo 6.º – Exame de aptidão

O exame de aptidão a que alude o n.º 2, do artigo 193.º do EOA, tendo por fim avaliar a experiência profissional e o conhecimento das regras deontológicas que regem o exercício da profissão de advogado, será realizado no prazo de noventa dias contados da notificação a que se refere o n.º 1, do artigo 5.º do presente Regulamento.

Artigo 7.º – Júri do exame de aptidão

O júri do exame de aptidão é composto por três elementos e será designado pelo Conselho Geral, de entre advogados com, pelo menos, dez anos de exercício da advocacia.

Artigo 8.º – Conteúdo e classificação do exame de aptidão

1 – O exame de aptidão consiste na prestação de uma prova pública oral, subordinada aos seguintes temas:

a) Currículo profissional apresentado pelo candidato;

b) A deontologia profissional.

2 – A deliberação do júri é adoptada por maioria e expressa pela menção «*Aprovado*» ou «*Não Aprovado*».

Artigo 9.º – Deliberação final de inscrição

Caso o candidato obtenha aprovação no exame de aptidão a deliberação do júri é junta ao requerimento de inscrição e este é submetido a deliberação final do Conselho Geral.

Artigo 10.º – Estatuto profissional

Na actividade de consulta jurídica os juristas de reconhecido mérito, mestres e doutores em direito, inscritos na Ordem dos Advogados ao abrigo do presente regulamento, ficam sujeitos à jurisdição disciplinar da Ordem dos Advogados e às regras profissionais e deontológicas aplicáveis aos advogados, com as devidas adaptações, sendo-lhes designadamente aplicáveis as disposições estatutárias e regulamentares relativas:

a) Às incompatibilidades e impedimentos;

b) À deontologia profissional;

c) Ao pagamento de quota mensal e outros encargos devidos pela inscrição.

Artigo 11.º – Título profissional

O licenciado, mestre ou doutor em Direito, inscrito na Ordem dos Advogados ao abrigo do presente regulamento, identifica-se, no exercício da sua actividade, pelo título académico respectivo seguido da menção «*Inscrito na Ordem dos Advogados para o exercício de consulta jurídica*».

Artigo 12.º – Cédula profissional

A cada licenciado, mestre ou doutor em Direito, habilitado a praticar actos de consulta jurídica por força da inscrição na Ordem dos Advogados, é entregue uma cédula profissional comprovativa dessa qualidade, de acordo com o modelo a aprovar pelo Conselho Geral.

Artigo 13.º – Início de vigência

1 – O presente regulamento entra em vigor no prazo de trinta dias a contar da sua publicação.

2 – O artigo 12.º entra em vigor na data da aprovação pelo Conselho Geral do modelo da cédula profissional ali prevista.

Aprovado em reunião plenária do Conselho Geral, em Lisboa, 7 de Abril de 2006.

Publique-se.

4.3
Regulamento de Dispensa de Segredo Profissional

Regulamento n.º 94/2006 (2.ª série), aprovado em Conselho Geral (Plenário) em 24/03/06 e publicado no DR II Série, n.º 113, de 12/06/06.

Artigo 1.º – Regime aplicável

A dispensa de segredo profissional rege-se pelos preceitos do Estatuto da Ordem dos Advogados (EOA) e do presente regulamento.

Artigo 2.º – Do pedido de autorização

1 – O pedido de autorização para a revelação de factos que o advogado tenha tido conhecimento e sujeitos a segredo profissional, nos termos do disposto nos n.ºs 1, 2, 3 e 7, do artigo 87.º do EOA, será efectuado mediante requerimento dirigido ao presidente do conselho distrital a cuja área geográfica pertença o domicílio profissional do advogado que pretenda a desvinculação e subscrito por este.

2 – A autorização para que o advogado possa revelar factos abrangidos pelo segredo profissional cabe ao Presidente do Conselho Distrital respectivo.

3 – O Presidente do Conselho Distrital pode delegar a sua competência, em matéria de segredo profissional, em algum ou alguns dos membros do Conselho Distrital.

4 – Caso o Presidente do Conselho Distrital se julgue impedido para proferir decisão num processo de dispensa de segredo profissional, lavrará nos autos despacho justificativo e, verificado o impedimento pelo Conselho Distrital, caberá ao Vice-Presidente exercer essa competência.

Artigo 3.º – Forma e fundamentação do pedido

1 – O requerimento referido no artigo 2.º deve identificar de modo objectivo, concreto e exacto, qual o facto ou factos sobre os quais a desvinculação é pretendida, conter a identificação completa do advogado requerente, vir acompanhado com os documentos necessários à apreciação do pedido, e, se se tratar de pedido relativo a processo em curso, vir acompanhado das peças processuais pertinentes.

2 – O pedido de autorização é obrigatoriamente fundamentado sob pena de rejeição liminar.

3 – Sem prejuízo do disposto no número anterior, o Presidente do Conselho Distrital poderá solicitar ao requerente, sempre que entenda necessário, a prestação de esclarecimentos complementares, bem como a junção de documento ou documentos pertinentes para a apreciação do pedido, para tanto fixará um prazo de apresentação findo o qual os autos serão decididos com os elementos neles constantes.

4 – No caso de se pretender a dispensa de segredo para o advogado depor em processo em curso ou para juntar documentos a um qualquer processo, o requerimento deverá ser apresentado com antecedência em relação à data em que esteja marcada a diligência ou em que seja possível apresentar o documento, ressalvando-se situações de manifesta urgência ou excepcionais, devidamente justificadas, de modo a poder ser proferida uma decisão em tempo útil.

Artigo 4.º – Da decisão

1 – A dispensa do segredo profissional tem carácter de excepcionalidade.

2 – A autorização para revelar factos abrangidos pelo segredo profissional, apenas é permitida quando seja inequivocamente necessária para a defesa da dignidade, direitos e interesses legítimos do próprio advogado, cliente ou seus representantes.

3 – A decisão do Presidente do Conselho Distrital, nos termos do EOA e do presente regulamento, aferirá da essencialidade, actualidade, exclusividade e imprescindibilidade do meio de prova sujeito a segredo, considerando e apreciando livremente os elementos de facto trazidos aos autos pelo requerente da dispensa.

Artigo 5.º – Efeitos da decisão

1 – A decisão que negue autorização para dispensa de segredo é vinculativa, sem prejuízo do disposto no artigo seguinte.

2 – A decisão de deferimento da dispensa de segredo profissional é irrecorrível.

3 – O advogado autorizado a revelar facto ou factos sujeitos a segredo profissional pode optar por mantê-lo, em respeito e obediência ao princípio da independência e da reserva.

Artigo 6.º – Da admissibilidade do recurso

1 – Da decisão de indeferimento de dispensa de segredo profissional cabe recurso para o Bastonário.

2 – Apenas o requerente de dispensa de segredo profissional tem legitimidade para interpor o recurso previsto no número anterior.

Artigo 7.º – Prazo e forma de interposição do recurso

1 – O prazo para interposição de recurso é de quinze dias úteis a contar da notificação da decisão de indeferimento.

2 – O requerimento de interposição de recurso é sempre motivado, sob pena de não admissão do mesmo.

3 – Assiste ao órgão recorrido a faculdade de suprir nulidades, de proceder à rectificação de erros materiais e, bem assim, de reparar o recurso, alterando o sentido da decisão recorrida.

4 – Interposto o recurso, o órgão recorrido notifica, em alternativa, o recorrente da:

a) Não admissão do recurso por falta de fundamentação;
b) Decisão proferida ao abrigo da faculdade prevista no n.º 3;
c) Admissão e subida do recurso para o Bastonário.

Artigo 8.º – Da subida do recurso

1 – Recebido o recurso pelo Bastonário, poderão os autos ser distribuídos ao vogal do Conselho Geral com competência delegada para o efeito.

2 – Caso o Bastonário se julgue impedido para julgar o recurso lavrará nos autos despacho justificativo e, verificado o impedimento pelo Conselho Geral, caberá ao Vice-Presidente exercer essa competência.

3 – O Bastonário não está vinculado à admissão do recurso, podendo decidir pela sua não admissão com fundamento em extemporaneidade, falta de legitimidade do recorrente ou inadmissibilidade material do recurso.

4 – O Bastonário poderá pedir esclarecimentos ao recorrente e ordenar a junção de documento ou documentos que entenda pertinentes, fixando um prazo para o efeito.

5 – Sem prejuízo do disposto no número anterior, no recurso não serão atendidos factos que não tenham sido objecto de apreciação pelo Presidente do Conselho Distrital, excepto se os mesmos forem supervenientes.

6 – O Bastonário poderá, ainda, fazer baixar os autos ao conselho distrital, para suprir alguma nulidade que entenda ter sido praticada.

Artigo 9.º – Prazos de decisão

1 – No pedido de dispensa de segredo deverá ser proferida decisão em prazo que não exceda quinze dias úteis a contar da data da sua distribuição.

2 – A decisão do recurso deverá ser proferida em prazo igual ao estipulado no número anterior, a contar da data da sua distribuição.

3 – Os prazos estipulados nos números anteriores suspendem-se sempre que sejam pedidos esclarecimentos ou ordenada a junção de documentos, nos termos do disposto no n.º 3, do artigo 3.º e do n.º 4 do artigo 8.º, do presente regulamento, pelo período fixado para esse efeito.

4 – Por razões de especial complexidade dos autos ou de remessa destes ao conselho distrital, nos termos do disposto no n.º 6, do artigo 8.º, pode a decisão ser proferida em prazo alargado e desse facto deverá ser lavrado despacho justificativo.

Artigo 10.º – Casos Omissos

Os casos omissos e as dúvidas suscitadas na aplicação do presente Regulamento serão resolvidos pelo Conselho Geral.

Aprovado em sessão plenária do Conselho Geral, de 24 de Março de 2006.
Publique-se.

4.4
Regulamento dos Laudos de Honorários

Regulamento n.º 40/2005 – Por deliberação do Conselho Superior da Ordem dos Advogados de 29 de Abril de 2005, nos termos do art. 43.º-1-i) do Estatuto da Ordem dos Advogados, foi alterado o Regulamento dos Laudos de Honorários n.º 36/2003, aprovado por deliberação do Conselho Geral da Ordem dos Advogados de 18 de Julho de 2003, publicado no Diário da República, II Série, de 6 de Agosto de 2003, cujo teor integral se publica em dois anexos.

Regulamento publicado no D.R., II Série, n.º 98 de 20/05/2005.

[art. 43.º-1-i) do Estatuto da Ordem dos Advogados]

Alteração aprovada, ouvido o Centro de Estudos da Ordem dos Advogados, em sessão do Conselho Superior de 29/04/02005

Artigo 1.º – Competência das Secções do Conselho Superior

Compete às Secções do Conselho Superior da Ordem dos Advogados dar laudo sobre honorários, nos termos da alínea *e)* do n.º 3 do artigo 43.º do Estatuto da Ordem dos Advogados, em relação aos serviços profissionais prestados por advogados nacionais ou estrangeiros inscritos na Ordem dos Advogados Portugueses e ainda aos legitimamente prestados pelos advogados estrangeiros registados na Ordem dos Advogados Portugueses sob o seu título profissional de origem.

Artigo 2.º – Laudo

O laudo sobre honorários constitui parecer técnico e juízo sobre a qualificação e valorização dos serviços prestados pelos advogados, tendo em atenção as normas do Estatuto da Ordem dos Advogados, a demais legislação aplicável e o presente Regulamento.

Artigo 3.º – Honorários

1 – Entende-se por "honorários" a retribuição dos serviços profissionais prestados por advogado na prática de actos próprios da profissão.

2 – O termo "advogado" inclui sempre, nas disposições deste regulamento, o advogado estagiário, com as necessárias adaptações.

Artigo 4.º – Despesas e encargos

1 – Na emissão do laudo as Secções do Conselho Superior da Ordem dos Advogados não devem pronunciar-se sobre as despesas e encargos inerentes à prestação de serviços do advogado, sem prejuízo de nele se poder qualificar como honorários qualquer verba indicada como despesa.

2 – No caso de patrocínio oficioso, as Secções do Conselho Superior da Ordem dos Advogados devem pronunciar-se sobre a razoabilidade das despesas apresentadas pelo defensor, ainda que não documentadas.

3 – O pagamento de serviços a terceiros que não sejam advogados é considerado como despesa para efeitos deste Regulamento.

Artigo 5.º – Da conta de honorários

1 – A conta de honorários deve ser apresentada ao cliente por escrito, mencionar o IVA que for devido e ser assinada pelo advogado ou por ordem e responsabilidade do advogado ou da sociedade de advogados.

2 – Os honorários devem ser fixados em euros, sem prejuízo da indicação da sua correspondência com qualquer outra moeda.

3 – A conta deve enumerar e discriminar os serviços prestados.

4 – Os honorários devem ser separados das despesas e encargos, sendo todos os valores especificados e datados.

5 – A conta deve mencionar todas as provisões recebidas.

6 – O advogado não pode agravar a conta apresentada ao cliente no caso de não pagamento oportuno ou de cobrança judicial, embora possa, querendo, exigir a indemnização devida pela mora nos termos legais.

Artigo 6.º – Legitimidade para pedir laudo

1 – O laudo sobre honorários pode ser solicitado pelos tribunais, por outros Conselhos da Ordem e, em relação às respectivas contas, pelo advogado, ou seu

representante ou sucessor, pelas sociedades de advogados, ou pelo constituinte ou consulente, ou seus representantes ou sucessores.

2 – Pode ainda solicitar laudo quem, nos termos legais ou contratuais, seja responsável pelo pagamento dos honorários do advogado.

Artigo 7.º – Outros pressupostos da emissão de laudo

1 – É pressuposto da emissão de laudo a existência de conflito ou divergência, expresso ou tácito, entre o advogado e o constituinte ou consulente acerca do valor dos honorários estabelecidos em conta já apresentada.

2 – Presume-se a existência de divergência se a conta não estiver paga pelo constituinte ou consulente, três meses após a sua remessa.

3 – Para efeito do disposto no número anterior não é considerado pagamento da conta a compensação efectuada com as quantias recebidas a título de provisão antes da apresentação da conta final.

4 – Presume-se que todas as quantias recebidas antes da apresentação da conta final o são a título de provisão.

5 – Pode ser sujeita a laudo prévio a repartição de honorários entre advogados que tenham colaborado no mesmo processo ou trabalho, desde que fora do âmbito do exercício da advocacia em sociedades de advogados.

6 – O advogado ou sociedade de advogados só podem obter laudo sobre honorários por si apresentados estando em dia, o advogado ou os sócios da sociedade de advogados, com os pagamentos devidos à Ordem dos Advogados e se tiverem apresentado a sua conta de honorários nos termos do artigo 5.º do presente Regulamento, o que não impede que qualquer dos outros titulares do direito a requerer laudo possa exercê-lo.

Artigo 8.º – Pedido de laudo

1 – O pedido de laudo sobre honorários deve ser formulado por escrito dirigido ao Presidente do Conselho Superior e instruído com a conta.

2 – O pedido é apresentado directamente ou remetido à sede da Ordem, do Conselho Distrital ou da Delegação.

3 – O pedido de laudo tem de ser fundamentado, salvo se formulado por tribunal.

4 – O pedido tem de identificar o advogado ou a sociedade de advogados, pelo seu nome, firma ou denominação e domicílio profissional, e o constituinte ou consulente, também com o nome e o respectivo domicílio, e, se possível, o número de telefone, de telefax e o endereço electrónico de todas as partes envolvidas.

Artigo 9.º – Departamento de Processos

Ao Departamento de Processos cabe:

a) Registar e autuar os pedidos de laudo e proceder à sua distribuição;

b) Manter em ordem e actualizados os registos informáticos de entrada e da sequência do processo até final;

c) Prestar informação sobre o andamento dos processos, sem prejuízo do disposto no artigo 21.º;

d) Indicar anualmente o escrivão dos processos de laudo.

Artigo 10.º – Escrivão

1 – Compete ao escrivão autuar o processo e velar pela sua marcha de acordo com a tramitação prevista neste Regulamento, bem como com os despachos do instrutor, do relator adjunto ou do relator e as deliberações das Secções do Conselho Superior.

2 – Compete ao escrivão proceder à comunicação dos autos e ao seu registo nos termos previstos neste Regulamento.

3 – O escrivão deve juntar ao processo cópia das fichas pessoais do advogado ou dos sócios da sociedade de advogados cujos honorários são objecto do laudo e informação sobre se é devida ou não qualquer quota à Ordem dos Advogados.

Artigo 11.º – Relator e Relator Adjunto

1 – São relatores os membros do Conselho Superior designados por despacho do respectivo presidente.

2 – Compete ao relator superintender no processo de laudo ao longo de toda a sua tramitação e subscrever o parecer final a submeter a deliberação da Secção competente do Conselho Superior.

3 – O relator pode designar por despacho, como relator adjunto, advogado não membro do Conselho Superior, para, com ou sem remuneração, exercer funções e praticar os actos que lhe forem cometidos pelo relator.

4 – O presidente do Conselho Superior pode aceitar a escusa do relator quando este invoque razão atendível, ou substituí-lo em caso de suspeição fundamentada. O relator adjunto pode ser livremente exonerado a todo o tempo por despacho do relator.

5 – É competente para deliberar sobre o laudo a Secção do Conselho Superior que integre o relator.

Artigo 12.º – Distribuição

Registada e autuada, a petição é distribuída pelo presidente do Conselho Superior a um relator, sendo, no mesmo despacho, cometidos a advogado instrutor, contratado pela Ordem dos Advogados, a instrução e o expediente do processo, com exclusão da elaboração do parecer final mencionado no art. 15.º deste Regulamento.

Artigo 13.º – Despacho liminar

1 – O instrutor verifica liminarmente se a petição está devidamente fundamentada e instruída e se se verificam as condições de legitimidade do requerente e os demais pressupostos; em caso negativo, manda notificar o requerente para suprir as faltas, no prazo de 15 dias, informando que o não suprimento poderá dar causa ao arquivamento do processo.

2 – Sendo o requerente, ou os sócios da sociedade de advogados requerente, devedores de quotas à Ordem dos Advogados, serão os mesmos avisados para as satisfazer no prazo que for fixado, não inferior a 15 dias, com a informação de que o não cumprimento do prazo poderá dar causa ao arquivamento do processo.

Artigo 14.º – Instrução

1 – O instrutor deve sempre notificar o ou os requeridos para responderem, querendo, no prazo de 15 dias, remetendo-se com a notificação cópia do pedido e dos documentos que o acompanharam.

2 – Se o pedido tiver sido formulado por advogado ou por sociedade de advogados, o instrutor deve ordenar a sua notificação para se pronunciarem, querendo, sobre a resposta da entidade ou entidades requeridas.

3 – O instrutor pode solicitar aos tribunais o envio, a título devolutivo, nos termos do artigo 7.º do Estatuto da Ordem dos Advogados, dos autos em que se discutem os honorários e, bem assim, daqueles em que foram prestados serviços a eles relativos.

4 – Sempre que tenha conhecimento de que existe processo disciplinar pendente tendo por objecto a apreciação de condutas profissionais relacionadas com a conta de honorários que constitui objecto do pedido de laudo, o instrutor solicita ao competente órgão disciplinar os esclarecimentos necessários para se poder verificar se o objecto do processo disciplinar tem efectiva relação com a retribuição dos serviços a que se referem os honorários e, em caso afirmativo, deve requisitar cópia do referido processo para dele retirar os elementos necessários para a devida instrução do pedido.

5 – O instrutor, quando considerar finda a instrução, determina que os autos sejam presentes ao relator, podendo ser determinada a realização de diligências complementares que porventura sejam julgadas necessárias.

Artigo 15.º – Parecer do relator

1 – Concluídas as diligências de instrução, o relator, tendo em consideração o enquadramento das divergências vertentes, poderá, oficiosamente ou a requerimento de qualquer interessado, convocar os intervenientes processuais para uma diligência compositória com vista à resolução da pendência por consenso.

2 – Optando por não realizar a diligência compositória ou caso esta se frustre, o relator, no prazo de trinta dias, formula o seu parecer e envia-o, se possível por correio electrónico, para o departamento de processos da Ordem dos Advogados, devolvendo de imediato o processo ao mesmo departamento, acompanhado do original do parecer.

3 – O parecer deve ser fundamentado, deve conhecer dos pressupostos do pedido e de todas as questões susceptíveis de prejudicar o seu conhecimento, e deve, no caso de concluir por proposta no sentido de se conhecer do pedido, discriminar os serviços considerados prestados e os critérios seguidos na fixação dos honorários, concluindo por proposta de concessão ou negação do laudo requerido.

4 – O parecer deve concluir pela proposta de concessão de laudo se a diferença de valores entre os honorários fixados e os que o relator consideraria moderados for inferior a 10% dos primeiros.

5 – No caso de entender que não deve ser concedido laudo por imoderação dos honorários fixados, o relator deve propor o valor dos honorários que, se tivesse sido praticado, mereceria laudo favorável.

6 – O parecer que haja sido formulado por relator adjunto, no âmbito do exercício de funções consequente à designação a que se refere o n.º 3 do art. 11.º deste Regulamento, só poderá ser submetido a deliberação da Secção se obtiver a expressa concordância do Relator, sendo por ele assumido, subscrito e proposto a deliberação da Secção.

Artigo 16.º – Indícios de falta disciplinar

1 – O relator, se verificar a existência de indícios de que as condutas profissionais de advogado ou advogados, relacionadas com os serviços prestados a que se refere a conta de honorários, são susceptíveis de integrar ilícito disciplinar, deve, caso não ocorra já a respectiva pendência, propor no seu parecer a participação do facto ao órgão disciplinar competente.

2 – Sendo, nos termos do número anterior, as condutas profissionais susceptíveis de integrar ilícito disciplinar imputáveis ao advogado ou aos sócios da sociedade de advogados requerentes do laudo, o relator deve propor no seu parecer que não se conheça do pedido e que se ordene o arquivamento dos autos.

Artigo 17.º – Decisão final

1 – O parecer do relator é enviado, sempre que possível por via electrónica, pelo departamento de processos aos membros do Conselho Superior que terão de deliberar sobre ele, sendo objecto de apreciação na primeira reunião da Secção competente.

2 – No caso de rejeição do parecer do relator o processo é, por deliberação da Secção, distribuído a novo relator, escolhido de entre os membros que votaram no sentido da rejeição.

3 – Os membros da Secção do Conselho Superior que não aprovarem o parecer devem justificar por escrito o seu voto na acta da sessão.

4 – A decisão e o parecer proferidos são notificados ao requerente e demais interessados.

5 – A decisão final que conheça do pedido é nula quando faltem pressupostos para a emissão de laudo, não forem notificados os interessados nos termos do disposto nos n.ºs 1 e 2 do artigo 14.º ou não for fundamentada em conformidade com o n.º 3 do art. 15.º.

Artigo 18.º – Desistência e repetição do pedido

1 – Os requerentes podem desistir do pedido de laudo até ao momento em que o relator apresentar o seu parecer para deliberação na Secção, mas não podem repetir o pedido.

2 – Após a apresentação do parecer do relator para deliberação na Secção, a desistência dos requerentes só será admitida se obtiver a expressa aceitação dos demais intervenientes processuais interessados no laudo, que, caso a aceitem, não poderão requerer, eles próprios, outro laudo sobre a mesma conta de honorários.

Artigo 19.º – Arguição de nulidades e recurso

1 – É de 15 dias o prazo para a arguição de nulidades da decisão final.

2 – Não há recurso das deliberações das Secções proferidas nos processos de laudo.

Artigo 20.º – Revisão

1 – O requerente e o requerido podem requerer a revisão de deliberação proferida em processo de laudo, no prazo de um ano a contar da notificação da mesma deliberação, com fundamento em novos factos, que não pudessem ter sido invocados no decurso do processo.

2 – O pedido de revisão é dirigido ao presidente do Conselho Superior e deve invocar e justificar qualquer das condições de admissibilidade previstas no número anterior.

3 – Na instrução e na deliberação sobre o pedido de revisão não participam membros do Conselho Superior que tenham intervindo anteriormente no processo.

4 – O presidente do Conselho Superior nomeia como relator do processo de revisão um membro do mesmo Conselho, o qual deve apresentar parecer sobre a verificação das condições de admissibilidade da revisão e, caso considere que as mesmas se verificam, um novo parecer delas resultante, que submeterá a deliberação da Secção.

5 – Caso a Secção não concorde com o parecer do relator e entenda necessária a apresentação de um novo parecer, nomeia novo relator para o efeito, de entre os seus membros que tenham feito maioria, seguindo-se os demais trâmites previstos neste Regulamento.

Artigo 21.º – Confidencialidade

1 – Os processos de laudo são confidenciais, antes e depois de julgados, sem prejuízo do envio dos pareceres e decisões finais aos requerentes e demais interessados.

2 – O relator pode ordenar que se passem certidões ou cópias às partes interessadas, desde que julgue haver fundamento que justifique o pedido.

Artigo 22.º – Casos omissos

Os casos não previstos no presente Regulamento são resolvidos pelo Conselho Superior, em sessão plenária.

Artigo 23.º – Emolumentos

1 – Pelo pedido de laudo, excepto quando solicitado por outro conselho da Ordem dos Advogados, são devidos emolumentos fixados pelo Conselho Geral, a suportar pelo requerente e pelos interessados que queiram intervir no processo de laudo.

2 – Verificando-se resolução amigável da pendência a que alude o n.º 1 do art. 15.º, haverá lugar ao reembolso de 50% dos emolumentos pagos.

3 – Se o pedido for ordenado pelo juiz, deve a secretaria do tribunal assegurar o pagamento dos emolumentos, previstos no n.º 1 deste preceito, que serão suportados a final de acordo com as regras gerais.

4 – Por cada pedido de revisão são devidos emolumentos equivalentes a um quarto do montante pago pelo respectivo pedido de laudo.

Artigo 24.º – Alterações

Quaisquer alterações a este Regulamento serão deliberadas pelo Conselho Superior.

Artigo 25.º – Tabela de emolumentos

Mantém-se em vigor a Tabela de Emolumentos aprovada pelo Conselho Geral da Ordem dos Advogados e que constitui Anexo ao Regulamento n.º 36/2003, publicado no Diário da República, II Série, de 6 de Agosto de 2003, a qual é também publicada como Anexo do presente Regulamento.

Artigo 26.º – Entrada em vigor

Este Regulamento entra em vigor imediatamente após a sua publicação.

ANEXO II
Tabela de emolumentos
(Artigo 23.º do Regulamento dos Laudos de Honorários)

VALOR DO PEDIDO	EMOLUMENTOS (Valor em Euros)
Até € 1250	100
Superior a € 1250 e até € 2500	200
Superior a € 2500 e até € 7500	300
Superior a € 7500 e até € 25 000	400
Superior a € 25 000 e até € 50 000	500
Superior a € 50 000	750

4.5
Regulamento Nacional de Estágio

Regulamento n.º 913-A/2015, de 28 de dezembro de 2015, com as alterações introduzidas pela Deliberação n.º 1096-A/2017, homologada por Despacho da Senhora Ministra da Justiça de 5 de Dezembro de 2017 (DR 236/17, 1.º Suplemento, Série II de 12/11/2017

CAPÍTULO I – Princípios Gerais

Artigo 1.º – Fins do estágio

1 – O estágio destina-se a certificar publicamente que o Advogado estagiário obteve formação técnico-profissional e deontológica rigorosa e que cumpriu todos os requisitos impostos pelo Estatuto da Ordem dos Advogados e respetivos regulamentos, sob orientação da Ordem dos Advogados, habilitando-o ao exercício competente e responsável da Advocacia.

2 – A formação técnico-profissional e deontológica referida no número anterior é assegurada pelo exercício da profissão sob a orientação e acompanhamento efetivos do patrono, bem como pelos serviços de estágio da Ordem dos Advogados, em termos a definir pelo Conselho Geral.

3 – De modo a que o Advogado Estagiário possa, durante todo o estágio, experienciar a diversidade dos ramos do saber jurídico, os Centros de Estágio, em articulação com a CNEF, devem proporcionar formação contínua nas seguinte áreas, entre outras: direitos humanos e tramitação processual no TEDH, igualdade de gênero, violência doméstica, direito das crianças e dos jovens, estatuto jurídico dos animais, acesso ao direito e aos tribunais, direito do consumo, direito do ambiente, direito europeu, direito processual constitucional, práticas processuais laborais, administrativas e tributárias.

Artigo 2.º – Duração do estágio

1 – Sem prejuízo do disposto no artigo 13.º, o estágio tem a duração efetiva mínima de dezasseis meses e máxima de dezoito meses, contados desde a data do início do curso de estágio em que o Advogado estagiário se inscreve até à data de realização do último exame que integra a prova de agregação do mesmo curso de estágio.

2 – Os períodos de suspensão do estágio não contam para os efeitos do número anterior.

Artigo 2.º-A – Curso de estágio e suas fases

1 – Sem prejuízo do disposto no número 4 do artigo 12.º e no artigo 13.º, o Advogado estagiário deve concluir o seu estágio no curso de estágio em que se inscreve.

2 – O curso de estágio compreende duas fases, durando, a primeira, seis meses e, a segunda, o máximo de doze meses.

3 – A segunda fase inclui uma subfase de avaliação, que tem início no dia seguinte ao termo do prazo previsto no número 2 do artigo 26.º.

4 – No início de cada curso de estágio, a CNEF fixa o dia em que termina a primeira fase, começando a segunda fase no dia imediatamente seguinte.

5 – A primeira fase do estágio destina-se a garantir a iniciação aos aspetos técnicos da profissão e a habilitar o Advogado estagiário com os conhecimentos técnico-profissionais e deontológicos essenciais ao exercício da Advocacia, assegurando que o Advogado estagiário, ao transitar para a segunda fase, está apto à realização dos atos próprios da Advocacia no âmbito da sua competência.

6 – A segunda fase do estágio visa o desenvolvimento e aprofundamento progressivos das exigências práticas da Advocacia através da vivência da profissão baseada no relacionamento do Advogado estagiário com o Patrono e o seu escritório, de intervenções judiciais em práticas tuteladas, de contactos com a vida judiciária, repartições e todos os serviços relacionados com o exercício da atividade profissional e bem assim a consolidação dos conhecimentos técnico-profissionais e o apuramento dos conhecimentos deontológicos, nomeadamente através da frequência de ações de formação temática exigidas pelos serviços de estágio da Ordem dos Advogados e da participação no regime do acesso ao direito e à justiça no quadro legal vigente.

CAPÍTULO II - Estrutura orgânica do estágio

Artigo 3.º - Comissão Nacional de Estágio e Formação

1 - A prossecução coordenada dos fins e objetivos referidos nos artigos anteriores é assegurada pela Comissão Nacional de Estágio e Formação (CNEF), que funciona sob a direção e tutela do Conselho Geral.

2 - A CNEF é composta por quinze membros, sendo oito indicados pelo Conselho Geral, um dos quais preside com voto de qualidade, e os restantes sete indicados por cada um dos Conselhos Regionais.

3 - Todos os membros Advogados da CNEF têm que ter a sua inscrição ativa na Ordem dos Advogados e não podem ter sido sancionados com pena disciplinar superior a multa.

4 - O mandato dos membros da CNEF cessa com o termo do mandato do Conselho Geral que o tiver nomeado, mantendo-se em funções de mera gestão até à sua substituição.

5 - O mandato cessa por caducidade nos termos do número anterior e ainda por renúncia ou exoneração do Conselho Geral.

6 - A CNEF pode, sob proposta do seu presidente, e após ratificação pelo Conselho Geral, convidar entidades terceiras para com elas colaborar no âmbito das suas atribuições.

Artigo 4.º - Poderes e competências da CNEF

1 - Cabe à CNEF adotar resoluções no âmbito das matérias que lhe estejam cometidas pelo presente regulamento ou por deliberação do Conselho Geral, emitir pareceres, coordenar os Centros de Estágio na realização concreta dos princípios gerais da formação e dos programas de estágio e apresentar propostas de regulamentação ao Conselho Geral, tudo com vista a garantir uma preparação profissional rigorosa e criteriosa dos Advogados estagiários a nível nacional.

2 - Compete ainda à CNEF assegurar a execução de um sistema de formação e qualificação justo e proporcionado às elevadas exigências do acesso à profissão, no respeito pelos princípios gerais definidos pelo Conselho Geral.

3 - Sempre que o Bastonário entender conveniente, o presidente da CNEF representa a Ordem dos Advogados nos eventos nacionais ou internacionais que se relacionem, pelo seu objeto, com interesses específicos do estágio ou da formação dos Advogados.

4 - A CNEF pode colaborar com outras instituições, nacionais ou internacionais, e propor ao Conselho Geral a celebração de convénios, protocolos e acordos com as universidades, escolas profissionais e organismos profissionais representativos de outras profissões jurídicas.

5 - A CNEF dispõe de secretariado próprio e é dotada dos meios financeiros, logísticos e administrativos aprovados em Conselho Geral.

Artigo 5.º - Funcionamento da CNEF

1 - A CNEF reúne em plenário mediante convocação do seu Presidente ou do Bastonário.

2 - As convocatórias são remetidas, com, pelo menos, cinco dias de antecedência, a todos os membros da CNEF e com conhecimento ao Bastonário, com indicação do local, dia e hora da reunião e ordem de trabalhos, devendo, sempre que possível, ser observado um critério de rotatividade no que respeita ao local das reuniões.

3 - As deliberações da CNEF, no âmbito dos poderes e competências mencionados no artigo anterior, são tomadas por maioria simples dos seus membros presentes, com recurso para o Conselho Geral.

4 - Das reuniões em plenário é lavrada ata, onde se consignam todos os assuntos tratados e deliberações tomadas para posterior conhecimento do Conselho Geral e dos Conselhos Regionais.

5 - As atas das reuniões do plenário da CNEF são aprovadas no início da reunião ordinária seguinte àquela a que disserem respeito.

Artigo 6.º - Centros de Estágio

1 - A execução e desenvolvimento concreto do estágio, de acordo com os princípios e regras definidos pelo Conselho Geral, compete aos Centros de Estágio dependentes de cada um dos Conselhos Regionais, os quais promovem e realizam, diretamente ou em colaboração com as Delegações, pólos de formação e demais entidades, as ações de formação profissional dos Advogados estagiários que entenderem adequadas ao cumprimento dos objetivos do estágio por via da formação presencial ou a distância, utilizando as ferramentas do ensino *e-learning*.

2 - Na área de jurisdição de cada um dos Conselhos Regionais funciona, em regra, um Centro de Estágio, presidido por um membro designado pelo Conselho Regional respetivo.

3 - Os Conselhos Regionais podem delegar, nos termos legais, as suas competências estatutárias em matéria de estágio.

Artigo 7.º - Estrutura, formadores e meios dos Centros de Estágio

1 - Os Centros de Estágio são dotados de formadores e pessoal administrativo, instalações, equipamentos e outros meios necessários ao desempenho das suas atribuições.

2 – Os formadores são selecionados por concurso anunciado publicamente, a realizar de três em três anos, e exercem a sua atividade mediante contrato remunerado de prestação de serviços a celebrar com os Conselhos Regionais.

3 – Os formadores devem possuir reconhecida aptidão pedagógica e, sendo Advogados, ter, pelo menos, dez anos de inscrição na Ordem dos Advogados, não terem sido punidos com sanção disciplinar superior a multa e possuir reconhecido mérito profissional.

4 – Os titulares de órgãos eleitos da Ordem dos Advogados e membros de Comissões e Institutos de âmbito regional ou nacional não podem ser contratados como formadores.

5 – O recrutamento, seleção e contratação de formadores é objeto de regulamento próprio.

Artigo 8.º – Comissão Nacional de Avaliação

A participação e intervenção da Comissão Nacional de Avaliação (CNA), no estágio, é objeto de regulamento próprio.

CAPÍTULO III – Do Estágio

SECÇÃO I – Inscrição na Ordem dos Advogados

Artigo 9.º – Inscrição dos Advogados estagiários

1 – A inscrição dos Advogados estagiários no curso de estágio rege-se pelas disposições do Estatuto da Ordem dos Advogados e do Regulamento de Inscrição de Advogados e Advogados estagiários, sendo efetuada pelo Conselho Geral, depois de recebida e tramitada preparatoriamente pelo Conselho Regional competente.

2 – Os requerimentos para inscrição são apresentados pelos candidatos no prazo que, com a duração mínima de 15 dias, vier a ser fixado pela CNEF.

3 – A CNEF publicitará as datas de início dos cursos de estágio fixadas pelo Conselho Geral com uma antecedência mínima de sessenta dias relativamente à data de início de cada curso.

Artigo 10.º – Inscrição nos cursos de estágio

(Revogado)

Artigo 11.º – Transferência de Centro de Estágio

1 – Havendo motivo ponderoso, pode o Advogado estagiário requerer à CNEF a sua transferência para outro Centro de Estágio, cabendo recurso para o Conselho Geral.

2 – No caso previsto no número anterior, o processo individual do Advogado estagiário transferido integra todas as informações e pareceres exigidos pelo presente regulamento, com referência ao tempo de estágio decorrido sob a alçada do Centro de Estágio cessante.

3 – Cabe ao Centro de Estágio para o qual o estagiário for transferido dar a informação final de estágio.

4 – A transferência de Centro de Estágio não é admissível na subfase de avaliação prevista no número 3 do artigo 2.º-A.

Artigo 12.º – Suspensão do estágio

1 – O Advogado estagiário, quando se verifique situação que, não lhe sendo imputável, impossibilite o cumprimento dos seus deveres relativos ao estágio, pode requerer ao Presidente do Centro de Estágio a suspensão do seu estágio por período não inferior a um mês e até um máximo de seis meses, num só período ou em períodos interpolados.

2 – Não é admissível a suspensão:

a) Durante a subfase de avaliação prevista no número 3 do artigo 2.º-A;

b) Durante a prorrogação prevista no artigo 13.º.

3 – A suspensão na primeira fase do curso de estágio implica o cancelamento da inscrição.

4 – Quando tenha por efeito o incumprimento da duração mínima do estágio estabelecida no artigo 2.º, a suspensão importa o imediato cancelamento da inscrição, sem prejuízo da possibilidade de o Advogado estagiário pedir a prorrogação nos termos do artigo 13.º.

5 – Caso se inscreva no curso de estágio imediatamente seguinte, o Advogado Estagiário fica dispensado de repetir a primeira fase, se a tiver completado, e pode aproveitar as intervenções orais, escritas e assistências já realizadas no curso anterior, beneficiando da redução de emolumentos prevista na respetiva tabela.

6 – O Advogado estagiário apenas por uma vez pode beneficiar do regime previsto no número anterior.

7 – No caso previsto no número 5, e sem prejuízo do dispsoto na sua parte final, o Advogado estagiário fica sujeito às normas regulamentares e às tabelas de taxas e emolumentos que se encontrem em vigor à data da nova inscrição.

Artigo 13.º – Prorrogação do estágio

1 – A título excecional, o tempo de estágio pode ser prorrogado a requerimento do Advogado estagiário, apresentando até à data em que se inicia a subfase de avaliação prevista no número 3 do artigo 2.º-A.

2 – O pedido de prorrogação do estágio tem de ser justificado e acompanhado de parecer do patrono, sendo apreciado e decidido pelo Presidente do Conselho Regional respetivo, com recurso para o Conselho Geral.

3 – A prorrogação do estágio só pode ser requerida uma vez e por período não superior a seis meses.

Artigo 14.º – Inscrição de Advogado, entrega de cédula e juramento

(Revogado)

SECÇÃO II – Dos patronos e dos Advogados estagiários

Artigo 15.º – Funções do patrono

1 – O Patrono desempenha um papel fundamental e imprescindível ao longo de todo o período do estágio, sendo o principal responsável pela orientação e direção do exercício profissional do Advogado estagiário.

2 – Ao Patrono cabe promover e incentivar a formação durante o estágio e apreciar a aptidão e idoneidade ética e deontológica do Advogado estagiário para o exercício da profissão, emitindo para o efeito relatório final.

Artigo 16.º – Obrigações do patrono

Ao aceitar o tirocínio do Advogado estagiário, o Patrono fica vinculado ao cumprimento dos seguintes deveres:

a) Permitir ao Advogado estagiário o acesso ao seu escritório e a utilização deste, nas condições e com as limitações que venha a estabelecer;

b) Apoiar o Advogado estagiário na condução dos processos de cujo patrocínio este venha a ser incumbido, no quadro legal e regulamentar vigente;

c) Aconselhar, orientar e informar o Advogado estagiário durante todo o tempo de formação;

d) Compensar o Advogado estagiário das despesas por este efetuadas nos processos em que atuem conjuntamente, ou que tenham sido confiados pelo patrono ao Advogado estagiário, em conformidade com o quadro legal e regulamentar vigente;

e) Fazer-se acompanhar do Advogado estagiário em diligências judiciais quando este o solicite ou quando o interesse das questões em causa o recomende;

f) Permitir que o Advogado estagiário tenha acesso a peças forenses da autoria do Patrono e que assista a conferências com clientes;

g) Facilitar ao Advogado estagiário o acesso à utilização dos serviços do escritório, designadamente de telefones, telefax, computadores, internet e outros nas condições e com as limitações que venha a determinar;

h) Permitir, sempre que possível, o patrocínio conjunto com o Advogado estagiário, bem como a aposição da assinatura deste, por si ou juntamente com a do Patrono, em todos os trabalhos que por aquele sejam realizados ou em que tenha colaborado;

i) Colaborar com o Advogado estagiário na condução dos processos de cujo patrocínio venham a ser co-responsavelmente incumbidos;

j) Assegurar as intervenções processuais, assistências e peças processuais exigidas ao Advogado estagiário durante a segunda fase do estágio, nos termos do disposto no artigo 22.º;

l) Não aceitar mais do que dois Advogados estagiários em simultâneo;

m) Providenciar para que o Advogado estagiário cumpra os respetivos deveres de estágio;

n) Cumprir as formalidades legais inerentes à realização do estágio.

Artigo 17.º – Escusa pelo patrono

No decurso do período de estágio, o Patrono apenas pode escusar-se das suas funções quando ocorra um motivo fundamentado, devendo para o efeito dirigir solicitação escrita ao Conselho Regional competente, cabendo recurso para o Conselho Geral.

Artigo 18.º – Deveres do Advogado estagiário

São deveres do Advogado estagiário durante todo o seu período de estágio e formação:

a) Observar escrupulosamente as regras, condições e limitações admissíveis na utilização do escritório do Patrono;

b) Guardar respeito e lealdade para com o Patrono;

c) Submeter-se aos planos de estágio que vierem a ser definidos pelo Patrono;

d) Colaborar com o Patrono sempre que este o solicite e efetuar os trabalhos que lhe sejam determinados, desde que se revelem compatíveis com a atividade do estágio;

e) Colaborar com empenho, zelo e competência em todas as atividades, trabalhos e ações de formação que venha a frequentar no âmbito dos programas de estágio;

f) Guardar segredo profissional;

g) Comunicar ao Centro de Estágio qualquer facto que possa condicionar ou limitar o pleno cumprimento das normas estatutárias e regulamentares inerentes ao estágio;

h) Participar nas sessões de formação obrigatórias;

i) Subscrever e manter atualizadas apólices de seguro de acidentes pessoais e de responsabilidade civil profissional nos termos previstos no Estatuto da Ordem dos Advogados;

j) Cumprir em plenitude todas as demais obrigações deontológicas e regulamentares no exercício da atividade profissional.

SECÇÃO III – Primeira Fase do Estágio

Artigo 19.º – Conteúdo e objetivos da primeira fase do curso de estágio

1 – A primeira fase do estágio é constituída pelo trabalho e permanência do Advogado estagiário no escritório do Patrono e pela frequência das sessões de formação disponibilizadas pelos Centros de Estágio ou determinadas pela CNEF.

2 – Os Centros de Estágio disponibilizam sessões de formação obrigatórias, designadamente nas áreas de deontologia profissional, prática processual civil e prática processual penal, de acordo com programas a definir pela CNEF e a aprovar pelo Conselho Geral.

3 – Os Advogados estagiários devem participar num mínimo de setenta e cinco por cento das sessões de formação obrigatória de cada uma das áreas de formação . Em caso de situação de maternidade, doença grave ou outro motivo justificado de natureza semelhante, poderá, sob requerimento, e por decisão do Centro de Estágio, ser considerada justificada a ausência a sessões de formação até 50%.

4 – Durante a primeira fase do estágio são ainda disponibilizadas pelos Centros de Estágio, em articulação com a CNEF e, preferencialmente, com a colaboração de outras entidades, sessões de formação noutras áreas que sejam relevantes para a formação do Advogado estagiário, considerando, designadamente, as que compõem o elenco constante do número 3 do artigo 1.º.

Artigo 20.º – Termo da primeira fase do estágio

(Revogado)

SECÇÃO IV - Segunda Fase do Estágio

Artigo 21.º - Prática profissional tutelada

A prática tutelada e a formação temática mencionadas no número 6 do artigo 2.º-A decorrem, respetivamente, sob a orientação geral e permanente do Patrono e a direção dos Centros de Estágio e da CNEF.

Artigo 22.º - Intervenções, Assistências e Peças Processuais

1 - O Advogado estagiário deve realizar intervenções em cinco audiências de julgamento.

2 - Para os efeitos do número anterior, são consideradas quer as intervenções que ocorram em processos que caibam no âmbito da competência própria do Advogado estagiário, quer as intervenções que, fora desse âmbito, se realizem com o acompanhamento e sob a orientação do Patrono ou do Advogado da confiança deste que reúna as condições para o exercício da função de patrono.

3 - Para além das intervenções referidas no n.º 1, o Advogado estagiário deve assistir, no mínimo, a vinte diligências processuais, das quais, pelo menos, cinco em matéria penal e cinco em matéria cível.

4 - Para os efeitos do número anterior, são consideradas diligências processuais as sessões de audiências de julgamento, de partes e prévias, as conferências e as diligências de produção de prova, ainda que diante do Ministério Público ou de órgão de polícia criminal.

5 - Das vinte assistências previstas no número 3, dez devem ser em acompanhamento do Patrono ou de Advogado da confiança deste que reúna as condições para exercer a função de Patrono.

6 - O Advogado estagiário deve elaborar um relatório por cada uma das intervenções e assistências previstas no número 1 e no número 3 deste artigo, devendo o Patrono subscrever os que tenham por objeto as assistências realizadas em cumprimenteo do número anterior.

7 - Nas intervenções que o Advogado estagiário tenha realizado no âmbito da sua competência própria, o relatório referido no número anterior deverá ser acompanhado de cópia da ata da diligência.

8 - O Advogado estagiário, em conjunto com o Patrono, deve elaborar e subscrever seis peças processuais, pelo menos.

9 - Para os efeitos do número anterior, são consideradas peças processuais os articulados, os recursos, as queixas, as acusações particulares, os requerimentos de abertura de instrução e as reclamações hierárquicas.

10 - O Advogado estagiário deve comparecer com regularidade diária no escritório do Patrono, salvo motivo justificado, aí assistindo e executando

todos os trabalhos e serviços relacionados com a Advocacia, devendo ainda acompanhar o Patorno no respetivo serviço externo sempre que este assim o determine.

11 – As intervenções processuais do Advogado estagiário no âmbito do sistema de acesso ao direito ficam sujeitas aos requisitos estabelecidos no respetivo regime.

Artigo 23.º – Ações de formação temática e acesso ao direito

Com vista ao aprofundamento dos conhecimentos técnico-profissionais e ao apuramento da consciência deontológica, o Advogado estagiário deve frequentar todas as ações de formação que a CNEF ou os Centros de Estágio organizem ou cuja frequência imponham, bem como participar no regime do acesso ao direito e à justiça no quadro legal vigente.

Artigo 24.º – Deveres específicos do Advogado estagiário

Constituem ainda deveres do Advogado estagiário durante a segunda fase do estágio:

a) Participar nos processos judiciais que lhe forem confiados no quadro legal e regulamentar vigente e solicitar ao Patrono apoio no respetivo patrocínio;

b) Participar no regime do acesso ao direito e à justiça em conformidade com o quadro legal vigente;

c) Apresentar os relatórios da sua autoria, previstos no presente Regulamento, referentes a todas as suas atividades de estágio.

Artigo 25.º – Relatórios

1 – O Advogado estagiário elabora o relatório final de estágio em que descreve a atividade desenvolvida durante todo o tirocínio e demonstra o cumprimento do disposto no artigo 22.º.

2 – O relatório previsto no número anterior é subscrito, sob compromisso de honra, pelo Advogado estagiário e pelo Patrono, devendo este, em declaração nele aposta, atestar a veracidade do seu conteúdo, sem prejuízo da responsabilidade disciplinar e criminal que ao caso caiba, havendo falsidade.

3 – O Patrono emite também parecer fundamentado sobre a aptidão do Advogado estagiário para o exercício da advocacia.

4 – Quando o estágio tiver decorrido sob a direção de dois ou mais Patronos, deve cada patrono, em relação ao período do estágio que orientou, atestar a veracidade do relatório do Advogado estagiário e emitir parecer sobre o seu desem-

penho, devendo a ponderação final do conjunto dos relatórios ser efetuada pelo Presidente do Centro de Estágio, sempre que tal se justifique.

5 - Verificando-se impossibilidade ou recusa injustificada do Patrono em atestar a veracidade do relatório ou emitir parecer nos termos dos números anteriores, cabe ao Presidente do Centro de Estágio a prática desses atos, com base na análise do trajeto formativo do Advogado estagiário e da documentação que for julgada necessária.

SECÇÃO V - Acesso à prova de agregação

Artigo 26.º - Encerramento do processo de formação

1 - Os Centros de Estágio juntam ao processo individual do Advogado estagiário todos os elementos que forem por este entregues, os registos disciplinares e outras informações e pareceres que respeitem ao estágio e que sejam relevantes para instruir a informação final, incluindo documento comprovativo do disposto no número 3 do artigo 19.º.

2 - Tendo em vista a finalidade prevista no número anterior, o Advogado estagiário procede à entrega no Centro de Estágio de todos os relatórios e demais elementos exigidos para a conclusão do seu processo de avaliação até trinta dias antes da data designada para a prova escrita de agregação.

3 - O incumprimento da obrigação referida no número anterior determina o cancelamento da inscrição, a não ser que tenha sido requerida a prorrogação nos termos previsto no artigo 13.º.

Artigo 27.º - Informação final

1 - Cumprido o disposto no n.º 1 do artigo anterior, o Centro de Estágio verifica, em quinze dias, o cumprimento das obrigações impostas ao Advogado estagiário pelo presente regulamento.

2 - Verificando-se o cumprimento das obrigações previstas no número anterior, o Centro de Estágio lança no correspondente processo individual a respetiva informação final e o Advogado estagiário é admitido à prova de agregação.

3 - Detetada no processo qualquer irregularidade ou desconformidade imputável ao Advogado estagiário, deverá este ser notificado para, no prazo de cinco dias, suprir os respetivos vícios.

4 - A falta de suprimento dos vícios mencionados no número anterior determina o cancelamento da inscrição como Advogado estagiário, sem prejuízo da responsabilidade disciplinar que ao caso caiba.

CAPÍTULO IV – Prova de agregação

Artigo 28.º – Objetivo, conteúdo e avaliação

1 – A prova de agregação destina-se à verificação da capacidade técnica e científica do Advogado estagiário, bem como da sua preparação deontológica para o exercício da atividade profissional de Advocacia, tudo com vista à atribuição do título de Advogado.

2 – A prova de agregação é integrada por:

a) Uma entrevista;

b) Uma prova escrita.

3 – Na prova de agregação são avaliados os conhecimentos adquiridos nas duas fases do estágio.

4 – A atribuição do título de Advogado depende da realização das duas componentes da prova de agregação e da obtenção da nota mínima de dez valores, numa escala de zero a vinte, na prova escrita.

5 – A nota final da prova de agregação, numa escala de zero a vinte, será a que resultar da aplicação dos seguintes fatores de ponderação:

a) 40% para a classificação atribuída na entrevista;

b) 60% para a classificação atribuída na prova escrita.

Artigo 29.º – Entrevista

1 – A entrevista compreende a análise, ponderação e discussão dos relatórios de estágio e de matérias práticas de índole deontológica, com vista à avaliação do grau de aquisição pelo Advogado estagiário dos níveis de qualificação técnica, científica e ética que são exigíveis a um Advogado.

2 – A entrevista tem lugar nos Centros de Estágio perante um júri composto por três membros, um dos quais preside, a qual, a requerimento do Advogado estagiário, poderá ser pública.

3 – Aos membros do júri aplica-se o disposto no número 3, do artigo 7.º.

Artigo 30.º – Prova escrita

1 – A prova escrita tem caráter uniforme e realização simultânea em todo o território nacional, podendo o Advogado estagiário, durante o seu decurso, consultar apenas legislação e regulamentação não anotada, em suporte de papel.

2 – A prova escrita é composta de duas partes, cada uma delas com a duração de duas horas e meia, acrescida de trinta minutos de tolerância, separadas por um intervalo mínimo de 2 horas;

a) A primeira parte consiste num teste, que incide sobre as áreas de deontologia profissional, prática processual civil e prática processual penal;

b) A segunda parte consiste na elaboração de uma peça processual nos termos estabelecidos no enunciado.

3 – Cabe à CNEF designar a data de realização da prova escrita.

4 – A Comissão Nacional de Avaliação (CNA) define o conteúdo da prova escrita, a cotação das respetivas questões e as correspondentes grelhas de correção.

5 – Incumbe à CNA, com a colaboração ativa e efetiva dos Centros de Estágio, a organização da realização da prova e da correção da mesma, devendo a classificação ser atribuída segundo uma escala de zero a vinte valores, arredondando-se o resultado por excesso para a unidade seguinte quando a parte fracionária do mesmo for igual ou superior a 0,50, e por defeito para a unidade anterior quando for inferior.

Artigo 30.º-A – Repetição da prova escrita

1 – Simultaneamente com a designação da data da realização da prova escrita, a CNEF fixa também a data para a sua repetição, que deverá ocorrer no prazo máximo de uma semana.

2 – O Advogado estagiário pode repetir a prova na segunda data designada.

3 – No caso de repetir a prova, o Advogado Estagiário deve, ao entregar os cadernos de resposta, declarar, em formulário próprio, qual das duas pretende que seja avaliada, considerando-se que desiste da outra.

Artigo 31.º – Aprovação na prova de agregação

(Revogado)

Artigo 32.º – Recurso

1 – Da não aprovação na prova de agregação cabe recurso, a interpor para a CNA, no prazo de dez dias a contar da data da respetiva publicação.

2 – Para o efeito previsto no número anterior, e no decurso do prazo de interposição de recurso, o Advogado estagiário pode consultar no Centro de Estágio o processo individual respetivo, bem como obter cópias do mesmo.

3 – O recurso, sempre motivado, pode ser limitado a qualquer uma das componentes da prova de agregação, o que o recorrente deve especificar circunstanciadamente no requerimento de interposição de recurso.

4 – O recurso é distribuído a avaliadores, distintos dos que procederam à classificação recorrida, que emitem parecer fundamentado e propõem a respetiva classificação à CNA.

5 – A CNA decide em plenário as classificações parciais e a classificação final da prova de agregação.

6 – A classificação final atribuída nos termos do número anterior não é suscetível de reclamação ou recurso hierárquico.

Artigo 33.º – Falta à entrevista ou à prova escrita

1 – Em caso de falta à entrevista ou à prova escrita, o Advogado estagiário pode requerer à CNA, no prazo de três dias, o reconhecimento da sua justificação;

2 – Reconhecida a justificação da falta à entrevista, o Centro de Estágio procederá à marcação de nova data para a respetiva realização;

3 – Reconhecida a justificação da falta à prova escrita, o Advogado estagiário fica admitido à segunda chamada prevista no artigo 33.º-A.

Artigo 33.º – A – Avaliação para as hipóteses de prorrogação e de falta justificada

1 – Para cada Curso de Estágio é organizada uma segunda chamada da prova de agregação, à qual podem ser admitidos os Advogados Estagiários aos quais tenha sido concedida prorrogação, nos termos do artigo 13.º, e aqueles que tenham faltado justificadamente à prova escrita.

2 – Os relatórios e elementos previstos no número 2 do artigo 26.º têm de ser apresentados até trinta dias antes da data marcada para a realização da prova escrita de agregação da segunda chamada.

Artigo 34.º – Equiparação a prorrogação do estágio

(Revogado)

Artigo 35.º – Efeitos da não aprovação na prova de agregação

1 – A não aprovação na prova de agregação determina o cancelamento da inscrição do Advogado estagiário.

2 – Com as devidas adaptações, aplica-se o disposto nos números 5, 6 e 7 do artigo 12.º.

Artigo 35.º-A-Lista Final

Em cada Curso de Estágio, logo que concluído o procedimento de avaliação referido nos números anteriores, incluindo a segunda chamada, o Centro de

Estágio elabora e publica uma lista final dos Advogados estagiários que, nesse Curso, tenham obtido aprovação.

Artigo 36.º – Requerimento de inscrição como Advogado

1 – A inscrição como Advogado é requerida pelo Advogado estagiário no prazo de trinta dias, a contar da data da afixação das classificações previstas no artigo 18.º do Regulamento da Comissão Nacional de Avaliação.

2 – A falta de inscrição como Advogado no prazo referido no número anterior determina o cancelamento imediato da inscrição, com absoluto impedimento do exercício da profissão e obrigação de imediata devolução da cédula profissional respetiva.

Artigo 36.º-A – Inscrição como Advogado, entrega de cédula e juramento

1 – Recebido o requerimento previsto no artigo anterior, o Conselho Regional competente conclui a tramitação preparatória do respetivo processo de inscrição que deve submeter ao Conselho Geral para inscrição como Advogado, nos termos do Regulamento de Inscrição de Advogados e Advogados Estagiários.

2 – Efetuada a inscrição do Advogado pelo Conselho Geral, o Conselho Regional competente disponibiliza a respetiva declaração comprovativa, podendo a entrega da cédula profissional ser feita em ato público com prestação de juramento solene, nos termos definidos em Conselho Geral.

CAPÍTULO V – Rede nacional e formação a distância

Artigo 37.º – Rede nacional e formação a distância

1 – Os Conselhos Regionais, em permanente articulação com a CNEF, podem promover a instalação de polos de formação, geograficamente distribuídos pela área de intervenção de cada conselho, especialmente vocacionados para a concretização das exigências de estágio impostas por este regulamento.

2 – Os Conselhos Regionais podem ainda incrementar a formação a distância, em sistema *e-learning*, potenciando a utilização das ferramentas informáticas proporcionadas pelas plataformas de ensino desenvolvidas pela Ordem dos Advogados, orientando, no quadro do estágio, os temas das formações para as áreas definidas por este regulamento.

3 – As ações de formação, seminários, conferências, colóquios e outras que, pela sua especificidade, revelem particular interesse para a formação dos Advo-

gados estagiários podem ser integradas nos programas de estágio, como formação complementar.

CAPÍTULO VI – Tirocínio em caso de dispensa de estágio

Artigo 38.º – Tirocínio em caso de dispensa de estágio

1 – A inscrição como Advogado dos doutores em direito e dos antigos magistrados que cumpram os requisitos previstos nas alíneas *a)* e *b)*, do n.º 2, do artigo 199.º, do Estatuto da Ordem dos Advogados, depende exclusivamente da realização de um tirocínio visando a apreensão dos princípios e regras deontológicos, com a duração de seis meses e sob a orientação de um patrono escolhido pelo interessado.

2 – Para efeitos da realização do tirocínio, o interessado requer a sua admissão no Conselho Regional competente juntando a seguinte documentação:

a) Declaração emitida pelo patrono escolhido assumindo a orientação do tirocínio;

b) Documento demonstrativo das qualidades mencionadas no n.º 2, do artigo 199.º, do Estatuto da Ordem dos Advogados;

c) Declaração, sob compromisso de honra, de que não integra quaisquer das situações de incompatibilidade ou impedimento previstas nos artigos 82.º e 83.º do Estatuto da Ordem dos Advogados;

d) Certificado do registo criminal.

3 – O interessado deve comparecer com regularidade no escritório do patrono, com vista à vivência e à apreensão dos princípios deontológicos da profissão, o que consignará, de forma sucinta e especificada, em relatório final subscrito também pelo patrono.

4 – O interessado deve requerer a sua inscrição como Advogado no prazo de trinta dias a contar da data da conclusão do tirocínio.

5 – O interessado fica sujeito à tabela única de emolumentos devidos pela emissão de documentos e prática de atos no âmbito do estágio na parte aplicável.

CAPÍTULO VII – Dos recursos

Artigo 39.º – Prazo

(Revogado)

CAPÍTULO VIII – Disposições finais e transitórias

Artigo 40.º – Contagem de Prazos

A contagem dos prazos previstos neste regulamento suspende-se aos sábados, domingos e feriados.

Artigo 41.º – Regimes especiais

Havendo dúvida ou dificuldade relevante e atendível na aplicação do presente regulamento, pode a CNEF, reunida em sessão plenária, aprovar as resoluções que, satisfazendo os interesses gerais da formação, o princípio da igualdade dos Advogados estagiários perante a Ordem dos Advogados e as orientações do Conselho Geral, se revelem justas e adequadas ao esclarecimento das dúvidas ou à superação das dificuldades.

Artigo 42.º – Casos omissos

Os casos omissos são resolvidos por deliberação do Conselho Geral da Ordem dos Advogados.

Artigo 43.º – Aplicação no tempo

(Revogado)

Artigo 44.º – Entrada em vigor

O presente regulamento entra em vigor no dia seguinte ao da sua publicação.

NOTA: Para a boa compreensão da aplicação do novo regime do estágio com as alterações da deliberação n.º 1096-A/2017, deve-se ler o Artigo 4.º desta deliberação, onde se define a sua aplicação no tempo e se estabelecem disposições transitórias.

4.6
Regulamento de Recrutamento, Seleção e Contratação de Formadores

Regulamento n.º 192/2018

Aprovado por deliberação do Conselho Geral de 7 de Julho de 2017
D.R. n.º 61 – II Série, de 27 de Março de 2018

O Conselho Geral da Ordem dos Advogados, na sua sessão plenária de 7 de julho de 2017, deliberou, ao abrigo do disposto nas alíneas *g)* e *h)* do n.º 1, do Artigo 46.º do Estatuto da Ordem dos Advogados, aprovado pela Lei n.º 145/2015, de 9 de setembro, aprovar a alteração do Regulamento de Recrutamento, Seleção e Contratação de Formadores (Regulamento n.º 743/2010, de 21 de setembro), nos seguintes termos:

Artigo 1.º – Objeto e Âmbito

O presente regulamento estabelece o regime de recrutamento, seleção e contratação dos Formadores responsáveis por ministrar as sessões de formação aos Advogados Estagiários nos diversos Centros de Estágio da Ordem dos Advogados.

Artigo 2.º – Recrutamento

1 – Os Formadores serão recrutados através de concurso organizado para cada Centro de Estágio, que será sempre anunciado publicamente e ao qual poderão concorrer quaisquer pessoas singulares que reúnam as condições dos artigos seguintes.

2 – O aviso de abertura do concurso a que se refere o número anterior divulgará as regras a que o mesmo se submete e os prazos de candidatura e será publicado no Portal da Ordem dos Advogados.

3 – Os concursos para recrutamento serão realizados de três em três anos.

4 – A Comissão Nacional de Estágio e Formação, doravante designada por CNEF, deliberará a abertura do concurso, competindo aos Conselhos Regionais a concretização dos procedimentos administrativos necessários à sua realização.

5 – A CNEF, excecionalmente, poderá, a pedido dos Conselhos Regionais, autorizar a contratação de Formadores indicados por estes Conselhos sempre que, cumulativamente:

a) Se verifique nos Centros de Estágio urgência e uma necessidade imperiosa na contratação de Formadores;

b) Os Formadores que tenham obtido aprovação no concurso, a que se refere o n.º 1 do presente artigo, não estejam disponíveis;

c) E não seja possível realizar, em tempo útil, concurso de recrutamento.

6 – A CNEF, excecionalmente, poderá ainda, a pedido dos Conselhos Regionais, autorizar a contratação de Formadores indicados por estes Conselhos sempre que o concurso na respetiva área ficar deserto.

7 – Nos casos previstos nos números anteriores, a CNEF procederá a uma apreciação do currículo de cada Formador indicado, assegurando que este possui reconhecido mérito académico ou profissional na área de formação para que é indicado, decidirá do pedido de contratação, de forma fundamentada.

Artigo 3.º – Perfil

Os candidatos a Formadores deverão possuir reconhecido mérito profissional ou académico e experiência na área de formação a que se candidatam, bem como aptidão pedagógica e, sendo Advogados, deverão ter, também, pelo menos dez anos de inscrição na Ordem dos Advogados e não poderão ter sido punidos com sanção disciplinar superior a multa.

Artigo 4.º – Formalização da candidatura

1 – A formalização da candidatura deverá ser feita mediante o preenchimento de um boletim de candidatura, em modelo aprovado pela CNEF.

2 – Os candidatos deverão fazer prova das informações expressas no boletim de inscrição e no aviso de abertura do concurso para recrutamento de Formadores, podendo candidatar-se ao máximo de duas áreas de formação de entre as previstas no aviso de abertura do concurso.

3 – Juntamente com o boletim de inscrição, os candidatos deverão entregar, sob pena de exclusão do concurso, os documentos comprovativos das suas habilitações académicas, salvo aqueles que já existam em arquivo na Ordem dos Advogados, um curriculum vitae detalhado e um plano de formação da sua autoria, descrevendo detalhadamente a forma como se propõem organizar e ministrar as sessões de formação para cada uma das áreas a que se candidatam, tendo em conta os respetivos programas aprovados pelo Conselho Geral, que deverão ser previamente publicitados e para aos quais o aviso de abertura de concurso deve apontar, através de hiperligação.

Artigo 5.º – Júri do concurso

1 – A seleção dos Formadores será efetuada por um júri constituído pelo Presidente da CNEF, pelo Presidente do Centro de Estágio respetivo e por mais dois elementos, sendo um designado pelo Conselho Regional respetivo e o outro, pela CNEF, tendo o Presidente da CNEF ou quem o substituir voto de qualidade.

2 – Compete ao Presidente da CNEF e ao Presidente do Centro de Estágio a designação do seu substituto em caso de impossibilidade de comparência nos júris que se venham a constituir, devendo o substituto do Presidente da CNEF ser um dos membros da CNEF indicado pelo Conselho Geral e o substituto do Presidente do Centro de Estágio ser um dos membros do Conselho Regional.

Artigo 6.º – Processo de seleção

1 – O método de seleção consiste na apreciação dos documentos apresentados pelo candidato e numa entrevista, que será dirigida pelo Presidente do Júri ou por quem o substituir, nela estando presentes, pelo menos, mais dois elementos do júri, que também poderão fazer perguntas ao candidato.

2 – O júri poderá exigir aos candidatos a apresentação de documentos comprovativos das suas declarações, quando sobre elas se suscitem dúvidas.

3 – A entrevista destina-se a obter informações sobre as componentes profissionais diretamente relacionadas com as competências consideradas essenciais para o desempenho das funções de formador, nomeadamente, com a capacidade de comunicação e de relacionamento interpessoal, e é composta por duas partes, incidindo a primeira sobre o currículo do candidato e a segunda sobre o plano de formação por este apresentado, descrevendo a forma como se propõe organizar e ministrar as sessões de formação das áreas a que se candidata, tendo em conta os respetivos programas aprovados pelo Conselho Geral.

4 – O candidato será classificado numa escala de 0 a 20 valores, contribuindo para a classificação final a classificação obtida em cada uma das componentes seguintes, de acordo com a ponderação indicada:

a) Apreciação do Curriculum Vitae: 40%;

b) Apreciação do plano de formação apresentado pelo candidato descrevendo a forma como se propõe organizar e ministrar as sessões de formação da área a que se candidata tendo em conta o respetivo programa aprovado: 30%

c) Desempenho na entrevista: 30%.

5 – O presidente do júri apresentará uma proposta de classificação, a qual será analisada e votada em reunião do júri do concurso.

6 – O processo de seleção deverá ficar concluído no prazo máximo de noventa dias a contar da data de termo do prazo de candidatura previsto no aviso de abertura do concurso.

7 – Concluído o processo de seleção, os candidatos serão notificados da classificação obtida através de ofício enviado por via eletrónica, contendo a lista raduada dos candidatos selecionados para cada área de formação.

8 – Só poderão vir a integrar a Bolsa de Formadores os candidatos que obtiverem a classificação mínima de 14 valores.

9 – Os resultados finais do concurso serão publicados na página da internet da Ordem dos Advogados.

10 – A integração na Bolsa de Formadores não confere qualquer direito à contratação.

Artigo 7.º – Regime contratual

1 – A contratação dos Formadores constantes da lista organizada nos termos dos artigos anteriores terá em consideração as necessidades do Conselho Regional e será feita por ordem da classificação obtida.

2 – Esta contratação, bem como a Formadores selecionados excecionalmente nos termos do artigo 2.º, números 5, 6 e 7, será feita através da celebração de contrato de prestação de serviços a outorgar entre o formador e o respetivo Conselho Regional.

3 – O contrato será celebrado pelo prazo de três anos.

4 – Os Formadores contratados não poderão, em qualquer caso, ser titulares de órgãos eleitos da Ordem dos Advogados, de âmbito regional ou nacional, nem membros de Comissões e Institutos da Ordem dos Advogados, incluindo a Comissão Nacional de Avaliação e a CNEF e qualquer comissão a constituir que venha a assumir as funções destas.

5 – O contrato pode cessar a todo o tempo, por livre iniciativa do respetivo Conselho Regional ou do Formador, em qualquer caso, mediante aviso prévio de 90 (noventa) dias, não conferindo a cessação o direito a qualquer indemnização.

6 – A falta de cumprimento do prazo de aviso prévio por parte do Conselho Regional fará o Conselho incorrer na obrigação de pagar ao Formador as horas de formação que estivessem já calendarizadas.

7 – A falta de cumprimento do aviso prévio por parte do Formador, salvo motivo justificado de força maior, fá-lo-á incorrer da obrigação de indemnizar o Conselho Regional pelos prejuízos que este tenha tido em resultado desse incumprimento, indemnização que em caso algum poderá exceder a prevista no número anterior.

8 – O incumprimento, por parte do Formador, dos deveres a que está adstrito ou a manifesta inadaptação à função de Formador conferem ao respetivo Conselho Regional o direito a resolver o contrato com o Formador, com aviso prévio de 30 dias (trinta) e sem direito a qualquer indemnização ou compensação.

Artigo 8.º – Direitos dos Formadores

Os Formadores têm os seguintes direitos:

a) Colaborar com o Centro de Estágio, apresentando sugestões para o melhor funcionamento do estágio de advocacia;

b) Propor a reformulação dos programas, meios auxiliares e métodos de formação;

c) Solicitar ao Centro de Estágio apoio de natureza técnica, material ou documental para o melhor desempenho das suas funções;

d) Beneficiar de prioridade na inscrição aquando da realização de ações de formação, pelos respetivos Conselhos Regionais, tendo em vista o seu aperfeiçoamento profissional;

e) Receber os honorários que lhes forem devidos nos termos do presente regulamento e das condições estipuladas no contrato celebrado.

Artigo 9.º – Deveres dos Formadores

Consideram-se deveres dos Formadores os seguintes:

a) Colaborar com o Centro de Estágio, designadamente fornecendo todos os elementos e informações solicitadas;

b) Contribuir para a formação integral dos Advogados Estagiários, preparando-os para os aspetos práticos da atividade profissional;

c) Preparar e elaborar planos de formação e assegurar o seu integral cumprimento, tendo em vista a obtenção da qualidade da formação desejada;

d) Registar as faltas dos Formandos e escrever em modelo apropriado o sumário da sessão, datado e assinado;

e) Permitir a assistência a sessões de formação por si ministradas, para efeitos de avaliação e controlo de qualidade, ao Vogal do Conselho Geral responsável pela formação, ao Presidente da CNEF, ao Presidente do Centro de Estágio ou a pessoa que estes designarem;

f) Corrigir os trabalhos escritos, peças processuais e testes da prova escrita de agregação que lhes forem distribuídos, cumprindo os prazos estabelecidos para o efeito;

g) Apreciar os recursos que lhes forem distribuídos e emitir os pareceres fundamentados sobre as provas de agregação que lhes forem solicitados pelos Centros de Estágio, cumprindo os prazos estabelecidos para o efeito;

h) Presidir a e integrar os júris das provas orais e os júris das entrevistas integrantes da prova final de agregação do estágio, nos termos do regulamento de estágio em vigor e das deliberações da CNA e da CNEF aplicáveis;

i) Elaborar enunciados de testes ou casos práticos quando tal lhes seja solicitado pelos Centros de Estágio, com as respetivas grelhas de correção, cumprindo os prazos que lhes forem estabelecidos para os efeitos;

j) Participar nas reuniões de trabalho para que forem convocados.

Artigo 10.º – Honorários

1 – Os Formadores auferirão honorários pelas horas de formação efetivamente ministradas, por cada trabalho escrito, peça processual ou prova escrita de avaliação e agregação que corrijam e por cada recurso que apreciem, de acordo com valores a anunciar no aviso de abertura do concurso e que constarão no contrato de prestação de serviços a celebrar.

2 – Cada Conselho Regional estabelecerá, no contrato de prestação de serviços a celebrar com os Formadores, o valor e a periodicidade de pagamento dos respetivos honorários.

3 – Dos quantitativos auferidos deverão os Formadores emitir documento contabilístico de acordo com a legislação fiscal aplicável.

Artigo 11.º – Dúvidas e casos omissos

Os casos omissos e as dúvidas de interpretação serão resolvidas por deliberação do Conselho Geral, ouvida a CNEF.

Artigo 12.º – Norma revogatória

É revogado o Regulamento de recrutamento, seleção e contratação de formadores, aprovado em sessão plenária do Conselho Geral da Ordem dos Advogados de 19 de julho de 2010, Regulamento n.º 743/2010, de 21 de setembro.

Artigo 13.º – Entrada em vigor

O presente Regulamento entra em vigor no dia seguinte ao da sua publicação.

2 de março de 2018. – O Presidente do Conselho Geral, *Guilherme Figueiredo*.

4.7
Regulamento da Comissão Nacional de Avaliação

Regulamento n.º 913-B/2015 (Série II), de 22 de dezembro/2015

D.R. n.º 252 – II Série-E, de 28/12/2015

A Assembleia Geral da Ordem dos Advogados, reunida em 21 de dezembro de 2015, ao abrigo do disposto na alínea *d)*, do n.º 2, do artigo 33.º do Estatuto da Ordem dos Advogados (EOA), aprovado pela Lei n.º 145/2015, de 9 de setembro, deliberou aprovar a proposta de Regulamento da Comissão Nacional de Avaliação, elaborada pelo Conselho Geral da Ordem dos Advogados, nos termos do disposto na alínea *h)*, do n.º 1, do artigo 46.º do EOA:

Artigo 1.º – Atribuições

A Comissão Nacional de Avaliação (CNA), doravante designada por CNA, é uma estrutura de apoio ao Conselho Geral, integrada na orgânica da formação, à qual incumbe tratar dos processos de avaliação final dos Advogados estagiários, competindo-lhe, em especial, definir, em articulação com a Comissão Nacional de Estágio e Formação (CNEF), o conteúdo das diversas componentes da prova de agregação, e tratar das matérias que lhe estejam acometidas nos termos previstos no Regulamento Nacional de Estágio.

Artigo 2.º – Composição da CNA

1 – Sem prejuízo do disposto no n.º 3, do presente artigo, a CNA é composta por sete Advogados, um dos quais presidirá, todos nomeados pelo Conselho Geral.

2 – Todos os membros Advogados da CNA têm que ter a sua inscrição ativa na Ordem dos Advogados e não podem ter sido sancionados com pena disciplinar superior a multa.

3 – O Conselho Geral poderá, ainda, nomear, para fazerem parte da CNA, juristas de reconhecido mérito, não Advogados, até ao máximo de três.

4 – O Presidente da CNA tem voto de qualidade.

5 – O mandato dos membros da CNA cessa com o termo do mandato do Conselho Geral que o tiver nomeado, mantendo-se em funções de mera gestão até à sua substituição.

6 – O mandato cessa por caducidade nos termos do número anterior e ainda por renúncia ou exoneração do Conselho Geral.

Artigo 3.º – Meios de funcionamento

Cabe ao Conselho Geral garantir as necessárias condições logísticas e financeiras, bem como o apoio administrativo adequado ao bom funcionamento da CNA.

Artigo 4.º – Reuniões da CNA

1 – A CNA reúne sempre que for convocada pelo seu presidente ou pelo Bastonário.

2 – As convocatórias são remetidas aos membros da CNA por meio de comunicação adequado com, pelo menos, oito dias de antecedência, com indicação do local, dia e hora da reunião e ordem de trabalhos.

Artigo 5.º – Livro de atas

A CNA dispõe de livro de atas próprio, das quais dá conhecimento ao Conselho Geral.

Artigo 6.º – Casos de urgência

As competências da CNA são, em caso de urgência, e quando for manifestamente impossível a convocação de uma reunião em tempo útil, exercidas pelo seu presidente.

Artigo 7.º – Resoluções

1 – A CNA não possui poderes regulamentares próprios mas pode, no âmbito das suas atribuições, tomar resoluções por maioria simples dos seus membros.

2 – As resoluções da CNA assumem natureza vinculativa desde que ratificadas pelo Conselho Geral.

Artigo 8.º – Competências

Compete à CNA:

a) Definir os critérios de valoração da entrevista;

b) Definir o conteúdo temático da prova escrita e a cotação das respetivas questões, elaborar as correspondentes grelhas de correção, coordenar os procedimentos de correção e atribuir as respetivas classificações parciais;

c) Atribuir a classificação final às provas de agregação de acordo com os critérios e fatores de ponderação previstos no Regulamento Nacional de Estágio;

d) Conhecer dos recursos interpostos da classificação final atribuída à prova de agregação.

e) Considerar justificadas as faltas dos Advogados estagiários à entrevista ou à prova escrita e proceder à marcação de novas entrevistas e de provas escritas, nos termos previstos no artigo 33.º, do Regulamento Nacional de Estágio.

Artigo 9.º – Conteúdo da entrevista e da prova escrita

O conteúdo da entrevista e da prova escrita, que integram a prova de agregação, tem em conta as matérias, as disciplinas jurídicas e os conteúdos fixados no Regulamento Nacional de Estágio.

Artigo 10.º – Critérios de valoração da entrevista e dos trabalhos apresentados

1 – Na elaboração dos critérios de valoração dos trabalhos apresentados, deve a CNA considerar como fundamentais para tal valoração, a expressão escrita, a capacidade gramatical e a qualidade jurídica dos mesmos.

2 – Na elaboração dos critérios de valoração da entrevista, deve a CNA considerar como fundamentais para tal valoração, a expressão oral e linguística dos candidatos e a defesa jurídica adequada dos trabalhos e relatórios apresentados.

Artigo 11.º – Natureza da avaliação e conteúdo base da prova escrita

1 – Na elaboração dos testes escritos deve a CNA considerar que através deles se pretende formular, na componente de comunicação escrita, um juízo de valor sobre a preparação dos candidatos para a prática da atividade profissional de Advocacia e do conhecimento das normas deontológicas.

2 – Tendo em conta o disposto no número anterior, deve a prova escrita assentar numa avaliação dos conhecimentos jurídicos e científicos adquiridos pelos candidatos e necessários para sustentar a formação profissional dos Advogados.

Artigo 12.º - Seleção de avaliadores

Incumbe à CNA escolher, através de concurso anunciado publicamente, um número adequado de Advogados e ou juristas de reconhecido mérito para integrarem o júri da entrevista e para elaborarem e corrigirem a prova escrita, bem como para emitirem pareceres nos recursos previstos no Regulamento Nacional de Estágio, a remunerar em termos a fixar pelo Conselho Geral.

Artigo 13.º - Confidencialidade

A CNA deve adotar os procedimentos considerados necessários e adequados a assegurar a absoluta confidencialidade da prova escrita e o anonimato dos examinandos no momento da respetiva correção.

Artigo 14.º - Representantes da CNA nas provas

Na realização da prova escrita, a CNA far-se-á representar pelos membros por si indicados.

Artigo 15.º - Uniformização dos critérios de avaliação

A correção e a classificação das várias componentes da prova de agregação baseiam-se em critérios previamente definidos pela CNA, depois de ouvir a CNEF.

Artigo 16.º - Prazo de correção da prova escrita

1 - A correção e classificação de todas as componentes da prova de agregação serão concluídas no prazo de quarenta e cinco dias após a realização do último dos testes escritos, devendo as classificações ser objeto de prévia aferição pela CNA antes da sua divulgação.

2 - O prazo previsto no número anterior pode ser prorrogado pelo Conselho Geral.

Artigo 17.º - Atribuição da classificação final

No prazo de quinze dias a contar da data da conclusão das classificações de todas as componentes da prova de agregação, a CNA atribui a classificação final aos candidatos, de acordo com os fatores de ponderação previstos no n.º 2, do artigo 31.º, do Regulamento Nacional de Estágio.

Artigo 18.º – Afixação das classificações

A afixação das classificações finais da prova de agregação é efetuada no portal da Ordem dos Advogados e nos Conselhos Regionais.

Artigo 19.º – Recurso da classificação final

Da classificação final atribuída à prova de agregação cabe recurso nos termos admitidos no Regulamento Nacional de Estágio, designadamente no respetivo artigo 32.º.

Artigo 20.º – Prazo para a decisão do recurso

Os recursos são decididos no prazo de quarenta e cinco dias contados da respetiva interposição, devendo a CNA, em plenário, conhecer dos pareceres referidos no artigo 32.º, n.º 4, do Regulamento Nacional de Estágio e atribuir, definitivamente, as classificações parciais e finais da prova de agregação.

Artigo 21.º – Afixação das classificações

A afixação das classificações da prova de agregação mencionadas no artigo anterior é efetuada no portal da Ordem dos Advogados e nos Conselhos Regionais.

Artigo 22.º – Certificação final das classificações

Mostrando-se definitivamente atribuídas todas as classificações finais das provas de agregação, a CNA encerrará o processo de avaliação e remeterá os mapas finais das classificações, devidamente certificadas, ao Conselho Geral, à CNEF e aos centros de estágio.

Artigo 23.º – Casos omissos

1 – Os casos omissos e as lacunas são resolvidos subsidiariamente com recurso ao Regulamento Nacional de Estágio ou, se subsistir a omissão, por resolução da CNA, a ratificar pelo Conselho Geral.

2 – Subsistindo dificuldade relevante e atendível na aplicação do presente regulamento ou de qualquer das suas normas, deve o Conselho Geral deliberar sobre as medidas que se revelem justas e adequadas à superação de tais dificuldades.

Artigo 24.º – Início de vigência

O presente regulamento entra em vigor no dia seguinte ao da sua publicação.

Artigo 25.º – Norma revogatória

É revogado o Regulamento da Comissão Nacional de Avaliação aprovado em sessão plenária do Conselho Geral de 28 de outubro de 2009 e 10 de dezembro de 2009, Regulamento n.º 500-A/2009, de 16 de dezembro.

Lisboa, 22 de dezembro de 2015.

A Presidente da Assembleia Geral e Presidente do Conselho Geral, *Elina Fraga*.

4.8
Regulamento Geral das Especialidades

Regulamento n.º 9/2016 (Série II), de 6 de janeiro de 2016

C/ a alteração da Deliberação da Assembleie Geral n.º 1006/2016 de 30 de Maio de 2016

A Assembleia Geral da Ordem dos Advogados reunida em 21 de dezembro de 2015, ao abrigo do disposto na alínea *d*), do n.º 2, do artigo 33.º do Estatuto da Ordem dos Advogados (EOA), aprovado pela Lei n.º 145/2015, de 9 de setembro, deliberou aprovar a proposta de Regulamento Geral das Especialidades, elaborada pelo Conselho Geral da Ordem dos Advogados, nos termos do disposto na alínea *g*), do n.º 1, do artigo 46.º do EOA:

PREÂMBULO

Considerando o tempo decorrido desde a entrada em vigor do Regulamento n.º 204/2006, de 30 de outubro e ainda a recente entrada em vigor do novo Estatuto da Ordem dos Advogados (Lei n.º 145/2015, de 9 de setembro) justifica-se a adequação do regime das especialidades à nova realidade legal, atendendo à experiência adquirida, à recente reavaliação concretizada de todos os processos de Advogados especialistas nos últimos três anos, bem como, pela crescente diferenciação das várias áreas do Direito perante a complexidade das relações sociais e económico-financeiras que vem sendo acompanhada pela Ordem dos Advogados e que demanda, desde logo, a ampliação das áreas de especialidade reconhecidas, um rigor e uma exigência acrescidos na verificação do preenchimento dos requisitos necessários para a atribuição e confirmação do título de especialista aos candidatos.

SECÇÃO I - Parte geral

Artigo 1.º - Âmbito e aplicação

1 - O presente regulamento define o regime de atribuição do título de Advogado especialista e define as áreas de prática que, dentro do exercício da Advocacia, são consideradas especialidades.

2 - As disposições deste diploma aplicam-se a todos os Advogados com inscrição em vigor na Ordem dos Advogados.

Artigo 2.º - Natureza do título

1 - O título de Advogado especialista constitui uma certificação de competência específica na área da respetiva especialidade e não limita a prática jurídica geral do titular, nem impede qualquer Advogado de exercer a Advocacia na área das especialidades reconhecidas pelo presente Regulamento.

2 - O Advogado especialista pode usar e divulgar o seu título, nos termos permitidos pelo Estatuto da Ordem dos Advogados.

Artigo 3.º - Requisitos mínimos

Podem adquirir o título de Advogado especialista os Advogados com inscrição em vigor na Ordem dos Advogados, ininterrupta há mais de dez anos, com igual período mínimo de exercício efetivo da Advocacia na área da especialidade invocada e a quem seja reconhecida competência específica, teórica e prática.

Artigo 4.º - Exercício da Especialidade

1 - O Advogado especialista, enquanto tal, deve manter a prática e adquirir formação contínua na área da respetiva especialidade.

2 - No fim de cada período de cinco anos, iniciados a partir da atribuição do título, o Advogado especialista entregará, junto do Conselho Geral, um *curriculum* profissional, elaborado nos termos do artigo 7.º deste Regulamento, demonstrativo da prática exercida e da formação adquirida na área da especialidade respetiva, nos cinco anos anteriores, sob pena de perda automática do título, sem prejuízo da possibilidade de apresentação de nova candidatura.

Artigo 5.º - Definição das especialidades

1 - As áreas de prática jurídica consideradas especialidades são estabelecidas pelo Conselho Geral, que definirá também os respetivos conteúdos.

2 – A lista anexa a este Regulamento, que é parte integrante deste, contém as especialidades atualmente reconhecidas, cabendo ao Conselho Geral, em qualquer altura, reconhecer outras especialidades ou eliminar qualquer das existentes.

SECÇÃO II – Da atribuição do título

Artigo 6.º – Da candidatura

1 – O pedido de atribuição do título de Advogado especialista deverá ser formalizado através de requerimento, dirigido ao Conselho Geral.

2 – No requerimento, o candidato demonstrará possuir capacidade para a aquisição do título, devendo descrever, circunstanciadamente, a sua formação e prática jurídicas, na área de especialidade pretendida.

3 – O candidato fará acompanhar o requerimento com os documentos, em suporte físico ou digital, confirmativos da descrição curricular, com especial relevância para os atos de prática jurídica, sob pena de indeferimento liminar da pretensão, não obstante a faculdade de o Conselho Geral poder solicitar informação ou documentação adicional.

4 – O candidato poderá apresentar declarações de pessoas e entidades abonadoras das suas qualidades profissionais ou da sua formação e prática.

Artigo 7.º – *Curriculum* profissional

1 – Na descrição curricular o candidato evidenciará a formação académica adquirida e a participação em ações formativas na área da especialidade a que se candidata, juntando a certificação documental respetiva que possua.

2 – A prática efetiva na área da especialidade deverá ser circunstanciadamente descrita, com a identificação de casos e assuntos que o candidato tenha patrocinado como Advogado, indicando o tipo de assessoria prestada e apresentando cópias de peças escritas que o candidato tenha produzido no exercício dessa assessoria específica.

3 – As informações prestadas ao abrigo do número anterior estão sujeitas a sigilo profissional, nos termos do artigo 92.º do Estatuto da Ordem dos Advogados.

4 – O candidato indicará, ainda, os trabalhos que tenha publicado e as publicações em que, comprovadamente, tenha participado, juntando um exemplar de cada, quando a publicação não seja de grande divulgação ou de fácil acesso ou sempre que lhe seja solicitado pelo relator do processo de candidatura.

Artigo 8.º – Autuação do processo de candidatura

1 – O processo de candidatura, uma vez autuado, é apresentado ao Conselho Geral, que para ele nomeia um relator, de entre os seus membros.

2 – O Conselho Geral pode rejeitar liminarmente a candidatura se constatar que não se verificam os requisitos relativos aos períodos mínimos de inscrição ou de prática efetiva da Advocacia, previstos no artigo 3.º, se o título pretendido for para uma especialidade não reconhecível ou se o candidato não reunir, manifestamente, as condições para lhe ser atribuído o título pretendido.

3 – Se o Conselho Geral não rejeitar a candidatura, o relator nomeado envia o processo para o júri da especialidade em questão, a fim de ser marcada prova oral pública para acesso à especialidade.

4 – O Conselho Geral pode solicitar ao candidato, aos Conselhos Regionais, às Delegações, a Advogado ou a qualquer entidade pública ou privada, informações adicionais sobre o *curriculum* profissional daquele.

Artigo 9.º – Júri da especialidade

1 – Os júris das diversas áreas de especialidade reconhecidas, serão compostos por três Advogados designados pelo Conselho Geral, aquando da deliberação de aprovação da sua admissão à prova oral pública.

2 – Os membros do júri serão nomeados de entre Advogados especialistas e Advogados de reconhecida competência e prática na área da especialidade da candidatura.

3 – O Conselho Geral nomeia para cada uma das áreas de especialidade um presidente do júri, que exercerá as suas funções enquanto não for substituído pelo Conselho Geral, implicando a sua substituição a cessação das funções dos restantes membros dos júris.

4 – O Presidente tem a seu cargo a coordenação geral do funcionamento do júri, dirigir os trabalhos da prova pública, zelar pela observância do respetivo Regimento e pela satisfação das necessidades logísticas junto dos serviços da Ordem dos Advogados.

5 – Os membros dos júris das especialidades têm a incumbência de assegurar a realização da prova oral pública nos termos do artigo 10.º e do n.º 1, do artigo 11.º e de determinar as datas da sua realização, aprovando ou não o candidato no final da prova.

6 – O Advogado especialista está obrigado a integrar o júri, quando para tal for nomeado.

7 – Não deverão ser nomeados para o júri os Advogados cujo relacionamento com o candidato seja suscetível de influenciar a avaliação.

Artigo 10.º – Da prova pública

1 – A prova oral pública é prestada pelo candidato perante três Advogados que constituirão o júri da prova, nos termos definidos no artigo anterior.

2 – A prova oral pública consiste em:

a) Debate sobre o currículo profissional apresentado pelo proponente;

b) Debate sobre questões, à escolha do júri, relacionadas com a especialidade em candidatura.

3 – O júri decide, por maioria, considerar o candidato aprovado ou não aprovado.

4 – O júri pode, na preparação da prova oral pública, solicitar ao candidato, aos órgãos da Ordem dos Advogados ou a qualquer entidade, informações adicionais sobre o *curriculum* profissional daquele.

5 – Depois de concluída a prova oral pública, o processo é remetido ao Conselho Geral, com a informação da avaliação atribuída pelo júri.

Artigo 11.º – Atribuição do título

1 – O título de Advogado especialista é atribuído por deliberação do Conselho Geral, precedida necessariamente da aprovação do candidato na prova oral pública, prestada perante o júri da especialidade.

2 – A não atribuição do título de Advogado especialista inibe o candidato de se recandidatar durante os dois anos seguintes.

SECÇÃO III – Recursos

Artigo 12.º – Recursos

1 – Das deliberações do Conselho Geral, que rejeitem liminarmente a candidatura, que não atribuam o título de Advogado especialista ou que determinem a perda desse título, cabe recurso para o Conselho Superior.

2 – O Conselho Superior pode solicitar ao candidato, ou a qualquer entidade, informações sobre o *curriculum* profissional daquele ou sobre o objeto específico do recurso.

3 – Não há recurso da qualificação dada pelo júri ao candidato em resultado da prova oral pública.

SECÇÃO IV - Perda do título de especialidade

Artigo 13.º - Perda do título

1 - O Advogado especialista perde o respetivo título de especialista:

a) Com a suspensão da inscrição na Ordem dos Advogados;

b) Se não remeter periodicamente, ao Conselho Geral, o *curriculum* previsto no n.º 2 do artigo 4.º;

c) Se da análise do *curriculum* profissional entregue nos termos do disposto no n.º 2 do artigo 4.º, se constatar que o Advogado especialista não manteve uma prática, nem adquiriu formação consistente com o título de especialidade que lhe foi atribuído.

2 - A perda do título de Advogado especialista, prevista nas alíneas *a)* e *b)* do número anterior é automática, e no caso da alínea *c)* do mesmo número, precedida de deliberação do Conselho Geral.

SECÇÃO V - Disposições finais

Artigo 14.º - Revogação

Fica revogado o Regulamento Geral das Especialidades, aprovado em sessão plenária do Conselho Geral de 14 de julho de 2006, Regulamento n.º 204/2006, publicado no Diário da República, 2.ª série, n.º 209, de 30 de outubro de 2006.

Artigo 15.º - Aplicação no tempo

1 - O presente regulamento aplica-se aos processos de candidatura que sejam autuados após a sua entrada em vigor.

2 - A confirmação dos títulos de Advogado especialista atribuídos ao abrigo do Regulamento n.º 15/2004, de 9 de janeiro e do Regulamento n.º 204/2006, de 30 de outubro, será feita com observância e cominação do disposto no n.º 2, do artigo 4.º, e nas alíneas *a), b)* e *c),* do n.º 1 e do n.º 2, do artigo 13.º, do presente Regulamento.

Artigo 16.º - Entrada em vigor

O presente regulamento entra em vigor no dia seguinte ao da sua publicação.

Lisboa, 22 de dezembro de 2015.

A Presidente da Assembleia Geral e Presidente do Conselho Geral, *Elina Fraga.*

ANEXO
Especialidades reconhecidas

(a que se refere o n.º 2 do Artigo 5.º)

Direito Administrativo;

Direito Fiscal;

Direito do Trabalho;

Direito Bancário e Financeiro;

Direito Europeu;

Direito da Propriedade Intelectual, Industrial e da Concorrência;

Direito Constitucional;

Direito Criminal;

Direito Societário;

Direito da Família e Menores;

Direito do Consumo;

Direito do Ambiente;

Direito da Igualdade de Género;

Direito da Saúde e Bioética.

Direito Marítimo (*)

(*) – Introduzida pela Deliberação da A.Geral n.º 1006 de 2016 de 30 de Maio de 2016

4.9
Regulamento de Organização e Funcionamento do Sistema de Acesso ao Direito e aos Tribunais na Ordem dos Advogados

Regulamento n.º 330-A/2008 de 24 de Junho, publicado na 2.ª Série, DR n.º 120, Suplemento de 2008-06-24, p. 27648(2) a 27648(4), alterado pela Deliberação N.º 1733/2010, publicada no Diário da República, 2.ª Série – N.º 188 de 27 de Setembro de 2010. **Alterado pela deliberação n.º 1551/2015**, publicada no Diário da República, 2.ª Série – N.º 152 de 6 de Agosto de 2015. **Alterado pela deliberação n.º 230/2017,** publicada no Diário da República, 2.ª Série – N.º 61 de 27 de Março de 2017.

CAPÍTULO I – Âmbito de aplicação

Artigo 1.º – Objecto

1 – O presente Regulamento tem por objecto a definição e regulamentação das regras e procedimentos relativos à organização e funcionamento do sistema de acesso ao direito e aos tribunais, no âmbito das competências atribuídas à Ordem dos Advogados pela Portaria n.º 10/2008 de 3 de Janeiro, alterada pela Portaria n.º 210/2008 de 29 de Fevereiro, alterada e republicada pela Portaria n.º 654/2010 de 11 de Agosto, alterada pela Portaria n.º 319/2011 de 30 de Dezembro.

2 – É da competência do Conselho Geral, nomeadamente:

a) Proceder à nomeação, notificação e substituição de Advogado e Advogado Estagiário;

b) Decidir das vicissitudes criadas na plataforma informática pelos Advogados e Advogados Estagiários, com excepção da prevista no Artigo 51.º n.º 1 alínea *n)* do EOA;

c) Recusar nova nomeação decorrente de inviabilidade da acção ou da falta de colaboração do beneficiário.

3 – O Conselho Geral pode delegar no Presidente do Conselho Distrital territorialmente competente em razão da área geográfica a que pertença o domicílio profissional do Advogado ou do Advogado Estagiário, com faculdade de subdelegação em algum ou alguns dos membros do Conselho Distrital, bem como, nas Delegações ou nos respetivos Delegados, as competências referidas no número anterior.

4 – O Conselho Geral pode ainda delegar no Presidente da Delegação territorialmente competente em razão da área geográfica a que pertença o domicílio profissional do Advogado ou do Advogado Estagiário, com faculdade de subdelegação em algum ou alguns dos seus membros, as competências referidas no número 2.

CAPÍTULO II – Participação

Artigo 2.º – Participação de Advogados e Advogados Estagiários no sistema de acesso ao direito e aos tribunais

1 – Compete ao Conselho Geral a definição dos termos da selecção dos Advogados e Advogados Estagiários que tenham apresentado candidatura para participação no sistema de acesso ao direito e aos tribunais.

2 – Os Advogados com inscrição definitiva e em vigor na Ordem dos Advogados e com as quotas regularizadas podem apresentar candidatura com vista à participação no sistema de acesso ao direito e aos tribunais para prestação de qualquer das modalidades de prestação de serviços previstas no n.º 1, do artigo 18.º da Portaria n.º 10/2008, de 3 de Janeiro.

3 – Os Advogados Estagiários com inscrição em vigor na Ordem dos Advogados podem participar no sistema de acesso ao direito e aos tribunais, em todos os processos atribuídos ao seu patrono nos termos do art.º 189.º do E.O.A., intervindo em diligências determinadas, com substabelecimento com reserva.

4 – Os Advogados Estagiários com inscrição em vigor na Ordem dos Advogados podem apresentar candidatura para participação no sistema de acesso ao direito e aos tribunais na modalidade de prestação de serviços previstos na alínea *e)*, do n.º 1, do artigo 18.º da Portaria n.º 10/2008, de 3 de Janeiro.

Artigo 3.º – Processo de inscrição

1 – Os Advogados e Advogados Estagiários que pretendam participar no sistema de acesso ao direito e aos tribunais devem apresentar candidatura junto

da Ordem dos Advogados, através do preenchimento eletrónico de Formulário de Inscrição disponibilizado pelo Conselho Geral, na área reservada do portal da Ordem dos Advogados.

2 – O Formulário de Inscrição encontra-se pré preenchido com os dados referentes ao nome, cédula e domicílio profissionais e conta de correio electrónico da OA, constantes na base de dados da Ordem dos Advogados.

3 – No momento da inscrição os Advogados devem indicar obrigatoriamente os seguintes dados:

a) Telefone;

b) Telemóvel profissional;

c) Área(s) preferencial(ais) de intervenção;

d) Indicação da modalidade de participação no sistema, nos termos do disposto no n.º 1, do artigo 18.º da Portaria n.º 10/2008, de 3 de janeiro;

e) Indicação da composição dos lotes, nos termos do disposto nos n.ºs 2 e 3, do artigo 18.º da Portaria n.º 10/2008, de 3 de janeiro;

f) N.º de Identificação Fiscal;

g) N.º de Identificação Bancária;

h) Enquadramento fiscal em sede de IVA e IRS;

i) Local de obtenção de rendimentos.

4 – No momento da inscrição os Advogados Estagiários devem indicar obrigatoriamente os seguintes dados:

a) Indicação do Patrono;

b) Telefone;

c) Telemóvel profissional;

d) N.º de Identificação Fiscal;

e) N.º de Identificação Bancária;

f) Enquadramento fiscal em sede de IVA e IRS;

g) Local de obtenção de rendimentos.

5 – Os Advogados e Advogados Estagiários comprometem-se a manter actualizados todos os dados referidos nos números anteriores, sendo da sua única e exclusiva responsabilidade a veracidade e autenticidade dos mesmos.

6 – Os dados referidos nos n.ºs 3 e 4, do presente artigo são objeto de registo na base de dados da Ordem dos Advogados.

7 – A inscrição no sistema é acompanhada de declaração de autorização do interessado para o tratamento informatizado dos seus dados pessoais e profissionais.

8 – O processo de participação no sistema do acesso ao direito e aos tribunais é efetuado, pelo menos, uma vez em cada ano civil, em data e termos a definir por deliberação do Conselho Geral.

CAPÍTULO III - Regras de participação

Artigo 4.º - Critérios de atribuição das modalidades de prestação de serviços e hierarquização dos Advogados e Advogados Estagiários

1 - No momento da apresentação da candidatura, os Advogados devem optar pela designação para as modalidades de prestação de serviços no sistema de acesso ao direito e aos tribunais, nos termos do disposto no artigo 18.º da Portaria n.º 10/2008, de 10 de Janeiro.

2 - No momento da apresentação da candidatura, os Advogados Estagiários devem indicar a modalidade de prestação de serviços prevista na alínea *e)*, do n.º1, do artigo 18.º da Portaria n.º 10/2008 de 10 de Janeiro, que será prestada no seu domicílio profissional ou em gabinetes de consulta jurídica.

3 - Os Advogados e os Advogados Estagiários são hierarquizados atendendo ao número da ordem de inscrição atribuído no sistema.

Artigo 5.º - Número de lotes por comarca

Compete ao Conselho Geral determinar o número de lotes de processos e de lotes de escalas de prevenção e a respetiva composição, bem como definir as circunscrições em que se justifica a sua existência.

Artigo 6.º - Preenchimento dos lotes de processos

1 - Os lotes são de preenchimento sucessivo, pelo que em cada comarca só se inicia o preenchimento de um lote após o total preenchimento do lote anterior.

2 - Os Advogados que optem por lotes de maior dimensão têm prioridade no preenchimento dos lotes.

3 - A ordem de preenchimento dos lotes é determinada por aplicação dos critérios definidos no n.º 3, do artigo 4.º do presente Regulamento, com as necessárias adaptações.

4 - A indicação da área preferencial de intervenção, prevista na alínea *c)* do n.º 3 do artigo 3.º do presente Regulamento, será atendida, na medida do possível, com respeito pelas regras de preenchimento dos lotes de processos.

Artigo 7.º - Exclusão do sistema

1 - São causas de exclusão do sistema do acesso ao direito e aos tribunais, não podendo o Advogado candidatar-se enquanto não tiverem decorrido 3 anos, ou 5 anos em caso de dolo, sobre a data da sua exclusão, designadamente as seguintes:

a) A falsificação, o fabrico ou a elaboração de factos ou informações falsas sobre qualquer componente destinada a corporizar a informação gerida e gerada pelo sistema;

b) O incumprimento da prestação dos serviços correspondente a qualquer uma das modalidades previstas no n.º 1, do artigo 18.º da Portaria n.º 10/2008, de 3 de janeiro, designada, pelo Advogado ou Advogado Estagiário, no momento de apresentação da respetiva candidatura ao sistema.

2 – A decisão de exclusão do sistema de acesso ao direito e aos tribunais cabe ao Conselho Distrital territorialmente competente em razão da área geográfica a que pertença o domicílio profissional do Advogado ou do Advogado Estagiário.

3 – *(Revogado.)*

4 – A exclusão do sistema é independente da responsabilidade disciplinar, civil e criminal do Advogado e do Advogado Estagiário.

5 – Em caso de exclusão do sistema são restituídas ao Instituto de Gestão Financeira e Equipamentos da Justiça, I.P., no prazo de 30 (trinta) dias, a contar da data da notificação da decisão final, todas as quantias entregues por conta de cada processo ou diligência em curso.

6 – A substituição do Advogado expulso nos processos pendentes deverá ocorrer no prazo máximo de 10 dias.

Artigo 8.º – Saída do sistema

1 – O Advogado que pretenda sair do sistema, antes do trânsito em julgado de um processo ou do termo definitivo de uma diligência para que esteja nomeado, tem de apresentar justificação, mediante requerimento dirigido ao Presidente do Conselho Distrital, territorialmente competente em razão da área geográfica a que pertença o respetivo domicílio profissional, sob pena de restituição, no prazo de 30 (trinta) dias, de todas as quantias entregues por conta de cada processo ou diligência em curso.

2 – O Advogado Estagiário que pretenda sair do sistema tem de apresentar justificação, mediante requerimento dirigido ao Presidente do Conselho Distrital, territorialmente competente em razão da área geográfica a que pertença o respetivo domicílio profissional.

3 – Os requerimentos referidos nos números anteriores devem ser fundamentados e acompanhados da prova necessária à respectiva apreciação.

4 – A decisão do pedido de saída do sistema é da competência do Presidente do Conselho Distrital territorialmente competente em razão da área geográfica a que pertença o domicílio profissional do Advogado ou do Advogado Estagiário.

5 – O Presidente do Conselho Distrital pode delegar a competência definida no número anterior em algum ou alguns dos seus membros.

6 – *(Revogado.)*

7 – Após a saída do sistema a substituição integral do lote será assegurada por Advogado inscrito para a mesma modalidade de prestação de serviços.

8 – No caso de integral substituição do Advogado, a quem foi atribuído um lote de processos, a repartição dos honorários, obedecerá, com as necessárias adaptações, ao disposto no artigo 9.º do presente Regulamento.

9 – Não se revelando possível a substituição integral num lote ou sendo julgada injustificada a saída do sistema, o Advogado restituirá todas as quantias entregues por conta de cada processo ou diligência em curso.

10 – O Advogado procederá à restituição de todas as quantias recebidas por conta de cada processo ou diligência em curso ao Instituto de Gestão Financeira e Equipamentos da Justiça, IP, no prazo de 30 (trinta dias) a contar da notificação da decisão final.

Artigo 9.º – Pedido de escusa

1 – Nos termos e para os efeitos do disposto no artigo 16.º, conjugada com a matéria prevista no artigo 25.º, ambos da Portaria n.º 10/2008, de 3 de Janeiro, sendo requerido pedido de escusa ou dispensa de patrocínio, o patrono ou o defensor nomeado e o substituto ajustam com os intervenientes seguintes a repartição dos honorários.

2 – Não havendo acordo de todos os intervenientes quanto à repartição de honorários, a sua determinação compete ao Presidente do Conselho Distrital, no âmbito da sua competência territorial, devendo a informação ser registada no sistema.

3 – O Presidente do Conselho Distrital pode delegar a competência definida no número anterior em algum ou alguns dos seus membros.

4 – O disposto no presente artigo é aplicável a outros casos de substituição de patronos que justifiquem a repartição de honorários.

CAPÍTULO IV – Deveres dos Advogados e Advogados Estagiários Participantes no sistema de acesso ao direito e aos tribunais

Artigo 10.º – Deveres dos Advogados

Sem prejuízo dos deveres previstos no Estatuto da Ordem dos Advogados, na Lei de Acesso ao Direito e aos Tribunais e na Regulamentação em vigor, constituem deveres dos Advogados, designadamente os seguintes:

a) Exercer o patrocínio judiciário, por nomeação da Ordem dos Advogados, no rigoroso cumprimento de todas as regras deontológicas;

b) Assegurar o patrocínio, praticando todos os atos necessários à defesa dos interesses do patrocinado do apoio judiciário, não obstante, as limitações e dificuldades, decorrentes do seu desinteresse ou da sua falta de colaboração;

c) Recusar a nomeação para ato ou diligência efetuada em desconformidade com a designação feita pela Ordem dos Advogados constante da lista de escalas de prevenção de Advogados ou sem recurso ao sistema gerido pela Ordem dos Advogados (SINOA);

d) Prestar com rigor, verdade e atempadamente todas as informações sobre os elementos previstos nos artigos 3.º, 12.º e 12.º-B do presente Regulamento;

e) Indicar, através do portal da Ordem dos Advogados, no prazo de 5 (cinco) dias, após notificação da nomeação que ocorra para processo pendente, o respetivo número, vara/juízo, secção, tipo de ação, natureza de Processo, identificação das partes, o fim para o qual foi requerido o apoio judiciário;

f) Indicar na área reservada do portal da Ordem dos Advogados, no prazo máximo de 40 (quarenta dias), após a notificação da nomeação que se destine a um processo ou a uma ação a instaurar, o respectivo número, vara/juízo, seção, tipo de ação, natureza do processo, identificação das partes e o valor da ação ou processo;

g) Confirmar na área reservada do portal da Ordem dos Advogados, no prazo máximo de 5 (cinco) dias, após a prestação da Consulta Jurídica, os elementos referentes à consulta e o número de autorização de pagamento ao mandatário, emitido pela Segurança Social, para efeitos de corporização da informação com vista à transmissão e processamento dos honorários;

h) Confirmar na área reservada do portal da Ordem dos Advogados, no prazo máximo de 5 (cinco) dias, após a efetivação da escala, em caso de intervenção processual decorrente de nomeação urgente feita apenas para a diligência, os elementos informativos necessários à transmissão e processamento dos honorários;

i) Apresentar nota de despesas e submetê-la à homologação da Ordem dos Advogados;

j) Transmitir a data de propositura da ação ou processo, bem como a data do trânsito em julgado da respetiva sentença ou acórdão, para efeitos de corporização da informação com vista à transmissão e ao processamento dos honorários;

k) Emitir recibo ao Instituto de Gestão Financeira e Equipamentos da Justiça, nos prazos estabelecidos na legislação fiscal.

l) Enviar para o Instituto de Gestão Financeira e Equipamentos da Justiça, I. P., no prazo de 30 (trinta) dias, no caso de ter sido assegurado o pagamento antecipado de despesas, cópia dos documentos que comprovem a sua realização;

m) Não recusar nomeações para processos fora do âmbito da(s) área(s) preferencial(ais) de intervenção indicadas no momento da inscrição, sempre que tal se mostrar essencial para garantir o regular funcionamento do sistema de acesso ao direito;

n) Não recusar intervir nas escalas realizadas em comarcas limítrofes quando indicado pela Ordem dos Advogados, sempre que tal se mostrar essencial para garantir o regular funcionamento do sistema de acesso ao direito;

o) Cooperar com a Ordem dos Advogados em todas as ações ou medidas que esta venha a prosseguir com vista a melhorar a gestão da participação dos Advogados no sistema de acesso ao direito e aos tribunais.

Artigo 11.º – Deveres dos Advogados Estagiários

Sem prejuízo dos deveres previstos no Estatuto da Ordem dos Advogados, na Lei de Acesso ao Direito e aos Tribunais e na regulamentação em vigor, constituem deveres dos Advogados Estagiários, designadamente os seguintes:

a) Dar opinião conscienciosa sobre o merecimento do direito ou pretensão invocada pelo beneficiário da consulta jurídica, no rigoroso cumprimento de todas as regras deontológicas;

b) Prestar com rigor, verdade e atempadamente todas as informações sobre os elementos previstos nos artigos 3.º e 12 .º do presente Regulamento;

c) Confirmar na área reservada do portal da Ordem dos Advogados, no prazo máximo de 5 (cinco) dias após a prestação da consulta jurídica, os elementos referentes à consulta, para efeitos de corporização da informação com vista à transmissão e processamento dos honorários;

d) Emitir recibo ao Instituto de Gestão Financeira e Equipamentos da Justiça, I.P., nos prazos estabelecidos na legislação fiscal.

CAPÍTULO V – Honorários e pagamentos

Artigo 12.º – Pagamento de honorários

1 – A remuneração dos Advogados e Advogados Estagiários pelos serviços prestados no âmbito do sistema de acesso ao direito e aos tribunais é devida pelo Estado Português, sendo assegurada através do Instituto de Gestão Financeira e Equipamentos da Justiça, I.P., nos termos da Portaria n.º10/2008, de 3 de Janeiro.

2 – No âmbito do disposto no n.º1 do presente artigo, a informação para efeitos de processamento dos valores dos honorários e das despesas é da exclusiva responsabilidade dos Advogados ou dos Advogados Estagiários que, na área reservada do portal da Ordem dos Advogados, devem indicar os elementos necessários ao respetivo processamento.

3 – Os elementos de informação transmitidos, através da área reservada do portal da Ordem dos Advogados, são transmitidos informaticamente para o Instituto de Gestão Financeira e Equipamentos da Justiça, I.P., que procederá ao pagamento por transferência bancária.

Artigo 12.º-A – Adiantamento do pagamento de despesas nas Regiões Autónomas

1 – Sempre que se verifique a indispensabilidade de deslocação de patrono ou defensor nomeado para ilha diversa da do seu domicílio, e que nesta não haja advogado inscrito no sistema de acesso ao direito, o advogado pode solicitar autorização para o adiantamento do pagamento dos custos inerentes à sua deslocação.

2 – A autorização é solicitada ao Presidente do Conselho Distrital competente em razão da área do seu domicílio profissional, mediante requerimento fundamentado.

3 – O Presidente do Conselho Distrital, sempre que autorize o adiantamento do pagamento de custos inerentes à deslocação de patrono ou defensor nomeado, deve comunicar, pelo meio mais célere, tal autorização ao Instituto de Gestão Financeira e Equipamentos da Justiça, I. P., com vista a que este assegure o pagamento de tais custos.

Artigo 12.º-B – Reembolso de despesas

1 – O reembolso das despesas suportadas pelos Advogados que participam no sistema de acesso ao direito depende da apresentação de nota de despesas e da sua homologação pelo Conselho Geral.

2 – O Advogado deve solicitar a homologação da nota de despesas, na área reservada do portal da Ordem dos Advogados.

3 – A nota de despesas, assim como, os documentos que comprovam a realização das mesmas deverão ser remetidos em formato PDF assinados digitalmente através de certificado de assinatura eletrónica.

4 – O disposto no número anterior não prejudica o dever de exibição dos documentos originais comprovativos das despesas homologadas ou por homologar, sempre que o Conselho Geral o determine.

5 – O Conselho Geral pode delegar num ou mais Conselheiros, as competências referidas nos números anteriores.

Artigo 13.º – Conta Corrente do Advogado

1 – A Conta Corrente é o registo dos honorários e das despesas fixadas a cada Advogado.

2 – A Conta Corrente é pessoal e intransmissível, sendo da responsabilidade do respetivo Advogado a prestação de informação necessária ao processamento dos lançamentos contabilísticos.

Artigo 14.º - Conta Corrente do Advogado Estagiário

1 - A Conta Corrente é o registo dos honorários referentes à prestação da consulta jurídica.

2 - A Conta Corrente é pessoal e intransmissível, sendo da responsabilidade do respetivo Advogado Estagiário a prestação de informação necessária ao processamento dos lançamentos contabilísticos.

CAPÍTULO VI - Dos Recursos

Artigo 15.º - Recursos

As decisões proferidas no âmbito do presente regulamento não admitem reclamação nem recurso hierárquico, sendo suscetíveis de impugnação judicial.

Artigo 16.º - Forma

(Revogado.)

Artigo 17.º - Prazos de decisão

(Revogado.)

CAPÍTULO VII - Disposições finais

Artigo 18.º - Casos omissos

Os casos omissos serão resolvidos por Deliberação do Conselho Geral.

Artigo 19.º - Entrada em vigor

1 - Sem prejuízo do disposto no número seguinte o presente Regulamento entra em vigor no dia 1 de Setembro de 2008.

2 - Os artigos 3.º, 4.º, 5.º e 7.º entram em vigor no dia seguinte à publicação do presente Regulamento.

19 de Junho de 2008. - O Presidente do Conselho Geral, *António Marinho e Pinto.*

4.10
Regulamento Disciplinar

Regulamento n.º 668-A/2015, de 1 de Outubro de 2015

D.R. n.º 194 – II Série – 1.º Suplemento, de 5/10/2015

Por deliberação do plenário do Conselho Superior, reunido em sessão de 1 de outubro de 2015, nos termos do artigo 43.º, n.º 1, alínea *j)*, do Estatuto da Ordem dos Advogados, aprovado pela Lei n.º 15/2005, de 26 de janeiro, foi aprovado o Regulamento Disciplinar, cujo teor integral se publica em anexo.

Lisboa, 2 de outubro de 2015. – O Presidente do Conselho Superior, *Luís Menezes Leitão.*

O Conselho Superior, no exercício das suas competências, e em ordem a incorporar no Regulamento Disciplinar n.º 873/2010, publicado no Diário da República, 2.ª série, de 10 de dezembro de 2010, a experiência de funcionamento da Ordem dos Advogados ao longo dos últimos cinco anos, entendeu proceder à atualização deste diploma normativo. Para esse efeito, o Conselho Superior tomou a iniciativa de promover reuniões com os Conselhos de Deontologia, no sentido de uniformizar a prática processual dos diversos órgãos disciplinares da Ordem. Foram ouvidos aqueles Conselhos, que se pronunciaram sobre as soluções propostas. O resultado final correspondeu ao entendimento perfilhado nas diversas posições colhidas.

O Conselho Superior espera, assim, que este novo Regulamento contribua para um exercício mais eficaz, célere e justo da ação disciplinar, enquanto competência essencial da Ordem dos Advogados. Assim:

Nos termos do artigo 43.º, n.º 1, alínea *j)* da Lei n.º 15/2005, de 26 de janeiro [Estatuto da Ordem dos Advogados] é aprovado, por unanimidade dos membros presentes na sessão plenária de 1 de outubro de 2015, o presente Regulamento Disciplinar:

Artigo 1.º – Ação Disciplinar

1 – A ação disciplinar da Ordem dos Advogados pode comportar as seguintes fases:

a) Apreciação liminar da participação;

b) Processo de Inquérito;

c) Processo Disciplinar;

d) Recursos;

e) Execução de penas.

2 – A determinação do Conselho de Deontologia territorialmente competente para exercício do poder disciplinar em 1.ª instância é fixada na data da decisão de instauração do processo disciplinar.

3 – A participação deve ser redigida em língua portuguesa, sem necessidade de formalismos especiais, e deve ser inteligível, com relato concretizado dos factos suscetíveis de constituírem infração disciplinar, identificação do advogado ou advogado estagiário visado, e manifestando clara intenção de participação disciplinar.

4 – O participante deve identificar-se na participação pela indicação de nome completo, morada e pela junção de cópia legível de seu documento de identificação civil.

Artigo 2.º – Distribuição e Conversão de Processos

1 – A distribuição das participações, processos de inquérito, disciplinar e recurso é da competência do Presidente do órgão, que pode delegar o exercício dessa competência em membro do Conselho.

2 – Compete ao Presidente do respetivo órgão disciplinar a conversão do processo de apreciação liminar em processo de inquérito ou em processo disciplinar, com base em parecer fundamentado do Relator, a quem o processo, após despacho, será redistribuído.

3 – Compete às Secções ou, na ausência destas, ao Presidente do órgão, a conversão do processo de inquérito em processo disciplinar, seguindo-se a regra da redistribuição prevista no número anterior.

Artigo 3.º – Da Apreciação Liminar

1 – A fase de apreciação liminar constitui um saneamento prévio do processo com vista a determinar a viabilidade e regularidade das participações apresentadas.

2 – A notícia de infração disciplinar dará lugar a distribuição, como Apreciação Liminar, por despacho do Presidente do respetivo órgão, para efeitos de saneamento prévio, sem prejuízo da distribuição imediata em processo disciplinar ou de inquérito, nos termos do artigo 2.º, ou do seu arquivamento por decisão do próprio Presidente.

3 – O saneamento prévio do processo termina com o arquivamento ou com a conversão em processo disciplinar ou em processo de inquérito, nos termos do presente regulamento.

Artigo 4.º – Do Âmbito da Apreciação Liminar da Participação

1 – Sem prejuízo do disposto na parte final do n.º 2 do artigo 3.º, pode o Relator a quem tenha sido distribuído o processo, em despacho fundamentado, determinar o seu arquivamento ou propor ao Presidente do Conselho respetivo a conversão em processo disciplinar ou de inquérito.

2 – O arquivamento pode ter lugar em caso de:

a) Ininteligibilidade da participação;

b) Manifesta falta de fundamento disciplinar, nomeadamente quando a participação relate factos que não integrem a violação de quaisquer normas disciplinares ou se encontrem prescritos;

c) Diligência Compositória nos termos do artigo seguinte.

3 – A decisão de arquivamento liminar é sempre notificada ao participante e ao participado, devendo a notificação a este último incluir cópia da participação quando não tenha sido previamente ouvido sobre a mesma.

4 – Sendo a participação ininteligível, pode o Relator, caso o julgue justificado, notificar o interessado para apresentar nova participação no prazo de 10 dias ou, para no mesmo prazo, requerer a sua audição para os mesmos efeitos.

Artigo 5.º – Da Diligência Compositória

1 – Poderá o Relator convocar a realização de uma diligência compositória entre as partes.

2 – A iniciativa será precedida da remessa ao participado dos termos da participação.

3 – Do resultado da diligência será lavrada ata, subscrita por participante e participado, manifestando intenção no sentido do prosseguimento dos autos ou, havendo acordo, no sentido da extinção do processo.

Artigo 6.º – Das Diligências de Instrução na Apreciação Liminar

1 – Na fase de Apreciação Liminar do processo, cabe ao Relator determinar, se assim o entender, a realização de quaisquer diligências de instrução.

2 – As diligências de instrução visam, exclusivamente, a constatação da existência de indícios da infração participada.

3 – São, nomeadamente, diligências de instrução:

a) A notificação ao participante para esclarecer ou concretizar o objeto da participação e ao participado para, querendo, se pronunciar sobre a mesma;

b) A promoção da diligência compositória nos termos do artigo 5.º;

c) Quaisquer outras diligências que contribuam para aferir da viabilidade, processual e disciplinar, da participação apresentada, nomeadamente a junção de documentos.

4 – As diligências de instrução obedecerão aos princípios da informalidade, da simplicidade, da celeridade e da economia processual.

Artigo 7.º – Processos Disciplinar e de Inquérito

1 – A tramitação e instrução dos processos disciplinar e de inquérito regem-se pelos princípios da verdade material, da cooperação entre os sujeitos processuais e da celeridade, assegurando-se todas as garantias de defesa.

2 – Constitui ónus dos sujeitos processuais proceder à apresentação das testemunhas que indiquem, salvo determinação do Relator ou requerimento fundamentado que justifique a sua notificação pelo Conselho.

3 – Os advogados, indicados como testemunhas, podem ser inquiridos por escrito, devendo prestar juramento no depoimento, indicar a razão de ciência, ficando obrigados pelo dever de segredo relativamente ao objeto do processo.

4 – No caso de testemunhas residentes no estrangeiro, pode o Relator determinar o depoimento por escrito ou a sua inquirição pela autoridade consular da área.

5 – Tratando-se de processos que tramitam no Conselho Superior, as testemunhas serão ouvidas nas suas instalações em Lisboa, salvo quando o Relator, pessoalmente ou através de instrutor nomeado para o efeito, determinar a inquirição das mesmas nas instalações dos Conselhos de Deontologia ou nas Delegações.

6 – Havendo lugar à realização de audiência pública, o arguido é notificado das datas para a realização do julgamento, com cópia do relatório final.

Artigo 8.º – Notificações

1 – As notificações aos sujeitos e intervenientes processuais, salvo norma estatutária em contrário, podem ser efetuadas por qualquer forma documentada, incluindo via postal, telecópia, correio eletrónico ou outro meio idóneo de transmissão de dados.

2 – As notificações do arguido, salvo norma estatutária em contrário, podem ser expedidas por carta, telecópia ou correio eletrónico, para os endereços indicados pelo advogado à Ordem dos Advogados, nos termos do Regulamento de Inscrição.

3 – As notificações aos mandatários são feitas, preferencialmente, para o endereço de correio eletrónico ou para o número de telecópia registados na Ordem dos Advogados.

4 – A notificação ao advogado visado da decisão de instauração de processo disciplinar, e para efeitos de exercício do direito de audição, considera-se efetuada, ainda que a mesma seja devolvida, não dando lugar à repetição da diligência.

5 – Os editais previstos no Estatuto da Ordem dos Advogados podem ainda ser divulgados no portal da Ordem dos Advogados.

6 – Em tudo o que não estiver previsto neste Regulamento, em matéria de notificações, aplicam-se as disposições do Código de Processo Penal.

Artigo 9.º – Recursos

1 – São irrecorríveis as decisões que, em sede de apreciação liminar da participação e de processo de inquérito, determinem prosseguimento da ação disciplinar.

2 – Da decisão de arquivamento liminar cabe apenas recurso para as Secções ou para o próprio Conselho, consoante os casos.

3 – A decisão de arquivamento liminar é sempre notificada ao participante e ao participado, devendo a notificação a este incluir cópia da participação, quando não audito.

Artigo 10.º – Suspensão por Incumprimento de Pena de Multa ou de Imposição da Restituição de Quantias ou Documentos

1 – A decisão disciplinar deve conter a advertência expressa de que o incumprimento da pena de multa ou da imposição de restituição de quantias ou documentos, nos prazos indicados, determina a suspensão da inscrição do advogado ou advogado estagiário, por determinação do Presidente do órgão competente em matéria disciplinar, sem precedência de qualquer notificação.

2 – A omissão da advertência prevista no número anterior constitui mera irregularidade que pode ser suprida a todo o tempo, oficiosamente ou a requerimento do interessado, pelo Presidente do órgão competente em matéria disciplinar.

Artigo 11.º – Dos Atos Processuais

1 – Os atos processuais valem desde que assinados por quem presida à diligência ou os pratique.

2 – Os atos processuais podem ser praticados por meios eletrónicos, com aposição de assinatura digital, com dispensa da apresentação dos originais.

Artigo 12.º – Registo disciplinar

1 – Do extrato do registo disciplinar do arguido deve constar:

a) As penas em que tenha sido condenado;

b) A data da prática das infrações que deram causa às penas registadas;

c) A data em que o arguido foi notificado do acórdão final.

2. Compete às secretarias dos Conselhos de Deontologia manter atualizado o registo disciplinar dos advogados sob jurisdição do Conselho respetivo, independentemente da instância em que tais decisões tenham sido proferidas.

4.11
Regulamento Eleitoral

Regulamento n.º 624/2019
de 29 de Julho de 2019
D.R. n.º 151 – II Série, de 8 de Agosto de 2019

CAPÍTULO I – Princípios gerais

Artigo 1.º – Princípios gerais

1 – O presente regulamento estabelece as regras aplicáveis ao processo de eleição de todos os órgãos da Ordem dos Advogados.

2 – As eleições para o Bastonário, Conselho Geral, Conselho Superior, Conselho Fiscal, Conselhos Regionais e Conselhos de Deontologia, realizar-se-ão, simultaneamente, na mesma data ou no mesmo período temporal, com o mesmo horário, no Continente e nas Regiões Autónomas, nos termos do disposto no artigo 13.º do Estatuto da Ordem dos Advogados (EOA).

3 – As eleições para os órgãos da Ordem dos Advogados referidos no número anterior, realizam-se entre os dias 15 e 30 de novembro do ano imediatamente anterior ao do início do triénio subsequente, em data ou período eleitoral a designar pelo Bastonário.

4 – Independentemente das datas que venham a ser estabelecidas para as mesmas, o presente regulamento aplica-se igualmente às eleições dos Delegados e Delegações da Ordem dos Advogados, sem prejuízo do disposto no artigo 62.º do EOA.

5 – O presente Regulamento, por força do disposto no artigo 21.º e no n.º 2 do artigo 22.º, ambos do Regulamento da Caixa de Previdência dos Advogados e Solicitadores (CPAS) aprovado pelo Decreto-Lei n.º 119/2015, de 29 de junho, com as alterações subsequentes, aplica-se com as necessárias adaptações às

eleições para os membros Advogados da Direção e para os membros Advogados do Conselho de Fiscalização da CPAS.

6 – As eleições para os referidos membros Advogados dos órgãos da CPAS, quando a respetiva Direção assim o deliberar, realizar-se-ão em simultâneo com as eleições para os órgãos da Ordem dos Advogados.

CAPÍTULO II - Convocatória

Artigo 2.º – Convocatória

A convocatória da assembleia eleitoral será feita pelo Bastonário, por meio eletrónico através do endereço constante dos registos da Ordem, com a antecedência mínima de 60 dias e publicação no portal da Ordem dos Advogados, tudo nos termos do artigo 34.º, n.º 1 do EOA.

CAPÍTULO III - Comissão Eleitoral

Artigo 3.º – Comissão Eleitoral

1 – Uma vez designada a data ou período temporal para a realização das eleições, o Conselho Geral, por proposta do Bastonário, procede à constituição da Comissão Eleitoral, a quem caberá:

a) Organizar e dirigir todo o processo eleitoral;

b) Fiscalizar o cumprimento das normas do Estatuto da Ordem dos Advogados e deste regulamento durante todo o processo eleitoral;

c) Tomar todas as decisões que sejam da sua competência própria ou delegada;

d) Dirigir o apuramento dos resultados e comunicá-los aos presidentes das respetivas assembleias gerais;

e) Apreciar e decidir os recursos das eleições das Delegações, nos termos do artigo 48.º, n.º 2, do presente Regulamento.

2 – O Bastonário deverá, no caso de ser candidato, delegar num dos membros do Conselho Geral, que integre a Comissão, todas as suas competências em matérias relativas ao processo eleitoral, designadamente a presidência da assembleia eletiva, apreciação dos recursos, reclamações sobre a admissão ou rejeição de candidaturas e demais atos e decisões referentes ao decurso do mesmo.

Artigo 4.º – Constituição

1 – A Comissão Eleitoral será composta por:

a) Dois membros designados pelo Conselho Geral;

b) Um membro designado pelo Conselho Superior;

c) Um membro advogado designado pelo Conselho Fiscal;

d) Um membro designado por cada um dos Conselhos Regionais;

e) Um membro designado por uma Delegação, esta escolhida por sorteio a realizar pelo Bastonário e pelos Presidentes dos Conselhos Regionais;

f) Um membro advogado designado pela Direção da CPAS;

g) O membro advogado designado pelo Conselho de Fiscalização da CPAS.

2 – Os membros identificados nas alíneas *f)* e *g)*, do n.º anterior, só integrarão a Comissão Eleitoral no caso previsto no n.º 6, do artigo 1.º do presente Regulamento.

3 – Os membros referidos no n.º 1 serão escolhidos pelos respetivos conselhos, de entre os seus membros, sem prejuízo do disposto no n.º 4.

4 – Os membros da Comissão Eleitoral não deverão ser candidatos a qualquer órgão social nas eleições em que exercem funções na Comissão. No caso de nenhum dos membros em funções preencher esta condição, poderá o respetivo conselho designar, a título excecional, um advogado, de reconhecido mérito, para preencher o lugar na Comissão Eleitoral, sem prejuízo do cumprimento da exigência do artigo 40.º, n.º 2 do EOA.

5 – A Comissão Eleitoral será presidida por membro indicado pelo Conselho Geral.

6 – A Comissão Eleitoral cessará funções na data da tomada de posse dos titulares dos órgãos da Ordem dos Advogados eleitos.

Artigo 5.º – Funcionamento

1 – A Comissão Eleitoral reunirá sempre que convocada pelo presidente ou por, pelo menos, um terço dos seus membros efetivos.

2 – As convocatórias da Comissão Eleitoral serão feitas por correio eletrónico ou telefone, com a antecedência mínima de 48 horas, podendo, contudo, os formalismos de convocação ser dispensados, desde que se achem presentes, ou nisso tenham acordado expressamente, a totalidade dos seus membros.

3 – Para deliberar, validamente, a Comissão deverá ter a presença de, pelo menos, 6 dos seus membros, um dos quais o presidente.

4 – As deliberações da Comissão Eleitoral serão tomadas por maioria dos votos dos membros presentes, dispondo o presidente de voto de desempate.

5 – Para agilizar os procedimentos, a Comissão poderá constituir um Colégio Executivo, integrado pelo presidente e dois outros membros, a quem caberá praticar os atos intercalares de expediente previstos no presente Regulamento.

CAPÍTULO IV – Candidaturas e listas concorrentes

Artigo 6.º – Das candidaturas

1 – As propostas de candidatura deverão ser apresentadas perante a Comissão Eleitoral em exercício até ao dia 30 de setembro do ano imediatamente anterior ao do início do triénio subsequente, nos termos do artigo 12.º do EOA.

2 – Às eleições concorrerão apenas as candidaturas aceites nos termos do EOA e do presente Regulamento.

Artigo 7.º – Das propostas dos candidatos

1 – Os proponentes das diversas candidaturas aos órgãos nacionais e regionais da Ordem dos Advogados devem subscrever as propostas de candidatura, identificando-se pelo nome e número de cédula profissional.

2 – As listas de candidatos deverão cumprir, para além dos requisitos estabelecidos no EOA e neste Regulamento, o disposto na Lei n.º 26/2019, de 28 de março.

3 – Nos processos de candidatura a apresentar à Ordem dos Advogados devem constar unicamente candidatos efetivos aos diversos órgãos.

Artigo 8.º – Dos mandatários e das notificações

1 – Com a apresentação de cada candidatura deve, obrigatoriamente, ser nomeado o respetivo mandatário, com indicação dos respetivos números de fax e endereço de correio eletrónico, de onde e para onde deverão ser remetidas todas as notificações e citações.

2 – Os mandatários das candidaturas deverão estar investidos com plenos poderes para receber notificações destinadas à respetiva candidatura e decidir em conformidade.

3 – Uma candidatura pode, se assim o entender, indicar mais do que um mandatário, considerando-se, neste caso, o mandato conjunto, podendo qualquer deles receber validamente notificações e praticar atos isoladamente.

Artigo 9.º – Da regularidade das candidaturas

1 – Findo o prazo para a apresentação das candidaturas, a Comissão verificará, dentro dos oito dias subsequentes, a regularidade do processo, a autenticidade dos documentos que o integram e a elegibilidade dos candidatos.

2 – Verificando-se irregularidades processuais, a Comissão Eleitoral mandará notificar imediatamente o mandatário do candidato, ou da lista candidata, que deverá supri-las no prazo quarenta e oito horas a contar da notificação.

3 – A falta de retificação das irregularidades no prazo fixado implicará a rejeição de toda a lista.

Artigo 10.º – Das retificações ou aditamentos

Findos os prazos estipulados no artigo anterior, a Comissão Eleitoral deve decidir, em vinte e quatro horas, das retificações ou aditamentos mencionados nesses artigos.

Artigo 11.º – Do sorteio das listas

1 – Até ao 15.º dia após o fim do prazo para a apresentação das candidaturas, a Comissão Eleitoral procederá ao sorteio das listas, para atribuição de letra identificadora, que corresponderá ao conjunto de listas representadas por cada mandatário.

2 – Os mandatários das listas serão notificados com, pelo menos, quarenta e oito horas de antecedência para, querendo, estarem presentes no ato do sorteio.

3 – Se, durante este ato, for verificada qualquer irregularidade, qualquer dos mandatários presentes pode reclamar. Não havendo reclamações, a lista considera -se definitiva, não podendo ser posteriormente impugnada.

4 – As listas definitivas dos candidatos serão publicadas no Diário da República, 2.ª série, no Boletim da Ordem dos Advogados, no endereço Internet da Ordem dos Advogados – www.oa.pt e afixadas na sede da Ordem dos Advogados e nos Conselhos Regionais.

CAPÍTULO V – Reclamações e recursos

Artigo 12.º – Da interposição de recurso

1 – Das decisões da Comissão Eleitoral, relativas à apresentação das candidaturas, cabe recurso para o Presidente do Conselho Superior da Ordem dos Advogados, subscrito pelo mandatário, a interpor no prazo de vinte e quatro horas a contar da notificação da decisão.

2 – As funções previstas no número anterior deverão ser exercidas por outro membro do Conselho Superior, desde que não seja candidato, no caso de impedimento do Presidente daquele Conselho, designadamente por este também ser candidato.

3 – O requerimento de interposição de recurso deverá conter a fundamentação e as conclusões do interessado.

Artigo 13.º – Recursos das Decisões de admissão ou de não admissão de candidatura

1 – Em caso de recurso apresentado contra o despacho de admissão de qualquer candidatura, o Presidente do Conselho Superior, ou quem o substituir, manda notificar imediatamente os mandatários das respetivas listas, ainda que não admitidas, para, querendo, responderem no prazo de vinte e quatro horas a contar da notificação para o efeito.

2 – Em caso de recurso apresentado contra a não admissão de qualquer uma das candidaturas, o Presidente do Conselho Superior, ou quem o substituir, manda notificar imediatamente os mandatários das respetivas listas, ainda que não admitidas, para, querendo, responderem no prazo de vinte e quatro horas a contar da notificação.

Artigo 14.º – Da decisão do recurso

O Presidente do Conselho Superior, ou quem o substituir, decide o recurso no prazo de vinte e quatro horas a contar do termo dos prazos previstos no artigo anterior.

CAPÍTULO VI – Procedimento Eleitoral

Artigo 15.º – Do voto eletrónico

A votação será realizada por recurso ao voto eletrónico recorrendo a plataforma que deverá garantir a autenticidade e caráter secreto do voto de cada eleitor bem como auditabilidade de todo o processo.

Artigo 16.º – Do ato eleitoral

1 – As eleições decorrerão em período a designar pelo Bastonário entre 1 a 5 dias, tendo início às 0h00 m (zero horas) do primeiro dia e encerrando -se às 20h00 (vinte horas) do último dia.

2 – Os horários de funcionamento do processo eleitoral estabelecidos neste regulamento aferem -se, sempre à hora oficial de Portugal Continental.

3 – Durante o período de funcionamento da plataforma eleitoral, os eleitores poderão votar através dos meios eletrónicos próprios, usando os elementos de identificação previstos neste regulamento.

4 – No último dia de votação a atribuição das credenciais de voto, em caso de extravio, será feita nas sedes dos Conselhos Regionais, salvo o Conselho Regional de Lisboa, que será feita na sede da Ordem dos Advogados.

5 – O universo eleitoral é composto por todos os Advogados com inscrição em vigor 20 dias antes do início do ato eleitoral. Se existir perda de direito de voto após o fecho do universo eleitoral, a alteração será refletida na plataforma eleitoral até 3 dias antes do início da votação.

Artigo 17.º – Dos cadernos eleitorais

1 – O Conselho Geral fornecerá a cada um dos Conselhos Regionais, até à véspera da data designada para o início da votação, cadernos eleitorais atualizados dos advogados inscritos na Ordem dos Advogados, em suporte informático.

2 – Ao representante de cada uma das listas concorrentes em cada mesa de apoio eleitoral será facultada a consulta dos cadernos eleitorais.

Artigo 18.º – Do acesso à Plataforma

1 – O acesso à plataforma eleitoral onde são disponibilizados os boletins de voto será feito por recurso à autenticação constituída por pelo menos dois elementos que serão designados por identificação de eleitor (IdEleitor) e PIN.

2 – Para os Advogados com direito a voto os dois elementos necessários para acesso à plataforma eleitoral serão enviados por via postal, de forma isolada e em datas diferentes, para a morada profissional.

Artigo 19.º – Das garantias de segurança no acesso às credenciais

1 – De forma a garantir a contínua reserva de confidencialidade e inviolabilidade das credenciais de acesso à plataforma, no caso de um eleitor perder o acesso a estas credenciais, as mesmas podem ser obtidas recorrendo a mecanismo automatizado que permite o reenvio do PIN por SMS para telemóvel registado previamente na OA e o acesso ao IdEleitor na Área Reservada do Portal OA.

2 – O e-mail, o número de telemóvel e qualquer outra informação adicional a utilizar nos processos automáticos de reenvio de credenciais são os que constam nos registos da OA à data do fecho do universo eleitoral. O e-mail a utilizar no processo automático de reenvio será o disponibilizado pela OA – @adv.oa.pt ou @advogados.oa.pt – e o número de telemóvel é o registado para efeitos de certificado digital.

Artigo 20.º – Da Plataforma Eleitoral

A plataforma informática onde residem as aplicações utilizadas para permitir o acesso aos boletins de voto e recolher os votos será disponibilizada em infraestrutura tecnológica independente, não utilizando qualquer recurso que seja propriedade ou sob gestão efetuada pela Ordem dos Advogados.

Artigo 21.º – Abertura e Encerramento das Assembleias eleitorais

1 – Para os procedimentos informáticos de abertura e encerramento das Assembleias Eleitorais serão geradas 9 chaves individuais de acesso atribuídas a 9 membros, sendo uma atribuída ao respetivo Presidente, outra ao representante do Conselho Fiscal e as restantes aos membros da Comissão Eleitoral que esta designar.

2 – A abertura das Assembleias eleitorais bem como o seu encerramento e posterior apuramento de resultados deve obrigar a procedimento de autenticação simultânea de pelo menos 5 das 9 chaves indicadas no número anterior.

Artigo 22.º – Dos boletins de voto

1 – A cada eleitor e consoante o seu direito de voto serão apresentados boletins eletrónicos de voto relativos a:

Bastonário e Conselho Geral;
Conselho Superior;
Conselho Fiscal;
Conselho Regional;
Conselho de Deontologia;
Direção da CPAS;
Conselho de Fiscalização da CPAS.

2 – Por cada um dos órgãos a plataforma deve permitir que o eleitor escolha uma das listas, não escolha qualquer lista ou invalide o voto.

3 – No final da votação para cada órgão, será mostrado ao eleitor a escolha que efetuou sendo-lhe permitido finalizar a votação ou rever o seu sentido de voto. Após finalizar a votação, deverá ser disponibilizado ao eleitor um recibo de voto em formato eletrónico.

Artigo 23.º – Da organização do voto

1 – No último dia de votação, entre as 10 horas e as 19 horas, em Lisboa, na sede da Ordem dos Advogados, funcionarão o mínimo de 3 mesas de apoio eleitoral. No Porto e em Coimbra, na sede dos respetivos Conselhos Regionais funcionarão um mínimo de 2 mesas de apoio eleitoral, em Évora, Faro, Madeira e Açores, funcionará na sede dos respetivos Conselhos Regionais pelo menos uma mesa de apoio eleitoral.

2 – Cada mesa de apoio eleitoral deverá ser composta por um Presidente, 2 Secretários assessorados por elemento que assegurará a operação da plataforma eleitoral executando a tarefa de atribuição e ativação de credenciais aos eleitores que se dirijam à mesa para obtenção das mesmas.

3 – Em caso excecional pode ser atribuído pela mesa de apoio eleitoral credenciais de voto após a verificação da identidade do eleitor e do seu direito de voto. A atribuição de credenciais pela mesa só é possível se as credenciais anteriormente emitidas ainda não tiverem sido usadas. A atribuição de novas credenciais invalida todas as anteriormente emitidas existindo a garantia que cada eleitor só terá em cada momento um conjunto de credenciais válido.

4 – Em cada uma das mesas de apoio eleitoral poderá estar presente um representante das listas concorrentes.

5 – Em cada um dos Conselhos Regionais, com exceção do Conselho Regional de Lisboa, cujo acesso será na sede da Ordem dos Advogados, devem ser disponibilizados meios informáticos que permitam aos eleitores o acesso à plataforma eleitoral.

6 – O Advogado poderá dirigir-se a qualquer mesa de apoio eleitoral independentemente do Conselho Regional para o qual exerce o seu voto.

Artigo 24.º – Do resultado oficial do apuramento

1 – O resultado oficial do apuramento será obtido após o encerramento da plataforma eleitoral, através da introdução de 5 das 9 chaves distribuídas nos termos do disposto no artigo 21.º, n.º 2, cabendo aos serviços de apoio técnico a operação de finalização e apuramento, perante a Comissão Eleitoral e os mandatários das listas concorrentes.

2 – Os resultados apurados pela Comissão Eleitoral serão por esta comunicados ao Bastonário, na sede nacional da Ordem dos Advogados, em Lisboa, onde funcionará a assembleia geral sob sua presidência, na presença de um representante de cada uma das listas concorrentes.

Artigo 25.º – Das reclamações no decurso do ato eleitoral

1 – As reclamações que se suscitarem no decurso do ato eleitoral serão decididas pela Comissão Eleitoral, no prazo de duas horas após a apresentação da reclamação.

2 – Nas decisões das reclamações deverão ser ouvidos os mandatários das listas concorrentes ao mesmo órgão, desde que contactáveis.

Artigo 26.º – Dos recursos no decurso do ato eleitoral

Da decisão proferida nos termos do artigo anterior, cabe recurso para o Conselho Superior em funções, a decidir no prazo de vinte e quatro horas e sem efeito suspensivo, não podendo participar na deliberação os membros que estejam impedidos por serem candidatos nas eleições.

Artigo 27.º – Da publicação oficial dos resultados eleitorais

Uma vez recebidos os resultados eleitorais pelo Bastonário, este fará publicar no Diário da República, 2.ª série, bem como, no endereço Internet da Ordem dos Advogados – www.oa.pt, o resultado oficial do apuramento.

CAPÍTULO VII – Regras especiais

SECÇÃO I – Congresso dos Advogados Portugueses

Artigo 28.º – Eleições para o Congresso

As eleições para o Congresso serão realizadas, com as necessárias adaptações, nos termos do disposto neste Regulamento.

SECÇÃO II – Órgãos nacionais

Artigo 29.º – Eleição do Bastonário e do Conselho Geral

A eleição para Bastonário é feita em simultâneo com a eleição para o Conselho Geral, sendo eleita a lista que obtiver mais de metade dos votos validamente expressos, não se considerando como tal os votos em branco e os votos inválidos, e designado como Bastonário o primeiro candidato da lista vencedora.

Artigo 30.º – Segundo sufrágio

1 – Se nenhuma das listas concorrentes a Bastonário e Conselho Geral obtiver o número de votos referidos no artigo anterior, procede-se a segundo sufrágio, a realizar até ao vigésimo dia subsequente à primeira votação, ao qual, concorrem as duas listas mais votadas no primeiro sufrágio, em data a designar pelo Bastonário.

2 – As credenciais a utilizar na votação eletrónica da segunda volta serão as mesmas disponibilizadas para a primeira volta.

SECÇÃO III – Órgãos regionais

Artigo 31.º – Da eleição para os Conselhos de Deontologia

A eleição para os Conselhos de Deontologia é efetuada de forma a assegurar a representação proporcional de acordo com o método da média mais alta de Hondt.

SECÇÃO IV – Delegações

Artigo 32.º – Âmbito do Regulamento

1 – O presente Regulamento aplica-se, com as necessárias adaptações, às eleições das Delegações.

2 – O recurso ao voto eletrónico nas eleições para as Delegações apenas será possível quando o Conselho Geral reconheça estarem reunidos os requisitos para tal caso em que serão aplicáveis as normas previstas para a votação eletrónica nas secções anteriores, com as necessárias adaptações.

Artigo 33.º – Das eleições das Delegações

1 – As eleições para as Delegações deverão realizar-se no período compreendido entre os dias 15 e 30 de novembro do ano imediatamente anterior ao início do triénio subsequente, em data a designar pelo Presidente da Delegação em exercício.

2 – O Presidente da Delegação em exercício deverá fazer-se substituir por membro da Delegação que não seja candidato ao ato eleitoral, e em caso de impedimento de todos deverá designar um advogado inscrito na área da delegação que não faça parte de qualquer lista candidata, vinte dias antes do dia das eleições, que será investido de todos os poderes que tem o Presidente da Delegação no processo eleitoral quando não seja candidato.

3 – O Presidente da Delegação em exercício notificará os advogados da comarca do nome do Advogado que irá dirigir o processo eleitoral, indicando todos os seus contactos.

4 – O Presidente da Delegação em exercício designará a data, hora e local das eleições, de acordo com o disposto no n.º 1 deste artigo e convocará os advogados para o ato eleitoral com pelo menos trinta dias de antecedência.

Artigo 34.º – Capacidade e elegibilidade eleitoral

1 – Possuem capacidade eleitoral ativa e passiva todos os advogados com inscrição em vigor e no pleno exercício dos seus direitos que possam participar na Assembleia Local constituída nos termos do n.º 1 do artigo 60.º do EOA.

2 – Cada advogado eleitor tem direito a um voto.

Artigo 35.º – Apresentação das listas

1 – A candidatura ao ato eleitoral das Delegações será formalizada pela apresentação de uma lista composta por um número mínimo de três e um número máximo de nove elementos, incluindo o Presidente, nos termos da lei.

2 – As listas deverão indicar o candidato a Presidente.

3 – Das listas devem constar apenas os candidatos efetivos à Delegação.

4 – As listas devem ser subscritas por todos os candidatos, devidamente identificados pelo nome e número de cédula profissional.

5 – Nenhum dos candidatos pode integrar mais do que uma lista.

Artigo 36.º – Dos mandatários e das notificações

Com a apresentação das candidaturas deve, igualmente, ser indicado o respetivo mandatário com plenos poderes para decidir, que pode ser um elemento da lista, que indicará o respetivo número de fax ou correio e endereço de correio eletrónico, de onde e para onde deverão ser remetidas todas as notificações e citações.

Artigo 37.º – Prazo e verificação da regularidade das listas

1 – As listas deverão ser apresentadas perante o Presidente da Delegação em exercício, ou o Advogado designado nos termos do n.º 2, do artigo 33.º, até ao décimo dia anterior à realização do ato eleitoral.

2 – Findo o prazo para a apresentação das listas o Presidente da Delegação em exercício, ou o Advogado designado nos termos do n.º 2, do artigo 33.º, verificará a regularidade do processo e a elegibilidade dos candidatos, comunicando a sua decisão à Comissão Eleitoral.

3 – Verificando-se irregularidades processuais, o Presidente da Delegação em exercício, ou o Advogado designado nos termos do n.º 2 do artigo 33.º, mandará notificar de imediato o mandatário da lista respetiva, que deverá supri-las no prazo máximo de 48 horas a contar da notificação, sob pena de rejeição da lista.

4 – Do despacho de rejeição cabe recurso hierárquico obrigatório para o Presidente do Conselho Regional, no prazo de 48 horas, salvo se aquele for candidato a qualquer órgão da Ordem dos Advogados, caso em que deverá delegar essa competência em outro membro do Conselho Regional.

Artigo 38.º – Sorteio e publicidade das listas

1 – Admitidas as listas candidatas, o Presidente da Delegação em exercício, ou o Advogado designado nos termos do n.º 2 do artigo 33.º procederá ao sorteio das letras a atribuir a cada uma das listas admitidas, na presença dos mandatários indicados pelas listas.

2 – Após a admissão das listas candidatas será fornecida ao mandatário de cada lista, uma listagem atualizada dos advogados inscritos na Delegação, com os contactos profissionais constantes da área reservada do site da Ordem dos Advogados.

3 – Até ao quinto dia útil anterior ao da realização das eleições, a Delegação divulga as listas admitidas.

Artigo 39.º – Dos cadernos eleitorais

O Conselho Geral fornecerá, a pedido do Presidente da Delegação em exercício ou do advogado designado para dirigir o ato eleitoral, até 48 horas antes da data designada para a realização das eleições, cadernos eleitorais atualizados dos advogados inscritos na Ordem dos Advogados pela delegação respetiva.

Artigo 40.º – Boletim de voto e forma de votação

1 – Os boletins de voto serão impressos em papel e nele devem constar todas as letras das listas admitidas a sufrágio.

2 – No boletim de voto as listas vêm indicadas por ordem alfabética, seguida de um quadrado à frente para se assinalar com uma cruz a lista escolhida.

3 – A votação é presencial.

Artigo 41.º – Da organização das mesas de voto na sede da Delegação

1 – O número de mesas de voto é fixado pelo Presidente da Delegação em exercício aquando da convocatória para o ato eleitoral, em conformidade com o disposto no n.º 2, do artigo 33.º.

2 – A Mesa Eleitoral ou de Voto é composta por um Presidente e dois Secretários, cuja presença é obrigatória durante o funcionamento da mesa de voto, podendo, dependendo das horas de funcionamento da mesa, haver substituições daqueles por outros previamente nomeados.

3 – Não pode haver substituição de qualquer membro da mesa na hora que antecede o fecho das urnas.

4 – Cada lista poderá nomear um representante para estar presente durante todo processo eleitoral.

5 – Os membros da Mesa Eleitoral ou de Voto são nomeados pelo Presidente da Delegação em exercício, ou pelo Advogado designado nos termos do n.º 2 do artigo 33.º, que os indicará de entre os advogados, não candidatos, inscritos na Delegação.

Artigo 42.º – Funcionamento da Mesa Eleitoral ou de Voto

As mesas de voto funcionarão na sede da Delegação, se esta tiver sede própria, ou nas salas de advogados do tribunal da área territorial da Delegação ou em local indicado na convocatória que não seja escritório de algum advogado.

Artigo 43.º - Da distribuição dos cadernos eleitorais pelas mesas

1 - A cada presidente de mesa serão distribuídos os cadernos eleitorais relativos aos advogados com direito de voto.

2 - Aos representantes das listas concorrentes serão disponibilizados para consulta um caderno eleitoral relativo aos advogados com direito de voto e um relativo aos advogados sem direito de voto.

Artigo 44.º - Das formalidades no ato eleitoral

No ato da votação, verificada a identificação do eleitor e o seu direito a voto pelo presidente da mesa, o secretário da mesa dá baixa do eleitor nos cadernos eleitorais, procedendo-se, de seguida, à entrega ao advogado do boletim de voto, para que este o preencha e o devolva ao presidente da mesa, a fim de ser introduzido na urna.

Artigo 45.º - Da validade dos votos

São considerados votos em branco os boletins em que não seja assinalada qualquer lista e inválidos aqueles cujo boletim contenha risco, desenho, rasura ou escrito, ou aqueles em que seja assinalada mais do que uma lista.

Artigo 46.º - Contagem dos votos

1 - Encerrada a votação, o Presidente da Mesa contará os votantes pelas assinaturas constantes da respetiva folha e contará o número de boletins de voto entrados.

2 - Para a contagem dos votos, os respetivos boletins serão examinados e exibidos pelo Presidente, que os agrupará, com a ajuda dos Secretários, em lotes separados, correspondentes a cada uma das candidaturas votadas, aos votos em branco e aos votos nulos.

3 - O resultado do apuramento eleitoral será registado em ata que será assinada por todos os elementos da Mesa de Voto, considerando-se eleito o Presidente e a respetiva lista sobre a qual tenha recaído o maior número de votos.

4 - No caso de empate entre as listas mais votadas, o ato eleitoral repetir-se-á oito dias depois, apenas com a participação dessas listas, sendo eleita a que obtenha mais votos.

Artigo 47.º - Ata eleitoral

1 - A ata elaborada pelo Secretário da Mesa Eleitoral deverá conter, para além do apuramento final das eleições, os seguintes elementos:

a) O nome dos membros da Mesa Eleitoral ou de Voto, incluindo os representantes das listas de candidaturas;

b) A hora de abertura, encerramento e local da votação;

c) As deliberações tomadas pela mesa;

d) O número dos advogados que o exerceram o seu direito de voto;

e) O número de votos obtidos por cada lista;

f) O número de votos em branco e votos nulos;

g) Eventuais reclamações e protestos;

h) As assinaturas de todos os elementos da Mesa Eleitoral na hora do seu encerramento.

2 – Da ata eleitoral serão remetidas cópias ao Presidente do Conselho Regional respetivo e à Comissão Eleitoral.

Artigo 48.º – Reclamações no decurso do ato eleitoral

1 – A Mesa de Voto decide as reclamações apresentadas no decurso do ato eleitoral em conformidade com o disposto no Estatuto da Ordem dos Advogados e no presente Regulamento.

2 – Destas decisões cabe recurso para a Comissão Eleitoral, a interpor no prazo de três dias, por correio eletrónico, para o endereço de e-mail: comissao.eleitoral@cg.oa.pt.

CAPÍTULO VIII – Disposições finais e transitórias

Artigo 49.º – Prazos

Todos os prazos previstos neste Regulamento são contínuos, não se suspendendo ao sábado, domingo, dias feriados e férias judiciais.

Artigo 50.º – Da identificação dos eleitores

A identificação dos eleitores será efetuada através da exibição da respetiva cédula profissional.

Artigo 51.º – Revogação

É revogado o Regulamento Eleitoral aprovado em Assembleia Geral de 30 de maio de 2016, Regulamento n.º 602/2016, publicado no Diário da República, 2.ª série, n.º 116, de 20 de junho de 2016.

Artigo 52.º – Direito transitório

O sistema de votação eletrónica não será aplicável às eleições para as Delegações para o mandato de 2020 a 2022.

Artigo 53.º – Início de vigência

O presente Regulamento entra em vigor no dia seguinte ao da sua publicação no Diário da República.

4.12
Regulamento da Ordem dos Advogados sobre a prevenção e combate ao branqueamento de capitais e financiamento do terrorismo

Deliberação do Conselho Geral n.º 822/2020

D.R. 2.ª Série n.º 163 – Parte E – de 21 de agosto de 2020

Artigo 1.º – Âmbito

O presente Regulamento determina o modo de execução pela Ordem dos Advogados e estabelece as condições do cumprimento pelos advogados de disposições legais aplicáveis sobre a prevenção do branqueamento de capitais e ao financiamento do terrorismo, nomeadamente no que se refere ao relacionamento da advocacia com as autoridades previstas na lei com competência na matéria, ressalvadas as salvaguardas previstas no Estatuto da Ordem dos Advogados em matéria de sigilo profissional.

Artigo 2.º – Entidades e competência

1 – A Ordem dos Advogados é uma das entidades adstritas ao dever de garantir o cumprimento e a fiscalização das determinações legais em matéria de prevenção do branqueamento de capitais e financiamento do terrorismo.

2 – Os deveres previstos na lei sobre branqueamento de capitais e financiamento do terrorismo que incidam sobre a Ordem dos Advogados são cumpridos através do Bastonário, sem prejuízo da competência legal de outros órgãos da Ordem dos Advogados, nos termos do respetivo Estatuto.

Artigo 3.º – Atos previstos

1 – Os advogados, em regime de sociedade de advogados ou em prática individual, estão sujeitos às disposições da lei e ao presente Regulamento, sempre que intervenham ou assistam, por conta de um cliente ou em outras circunstâncias, nas seguintes atividades:

a) Operações de permuta e de compra e venda de bens imóveis, estabelecimentos comerciais ou participações sociais;

b) Operações de gestão de fundos, valores mobiliários ou outros ativos pertencentes a clientes;

c) Operações de abertura e gestão de contas bancárias, de poupança ou de valores mobiliários;

d) Operações de criação, constituição, exploração ou gestão de empresas, sociedades, outras pessoas coletivas ou centros de interesses coletivos sem personalidade jurídica, que envolvam:

i) A realização das contribuições e entradas de qualquer tipo para o efeito necessárias;

ii) A constituição de sociedades, de outras pessoas coletivas ou de centros de interesses coletivos sem personalidade jurídica;

iii) O fornecimento – a sociedades, a outras pessoas coletivas ou a centros de interesses coletivos sem personalidade jurídica – de sedes sociais, de endereços comerciais, administrativos ou postais ou de outros serviços relacionados;

iv) O desempenho de funções de administrador, secretário, sócio ou associado de uma sociedade ou de outra pessoa coletiva, bem como a execução das diligências necessárias para que outra pessoa atue dessa forma;

v) O desempenho de funções de administrador fiduciário (trustee) de um fundo fiduciário explícito (express trust) ou de função similar num centro de interesses coletivos sem personalidade jurídica de natureza análoga, bem como a execução das diligências necessárias para que outra pessoa atue dessa forma;

vi) A intervenção como acionista fiduciário por conta de outra pessoa (nominee shareholder) que não seja uma sociedade cotada num mercado regulamentado sujeita a requisitos de divulgação de informações em conformidade com o direito da União Europeia ou sujeita a normas internacionais equivalentes, bem como a execução das diligências necessárias para que outra pessoa atue dessa forma;

vii) A prestação de outros serviços conexos de representação, gestão e administração a sociedades, a outras pessoas coletivas ou a centros de interesses coletivos sem personalidade jurídica;

e) Operações de alienação e aquisição de direitos sobre praticantes de atividades desportivas profissionais;

f) Outras operações financeiras ou imobiliárias, em representação ou em assistência do cliente.

Artigo 4.º – Atos excluídos

1 – Estão excluídos do presente Regulamento, por não integrarem o âmbito de previsão da lei, os atos dos advogados não previstos no artigo anterior, nomeadamente:

a) Atos de consulta jurídica ou de emissão de pareceres;

b) Atos de patrocínio forense e de representação judiciária, independentemente da jurisdição onde se pratiquem ou devam ser praticados os atos processuais, incluindo em comissões ou tribunais arbitrais;

c) Informação obtida do cliente ou de terceiro visando a prática dos atos referidos nas alíneas antecedentes, antes, durante ou após a intervenção em processo mediante representação judiciária ou patrocínio forense.

2 – Os atos excluídos não exigem o cumprimento dos deveres legalmente previstos em matéria de prevenção e combate ao branqueamento de capitais e do financiamento do terrorismo.

Artigo 5.º – Sociedades de advogados

1 – Nas sociedades de advogados o cumprimento das obrigações a que se refere o presente

Regulamento impende sobre cada advogado relativamente ao qual se verifiquem as situações nele previstas, sem prejuízo das normas de organização interna da sociedade.

2 – As sociedades de advogados devem designar, com comunicação ao Bastonário e registo pela Ordem dos Advogados, advogado com as funções de interlocutor junto desta entidade, adstrito a zelar pelo cumprimento dos deveres previstos na lei e no presente Regulamento em matéria de prevenção do branqueamento de capitais e financiamento do terrorismo que assegurará as funções de responsável pelo cumprimento normativo previstas no artigo 16.º da Lei, e da forma aí prevista.

3 – O previsto no número anterior não prejudica a nomeação de compliance officer.

4 – O advogado referido no n.º 2 e o compliance officer a que se refere o n.º 3 devem declarar internamente qualquer conflito de interesses que se verifique no que à respetiva intervenção respeita, cabendo à sociedade de advogados

proceder à resolução do mesmo e à sua imediata substituição, com comunicação ao Bastonário.

Artigo 6.º – Deveres dos advogados

1 – Nos termos da lei, e conforme o presente Regulamento, os advogados estão adstritos aos seguintes deveres:

a) Identificação;

b) Exame e diligência;

c) Comunicação de operações suspeitas;

d) Abstenção;

e) Cooperação;

f) Conservação e arquivo.

Artigo 7.º – Dever de identificação

1 – O dever de identificação efetiva -se através da obtenção pelo advogado de informações relativas ao seu cliente ou possível cliente, consoante formulários aprovados pelo Conselho Geral dos quais conste:

a) No caso de pessoas singulares (i) todos os elementos constantes do documento de identificação que contenha fotografia, incluindo data de validade ou emissão (ii) nacionalidade ou nacionalidades no caso de plurinacionalidade (iii) profissão e entidade patronal (iv) endereço ou domicílio (v) naturalidade (vi) número de identificação fiscal ou equivalente (vii) assinatura (viii) identificação do beneficiário efetivo do negócio ou da transação ocasional quando as circunstâncias do caso evidenciarem que a pessoa singular não atue por conta própria;

b) No caso de pessoas coletivas ou centros de interesse coletivo sem personalidade jurídica (i) denominação social (ii) objeto social (iii) sede da sociedade ou da sucursal ou do estabelecimento estável ou outra morada dos principais locais de exercício da atividade (iv) número de identificação de pessoa coletiva ou equivalente (v) identidade dos titulares de participação no capital e nos direitos de voto de valor igual ou superior a cinco por cento (vi) identificação do beneficiário efetivo (vii) identidade dos titulares dos órgãos de administração ou equivalentes, bem como de quaisquer quadros superiores relevantes com poderes de gestão (viii) país da constituição (ix) código CAE ou equivalente;

c) No caso de relação de negócio ou transação ocasional (i) finalidade e natureza do negócio ou transação ocasional (ii) origem dos fundos neles envolvidos, exceto no caso de o Advogado avaliar e demonstrar o baixo risco, em concreto, da operação solicitada pelo cliente;

2 – Consideram-se beneficiários efetivos as pessoas e entidades referidas no artigo 30.º da Lei n.º 83/2017, de 18 de agosto.

3 – A comprovação da identidade do beneficiário efetivo é efetuada nos termos dos artigos 29.º e 31.º da Lei n.º 83/2017, de 18 de agosto.

4 – Como adjuvante da verificação da situação de beneficiário efetivo, o advogado deve consultar o Registo Central de Beneficiários Efetivos e comunicar a este serviço situações que verifique terem tal natureza e estejam nele omissas.

5 – No caso de o contato com o advogado ser estabelecido através de representante do cliente ou gestor de negócios do mesmo, é igualmente obtida a identificação daquele.

6 – Salvo nos casos em que a lei permite o início da relação antes da prestação de todas as informações pelo cliente, os elementos referidos são obtidos antes da aceitação formal da prestação de qualquer serviço profissional e independentemente de recebimento pelo advogado de qualquer pagamento ou outorga de mandato.

7 – A comprovação dos elementos necessários à identificação do cliente é efetuada por confronto com documentos oficiais de identificação, registo civil, comercial e fiscal, que façam prova dos factos, com anotação do facto no formulário próprio ou por qualquer dos mecanismos oficiais de identificação eletrónica ou à distância, com arquivo do documento gerado pelo sistema.

8 – Quando realizados por terceiro que não o advogado, o confronto com originais bem como a digitalização são efetuadas sob a supervisão e responsabilidade do advogado.

9 – As cópias do formulário, devidamente preenchido e assinado pelo advogado e pelo cliente, e dos elementos de comprovação dos mesmos são arquivados, pelo advogado, em arquivo seguro e confidencial.

10 – Em casos excecionais devidamente justificados pelo advogado, os elementos de comprovação referidos no número anterior podem ser substituídos por declaração expressa do cliente (i) atestando que as informações prestadas para efeitos de cumprimento dos deveres legalmente impostos são completas, verdadeiras e rigorosas e (ii) aceitando os termos e condições de contratação dos respetivos serviços jurídicos.

Artigo 8.º – Dever de exame e diligência

1 – O advogado que tenha suspeita de que certa operação é apta a servir situação de branqueamento de capitais ou financiamento de terrorismo, deve reforçar, com diligência e dentro da medida da sua possibilidade, os meios de análise da situação, relevando a eventual obtenção de esclarecimentos complementares sobre:

a) A natureza, a finalidade, a frequência, a complexidade, a invulgaridade e a atipicidade da conduta, da atividade ou das operações;

b) A aparente inexistência de um objetivo económico ou de um fim lícito associado à conduta, à atividade ou às operações;

c) Os montantes, a origem e o destino dos fundos movimentados;

d) O local de origem e de destino das operações;

e) Os meios de pagamento utilizados;

f) A natureza, a atividade, o padrão operativo, a situação económico-financeira e o perfil dos intervenientes;

g) O tipo de transação, produto, estrutura societária ou centro de interesses coletivos sem personalidade jurídica que possa favorecer especialmente o anonimato.

2 – Para o cumprimento do dever reforçado de análise, quando lhe seja possível, o advogado deverá utilizar os meios de pesquisa escritos ou eletrónicos, incluindo os motores de pesquisa de que disponha, e, tendo a isso acesso, às bases de dados de informações sobre o perfil de operações suspeitas.

Artigo 9.º – Dever de comunicação de operações suspeitas

1 – O dever de comunicação de operações suspeitas ocorre quando, no quadro das operações descritas no artigo 4.º, n.º 2, alíneas *a)* a *f)*, da Lei n.º 83/2017, de 18 de agosto, e considerando a verificação, em concreto, dos fatores de risco previstos no anexo II ou no anexo III do mesmo diploma, o advogado saiba ou tenha suspeita devidamente documentada de que certos fundos ou outros bens, independentemente do montante ou valor envolvido, provêm de atividades criminosas ou estão relacionados com o financiamento do terrorismo.

2 – O dever previsto no número anterior existe mesmo que se trate de tentativa de operação.

3 – A comunicação deve ser efetuada ao Bastonário da Ordem dos Advogados, logo que o advogado tenha conhecimento ou formule juízo devidamente documentado sobre a suspeita referida no presente artigo.

4 – A comunicação, deverá conter os seguintes elementos de informação, bem como cópia dos documentos anexos que os evidenciem:

a) Identificação das pessoas singulares e coletivas direta ou indiretamente envolvidas e que sejam do conhecimento da entidade obrigada, bem como a informação conhecida sobre a atividade das mesmas;

b) Procedimentos de averiguação e análise promovidos pela entidade obrigada no caso concreto;

c) Elementos caracterizadores e descritivos das operações;

d) Fatores de suspeita concretamente identificados pela entidade obrigada.

5 – A comunicação pode ser efetuada por via eletrónica, com documentos em suporte digital, desde que seja autenticada pelo advogado a conformidade com o original.

6 – Nos casos em que, ponderando globalmente a situação, o advogado concluir pela inexistência de razão suficiente para efetuar a comunicação prevista no presente artigo, deve conservar cópia dos documentos que tenham servido de suporte a tal decisão bem como documento escrito, datado e assinado, em que a fundamente.

Artigo 10.º – Dever de abstenção

1 – Concomitantemente com o dever de comunicação ao Bastonário, os advogados estão adstritos a dever de abstenção de agir profissionalmente relativamente a qualquer operação ou conjunto de operações, presentes ou previstas como de materialização futura, que saibam ou que fundamentadamente suspeitem poder estar associadas a fundos ou outros bens provenientes ou relacionados com a prática de atividades criminosas ou com o financiamento do terrorismo.

2 – O dever de abstenção ocorre igualmente em caso de recusa de fornecimento de elementos de identificação do cliente ou relativos à operação nomeadamente ao beneficiário efectivo.

3 – O dever de abstenção verifica-se igualmente tendo ocorrido notificação por parte do DCIAP a determinar, nos termos da lei, a suspensão da operação caso em que o advogado comunica o facto, em ofício confidencial, ao Bastonário.

4 – No caso de advogado cuja atividade seja exercida no quadro de uma relação hierárquica ou no âmbito de uma sociedade de advogados, tal situação não exonera o advogado do dever de abstenção, não podendo ser penalizado por tal motivo.

Artigo 11.º – Dever de cooperação

Nas situações previstas nos artigos 43.º e 47.º, números 2 e 3, da Lei n.º 83/2017, de 18 de agosto, o dever de cooperação dos advogados para com o DCIAP e a UIF da Polícia Judiciária, relativamente a solicitações específicas de informação e documentação que expressamente se fundamentem em atuação no quadro de prevenção do branqueamento de capitais e financiamento do terrorismo, apenas deve ser efetuada através do Bastonário.

Artigo 12.º – Confidencialidade e dever de conservação

1 – Todas as comunicações e correspondência respeitantes ao cumprimento da lei em matéria de prevenção do branqueamento de capitais e financiamento

do terrorismo, bem como a documentação respetiva, têm natureza confidencial, estando adstritos ao dever respetivo todos os que tomarem contacto com a mesma, incluindo outros advogados, sócios de sociedades de advogados, colaboradores e trabalhadores, independentemente da natureza do vínculo social ou laboral.

2 – O disposto no número anterior não prejudica o estatuído no artigo 54.º, números 1, 5 e 6, da Lei n.º 83/2017, de 18 de agosto.

3 – Os advogados organizarão arquivo confidencial dos elementos de informação recolhidos para o efeito do cumprimento da lei e do presente Regulamento e bem assim das comunicações a que houver lugar sobre a matéria, e da correspondência respetiva.

4 – Para o efeito do cumprimento do dever e da garantia de confidencialidade a Ordem dos Advogados organiza, sob a direta dependência do Bastonário, um arquivo, determinando-se por identificação nominal, as pessoas com acesso ao mesmo e aos elementos de informação e documentais relevantes.

5 – O arquivo a que se refere o presente artigo será conservado pelo prazo de sete anos, podendo ser transferido para suporte digital, desde que se verifique a certificação da sua conformidade com o original.

6 – O prazo de conservação de sete anos conta -se a partir do momento em que se torne obrigatório o cumprimento do dever em causa por parte do advogado.

Artigo 13.º – Tramitação

1 – O Bastonário, recebida a comunicação submetida para apreciação e tendo em conta as normas existentes no EOA relativamente ao segredo profissional, presta a informação ao DCIAP e à UIF, a qual terá lugar por ofício com a sua assinatura.

2 – O Advogado que tenha formulado a comunicação prevista no presente Regulamento será notificado, por ofício assinado pelo Bastonário, do despacho que tiver recaído sobre a sua comunicação e data de transmissão da comunicação.

Artigo 14.º – Formação

A Ordem dos Advogados assegura a formação contínua e atualizada sobre a matéria da prevenção e combate ao branqueamento de capitais e financiamento de terrorismo, designadamente, através da organização de cursos, conferências, debates e outros eventos semelhantes, de prestação de informação pessoal e on line, bem como, da elaboração e divulgação de guias de boas práticas e de recomendações profissionais.

Artigo 15.º – Entrada em vigor e publicação

1 – O presente Regulamento é publicado no portal da Ordem dos Advogados e no Diário da República.

2 – O presente Regulamento entra em vigor em quinze dias úteis após a sua publicação.

3 – Os advogados e as sociedades de advogados dispõem de um prazo de cento e oitenta dias, contados da entrada em vigor do presente Regulamento, para conformarem os seus registos em função do determinado na lei e no presente Regulamento em matéria de cumprimento do dever de identificação do cliente.

4.13
Regulamento da Comissão dos Direitos Humanos da Ordem dos Advogados

Regulamento n.º 188/2021, de 4 de março

O Conselho Geral da Ordem dos Advogados, reunido em sessão plenária de 8 de janeiro de 2021, ao abrigo do disposto na alínea *h*), do n.º 1, do artigo 46.º do Estatuto da Ordem dos Advogados, aprovado pela Lei n.º 145/2015, de 9 de setembro, deliberou aprovar o seguinte Regulamento:

Artigo 1.º – Natureza e Sede

1 – A Comissão dos Direitos Humanos da Ordem dos Advogados (CDHOA) é uma estrutura operacional de trabalho criada no âmbito do Conselho Geral da Ordem dos Advogados Portugueses e desenvolve a sua atividade específica de defesa dos direitos fundamentais da pessoa, das questões sociais e do ambiente, enquadrada na ação geral da referida associação pública.

2 – A Comissão dos Direitos Humanos da Ordem dos Advogados tem a sua sede no Largo de S. Domingos, n.º 14, 1.º, em Lisboa.

Artigo 2.º – Composição

1 – Podem ser membros da CDHOA aqueles que estejam regularmente inscritos na Ordem dos Advogados e na posse de todos os seus direitos estatutários.

2 – A CDHOA é constituída por um Presidente, um Vice-Presidente e seis Vogais.

3 – Na ausência ou por impedimento do Presidente, o exercício das suas funções será assumido pelo Vice-Presidente.

4 – Os membros da CDHOA, bem como os respetivos cargos, são designados e nomeados nos termos consagrados nas normas do estatuto que rege a Ordem dos Advogados.

Artigo 3.º – Competência

1 – Compete à CDHOA:

a) Participar na atividade geral da Ordem dos Advogados;

b) Zelar pelo respeito dos direitos fundamentais dos cidadãos, nos termos consagrados na Constituição da República Portuguesa e nas diversas convenções internacionais que versam sobre esta matéria;

c) Promover por todos os meios ao seu alcance os direitos, liberdades e garantias da pessoa;

d) Colaborar ativamente com organizações cívicas e institucionais congéneres, nacionais e internacionais;

e) Denunciar situações violadoras dos princípios universalmente aceites dos direitos humanos;

f) Emitir parecer sobre temas e questões pelos quais seja chamada a pronunciar-se;

g) Exercer a sua ação por iniciativa própria, a pedido dos órgãos competentes da Ordem dos Advogados ou quando solicitada por um Advogado.

2 – A CDHOA pode delegar em qualquer um dos seus membros as competências indicadas no número antecedente.

Artigo 4.º – Áreas de Especialização

A CDHOA, no exercício da sua atividade, compreenderá as seguintes áreas de especialização:

a) Penal e Processo Penal;

b) Sistema prisional, execução de penas e medidas de segurança;

c) Asilo, minorias e migrações;

d) Família, menores e violência doméstica;

e) Trabalho;

f) Saúde;

g) Questões Sociais;

h) Cultura e Educação;

i) Ambiente;

j) Administração da Justiça;

k) Condições do exercício da Advocacia,

l) Igualdade de género.

Artigo 5.º – Reuniões

A CDHOA reunirá ordinariamente uma vez por mês e, excecionalmente, mediante pedido justificado de algum dos seus membros.

Artigo 6.º – Convocatória

1 – As reuniões da CDHOA são convocadas pelo respetivo Presidente ou pelo Vice-Presidente em sua substituição, com a antecedência mínima de oito dias, por e-mail, carta ou por qualquer outra forma documentada.

2 – A convocatória de cada reunião da CDHOA deverá especificar o dia, a hora e a ordem dos trabalhos.

Artigo 7.º – Local

1 – A CDHOA reunirá normalmente na sua sede.

2 – Sempre que se justifique a CDHOA pode reunir por videoconferência.

Artigo 8.º – Ata

Das reuniões será sempre lavrada uma ata, que será aprovada na reunião seguinte a que se reporta.

Artigo 9.º – Quórum

1 – Para a CDHOA deliberar é necessária a presença de, pelo menos, cinco dos seus membros.

2 – As deliberações serão tomadas por maioria dos membros presentes, tendo o Presidente, ou o Vice-Presidente em sua substituição, além do seu voto, direito ao voto de desempate.

Artigo 10.º – Norma revogatória

É revogado o Regulamento da Comissão dos Direitos Humanos da Ordem dos Advogados, aprovado em sessão plenária do Conselho Geral de 7 de junho de 2018, Regulamento n.º 504/2018, publicado no Diário da República, 2.ª série, n.º 149, de 3 de agosto de 2018.

18 de fevereiro de 2021. – O Presidente do Conselho Geral, Prof. Doutor *Luís Menezes Leitão.*

4.14
Regulamento do Regime do Referendo

Regulamento n.º 391/2021, aprovado em assembleia geral da Ordem dos Advogados de 26 de março de 2021.

Artigo 1.º – Iniciativa

No caso de ser aprovado em Assembleia, o referendo deve ser realizado no prazo de 30 dias a contar da iniciativa de convocação do referendo.

Artigo 2.º – Formulação

1 – O referendo só pode versar sobre uma matéria.

2 – A proposta de referendo deve conter o texto da questão a referendar, o seu caráter consultivo ou vinculativo, bem como a indicação do órgão sobre que recai a competência do assunto a referendar.

3 – As perguntas são formuladas com objetividade, clareza e precisão e para respostas de sim ou não, sem sugerirem, direta ou indiretamente, o sentido das respostas.

Artigo 3.º – Voto

Todo o processo organizativo do referendo deve respeitar as regras previstas no Estatuto da Ordem dos Advogados e no Regulamento Eleitoral da Ordem dos Advogados, com as necessárias adaptações.

Artigo 4.º – Do resultado oficial do apuramento

Os resultados apurados serão comunicados ao Bastonário, na sede nacional da Ordem dos Advogados, em Lisboa, onde funcionará a assembleia geral sob sua presidência, na presença dos Advogados e Advogadas presentes.

Artigo 5.º – Da afixação do texto do referendo

Em todas as secções eleitorais deverá ser afixado, em local visível, o texto do referendo.

Artigo 6.º – Integração de lacunas

Em tudo o aqui omisso dever-se-á o regulamento do referendo reger pelo previsto no Regulamento Eleitoral em vigor, bem como no previsto no EOA.

20 de abril de 2021. – O Presidente da Assembleia Geral, Prof. Doutor *Luís Menezes Leitão.*

4.15
Regulamento Financeiro da Ordem dos Advogados

Regulamento n.º 926/2021, publicado no DR, 2.ª Série, n.º 206, de 22 de Outubro de 2021, com as alterações introduzidas pela Deliberação do Conselho Geral de 27 de Dezembro de 2022, publicada no DR , 2.ª Série, n.º 12, de 17 de janeiro de 2023

CAPÍTULO I – Disposições Gerais

Artigo 1.º – Objeto e Âmbito de Aplicação

1 – O presente regulamento define as normas relativas à obtenção de receitas e realização de despesas, as regras orçamentais, contabilísticas e financeiras, bem como as normas de reporte a serem aplicadas à atividade corrente da Ordem dos Advogados (OA) e as competências dos órgãos decisores.

2 – O regulamento aplica-se às diferentes estruturas que compõem a OA (Nacionais, Regionais e Locais).

3 – Este regulamento não impede que sejam emitidos, pelo Conselho Geral, outros documentos com informação complementar, por forma a definir procedimentos específicos associados às normas nele contidas.

Artigo 2.º – Enquadramento Legal

As normas definidas no presente regulamento encontram-se estruturadas com base nas seguintes disposições normativas:

a) Lei n.º 2/2013, de 10 de janeiro – que estabelece o regime jurídico de criação, organização e funcionamento das associações públicas;

b) Estatuto da Ordem dos Advogados (EOA), aprovado pela Lei n.º 145/2015, de 9 setembro.

Artigo 3.º – Regime Contabilístico

1 – A contabilidade das entidades abrangidas pelo presente regulamento rege-se pelo regime da normalização contabilística para as entidades do setor não lucrativo (ESNL), que integra o Sistema de Normalização Contabilística, e pelas normas previstas na Lei n.º 2/2013, de 10 de janeiro.

2 – Quaisquer lançamentos contabilísticos, incluindo as correções e ajustamentos contabilísticos, são apoiados em documentos de suporte, comprovativos dos movimentos efetuados.

3 – O Código de Contas da contabilidade geral adotado para a OA (Conselho Geral, Conselhos Regionais e Delegações) é uniforme.

4 – A contabilidade das estruturas Regionais e Locais da OA será fechada e reportada ao Conselho Geral nos prazos estabelecidos no artigo 182.º do EOA.

Artigo 4.º – Sistema Informático

1 – A contabilidade é processada através de um sistema informático centralizado, integrado e único, que engloba o Conselho Geral, os Conselhos Regionais e, através destes, as Delegações, e que reside em infraestrutura informática gerida pelo Conselho Geral.

2 – A integração dos dados contabilísticos é efetuada em tempo real, por forma a proporcionar informação adequada e real, em cada momento, aos órgãos de gestão da OA.

3 – O Bastonário, com o poder de delegar, é responsável pela seleção da aplicação informática e pela definição:

a) de normas de acesso ao sistema informático e perfis de utilizadores;

b) de políticas de segurança de dados e de reposição do sistema;

c) de políticas de gestão da infraestrutura que suporta o sistema.

4 – As senhas de acesso à rede e às diversas aplicações são individuais e intransmissíveis, devendo ser alteradas periodicamente.

Artigo 5.º – Receitas

Constituem receitas da OA:

a) As quotas, fixadas regularmente, pagas pelos Advogados;

b) As quotas, fixadas regularmente, pagas pelas Sociedades de Advogados;

c) O produto de taxas, emolumentos e serviços devidos por atos praticados pela OA;

d) As receitas de procuradoria legalmente devidas;

e) O produto de atividade comercial da OA;

f) Os donativos de pessoas singulares;

g) O produto de heranças e legados, de rendimentos provenientes do seu património e de empréstimos;

h) Subsídios ou transferências decorrentes de projetos comunitários, nacionais ou outros de que a Ordem faça parte;

i) Outras receitas previstas na Lei ou no EOA.

Artigo 6.º – Instrumentos de Gestão

A OA tem como instrumentos de gestão:

a) Orçamento;

b) Execução Orçamental;

c) Plano de Atividades;

d) Relatório de Atividades;

e) Plano de Investimento;

f) Contas previstas no SNC;

g) Relatório de Gestão;

h) Mapa de Pessoal;

i) Balanço Social;

j) Plano de Gestão de Riscos;

k) Outros instrumentos previstos na Lei ou no EOA que lhe sejam aplicáveis.

CAPÍTULO II – Gestão Orçamental

SECÇÃO I – Orçamento

Artigo 7.º – Orçamento da OA

Nos termos do EOA, o Orçamento da OA é integrado pelos orçamentos dos seguintes órgãos cuja proposta tenha sido aprovada em sede das respetivas assembleias:

a) Conselho Geral;

b) Conselhos Regionais.

SECÇÃO II – Princípios Orçamentais

Artigo 8.º – Princípios Orçamentais

A elaboração e execução do Orçamento da OA e dos orçamentos dos órgãos que o integram está sujeita aos seguintes princípios:

a) Anualidade e Equidade Intergeracional;

b) Universalidade e Unidade Orçamental;
c) Equilíbrio, Estabilidade e Sustentabilidade Orçamental;
d) Transparência orçamental.

Artigo 9.º - Princípios da Anualidade e Equidade

1 - O Orçamento da OA e todos os orçamentos que o integram são elaborados e executados anualmente, de acordo com o ano civil, e devem incluir todas as receitas a cobrar e todas as despesas a realizar durante o ano, independentemente do momento em que, juridicamente, tenha nascido o direito a cobrar as receitas e o dever de pagar as despesas.

2 - Na elaboração e execução do Orçamento da OA e dos orçamentos que o integram, a assunção de compromissos plurianuais tem de assegurar que a distribuição dos custos e benefícios é feita de forma equilibrada entre gerações.

Artigo 10.º - Princípios da Universalidade e Unidade

1 - O Orçamento da OA integra todas as receitas e despesas dos órgãos que compõem a OA.

2 - Os orçamentos dos órgãos da OA compreendem todas as receitas e despesas do respetivo órgão.

Artigo 11.º - Princípios do Equilíbrio, Estabilidade e Sustentabilidade

1 - O Orçamento da OA tem de ser equilibrado e sustentável, pelo que todas as despesas previstas têm de estar cobertas pelas receitas previsíveis.

2 - De forma a contribuir para o equilíbrio e sustentabilidade do Orçamento da OA, os órgãos competentes para a elaboração e execução dos orçamentos que integram o Orçamento da OA, têm de tomar todas as medidas necessárias para tentar alcançar um saldo orçamental o mais equilibrado possível ou excedentário.

Artigo 12.º - Princípio da Transparência

O Orçamento da OA e os orçamentos que o integram devem conter informação transparente, abrangente e compreensível, que permita avaliar, com fiabilidade, a posição financeira e os custos e benefícios das atividades dos órgãos.

SECÇÃO III - Regras Orçamentais

Artigo 13.º - Elaboração do Orçamento

1 - O orçamento da OA e os orçamentos que integram o Orçamento da OA assumem o método de gerência.

2 – Excetuam-se do disposto no n.º 1, ao nível das receitas, o pagamento antecipado previsto para as quotizações dos Associados no Regulamento das Quotas de Advogados, e ao nível das despesas, as que estiverem cabimentadas até ao fim do exercício a que o orçamento diz respeito.

3 – O orçamento de cada órgão deve refletir todas as despesas que digam respeito a esse órgão.

4 – A elaboração dos orçamentos que integram o Orçamento da OA está sujeita às seguintes limitações:

a) As despesas de investimento das Delegações a amortizar em mais de três só podem ser inscritas em orçamento a propor se, previamente, autorizadas pelo Conselho Regional;

b) As despesas de investimento dos Conselhos Regionais a amortizar em mais de cinco anos relativas a bens imóveis só podem ser inscritas em orçamento a propor se, previamente, autorizadas pelo Conselho Geral

5 – As despesas de investimento plurianuais serão previstas, nos orçamentos de cada ano, na proporção em que estiver prevista a sua liquidação.

6 – A elaboração dos orçamentos que integram o Orçamento da OA está sujeita às seguintes regras:

a) De forma a garantir o equilíbrio do Orçamento da OA, cada Conselho Regional que elabore um orçamento deficitário tem de apresentar ao Conselho Geral o respetivo mapa do seu orçamento integrado com uma explicação detalhada das maiores despesas previstas e das despesas extraordinárias em relação aos anos anteriores, antes da aprovação desse orçamento pelo respetivo Conselho Regional, e com a antecedência mínima de 20 (vinte) dias face à data marcada para a realização da Assembleia Regional e antes da sua publicação;

b) O orçamento dos Conselhos de Deontologia é apresentado para aprovação da Assembleia Regional antes da publicação e apresentação do orçamento do Conselho Regional;

c) Caso exista diferença entre as receitas previstas no orçamento aprovado do Conselho de Deontologia e a dotação desse órgão no Orçamento aprovado do Conselho Regional, prevalece o valor do segundo com ajuste, em proporção, de todas as rúbricas do primeiro.

d) Caso o orçamento de uma Delegação não seja apresentado para aprovação da Assembleia Regional antes da publicação e apresentação do orçamento do Conselho Regional até ao limite do prazo, ou não cumpra o disposto nos números anteriores do presente artigo, para efeitos de integração no Orçamento Regional será considerado o último orçamento aprovado, com exceção da receita de quotas, em que será considerado o valor previsto pelo Conselho Geral para o orçamento daquele ano;

e) Caso o orçamento de um Conselho Regional não seja aprovado pela respetiva Assembleia Regional até ao limite do prazo, ou não cumpra o disposto nos números anteriores do presente artigo, para efeitos de integração no Orçamento da OA será considerado o último orçamento aprovado, com exceção da receita de quotas, em que será considerado o valor previsto pelo Conselho Geral para o orçamento daquele ano.

Artigo 14.º – Recursos a Empréstimos

(Revogado.)

Artigo 15.º – Recursos a Aplicações Financeiras

O recurso a aplicações financeiras com qualquer componente de risco, salvo depósitos à ordem e prazo, está vedado a todos os órgãos da OA.

Artigo 16.º – Regras para a Execução Orçamental

1 – As regras para a execução orçamental de despesas têm de ser conformes com o circuito cronológico da despesa, nos termos definidos no artigo 33.º do presente regulamento, relativo aos procedimentos para realização de despesa.

2 – Todas as despesas, correntes ou de investimento, só podem ser realizadas se estiverem orçamentadas e haja a garantia de que as mesmas têm cabimentação à data da sua realização, tendo este movimento de cabimentação de ser devidamente registado na contabilidade orçamental.

3 – Após adjudicação da despesa, deve ser devidamente registado, na contabilidade orçamental, o movimento da cativação, conforme definido no n.º 4 do artigo 33.º deste regulamento, pelo valor efetivamente adjudicado.

4 – O processo de cabimento assegura que uma dotação orçamental reservada para determinada despesa fique indisponível para outra utilização, salvo anulação desse cabimento.

5 – Excetuam-se do disposto no número anterior, o diferencial excedente entre o valor cabimentado e o cativado, que, após a cativação, voltam a estar disponíveis para utilização.

6 – Sempre que da análise sistemática da execução orçamental dos orçamentos que integram o Orçamento da OA, os serviços financeiros dos respetivos órgãos concluam que a previsão orçamental das receitas não se irá realizar, deve proceder-se à análise das despesas ainda por realizar e avaliar a possibilidade de, na mesma proporção da perda das receitas, identificar as despesas que possam ser não realizadas, de modo a garantir o equilíbrio orçamental.

7 – Nas circunstâncias referidas no número anterior, as despesas selecionadas que não serão realizadas serão objeto de reserva para evitar a sua cabimentação em despesas por lapso.

Artigo 16.º-A – Utilização de Reservas Próprias

1 – Excecionalmente, e apenas se esgotadas as alterações orçamentais previstas no artigo 18.º do presente Regulamento, podem ser utilizadas as reservas próprias do órgão para fazer face a despesas que não tenham cabimento orçamental, desde que devidamente fundamentada e com a justificação expressa no sistema informático a que se faz menção no artigo 4.º do presente Regulamento.

2 – No caso das Delegações, o recurso a este mecanismo tem de ser previamente autorizado pelo Conselho Regional da área geográfica a que a Delegação pertence.

3 – A autorização a que se faz referência no número anterior tem de ficar expressa no sistema informático referido no n.º 1.

Artigo 17.º – Regime de Duodécimos

1 – Caso o orçamento do Conselho Geral ou o Orçamento da OA não seja aprovado pela Assembleia Geral até ao limite do prazo, será considerado, para efeitos da gestão orçamental de todos os órgãos, o último Orçamento da OA aprovado, com as alterações orçamentais executadas, que será executado em regime de duodécimos.

2 – Aquando da aprovação do orçamento da OA, se fora do limite do prazo, já com o ano a que se refere a decorrer, haverá que acautelar a alteração de verbas de rubrica necessárias à cobertura das despesas que possam não ter sido acauteladas neste, dado terem sido autorizadas à luz do orçamento transposto do ano anterior.

3 – Por natureza da receita da OA, à execução orçamental das receitas não é aplicável o regime de duodécimos.

Artigo 18.º – Regras de Alteração Orçamental

1 – Para a realização de despesa que não esteja, parcial ou totalmente, orçamentada, o órgão competente para a autorizar, ou outro órgão com poderes delegados, tem que autorizar a transferência de verbas de rubrica, mas apenas se ficar demonstrado, mediante justificação expressa no sistema informático a que se faz menção no artigo 4.º do presente Regulamento, que a verba orçamentada para a rubrica com excedente não se mostra necessária ou se prevê que não virá a ser utilizada, não podendo encontrar-se de forma alguma comprometida por contrato ou instrumento equivalente.

2 – Em casos excecionais, e apenas quando não for possível recorrer à alteração orçamental permutativa descrita no número anterior, pode ser autorizada, nos mesmos termos do mesmo número anterior, a verba do excedente orçamental, desde que devidamente fundamentada e com a justificação expressa no sistema informático a que se faz menção no artigo 4.º do presente Regulamento.

3 – No caso das Delegações, o recurso ao mecanismo de alteração orçamental modificativa que se faz referência no número anterior, e a fundamentação apresentada para o efeito, é controlado pelo Conselho Regional da área geográfica a que a Delegação pertence.

Artigo 18.º-A – Arredondamentos

Podem ser efetuados arredondamentos em despesas que, em sede de registo da obrigação, ultrapassem o valor do respetivo cabimento devidamente autorizado, até ao máximo de € 0,05.

SECÇÃO IV – Auxílio Financeiro

Artigo 19.º – Regras para Auxílio Financeiro do Conselho Geral

1 – Nos termos do n.º 7 do artigo 180.º do EOA, o Conselho Geral pode prestar, dentro das suas possibilidades, auxílio financeiro aos Conselhos Regionais, quando devidamente justificada a sua necessidade.

2 – O auxílio financeiro é efetuado em função da execução orçamental do Conselho Regional que o solicita, ou seja, de necessidades efetivas e não meramente previsionais.

3 – O pedido de auxílio financeiro, e o valor do mesmo, deve vir devidamente justificado pelo Conselho Regional, bem como obrigatoriamente acompanhado pela execução orçamental até à data do pedido.

SECÇÃO V – Instrumentos Previsionais

Artigo 20.º – Outros Instrumentos Previsionais

1 – Para além do Orçamento, são instrumentos previsionais dos órgãos com competências financeiras da OA:

a) O Plano de Atividades;

b) O Plano de Investimentos.

2 – O plano de atividades deve constar de uma relação das atividades a desenvolver e a sua calendarização, e devem ter correspondência com rubricas orçamentais concretas ou a menção de ausência de necessidade de despesa.

3 – O plano de investimentos deve constar de uma relação de todos os investimentos previstos no orçamento cuja despesa associada ultrapasse o ano correspondente, com a respetiva fundamentação, previsão de custos, respetivos prazos, e prazo de amortização.

CAPÍTULO III – Gestão Financeira e Contabilidade

SECÇÃO I – Disposições Gerais

Artigo 21.º – Informação Financeira e Fiscal

1 – A Entidade Contabilista prestadora de contas no âmbito do presente regulamento é a Ordem dos Advogados, e concorrem para essa entidade todos os órgãos previstos nos seus Estatutos.

2 – São princípios da informação financeira e fiscal a prestar:

a) Continuidade;

b) Relevância e Fiabilidade;

c) Comparabilidade;

d) Acréscimo e Substância sobre a Forma;

e) Mensuração;

f) Materialidade e Análise Custo-Benefício.

Artigo 22.º – Responsáveis financeiros

1 – São responsáveis financeiros da OA o Contabilista Certificado, nos termos de legislação própria, e os órgãos da OA, nos termos do EOA.

2 – São atribuições estatutárias do Contabilista Certificado da Entidade Ordem dos Advogados:

a) Planeamento, conceção e atualização do plano de contabilidade da Ordem dos Advogados, em observância pelo normativo contabilístico e que lhe seja aplicável;

b) Controlo e manutenção do plano de contabilidade no que concerne à contabilidade geral, códigos de contas, criação de entidades e estrutura de códigos necessários às operações contabilísticas;

c) Acompanhamento dos inventários;

d) Acompanhamento e controlo do cadastro de ativos;

e) Controlo das conferências de contas, designadamente das reconciliações bancárias;

f) Assegurar o cumprimento integral das obrigações fiscais declarativas da OA, nomeadamente, declaração de rendimentos em sede de IRC, declaração periódica de IVA, declaração anual de rendimentos pagos ou colocados à disposição pela OA, em sede de IRS e IRC;

g) Responsabilidade pela regularidade contabilística e fiscal da OA perante os seus órgãos, bem como, perante as autoridades administrativas.

3 – São atribuições complementares do Contabilista Certificado da Entidade Ordem dos Advogados:

a) Conceção dos modelos de demonstrações contabilísticas de utilização uniforme na informação interna geral, designadamente das que reportam informação a prestar quanto às contribuições e impostos das demonstrações financeiras previstas no normativo contabilístico aplicável à OA;

b) Verificação da observância das regras da faturação dos órgãos da OA;

c) Acompanhamento do processo de remunerações dos funcionários e colaboradores afetos aos diversos órgãos da OA;

d) Integração, a nível nacional, dos orçamentos, contas e relatórios anuais das estruturas locais, regionais e nacionais da Ordem dos Advogados;

e) Verificação contabilística e financeira das quotizações dos associados da OA

4 – São atribuições dos órgãos da OA, nos termos do EOA:

a) Proceder à organização contabilística da OA;

b) Proceder à contabilização de receitas e despesas, sendo estas últimas alvo de cabimento;

c) Proceder ao controlo de contas correntes;

d) Proceder ao controlo de todas as contas bancárias, titulares com capacidade de movimentação e seu relato adequado;

e) Proceder ao controlo de saldos de caixa e equivalentes de caixa;

f) Manter uma monitorização apertada da execução orçamental e do seu reporte;

g) Assegurar o nível de endividamento e a constituição de saldo orçamental positivo ou nulo;

h) Proceder ao controlo de cadastro de bens afetos através da sua verificação física anual e etiquetagem física;

i) Proceder ao controlo das existências em "stock", sua rotação e respetivo inventário;

j) Proceder ao arquivo de toda a documentação contabilística;

k) Proceder à reconciliação bancária e "follow-up" dos itens em aberto.

5 – É da responsabilidade de cada órgão da OA a verificação, registo e apuramento dos respetivos impostos, nomeadamente, no que diz respeito ao IVA, às retenções na fonte de rendimentos de trabalho dependente e independente, rendimentos prediais e Segurança Social.

SECÇÃO II - Contabilidade

Artigo 23.º - Reconhecimento e Mensuração

1 - O reconhecimento e mensuração, quer inicial, quer subsequente, de dívidas de e a terceiros, processa -se da seguinte forma:

a) As dívidas de clientes e as outras dívidas de terceiros são reconhecidas pelo seu valor nominal, deduzido de eventuais perdas de imparidade;

b) As perdas por imparidade são reconhecidas sempre que existir informação objetiva da incobrabilidade da dívida, ou probabilidade remota da sua recuperação, e são subsequentemente revertidas, caso os indicadores de imparidade diminuam ou desapareçam;

c) As dívidas a terceiros são objeto de análise da sua antiguidade, prevendo-se que possam ser desreconhecidas se demonstrada a sua prescrição.

2 - O caixa, e equivalentes de caixa, incluem caixa, depósitos bancários e outros investimentos de curto prazo, de liquidez elevada e com maturidade até um ano, desde que possam ser imediatamente realizáveis e sem perda de valor, assim como os descobertos bancários, quando existam.

3 - Os descobertos bancários são apresentados no balanço, no passivo corrente, na rubrica financiamentos obtidos, e são considerados na elaboração da demonstração dos fluxos de caixa, como caixa e equivalentes de caixa.

4 - Os montantes incluídos na conta depósitos a prazo correspondem aos valores aplicados a determinado prazo, variando, por regra, entre 90 dias e 180 dias.

5 - Os juros negociados e líquidos da retenção de impostos, podem ser renovados automaticamente, e creditados na conta depósitos à ordem, na data do respetivo vencimento.

6 - Os títulos negociáveis, e outras aplicações financeiras, são registados ao mais baixo do custo de aquisição ou de mercado.

Artigo 24.º - Ativos Não Correntes e Não Financeiros

1 - São ativos não correntes e não financeiros os ativos fixos tangíveis, os ativos intangíveis e as locações.

2 - Os ativos fixos tangíveis são reconhecidos e mensurados ao custo de aquisição, deduzido das amortizações acumuladas e de eventuais perdas por imparidade acumuladas, nos seguintes termos:

a) O custo de aquisição inclui o preço de compra do ativo, os impostos não dedutíveis, as despesas de transporte, de montagem e preparação do ativo até se encontrar em condições de utilização;

b) Os gastos subsequentes que aumentem a vida útil do bem, a sua capacidade de utilização ou melhorem o desempenho dos ativos, são reconhecidos no custo dos mesmos;

c) Os gastos com as reparações e a manutenção de natureza corrente são reconhecidos como gastos do período em que ocorrem;

d) As depreciações são calculadas a partir do momento em que os ativos se encontram disponíveis para utilização, pelo método das quotas constantes, em base duodecimal, de acordo com a sua vida útil média, fixada para cada bem ou grupos homogéneos de bens;

e) Todos os cálculos incidem sobre o custo de aquisição, deduzido do valor residual, tido para cada bem;

f) As taxas de depreciação utilizadas correspondem às constantes na Tabela I, anexa ao presente regulamento, para efeitos de vida útil média estimada em anos;

g) Os valores residuais, e as vidas úteis esperadas, são revistos periodicamente e ajustados à data do balanço, para que as depreciações praticadas estejam em conformidade com os padrões de consumo dos ativos;

h) As alterações às vidas úteis são tratadas como uma alteração de estimativa contabilística e são aplicadas prospectivamente.

i) Havendo lugar a eventual revalorização de bens do ativo fixo tangível, após o reconhecimento inicial, adotar-se-á o método previsto na Norma Contabilística e de Relato Financeiro 7 da Comissão de Normalização Contabilística (NCRF) – Ativos Fixos Tangíveis;

j) Os bens considerados património histórico, artístico e cultural não são objeto de depreciação;

k) Os ganhos ou perdas resultantes do abate ou alienação dos ativos fixos tangíveis são reconhecidos e registados na demonstração de resultados, respetivamente, em "outros rendimentos" ou "outros gastos";

l) No caso de alienação de ativos fixos tangíveis, o valor de realização compreende a contrapartida recebida pela venda, troca de ativos ou indemnizações recebidas por sinistros;

m) A OA realiza testes de imparidade aos elementos do seu ativo fixo tangível, seguindo os critérios previstos na NCRF 12 – Imparidade de Ativos, com uma periodicidade de dois anos;

n) Os terrenos não são objeto de depreciação.

3 – Aos ativos intangíveis aplicam-se os critérios definidos no número anterior, com exceção dos previstos no ponto 8 da NCRF e com as seguintes especificidades:

a) O valor escriturado corresponde ao custo de aquisição menos as amortizações acumuladas e perdas por imparidade acumuladas;

b) O custo de aquisição compreende o preço da compra, acrescido de todos os gastos incorridos até à sua data de utilização;

c) Os ativos são amortizados pelo método das quotas constantes, em duodécimos, durante um período de 3 a 6 anos;

d) Sempre que existam indícios de perda de valor dos ativos intangíveis, são efetuados testes de imparidade, de forma a estimar o valor recuperável;

e) Os custos com a manutenção dos ativos intangíveis são reconhecidos como gastos do período;

f) Os ativos intangíveis compreendem essencialmente licenças de programas informáticos.

4 – As locações podem ser financeiras ou operacionais.

5 – São classificadas como locações financeiras as locações de ativos fixos tangíveis, relativamente aos quais a OA detém todos os riscos e benefícios inerentes à sua propriedade, independentemente da forma do contrato de locação.

6 – São também classificadas como locações financeiras os acordos em que a análise de uma ou mais situações particulares do contrato aponte para tal natureza, como no caso de a duração do contrato abranger a maior parte da vida útil esperada do ativo, ainda que o título de propriedade não tenha sido transferido.

7 – Todas as locações não financeiras são classificadas como locações operacionais e são reconhecidas como gasto em base linear durante o prazo de locação.

8 – As locações financeiras são capitalizadas no início da locação pelo menor valor entre o justo valor do ativo locado e o valor presente dos pagamentos mínimos da locação, cada um determinado à data de início do contrato.

9 – A dívida resultante de um contrato de locação financeira é registada líquida de encargos financeiros, na rubrica financiamentos obtidos.

10 – Os encargos financeiros incluídos na renda e o gasto de depreciação dos ativos locados são reconhecidos na demonstração dos resultados no período a que dizem respeito.

11 – Os ativos fixos tangíveis adquiridos através de locações financeiras são depreciados pelo menor entre o período de vida útil do ativo e o período da locação, quando a OA não tenha opção de compra no final do contrato, ou pelo período de vida útil estimado, quando a OA tenha a opção de adquirir os ativos no final do contrato.

Artigo 25.º – Provisões e Imparidades e Suas Reversões

1 – É constituída uma provisão sempre que a OA reconhece a existência de uma obrigação presente, legal ou construtiva, fruto de um evento passado, a qual exige o dispêndio de recursos, desde que o seu valor possa ser razoavelmente estimado.

2 – A avaliação das provisões a constituir resulta da articulação entre os serviços do Conselho Geral e outros órgãos no sentido de aferir se está assumida alguma responsabilidade que possa ser suscetível de fazer a OA incorrer em pagamentos ou perda de ativos no futuro por atos por si praticados.

3 – As provisões são revistas à data do balanço, de forma a transmitirem uma estimativa atual e fiável.

4 – Caso alguma das condições prevista nos números anteriores não seja cumprida, mantendo-se a possibilidade de afetar os exercícios futuros, a OA não reconhece um passivo contingente, mas promove a sua divulgação.

5 – Sempre que existirem ativos contingentes resultantes de eventos passados, mas cuja ocorrência depende de eventos futuros incertos, estes não são registados.

6 – Verificada uma imparidade de ativos, sempre que o valor recuperável de um ativo é inferior ao seu valor contabilístico, a OA avalia se a situação de perda assume um caráter permanente e definitivo.

7 – No caso de o caráter ser permanente e definitivo, é registada a respetiva perda por imparidade, a qual corresponde à diferença entre a quantia escriturada e o valor presente dos fluxos de caixa futuros estimados descontados à taxa de retorno de mercado corrente para um ativo financeiro semelhante.

8 – No caso de a perda não ser considerada permanente e definitiva, não é reconhecida a imparidade, mas é feita a divulgação das razões que fundamentam essa conclusão.

9 – Se, subsequentemente se verificar que a quantia reconhecida como perda por imparidade diminuiu é feita a respetiva reversão, a qual será reconhecida na demonstração de resultados.

10 – Para a verificação de existência de evidência objetiva de que um ativo financeiro estar em imparidade, são considerados, entre outros, os seguintes principais eventos de perda:

a) Comprovada e significativa dificuldade financeira do devedor;

b) Quebra contratual traduzida no não pagamento ou amortização da dívida;

c) Probabilidade de o devedor entrar em insolvência ou em qualquer processo de reorganização financeira;

d) Alterações significativas, com efeitos adversos, que tenham ocorrido no ambiente tecnológico, de mercado, económico ou legal, em que o emitente opere.

Artigo 26.º – Referencial Contabilístico Aplicável

A Ordem dos Advogados está abrangida pelo normativo contabilístico aplicável às entidades do setor não lucrativo – Norma Contabilística e de Relato Financeiro para Entidades do Setor não Lucrativo (NCRF/ESNL) do Sistema de Normalização Contabilística, aprovado pelo Decreto-Lei n.º 158/2009, de 13 de julho, alterado pelo Decreto-Lei n.º 98/2015, de 2 de junho, homologada pelo Despacho n.º 262/2015 -XIX do Senhor Secretário de Estado dos Assuntos Fiscais, de 16 de julho de 2015, através do Aviso n.º 8259/2015, de 29 de julho, publicado na 2.ª série do *Diário da República*, n.º 146/2015, de 29 de julho.

Artigo 27.º – Reconciliação Bancária

1 – A reconciliação bancária é elaborada mensalmente, por um técnico, e é o instrumento pelo qual são conferidos todos os movimentos inscritos no extrato bancário, com o respetivo extrato da contabilidade, e apurados todos os movimentos bancários que não estão refletidos na contabilidade.

2 – Os movimentos divergentes devem ser os mais reduzidos possíveis, e, caso existam, deverão reportar-se ao mês anterior.

3 – O mapa da Reconciliação Bancária deve ser assinado pelos elementos que procederam à sua conferência e entregue ao Responsável do Departamento Financeiro, e ao Contabilista Certificado, devendo estes verificar e assinar.

4 – Todos os movimentos em aberto com período superior a dois meses devem ser objeto de proposta de atuação devidamente fundamentada e aprovada pelo órgão competente.

Artigo 28.º – Gastos

A realização de despesa tem de ser efetuada pelos órgãos competentes para autorizar despesa, nos termos definidos no EOA, ou por órgãos com competências delegadas, nos termos previstos no Código de Procedimento Administrativo.

Artigo 29.º – Ativos Fixos Tangíveis e Ativos Intangíveis

1 – As aquisições de bens do ativo fixo tangível e do ativo intangível podem ser efetuadas pelo Conselho Geral ou pelos Conselhos Regionais, nos termos do EOA.

2 – A OA mantém permanentemente atualizado o inventário dos bens do ativo fixo tangível e do ativo intangível da sua propriedade, cabendo a cada Conselho registar e manter atualizado os bens que adquire ou que lhes estão afetos.

3 – Todos os bens do ativo fixo tangível e do ativo intangível deverão evidenciar etiquetas de identificação dos mesmos face aos registos de inventário existentes no Conselho Geral ou nos Conselhos Regionais.

4 – Os bens do ativo fixo tangível e do ativo intangível são objeto de verificação física periódica, de modo a assegurar que os bens efetivamente existem e aquilatar da sua operacionalidade.

Artigo 30.º – Inventários

1 – Os inventários são constituídos por mercadorias referentes a um conjunto de artigos que a OA vende aos seus associados.

2 – Os inventários são reconhecidos ao custo de aquisição, o qual inclui todas as despesas suportadas com a compra, transportes e impostos não dedutíveis.

3 – As mercadorias são mensuradas ao custo de aquisição ou de mercado, dos dois o mais baixo, aplicando o custo médio como método de custeio.

4 – As perdas por imparidade de inventários são calculadas e registadas quando o valor realizável líquido for inferior ao valor custo registado e o seu registo será reconhecido na demonstração de resultados na rubrica "imparidade de inventários perdas/reversões".

5 – A avaliação da circunstância referida no número anterior é efetuada através da análise de rotação dos inventários e/ou dos preços de mercado verificados para estes.

6 – Caso se avalie necessário pelos custos administrativos de monitorização ou armazenagem, deve haver proposta fundamentada e autorizada pelo órgão competente de abate ou venda a valores mais baixos ou simbólicos de inventários na circunstância dos números anteriores.

SECÇÃO III – Gestão Financeira

Artigo 31.º – Cobranças de Quotas

1 – A cobrança das quotas dos advogados com inscrição em vigor e das sociedades de advogados cabe ao Conselho Geral, conforme estipula o EOA.

2 – Os regimes relativos às quotas de Advogados e às quotas das Sociedades de Advogados estão previstos em regulamento próprio, para o qual se remete.

3 – A proporção de quota de cada advogado ou sociedade de advogados que cabe ao Conselho Regional e à Delegação, nos termos previstos no n.º 5 do artigo 180.º do EOA deve constar do orçamento do Conselho Regional.

4 – Os 60 dias estipulados no n.º 6 do artigo 180.º do EOA são contados a partir da data-limite para o pagamento das respetivas quotas.

5 – Em caso de pagamento de quotas antecipado, nos termos permitidos pelos regulamentos a que se refere o n.º 2, o produto das mesmas deve ser atribuído ao Conselho Regional em que o Advogado ou Sociedade de Advogados esteja inscrito à data do recebimento.

Artigo 32.º – Fundo Fixo de Caixa

1 – Fundo fixo de caixa é o fundo de maneio para a realização de despesas de pequeno montante, urgentes, imprescindíveis, inadiáveis.

2 – A sua utilização deve ser excecional, tendo como limite máximo € 250 por despesa.

3 – O fundo fixo de caixa destina-se ao pagamento de despesas em bens ou serviços, cuja forma de aquisição torna inviável recorrer a outra forma de pagamento.

4 – O fundo fixo de caixa é constituído por despacho do órgão competente para autorizar despesa, ou com competência delegada, e não pode ter um valor superior a € 1.000.

5 – O fundo fixo deve ser reposto sempre no final de cada mês.

6 – O fundo fixo pode ser reposto antes do final do mês, caso esteja com reservas abaixo de 50% do seu valor inicial.

Artigo 33.º – Despesas e Procedimentos

1 – São fases gerais da despesa a cabimentação, a autorização, a cativação, o processamento, a conferência das condições da despesa para ser paga e a autorização de pagamento.

2 – Perante a necessidade de realizar despesa, deve ser verificada a existência de cabimentação prévia dos encargos prováveis com a mesma, e proceder-se ao respetivo registo no processo de autorização da despesa.

3 – A autorização de despesa fica sujeita à verificação de conformidade legal, regularidade financeira e economia, eficiência e eficácia.

4 – A cativação, também designada na contabilidade pública de compromisso, consiste na assunção da obrigação de efetuar pagamentos a terceiros em contrapartida do fornecimento de bens e serviços ou da satisfação de outras condições, o que corresponde à adjudicação dos bens ou serviços a determinada entidade, pessoal ou coletiva.

5 – O processamento consiste no registo em suporte normalizado dos encargos legalmente constituídos após a verificação de pessoa competente para o efeito de que os serviços foram efetivamente prestados e/ou os bens foram de facto entregues nas condições previstas na contratação efetuada, para que se proceda à sua liquidação e pagamento.

6 – Na conferência verifica -se o cumprimento de todas as condições previstas nos números anteriores para a despesa poder ser objeto de autorização para pagamento.

7 – A autorização de pagamento fica sujeita à conformidade de todo o procedimento e é o procedimento prévio à emissão dos meios de pagamento, sendo da competência do respetivo órgão com competência para autorizar despesa, nos termos em que os EOA o definem, com possibilidade de delegação.

8 – Nas despesas iguais ou inferiores a € 5.000, a autorização da despesa e a autorização do pagamento podem ser dadas num só ato, assegurado que esteja o processamento.

9 – O pagamento corresponde à emissão dos meios de pagamento, preferencialmente por transferência bancária, por quem tem poder para movimentar as contas bancárias.

Artigo 34.º – Instrumentos de prestação de contas

1 – São instrumentos de prestação de contas o relatório de gestão e os mapas de prestação de contas.

2 – O relatório de gestão corresponde a um documento que integra o conjunto de documentos de prestação de contas e deverá consistir numa narrativa coerente das atividades da entidade, em consonância com a sua missão e objetivos nos mais diversos domínios.

3 – No relatório de gestão devem ainda ser relatadas as questões, transações e eventos mais significativos apresentados nas demonstrações financeiras, explicando a respetiva influência sobre as mesmas.

4 – O mapa de prestação de contas da Ordem dos Advogados rege-se pela aplicação da Norma Contabilística e de Relato Financeiro para as Entidades do Setor Não Lucrativo (NCRF-ESNL) do SNC, publicada no Diário da República, 2.ª série, de 29 de julho de 2015, através do Aviso n.º 8259/2015.

5 – As demonstrações financeiras dão a conhecer a posição financeira, as alterações na posição financeira, o desempenho e os fluxos de caixa de uma entidade, com base, em informações sobre os seus ativos, passivos, património líquido, rendimentos, gastos, outras alterações no património líquido e fluxos de caixa.

6 – São principais demonstrações financeiras:

a) Balanço;

b) Demonstração dos resultados por natureza;

c) Demonstração das alterações no património líquido;

d) Demonstração de fluxos de caixa;

e) Anexo às demonstrações financeiras.

7 – As demonstrações orçamentais traduzem uma representação estruturada da execução e desempenho orçamental das entidades, proporcionando, entre outra, informação sobre o orçamento inicial, as modificações orçamentais e a execução orçamental.

8 – São principais demonstrações orçamentais de relato:

a) Demonstração de execução orçamental da receita com as devidas alterações orçamentais;

b) Demonstração de execução orçamental da despesa com as devidas alterações orçamentais;

c) Demonstração de execução do plano plurianual de investimento.

Artigo 35.º – Ajudas de Custo e Deslocações

1 – A OA pode abonar com ajudas de custo e ajudas de deslocação, os membros dos seus órgãos, das suas comissões e dos seus institutos, que se tenham que deslocar, ao serviço da OA, no âmbito das suas competências e atribuições, nos limites da sua disponibilidade orçamental.

2 – As despesas a compensar são alimentação, de estadia e de deslocação.

3 – As despesas de alimentação correspondem ao valor da despesa comprovadamente feita pelo abonado em almoço e jantar, e desde que se encontre em deslocação ao serviço da OA e esta não tenha fornecido refeição.

4 – As despesas de alimentação a abonar têm como limite máximo € 25,00 por refeição, em caso de deslocações em território nacional, e € 60,00, em caso de deslocações no estrangeiro.

5 – As despesas de estadia são, de forma preferencial, adquiridas através da entidade competente para proceder às compras do órgão responsável pela despesa e são pagas diretamente ao fornecedor da estadia pelo órgão.

6 – No caso de não ser possível efetuar a aquisição diretamente através da entidade referida no número anterior, podem as despesas ser reembolsadas ao abonado, mediante apresentação de comprovativo contabilístico da despesa, tendo aí como limite máximo o custo de estadia que teria tido, nesse dia, a contratação efetuada nos termos do n.º 5.

7 – Excecionalmente, o número anterior pode não ser aplicado às estadias que decorram de situação urgente e imprevisível, que não permitam a aquisição através da entidade competente para proceder às compras do órgão responsável pela despesa.

8 – A situação prevista no número anterior tem de ser devidamente justificada, estando esta justificação dependente de aceitação pelo órgão competente para autorizar a despesa.

9 – As despesas de estadia só serão devidas se o abonado tiver que pernoitar, ao serviço da OA, fora do concelho do seu domicílio profissional ou dos concelhos limítrofes.

10 – Nas viagens de avião, o limite da ajuda de custo é o valor da viagem realizada em classe económica ou turística, salvo as deslocações do Bastonário e dos Presidentes dos Conselhos Regionais, que tem como limite o valor da viagem em classe executiva ou primeira classe.

11 – As viagens referidas no número anterior são obrigatoriamente contratadas pela entidade responsável pelas compras.

12 – Nas deslocações em viatura própria, a abonação é feita por km, no mesmo valor que sejam abonados os servidores do Estado, sendo contabilizados os km entre o domicílio profissional do abonado e o destino, pelo caminho mais rápido.

SECÇÃO IV – Contas Bancárias

Artigo 36.º – Contas Bancárias

1 – Podem ser abertas e mantidas contas bancárias pelo Conselho Geral, pelos Conselhos Regionais e Delegações nos termos dos artigos seguinte.

2 – No Conselho Geral existe um controlo de todas as contas bancárias abertas em nome da Ordem dos Advogados, com a identificação dos seus titulares.

3 – Quando ocorram mudanças de responsáveis nos órgãos, devem ser alterados junto dos correspondentes Bancos os titulares das contas bancárias durante os primeiros 180 dias contados da data da mudança.

4 – Em caso de abertura de conta bancária ou alteração de titulares das contas bancárias, esta tem de ser reportada ao Conselho Geral e ao respetivo Conselho Regional, pelos titulares, para efeitos do n.º 2, no prazo de cinco dias úteis, sob pena de eventual responsabilidade financeira.

5 – As reconciliações bancárias são elaboradas em modelo próprio formalizado pelo Conselho Geral.

Artigo 37.º – Contas Bancárias dos Conselhos Regionais e das Delegações

1 – O Conselho Geral só poderá ter contas em quatro instituições bancárias.

2 – Cada Conselho Regional só poderá ter contas em três instituições bancárias diferentes.

3 – Cada Delegação só poderá ter uma conta numa instituição bancária.

4 – As contas são abertas e encerradas com a assinatura do presidente do órgão e do Vogal Tesoureiro.

5 – A abertura e manutenção de conta bancária deve ser objeto de avaliação do volume anual de recursos a tramitar não devendo ser aberta ou mantida se o volume exceder os custos da sua manutenção e relato de extratos ou certidões, devendo ser avaliada a possibilidade de ser substituída pela constituição de fundos de maneio.

6 – O presidente do órgão é responsável por promover o encerramento de todas as contas do órgão que não estejam de acordo com os números anteriores

do presente artigo, nos primeiros 180 dias do mandato ou nos 180 dias iniciais da vigência do presente regulamento.

CAPÍTULO IV – Aquisição de bens e serviços

SECÇÃO I – Disposições Gerais

Artigo 38.º – Regime Aplicável

Nos termos do disposto na Lei n.º 2/2013, de 10 de janeiro, a OA está sujeita ao regime do Código dos Contratos Públicos (CCP), para o qual se remete.

SECÇÃO II – Aquisições de valor igual ou inferior a € 5.000

Artigo 39.º – Regras

1 – São aplicáveis as regras previstas no CCP para este tipo de aquisições.

2 – Para a seleção do adjudicatário, devem ser preferencialmente consultadas, pelo menos, 3 entidades distintas que efetivamente forneçam os bens ou prestem os serviços a adquirir.

SECÇÃO III – Aquisições de valor superior a € 5.000

Artigo 40.º – Regras

1 – São aplicáveis as regras previstas no CCP para este tipo de aquisições.

2 – Para a seleção do adjudicatário, devem ser consultadas 3 entidades distintas que efetivamente forneçam os bens ou prestem os serviços a adquirir, com exceção dos procedimentos obrigatoriamente concorrenciais ou em que a adjudicação direta seja permitida por critérios materiais previstos no CCP.

SECÇÃO IV – Procedimentos centralizados

Artigo 41.º – Centralização de aquisições

1 – A OA pode centralizar a aquisição de determinados bens ou serviços cujas necessidades sejam transversais aos seus órgãos.

2 – A centralização é obrigatória quando, pela natureza dos bens ou serviços a adquirir, a aquisição efetuada separadamente pelos diferentes órgãos não

assegure devidamente a necessidade da OA, o que ocorre nas seguintes categorias de bens e serviços:

a) Seguro de Saúde dos funcionários da OA;

b) Seguro de Acidentes de Trabalho dos funcionários da OA;

c) Serviços de Saúde e Segurança no Trabalhos da OA;

d) Agenda do Advogado.

3 – A centralização dos procedimentos de aquisição é promovida pelos serviços do Conselho Geral.

4 – Sendo a OA uma entidade voluntária do Sistema Nacional de Compras Públicas, podem os serviços do Conselho Geral promover procedimentos centralizados ao abrigo dos Acordos Quadro celebrados pelo Estado.

SECÇÃO V – Protocolos/Parcerias

Artigo 42.º – Protocolos/Parcerias de Descontos para Associados

No exercício das suas funções enquanto Associação Pública Profissional, e para benefício dos seus Associados, os órgãos nacionais, regionais e locais da OA podem estabelecer parcerias com entidades, públicas ou privadas, no sentido de proporcionar melhores condições de acesso a bens e serviços prestados, em respeito pelos princípios previstos no CCP, com especial incidência, na legalidade, prossecução do interesse públicos (dos Associados), proporcionalidade, boa -fé, transparência, igualdade de tratamento e não discriminação.

CAPÍTULO V – Disposições Finais

Artigo 43.º – Arquivo Documental

1 – As entidades contempladas por este regulamento, e que procedem à contabilização das operações, são responsáveis funcional e individualmente pela guarda dos documentos comprovativos de receita e de despesa em condições adequadas de conservação.

2 – As entidades mencionadas no ponto anterior devem conservar os documentos de receita e despesa, de suporte aos registos contabilísticos, pelo menos durante o período de 10 anos, após o ano económico a que respeitam.

Artigo 44.º – Conformidade dos Procedimentos

1 – Os procedimentos descritos neste regulamento e os respetivos documentos de reporte deverão ser alterados ou ajustados sempre que os mesmos sejam contraditórios com a Lei ou com o EOA.

2 – São revogadas todas as normas internas que tenham sido emitidas e que se encontrem em desconformidade com as normas do presente regulamento.

Artigo 45.º – Lacunas e Omissões

As lacunas e omissões decorrentes da interpretação e aplicação do presente Regulamento serão resolvidas pelo Bastonário, tendo em consideração o enquadramento legal e estatutário da Ordem dos Advogados.

Artigo 46.º – Entrada em Vigor

O presente Regulamento entra em vigor no dia imediatamente após a sua aprovação em Conselho Geral.

ANEXOS

TABELA I

GRUPO HOMOGÉNEO DE BENS	Vida Útil
Edifícios e outras construções	40-50
Mobiliário	10-15
Equipamento informático	3-4
Impressoras, fotocopiadoras e outro equipamento de escritório	4-6
Telemóveis	3-4
Intangíveis	Ponto 8 da NCRF-ESNL

4.16
Regulamento do Trajo e Insígnia Profissional

O Regulamento do Trajo e Insígnia Profissional, Regulamento n.º 31/ 2006, foi publicado no Diário da República, 2.ª série, n.º 81 de 26 de Abril de 2006. O Conselho Geral da Ordem dos Advogados em sessão plenária de 17 de Fevereiro de 2006, deliberou, ao abrigo do disposto na alínea *g)* do n.º 1, do Artigo 45.º e do Artigo 69.º, ambos do Estatuto da Ordem dos Advogados, aprovado pela Lei n.º 15/2005, de 26 de Janeiro, aprovar o seguinte Regulamento:

Artigo 1.º – Trajo profissional

O trajo profissional do advogado e do advogado estagiário compõe-se da toga e do barrete.

Artigo 2.º – Toga

A toga, de cor preta, terá a forma do modelo publicado em anexo, que é parte integrante do presente Regulamento.

Artigo 3.º – Barrete

O barrete é também preto, de formato octogonal, com 11 centímetros de altura e uma cercadura de veludo, de 3 centímetros, sobreposta de outra de cetim carmesim, de 1 centímetro, ambas na base da copa, tudo conforme o modelo publicado em anexo.

Artigo 4.º – Uso do trajo

É obrigatório para o advogado e para o advogado estagiário, quando pleiteiem oralmente, o uso da toga, e facultativo, o do barrete.

Artigo 5.º – Dever de zelo

É dever do advogado e do advogado estagiário, sob pena de procedimento disciplinar, zelar pela completa compostura e asseio do trajo profissional.

Artigo 6.º – Insígnia

1 – A insígnia é constituída pela medalha da Ordem dos Advogados em que se destaca:

a) A conhecida representação gráfica das tábuas da lei, de esmalte branco com letras douradas, sobre a cruz de Cristo – símbolo do sacrifício – de esmalte encarnado e branco, a significar o dever de obediência aos princípios da moral e da lei;

b) Os dizeres de «Ordem dos Advogados Portugueses», «Bastonário», «Presidente do Conselho Superior», «Presidente do Conselho Distrital», «Conselho Superior», «Conselho Geral», «Presidente do Conselho de Deontologia», «Conselho Distrital», «Conselho de Deontologia» e «Delegação», conforme a categoria dos membros da Ordem, com relação a estes cargos.

2 – A medalha será de esmalte encarnado com dizeres dourados, em campo dourado, para, o Bastonário, o Presidente do Conselho Superior, os membros do Conselho Superior, os membros do Conselho Geral e para os presidentes dos conselhos distritais; em campo prateado, para, os presidentes dos conselhos de deontologia, os membros dos conselhos distritais e os membros dos conselhos de deontologia; e em campo de cobre polido para os restantes membros da Ordem.

3 – Para suspender a medalha usará o Bastonário, sobre o peito, um colar dourado, formado daquelas tábuas da lei, de esmalte branco com letras douradas; e os restantes membros da Ordem, uma fita vermelha de 6 centímetros de largura.

Artigo 7.º – Uso da insígnia

É facultativo o uso da insígnia.

Artigo 8.º – Uso da medalha

O advogado poderá usar a medalha correspondente ao cargo mais elevado que tenha desempenhado na Ordem.

Artigo 9.º – Casos omissos

Os casos omissos serão resolvidos por deliberação do Conselho Geral.

ANEXO

Lisboa, 07 de Abril de 2006.

O Presidente do Conselho Geral, *Rogério Alves*.

5.
Regulamentação Internacional

5.1
Código de Deontologia dos Advogados Europeus (C.D.A.E.)

Aprovado no C.C.B.E., em sessão plenário de 19 de Maio de 2006.
O Conselho Geral aprovou a versão oficial em língua portuguesa pela sua Deliberação n.º 2511/2007 de 7 de Dezembro de 2007
Publicado no D.R. II Série n.º 249 de 27/12/07

1 - **PREÂMBULO**

1.1 - **A função do advogado na sociedade**

Numa sociedade baseada no respeito pelo primado da lei, o advogado desempenha um papel especial. Os deveres do advogado não se esgotam no cumprimento rigoroso do seu mandato dentro dos limites da lei. O advogado deve servir o propósito de uma boa administração da justiça ao mesmo tempo que serve os interesses daqueles que lhe confiaram a defesa e afirmação dos seus direitos e liberdades. Um advogado não deve ser apenas um pleiteador de causas, mas também um conselheiro do cliente. O respeito pela função do advogado assume-se como uma condição essencial para a garantia do Estado de Direito Democrático.

Por isso, a função do advogado impõe-lhe uma diversidade de obrigações legais e morais, muitas vezes conflituantes, perante:

- o cliente;
- os tribunais e outras autoridades junto das quais o advogado pleiteia ou representa o seu cliente;
- a advocacia em geral ou qualquer colega em particular;
- o público, para o qual a existência de uma profissão livre e independente, auto-regulada por normas vinculativas, é um elemento essencial para a

defesa dos direitos humanos face ao poder do Estado e a outros instalados na sociedade.

1.2 – **A natureza das regras profissionais e deontológicas**

1.2 – 1 – As regras profissionais e deontológicas aplicáveis ao advogado estão adequadas a garantir, através da sua espontânea observância, o exercício correcto de uma função que é reconhecida como indispensável em todas as sociedades civilizadas. O incumprimento dessas regras pelo advogado é susceptível de ser objecto de sanções disciplinares.

1.2 – 2 – As regras próprias de cada Ordem ou organização de advogados decorrem das respectivas tradições e estão adaptadas à organização e âmbito de actividade em cada Estado Membro, aos procedimentos judiciais e administrativos e à legislação nacional. Não é possível nem desejável retirá-las do seu próprio contexto, nem deverá fazer-se uma aplicação genérica das regras que não sejam susceptíveis de tal aplicação.

Contudo, as regras próprias de cada Ordem ou organização de advogados baseiam-se em iguais valores e, na maioria dos casos, têm uma origem comum.

1.3 – **Os objectivos do Código**

1.3 – 1 – A integração progressiva da União Europeia (UE) e do Espaço Económico Europeu (EEE) e a intensificação da actividade transfronteiriça do advogado no interior do Espaço Económico Europeu tornaram necessária, na defesa do interesse público, a definição de regras uniformes aplicáveis a todos os advogados do espaço económico europeu na sua actividade transfronteiriça, qualquer que seja a Ordem de advogados a que pertençam. A definição de tais regras visa, nomeadamente, atenuar as dificuldades resultantes da aplicação de uma «dupla deontologia», designadamente conforme previsto no artigo 4.º e no n.º 2, do artigo 7.º da Directiva 77/249/CEE e nos artigos 6.º e 7.º da Directiva 98/5/CE.

1.3 – 2 – As organizações representativas da profissão de advogado reunidas no âmbito do CCBE propõem que as regras aqui codificadas:

Sejam desde já reconhecidas como a expressão da convicção comum de todas as ordens de advogados da União Europeia e do Espaço Económico Europeu;

Sejam adoptadas como regras vinculativas no mais curto prazo possível, de harmonia com os procedimentos nacionais ou do EEE, à actividade transfronteiriça do advogado na União Europeia e no Espaço Económico Europeu;

Sejam tidas em consideração em todas as revisões das regras deontológicas internas, com vista à progressiva harmonização das mesmas.

Pretendem ainda que, na medida do possível, as regras deontológicas internas, de cada Estado, sejam interpretadas e aplicadas de uma forma harmonizada com as do presente Código.

Após a adopção das regras do presente Código como vinculativas na actividade transfronteiriça, o advogado continuará sujeito à observância das regras da Ordem de advogados a que pertence, na medida em que estas sejam conformes com as do presente Código.

1.4 – **Âmbito de aplicação ratione personae**

Este código aplicar-se-á aos advogados, tal como definidos na Directiva 77/249/CEE e na Directiva 98/5/CE, assim como aos advogados sedeados em Membros-Observadores do CCBE.

1.5 – **Âmbito de aplicação ratione materiae**

Sem prejuízo do objectivo da progressiva harmonização das regras deontológicas ou profissionais aplicáveis internamente em cada Estado-Membro, as regras seguintes aplicar-se-ão às actividades transfronteiriças do advogado no interior da União Europeia e do Espaço Económico Europeu. Por actividade transfronteiriça considera-se:

Toda a relação profissional de um advogado de um Estado-Membro estabelecida com advogados de outro Estado-Membro;

As actividades profissionais de um advogado num Estado-Membro diferente do seu, mesmo que o advogado aí não se desloque.

1.6 – **Definições**

Neste Código:

«Estado-Membro» significa Estado-Membro da União Europeia ou qualquer outro estado cujos profissionais jurídicos estejam incluídos no artigo 1.4.

«Estado-Membro de Origem» significa o Estado-Membro no qual o advogado adquiriu o direito a usar o seu título profissional;

«Estado-Membro de Acolhimento» significa qualquer outro Estado-Membro no qual o advogado exerça uma actividade transfronteiriça;

«Autoridade competente» significa a ou as organizações profissionais ou autoridades do Estado-Membro em causa, responsáveis pela aprovação das regras profissionais e deontológicas e pelo exercício da jurisdição disciplinar sobre os advogados.

«Directiva 77/249/CEE» significa a Directiva 77/249/CEE do Conselho, de 22 Março de 1977 tendente a facilitar o exercício efectivo da livre prestação de serviços pelos advogados.

«Directiva 98/5/CE» significa a Directiva 98/5/CE do Parlamento e do Conselho Europeu de 16 Fevereiro de 1998 tendente a facilitar o exercício permanente da profissão de advogado num Estado-Membro diferente daquele em que foi adquirida a qualificação profissional.

2 – PRINCÍPIOS GERAIS

2.1 – Independência

2.1 – 1 – A multiplicidade de deveres a que o advogado está sujeito impõe-lhe uma independência absoluta, isenta de qualquer pressão, especialmente a que possa resultar dos seus próprios interesses ou de influências exteriores. Esta independência é tão necessária à confiança na justiça como a imparcialidade do juiz. O advogado deve, pois, evitar pôr em causa a sua independência e nunca negligenciar a ética profissional com a preocupação de agradar ao seu cliente, ao juiz ou a terceiros.

2.1 – 2 – Esta independência é necessária em toda e qualquer actividade do advogado, independentemente da existência ou não de um litígio concreto, não tendo qualquer valor o conselho dado ao cliente pelo advogado, se prestado apenas por complacência, ou por interesse pessoal ou sob o efeito de uma pressão exterior.

2.2 – Confiança e integridade moral

As relações de confiança só podem existir se a honestidade, a probidade, a rectidão e a sinceridade do advogado forem inquestionáveis. Para o advogado, estas virtudes tradicionais são obrigações profissionais.

2.3 – Segredo profissional

2.3 – 1 – É requisito essencial do livre exercício da advocacia a possibilidade do cliente revelar ao advogado informações que não confiaria a mais ninguém, e que este possa ser o destinatário de informações sigilosas só transmissíveis no pressuposto da confidencialidade. Sem a garantia de confidencialidade não pode haver confiança. O segredo profissional é, pois, reconhecido como direito e dever fundamental e primordial do advogado.

A obrigação do advogado de guardar segredo profissional visa garantir razões de interesse público, nomeadamente a administração da justiça e a defesa dos interesses dos clientes. Consequentemente, esta obrigação deve beneficiar de uma protecção especial por parte do Estado.

2.3 – 2 – O advogado deve respeitar a obrigação de guardar segredo relativamente a toda a informação confidencial de que tome conhecimento no âmbito da sua actividade profissional.

2.3 – 3 – A obrigação de guardar segredo profissional não está limitada no tempo.

2.3 – 4 – O advogado exigirá aos membros do seu pessoal e a todos aqueles que consigo colaborem na sua actividade profissional, a observância do dever de guardar segredo profissional a que o próprio está sujeito.

2.4 – **Respeito pelas regras profissionais de outras organizações de advogados**

Quando em actividade transfronteiriça, o advogado de um Estado-Membro pode ser obrigado a respeitar as regras profissionais da ordem de advogados do Estado-Membro de Acolhimento. Os advogados têm o dever de se informar acerca das regras a que estão sujeitos no exercício de qualquer actividade específica.

As organizações membros do CCBE estão obrigadas a depositar os seus códigos de deontologia no Secretariado do CCBE, a fim de que qualquer advogado possa obter uma cópia do código em vigor, junto do referido Secretariado.

2.5 – **Incompatibilidades**

2.5 – 1 – Para permitir ao advogado exercer a sua função com a independência necessária e em conformidade com o seu dever de colaborar na administração da justiça, o exercício de certas profissões ou funções pode ser declarado incompatível com a profissão de advogado.

2.5 – 2 – O advogado que assegure a representação ou a defesa de um cliente num processo judicial ou perante qualquer autoridade pública de um Estado--Membro de Acolhimento está sujeito às regras sobre incompatibilidades aplicáveis aos advogados desse Estado-Membro.

2.5 – 3 – O advogado estabelecido num Estado-Membro de Acolhimento que pretenda participar directamente numa actividade comercial ou noutra actividade diferente da advocacia respeitará as regras relativas a incompatibilidades, tais como são aplicadas aos advogados desse Estado-Membro.

2.6 – **Publicidade pessoal**

2.6 – 1 – O advogado pode informar o público dos serviços por si oferecidos, desde que tal informação seja verdadeira, objectiva, não induza em erro e respeite a obrigação de confidencialidade e outros deveres deontológicos essenciais.

2.6 – 2 – É permitida a publicidade pessoal do Advogado através de qualquer meio de comunicação, nomeadamente a imprensa, rádio, televisão, meios electrónicos ou outros, na medida em que cumpra os requisitos definidos no artigo 2.6.1.

2.7 – **Os interesses do cliente**

Sem prejuízo da estrita observância das normas legais e deontológicas, o advogado tem a obrigação de agir sempre em defesa dos interesses legítimos do seu cliente, em primazia sobre os seus próprios interesses ou dos colegas de profissão.

2.8 – **Limitação da responsabilidade do advogado face ao cliente**

Na medida em que a lei do Estado-Membro de Origem e a lei do Estado--Membro de Acolhimento o permitam, o advogado pode limitar a sua responsabilidade face ao cliente, de acordo com as normas profissionais a que se encontre sujeito.

3 – RELAÇÕES COM OS CLIENTES

3.1 – Aceitação e renúncia do patrocínio

3.1 – 1 – O advogado não pode aceitar o patrocínio se para tal não tiver sido mandatado pelo seu cliente. Contudo, o advogado pode ser mandatado por outro advogado que represente o cliente ou por uma entidade competente para cumprir esse mandato. O advogado deve esforçar-se, de forma razoável, por conhecer a identidade, a capacidade e os poderes de representação da pessoa ou da entidade que o tenha mandatado, quando as circunstâncias específicas revelem que essa identidade, capacidade e poderes de representação são incertos.

3.1 – 2 – O advogado deve aconselhar e defender o seu cliente com prontidão, consciência e diligência. O advogado assume pessoalmente a responsabilidade pelo cumprimento do mandato e deve informar o seu cliente da evolução do assunto que lhe foi confiado.

3.1 – 3 – O advogado não pode aceitar o patrocínio de uma questão para a qual saiba, ou deva saber, não ter a competência necessária, a não ser que actue conjuntamente com um advogado que tenha essa competência. O advogado só pode aceitar o patrocínio de uma questão se, tendo em conta as suas demais obrigações profissionais, puder ocupar-se dela de forma expedita.

3.1 – 4 – Não é legítimo ao advogado exercer o direito de renunciar ao patrocínio em circunstâncias donde possa resultar a impossibilidade do cliente obter, em tempo útil para evitar prejuízos, nova assistência jurídica.

3.2 – Conflito de interesses

3.2 – 1 – O advogado não pode aconselhar, representar ou agir por conta de dois ou mais clientes relativamente ao mesmo assunto, se existir um conflito ou um risco sério de conflito entre os interesses desses mesmos clientes.

3.2 – 2 – O advogado deve abster-se de se ocupar dos assuntos de ambos ou de todos os clientes envolvidos quando surja um conflito de interesses, quando exista risco de quebra de confidencialidade, ou quando a sua independência possa ser comprometida.

3.2 – 3 – O advogado deve abster-se de aceitar o patrocínio de um novo cliente se tal colocar em risco o cumprimento do dever de guardar sigilo profissional relativamente aos assuntos de um anterior cliente ou se do conhecimento desses assuntos resultarem vantagens injustificadas para o novo cliente.

3.2 – 4 – Quando os advogados exerçam a sua actividade em grupo, os n.ºs 3.2.1 a 3.2.3 são aplicáveis ao grupo no seu conjunto e a todos os seus membros.

3.3 – **Pacto de quota litis**

3.3 – 1 – É vedado ao advogado celebrar pactos de quota litis.

3.3 – 2 – Por pacto de quota litis entende-se o acordo entre o advogado e o seu cliente, antes da conclusão definitiva da questão em que este é parte, através do qual o cliente se compromete a entregar ao advogado uma parte do resultado que vier a obter, independentemente do resultado corresponder a uma soma em dinheiro ou a qualquer outro bem ou valor.

3.3 – 3 – Não constitui pacto de quota litis o acordo que preveja a determinação dos honorários em função do valor do assunto confiado ao advogado, desde que observe os termos de uma tabela oficial ou se tal acordo puder ser avaliado pela Autoridade Competente titular de jurisdição sobre o advogado.

3.4 – **Fixação dos honorários**

A conta de honorários apresentada pelo advogado deve conter a discriminação completa dos serviços prestados e o montante dos honorários deve ser moderado e justo, em conformidade com a lei e com as regras profissionais a que o advogado se encontra vinculado.

3.5 – **Provisões para honorários e despesas**

Se o advogado necessitar de uma provisão por conta dos honorários ou para pagamento de despesas, o montante da provisão não deverá exceder uma estimativa razoável dos honorários e das despesas prováveis. Não sendo entregue a provisão solicitada, o advogado pode recusar o patrocínio ou renunciar ao mesmo, sem prejuízo do cumprimento do disposto no n.º 3.1.4.

3.6 – **Partilha de honorários com quem não seja advogado**

3.6 – 1 – O advogado não pode partilhar os seus honorários com quem não seja advogado, excepto se a parceria entre o advogado e essa pessoa for autorizada pela lei e pelas regras profissionais a que o advogado se encontra vinculado.

3.6 – 2 – O disposto no n.º 3.6.1 não exime o advogado do pagamento dos honorários, comissões ou compensações devidas aos herdeiros de um colega falecido ou a um colega reformado a título da sua apresentação como sucessor da clientela desse colega.

3.7 – **Custos do litígio, possibilidade de recurso ao benefício de apoio judiciário**

3.7 – 1 – O advogado deve, a todo o tempo, procurar alcançar a solução economicamente mais adequada para o litígio do seu cliente e deverá, oportunamente, aconselhá-lo relativamente à viabilidade de tentar resolver o litígio por acordo e ou mediante meios alternativos de resolução de litígios.

3.7 – 2 – Se o cliente reunir condições para recorrer ao benefício de apoio judiciário, o advogado deve informá-lo dessa possibilidade.

3.8 – **Fundos dos clientes**

3.8 – 1 – Sempre que em qualquer momento o advogado detenha fundos por conta dos seus clientes ou de terceiros (doravante denominados «fundos dos clientes») deverá depositar esses montantes numa conta aberta num banco ou instituição similar sujeita à supervisão de uma autoridade pública (doravante designada «conta cliente»). A conta cliente será independente de qualquer outra conta do advogado. Todos os fundos dos clientes recebidos por um advogado devem ser depositados numa conta cliente, excepto se o titular dos fundos autorizar uma afectação diferente.

3.8 – 2 – O advogado deve manter registos completos e precisos relativos a todas as operações efectuadas com os fundos dos clientes, distinguindo-os de outras quantias por si detidas. Poderá ser exigido ao advogado que preserve esses registos durante um determinado período de tempo, de acordo com as regras nacionais.

3.8 – 3 – As contas-clientes não poderão ter saldo negativo, excepto em circunstâncias excepcionais expressamente previstas na legislação nacional ou devido a despesas bancárias, que não possam ser controladas pelo advogado. Estas contas não poderão em circunstância alguma ser utilizadas como garantia ou caução. Não poderá existir qualquer compensação ou fusão entre uma conta-cliente e qualquer outra conta bancária, nem poderão os fundos dos clientes numa conta-cliente ser disponibilizados para amortizar dívidas do advogado ao banco.

3.8 – 4 – Os fundos dos clientes devem ser entregues aos respectivos titulares no mais curto espaço de tempo ou de acordo com as condições por estes autorizadas.

3.8 – 5 – O advogado não pode transferir fundos de uma conta-cliente para a sua própria conta a título de pagamento de honorários sem informar o cliente por escrito.

3.8 – 6 – As Autoridades Competentes dos Estados-Membros estão autorizadas a verificar e a examinar quaisquer documentos relativos aos fundos dos clientes, respeitando a confidencialidade e a obrigação legal de guardar segredo profissional a que possam estar sujeitos.

3.9 – **Seguro de responsabilidade profissional**

3.9 – 1 – O advogado manterá um seguro de responsabilidade civil profissional num montante razoável e adequado à natureza e âmbito dos riscos a que está sujeito na sua actividade profissional.

3.9 – 2 – No caso de não ser possível ao advogado celebrar um seguro em conformidade com as regras precedentes, deve o advogado informar os seus clientes dessa situação e das suas possíveis consequências.

4 – RELAÇÕES COM OS TRIBUNAIS

4.1 – Deontologia aplicável à actividade judiciária

O advogado que se apresente ou participe num procedimento perante uma autoridade judicial ou Tribunal, terá de observar as regras deontológicas aplicáveis nessa jurisdição.

4.2 – Dever de boa-fé e de lealdade processual

O advogado deve, em todas as circunstâncias, observar o princípio da boa fé e da lealdade processual e o carácter contraditório dos debates.

4.3 – Conduta em Tribunal

Salvaguardando o respeito e a urbanidade devidos ao Tribunal, o advogado defenderá o seu cliente honradamente e sem medo, abstraindo-se dos seus próprios interesses e de quaisquer consequências que possam resultar para si ou qualquer outra pessoa.

4.4 – Informações falsas ou susceptíveis de induzir em erro

Em momento algum deve o advogado, conscientemente, fornecer ao Tribunal uma informação falsa ou susceptível de o induzir em erro.

4.5 – Aplicação aos árbitros e a pessoas que exerçam funções semelhantes

As regras aplicáveis às relações do advogado com os Tribunais aplicam-se igualmente às relações do advogado com árbitros, peritos ou com qualquer outra pessoa que exerça funções jurisdicionais ou quase-jurisdicionais, ainda que a título ocasional.

5 – RELAÇÕES ENTRE ADVOGADOS

5.1 – Solidariedade profissional

5.1 – 1 – A solidariedade profissional exige, em benefício dos clientes e a fim de evitar litígios inúteis, ou qualquer outro comportamento susceptível de denegrir a reputação da profissão, uma relação de confiança e de cooperação entre os advogados. Porém, a solidariedade profissional nunca pode ser invocada para colocar os interesses da profissão contra os interesses do cliente.

5.1 – 2 – O advogado deve reconhecer como colega todo o advogado de outro Estado-Membro, tratando-o com lealdade e com urbanidade.

5.2 – **Cooperação entre advogados de diferentes Estados-Membros**

5.2 – 1 – O advogado a quem um colega de outro Estado-Membro se dirija deve abster-se de aceitar um assunto para o qual não tenha competência. Nesse caso, deve procurar facultar ao colega as informações necessárias que lhe permitam contactar um advogado que esteja em condições de prestar o serviço pretendido.

5.2 – 2 – Sempre que advogados de dois Estados-Membros diferentes trabalhem em conjunto têm o dever de tomar em consideração as diferenças que possam existir entre os seus sistemas jurídicos e as suas ordens de advogados, e entre as competências e os deveres do advogado, nos respectivos Estados-Membros.

5.3 – **Correspondência entre advogados**

5.3 – 1 – O advogado que pretenda dirigir a um colega de um outro Estado-Membro uma comunicação que pretenda ter carácter «confidencial» ou «sob reserva» deve exprimir claramente essa intenção previamente ao envio dessa comunicação.

5.3 – 2 – No caso do destinatário da comunicação não estar em condições de assegurar o seu carácter «confidencial» ou «sob reserva», deve imediatamente informar o remetente dessa situação.

5.4 – **Honorários de angariação**

5.4 – 1 – O advogado não pode solicitar nem aceitar honorários, comissões ou qualquer outra compensação de um advogado ou de terceiros, por recomendar ou encaminhar um advogado a um cliente.

5.4 – 2 – O advogado não pode pagar a ninguém honorários, comissões ou qualquer outra compensação em contrapartida pela angariação de um cliente.

5.5 – **Comunicações com a parte contrária**

O advogado não pode contactar directamente uma pessoa que saiba encontrar-se representada ou assistida por um outro advogado, sobre determinado assunto, sem o consentimento deste (e, neste caso, deve manter o colega informado sobre os contactos que ocorram).

5.6 – (Revogado por deliberação da Sessão Plenária de Dublin, de 6 de Dezembro de 2002)

5.7 – **Responsabilidade pelo pagamento de honorários**

No âmbito das relações entre advogados de ordens de advogados de Estados-Membros diferentes, o advogado que, não se limitando a recomendar um colega ou a apresentá-lo a um cliente, lhe confie um assunto concreto ou lhe solicite colaboração, fica pessoalmente responsável pelo pagamento dos honorários, despesas e reembolsos devidos ao advogado estrangeiro, mesmo em caso de insolvência do cliente. Os advogados em questão podem, no entanto, acordar regras específicas quanto a esta matéria no início das suas relações. Além disso, o advogado mandante pode, a todo o momento, limitar a sua responsabilidade pessoal ao montante dos honorários, despesas e reembolsos realizados até à notificação ao colega estrangeiro da declaração de escusa de responsabilidade para o futuro.

5.8 – **Formação profissional contínua**

Os advogados devem actualizar e melhorar o seu nível de conhecimento e das suas competências profissionais, tendo em consideração a dimensão Europeia da sua profissão.

5.9 – **Litígios entre advogados de vários Estados-Membros**

5.9 – 1 – Quando um advogado considere que um colega de outro Estado-Membro violou uma regra profissional e deontológica deve chamar a atenção do colega para esse facto.

5.9 – 2 – Sempre que qualquer diferendo pessoal de natureza profissional surja entre advogados de vários Estados-Membros, devem os mesmos, em primeiro lugar, tentar resolver a questão de forma amigável.

5.9 – 3 – O advogado não deve iniciar um processo contra um colega de outro Estado-Membro, relativo a um litígio previsto nos n.ºs 5.9.1 e 5.9.2, sem previamente informar as ordens de advogados de que ambos dependem, por forma a conceder-lhes a oportunidade de mediarem a resolução amigável do diferendo.

5.2
Princípios Básicos das Nações Unidas Relativos à Função dos Advogados

Adoptados pelo Oitavo Congresso das Nações Unidas para a Prevenção do Crime e o Tratamento dos Delinquentes, realizado em Havana, Cuba, de 27 de Agosto a 7 de Setembro de 1990.

Lembrando o Plano de Acção de Milão[1], adoptado pelo Sétimo Congresso das Nações Unidas para a Prevenção do Crime e o Tratamento dos Delinquentes e aprovado pela Resolução 40/32, de 29 de Novembro de 1985, da Assembleia Geral.

Lembrando igualmente a Resolução 18 do Sétimo Congresso[2], na qual o Congresso recomendou aos Estados membros que assegurassem a protecção dos Advogados contra toda a restrição ou pressão indevida no exercício da sua profissão.

Tomando nota com satisfação do trabalho desenvolvido, em conformidade com a Resolução 18 do Congresso, pelo Comité para a Prevenção do Crime e a Luta contra a Delinquência, pela Reunião Preparatória Inter-regional para o Oitavo Congresso das Nações Unidas para a Prevenção do Crime e o Tratamento dos Delinquentes, sobre as normas e princípios orientadores das Nações Unidas em matéria de prevenção do crime e justiça penal, sua aplicação e prioridades

[1] Ver Septième Congrès des Nations Unies pour la prévention du crime et le traitement des déliquants, Milão, 26 de Agosto – 6 Setembro 1985 (publicação das Nações Unidas, número de venda F.86.IV.I), cap. I sec. A.

[2] Ibid., sec. E.

para o estabelecimento de novas normas[3], e pelas reuniões regionais preparatórias para o Oitavo Congresso.

1. Adopta os Princípios Básicos Relativos à Função dos Advogados que figuram em anexo à presente resolução;

2. Recomenda que se apliquem os Princípios Básicos a nível nacional, regional e inter-regional, tendo em conta as tradições e a situação política, económica, social e cultural de cada país;

3. Convida os Estados membros a tomarem em consideração e respeitarem os Princípios Básicos no âmbito da sua legislação e prática nacionais;

4. Convida também os Estados membros a levarem os Princípios Básicos à atenção dos advogados, juízes, membros do poder executivo e do poder legislativo e do público em geral;

5. Convida ainda os Estados membros a informarem o Secretário-Geral cada cinco anos, a partir de 1992, sobre os progressos alcançados na aplicação dos Princípios Básicos, incluindo a sua difusão, a sua incorporação na legislação, prática, procedimentos e políticas nacionais, os problemas surgidos na sua aplicação a nível nacional e a assistência que pode ser solicitada à comunidade internacional, e pede ao Secretário-Geral que informe o Nono Congresso das Nações Unidas para a Prevenção do Crime e o Tratamento dos Delinquentes a este respeito;

6. Apela a todos os Governos que fomentem a organização de seminários e de cursos de formação a nível nacional e regional sobre o papel dos advogados e sobre o respeito da igualdade de acesso à profissão de advogado;

7. Insta as comissões regionais, os institutos regionais e inter-regionais para a prevenção do crime e a justiça penal, os organismos especializados e outras entidades interessadas do sistema das Nações Unidas, outras organizações intergovernamentais interessadas e organizações não governamentais dotadas de estatuto consultivo junto do Conselho Económico e Social a que participem activamente na aplicação dos Princípios Básicos e informem o Secretário-Geral relativamente aos esforços desenvolvidos para difundir e aplicar esses Princípios e ao alcance da sua aplicação, e pede ao Secretário-Geral que inclua esta informação no relatório a submeter no Nono Congresso;

8. Exorta o Comité para a Prevenção do Crime e a Luta contra a Delinquência a estudar, com carácter prioritário, os meios de assegurar a plena execução da presente resolução;

[3] A/Conf.144/IPM.5.

9. Pede ao Secretário-Geral que:

a) Adopte medidas, para levar a presente resolução à atenção dos Estados e de todos os organismos interessados do sistema das Nações Unidas e para assegurar a mais ampla difusão possível dos Princípios Básicos;

b) Inclua os Princípios Básicos no próximo número da publicação das Nações Unidas intitulada Direitos do Homem: Uma Compilação de Instrumentos Internacionais;

c) Proporcione aos Governos, que o solicitem, os serviços de peritos e consultores regionais e inter-regionais tendo em vista a prestação de assistência na aplicação dos Princípios Básicos, e informe o Nono Congresso das Nações Unidas para a Prevenção do Crime e o Tratamento dos Delinquentes relativamente à assistência técnica e formação efectivamente proporcionadas;

d) Informe o Comité para a Prevenção do Crime e a Luta contra a Delinquência, na sua décima segunda sessão, sobre as medidas adoptadas para aplicar os Princípios Básicos.

ANEXO
Princípios Básicos Relativos à Função dos Advogados

Considerando que na Carta das Nações Unidas os povos do mundo afirmam, nomeadamente, a sua determinação em criar as condições necessárias para que a justiça possa ser mantida, e proclamam, como um dos seus propósitos, a realização da cooperação internacional e a promoção e o encorajamento do respeito pelos direitos do Homem e liberdades fundamentais, sem qualquer discriminação por motivos de raça, sexo, idioma ou religião.

Considerando que a Declaração Universal dos Direitos do Homem[4] consagra os princípios da igualdade perante a lei, da presunção da inocência, o direito que assiste a todas as pessoas a um julgamento justo e público por um tribunal independente e imparcial, e o direito que assiste a todas as pessoas acusadas de um crime a todas as garantias necessárias para a sua defesa.

Considerando que o Pacto Internacional sobre os Direitos Civis e Políticos proclama, ainda, o direito a ser julgado sem demora excessiva por um tribunal legalmente estabelecido, competente, independente e imparcial.

[4] Resolução 217 A (III) da Assembleia Geral.

Considerando que o Pacto Internacional sobre os Direitos Económicos, Sociais e Culturais[5] recorda que a Carta das Nações Unidas impõe aos Estados a obrigação de promover o respeito universal e efectivo dos direitos e liberdades do Homem.

Considerando que os Princípios para a Protecção de todas as Pessoas Sujeitas a Qualquer Forma de Detenção ou Prisão[6] estipula que toda a pessoa detida terá direito à assistência de um advogado, a comunicar-se com ele e a consultá-lo.

Considerando que as Regras Mínimas para o Tratamento de Reclusos[7] recomendam, em particular, que seja garantida aos detidos em prisão preventiva assistência jurídica e comunicações confidenciais com o seu advogado.

Considerando que as Garantias para a protecção dos direitos das pessoas passíveis de pena de morte reafirmam o direito de todo o suspeito ou acusado de um crime passível de ser punido com pena de morte a assistência jurídica adequada em todas as fases do processo, em conformidade com o artigo 14.º do Pacto Internacional sobre os Direitos Civis e Políticos.

Considerando que na Declaração dos Princípios Básicos de Justiça Relativos às Vítimas da Criminalidade e às Vítimas de Abuso de Poder[8] são recomendadas medidas, a serem adoptadas a nível internacional e nacional, para melhorar o acesso das vítimas de crimes à justiça e para lhes assegurar tratamento justo, à restituição, à compensação e à assistência.

Considerando que a protecção adequada das liberdades fundamentais e dos direitos do homem, quer sejam económicos, sociais e culturais ou civis e políticos, que todas as pessoas podem invocar, exige que todas as pessoas tenham acesso efectivo a serviços jurídicos prestados por uma advocacia independente,

Considerando que as associações profissionais de advogados têm um papel essencial a desempenhar no que se refere ao respeito pelas normas de deontologia profissional, protecção dos seus membros contra perseguições e restrições ou interferências indevidas, facultação de acesso a serviços jurídicos a todos os que deles careçam, e cooperação com instituições governamentais e outras com vista a impulsionar os fins da justiça e o interesse público.

Os Princípios Básicos relativos à Função dos Advogados, enunciados em seguida, formulados para ajudar os Estados membros na sua tarefa de garantir que os advogados exerçam a sua função de forma adequada, devem ser respeitados e tomados em consideração pelos Governos no âmbito da sua legislação

[5] Resolução 2200 A (XXI) da Assembleia Geral, anexo.

[6] Resolução 43/173 da Assembleia Geral, anexo.

[7] Ver publicação das Nações Unidas intitulada Droits de l'homme: recueil d'instruments internationaux (publicação das Nações Unidas, número de venda F. 88. XIV.I), seg. G.

[8] Resolução 40/34 da Assembleia Geral, anexo.

e prática nacionais, e devem ser levados à atenção dos advogados assim como de outras pessoas como os juízes, magistrados do Ministério Público, membros do poder executivo e do poder legislativo e do público em geral. Estes princípios devem também aplicar-se, quando seja caso disso, a pessoas que exerçam as funções de advogado sem ter a categoria profissional de advogado.

ACESSO AOS SERVIÇOS DE UM ADVOGADO E A OUTROS SERVIÇOS JURÍDICOS

1. Todas as pessoas têm o direito de recorrer a um advogado da sua escolha, para proteger e fazer valer os seus direitos e para as defender em todas as fases do processo penal.

2. Os Governos devem assegurar o estabelecimento de processos eficazes e mecanismos adequados para tornar possível o acesso efectivo, em condições de igualdade, aos serviços de um advogado por parte de todas as pessoas que se encontrem no seu território e que estejam sujeitas à sua jurisdição, sem qualquer tipo de distinção, como discriminação fundada na raça, cor, origem étnica, sexo, idioma, religião, opiniões políticas ou de outra índole, origem nacional ou social, posição económica, nascimento, situação económica ou outra condição.

3. Os Governos devem assegurar a existência de fundos ou outros recursos suficientes para conceder assistência jurídica às pessoas pobres e, quando necessário, a outras pessoas desfavorecidas. As associações profissionais de advogados devem colaborar na organização e prestação de serviços, meios e materiais e outros recursos.

4. Os Governos e as associações profissionais de advogados devem promover programas para informar o público sobre os seus direitos e deveres estipulados na lei e sobre o importante papel que os advogados desempenham na protecção das liberdades fundamentais. Deve prestar-se especial atenção à assistência das pessoas pobres e de outras pessoas menos favorecidas para que elas possam fazer valer os seus direitos e, se necessário, recorrer à assistência de advogados.

SALVAGUARDAS ESPECIAIS EM MATÉRIA DE JUSTIÇA PENAL

5. Os Governos devem assegurar que todas as pessoas que se encontrem presas ou detidas ou acusadas da prática de um crime sejam imediatamente informadas pela autoridade competente do seu direito de serem assistidas por um advogado da sua escolha.

6. Todas as pessoas nessa situação que não disponham de um advogado têm direito, sempre que os interesses da justiça o exijam, a que lhes seja nomeado um advogado oficioso, com a experiência e a competência requeridas pela natureza do crime em questão, e que lhes seja prestada assistência jurídica eficaz e gratuita, se elas não dispuserem de meios suficientes para pagar os seus serviços.

7. Os Governos devem ainda garantir que todas as pessoas que se encontrem presas ou detidas, estejam ou não acusadas da prática de um crime, devem ter acesso imediato a um advogado ou pelo menos dentro do prazo máximo de 48 horas a contar da sua prisão ou detenção.

8. Toda a pessoa detida ou presa deve poder receber a visita de um advogado, comunicar com ele e consultá-lo sem demora, em completa confidencialidade, sem qualquer censura ou interferência, e dispor de tempo e dos meios necessários para este efeito. Estas consultas podem ser efectuadas à vista de um funcionário responsável pela aplicação da lei, mas não poderão ser por este ouvidas.

QUALIFICAÇÕES E FORMAÇÃO

9. Os Governos, as associações profissionais de advogados e os estabelecimentos de ensino devem assegurar que os advogados tenham a devida formação e preparação, e tenham conhecimento dos ideais e da deontologia da sua profissão, assim como dos direitos do homem e das liberdades fundamentais reconhecidas pelo direito nacional e internacional.

10. Os Governos, as associações profissionais de advogados e os estabelecimentos de ensino devem assegurar que o acesso à profissão de advogado ou o exercício desta profissão, não seja impedido por qualquer tipo de discriminação por motivos de raça, cor, sexo, origem étnica, religião, opiniões políticas ou de outra índole, origem nacional ou social, posição económica, nascimento, situação económica ou outra condição; contudo, o requisito de que os advogados sejam nacionais do país em que exerçam a sua profissão não será considerado discriminatório.

11. Nos países em que haja grupos, comunidades ou regiões cujas necessidades de serviços jurídicos não estejam satisfeitas, em especial quando tais grupos tenham culturas, tradições ou idiomas próprios ou tenham sido vítimas de discriminação no passado, os Governos, as associações profissionais de advogados e os estabelecimentos de ensino devem tomar medidas especiais para permitir a candidatos provenientes desses grupos o ingresso na profissão de advogado e devem velar por que eles recebam formação adequada às necessidades dos grupos de onde provêm.

DEVERES E RESPONSABILIDADES

12. Os advogados, como agentes essenciais da administração da justiça, devem manter em todos os momentos a honra e a dignidade da sua profissão.

13. Os advogados têm os seguintes deveres para com os seus clientes:

a) Aconselhar os seus clientes relativamente aos seus direitos e obrigações jurídicas e quanto ao funcionamento do sistema jurídico, na medida em que tal seja relevante para os direitos e obrigações dos seus clientes;

b) Prestar assistência aos seus clientes por todos os meios adequados e tomar medidas jurídicas para proteger os seus interesses;

c) Prestar assistência aos seus clientes perante os tribunais ou autoridades administrativas, quando a isso houver lugar.

14. Ao protegerem os direitos dos seus clientes e ao promoverem a causa da justiça, os advogados devem respeitar os direitos do homem e as liberdades fundamentais reconhecidas pelo direito nacional e internacional, e devem, em todo o momento, actuar com liberdade e diligência, em conformidade com a lei e com as normas e regras deontológicas reconhecidas da sua profissão.

15. Os advogados devem servir sempre com lealdade os interesses dos seus clientes.

GARANTIAS PARA O EXERCÍCIO DA PROFISSÃO DE ADVOGADO

16. Os Governos devem assegurar que os advogados (a) possam desempenhar todas as suas funções profissionais sem intimidações, obstáculos, coacção ou interferência indevida; (b) possam viajar e comunicar com os seus clientes livremente, tanto dentro do seu país como no estrangeiro; e (c) não sofram, nem sejam ameaçados com processos ou sanções administrativas, económicas ou de outra índole por qualquer medida que tenham tomado em conformidade com as obrigações, as normas e regras deontológicas reconhecidas da sua profissão.

17. Quando a segurança dos advogados seja ameaçada no âmbito do exercício das suas funções, estes receberão das autoridades protecção adequada.

18. Os advogados não serão identificados com os seus clientes nem com as causas dos seus clientes, em consequência do exercício das suas funções.

19. Nenhum tribunal ou autoridade administrativa, perante a qual seja reconhecido o direito a ser assistido por um advogado, se negará reconhecer o direito do advogado a comparecer perante ele em representação do seu cliente, excepto se o advogado não se encontre habilitado em conformidade com as leis e práticas nacionais e com os presentes princípios.

20. Os advogados gozam de imunidade civil e penal por todas as declarações pertinentes feitas de boa fé, por escrito ou em alegações orais ou no âmbito das suas intervenções profissionais perante um tribunal judicial ou outro ou uma autoridade administrativa.

21. As autoridades competentes têm a obrigação de assegurar que os advogados tenham acesso à informação, aos arquivos e documentos pertinentes que estejam em seu poder ou sob o seu controlo, com antecedência suficiente para que estes possam prestar uma assistência jurídica eficaz aos seus clientes. Este acesso deve-lhes ser facultado o mais rapidamente possível.

22. Os Governos devem reconhecer e respeitar a confidencialidade de todas as comunicações e consultas feitas entre os advogados e os seus clientes no âmbito das suas relações profissionais.

LIBERDADE DE EXPRESSÃO E DE ASSOCIAÇÃO

23. Os advogados gozam, como os outros cidadãos, das liberdades de expressão, de crença, de associação e de reunião. Em particular têm o direito de participar no debate público de assuntos relacionados com o direito, a administração da justiça e a promoção e a protecção dos direitos do homem, assim como o direito de constituir ou de se filiar em organizações locais, nacionais ou internacionais e estar presente nas suas reuniões, sem sofrerem restrições profissionais na sequência da sua actuação lícita ou da sua qualidade de membro de uma organização lícita. No exercício dos seus direitos, os advogados devem comportar-se sempre em conformidade com a lei e com as normas e regras deontológicas reconhecidas da sua profissão.

ASSOCIAÇÕES PROFISSIONAIS DE ADVOGADOS

24. Os advogados têm o direito de constituir e de se filiarem em associações profissionais autónomas que representem os seus interesses, promovam a sua educação e formação contínuas e protejam a sua integridade profissional. O órgão executivo das associações profissionais deve ser eleito pelos seus membros e deve exercer as suas funções sem interferência externa.

25. As associações profissionais de advogados devem cooperar com os Governos para garantir que todas as pessoas tenham acesso efectivo e em condições de igualdade aos serviços jurídicos e que os advogados estejam em condi-

ções de aconselhar e ajudar os seus clientes, sem interferências indevidas, em conformidade com a lei e com as normas e regras deontológicas reconhecidas da sua profissão.

PROCEDIMENTOS DISCIPLINARES

26. Os códigos de conduta profissional dos advogados devem ser estabelecidos pelos órgãos próprios da Ordem dos Advogados ou pela lei, em conformidade com a legislação e os costumes nacionais e as normas internacionais reconhecidas.

27. Toda a acusação ou queixa feita contra um advogado, pelo exercício das suas funções, deve ser tramitada expedita e justamente em conformidade com processo adequado. O advogado tem direito a ser ouvido com imparcialidade e pode ser assistido por um advogado da sua escolha.

28. Os procedimentos disciplinares instaurados contra advogados devem ser apreciados por um comité disciplinar imparcial constituído pela Ordem dos Advogados, por autoridade independente estabelecida pela lei ou por um tribunal judicial, e devem ser susceptíveis de recurso perante um órgão judiciário independente.

29. Todos os procedimentos disciplinares devem reger-se pelo código de conduta profissional e pelas normas e regras deontológicas reconhecidas da profissão de advogado e tendo em consideração os presentes Princípios.

ÍNDICE TEMÁTICO ORDENADO

(com referência aos artigos do Estatuto da Ordem dos Advogados)

3. **Ordem dos Advogados:**

ÍNDICE SISTEMÁTICO